科学出版社"十三五"普通高等教育本科规划教材

高等医学院校
中医药类系列教材

针 灸 学

（第二版）

贾春生　黄　泳　主编

科学出版社
北　京

内 容 简 介

针灸学是中医学的重要组成部分,是我国少数几个拥有自主知识产权的学科领域之一。本教材包括四部分内容:上篇经络腧穴,中篇刺灸方法,下篇针灸应用,附篇参考资料。介绍了针灸学发展简史,准确阐述了针灸学各种理论及方法。

本教材图文并茂,注重充分体现中医特色,并有所创新,突出教材的科学性、系统性、先进性和实用性。本教材可供中医类专业本、专科针灸学课程教学使用,也适合临床医务人员和针灸爱好者参考学习使用。

图书在版编目(CIP)数据

针灸学 / 贾春生,黄泳主编. —2版. —北京:科学出版社,2016.1

科学出版社"十三五"普通高等教育本科规划教材 高等医学院校中医药类系列教材

ISBN 978-7-03-045989-3

Ⅰ.①针… Ⅱ.①贾… ②黄… Ⅲ.①针灸学-高等学院-教材 Ⅳ.①R245

中国版本图书馆CIP数据核字(2015)第245017号

丛书策划:潘志坚 方 霞 / 责任编辑:闵 捷 黄金花
责任印制:谭宏宇 / 封面设计:殷 靓

科学出版社 出版
北京东黄城根北街16号
邮政编码:100717
http://www.sciencep.com

南京展望文化发展有限公司排版
广东虎彩云印刷有限公司印刷
科学出版社发行 各地新华书店经销

*

2013年3月第 一 版 开本:889×1194 1/16
2016年1月第 二 版 印张:19 1/4 插页:1
2025年7月第七次印刷 字数:540 000

定价:62.00元

高等医学院校中医药类系列教材

专家指导委员会

主任委员 吕志平

副主任委员 曹文富 牛 阳 安冬青 王 滨

委　　员（按姓氏笔画排序）

王四平（河北中医学院）	王　滨（内蒙古医科大学）
牛　阳（宁夏医科大学）	毛　惠（西南医科大学）
方朝义（河北中医学院）	史宏灿（扬州大学）
包巨太（华北理工大学）	冯志成（海南医学院）
吕志平（南方医科大学）	刘晓伟（南方医科大学）
安冬青（新疆医科大学）	杜小利（宁夏医科大学）
李义凯（南方医科大学）	李永民（河北北方学院）
李　杰（青海大学）	李继安（华北理工大学）
杨志新（承德医学院）	杨　柳（南方医科大学）
杨思进（西南医科大学）	杨硕平（山西大同大学）
肖　炜（南方医科大学）	吴范武（华北理工大学）
张再康（河北中医学院）	张明柱（河北北方学院）
张星平（新疆医科大学）	陈　涛（三峡大学）
罗　仁（南方医科大学）	周迎春（南方医科大学）
赵国平（暨南大学）	赵春妮（西南医科大学）
贺松其（南方医科大学）	贾春生（河北中医学院）
徐武清（宁夏医科大学）	黄　泳（南方医科大学）
曹文富（重庆医科大学）	彭　康（南方医科大学）
董尚朴（河北中医学院）	董秋梅（内蒙古医科大学）
蒋松鹤（温州医科大学）	

高等医学院校中医药类系列教材

《针灸学》(第二版)编委会

主　　审　黄龙祥(中国中医科学院)
主　　编　贾春生　黄　泳
副 主 编　赵仓焕　苗　茂
　　　　　　王鸿度　杨志新
　　　　　　杨丽美　刘智艳　孙彦辉

编　　委(按姓氏笔画排序)

王鸿度(西南医科大学)　　　　卢开信(扬州大学)
邢海娇(河北中医学院)　　　　刘智艳(新疆医科大学)
闫改霞(山西大同大学)　　　　孙彦辉(河北中医学院)
李丽红(贵州医科大学)　　　　杨　路(南方医科大学)
杨志新(承德医学院)　　　　　杨丽美(宁夏医科大学)
张会珍(河北中医学院)　　　　张选平(河北中医学院)
苗　茂(内蒙古医科大学)　　　周　力(重庆医科大学)
赵　华(新疆医科大学)　　　　赵仓焕(暨南大学)
贾春生(河北中医学院)　　　　徐　晶(河北中医学院)
黄　泳(南方医科大学)　　　　黄　娟(内蒙古医科大学)
崔建美(华北理工大学)

秘　　书　孙彦辉(兼)
　　　　　　杨　路(兼)

总　序

教材建设是教学改革的重要组成部分，是提高高等院校教学质量、培养优秀人才的关键之一。如何进一步做好新时期教材建设工作，教育部在《关于"十二五"普通高等教育本科教材建设的若干意见》中已明确指出：坚持育人为本，适应不同类型高等学校需要和不同教学对象需要，编写推介一大批符合教育规律和人才成长规律的具有科学性、先进性、适用性的优秀教材，进一步完善具有中国特色的普通高等教育本科教材体系。中医药事业的不断发展，对中医药人才培养质量、知识结构、专业能力、综合素质提出了新的更高的要求，改进和完善中医药类本科教材的重要性和必要性日益突出，成为中医药事业发展的基础性工程。

为了进一步提高高等医学院校中医药类本科教材的质量，更好地把握高等医学院校和综合性大学中医药类专业本科教学改革和课程体系建设，满足高等医学院校中医药类专业本科的培养要求和教学需求，打造教师"易讲"、学生"乐学"的系列教材，科学出版社和高等医学院校中医药类教材专家指导委员会共同组织了供高等医学院校中医药类专业本科生使用的"高等医学院校中医药类系列教材"的编写项目。我们采用了"跨校、跨区域合作，出版社协助"的模式，由全国十余所高等医学院校中医药类专业的教学名师、优秀学科带头人、教学一线的教授专家共同参与，以"明确培养方向，优化编写体例，打造学生'乐学'教材"为原则，以教育部新版的教学大纲和国家中医执业医师、执业中药师资格考试要求为依据，充分吸收现有各版本中医药类教材的特色与合理之处并有所创新，努力打造遵循中医药教育规律、满足高等医学院校中医药类专业的培养目标需求、具有时代精神的高品质教材。

本系列教材是科学出版社和高等医学院校中医药类教材专家指导委员会首次合作项目，各方领导高度重视，从教材规划到编写和编辑的各个环节，精心组织，层层把关，步步强化，意在提高教材的内在质量。在教材内容组织上，力争概念准确，理论体系完整，知识点完备，内容精练，切合教学实际和临床实践所需，体现"创新性"和"实用性"；在教材版式设计上，力求编排新颖，版式紧凑，形式多样，主体层次清晰，类目与章节安排合理、有序，体现"清晰性""易读性"及"实用性"。

在本系列教材策划、主编遴选及审定稿等过程中，得到了全国各高等医学院校的大力支持，在此致以衷心的感谢！让我们为成功打造中医药类本科精品教材共同努力！

高等医学院校中医药类教材专家指导委员会
2012 年 7 月

前　言

针灸学是中医学的重要组成部分,是我国少数几个拥有自主知识产权的学科领域之一。针灸学是研究针法、灸法等多种对腧穴、经络的体表刺激方法,通过人体固有的自我调整功能与自我康复功能即自稳机制的作用,以达到治疗疾病和预防保健目的的一门学科。经络、腧穴、刺灸技术、临床治疗是传统针灸学的重要组成部分。目前,其研究领域更加宽泛,包括针灸文献、针灸历史、经络、腧穴、刺灸技术、针灸临床、针灸作用机制、针刺麻醉、针灸器材、针灸标准化、针灸教育等多个方面。

为了突出精品意识,体现时代性,适应目前人才培养的需要,本教材根据新的教学大纲、执业医师资格考试大纲及教学的需要,确定教学内容,认真汲取《针灸学》第五、六版教材及梁繁荣精编教材的精华,结合有关医学院校的教学经验,由河北中医学院等十三所院校集体撰写。

本教材包括四部分内容。上篇经络腧穴,主要论述经络的概念、循行走向与交接规律,腧穴的定位、主治和操作等;中篇刺灸方法,主要论述了各种刺灸的基本知识和操作方法等;下篇针灸应用,论述了针灸治疗原则、配穴处方、特定穴的应用,以及各科常见病的针灸治疗;附篇,收录了包括子午流注针法、灵龟八法、飞腾八法、针灸文献节录、针灸歌赋、古代体表解剖名称释义、针灸学现代研究进展方面的内容,供学生课外学习。

本教材的创新点主要体现在:对于针灸学的基本概念、常用针灸术语及疾病名称进行了英语标注,以适应目前双语教学的需要。绪论中,将针灸学的概念重新定论,更适合目前针灸学内涵的时代特点;关于针灸学发展简史则采用表格形式列出,一目了然,便于学习记忆。上篇中,将经络循行、腧穴的主治及主要刺灸方法融合介绍,体现了针灸学各主要分支内在联系的完整性;并在经络腧穴各论部分,按手三阴、手三阳、足三阴、足三阳介绍,充分利用部位相近的优势以便于记忆掌握。每条经脉均详细列出重点腧穴,并将经脉所有穴位以列表形式介绍,既能体现常用腧穴,又不失经络、腧穴的完整性、系统性。中篇中,除介绍常规的毫针刺法,灸法及三棱针刺法、皮肤针法等其他针法外,还按照最新的分类,引入常用微针系统诊疗法及腧穴特种疗法,将穴位敷贴等加入,以便学生了解更多的针灸方法,为临床治疗提供更多的诊治措施。下篇中,则主要介绍内外妇儿等各科疾病的针灸治疗。附篇中,对于针灸学现代研究进展作了详细论述,体现了针灸研究领域的成果。

本教材可供中医类(包括各高等医学院校中医、中西医结合、中医护理、养生康复、骨伤、中医文献、全科医学等方向)专业本、专科针灸学课程教学使用,也适合临床医务人员和针灸爱好者参考学习使用。

本教材的绪论由贾春生编写。上篇经络总论由黄泳编写;腧穴总论由杨丽美编写;经络腧穴各论由杨志新、卢开信、周力、李丽红编写。中篇刺灸方法总论、灸法、腧穴特种疗法由贾春生编写;毫针刺法由苗茂编写;拔罐法、耳针法由黄娟编写;其他针法、头针法由崔建美编写。下篇针灸治疗总论由王鸿度编写;内科病证由王鸿度、刘智艳、孙彦辉编写;妇儿科病证及其他病证由闫改霞编写;皮外科病证由赵华编写;五官科病证及急证由张会珍编写。附篇的子午流注针法、灵龟八法、飞腾八法,针灸文献节录,针灸歌赋及古代体表解剖名称释义由杨路编写;针灸学现代研究进展由赵仓焕编写。主审黄龙翔对本教材的编写和统稿提出了宝贵的修改建议,并提供了针灸穴位挂图。

  在教材的编写过程中,我们力求处理好继承与发展的关系,注重充分体现中医特色,并有所创新,强调概念准确、知识点重点突出,体现教材的科学性、系统性、先进性和实用性,以便使教学更好地为临床服务。但由于水平所限,不足之处在所难免,敬请各位教师、学生和读者对本教材提出宝贵意见,以便以后修订提高。

主 编
2015 年 12 月

目 录

总序
前言

绪 论 —— 1

一、针灸学的概念、研究范围和主要特点　1
二、针灸学发展简史　1
三、针灸学术的对外传播　4

上篇　经络腧穴

第一章　经络总论 —— 7

第一节　经络概述　7
一、经络与经络学说的概念　7
二、经络学说的科学内涵　7
三、经络的现代研究概况　8

第二节　经络学说的形成　8
一、针灸等刺激的感应和传导的观察　8
二、腧穴功效的总结　8
三、体表病理现象的推理　8
四、解剖、生理知识的启发　8

第三节　经络系统的组成　9
一、十二经脉　9
二、奇经八脉　11
三、十五络脉　11
四、十二经别　11
五、十二经筋　12
六、十二皮部　12

第四节　经络的根结、标本与气街、四海　12
一、根结与标本　12
二、气街与四海　13

第五节　经络的生理功能及经络学说在临床上的运用　14
一、经络的生理功能　14
二、经络学说的临床应用　14

第二章　腧穴总论 —— 16

第一节　腧穴概述　16
一、腧穴的概念　16
二、腧穴与脏腑、经络的关系　16
三、腧穴的现代研究概况　16

第二节　腧穴的发展、分类与命名　17
一、腧穴的发展　17
二、腧穴的分类　18
三、腧穴的命名　18

第三节 腧穴的治疗作用及主治规律	19	第五节 腧穴的定位方法	25
一、腧穴的治疗作用	19	一、体表解剖标志定位法	25
二、腧穴的主治规律	19	二、骨度折量定位法	26
第四节 特定穴概述	20	三、指寸定位法	26
一、特定穴的意义	20	四、简便取穴法	27
二、特定穴的分类	21		

第三章　经络腧穴各论　　28

第一节　十二经脉　　28
　一、手太阴肺经(11穴)　　28
　　(一)经脉循行　　28
　　(二)主要病候　　28
　　(三)主治概要　　28
　　(四)重点腧穴　　28
　　　1. 中府 28　2. 尺泽 29　3. 孔最 29
　　　4. 列缺 29　5. 太渊 29　6. 鱼际 30
　　　7. 少商 30
　　附　手太阴肺经穴分寸歌　　31
　二、手厥阴心包经(9穴)　　31
　　(一)经脉循行　　31
　　(二)主要病候　　31
　　(三)主治概要　　31
　　(四)重点腧穴　　32
　　　1. 天池 32　2. 曲泽 32　3. 间使 32
　　　4. 内关 32　5. 大陵 32　6. 劳宫 33
　　　7. 中冲 33
　　附　手厥阴心包经穴分寸歌　　34
　三、手少阴心经(9穴)　　34
　　(一)经脉循行　　34
　　(二)主要病候　　34
　　(三)主治概要　　34
　　(四)重点腧穴　　34
　　　1. 极泉 34　2. 少海 34　3. 通里 35
　　　4. 阴郄 35　5. 神门 35　6. 少冲 35
　　附　手少阴心经穴分寸歌　　36
　四、手阳明大肠经(20穴)　　37
　　(一)经脉循行　　37
　　(二)主要病候　　37
　　(三)主治概要　　37
　　(四)重点腧穴　　37
　　　1. 商阳 37　2. 二间 37　3. 合谷 37
　　　4. 阳溪 37　5. 偏历 38　6. 手三里 38
　　　7. 曲池 38　8. 臂臑 38　9. 肩髃 38
　　　10. 扶突 39　11. 迎香 39
　　附　手阳明大肠经穴分寸歌　　40
　五、手少阳三焦经(23穴)　　40
　　(一)经脉循行　　40
　　(二)主要病候　　41
　　(三)主治概要　　41
　　(四)重点腧穴　　41
　　　1. 关冲 41　2. 中渚 41　3. 阳池 42
　　　4. 外关 42　5. 支沟 42　6. 肩髎 42
　　　7. 翳风 42　8. 耳门 43　9. 丝竹空 43
　　附　手少阳经穴分寸歌　　45
　六、手太阳小肠经(19穴)　　45
　　(一)经脉循行　　45
　　(二)主要病候　　45
　　(三)主治概要　　45
　　(四)重点腧穴　　45
　　　1. 少泽 45　2. 后溪 45　3. 腕骨 45
　　　4. 支正 46　5. 天宗 46　6. 颧髎 47
　　　7. 听宫 47
　　附　手太阳小肠经穴分寸歌　　48
　七、足太阴脾经(21穴)　　48
　　(一)经脉循行　　48
　　(二)主要病候　　48
　　(三)主治概要　　48
　　(四)重点腧穴　　48
　　　1. 隐白 48　2. 太白 48　3. 公孙 49
　　　4. 三阴交 49　5. 地机 49　6. 阴陵泉 49
　　　7. 血海 49　8. 大横 50　9. 大包 50
　　附　足太阴脾经穴分寸歌　　52
　八、足厥阴肝经(14穴)　　52
　　(一)经脉循行　　52
　　(二)主要病候　　52
　　(三)主治概要　　52
　　(四)重点腧穴　　52
　　　1. 大敦 52　2. 行间 52　3. 太冲 52

4. 曲泉 53 5. 章门 53 6. 期门 53	10. 脾俞 75 11. 胃俞 75 12. 肾俞 75

  附 足厥阴经穴分寸歌　54
  13. 大肠俞 75 14. 膀胱俞 75 15. 次髎 75
 九、足少阴肾经(27穴)　55
  16. 委阳 75 17. 委中 75 18. 膏肓 76
  (一) 经脉循行　55
  19. 志室 76 20. 秩边 76 21. 承山 76
  (二) 主要病候　55
  22. 飞扬 76 23. 昆仑 76 24. 申脉 76
  (三) 主治概要　55
  25. 束骨 77 26. 至阴 77
  (四) 重点腧穴　55
   附 足太阳膀胱经穴分寸歌　81
  1. 涌泉 55 2. 然谷 55 3. 太溪 55
 第二节 奇经八脉　81
  4. 大钟 55 5. 照海 56 6. 复溜 56
  一、督脉(29穴)　81
  7. 俞府 56
  (一) 经脉循行　81
   附 足少阴肾经穴分寸歌　58
  (二) 主要病候　81
 十、足阳明胃经(45穴)　59
  (三) 主治概要　81
  (一) 经脉循行　59
  (四) 重点腧穴　81
  (二) 主要病候　59
  1. 长强 81 2. 腰阳关 81 3. 命门 83
  (三) 主治概要　59
  4. 至阳 83 5. 大椎 83 6. 哑门 83
  (四) 重点腧穴　59
  7. 风府 83 8. 百会 83 9. 上星 83
  1. 承泣 59 2. 四白 59 3. 地仓 60 4. 颊车 60 5. 下关 60 6. 头维 60 7. 梁门 60 8. 天枢 60 9. 归来 61 10. 伏兔 61 11. 梁丘 61 12. 足三里 61
  10. 素髎 83 11. 水沟 84
   附 督脉经穴分寸歌　86
  二、任脉(24穴)　86
  (一) 经脉循行　86
  13. 上巨虚 61 14. 下巨虚 61 15. 丰隆 62 16. 解溪 62 17. 内庭 62
  (二) 主要病候　87
  (三) 主治概要　87
  18. 厉兑 62
  (四) 重点腧穴　87
   附 足阳明胃经经穴分寸歌　65
  1. 中极 87 2. 关元 87 3. 气海 87
 十一、足少阳胆经(44穴)　65
  4. 神阙 87 5. 下脘 87 6. 中脘 87
  (一) 经脉循行　65
  7. 膻中 88 8. 天突 88 9. 廉泉 89
  (二) 主要病候　65
  10. 承浆 89
  (三) 主治概要　65
   附 任脉经穴分寸歌　90
  (四) 重点腧穴　66
  三、冲脉　90
  1. 瞳子髎 66 2. 听会 66 3. 阳白 66
  (一) 经脉循行　90
  4. 头临泣 66 5. 风池 66 6. 肩井 66
  (二) 主要病候　90
  7. 日月 67 8. 带脉 67 9. 环跳 67
  (三) 交会腧穴　90
  10. 风市 68 11. 阳陵泉 68 12. 光明 68
  四、带脉　91
  13. 悬钟 68 14. 丘墟 68 15. 足临泣 69
  (一) 经脉循行　91
  16. 足窍阴 69
  (二) 主要病候　91
   附 足少阳经穴分寸歌　72
  (三) 交会腧穴　91
 十二、足太阳膀胱经(67穴)　72
  五、阴维脉　91
  (一) 经脉循行　72
  (一) 经脉循行　91
  (二) 主要病候　73
  (二) 主要病候　91
  (三) 主治概要　73
  (三) 交会腧穴　91
  (四) 重点腧穴　73
  六、阳维脉　91
  1. 睛明 73 2. 攒竹 73 3. 天柱 73
  (一) 经脉循行　91
  4. 风门 74 5. 肺俞 74 6. 心俞 74
  (二) 主要病候　92
  7. 膈俞 74 8. 肝俞 74 9. 胆俞 74
  (三) 交会腧穴　92

七、阴跷脉	92	十一、足厥阴络——蠡沟	95
（一）经脉循行	92	十二、足少阴络——大钟	95
（二）主要病候	92	十三、任脉之络——鸠尾	95
（三）交会腧穴	92	十四、督脉之络——长强	95
八、阳跷脉	92	十五、脾之大络——大包	95
（一）经脉循行	92	**第四节 常用奇穴**	95
（二）主要病候	93	一、头颈部穴	95
（三）交会腧穴	93	1. 四神聪 95 2. 太阳 95 3. 球后 96	
第三节 十五络脉	93	4. 金津、玉液 96 5. 牵正 96 6. 翳明 96	
一、手太阴络——列缺	93	二、胸腹部穴	96
二、手厥阴络——内关	93	1. 子宫 96 2. 三角灸 96	
三、手少阴络——通里	94	三、背部穴	97
四、手阳明络——偏历	94	1. 定喘 97 2. 夹脊 97 3. 腰眼 97	
五、手少阳络——外关	94	四、上肢穴	97
六、手太阳络——支正	94	1. 肩前 97 2. 腰痛点 97 3. 落枕点 97	
七、足阳明络——丰隆	94	4. 八邪 98 5. 四缝 98 6. 十宣 98	
八、足少阳络——光明	94	五、下肢穴	98
九、足太阳络——飞扬	94	1. 百虫窝 98 2. 鹤顶 98 3. 膝眼 99	
十、足太阴络——公孙	94	4. 胆囊 99 5. 阑尾 99 6. 八风 99	

中篇 刺灸方法

第四章 刺灸方法总论 105

第一节 刺灸方法的概念和研究范围	105	五、特殊情况的宜忌	107
第二节 刺灸方法的分类	105	**第五节 患者体位的选择**	107
第三节 刺灸法的效应特异性与量学要素	105	**第六节 消毒制度**	108
第四节 刺灸法的宜忌	106	一、针具消毒	108
一、施术部位的宜忌	106	二、医生双手消毒	108
二、患者体质的宜忌	106	三、施术部位消毒	108
三、病情性质的宜忌	106	四、针灸治疗室内消毒	108
四、刺灸时间的宜忌	106		

第五章 毫针刺法 109

第一节 毫针的构造、规格与保藏	109	一、进针方法	111
一、毫针的结构	109	二、针刺的角度、方向、深度	113
二、毫针的规格	110	三、行针手法	114
三、毫针的保养与检修	110	四、得气、候气、催气和守气	117
第二节 针刺练习	110	五、针刺补泻	118
一、指力练习	111	六、留针与出针	120
二、手法练习	111	**第四节 针刺异常情况处理及注意事项**	120
三、自身试针	111	一、针刺异常情况的处理及预防	120
第三节 刺法	111	二、针刺注意事项	122

第六章　灸法和拔罐法　123

第一节　灸法　123
  一、特点与作用　123
  二、分类与临床应用　124
  三、灸感、灸量与灸法补泻　130
  四、注意事项　131
第二节　拔罐法　131
  一、罐具的种类　132
  二、吸拔方法与起罐方法　132
  三、临床应用　133
  四、作用与适用范围　134
  五、注意事项　134

第七章　其他针法　135

第一节　三棱针刺法　135
  一、操作方法　135
  二、适用范围　135
  三、注意事项　136
第二节　皮肤针法　136
  一、操作方法　136
  二、适用范围　136
  三、注意事项　137
第三节　皮内针法　137
  一、操作方法　137
  二、适用范围　137
  三、注意事项　137
第四节　电针法　137
  一、电针仪器　137
  二、操作方法　138
  三、电针的选穴　138
  四、电针刺激参数的选择　138
  五、适用范围　139
  六、注意事项　139
第五节　火针法　139
  一、操作方法　139
  二、适用范围　140
  三、注意事项　140

第八章　常用微针系统诊疗法　141

第一节　头针法　141
  一、标准头穴线的定位及主治　141
  二、头针的适应证　143
  三、操作方法　143
  四、注意事项　143
第二节　耳针法　144
  一、耳与经络脏腑的关系　144
  二、耳郭的表面解剖　144
  三、耳穴的分布　145
  四、耳穴的定位及主治　145
  五、耳穴的临床应用　150
  六、注意事项　152

第九章　腧穴特种疗法　153

第一节　穴位注射　153
  一、用具及常用药液　153
  二、穴位的选择　153
  三、操作方法　153
  四、适用范围　154
  五、注意事项　154
第二节　穴位贴敷　154
  一、贴敷药物与剂型　154
  二、操作方法　155
  三、适用范围　156
  四、注意事项　156
第三节　穴位埋线　156
  一、操作方法　156
  二、适用范围　157
  三、注意事项　157

下篇 针灸应用

第十章 针灸治疗总论 　　　161

第一节 针灸临床诊治特色 　　161
一、四诊合参，尤重望、切二诊 　　161
二、强调八纲和经络气血辨证，辨经与辨证结合 　　162
三、调神与调气并重，"理、法、方、穴、术"一线贯通 　　162

第二节 针灸治疗作用 　　163
一、疏通经络 　　163
二、调和阴阳 　　163
三、扶正祛邪 　　163

第三节 针灸治疗原则 　　163
一、补虚泻实 　　163
二、清热温寒 　　164
三、治病求本 　　164
四、三因制宜 　　165

第四节 针灸配穴处方 　　165
一、腧穴的选择 　　165
二、刺灸法的选择 　　167
附 针灸临床上处方的常用符号 　　167

第五节 特定穴的应用 　　167
一、五输穴的临床应用 　　167
二、原穴、络穴的临床应用 　　168
三、俞穴、募穴的临床应用 　　169
四、八脉交会穴的临床应用 　　169
附 八脉交会八穴歌 　　170
五、八会穴的临床应用 　　170
六、郄穴的临床应用 　　170
七、下合穴的临床应用 　　171
八、交会穴的临床应用 　　171

第十一章 针灸治疗各论 　　　174

第一节 内科病证 　　174
一、中风 　　174
附 假性延髓性麻痹 　　176
二、眩晕 　　176
附 原发性高血压 　　178
三、头痛 　　178
附 偏头痛 　　180
四、面瘫 　　180
五、面痛 　　181
六、腰痛 　　182
七、痹证 　　183
附 坐骨神经痛 　　184
八、痿证 　　185
九、感冒 　　186
十、咳嗽 　　187
十一、哮喘 　　188
十二、心悸 　　189
十三、不寐 　　190
十四、胸痹 　　191
十五、郁证 　　191
十六、癫狂 　　192
十七、痴呆 　　194
十八、痫病 　　195
十九、帕金森病 　　196
二十、消渴 　　197
二十一、胁痛 　　198
二十二、胃痛 　　199
二十三、呕吐 　　200
二十四、腹痛 　　201
二十五、泄泻 　　202
二十六、便秘 　　203
二十七、癃闭 　　204
附 慢性前列腺炎 　　205
二十八、遗精 　　206
附 阳痿 　　207

第二节 妇儿科病证 　　208
一、月经不调 　　208
二、痛经 　　209
三、经闭 　　210
四、崩漏 　　211
五、带下病 　　213
六、不孕 　　213
七、胎位不正 　　214
八、滞产 　　215

九、乳少	216	十七、痤疮	233
十、小儿惊风	216	十八、斑秃	234
十一、遗尿	217	第四节　五官科病证	235
十二、疳积	218	一、目赤肿痛	235
十三、小儿脑性瘫痪	219	二、麦粒肿	235
十四、儿童多动综合征	220	三、近视	236
第三节　皮外科病证	221	附　视神经萎缩	237
一、风疹	221	四、耳鸣、耳聋	238
二、疔疮	221	五、鼻渊	239
三、痄腮	222	六、牙痛	239
四、乳痈	223	七、口疮	240
五、乳癖	224	八、咽喉肿痛	241
六、肠痈	224	第五节　急证	242
七、痔疮	225	一、晕厥	242
八、扭伤	226	二、虚脱	243
九、肘劳	227	三、高热	243
十、肩周炎	227	四、抽搐	244
十一、落枕	228	五、内脏绞痛	245
附　颈椎病	229	第六节　其他	247
十二、腱鞘囊肿	229	一、慢性疲劳综合征	247
十三、丹毒	230	二、戒断综合征	248
十四、蛇丹	231	三、肥胖症	249
十五、湿疹	232	四、衰老	250
十六、神经性皮炎	233		

附篇　参　考　资　料

第一节　子午流注针法、灵龟八法、飞腾八法	253	第四节　古代体表解剖名称释义	271
一、子午流注针法	253	一、头颈部名称	271
二、灵龟八法、飞腾八法	258	二、躯干部名称	273
第二节　针灸文献节录	259	三、四肢部名称	274
一、《灵枢经》文选	259	第五节　针灸学现代研究进展	275
二、《素问》文选	263	一、经络的研究	275
三、《难经》文选	264	二、腧穴的研究	278
第三节　针灸歌赋	266	三、刺法灸法的研究	281
一、针灸歌诀选	266	四、针灸临床的研究	283
二、针灸歌赋选	267	五、针灸作用机制研究	285

主要参考书目　　288

腧穴索引　　289

病证索引　　292

绪　论

针灸学是中医学的重要组成部分,是我国少数几个拥有自主知识产权的学科领域之一。在漫长的历史发展过程中,由于临床经验不断积累,理论知识日益充实,针灸学逐渐成为一个具有丰富学术内容和很强实用价值的独立学科。从古代到现代,针灸在防病治病、保障人民健康方面发挥着重要作用。

一、针灸学的概念、研究范围和主要特点

人们通常所说的"针灸",包括广义、狭义两种不同的概念。狭义概念指的是医疗方法,即针灸疗法；广义概念指的是完整学科,即针灸学。

针灸学是研究针法、灸法等多种对腧穴、经络的体表刺激方法,通过人体固有的自我调整功能与自我康复功能即自稳机制的作用,以达到治疗疾病和预防保健目的的一门学科。针灸学属生命科学范畴,是中医学的重要组成部分。

经络、腧穴、刺灸技术、临床治疗是传统针灸学的重要组成部分。目前其研究领域更加宽泛,包括针灸文献、针灸历史、经络、腧穴、刺灸技术、针灸临床、针灸作用机制、针刺麻醉、针灸器材、针灸标准化、针灸教育等多个方面,而形成的相对稳定的分支学科有"经络学""腧穴学"(此二者合一称为"经络腧穴学")、"刺法灸法学""针灸治疗学""实验针灸学""针灸医籍选""针灸各家学说"等。这些分支学科既各自发展,不断丰富,又相互渗透。

针灸疗法属于中医疗法中的外治法类。它包括针法、灸法和后世发展而成的腧穴特种疗法。这些医疗方法虽然技术手段和作用方式很不一样,但却是建立在同一理论之上的。这就是中医基础理论,特别是经络腧穴理论。

针灸疗法具有如下几个特点：第一,针灸的应用范围很广,临床各科皆可应用；第二,针灸是比较安全、没有副作用的疗法,它不同于药物,只要按照规定的要求施术,就不会对人体产生不良影响；第三,不要求复杂的设备条件,除用一些针、艾、消毒材料和器具以外,所需其他物品不多,适合广大人民群众的医疗保健需要；第四,针灸用具可以随身携带,随时随地应用,非常便利,尤其适合在仓促之际用于急救。

二、针灸学发展简史

针灸的历史悠久。据考证,它的起源可以追溯到我国原始社会的氏族公社制度时期,约当考古学所指的旧石器时代末期。最初仅是个体的自我保护活动,迨至新石器时代,才发展成为人与人之间目的明确的医疗行为。在新石器时代,人们应用砭石刺破脓疡,进而作为刺络泻血之用。因此,砭石是针刺的原始工具。灸法也起源于我国原始社会的氏族公社制度时期。

在针灸学漫长的发展历史过程中,经历了起源与原始经验积累、基本理论体系的形成、专门学科创立、经验与理论的丰富、受挫与新生、针灸学术的全面复兴等阶段。在这个发展过程中,有两次大的飞跃,第一次是在距今两千余年前的战国、秦、汉时期,针灸结束了单纯作为经验疗法的历史,实现了理论的升华,形成了以经络为核心的针灸基础理论,《内经》《难经》为其代表作。第二次是从20世纪50年代以来,中国针灸走上了现代化的轨道,具有传统理论特色和现代科学内涵的现代针灸学术正步入形成与完善的过程之中。

针灸学发展的各个历史阶段,主要代表人物、著作、文献、考古发现及突出贡献见针灸学发展简史表(表0-1)。

笔记栏

表0-1 针灸发展简史表

发展阶段	历史时期		主要文献记载与考古发现	突出贡献
针灸的起源与原始经验积累	针法	旧石器时代末期(距今15 000～10 000年)	皇甫谧《帝王世纪》记载：太皞伏羲氏"尝味百药而制九针"；罗泌《路史》说：太皞伏羲氏"尝草治砭，以制民疾"；皇甫谧《针灸甲乙经·序》说："黄帝咨访岐伯、伯高、少俞之徒……而针道生焉"；孙思邈《备急千金要方·序》则说："黄帝受命，创制九针"。	(1) 太皞伏羲氏和黄帝创制针砭的传说 (2) 此时期仅是个体的自我保护活动
		新石器时代（距今8 000～4 000年）原始社会氏族公社制度时期	(1)《素问·异法方宜论》记载："其民食鱼而嗜咸，皆安其处，美其食。鱼者使人热中，盐者胜血，故其民皆黑色疏理，其病皆为痈疡，其治宜砭石。故砭石者，亦从东方来。"《山海经》记载："高氏之山，有石如玉，可以为针。"《说文解字》："砭，以石刺病也。" (2) 考古发现 1) 内蒙古发现一根4.5 cm长的砭石 2) 山东日照发现长度分别为8.3 cm、9.1 cm的砭石 3) 山东省发现了一批以针砭为题材的汉画像石	针刺疗法的真正诞生：砭石为原始的针刺工具，此时期已经变为人与人之间目的明确的医疗行为。砭石的考古发现为针刺起源于新石器时代提供了有力的证据
	灸法	原始社会氏族公社制度时期	《素问·异法方宜论》记载："北方者，天地所闭藏之域也，其地高陵居，风寒冰冽，其民乐野处而乳食，脏寒生满病，其治宜灸焫。故灸焫者，亦从北方来。"	发明了灸法和熨热疗法
针灸学基本理论体系的形成		夏、商、周、春秋时期(公元前21世纪～公元前476年)	(1) 医缓于公元前581年给晋景公看病时指出已病入膏肓，针灸皆无能为力，是史书上所载最早的一份针灸病例 (2) 考古发现 1) 商代甲骨文里有了关于针灸的象形文字 2) 发明了冶炼技术，出现了金属医针	(1) 金属医针与砭石并用，但砭石仍然是治病的主要工具 (2) 春秋时期有了专业医生，医缓、医和是当时的名医
		战国、秦至西汉时期(公元前475～公元24年)	(1) 砭石经过了一个同金属医针并用的阶段以后，逐渐地被金属医针所取代 (2)《内经》中，有对"九针""经络学说"的详细论述 (3) 考古发现 1) 内蒙古达拉特旗发现的一枚古青铜砭针，长4.6 cm，形状酷似多伦县头道洼新石器时代出土的砭石，但比那枚砭石更精致 2) 1973年长沙马王堆三号汉墓出土的医学帛书中，有两种关于古代经脉的著作：《足臂十一脉灸经》和《阴阳十一脉灸经》 3) 河北省满城县的西汉刘胜墓出土4枚金针：锋利针1枚，毫针2枚，有1枚名称尚未定	(1) 金属医针为主导的临床应用，扩大了针刺的适应证范围，带来了针灸学术的飞跃发展 (2)《内经》中，初步形成了以理、法、方、穴、术为一体的独特的针灸学理论体系，书中载有160个左右常用穴位 (3)《难经》进一步丰富和充实了针灸学理论体系 (4) 两部经脉帛书反映了针灸学核心理论经络学说的早期面貌
		东汉至三国时期(公元25～公元265年)	(1) 华佗创立了著名的"华佗夹脊穴" (2)《伤寒杂病论》中，多处提到刺灸、烧针、温针等法	"华佗夹脊穴"的创立
针灸专门学科创立，经验与理论的丰富		魏晋时期(公元220～公元581年)	(1) 皇甫谧所撰《针灸甲乙经》是一部最早的、体系比较完整的针灸专书 (2) 葛洪撰《肘后备急方》，所录针灸医方109条，其中99条为灸方，从而使灸法得到了进一步的发展	《针灸甲乙经》是对针灸学的又一次总结，在针灸发展史上起到了承前启后的作用，书中发展和确定了349个腧穴
		隋唐时期(公元581～公元960年)	(1) 孙思邈撰《备急千金要方》和《千金翼方》等书，首载阿是穴法和指寸法，广泛地收录了前代各家的针灸临床经验，并绘制了《明堂三人图》 (2) 杨上善撰《黄帝内经明堂类成》，按十二经脉和奇经八脉的次序，论列穴位	(1) 孙思邈首次提出阿是穴法和指寸法；第一份针灸彩色图的问世——《明堂三人图》，成为历史上最早的彩色经络腧穴图(已佚)；提出了灸法保健的应用

笔记栏

续　表

发展阶段	历史时期	主要文献记载与考古发现	突出贡献
针灸专门学科创立，经验与理论的丰富	隋唐时期(公元581～公元960年)	(3) 王焘编《外台秘要》，大量采录了诸家的灸法 (4) 崔知悌著《骨蒸病灸方》，专门介绍灸治痨病方法 (5)《新集备急灸经》，是我国最早雕版印刷的医书，专论急证用灸 (6) 唐太医署掌管医药教育，内设针灸专业，有针博士、针助教、针师、针工及针生，各自发挥不同的教学作用	(2) 灸法备受多位医家重视，最为盛行 (3) 重视针灸教育，针灸成为一个独立的专科，促进了针灸学科的全面发展和进步
	宋金元时期(公元960～公元1368年)	(1) 王惟一撰成《铜人腧穴针灸图经》，雕印刻碑，由政府颁行，两具铜人模型制成，外刻经络腧穴，内置脏腑，以供针灸教学与考试之用 (2) 王执中撰《针灸资生经》，重视实践经验，对后世颇有影响 (3) 滑寿著《十四经发挥》，首次把任、督脉和十二经脉并称为"十四经"，进一步发展了经络腧穴理论 (4) 闻人耆年所著《备急灸法》、胡元庆所撰《痈疽神秘灸经》、庄绰所著《灸膏肓俞穴法》等书问世，标志着针灸在各科的深入发展 (5) 窦材著《扁鹊心书》，极力推崇烧灼灸法与灸法保健，每灸数十壮乃至数百壮 (6) 席弘著《席弘赋》，特别讲究刺法 (7) 窦汉卿撰《针经指南》《标幽赋》	(1) 刻碑供人们参抄拓展，促进经络腧穴理论知识的统一和针灸学的发展；首创直观教具 (2)《十四经发挥》，首次提出"十四经" (3) 灸法继续向专病治疗及预防保健方面发展 (4) 针刺手法得到了创新与发挥。《席弘赋》《标幽赋》是针灸歌赋中的名篇
	明代时期（公元1368～公元1644年）	(1) 朱橚所著《普济方·针灸门》、高武所著《针灸聚英发挥》、徐凤所著《针灸大全》、吴崑所著《针方六集》、张介宾所著《类经图翼》等，都是汇总历代针灸文献的著作；杨继洲的《针灸大成》也是汇集历代诸家学说和实践经验总结而成 (2)《针灸大全·金针赋》《针灸大成·三衢杨氏补泻》、李梴所著《医学入门·针灸》、汪机所著《针灸问对》等，都是载述针刺手法的代表作	(1)《针灸大成》影响最大，是继《内经》、《针灸甲乙经》后对针灸学术的又一次全面总结 (2)《金针赋》为针法专著，首创专病专法的"治病八法"和"飞经走气四法"，对后世针法的发展影响极大
	清初至鸦片战争（公元1644～公元1840年）	(1) 吴谦等人奉敕撰《医宗金鉴·刺灸心法要诀》，以歌诀和插图为主，很切合实用 (2) 李学川撰《针灸逢源》，强调辨证取穴，针药并重，并且完整地列出了361个经穴 (3) 1822年，清政府竟以"针刺火灸，究非奉君之所宜"为理由，下令太医院停止使用针灸，废止针灸科	《医宗金鉴·刺灸心法要诀》，首创歌诀和插图相结合
针灸事业的受挫与新生	清代中期至民国（公元1840～公元1949年）	(1) 以1840年鸦片战争为转折，中国沦为半殖民地半封建社会。广大人民陷入深重灾难之中，针灸学术受到严重挫折。西方医学的传入，为了推销西医药商品，竭力排斥中医药与针灸。从1914年开始，多次提出要废止中医，并采取了一系列限制中医的措施，造成了中医事业包括针灸事业的停滞不前 (2) 1944年10月，毛泽东在陕甘宁边区文教工作者会议上发表了《文化工作的统一战线》的讲话后，许多西医开始学习和研究针灸，并在根据地和军队中推广应用	(1) 针灸在民间继续流传。许多针灸医生为了保存和发展针灸学术，成立针灸学社，编印针灸书刊，开展函授教育，取得一定成效。近代针灸学家承淡安先生为振兴针灸学术作出了很大贡献，被誉为中国针灸事业的复兴者与传播者 (2) 1945年4月延安白求恩国际和平医院开设针灸门诊，这是我国针灸第一次进入综合医院
针灸学术的全面复兴	中华人民共和国成立后(公元1949年后)	中华人民共和国成立后，政府采取了一系列发展中医事业的措施；全国各地先后成立了中医院校、中医医院、针灸经络研究所，设置了针灸专业或针灸科，并建立了专门的针灸学院或针灸系；科学研究项目与经费日益增加；国际与国家标准相继建立；2010年11月，由我国申报的"中医针灸"，被联合国教科文组织列入"人类非物质文化遗产代表作名录"	我国针灸事业蓬勃发展，硕果累累。传统的针灸与现代科学技术相结合，促使针灸发展到一个崭新的阶段。与此同时，我国针灸在世界上影响日益扩大，加速了向世界的传播，使得针灸成为世界医学的一部分

笔记栏

近60多年来，在认真继承挖掘古代针灸学术的基础上，应用现代科学知识和方法进行研究，是我国现代针灸研究的特点。翻印、点校、注释了几乎所有的针灸古代医籍；传统文献研究和现代信息技术并用，专题深入地总结古代针灸文献，并借此探讨传统的针灸理论与针灸学术史；用现代论著的方法阐述和架构针灸学体系；观察临床适应病证，验证不同腧穴与刺灸方法的疗效，广泛地一种病一种病地进行临床总结，不断扩大针灸临床适应病种；引入了循证医学的方法，开展了临床疗效的系统评价；在针刺镇痛的临床基础上，创立了"针刺麻醉"；从经络感传现象入手，开展了经络实质、经穴与脏腑相关、经穴与脑相关等的研究；开展了腧穴定位及定位方法、形态结构、理化微环境、生物物理特性、病理反应及腧穴刺激效应、经穴效应特异性、腧穴敏化态的研究；与时俱进地应用现代科学技术开展了针灸治病原理与针麻原理的研究，较为系统地观察了针灸对神经系统、内分泌系统、免疫系统、呼吸系统、循环系统、血液成分、消化系统、泌尿生殖系统调节作用的观察；在挖掘、整理和继承传统刺灸方法的基础上，创造了更加丰富多彩的刺灸方法，对刺灸法进行了规范化、量学效应的研究；以耳针、头针为代表的微针系统诊疗学建立；针灸仪器的设计与研发紧密地同电学、磁学、光学、热学、超声波、传感器和电子计算机等现代科学技术结合，研制出了很多针灸诊疗仪器，并应用于临床、科研、教学等领域。研究、制订了国际标准3项，国家标准21项，行业标准5项，行业指导意见1项等。总之，在60余年里，我国针灸事业蓬勃发展、硕果累累。传统的针灸与现代科学技术相结合，促使针灸发展到一个崭新的阶段。与此同时，我国针灸在世界上影响日益扩大，加速了向世界的传播，使得针灸成为世界医学的一部分。

三、针灸学术的对外传播

针灸学源于中国，在公元6世纪时针灸传到朝鲜和日本。梁武帝在541年曾派医师和工匠赴百济，朝鲜的新罗王朝在公元693年设置针博士教授针生。公元552年我国以《针经》赠日本钦明天皇，公元562年吴人知聪携《明堂图》等医书赴日，同时日本也多次派人来我国学医；公元702年日本颁布大宝律令，仿唐朝的医学教育制度，设置针灸专业。我国针灸学术传到朝鲜和日本以后，一直被作为传统医学的重要组成部分，流传至今。随着中外文化交流的发展，针灸也传到东南亚及印度大陆。公元16世纪末17世纪初针灸传到欧洲，以后从事针灸者逐渐增多，法国是欧洲传播针灸学术较早的国家。

中华人民共和国成立以来，扩大了我国针灸学术对国际的影响，加快了对外传播。在20世纪50年代，我国曾帮助苏联和东欧国家的一些医师学习针灸，自1975年以来又与世界卫生组织合作，在北京、上海、南京举办国际针灸班，以后陆续各省的中医药大学（学院）开展了留学生针灸专业教育，为许多国家培训了针灸人才。1987年11月在世界卫生组织的支持下，在我国召开了世界针灸学会联合会（简称"世界针联"）的成立大会暨第一届世界针灸学术大会，制订了《国际标准针灸穴名》及《针灸临床研究方法指南》等。目前，全世界已有160多个国家和地区开展针灸医疗，从事针灸的专职医师有20万～30万人。一些国家和地区还开展了针灸教育和针灸研究工作。1997年11月，美国国立卫生研究院举行了针刺疗法听证会，并明确指出，起源于中国的针刺疗法对多种疾病具有显著疗效，作用确切且副作用极小，可以广泛应用，这对针灸学在世界范围的普及和推广具有重要意义。

2010年11月，由我国申报的"中医针灸"，被联合国教科文组织列入"人类非物质文化遗产代表作名录"，这对扩大中医药的影响，更好地继承、创新、发展中医药事业，让"中国针灸"作为中国文化的一部分走向世界，将带来积极的影响和推动作用。

（贾春生）

笔记栏

上篇

经络腧穴

第一章 经络总论

导 学

本章是经络学总论,主要介绍经络概述,经络学说的形成,经络系统的组成,经络的根结、标本与气街、四海,经络的生理功能及经络学说在临床上的运用。

通过学习,掌握经络系统的组成、十二经循行走向与交接规律和循环流注及脏腑经络属络关系、经络的作用及临床应用;熟悉经络的标本、根结、气街、四海理论,奇经八脉、十五络脉、十二经别、十二经筋、十二皮部的定义;了解奇经八脉、十五络脉、十二经别循行特点,以及经络学说的形成。

第一节 经络概述

一、经络与经络学说的概念

经络(meridians and collaterals)是经脉和络脉的总称,是运行气血的通道,联系全身的网络。经,有路径的含义,经脉贯通上下,沟通内外,是经络系统中的主干;络,有网络的含义,络脉是经脉别出的分支,较经脉细小,纵横交错,遍布全身。《灵枢·脉度》说:"经脉为里,支而横者为络,络之别者为孙。"

经络内属于脏腑,外络于肢节,沟通于脏腑与体表之间,将人体脏腑组织器官联系成为一个有机的整体;并借以行气血,营阴阳,使人体各部的功能活动得以保持协调和相对的平衡。针灸临床治疗时的辨证归经、循经取穴、针刺补泻等,无不以经络理论为依据。所以《灵枢·经别》说:"夫十二经脉者,人之所以生,病之所以成,人之所以治,病之所以起,学之所始,工之所止也。"说明经络对生理、病理、诊断、治疗等方面的重要意义,为历代医家所重视。

经络学说是研究人体经络系统的循行分布、生理功能、病理变化及其与脏腑相互关系的一种理论学说,它是中医学理论体系的重要组成部分,几千年来一直指导着中医各科的诊断和治疗,其与针灸学科关系尤为密切。

二、经络学说的科学内涵

经络学说的基本内容之一是经络的循行、联系、分布,自古至今都用"线条"进行模型化展示。经络学说科学价值的体现,并不在于其循行路线本身,而在于这些"线条模式图"所蕴含的经验事实,以及基于这些经验总结提炼的人体上下、内外、远隔部位间特定联系的规律。

经络学说反映人体各部位特定联系,经络系统展示了人体体表与体表之间的上下远端联系、体表与内脏之间的内外远端联系。其中,经脉学说主要说明体表与体表之间的远端上下联系以及体表与内脏之间的远端内外联系,络脉学说主要说明体表与体表之间的远端上下联系及左右联系。基本内容包括:体表与体表相关(上下相关、左右相关、前后相关),体表与内脏相关(经穴—脏腑相关、官窍—脏腑相关),体表—内脏—体表相关(头面、胸背、腰腹—脏腑—手足相关)。

笔记栏

三、经络的现代研究概况

经络的现代研究主要包括经络现象的研究和经络实质的研究。

经络现象是指机体由于某种原因引起的沿古典经脉循行路线出现的各种生理和病理现象。生理现象有循经感传、隐性循经感传等,病理现象有循经性皮肤病、循经性皮肤显痕、循经性感觉异常、循经性疼痛等。经络现象的基本特征是循经性,经络现象主要包括:① 主观感觉,如循经感传、循经性感觉异常、循经性疼痛等;② 由特殊方法测查而得,如隐性循经感传等;③ 刺激穴位时循经出现的红线、白线、皮丘等及循经性皮肤病等。

经络实质的研究相对集中于以下三种观点:① 经络是以神经系统为主要基础,包括血管、淋巴系统等已知结构的人体功能调节系统;② 经络是独立于神经、血管、淋巴系统等已知结构之外,但又与之密切相关的另一个功能调节系统;③ 经络可能是既包括已知结构,也包括未知结构的综合功能调节系统。

上述的研究,纳入了包括物理学、化学、光学等在内的多学科方法、技术,对经络循经感传现象规律进行了研究,肯定了经络的客观存在,并提出了经络实质相关的多种假说。

第二节 经络学说的形成

经络学说是我国劳动人民通过长期的医疗实践,不断观察总结而逐步形成的。到《内经》成书时已初步形成了系统的理论,经历代医家不断地充实而逐步趋于完整。据文献记载分析,经络学说的形成,可能通过以下途径。

一、针灸等刺激的感应和传导的观察

针刺时会产生酸、麻、重、胀等感应,称为"针感",这种"针感"常沿着一定路线向远部传导。如《灵枢·邪气脏腑病形》指出:"中气穴则针游于巷"。温灸时也会有热感由施灸部位向远处扩散。古代医学家经过长期观察,逐步认识到人体各部有复杂而又有规律的联系通路,从而提出经络分布的轮廓。

二、腧穴功效的总结

通过长期的针灸实践,发现主治范围相似的腧穴往往有规律地排列在一条路线上,如分布于上肢外侧前缘的腧穴都能治头面病证,分布于上肢内侧前缘的腧穴,虽与上述腧穴距离很近,但却以治疗喉、胸、肺病为主。古代医学家把作用相似的穴位归纳分类,逐步形成经络的连线。

三、体表病理现象的推理

在临床实践中,有时发现某一脏器发生病变,在体表相应部位可有压痛、结节、皮疹、颜色改变等现象。对体表部位病理现象的观察分析也是发现经络系统的途径之一。

四、解剖、生理知识的启发

古代医学家通过解剖,在一定程度上认识了内脏的位置、形态及某些生理功能。观察到人体分布着许多管状和条索状结构,并与四肢联系,观察到某些脉管内血液流动的现象,等等,这些观察对认识经络有一定的启发。

以上几点表明,发现经络的途径是多方面的,各种认识又可相互启发、相互佐证、相互补充,从而使人们对经络的认识逐步完善。从现存的医学文献资料来看,经络学说在两千多年前已经基本形成。

笔记栏

第三节　经络系统的组成

经络系统是由经脉和络脉组成的。其中经脉包括十二经脉和奇经八脉，以及附属于十二经脉的十二经别、十二经筋、十二皮部。络脉有十五络、浮络、孙络等。其基本内容列表如下(表1-1)。

表1-1　经络系统表

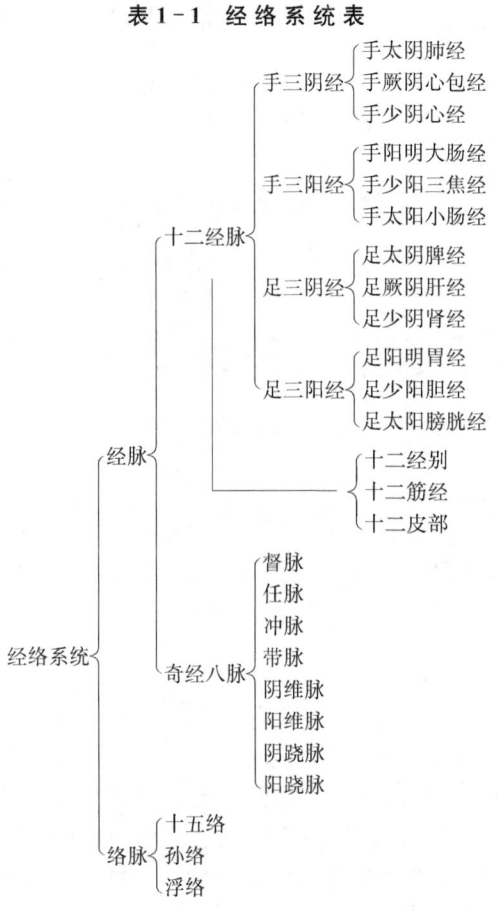

一、十二经脉

(一) 十二经脉的命名

十二经脉(twelve regular meridians)即手三阴经(肺、心包、心)、手三阳经(大肠、三焦、小肠)、足三阳经(胃、胆、膀胱)、足三阴经(脾、肝、肾)的总称。它们是经络系统的主体，故又称为"正经"。

十二经脉的名称是根据脏腑、手足、阴阳而定的。它们分别隶属于十二脏腑，各经都用其所属脏腑的名称，结合其循行于手足、内外、前中后的不同部位，根据阴阳学说而给予不同名称。如将其中隶属于六腑、循行于四肢外侧的经脉称为阳经，并根据阴阳衍化的道理分为三阴三阳，这样就订出了手太阴肺经、手阳明大肠经等十二经脉名称。

(二) 十二经脉在体表分布的规律

十二经脉左右对称地分布于头面、躯干和四肢，纵贯全身。六条阴经分布于四肢的内侧和胸腹，其中上肢的内侧是手三阴经，下肢的内侧是足三阴经。六条阳经分布于四肢的外侧和头面、躯干，其中上肢的外侧是手三阳经，下肢的外侧是足三阳经。手、足三阳经在四肢的排列是阳明在前，少阳在中，太阳在后。手三阴经在上肢的排列是太阴在前，厥阴在中，少阴在后。足三阴经在小腿下半部及足背，其排列是厥阴在前、太阴在中、少阴在后，至内踝上8寸处足厥阴经同足太阴经交叉后，循行在太阴与少阴之间，便成为太阴在前，厥阴在中，少阴在后(图1-1)。

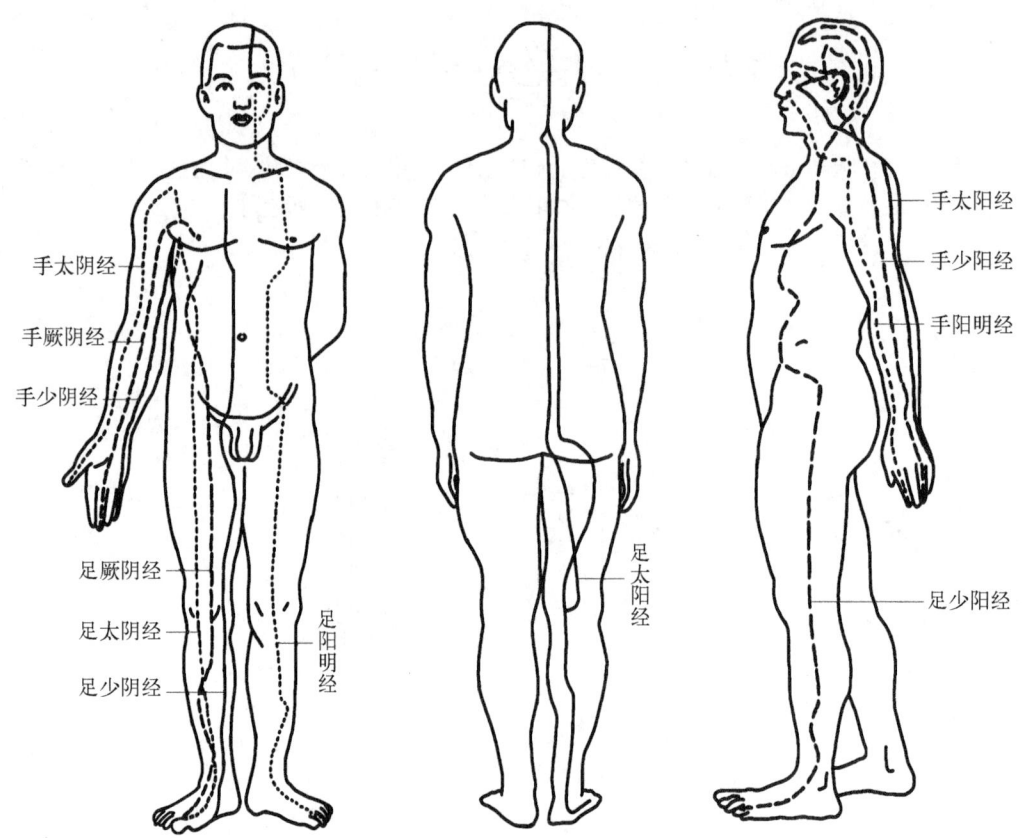

图1-1 十二经脉体表分布

（三）十二经脉表里属络关系

十二经脉内属于脏腑，脏与腑有表里相合的关系，阴经与阳经有表里属络关系。即手太阴肺经与手阳明大肠经相表里；足阳明胃经与足太阴脾经相表里；手少阴心经与手太阳小肠经相表里；足太阳膀胱经与足少阴肾经相表里，手厥阴心包经与手少阳三焦经相表里；足少阳胆经与足厥阴肝经相表里。互为表里的阴经与阳经在体内有属络关系，即阴经属脏络腑，阳经属腑络脏，如手太阴肺经属肺络大肠，手阳明大肠经属大肠络肺等等；在四肢又通过络脉的衔接加强了表里经之间的联系。这样在脏腑阴阳经脉之间就形成了六组表里络属关系。互为表里的经脉在生理上密切联系，病变时相互影响，治疗时相互为用。

（四）十二经脉的循行走向与交接规律

十二经脉的循行走向：手三阴经从胸走手，手三阳经从手走头，足三阳经从头走足，足三阴经从足走腹（胸）。正如《灵枢·逆顺肥瘦》所载："手之三阴，从脏走手；手之三阳，从手走头；足之三阳，从头走足；足之三阴，从足走腹。"

十二经脉的交接：阴经与阳经多在四肢部衔接，如手太阴肺经在食指与手阳明大肠经交接，手少阴心经在小指与手太阳小肠经交接，足太阳膀胱经从足小趾斜趋足心与足少阴肾经交接，足少阳胆经从足跗上斜趋足大趾丛毛与足厥阴肝经交接；阳经与阳经（指同名经）在头面部相接，如手少阳三焦经和足少阳胆经均通于目外眦；阴经与阴经（即手足三阴经）在胸部交接，如足太阴脾经与手少阴心经交接于心中，足少阴肾经与手厥阴心包经交接于胸中，足厥阴肝经与手太阴肺经交接于肺中（图1-2）。

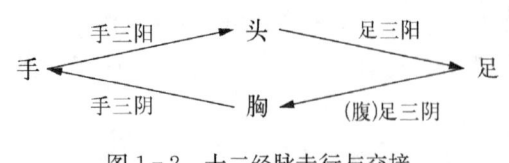

图1-2 十二经脉走行与交接

（五）十二经脉的循环流注

十二经脉通过手足阴阳表里经的连接而逐经相传，构成了一个周而复始、如环无端的传注系统，气血通过经脉，内到脏腑器官，外达肌表，营养全身。其流注次序示意如下（图1-3）。

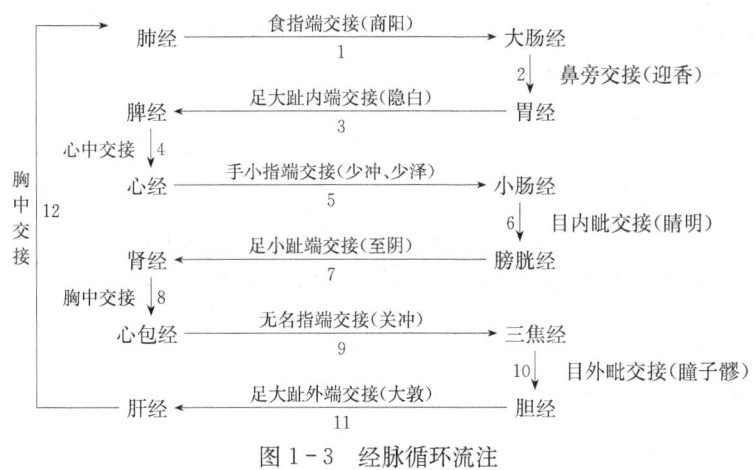

图1-3 经脉循环流注

二、奇经八脉

奇经八脉(eight extra meridians)是督脉、任脉、冲脉、带脉、阴维脉、阳维脉、阴跷脉、阳跷脉的总称。它们与十二正经不同,既不直属脏腑,又无表里配合关系,"别道奇行",故称"奇经"。

八脉中的督、任、冲脉皆起于胞中,同出会阴,别而上行,称为"一源三歧"。其中督脉行于腰背正中,上至头面。任脉行于胸腹正中,上抵颏部。冲脉与足少阴肾经相并上行,环绕口唇。带脉起于胁下,环行腰间一周。阴维脉起于小腿内侧,沿腿股内侧上行,至咽喉与任脉会合。阳维脉起于足跗外侧,沿腿膝外侧上行,至项后与督脉会合。阴跷脉起于足跟内侧,随足少阴等经上行,至目内侧与阳跷脉会合。阳跷脉起于足跟外侧,伴足太阳等经上行,至目内眦与阴跷脉会合,沿足太阳经经上额,于项后会合足少阳胆经。

奇经八脉交错地分布于十二经之间,其作用主要体现于两方面。其一,沟通了十二经脉之间的联系。奇经八脉将部位相近、功能相似的经脉联系起来,达到统摄有关经脉气血、协调阴阳的作用。督脉与六阳经有联系,称为"阳脉之海",具有调节全身诸阳经经气的作用;任脉与六阴经有联系,称为"阴脉之海",具有调节全身诸阴经经气的作用;冲脉与任、督脉,足阳阴、足少阴等经有联系,故有"十二经之海""血海"之称,具有涵蓄十二经气血的作用;带脉约束联系了纵行躯干部的诸条足经;阴、阳维脉联系阴经与阳经,分别主管一身之表里;阴、阳跷脉主肢体两侧的阴阳,阳主动,阴主静,共司下肢运动与寤寐。其二,奇经八脉对十二经气血有蓄积和渗灌的调节作用。当十二经脉及脏腑气血旺盛时,奇经八脉加以蓄积,当人体功能活动需要大量气血支持时,奇经八脉又能渗灌供应。

奇经八脉之中,唯任、督二脉各有其所属腧穴,故与十二经相提并论,合称为"十四经"。十四经具有一定的循行路线、病候及所属腧穴,是经络系统的主要部分,在临床上是针灸治疗及药物归经的基础。

三、十五络脉

十二经脉和任、督二脉各自别出一络,加上脾之大络,共计十五条,称为"十五络脉(fifteen collaterals)",分别以十五络所发出的腧穴命名。

十二经脉的别络在四肢肘膝关节以下从本经络穴分出后,均走向其表里经脉。任脉的别络从鸠尾分出后,散布于腹部;督脉别络从长强分出后,散布于头部,左右别走足太阳经;脾之大络从大包分出,散布于胸胁。全身络脉中,十五络较大。络脉中浮行于浅表部位的称为"浮络"。络脉中最细小的分支称为"孙络"。"孙络"遍布全身,难以计数。

十二经别络加强了阴阳表里经之间的联系。任脉别络沟通了腹部经气,督脉别络沟通了背部经气,脾之大络沟通了侧胸部经气。浮络、孙络细小密布,其作用主要是输布气血以濡养全身组织。

四、十二经别

十二经别(twelve divergent meridians)是十二正经离、入、出、合的别行部分,是正经别行深入体腔的支脉。

十二经别多从四肢肘膝上下的正经离别，再深入胸腹，阳经经别在进入胸腹后都与其经脉所属络的腑联系，然后均在头项部浅出体表。阳经经别合于阳经经脉；阴经经别合于相表里的阳经经脉，故有"六合"之称。足太阳、足少阴经别，从腘部分出，入走肾与膀胱，上出于项，合于足太阳膀胱经；足少阳、足厥阴经别从下肢分出，行至毛际，入走肝胆，上系于目，合于足少阳胆经；足阳明、足太阴经别从髀部分出，入走脾胃，上出鼻頞，合于足阳明胃经；手太阳、手少阴经别从腋部分出，入走心与小肠，上出目内眦，合于手太阳小肠经；手少阳、手厥阴经别从所属正经分出，进入胸中，入走三焦，上出耳后，合于手少阳三焦经；手阳明、手太阳经别从所属正经分出，入走肺与大肠，上出缺盆，合于手阳明大肠经。

通过经别离、入、出、合的循行分布，加强了脏腑之间的联系，使十二经脉对人体各部分的联系更趋周密，扩大了经穴的主治范围。例如阴经经别在头项部合于与其相表里的阳经经脉，这样就加强了阴经经脉同头面部的联系，手足三阴经脉腧穴之所以能治头面、五官的疾病，是与阴经的经别在头面部有其内在的联系分不开的，如偏、正头痛，可取太渊、列缺治疗；牙痛、喉病，可取太溪、照海治疗；等等。

五、十二经筋

十二经筋（twelve muscle regions）是十二经脉之气结聚于筋肉关节的体系，是十二经脉的外周连属部分。

十二经筋的分布与十二经脉的体表通路基本一致，其循行均从四肢末端走向头身，行于体表，不入内脏，结聚于关节、骨骼部。足三阳经筋起于足趾，循股外上行结于頄（面部）；足三阴经筋起于足趾，循股内上行结于阴器（腹部）；手三阳经筋起于手指，循臑外上行结于角（头部）；手三阴经筋起于手指，循臑内上行结于贲（胸部）。各经筋在循行途中还在踝、腘、膝、股、腕、肘、臂、腋、肩、颈等关节或骨骼处结聚，特别是足厥阴经筋，除结于阴器，还能总络诸筋。

经筋的作用主要是约束骨骼，利于关节屈伸活动，以保持人体正常的运动功能，如《素问·痿论》所说："宗筋主束骨而利机关也。"

六、十二皮部

十二皮部（twelve cutaneous regions）是十二经脉功能活动反映于体表的部位，也是络脉之气散布的所在。《素问·皮部论》说："凡十二经络脉者，皮之部也。"

十二皮部的分布区域，是以十二经脉体表的分布范围为依据的。《素问·皮部论》指出："欲知皮部，以经脉为纪者，诸经皆然。"

由于皮部居于人体最外层，所以是机体的卫外屏障。

上述十二经脉、奇经八脉、十五络脉、十二经别、十二经筋和十二皮部等共同组成经络系统，成为不可分割的整体。

第四节 经络的根结、标本与气街、四海

一、根结与标本

《灵枢·根结》指出，足六经的"根"在四肢末端井穴，"结"则在头、胸、腹的一定部位（表1-2）。窦汉卿《标幽赋》则进一步指出十二经脉的"四根""三结"，即十二经脉经以四肢为"根"，以头、胸、腹三部为"结"。

《灵枢·卫气》论述了十二经的标与本，大体上"本"在四肢，"标"在头面躯干，其范围较"根""结"为广（表1-3）。

表 1-2 足六经根结表

经　脉	根	结
足阳明	厉兑	颡大(钳耳)
足少阳	窍阴	窗笼(耳中)
足太阳	至阴	命门(目)
足太阴	隐白	太仓
足厥阴	大敦	玉英
足少阴	涌泉	廉泉

表 1-3 十二经标本部位表

经　脉	本　部	标　部
足阳明	厉兑	颊、夹颃颡
足少阳	窍阴之间	窗笼(耳)之前
足太阳	跟以上5寸中	命门(目)
足太阴	中封前上4寸中	背俞与舌本
足厥阴	行间上5寸所	背俞
足少阴	内踝下上3寸中	背俞与舌下两脉
手太阳	外踝之后	命门之上1寸
手少阳	小指次指之间上2寸	耳后上角、目外眦
手阳明	肘骨中上至别阳	颜下合钳上
手太阴	寸口之中	腋内动脉
手厥阴	掌后两筋之间2寸中	腋下3寸
手少阴	锐骨之端	背俞

十二经脉的"根"与"本"、"结"与"标"位置相近或相同,它们的意义也相似。根者、本者,部位在下,皆经气始生始发之地,为经气之所出;结者、标者,部位在上,皆为经气归结之所。

标本根结的理论补充说明了经气的流注运行情况。《灵枢·经脉》《灵枢·逆顺肥瘦》《灵枢·营气》等篇阐述了十二经脉逐经循环传注的体系,气血环流不息,营养全身。而标本根结理论不仅说明了人体四肢与头身的密切联系,而且更强调四肢为经气的根与本。临床上,针刺这些部位的腧穴易于激发经气、调节脏腑经络的功能,所以四肢肘膝关节以下的腧穴主治病证的范围较远、较广,不仅能治疗局部病,而且能治疗远离腧穴部位的脏腑病、头面五官病等。

二、气街与四海

气街是指经气聚集通行的共同道路。《灵枢·卫气》说:"胸气有街,腹气有街,头气有街,胫气有街。"《灵枢·动输》又说:"四街者,气之径路也",说明了胸、腹、头、胫部是经脉之气聚集循环的部位。

因十二经脉气血"皆上于面而走空窍",故《灵枢·卫气》说:"气在头者,止之于脑",十二经脉脏腑之气集聚于胸腹背脊等部位,故说:"气在胸者,止之膺与背俞;气在腹者,止之背俞,与冲脉于脐左右之动脉者";下肢经脉的经气多汇集在少腹气街(气冲)部位,故说:"气在胫者,止之于气街"。

气街部位多为"结"与"标"的部位,基于这一理论,分布于头身的腧穴可以治疗局部和内脏疾患,部分腧穴又可治疗四肢病证。

《灵枢·海论》提出人身有四海:脑为髓海;膻中为气海;胃为水谷之海;冲脉为十二经之海,又称血海。

四海的部位与气街类似,髓海位于头部,气海位于胸部,水谷之海位于上腹部,血海位于下腹部。各部相互联系,主持全身气血津液。

脑部髓海,为神气的本源,脏腑、经络功能活动的主宰;胸中为气海,宗气所聚之处,推动肺的呼吸和心血的运行;胃为水谷之海,是营气、卫气的化源;冲脉起于胞宫,伴足少阴经上行,《难经》称"脐下,肾间

动气者",为十二经之根本,是为原气,原气以三焦为通道分布全身,是人体生命活动的原动力。宗气、营气、卫气、原气共同构成人身的真气(正气),真气行于经络者称作"经气"或"脉气",因此,四海的理论进一步明确了经气的组成和来源。

第五节 经络的生理功能及经络学说在临床上的运用

一、经络的生理功能

（一）联络脏腑,沟通肢窍

人体的五脏六腑、四肢百骸、五官九窍、皮肉筋骨等组织器官,虽各有不同的生理功能,但又共同进行着有机的整体活动,使机体的内外上下保持着协调统一,构成一个有机的整体。这种相互联系、有机配合主要是依靠经络系统的联络沟通作用实现的。由于十二经脉及其分支纵横交错、入里出表、通上达下联系了脏腑器官,奇经八脉沟通于十二经之间,经筋皮部联结了肢体筋肉皮肤,从而使人体各脏腑组织器官有机地联系起来,如《灵枢·海论》说:"夫十二经脉者,内属于腑脏,外络于肢节。"

（二）运行气血,濡养周身

人体的各个脏腑组织器官均需要气血的温养濡润,才能够发挥其正常作用。气血是人体生命活动的物质基础,必须依赖经络的传注,才能输布周身,以温养濡润全身各脏腑组织器官,维持机体的正常功能。如营气的和调五脏,洒陈六腑,这就为五脏藏精、六腑传化的功能活动提供了物质条件,所以《灵枢·本脏》说:"经脉者,所以行血气而营阴阳,濡筋骨,利关节者也。"这就指明了经络具有运行气血、调节阴阳和濡养全身的作用。

（三）抗御外邪,保卫机体

由于经络能"行血气而营阴阳",营气运行于脉中,卫气运行于脉外,使营卫之气密布于周身,加强了机体的防御能力,起到了抗御外邪,保卫机体的作用。故《灵枢·本脏》说:"卫气和则分肉解利,皮肤调柔,腠理致密矣。"

二、经络学说的临床应用

（一）说明病理变化

在正虚邪乘的情况下,经络又是病邪传注的途径。当体表受到病邪侵袭时,可通过经络由表及里、由浅入深。如外邪侵袭肌表,初见发热、恶寒、头痛身疼等症,由于肺合皮毛,外邪循经内舍于肺,继而可见咳嗽、喘促、胸闷、胸痛等肺系病证。《素问·缪刺论》说:"夫邪之客于形也,必先合于皮毛,留而不去,入合于孙脉,留而不去,入合于络脉,留而不去,入合于经脉,内连五脏,散于肠胃。"指出了经络是外邪从皮毛腠理内传于脏腑的传变途径。此外,经络也是脏腑之间、脏腑与体表组织器官之间病变相互影响的渠道,例如,心移热于小肠,肝病影响胃,胃病影响脾等,这是脏腑病变通过经络传注而相互影响的结果。内脏病变又可通过经络反映到体表组织器官,如肝病胁痛,肾病腰痛,心火上炎可致舌部生疮,大肠、胃腑有热可致牙龈肿痛,等等,都说明经络是病邪传注的途径。

（二）指导辨证归经

由于经络有一定的循行部位和脏腑络属,它可以反映所属脏腑的病证,因而在临床上,就可以将疾病所出现的症状,结合经络循行的部位及所联系的脏腑,作为辨证归经的依据。例如,头痛一症,即可根据经脉在头部的循行分布而辨别,其痛在前额者多与阳明经有关,痛在两侧者多与少阳经有关,痛在颈项者多与太阳经有关,痛在巅顶者多与厥阴经有关。又如胁肋与少腹为肝经所过,故两胁疼痛或少腹痛,多与肝经有关。此外,某些疾病的过程中常发现在经络循行的通路上,或在经气聚集的某些穴位上,有明显的压痛、结节、条索状等反应物,以及皮肤形态变化、皮肤温度、电阻改变等,也有助于对疾病的诊断。如肠痛患者,有时在足阳明胃经的上巨虚出现压痛;长期消化不良的患者,有时可在脾俞见到异常变化。临床

上采用循经诊察、经络电测定等方法检查有关经络、腧穴的变化,可作诊断参考。

（三）指导针灸治疗

针灸治病是通过刺灸腧穴,以疏通经气,恢复调节人体脏腑气血的功能,从而达到治病的目的。针灸选穴,一般是在明确辨证的基础上,除选用局部腧穴外,通常以循经取穴为主,即某一经络或脏腑有病,便选用该经或该脏腑的所属经络或相应经脉的远部腧穴来治疗。《四总穴歌》所说:"肚腹三里留,腰背委中求,头项寻列缺,面口合谷收。"临床应用非常广泛。例如,胃病循经远取足三里、梁丘;胁痛循经远取阳陵泉、太冲等。又如头痛,因前头痛与阳明经有关,可循经远取上肢的合谷穴、下肢的内庭穴治疗,等等。此外,根据皮部与经络脏腑的密切联系,临床上用皮肤针叩刺皮肤、皮内针内埋藏皮内来治疗脏腑经脉的病证;根据"宛陈则除之"的理论,又可通过刺络出血的方法来治疗一些常见病,如目赤肿痛刺太阳出血,咽喉肿痛刺少商出血,急性腰扭伤刺委中出血,等等。经筋的病候,多表现为拘挛、强直和抽搐等症,治疗多以局部取穴,所谓"以痛为输"。这些都是经络学说在针灸治疗方面的体现。

经络不仅在人体生理功能上有重要作用,而且是临床上说明病理变化,指导辨证归经和辨证治疗的重要理论依据,故《灵枢·经脉》说:"经脉者,所以能决死生,处百病,调虚实,不可不通。"

（黄　泳）

第二章 腧穴总论

导　学

本章介绍了腧穴概述，腧穴的发展、分类和命名，腧穴的治疗作用及主治规律，特定穴概述，腧穴的定位方法。

通过学习，掌握腧穴的概念、腧穴的定位方法；熟悉腧穴的治疗作用；了解腧穴的发展、分类与命名。

第一节　腧穴概述

一、腧穴的概念

腧穴（acupoint）是人体脏腑经络气血输注于体表的特殊部位，既是疾病的反应点，又是针灸临床的刺激点。"腧"与"俞""输"义通，有输注、转输的含义；"穴"为孔隙之意。在历代文献中，腧穴有不同的名称，《内经》称"节""会""骨空""气穴""气府"；《针灸甲乙经》称"孔穴"；《太平圣惠方》称"穴道"；《铜人腧穴针灸图经》始称"腧穴"；而在《神灸经论》中才称"穴位"。

二、腧穴与脏腑、经络的关系

腧穴与脏腑、经络的关系极其密切，三者之间有着相互依存的内在关系。《素问·气府论》解释腧穴为"脉气所发"，《灵枢·九针十二原》在论述腧穴时说："节之交，三百六十五会……所言节者，神气之所游行出入也，非皮肉筋骨也。"《灵枢·小针解》进一步作了说明："节之交，三百六十五会者，络脉之渗灌诸节者也。"以上文中说明了经络与腧穴的密切关系。腧穴归于经络，而经络又联系脏腑，《素问·调经论》说："五脏之道，皆出于经隧"，故腧穴不是孤立于体表的点，而是通过经络与脏腑组织器官有一定内在联系，互相输通的特殊部位。脏腑位于体内，将水谷精微化生为气血，并通过经络系统运送到五脏六腑、五官九窍、四肢百骸及腧穴部位。经络、腧穴与脏腑相关，内外相应，这样就使腧穴—经络—脏腑间相互联系成通内达外不可分割的关系，故《灵枢·海论》曰："夫十二经脉者，内属于腑脏，外络于肢节。"脏腑病证可以通过经络反映到体表腧穴，在体表的腧穴施以针灸等法，就能治疗经络脏腑病证。

三、腧穴的现代研究概况

腧穴是人体脏腑经络气血输注于体表的特殊部位，是疾病的反应点，又是针灸临床的刺激点。腧穴有其特异性，腧穴和非腧穴在部位、反应病候和治疗作用上均有差别。对于腧穴特异性的研究，现代研究者们通过不同途径，运用各种先进的方法和多种手段对腧穴的形态结构、病理反应和功能特异性等方面进行了大量的实验研究和临床观察。

（一）腧穴部位特性的研究

1. 腧穴形态结构研究　现代研究者从腧穴解剖学和组织学等方面对腧穴进行了研究，发现：①穴位与周围神经有密切关系，大部分穴位位于神经干和神经分支周围，而非穴位区的神经干和神经分支均较穴区少，并发现腧穴处的神经分布与相关脏器的神经支配同属于相同的脊髓节段，或在该内脏所属的

笔记栏

神经支配节段的范围内；② 穴位结构与血管、淋巴管也有较密切的关系；③ 穴位与肌肉、肌腱的关系也十分密切，经穴中大部分的穴位位于肌肉分界处，其余的穴位则位于肌肉、肌腱之中或起止点上。

近年来，穴位形态学研究已从大体解剖方向过渡到穴位的巨微结构形态学，认为穴位是一个多层次的立体结构，穴位周围的微血管分支、神经分支和淋巴管分支十分丰富，且明显多于非穴位处。

2. 腧穴生物物理性研究 自20世纪50年代初，日本的中谷义雄率先报道"良导点""良导络"等特殊的皮肤导电量现象以来，我国研究者们从电学、热学、声学、光学、电磁学和同位素示踪等不同角度对经穴的生物物理特性进行了研究，特别是在经穴电特性方面相继做了不少工作，研究资料丰富且较成熟。研究认为电学特性在腧穴是普遍存在的，穴位皮肤电位明显高于非穴位，且具有非线性和惯性两大特征；人体经穴之皮肤电阻具有抗振荡波动现象，尤其是经穴与非经穴部位皮肤之间的振荡幅度有明显差异。研究也发现人体不同状态下的气血变化，对腧穴的电学特性有一定影响，这对于科学解释和应用传统中医针灸理论有重要意义。

（二）腧穴病理反应的研究

腧穴的病理反应是指脏腑器官发生病变时，通过经络在体表相应腧穴上有所反应。早在《灵枢·九针十二原》就记载："五脏有疾，当取之十二原……明知其原，睹其应，而知五脏之害矣。"研究结果有：① 脏腑器官发生病变时，穴位会出现感觉或形态的变化。如十二指肠溃疡病患者，中脘、右梁门和右胃仓旁开2寸处均有明显压痛。胃病患者（包括溃疡病、胃下垂、慢性胃炎、胃癌等）观察了胃俞、中脘、足三里、阳陵泉、脾俞、上脘、阴陵泉和地机8个穴位，并比较各穴与胃病的关系及其反应的特点。结果发现，足三里、胃俞的阳性例数最多，阳陵泉、中脘次之，其余4个穴位更少。从反应的情况看，足三里、阳陵泉以出现条索状反应物为主，胃俞、脾俞以出现松弛、凹陷或酸感为主，但发生胃癌时，胃俞出现结节状反应物，中脘出现结节和压痛。② 脏腑器官发生病变时，穴位生物物理特性会发生变化。如前述穴位之生物物理特性，当疾病产生时，穴位之电阻特性亦随之改变。

这些病理反应，提示在疾病诊断上的可行性与价值。故人们在研究经穴与脏腑相关的同时，对腧穴的临床诊断也进行了研究。

（三）腧穴功能特异性的研究

根据长期的医疗实践，古代医家认为，穴位功能的特异性是指穴位与非穴位、穴位与穴位之间在功能作用上所存在的差异。这种特异性是与其所在经脉循行分布及与其所属络和联系的脏腑相关的。20世纪50年代开始，我国学者在这方面作了大量的临床与实验研究，证实腧穴功能具有特异性，但这种特异性是相对的。如对子宫收缩无力的产妇进行观察，以子宫收缩描绘器记录子宫收缩波的高度、宽度和波间距。结果表明，针刺可增强子宫的收缩力，其中脾经三阴交的作用较胆经悬钟和胃经足三里更显著。再如，对妇女月经周期变化的观察中，发现排卵期三阴交等穴位的皮肤电阻骤然增高，但旁开的对照点则无明显变化。

关于腧穴现代研究的更多知识请见本教材附篇第五节针灸学现代研究进展。

第二节 腧穴的发展、分类与命名

一、腧 穴 的 发 展

腧穴是我国人民在长期医疗实践过程中，陆续发现并逐步积累起来的。它的发展经历了由少到多不断完善的漫长过程。最初，人们以病痛之处作为"砭灸处"，即"以痛为输"，是既无定位，又无定名，是对腧穴认识的最初阶段。随着对体表施术部位及其治疗作用的长期临床观察，才陆续给腧穴定位、定名，逐步形成了有固定名称、明确部位和主治作用的腧穴理论，这是腧穴发展的第二阶段。随着大量反复的实践和对腧穴主治作用认识得更加深入，历代医家不断整理总结，以经脉为主线对腧穴进行系统归类，形成了有定位、定名、归经的阶段。在《内经》中就记载有腧穴有名有位、有位无名、以痛为输等形式。中华人民共和国成立后，医学科学工作者对腧穴进行了大量的临床和实验研究，取得了不少成绩。1991年中华人民共和国颁布了《经穴部位》标准及其副本《经穴部位文献考与解剖》。2006年又重新修订颁布了国家标准《腧穴名称与定位》。

综上，腧穴的发展大致经历了四个阶段："以痛为输"阶段（无定位、无定名）；定位、定名阶段；定位、定名、归经阶段；标准化阶段。

二、腧穴的分类

腧穴一般分为经穴、奇穴和阿是穴三类。

（一）经穴

经穴，指归属于十二经脉和任、督脉的腧穴，又称"十四经穴"。它们是腧穴的主要部分，经穴都分布在十四经循行路线上，有具体的穴名、固定的位置，且有与所属经脉密切相关的某些主治和作用规律。经穴数目的发展经历了由少到多的过程。《内经》中约载160个，《针灸甲乙经》和《千金翼方》349个，《铜人腧穴针灸图经》和《十四经发挥》354个，《针灸大成》359个，至清代《针灸逢源》达361个（单穴52个，双穴309个）。2006年国家标准《腧穴名称与定位》把奇穴印堂纳入督脉中，故经穴数目现增为362个（单穴53个，双穴309个）。经穴在临床上的应用与其相关联经脉的循行密切相关。

（二）奇穴

奇穴，指十四经穴以外，具有具体的名称、位置和主治的腧穴，又称"经外奇穴""经外穴"。

奇穴多是在阿是穴的基础上发展而来的，分布较为分散，不像经穴那样有一定规律。关于奇穴数目的记载，在唐代孙思邈的《备急千金要方》载187个，但均散在治疗篇中。到明代《奇效良方》才首设"奇穴"一门，收载26穴，之后《针灸大成》专列"经外奇穴"一门，收有35穴，《针灸集成》汇集了144穴，说明历代医家对奇穴是颇为重视的。在2006年国家标准《腧穴名称与定位》中选载了47个经外奇穴。"奇"有奇效之意。奇穴在临床治疗上常对某些病证有特殊疗效，如四缝穴治小儿疳积，百劳穴治瘰疬，十宣穴治高热等。

（三）阿是穴

阿是穴，指无固定名称、位置和主治，而是病痛局部或与病痛有关的压痛或反应点的一类腧穴，又称"不定穴"（见《针灸玉龙经》）、"天应穴"（见《医学纲目》）。阿是穴之称最早见于唐代《备急千金要方》，曰："有阿是之法，言人有病痛，即令捏其上，若果当其处，不问孔穴，即得便快或痛处，即云阿是，灸刺皆验，故曰阿是穴也。"追其源，阿是穴应与《内经》所言"以痛为输"意相同。《灵枢·五邪》已有"以手疾按之，快然，乃刺之"之说。阿是穴的表现除压痛外，还有按之有舒适、热或酸楚感等。阿是穴在临床应用广泛，尤其在经筋病的治疗上。

三、腧穴的命名

每一个腧穴名称均有一定的含义，正如《千金翼方》说："凡诸孔穴，名不徒设，皆有深意。"历代医家主要以腧穴所在部位和作用为基础，结合自然界现象和医学理论等，采用比拟、象形和会意取类比象的方法对腧穴进行命名的。知道腧穴名称的含义，有助于熟悉、记忆腧穴的部位和治疗作用。腧穴命名大致可分为以下几类。

（一）自然地理类

1. **以日月星辰命名**　如日月、上星、璇玑、华盖、太乙、太白、天枢等。
2. **以山谷丘陵命名**　如承山、合谷、大陵、梁丘、商丘、丘墟等。
3. **以大小水流命名**　如后溪、支沟、中渎、曲泽、阳池、曲泉、经渠、涌泉、小海等。
4. **以交通要塞命名**　如气冲、水道、关冲、内关、风市等。

（二）人事物象类

1. **以动植物名命名**　如伏兔、鱼际、鸠尾、鹤顶、犊鼻、攒竹、丝竹空等。
2. **以建筑居处命名**　如天井、玉堂、内关、库房、府舍、印堂、巨阙、脑户、屋翳、膺窗、库房、地仓、气户、梁门等。
3. **以生活用具命名**　如大杼、地机、阳辅、天鼎、悬钟等。

笔记栏

4. 以人事活动命名 如人迎、百会、归来等。

（三）形态功能类

1. 以解剖部位命名 如腕骨、大椎、曲骨、巨骨等。
2. 以脏腑功能命名 如肝俞、心俞、神堂、魄户等。
3. 以经络阴阳命名 如阳陵泉、阴陵泉、三阴交等。
4. 以腧穴作用命名 如睛明、光明、水分、通天、迎香、牵正、听会、气海等。

目前，国际上统一用经脉名称的英文缩写与穴位的序号来命名经穴，如中府穴，表示为 LU 1（LU 是肺经的英文缩写，1 代表是肺经的第一个穴位）。

第三节 腧穴的治疗作用及主治规律

一、腧穴的治疗作用

腧穴有接受刺激、防治疾病的作用。通过针刺、艾灸等方法刺激腧穴以通其经络，调其气血，使阴阳归于平衡，脏腑趋于和调，从而达到防治疾病的目的。腧穴因其所处的部位、归属的经脉和特定穴类别的不同，每个腧穴其治疗作用也不尽相同。但腧穴的治疗作用有一定的特点，归纳起来有以下三个方面。

（一）近治作用

近治作用指腧穴能主治其所在部位及邻近的脏腑、组织、器官病证。如眼区的睛明、承泣等穴均能治疗眼疾；胃脘部的中脘、建里等穴均能治疗胃痛；膝部的阳陵泉、阴陵泉、梁丘、膝眼等穴均能治疗膝关节病等。这是所有腧穴主治作用所具有的共同特点，即"腧穴所在，主治所能。"

（二）远治作用

远治作用指腧穴能主治经脉循行所过的远隔部位的脏腑、组织、器官的病证。在十四经穴中，尤其是十二经脉在四肢肘膝关节以下的腧穴，不仅能治疗局部与邻近病证，而且还能治疗经脉循行所及的远隔部位的脏腑、组织、器官的病证。远治作用与经脉的循行密切相关，如合谷穴不仅可治疗上肢病，还可治颈部及头面部病证，是因为它所属的大肠经经脉循行到颈和头面部；三阴交不仅可治疗下肢病，还可治腹泻、遗尿、月经不调等。"四总穴歌"中 4 个穴位的主治作用就是典型的远治作用，正是"经脉所通，主治所及"。

（三）特殊作用

某些腧穴在临床应用时，具有特殊主治作用，亦体现了腧穴的特性。

1. 良性双向调整作用 当机体处于不同状态时，针刺同一腧穴可起到良性的双向调整作用。如泄泻时，针刺天枢穴能止泄，便秘时，针刺天枢穴则能通便；心动过速时，针刺内关穴能减慢心率，心动过缓时，针刺内关穴能加快心率。

2. 相对特异性 不同经脉腧穴其主治作用具有相对特异性，同一经脉不同的腧穴，其主治作用亦具有相对特异性。如大椎、合谷能退热；至阴纠正胎位不正；足三里、关元、大椎能强壮身体等。又如二间、三间、合谷穴同属手阳明大肠经，均可治疗牙痛，但以合谷穴效最好。

3. 特定腧穴，特定作用 十四经的特定穴不仅具有一般腧穴的主治特性，还具有独特的主治作用。如背俞穴与原穴主治以五脏疾患为主，募穴与下合穴主治以六腑疾患为主，郄穴多主治急性病痛，五输穴中的井穴主急救等。具体内容请见下篇针灸应用第十章第五节特定穴的应用部分。

二、腧穴的主治规律

从腧穴的主治作用可以看出，十四经腧穴主治作用的理论依据是经络学说。十二经各经腧穴的主治规律既有其特殊性，又有其共同性，具体可概括为分经主治规律和分部主治规律两个方面，具体如下。

（一）分经主治规律

十二经腧穴的主治以分经为基础，凡是属于同一经脉的腧穴，其主治均有共同之处。如手太阴肺经腧穴主治以肺、喉病证为主，足阳明胃经腧穴主治以胃肠病证为主等。十二经腧穴的分经主治，既能主治

笔记栏

本经的病证,又能主治二经或三经相同的病证,说明分经主治既有其特性,又有其共性的规律。如手三阳经从手走头,手三阳经腧穴均主治头部病证和上肢部位的疼痛、麻木、厥冷等。十二经腧穴分经主治归纳见表2-1(表中未列四肢部病证)。

表2-1 十二经腧穴分经主治表

手 三 阴 经

经 名	主 治		
手太阴肺经	肺、咽喉病		胸部病
手厥阴心包经	胃病	心 病 神志病	
手少阴心经			

手 三 阳 经

经 名	主 治	
手阳明大肠经	前头、眼、鼻、口齿病	
手少阳三焦经	侧头、耳、胁肋病	头部病
手太阳小肠经	后头、项、肩胛病	

足 三 阳 经

经 名	主 治	
足阳明胃经	前头、面眼、口齿、喉、胃肠病	
足少阳胆经	侧头、耳、胁肋、胆肝病	头部病
足太阳膀胱经	后头、项、背腰、肛肠病(背俞并治脏腑病)	

足 三 阴 经

经 名	主 治	
足太阴脾经	脾胃病	
足厥阴肝经	肝胆病、胁肋、头面病	腹部病(前阴病、妇科病)
足少阴肾经	肺病、咽喉病	

(二)分部主治规律

在分经的基础上,由于每一条经脉所属的腧穴分布部位不同,其主治作用的范围也有差异。如手阳明大肠经的合谷与迎香,迎香以治局部鼻病为主,而合谷除主治局部手腕病证外,还能治疗经脉循行所过的上肢及头面部病证。具体经穴分部主治规律见图2-1~图2-6。

临床实践证明,腧穴的主治作用与腧穴的部位是密切相关的。一般来说,头面躯干部的腧穴,除任、督脉某些腧穴具有特殊的或全身性的主治作用外,绝大部分腧穴一般只能主治腧穴所在部位及邻近的脏腑、组织、器官的病证。四肢部的腧穴,尤其是四肢肘膝关节以下的腧穴,除主治局部和邻近部位的病证外,还能主治与其相关经脉循行所及的远隔部位的头面躯干及其脏腑组织器官的病证。

第四节 特定穴概述

一、特定穴的意义

特定穴(specific point)是指十四经穴中具有特殊治疗作用和特定称号的腧穴。这些腧穴根据其不同的含义、分布特点和治疗作用,分成五输穴、原穴、络穴、郄穴、下合穴、俞穴、募穴、八会穴、八脉交会穴和交会穴等。特定穴在十四经穴中不仅在数量上占有相当比例,而且在针灸学的基本理论和临床应用方面有着重要的意义。

笔记栏

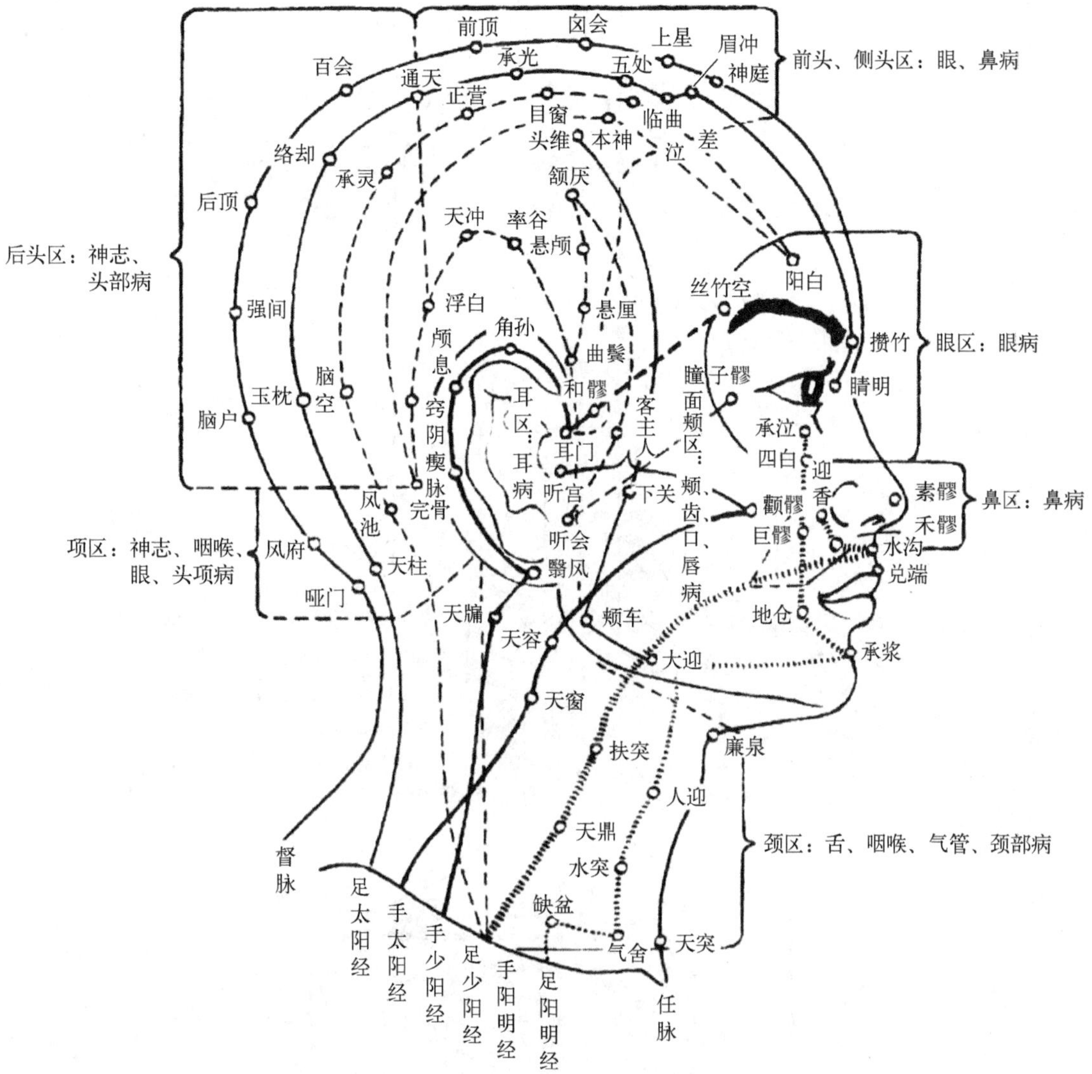

图 2-1　经穴分部主治图(头面颈项部)

二、特定穴的分类

（一）五输穴

十二经脉在肘、膝关节以下各有井、荥、输、经、合五个腧穴，总称五输穴，简称"五输"。有关内容首载于《灵枢·九针十二原》。古代医家把经气在经脉中运行的情况，比作自然界的水流，说明经气的出入和经过部位的深浅及其不同作用。如经气所出，像水的源头，称为"井"；经气所溜，像刚出的泉水微流，称为"荥"；经气所注，像水流由浅入深，称为"输"；经气所行，像水在通畅的河中流过，称为"经"；最后经气充盈，由此深入进而会合于脏腑，恰像百川汇合入海，称为"合"。故《灵枢·九针十二原》指出："所出为井，所溜为荥，所注为输，所行为经，所入为合。"《灵枢·本输》详细记载了各经井、荥、输、经、合各穴的名称和位置，唯独缺手少阴心经，到《针灸甲乙经》中才补充完备。

（二）原穴

原穴是脏腑原气经过和留止的部位。十二经脉在腕、踝关节附近各有一个原穴，合为十二原穴。"原"即本原、原气之意，是生命活动的原动力。原穴首载于《灵枢·九针十二原》。阴经之原穴和五输穴中的输穴是同一腧穴，阳经则输穴外另有原穴。

笔记栏

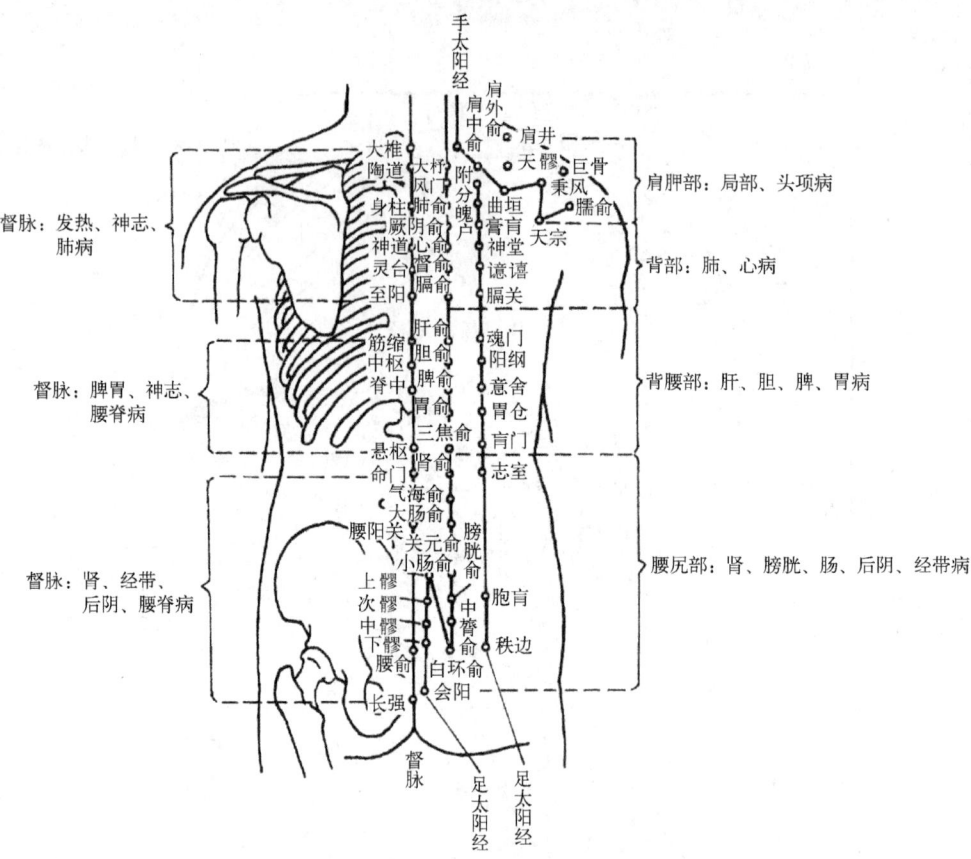

图2-2 经穴分部主治图(肩背腰骶部)

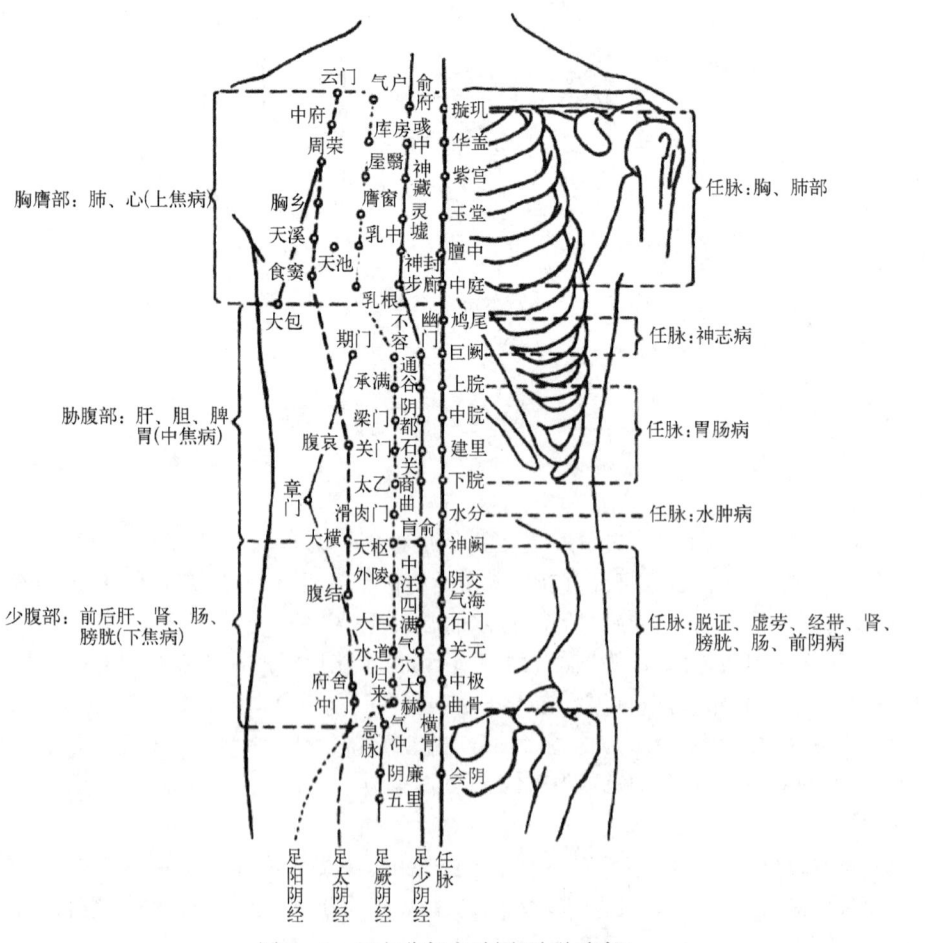

图2-3 经穴分部主治图(胸胁腹部)

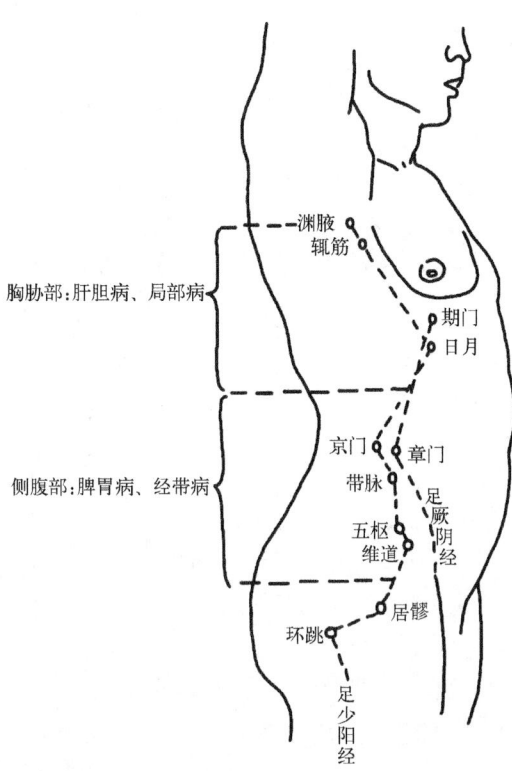

图2-4 经穴分部主治图（腋胁侧腹部）

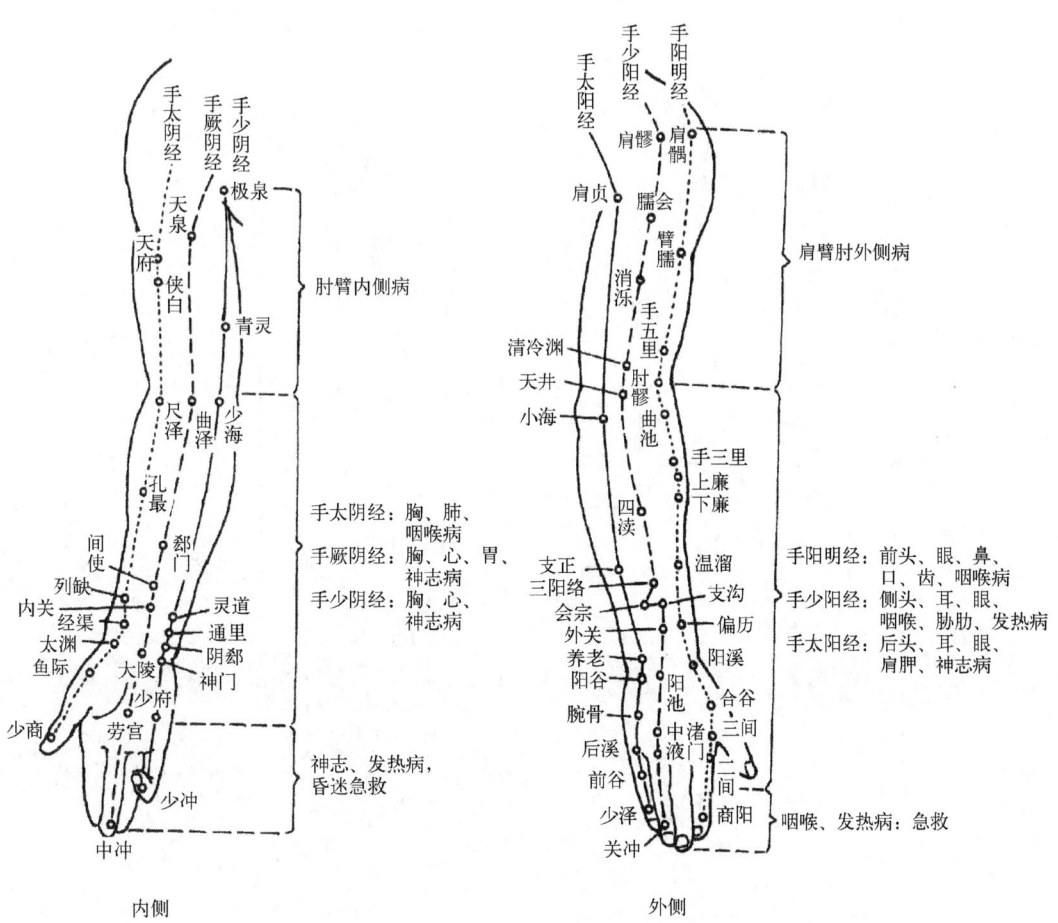

图2-5 经穴分部主治图（上肢部）

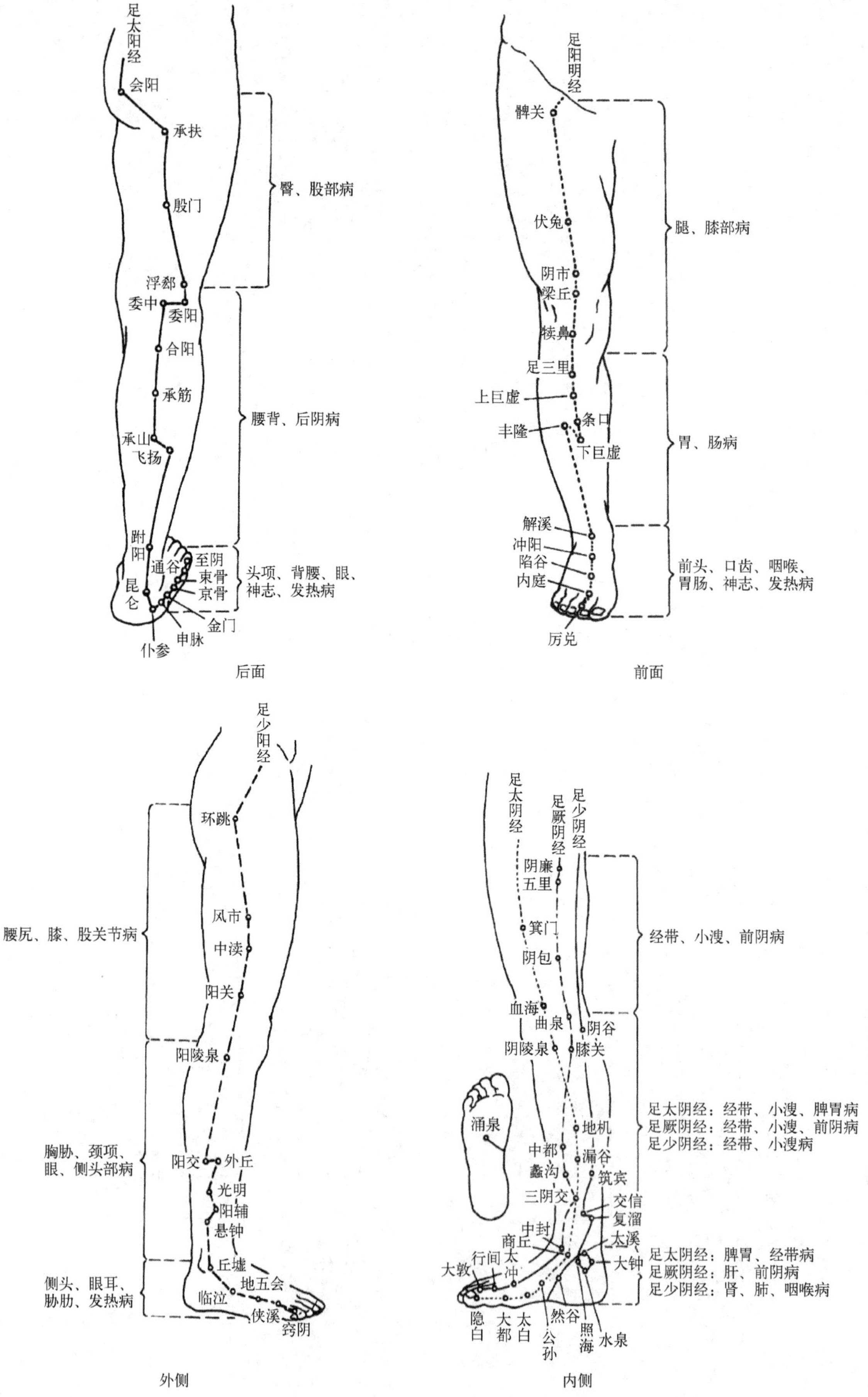

图 2-6 经穴分部主治图（下肢部）

（三）络穴

络脉从经脉分出处的腧穴，叫做络穴。"络"有联络之意思。络穴名称首载于《灵枢·经脉》。十二经的络脉表里相通，各有一个络穴，位于四肢肘膝关节以下，具有联络表里两经的作用，加上位于腹部之任脉络穴鸠尾，位于尾骶部之督脉络穴长强及位于胸胁的脾之大络大包穴，共十五穴，故又合称"十五络穴"。

（四）郄穴

郄穴是各经经气深聚的部位。"郄"有空隙之意。首载于《针灸甲乙经》。十二经脉和奇经八脉中的阴跷脉、阳跷脉、阴维脉、阳维脉各有一个郄穴，共十六个郄穴，多分布于四肢肘膝关节以下。

（五）下合穴

下合穴是指六腑之气下合于足三阳经的六个腧穴，又称六腑下合穴，是六腑之气输注出入之处。首见于《灵枢·邪气脏腑病形》。下合穴主要分布在下肢膝关节附近。胃、胆、膀胱的下合穴就是本经五输穴的合穴，而大肠、小肠、三焦三腑在下肢另有下合穴。大肠、小肠下合于胃经，三焦下合于膀胱经。

（六）俞穴、募穴

俞穴是脏腑之气输注于背腰部的腧穴，又称"背俞穴"。首见于《灵枢·背腧》，只载有五脏背俞穴名称和位置。五脏六腑各有一个背俞穴，分别以脏腑名称而命名，均分布在背腰部足太阳膀胱经第一侧线上，其位置大体与脏腑所在部位相对应。

募穴是脏腑之气结聚于胸腹部的腧穴，又称"腹募穴"。首见于《素问·奇病论》。五脏六腑各有一个募穴，均位于胸腹部，其位置大体与脏腑所在部位相对应。

俞穴与募穴皆分布在人体躯干部，并与所对应脏腑一前一后相对应。在临床应用时与脏腑有密切联系。

（七）八会穴

八会穴是指脏、腑、气、血、筋、脉、骨、髓之气会聚的八个腧穴。首载于《难经·四十五难》。八会穴分散在躯干部和四肢部，与其所属的八种脏器组织的生理功能和临床应用有着密切关系。

（八）八脉交会穴

八脉交会穴是指十二经脉与奇经八脉脉气相通的八个腧穴。原称"交经八穴""流注八穴"和"八脉八穴"。首见于窦汉卿《针经指南》。均分布于四肢肘膝关节以下。

（九）交会穴

交会穴是指两经或数经经脉相交会合处的腧穴。始见于《针灸甲乙经》。多分布于头面、躯干部，如交会穴三阴交、大椎穴等。

第五节　腧穴的定位方法

准确的腧穴定位是针灸治疗的基础，与疗效有着密切的关系。为了定准穴位，必须掌握好定位方法。常用的腧穴定位法有三种，即体表解剖标志定位法、骨度折量定位法和指寸定位法。

一、体表解剖标志定位法

体表解剖标志定位法，是以人体解剖学的各种体表标志为依据来确定腧穴位置的方法，也称自然标志定位法。可分为固定标志和活动标志两种。

1. 固定标志　指不受人体活动影响而固定不移的标志，即各部位由骨节和肌肉所形成的突起或凹陷、五官轮廓、发际、指（趾）甲、乳头、肚脐等。背腰部的取穴标志，直立，两手下垂时，两肩胛冈内侧端连线平第3胸椎棘突，肩胛骨下角平第7胸椎棘突，髂嵴最高点平第4腰椎棘突。如腓骨小头前下方凹陷定阳陵泉；足内踝尖上3寸，胫骨内侧缘后方定三阴交；眉头定攒竹；脐中旁开2寸定天枢等。

2. 活动标志 指需要采取相应的活动姿势才会出现的标志,即各部的关节、肌肉、皮肤随着活动而出现的空隙、凹陷、皱纹等。如微张口,耳屏正中前缘凹陷中取耳门、听宫、听会;下颌角前上方约1横指当咀嚼时咬肌隆起,按之凹陷处取颊车等。

二、骨度折量定位法

骨度折量定位法,是以体表骨节为主要标志折量全身各部的长度和宽度,定出分寸,用于腧穴定位的方法,又称"骨度分寸定位法",古称"骨度法"。它是以《灵枢·骨度》规定的人体各部的分寸为基础,并结合历代学者创用的折量分寸(将设定的两骨节之间的长度折量为一定的等份,每一等份为1寸)作为定穴的依据。采用骨度折量定位法,不论男女老幼、高矮胖瘦,只要部位相同,其尺寸便相同。全身主要骨度折量寸见表2-2,图2-7,图2-8。

表2-2 骨度折量寸表

部 位	起 止 点	折量寸	度量法	说 明
头面部	前发际正中→后发际正中	12	直寸	用于确定头部腧穴的纵向距离
	眉间(印堂)→前发际正中	3	直寸	用于确定前或后发际及其头部腧穴的纵向距离
	两额角发际(头维)之间	9	横寸	用于确定头前部腧穴的横向距离
	耳后两乳突(完骨)之间	9	横寸	用于确定头后部腧穴的横向距离
胸腹胁部	胸骨上窝(天突)→胸剑结合中点(歧骨)	9	直寸	用于确定胸部任脉穴的纵向距离
	胸剑结合中点(歧骨)→脐中	8	直寸	用于确定上腹部腧穴的纵向距离
	脐中→耻骨联合上缘(曲骨)	5	直寸	用于确定下腹部腧穴的纵向距离
	两肩胛骨喙突内侧缘之间	12	横寸	用于确定胸部腧穴的横向距离
	两乳头之间	8	横寸	用于确定胸腹部腧穴的横向距离
背腰部	肩胛骨内侧缘至后正中线	3	横寸	用于确定背腰部腧穴的横向距离
上肢部	腋前、后纹头→肘横纹(平尺骨鹰嘴)	9	直寸	用于确定上臂部腧穴的纵向距离
	肘横纹(平尺骨鹰嘴)→腕掌(背)侧远端横纹	12	直寸	用于确定前臂部腧穴的纵向距离
	耻骨联合上缘→髌底	18	直寸	用于确定大腿内侧部腧穴的纵向距离
	髌底→髌尖	2	直寸	
	髌尖(膝中)→内踝尖 (胫骨内侧髁下方阴陵泉至内踝尖13寸)	15	直寸	用于确定小腿内侧部腧穴的纵向距离
	股骨大转子→腘横纹(平髌尖)	19	直寸	用于确定大腿外侧部腧穴的纵向距离
	臀沟→腘横纹	14	直寸	用于确定大腿后部腧穴的纵向距离
	腘横纹(平髌尖)→外踝尖	16	直寸	用于确定小腿外侧部腧穴的纵向距离
	内踝尖→足底	3	直寸	用于确定足内侧部腧穴的纵向距离

三、指寸定位法

指寸定位法,是指依据被取穴者本人手指所规定的分寸来量取腧穴的定位方法。又称"手指同身寸取穴法"。常用的有以下三种。

1. 中指同身寸 以被取穴者拇、中指屈曲成环形,中指中节桡侧两端纹头之间的距离作为1寸(图2-9)。

2. 拇指同身寸 以被取穴者拇指的指间关节的宽度作为1寸(图2-10)。

3. 横指同身寸(又名一夫法) 是令被取穴者将食指、中指、无名指和小指并拢,以中指中节横纹为准,其四指的宽度作为3寸(图2-11)。

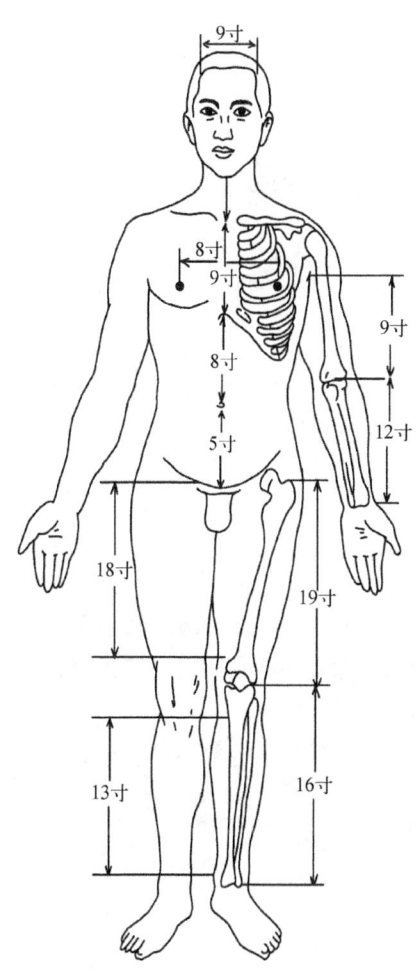
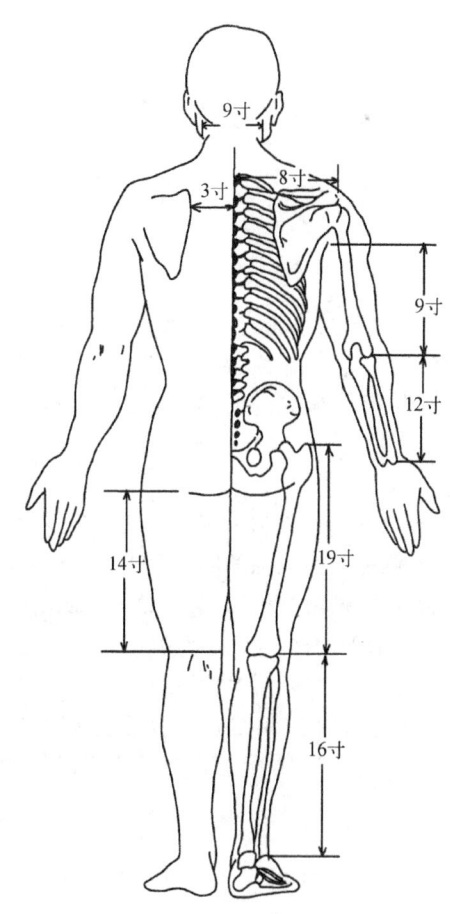

图 2-7 骨度折量图（正面）　　　　　图 2-8 骨度折量图（背面）

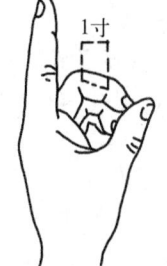
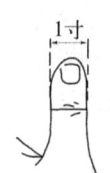
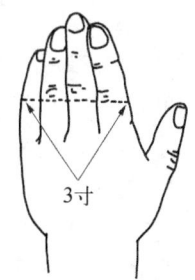

图 2-9 中指同身寸　　　　图 2-10 拇指同身寸　　　　图 2-11 横指同身寸

　　以上三种腧穴定位方法在应用时可互相结合，但主要采用准确率高的体表解剖标志定位法和骨度折量定位法，而对少量难以完全采用上述两种方法定位的腧穴，才配合使用指寸定位法。

四、简便取穴法

　　在长期的临床实践中，不少医家积累了丰富的取穴经验，对有些腧穴总结出简便易行的定穴方法，称为"简便取穴法"。如直立垂手大腿两侧，中指端取风市；两手自然平直交叉，在食指尽端到达桡骨茎突上取列缺等。此法是一种辅助取穴方法，为了定穴的准确，最好结合体表解剖标志或骨度折量定位等方法取穴。

（杨丽美）

第三章　经络腧穴各论

导　学

本章是经络腧穴各论,主要介绍十二经脉、奇经八脉、十五络脉和常用奇穴。

通过学习,掌握十四经脉循行、十四经重点腧穴和常用奇穴的定位、主治和操作;熟悉十四经主要病候和主治概要;了解腧穴解剖和非重点穴的定位、主治、操作。

十二经脉、奇经八脉和十五络脉均有各自的循行路线和病候。十二经脉和十五络脉的内容主要记载于《灵枢·经脉》,奇经八脉的内容则散见于《内经》《难经》和《奇经八脉考》。十四经脉均有所属腧穴,其主治与经脉的循行路线密切相关。熟悉经脉所联系的脏器及所经过部位等循行分布特点,对腧穴主治特点等内容的理解和掌握有很大帮助。

腧穴是针灸治疗疾病的特殊部位。在362个经穴中,约有1/3的穴位是临床常用穴。为突出重点,本章将362个经穴的内容以"腧穴提要表"形式作简要介绍,对其中的重点腧穴在正文中作详细介绍。奇穴无经脉归属,有些记载于古籍,有些为近代所发现,本章仅介绍临床较为常用的奇穴。

第一节　十二经脉

一、手太阴肺经(11穴)

(一) 经脉循行

起于中焦,向下联络大肠,回绕过来沿着胃的上口,通过横膈,属于肺脏,从"肺系"(肺与喉相联系的部位)横行出来(中府),向下沿上臂内侧,行于手少阴经和手厥阴经的前面,下行到肘窝中,沿着前臂内侧前缘,进入寸口,经过鱼际,沿着鱼际的边缘,出拇指桡侧端(少商)。

手腕后方的支脉:从列缺处分出,一直走向食指内侧端(商阳),与手阳明大肠经相接(图3-1)。

(二) 主要病候

咳嗽、气喘、少气不足以息、咳血、伤风、胸部胀满、咽喉肿痛、缺盆部及手臂内侧前缘痛、肩背部寒冷、疼痛等。

(三) 主治概要

本经腧穴主治喉、胸、肺病,以及经脉循行部位的其他病证。

(四) 重点腧穴

1. 中府　(Zhōngfǔ,LU1) 肺之募穴;手太阴、足太阴经交会穴

[定位]　在胸部,横平第1肋间隙,锁骨下窝外侧,前正中线旁开6寸(图3-2)。

[解剖]　当胸大肌、胸小肌处,内侧深层为第1肋间内、外肌;上层外侧有腋动、静脉,胸肩峰动、静脉;布有锁骨上神经中间支、胸前神经分支及第1肋间神经外侧皮支。

[主治]　① 咳嗽,气喘;② 胸胀满,胸痛;③ 肩背痛。

[操作]　向外斜刺或平刺0.5~0.8寸,不可向内深刺,以免伤及肺脏。

说明:各穴的[操作],除禁针穴位外,一般只介绍毫针的常规针法。灸法则在中篇第六章及下篇第十章有关部分中讲述,这里仅介绍有特殊作用的灸法,余不一一列示。

2. 尺泽（Chǐzé，LU5）合穴

［定位］ 在肘区，肘横纹上，肱二头肌腱桡侧缘凹陷中（图 3-3）。

［解剖］ 在肘关节，当肘二头肌腱之外方，肱桡肌起始部；有桡侧返动、静脉分支及头静脉；布有前臂外侧皮神经，直下为桡神经。

［主治］ ①咳嗽，气喘，咯血，潮热；②胸部胀满，咽喉肿痛，小儿惊风，吐泻；③肘臂挛痛。

［操作］ 直刺 0.8～1.2 寸，或点刺出血。

3. 孔最（Kǒngzuì，LU6）郄穴

［定位］ 在前臂前区，腕掌侧远端横纹上 7 寸，尺泽（LU5）与太渊（LU9）连线上（图 3-4）。

［解剖］ 有肱桡肌，在旋前圆肌上端之外缘，桡侧腕长、短伸肌的内缘；布有前臂外侧皮神经、桡神经浅支。

［主治］ ①咳嗽，气喘，咯血，咽喉肿痛；②肘臂挛痛；③痔疾。

［操作］ 直刺 0.5～1 寸。

4. 列缺（Lièquē，LU7）络穴；八脉交会穴之一，通任脉

［定位］ 在前臂，腕掌侧远端横纹上 1.5 寸，拇短伸肌腱与拇长展肌腱之间，拇长展肌腱沟的凹陷中（图 3-4）。

简便取穴法：两手虎口自然平直交叉，一手食指按在另一手桡骨茎突上，当食指尖所指凹陷处是穴（图 3-5）。

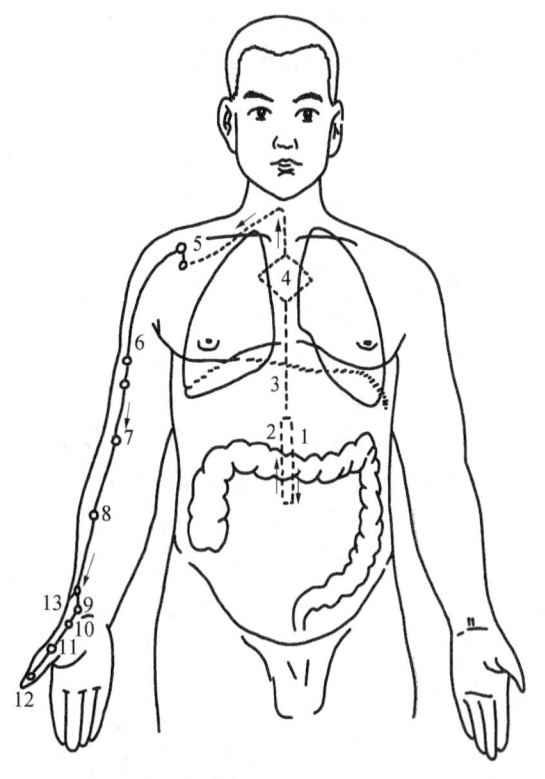

—— 本经有穴通路 ------- 本经无穴通路 ○ 本经腧穴

图 3-1 手太阴肺经循行示意图

1. 起于中焦，下络大肠　2. 还循胃口　3. 上膈
4. 属肺　5. 从肺系横出腋下　6. 下循臑内，行少阴心主之前　7. 下肘中　8. 循臂内上骨下廉　9. 入寸口
10. 上鱼　11. 循鱼际　12. 出大指之端　13. 其支者，从腕后直出次指内廉，出其端

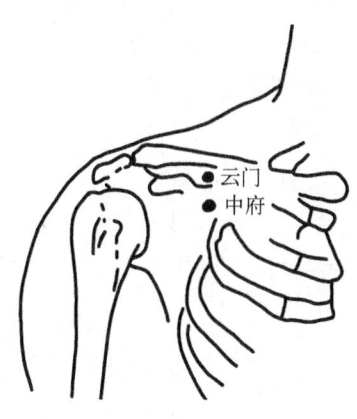

图 3-2 中府

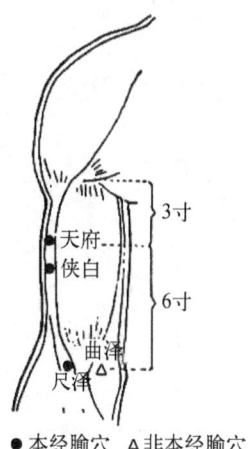

●本经腧穴　△非本经腧穴

图 3-3 尺泽

［解剖］ 在肱桡肌腱与拇长展肌腱之间，桡侧腕长伸肌腱内侧；有头静脉，桡动、静脉；布有前臂外侧皮神经和桡神经浅支的混合支。

［主治］ ①咳嗽、气喘、咽喉肿痛等肺系病证；②头痛、齿痛、项强、口眼㖞斜等头项部疾患。

［操作］ 向上斜刺 0.3～0.5 寸。

5. 太渊（Tàiyuān，LU9）输穴；原穴

［定位］ 在腕前区，桡骨茎突与舟状骨之间，拇长展肌腱尺侧凹陷中（图 3-4）。

注：在腕掌侧远端横纹桡侧，桡动脉搏动处。

［解剖］ 桡侧腕屈肌腱的外侧，拇展长肌腱内侧；有桡动、静脉；布有前臂外侧皮神经和桡神经浅支混合支。

[主治] ① 咳嗽,气喘,咳血,胸痛,咽喉肿痛;② 腕臂痛,无脉症。
[操作] 避开桡动脉,直刺0.3~0.5寸。

6. 鱼际 (Yújì,LU10) 荥穴

[定位] 在手外侧,第1掌骨桡侧中点赤白肉际处(图3-4)。
[解剖] 有拇短展肌和拇指对掌肌;血管当拇指静脉回流支;布有前臂外侧皮神经和桡神经浅支混合支。
[主治] ① 咳嗽,咯血,咽喉肿痛,失音;② 发热。
[操作] 直刺0.5~0.8寸

7. 少商 (Shàoshāng,LU11) 井穴

[定位] 在手指,拇指末节桡侧,指甲根角侧上方0.1寸(指寸)(图3-4)。
[解剖] 有指掌侧固有动、静脉所形成的动、静脉网;布有前臂外侧皮神经和桡神经浅支的混合支,正中神经的掌侧固有神经的末梢神经网。
[主治] ① 咽喉肿痛,咳嗽,鼻衄;② 发热,昏迷;③ 癫狂。
[操作] 浅刺0.1寸,或点刺出血。

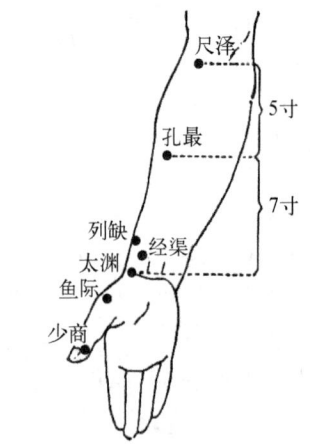

图3-4 孔最、列缺、太渊、鱼际、少商

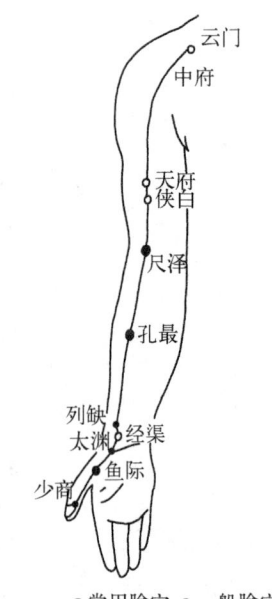

●常用腧穴 ○一般腧穴

图3-6 手太阴肺经腧穴总图

图3-5 列缺简便取穴法

表3-1 手太阴肺经腧穴提要表

穴 名		定 位	主 治	刺 灸	注 意
*中府 Zhōngfǔ	LU1	在胸部,横平第1肋间隙,锁骨下窝外侧,前正中线旁开6寸	咳嗽,气喘;胸胀满,胸痛,肩背痛	向外斜刺或平刺0.5~0.8寸	向内斜刺易刺伤肺脏
云门 Yúnmén	LU2	在胸部,锁骨下窝凹陷中,肩胛骨喙突内缘,前正中线旁开6寸	咳嗽,气喘,胸痛,肩痛		
天府 Tiānfǔ	LU3	在臂前区,腋前纹头下3寸,肱二头肌桡侧缘处	气喘,鼻衄,瘿气,臑痛	直刺0.5~1寸	
侠白 Xiábái	LU4	在前臂区,腋前纹头下4寸,肱二头肌桡侧缘处	咳嗽,气喘,干呕,烦满,臑痛		

续表

穴 名		定 位	主 治	刺 灸	注 意
*尺泽 Chǐzé	LU5	在肘区,肘横纹上,肱二头肌腱桡侧缘凹陷中	咳嗽,气喘,咯血,潮热;胸部胀满,咽喉肿痛,小儿惊风,吐泻;肘臂挛痛	直刺0.8~1.2寸,或点刺出血	
*孔最 Kǒngzuì	LU6	在前臂前区,腕掌侧远端横纹上7寸,尺泽(LU5)与太渊(LU9)连线上	咳嗽,气喘,咯血,咽喉肿痛;肘臂挛痛,痔疾	直刺0.5~1寸	
*列缺 Lièquē	LU7	在前臂,腕掌侧远端横纹上1.5寸,拇短伸肌腱与拇长展肌腱之间,拇长展肌腱沟的凹陷中	咳嗽,气喘,咽喉肿痛等肺系病证;头痛,齿痛,项强,口眼㖞斜等头项部疾患	向上斜刺0.3~0.5寸	
经渠 Jīngqú	LU8	在前臂前区,腕掌侧远端横纹上1寸,桡骨茎突与桡动脉之间	咳嗽,气喘;胸痛,咽喉肿痛,手腕痛	避开桡动脉,直刺0.3~0.5寸	
*太渊 Tàiyuān	LU9	在腕前区,桡骨茎突与舟状骨之间,拇长展肌腱尺侧凹陷中	咳嗽,气喘,咳血,胸痛,咽喉肿痛,腕臂痛,无脉症		
*鱼际 Yújì	LU10	在手外侧,第1掌骨桡侧中点赤白肉际处	咳嗽,咯血,咽喉肿痛,失音;发热	直刺0.5~0.8寸	
*少商 Shàoshāng	LU11	在手指,拇指末节桡侧,指甲根角侧上方0.1寸(指寸)	咽喉肿痛,咳嗽,鼻衄;发热;昏迷,癫狂	浅刺0.1寸,或点刺出血	

说明:穴前有"*"者为常用腧穴

附

手太阴肺经穴分寸歌

中府乳上三肋间,上行寸六云门安,云在璇玑旁六寸,
天府腋三动脉求,侠白肘上五寸主,尺泽肘中约纹是,
孔最腕侧七寸处,列缺腕上一寸半,经渠寸口限中取,
太渊掌后横纹头,鱼际节后散脉里,少商大指内侧端。

二、手厥阴心包经(9穴)

(一)经脉循行

从胸中开始,出属于心包,通过膈肌,经历胸部、上腹和下腹,络于三焦。它的支脉:沿胸内出胁部,当腋下3寸处(天池)向上到腋下,沿上臂内侧(天泉),于手太阴、手少阴之间,进入肘中(曲泽),下向前臂,走两筋(桡侧腕屈肌腱与掌长肌腱之间)(内关),进入掌中(劳宫),循行至中指的末端(中冲)。

它的支脉:从掌中分出,沿无名指出于末端,接手少阳三焦经(图3-7)。

(二)主要病候

心痛、心悸、胸中满闷、烦热、胃痛、呃逆、呕吐、癫狂、喜笑不休、昏厥、肘臂挛急、腋肿、掌心发热。

(三)主治概要

本经腧穴主治心、心包、胸等循环系统病证;胃病,神志病,热病等;以及上臂、肘关节、前臂、腕关节、手掌等经脉循行部位的其他病证。

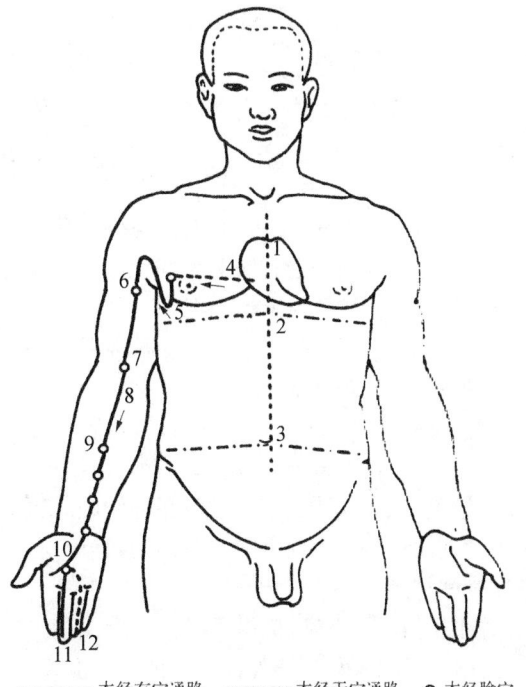

—— 本经有穴通路　------ 本经无穴通路　○ 本经腧穴

图3-7 手厥阴心包经循行示意图

1. 起于胸中,出属心包络　2. 下膈　3. 历络三焦
4. 其支者,循胸　5. 出胁,下腋3寸　6. 上抵腋　7. 下循
臑内,行太阴、少阴之间　8. 入肘中　9. 下臂,行两筋之间
10. 入掌中　11. 循中指,出其端　12. 其支者,别掌中,循
小指次指,出其端

（四）重点腧穴

1. 天池 （Tiānchí，PC1）手厥阴、足少阳经交会穴

［定位］ 在胸部，第4肋间隙，前正中线旁开5寸(图3-8)。

［解剖］ 有皮肤、皮下组织，在胸大肌外下部，胸小肌下部起端，深层为第4肋间内、外肌；有胸腹壁静脉以及胸外侧动、静脉分支；布有胸前神经肌支及第4肋间神经。

［主治］ ① 胸闷，心烦，胸痛，胁肋痛；② 咳嗽，痰多，气喘；③ 腋下肿痛，瘰疬，疟疾；④ 乳痈。

［操作］ 斜刺或平刺0.3～0.5寸。穴位正当胸腔，内有心、肺，不宜深刺。

2. 曲泽 （Qūzé，PC3）合穴

［定位］ 在肘前区，肘横纹上，肱二头肌腱的尺侧缘凹陷中(图3-9)。

［解剖］ 有皮肤、皮下组织，在肱二头肌腱的尺侧；当肱动、静脉处；布有正中神经的本干。

［主治］ ① 胃痛，呕吐，泄泻；② 热病，中暑；③ 心痛，心悸，心烦；④ 肘臂挛痛。

［操作］ 直刺0.8～1寸，或者用三棱针刺血，针刺须避开肱动、静脉，以防刺破血管。

3. 间使 （Jiānshǐ，PC5）经穴

［定位］ 在前臂前区，腕掌侧远端横纹上3寸，掌长肌腱与桡侧腕屈肌腱之间(图3-10)。

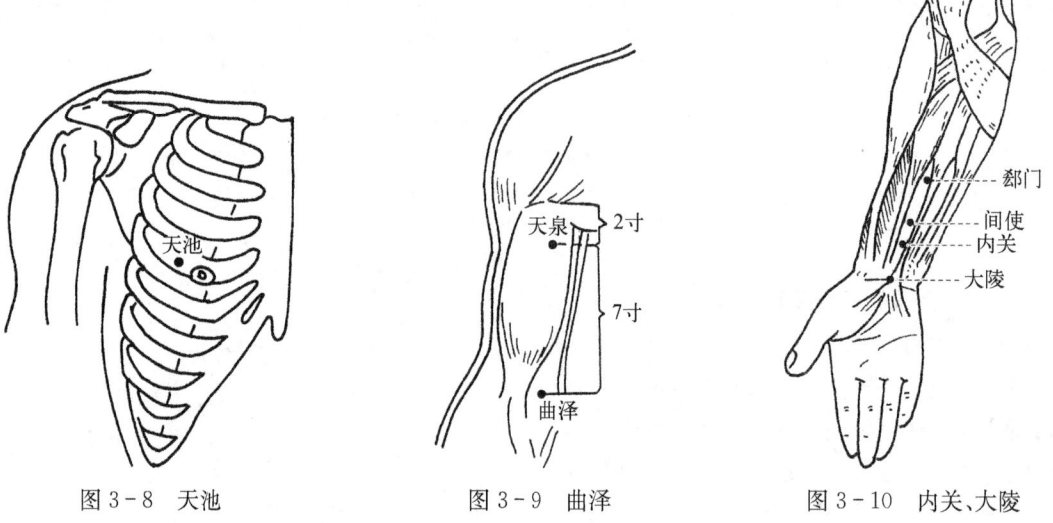

图3-8 天池　　　图3-9 曲泽　　　图3-10 内关、大陵

［解剖］ 有皮肤、皮下组织，在桡侧腕屈肌腱与掌长肌腱之间，有指浅屈肌，深部为指深屈肌；有前臂正中动、静脉，深层为前臂掌侧骨间动、静脉；布有前臂内侧皮神经，前臂外侧皮神经，其下为正中神经掌皮支，最深层为前臂掌侧骨间神经。

［主治］ ① 心痛，心悸；② 热病，疟疾，癫狂；③ 胃痛，呕吐；④ 肘臂疼痛。

［操作］ 直刺0.5～1寸。

4. 内关 （Nèiguān，PC6）络穴；八脉交会穴之一，通阴维脉

［定位］ 在前臂前区，腕掌侧远端横纹上2寸，掌长肌腱与桡侧腕屈肌腱之间(图3-10)。

［解剖］ 有皮肤、皮下组织，在桡侧腕屈肌腱与掌长肌腱之间，有指浅屈肌，深层为指深屈肌；有前臂正中动、静脉，深层为前臂掌侧骨间动、静脉；布有前臂内侧皮神经，下为正中神经掌皮支，最深层为前臂掌侧骨间神经。

［主治］ ① 心痛，胸闷，胸痛，心悸，心动过速或过缓等心系病证；② 胃痛，呃逆，呕吐等胃腑病证；③ 失眠，郁证，癫狂痫证等神志病证；④ 眩晕，偏头痛，热病，疟疾等风、热为患病证；⑤ 偏瘫，上肢痹痛。

［操作］ 直刺0.5～1寸。

5. 大陵 （Dàlíng，PC7）输穴；原穴

［定位］ 在腕前区，腕掌侧远端横纹中，掌长肌腱与桡侧腕屈肌腱之间(图3-10)。

［解剖］ 有皮肤、皮下组织，在掌长肌腱与桡侧腕屈肌腱之间，有拇长屈肌和指深屈肌腱；有腕掌侧动、静脉网；布有前臂内侧皮神经，正中神经掌皮支，深层为正中神经本干。

［主治］ ① 胸胁满胀，心痛，心悸；② 胃痛，呕吐；③ 癫狂痫证；④ 臂、腕、指麻木，挛痛；⑤ 疮疡。

[操作] 直刺0.3~0.5寸。

6. 劳宫 （Láogōng，PC8）荥穴

[定位] 在掌区，横平第3掌指关节近端，第2、3掌骨之间偏于第3掌骨(图3-11)。

[解剖] 有皮肤、皮下组织，在第2、3掌骨间，下为掌腱膜，第二蚓状肌及指浅、深屈肌腱，深层为拇指内收肌横头的起端，有骨间肌；有指掌侧总动脉；布有正中神经的第2指掌侧总神经。

[主治] ① 心胸烦闷，心痛，癫狂痫；② 中暑、中风昏迷等急证；③ 呕吐，口疮，口臭；④ 掌中热，鹅掌风。

[操作] 直刺0.3~0.5寸；手掌侧皮肤神经末梢分布丰富，针刺时疼痛较明显，年老体弱及孕妇慎刺。

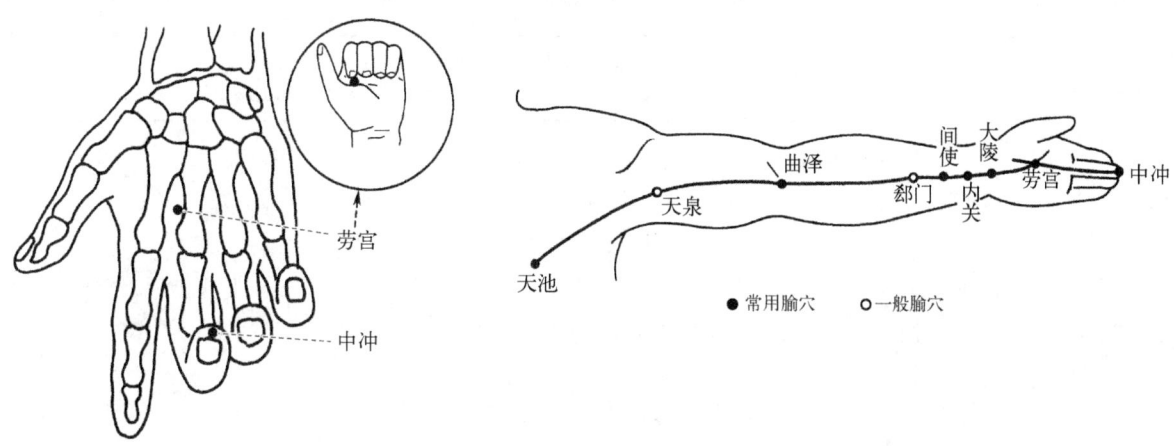

图3-11 劳宫、中冲　　　　　　图3-12 手厥阴心包经腧穴总图

7. 中冲 （Zhōngchōng，PC9）井穴

[定位] 在手指，中指末端最高点(图3-11)。

[解剖] 有皮肤、皮下组织，有指掌侧固有动、静脉所形成的动、静脉网；为正中神经之指掌侧固有神经分布处。

[主治] ① 昏迷(中暑、昏厥)，小儿惊风，舌强肿痛，心痛；② 小儿夜啼，热病。

[操作] 浅刺0.1寸；或点刺出血。

表3-2 手厥阴心包经腧穴提要表

穴 名		定 位	主 治	刺 灸	注 意
*天池 Tiānchí	PC1	在胸部，第4肋间隙，前正中线旁开5寸	胸闷，心烦，心痛，胸胁肋痛；咳嗽，痰多，气喘；腋下肿痛，瘰疬，疟疾；乳痈	斜刺或平刺0.3~0.5寸	正当胸腔，不宜深刺
天泉 Tiānquán	PC2	在臂内侧，腋前纹头下2寸，肱二头肌长、短头之间	上臂痛，胸背痛，心痛，胸胁胀满，咳嗽	直刺1~1.5寸	
*曲泽 Qūzé	PC3	在肘前区，肘横纹上，肱二头肌腱的尺侧缘凹陷中	胃痛，呕吐，泄泻，热病，中暑；心痛，心悸，心烦；肘臂挛痛	直刺0.8~1寸，或者用三棱针点刺血	针刺须避开肱动、静脉，以防刺破血管
郄门 Xīmén	PC4	在前臂前区，腕掌侧远端横纹上5寸，掌长肌腱与桡侧腕屈肌腱之间	心悸，心痛，咳血，呕血，衄血；癫痫		
*间使 Jiānshǐ	PC5	在前臂前区，腕掌侧远端横纹上3寸，掌长肌腱与桡侧腕屈肌腱之间	心痛，心悸；热病，疟疾，癫狂；胃痛，呕吐；肘臂疼痛	直刺0.5~1寸	
*内关 Nèiguān	PC6	在前臂前区，腕掌侧远端横纹上2寸，掌长肌腱与桡侧腕屈肌腱之间	心痛，胸闷胸痛，心悸；胃痛，呃逆，呕吐；失眠，郁证，癫狂痫证；眩晕，偏头痛，疟疾，偏瘫，上肢痹痛		

续表

穴　名		定位	主治	刺灸	注意
*大陵 Dàlíng	PC7	在腕前区,腕掌侧横纹中,掌长肌腱与桡侧腕屈肌腱之间	胸胁满胀,心痛,心悸;胃痛,呕吐;癫狂痫证;臂、腕、指麻木,挛痛;疮疡	直刺0.3～0.5寸	针时疼痛较明显,年老体弱及孕妇慎刺
*劳宫 Láogōng	PC8	在掌区,横平第3掌指关节近端,第2、3掌骨之间偏于第3掌骨	心胸烦闷,心痛,癫狂痫;中暑、中风昏迷等急证;口疮,口臭,掌中热,鹅掌风		
*中冲 Zhōngchōng	PC9	在手指,中指末端最高点	昏迷,小儿惊风,舌强肿痛,心痛;小儿夜啼,热病	浅刺0.1寸;或点刺出血	

说明:穴前有"＊"者为常用腧穴

附

手厥阴心包经穴分寸歌

心包穴起天池间,乳后旁一腋下三,天泉曲腋下二寸,曲泽肘内横纹上,郄门去腕方五寸,间使腕后三寸安,内关去腕只二寸,大陵掌后两筋间,劳宫曲中指尖取,中冲中指之末端。

三、手少阴心经(9穴)

(一)经脉循行

起于心中,出属于"心系"(心与其他脏器相连系的部位),通过膈肌,联络小肠。

"心系"向上的脉:挟着咽喉上行,连系于"目系"(眼球连系于脑的部位)。

"心系"直行的脉:上行于肺部,再向下出于腋窝部(极泉),沿着上臂内侧后缘,行于手太阴经和手厥阴经的后面,到达肘窝,沿着臂内侧后缘,至掌后豌豆骨部,进入掌内,沿着小指内侧至末端(少冲),与手太阳小肠经相接(图3-13)。

(二)主要病候

心痛、咽干、口渴、目黄、胁痛、上臂内侧痛、手心发热等。

(三)主治概要

本经腧穴主治心、胸、神志病,以及经脉循行部位的其他病证。

(四)重点腧穴

1. 极泉 (Jíquán,HT1)

[定位] 在腋区,腋窝中央,腋动脉搏动处(图3-14)。

[解剖] 在胸大肌的外下缘,深层为喙肱肌;外侧为腋动脉;布有尺神经、正中神经、前臂内侧皮神经及臂内侧皮神经。

[主治] ① 心痛,心悸,咽干烦渴;② 肩臂疼痛,胁肋疼痛;③ 瘰疬;④ 腋臭。

[操作] 避开腋动脉,直刺或斜刺0.3～0.5寸。

2. 少海 (Shàohǎi,HT3) 合穴

[定位] 在肘前区,横平肘横纹,肱骨内上髁前缘(图3-14)。

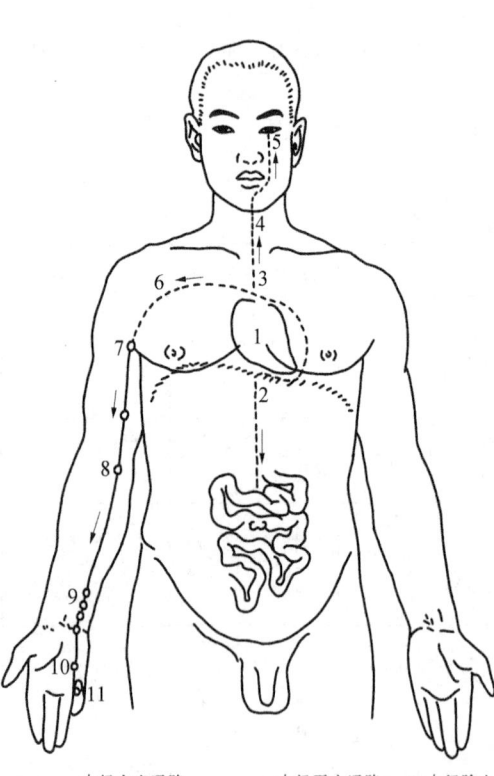

—— 本经有穴通路　------ 本经无穴通路　○ 本经腧穴

图3-13 手少阴心经循行示意图

1. 起于心中,出属心系　2. 下膈,络小肠　3. 其支者,从心系　4. 上挟咽　5. 系目系　6. 其直者,复从心系却上肺,下出腋下　7. 下循臑内后廉,行手太阴、心主之后　8. 下肘内,循臂内后廉　9. 抵掌后锐骨之端　10. 入掌内后廉　11. 循小指之内,出其端

[解剖] 有旋前圆肌,肱肌;有贵要静脉、尺侧上、下副动脉、尺返动脉;布有前臂内侧皮神经,外前方有正中神经。

[主治] ① 心痛,癔症,神志病;② 肘臂挛痛,头项痛,腋胁痛;③ 瘰疬。

[操作] 直刺0.5～1.0寸。

3. 通里 (Tōnglǐ,HT5) 络穴

[定位] 在前臂前区,腕掌侧远端横纹上1寸,尺侧腕屈肌腱的桡侧缘(图3-15)。

[解剖] 在尺侧腕屈肌与指浅屈肌之间,深层为指深屈肌;有尺动脉通过;布有前臂内侧皮神经,尺侧为尺神经。

[主治] ① 心悸,怔忡;② 暴喑,舌强不语;③ 腕臂痛。

[操作] 直刺0.3～0.5寸。

4. 阴郄 (Yīnxì,HT6) 郄穴

[定位] 在前臂前区,腕掌侧远端横纹上0.5寸,尺侧腕屈肌腱的桡侧缘(图3-15)。

[解剖] 在尺侧腕屈肌与指浅屈肌之间,深层为指深屈肌;有尺动脉通过;布有前臂内侧皮神经,尺侧为尺神经。

[主治] ① 心痛,惊悸;② 骨蒸盗汗;③ 吐血,衄血。

[操作] 直刺0.3～0.5寸。

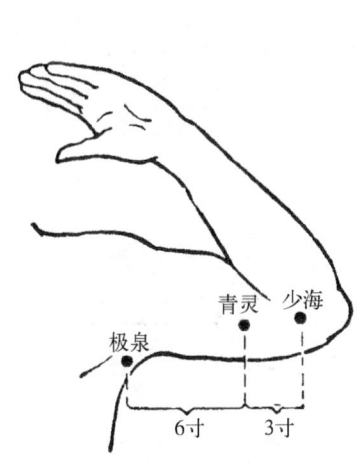

图3-14 极泉、少海

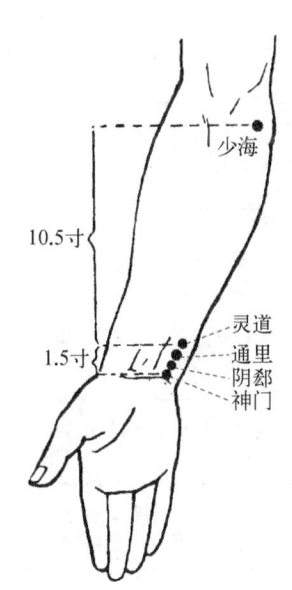

图3-15 通里、阴郄、神门

5. 神门 (Shénmén,HT7) 输穴;原穴

[定位] 在腕前区,腕掌侧远端横纹尺侧端,尺侧腕屈肌腱的桡侧缘(图3-15)。

[解剖] 在尺侧腕屈肌与指浅屈肌之间,深层为指深屈肌;有尺动脉通过;布有前臂内侧皮神经,尺侧为尺神经。

[主治] ① 心痛,心烦,惊悸,怔忡,健忘,失眠,癫狂痫;② 高血压;③ 胸胁痛。

[操作] 直刺0.3～0.5寸。

6. 少冲 (Shàochōng,HT9) 井穴

[定位] 在手指,小指末节桡侧,指甲根角侧上方0.1寸(图3-16)。

[解剖] 有指掌侧固有动、静脉所形成的动、静脉网;布有指掌侧固有神经。

[主治] ① 心悸,心痛,癫狂,昏迷;② 热病;③ 胸胁痛。

[操作] 浅刺0.1寸或点刺出血。

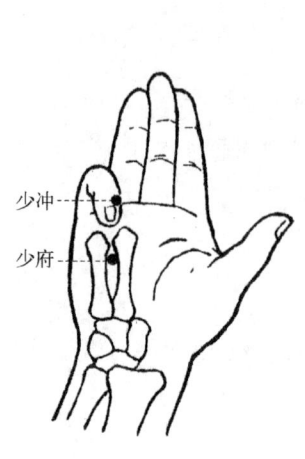

图 3-16 少冲

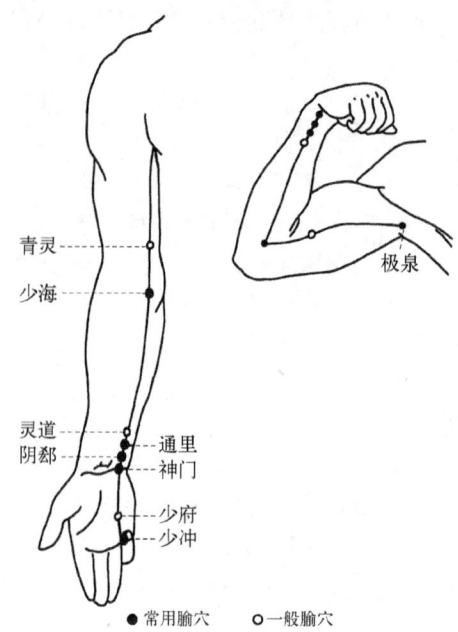

图 3-17 手少阴心经腧穴总图

表 3-3 手少阴心经腧穴提要表

穴 名		定 位	主 治	刺 灸	注 意
*极泉 Jíquán	HT1	在腋区,腋窝中央,腋动脉搏动处	心痛;心悸;咽干烦渴;肩臂疼痛,胁肋疼痛;瘰疬;腋臭	避开腋动脉,直刺或斜刺0.3～0.5寸	避开腋动脉针刺,不可大幅度提插,免伤及血管
青灵 Qīnglíng	HT2	在臂前区,肘横纹上3寸,肱二头肌的内侧沟中	头痛,振寒,胁痛,肩臂疼痛	直刺0.5～1.0寸	
*少海 Shàohǎi	HT3	在肘前区,横平肘横纹,肱骨内上髁前缘	心痛,癔症,神志病;肘臂挛痛;头项痛,腋胁痛;瘰疬		
灵道 Língdào	HT4	在前臂前区,腕掌侧远端横纹上1.5寸,尺侧腕屈肌腱的桡侧缘	心痛;暴喑;肘臂挛痛	直刺0.3～0.5寸	
*通里 Tōnglǐ	HT5	在前臂前区,腕掌侧远端横纹上1寸,尺侧腕屈肌腱的桡侧缘	心悸、怔忡;暴喑,舌强不语;腕臂痛		
*阴郄 Yīnxì	HT6	在前臂前区,腕掌侧远端横纹上0.5寸,尺侧腕屈肌腱的桡侧缘	心痛,惊悸;骨蒸盗汗;吐血,衄血		
*神门 Shénmén	HT7	在腕前区,腕掌侧远端横纹尺端,尺侧腕屈肌腱的桡侧缘	心痛,心烦,惊悸、怔忡,健忘、失眠,癫狂痫;高血压;胸胁痛		
少府 Shàofǔ	HT8	在手掌,横平第5掌指关节,第4、5掌骨之间	心悸,胸痛;小便不利、遗尿;阴痒痛;小指挛痛;痈疡		
*少冲 Shàochōng	HT9	在手指,小指末节桡侧,指甲根角侧上方0.1寸	心悸,心痛;癫狂,昏迷;热病;胸胁痛	浅刺0.1寸或点刺出血	

说明:穴前有"*"者为常用腧穴

附

手少阴心经穴分寸歌

少阴心经极泉中,腋下筋间动引胸,青灵肘上三寸觅,少海屈肘横纹头,灵道掌后一寸半,通里腕后一寸同,阴郄去腕五分的,神门掌后锐骨逢,少府小指本节末,小指内侧是少冲。

四、手阳明大肠经（20穴）

（一）经脉循行

起于食指末端（商阳），沿着食指内（桡）侧向上，通过第1、第2掌骨之间（合谷），向上进入两筋（拇长伸肌腱与拇短伸肌腱）之间的凹陷处，沿前臂前方，至肘部外侧，再沿上臂外侧前缘，上走肩端（肩髃），沿肩峰前缘，向上出于颈椎"手足三阳经聚会处"（大椎，属督脉），再向下进入缺盆（锁骨上窝）部，联络肺脏，通过横膈，属于大肠。

缺盆部支脉：上走颈部，通过面颊，进入下齿龈，回绕至上唇，交叉于人中，左脉向右，右脉向左，分布在鼻孔两侧（迎香），与足阳明胃经相接（图3-18）。

（二）主要病候

腹痛、肠鸣、泄泻、便秘、痢疾、咽喉肿痛、齿痛、鼻流清涕或出血，以及本经循行部位疼痛、热肿或寒冷等。

（三）主治概要

本经腧穴主治头面、五官、咽喉痛、热病，以及经脉循行部位的其他病证。

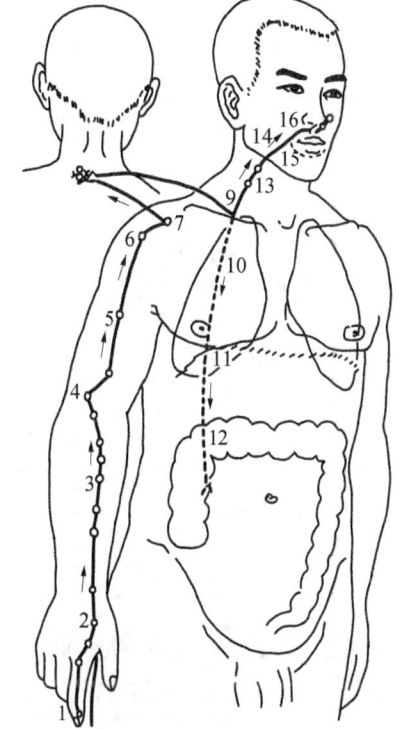

——本经有穴通路 ------ 本经无穴通路 ○本经腧穴

图3-18 手阳明大肠经循行示意图

1. 于大指次指之端 2. 循指上廉，出合谷两骨间，上入两筋之中 3. 循臂上廉 4. 入肘外廉 5. 上臑外前廉 6. 上肩 7. 出髃骨之前廉 8. 上出于柱骨之会上 9. 下入缺盆 10. 络肺 11. 下膈 12. 属大肠 13. 其支者，从缺盆上颈 14. 贯颊 15. 入下齿中 16. 还出挟口，交人中，左之右，右之左，上挟鼻孔

（四）重点腧穴

1. 商阳（Shāngyáng，LI1）井穴

〔定位〕 在手指，食指末节桡侧，指甲根角侧上方0.1寸（图3-19）。

〔解剖〕 有指及掌背动、静脉网；布有来自正中神经的指掌侧固有神经，桡神经的指背侧神经。

〔主治〕 ① 耳聋，齿痛，咽喉肿痛，颌肿，青盲，手指麻木；② 热病；③ 昏迷。

〔操作〕 浅刺0.1寸，或点刺放血。

2. 三间（Sānjiān，LI3）输穴

〔定位〕 在手背，第2掌指关节桡侧近端凹陷中（图3-19）。

〔解剖〕 第2掌骨小头后方，有第1骨间背侧肌，拇收肌；有手背静脉网，指掌侧固有动脉；布有桡神经浅支。

〔主治〕 ① 目痛，齿痛，咽喉肿痛；② 身热；③ 腹满，肠鸣。

〔操作〕 直刺0.5～0.8寸。

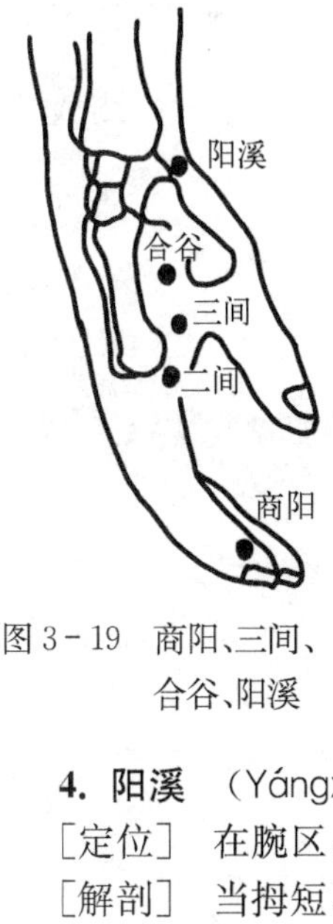

3. 合谷（Hégǔ，LI4）（别名：虎口）原穴

〔定位〕 在手背，第2掌骨桡侧的中点处（图3-19）。

简便取穴：以一手的拇指指骨关节横纹，放在另一手拇、食指之间的指蹼缘上，当拇指尖下是穴（图3-20）。

〔解剖〕 在第1、第2掌骨之间，第1骨间背侧肌中，深层有拇收肌横纹头；有手背静脉网，为头静脉的起部，腧穴近侧正当桡动脉从手背穿向手掌之处；布有桡神经浅支的掌背侧神经，深部有正中神经的指掌侧固有神经。

〔主治〕 ① 头痛，目赤肿痛，鼻衄，齿痛，牙关紧闭，口眼㖞斜，耳聋，痄腮，咽喉肿痛；② 热病无汗，多汗；③ 腹痛，便秘；④ 经闭，滞产。

〔操作〕 直刺0.5～1寸。《神应经》：孕妇不宜针。

4. 阳溪（Yángxī，LI5）经穴

〔定位〕 在腕区，腕背侧远端横纹桡侧，桡骨茎突远端，解剖学"鼻咽窝"凹陷中（图3-19）。

〔解剖〕 当拇短、长伸肌腱之间；有头静脉、桡动脉的腕背支；布有桡神经浅支。

图3-19 商阳、三间、合谷、阳溪

[主治] ① 头痛,目赤肿痛,耳聋,耳鸣,齿痛,咽喉肿痛;② 手腕痛。
[操作] 直刺 0.5～0.8 寸。

5. 偏历 (Piānlì,LI6) 络穴
[定位] 在前臂,腕背侧远端横纹上 3 寸,阳溪(LI5)与曲池(LI11)连线上(图 3-21)。

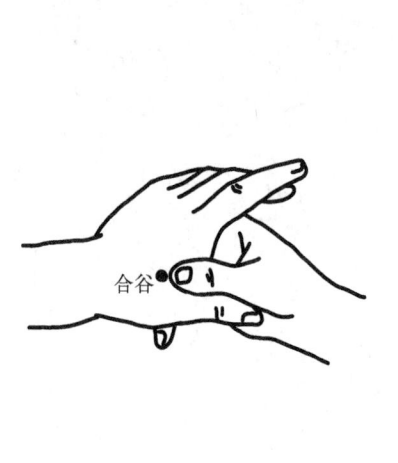
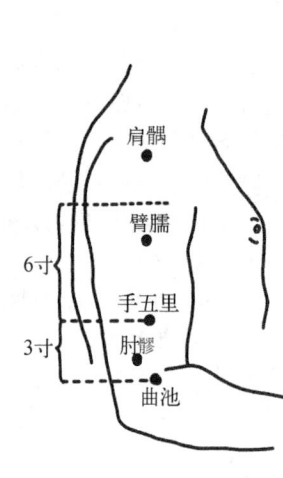

图 3-20 合谷简便取穴法　　　　图 3-21 偏历、手三里、曲池　　　图 3-22 臂臑、肩髃

[解剖] 在桡骨远端,桡侧腕伸肌腱与拇长伸肌腱之间;有头静脉;掌侧为前臂外侧皮神经和桡神经浅支,背侧为前臂背皮神经和前臂骨间背侧神经。
[主治] ① 目赤,耳鸣,鼻衄,喉痛;② 手臂挛痛;③ 水肿。
[操作] 直刺或斜刺 0.5～0.8 寸。

6. 手三里 (Shǒusānlǐ,LI10)
[定位] 在前臂,肘横纹下 2 寸,阳溪(LI5)与曲池(LI11)连线上(图 3-21)。
[解剖] 肌肉神经同下廉穴,血管为桡返动脉的分支。
[主治] ① 齿痛颊肿;② 上肢不遂;③ 腹痛,腹泻。
[操作] 直刺 0.8～1.2 寸。

7. 曲池 (Qūchí,LI11) 合穴
[定位] 在肘区,尺泽(LU5)与肱骨外上髁连线的中点处(图 3-21)。
[解剖] 桡侧腕长伸肌起始部,肱桡肌外侧;有桡返动脉的分支;布有前臂背皮神经,内侧深层为桡神经本干。
[主治] ① 咽喉肿痛,齿痛,目赤痛,瘰疬,热病;② 瘾疹;③ 上肢不遂,手臂肿痛;④ 高血压;⑤ 癫狂。
[操作] 直刺 1～1.5 寸。

8. 臂臑 (Bìnào,LI14)
[定位] 在臂部,曲池(LI11)上 7 寸,三角肌前缘处(图 3-22)。
[解剖] 在肱骨桡侧,三角肌下端,肱三头肌外侧头的前缘;有旋肱后动脉的分支及肱深动脉;布有前臂背侧皮神经,深层有桡神经本干。
[主治] ① 肩臂痛,颈项拘挛,瘰疬;② 目疾。
[操作] 直刺或向上斜刺 0.8～1.5 寸。

9. 肩髃 (Jiānyú,LI15) 手阳明经、阳跷脉交会穴
[定位] 在三角肌区,肩峰外侧缘前端与肱骨大结节两骨间凹陷中(图 3-22)。
[解剖] 有旋肱后动、静脉;布有锁骨上神经,腋神经。
[主治] ① 肩臂挛痛不遂,瘰疬;② 瘾疹。
[操作] 直刺或向下斜刺 0.8～1.5 寸。

10. 扶突 （Fútū,LI18）

[定位] 在胸锁乳突肌区,横平喉结,胸锁乳突肌前、后缘中间(图3-23)。

[解剖] 在胸锁乳突肌胸骨头间颈阔肌中,深层为肩胛提肌起始点;深层内侧有颈升动脉;布有耳大神经、颈皮神经、枕小神经及副神经。

[主治] ① 咳嗽,气喘,咽喉肿痛,暴喑;② 瘰疬,瘿气。

[操作] 直刺0.5～0.8寸。

11. 迎香 （Yíngxiāng,LI20）手阳明、足阳明经交会穴

[定位] 在面部,鼻翼外缘中点旁,鼻唇沟中(图3-24)。

[解剖] 在上唇方肌中,深部为梨状孔的边缘;有面动、静脉及眶下动、静脉分支;布有面神经与眶下神经的吻合丛。

[主治] ① 鼻塞,鼽衄,口㖞,面痒;② 胆道蛔虫病。

[操作] 斜刺或平刺0.3～0.5寸。《外台秘要》:不宜灸。

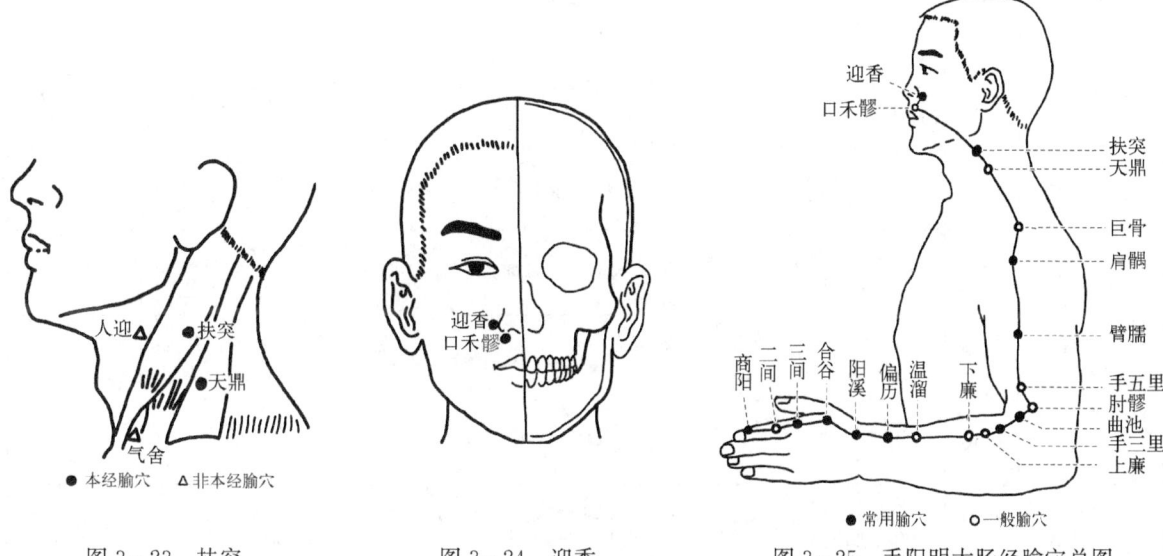

图3-23 扶突　　　图3-24 迎香　　　图3-25 手阳明大肠经腧穴总图

表3-4 手阳明大肠经腧穴提要表

穴 名		定 位	主 治	刺 灸	注 意
*商阳 Shāngyáng	LI1	在手指,食指末节桡侧,指甲根角侧上方0.1寸	耳聋,齿痛,咽喉肿痛,颔肿,青盲,手指麻木,热病,昏迷	浅刺0.1寸,或点刺放血	
二间 Èrjiān	LI2	在手指,第2掌指关节桡侧远端赤白肉际处	目昏,鼻衄,齿痛,口㖞,咽喉肿痛;热病	直刺0.2～0.3寸	
*三间 Sānjiān	LI3	在手背,第2掌指关节桡侧近端凹陷中	目痛,齿痛,咽喉肿痛;身热,腹满,肠鸣	直刺0.5～0.8寸	
*合谷 Hégǔ (别名:虎口)	LI4	在手背,第2掌骨桡侧的中点处	头痛,目赤肿痛,鼻衄,齿痛,牙关紧闭,口眼㖞斜,耳聋,痄腮,咽喉肿痛,热病无汗,多汗,腹痛,便秘,经闭,滞产	直刺0.5～1寸	
*阳溪 Yángxī	LI5	在腕区,腕背侧远端横纹桡侧,桡骨茎突远端,解剖学"鼻咽窝"凹陷中	头痛,目赤肿痛,耳聋,耳鸣,齿痛,咽喉肿痛;手腕痛	直刺0.5～0.8寸	
*偏历 Piānlì	LI6	在前臂,腕背侧远端横纹上3寸,阳溪(LI5)与曲池(LI11)连线上	目赤,耳鸣,鼻衄,喉痛,手臂挛痛;水肿	直刺0.5～1寸直刺或斜刺0.5～0.8寸	

续 表

穴　　名		定　　位	主　　治	刺　灸	注　意
温溜 Wēnliū	LI7	在前臂,腕背侧远端横纹上5寸,阳溪(LI5)与曲池(LI11)连线上	头痛,面肿,咽喉肿痛,疔疮,肩背挛痛;肠鸣,腹痛	直刺0.5~1寸	
下廉 Xiàlián	LI8	在前臂,肘横纹下4寸,阳溪(LI5)与曲池(LI11)连线上	头痛,眩晕,目痛,肘臂痛,腹胀,腹痛		
上廉 Shànglián	LI9	在前臂,肘横纹下3寸,当阳溪穴与曲池穴连线上	头痛,肩臂挛痛,半身不遂,手臂麻木;肠鸣,腹痛	直刺0.8~1寸	
*手三里 Shǒusānlǐ	LI10	在前臂,肘横纹下2寸,阳溪(LI5)与曲池(LI11)连线上	齿痛颊肿;上肢不遂;腹痛,腹泻	直刺0.8~1.2寸	
*曲池 Qūchí	LI11	在肘区,尺泽(LU5)与肱骨外上髁连线的中点处	咽喉肿痛,齿痛,目赤痛,瘰疬,热病;瘾疹;上肢不遂,手臂肿痛;高血压;癫狂	直刺1~1.5寸	
肘髎 Zhǒuliáo	LI12	在肘区,肱骨外上髁上缘,髁上嵴的前缘	肘臂部疼痛,麻木,挛急	直刺0.5~1寸	
手五里 Shǒuwǔlǐ	LI13	在臂部肘横纹上3寸,在曲池穴与肩髃穴连线上	肩臂痛,颈项拘挛,瘰疬;目疾	直刺或向上斜刺0.8~1.5寸	
*臂臑 Bìnào	LI14	在臂部,曲池(LT11)上7寸,三角肌前缘处	肩臂痛,颈项拘挛,瘰疬;目疾	直刺或向上斜刺0.8~1.5寸	
*肩髃 Jiānyú	LI15	在三角肌区,肩峰外侧缘前端与肱骨大结节两骨间凹陷中	肩臂挛痛不遂,瘰疬,瘾疹	直刺或向下斜刺0.8~1.5寸	
巨骨 Jùgǔ	LI16	在肩胛区,锁骨肩峰端与肩胛冈之间凹陷中	肩臂挛痛不遂,瘰疬,瘿气	直刺或向下斜刺0.8~1.5寸	
天鼎 Tiāndǐng	LI17	在颈部,横平环状软骨,胸锁乳突肌后缘	暴喑气哽,咽喉肿痛,瘰疬,瘿气	直刺0.5~0.8寸	
*扶突 Fútū	LI18	在胸锁乳突肌区,横平喉结,胸锁乳突肌前、后缘中间	咳嗽,气喘,咽喉肿痛,暴喑,瘰疬,瘿气	直刺0.5~0.8寸	
口禾髎 Kǒuhéliáo	LI19	在面部,横平人中沟上1/3与下2/3交点,鼻孔外缘直下	鼻塞,鼽衄,口㖞,口噤	直刺或斜刺0.3~0.5寸	
*迎香 Yíngxiāng	LI20	在面部,鼻翼外缘中点旁,鼻唇沟中	鼻塞,鼽衄,口㖞,口眼面痒;胆道蛔虫病	斜刺或平刺0.3~0.5寸	

说明:穴前有"＊"者为常用腧穴

附

手阳明大肠经穴分寸歌

商阳食指内侧边,二间寻来本节前,三间节后陷中取,合谷虎口岐骨间,阳溪腕上筋间是,偏历腕后三寸安,温溜腕后去五寸,池前四寸下廉寻,池前三寸上廉中,池前二寸三里逢,曲池曲肘纹头尽,肘髎大骨外廉近,若问五里何处寻,肘上三寸向里行,臂臑肘上七寸量,肩髃肩端举臂取,巨骨肩尖端上行,天鼎扶下一寸真,扶突人迎后十五,禾髎水沟旁五分,鼻翼中点外迎香,大肠经穴是分明。

五、手少阳三焦经(23穴)

(一)经脉循行

起于无名指末端(关冲),向上出于第4、第5掌骨间,沿着腕背,出于前臂外侧桡骨和尺骨之间,向上

通过肘尖,沿上臂外侧,上达肩部,交出足少阳经的后面,向前进入缺盆部,分布于胸中,联络心包,向下通过横膈,从胸至腹,属于上、中、下三焦。

胸中的支脉:从胸向上,出于缺盆部,上走项部,沿耳后直上,出于耳部上行额角,再屈而下行至面颊部,到达眶下部。

耳部支脉:从耳后进入耳中,出走耳前,与前脉交叉于面颊部,到达目外眦(丝竹空之下),与足少阳胆经相接(图3-26)。

(二)主要病候

耳聋、耳鸣、咽喉肿痛、颊肿、目赤肿痛、自汗、腹胀、水肿、耳后、肩臂肘部外侧疼痛等。

(三)主治概要

本经腧穴主治侧头、耳、目、胸胁、咽喉等病痛及热病,以及经脉循行部位的相关病证。

(四)重点腧穴

1. 关冲 (Guānchōng,TE1)井穴

[定位] 在手指,第4指末节尺侧,指甲根角侧上方0.1寸(图3-27)。

[解剖] 有皮肤、皮下组织;穴区内有指掌侧固有神经(尺神经分支)和指掌侧固有动静脉形成的动静脉网分布。

[主治] ① 昏厥,热病;② 头痛,目赤,喉痹,舌强;③ 耳聋,耳鸣。

[操作] 浅刺0.1寸,或点刺出血。

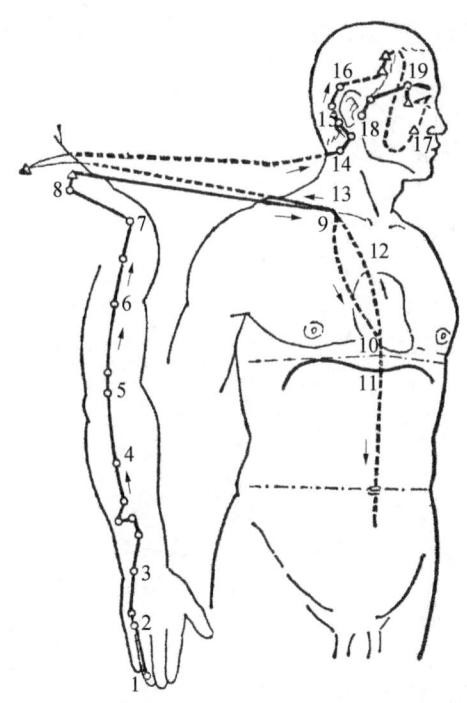

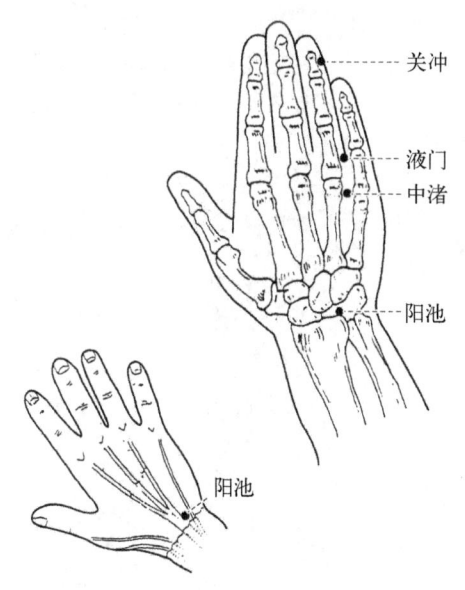

—— 本经有穴通路 -------- 本经无穴通路 ○ 本经腧穴 △ 交会穴

图3-26 手少阳三焦经循行示意图

1.起于小指次指之端 2.上出两指之间 3.循手表腕 4.出臂外两骨之间 5.上贯肘 6.循臑外 7.上肩 8.而交出足少阳之后 9.入缺盆 10.布膻中,散络心包 11.下膈,循属三焦 12.其支者,从膻中 13.上出缺盆 14.上项 15.系耳后 16.直上出耳上角 17.以屈下颊至"䪼" 18.其支者,从耳后入耳中,出走耳前,过客主人前,交颊 19.至目锐眦

图3-27 关冲、中渚、阳池

2. 中渚 (Zhōngzhǔ,TE3)输穴

[定位] 在手背,第4、5掌骨间,第4掌指关节近端凹陷中(图3-27)。

[解剖] 有皮肤、皮下组织,穴区内有骨间肌;手背静脉网及掌背动脉;布有来自尺神经的掌背神经。

[主治] ① 耳鸣,耳聋;② 头痛,目赤,咽喉肿痛,热病;③ 手指屈伸不利,肘臂疼痛,胁痛。
[操作] 直刺 0.3~0.5 寸。

3. 阳池 (Yángchí,TE4) 原穴

[定位] 在腕后区,腕背侧远端横纹上,指伸肌腱的尺侧缘凹陷中(图 3-27)。
[解剖] 有皮肤、皮下组织、伸肌支持带;穴区内有尺神经皮支,深层有腕背侧动脉分布。
[主治] ① 目赤肿痛,耳聋,咽喉肿痛;② 疟疾,消渴;③ 臂腕痛。
[操作] 直刺 0.3~0.5 寸。

4. 外关 (Wàiguān,TE5) 络穴;八脉交会穴之一,通阳维脉

[定位] 在前臂后区,腕背侧远端横纹上 2 寸,尺骨与桡骨间隙中点(图 3-28)。
[解剖] 有皮肤、皮下组织、小指伸肌、食指伸肌;穴区内有前臂背侧皮神经,深层有骨间后神经和骨间动脉分布。
[主治] ① 头痛,颊痛,目赤肿痛,热病;② 耳鸣,耳聋;③ 胁肋痛,上肢痹痛,手颤,颈项强痛;④ 瘰疬。
[操作] 直刺 0.5~1 寸。

5. 支沟 (Zhīgōu,TE6) 经穴

[定位] 在前臂后区,腕背侧远端横纹上 3 寸,尺骨与桡骨间隙中点(图 3-28)。
[解剖] 有皮肤、皮下组织、小指伸肌、拇长展肌;穴区内有前臂背侧皮神经,深层有骨间后神经和骨间后动脉分布。
[主治] ① 便秘,热病;② 胁肋痛,肩背痛;③ 耳鸣,耳聋,暴喑;④ 瘰疬。
[操作] 直刺 0.8~1.2 寸。

6. 肩髎 (Jiānliáo,TE14)

[定位] 在三角肌区,肩峰角与肱骨大结节两骨间凹陷中(图 3-29)。
[解剖] 有皮肤、皮下组织、三角肌、冈下肌;穴区内有锁骨上神经外侧支,深层有腋神经的肌支和旋肱后动脉分布。
[主治] 肩臂挛痛,肩重不能举。
[操作] 向肩关节直刺 1~1.5 寸。

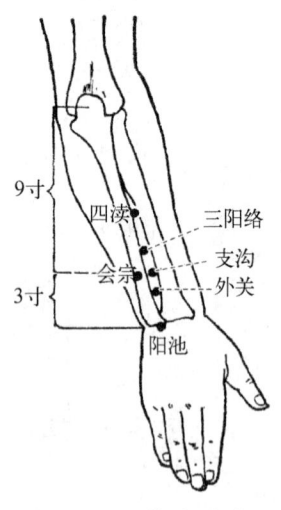

图 3-28 外关、支沟

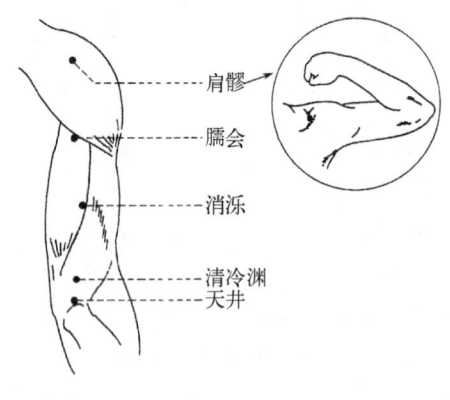

图 3-29 肩髎

7. 翳风 (Yìfēng,TE17) 手少阳、足少阳经交会穴

[定位] 在颈部,耳垂后方,乳突下端前方凹陷中(图 3-30)。
[解剖] 有皮肤、皮下组织、腮腺;穴区内有耳大神经、面神经耳支和耳后静脉,深层有面神经干从茎乳突穿出,并有舌咽神经腮腺支、耳后动脉和翼静脉丛分布。
[主治] ① 耳鸣,耳聋,聤耳;② 口眼㖞斜,牙关紧闭,颊肿,面风;③ 齿痛,暴喑,口腔诸疾;④ 瘰疬。
[操作] 直刺 0.8~1.2 寸。

8. 耳门 (Ěrmén，TE21)

[定位] 在耳区，耳屏上切迹与下颌骨髁状突之间的凹陷中(图3-30)。

[解剖] 有皮肤、皮下组织、腮腺；穴区内有耳颞神经和颞浅动、静脉干经过，深层有下颌神经和舌咽神经腮腺支分布。

[主治] ① 耳鸣，耳聋，聤耳；② 颌痛，齿痛，咀嚼疼痛。

[操作] 张口，直刺0.5~1寸。

9. 丝竹空 (Sīzhúkōng，TE23)

[定位] 在面部，眉梢凹陷中(图3-30)。

[解剖] 有皮肤、皮下组织、眼轮匝肌；穴区内有上颌神经颧眶支和颞浅动、静脉额支，深层有面神经颞支和颞浅动、静脉肌支分布。

[主治] ① 眼睑𥆧动，目眩，目赤肿痛；② 头痛，齿痛；③ 癫狂痫证。

[操作] 平刺0.5~1寸。

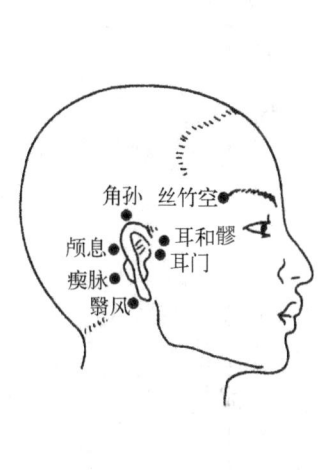

图3-30 翳风、耳门、丝竹空

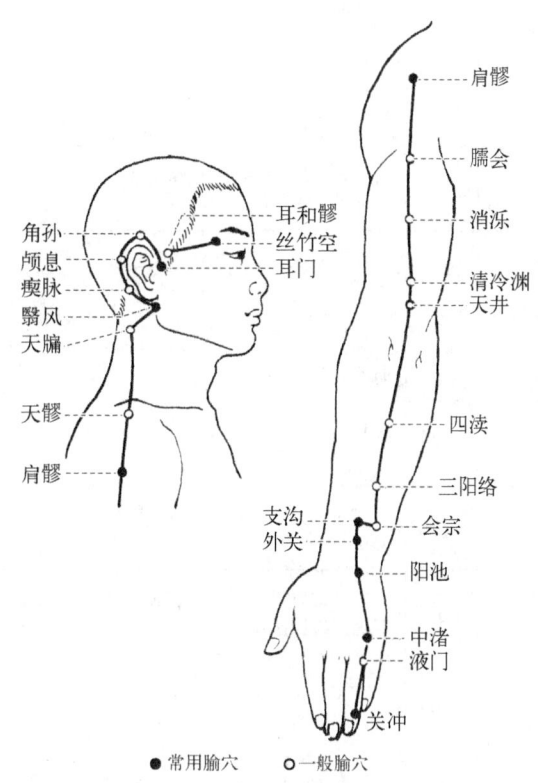

图3-31 手少阳三焦经腧穴总图

表3-5 手少阳三焦经腧穴提要表

穴 名		定 位	主 治	刺 灸	注 意
*关冲 Guānchōng	TE1	在手指，第4指末节尺侧，指甲根角侧上方0.1寸	昏厥，热病；头痛，目赤，喉痹，舌强；耳聋，耳鸣	浅刺0.1寸，或点刺出血	
液门 Yèmén	TE2	在手背，第4、5指间，指蹼缘上方赤白肉际凹陷中	头痛，目赤；疟疾；耳聋，耳鸣；手臂痛		
*中渚 Zhōngzhǔ	TE3	在手背，第4、5掌骨间，第4掌指关节近端凹陷中	耳鸣，耳聋；头痛，目赤，咽喉肿痛，热病；手指屈伸不利、肘臂疼痛，胁痛	直刺0.3~0.5寸	
*阳池 Yángchí	TE4	在腕后区，腕背侧远端横纹上，指伸肌腱的尺侧缘凹陷中	目赤肿痛，耳聋，咽喉肿痛，疟疾，消渴；臂腕痛		

续 表

穴 名		定 位	主 治	刺 灸	注 意
*外关 Wàiguān	TE5	在前臂后区,腕背侧远端横纹上2寸,尺骨与桡骨间隙中点	头痛,颊痛,目赤肿痛,热病;耳鸣,耳聋;胁肋痛,上肢痹痛,手颤,颈项强痛;瘰疬	直刺0.5~1寸	
*支沟 Zhīgōu	TE6	在前臂后区,腕背侧远端横纹上3寸,尺骨与桡骨间隙中点	便秘,热病,胁肋痛,肩背痛,耳鸣,耳聋,暴喑,瘰疬	直刺0.8~1.2寸	
会宗 Huìzōng	TE7	在前臂后区,腕背侧远端横纹上3寸,尺骨的桡侧缘	耳聋,耳鸣;癫痫;上肢痹痛	直刺0.5~1寸	
三阳络 Sānyángluò	TE8	在前臂后区,腕背侧远端横纹上4寸,尺骨与桡骨间隙中点	耳聋,齿痛,上肢痹痛	直刺0.8~1.2寸	
四渎 Sìdú	TE9	在前臂后区,肘尖下5寸,尺骨与桡骨间隙中点	耳聋,咽喉肿痛,齿痛;上肢痹痛		
天井 Tiānjǐng	TE10	在肘后区,肘尖(EX-UE1)上1寸凹陷中	偏头痛,癫痫,颈项痛,胁肋痛;瘰疬,瘿气	直刺0.5~1寸	
清冷渊 Qīnglěngyuān	SJ11	在臂后区,肘尖与肩峰角连线上,肘尖上2寸	上肢痹痛;头痛,目痛,目黄	直刺0.8~1.2寸	
消泺 Xiāoluò	TE12	在臂后区,肘尖与肩峰角连线上,肘尖上5寸	肩背痛,头痛,齿痛		
臑会 Nàohuì	TE13	在臂后区,肩峰角下3寸,三角肌的后下缘	瘿气,瘰疬;肩胛、上肢痹痛	直刺1~1.5寸	
*肩髎 Jiānliáo	TE14	在三角肌区,肩峰角与肱骨大结节两骨间凹陷中	肩臂挛痛,肩重不能举		
天髎 Tiānliáo	TE15	在肩胛区,肩胛骨上角骨际凹陷中	颈项强急,肩臂痛	直刺0.5~0.8寸	
天牖 Tiānyǒu	TE16	在颈部,横平下颌角,胸锁乳突肌的后缘凹陷中	头痛,项强,头眩,目痛;耳聋;喉痹,瘰疬	直刺0.5~1寸	
*翳风 Yìfēng	TE17	在颈部,耳垂后方,乳突下端前方凹陷中	耳鸣,耳聋,聤耳;口眼㖞斜,牙关紧闭,颊肿,面风,齿痛,暴喑,口腔诸疾;瘰疬	直刺0.8~1.2寸	不宜灸
瘈脉 Chìmài	TE18	在头部,乳突中央,角孙与翳风穴沿耳轮弧形连线的上2/3与下1/3的交点处	头痛;耳鸣,耳聋;小儿惊风	平刺0.3~0.5寸,或点刺出血	
颅息 Lúxī	TE19	在头部,角孙与翳风穴沿耳轮弧形连线的上1/3与下2/3的交点处	头痛;耳鸣,耳聋;小儿惊风	平刺0.3~0.5寸	
角孙 Jiǎosūn	TE20	在头部,耳尖正对发际处	偏头痛,项强,颊肿,齿痛,目翳		
*耳门 Ěrmén	TE21	在耳区,耳屏上切迹与下颌骨髁状突之间的凹陷中	耳鸣,耳聋;聤耳;颌肿,齿痛,咀嚼疼痛	张口,直刺0.5~1寸	
耳和髎 Ěrhéliáo	TE22	在头部,鬓发后缘,耳郭根的前方,颞浅动脉的后缘	头痛,耳鸣;牙关紧闭,口㖞	避开动脉,斜刺或平刺0.3~0.5寸	
*丝竹空 Sīzhúkōng	TE23	在面部,眉梢凹陷中	眼睑瞤动,目眩,目赤肿痛;头痛,齿痛,癫狂痫证	平刺0.5~1寸	禁灸

说明:穴前有"*"者为常用腧穴

附

手少阳经穴分寸歌

无名指外端关冲,液门小次指陷中,中渚液门上一寸,阳池腕表陷中从,外关腕后二寸取,腕后三寸支沟容,支沟横外取会宗,空中一寸用心攻,腕后四寸三阳络,四渎肘前五寸著,天井肘外大骨后,骨罅中间一寸摸,肘后二寸清冷渊,消泺对腋臂外落,臑会肩前三寸量,肩髎臑上陷中央,天髎窊骨陷内上,天牖天容之后旁,翳风耳垂后方取,瘛脉耳后鸡足张,颅息亦在青络上,角孙耳廓上中央,耳门耳缺前起肉,和髎耳后锐发乡,欲知丝竹空何在,眉后陷中仔细量。

六、手太阳小肠经(19穴)

(一)经脉循行

起于手小指外侧端(少泽),沿手背外侧至腕部,出于尺骨茎骨,直上沿前臂外侧后缘,经尺骨鹰嘴与肱骨内上髁之间,沿上臂外侧后缘,出于肩关节,绕行肩胛部,交于大椎(督脉),向下入缺盆部,联络心脏,沿食管,过膈,达胃,属于小肠。

缺盆部支脉:沿颈部上达面颊,至目外眦,转入耳中(听宫)。

颊部支脉:上行目眶下,抵于鼻旁,至目内眦(睛明),交于足太阳膀胱经,而又斜行络于颧骨部(图3-32)。

(二)主要病候

少腹痛、腰脊痛引睾丸、耳聋、目黄、颊肿、咽喉肿痛、肩臂外侧后缘痛等。

(三)主治概要

本经腧穴主治头、项、耳、目、咽喉病,热病,神志病,以及经脉循行部位的其他病证。

(四)重点腧穴

1. 少泽(Shàozé,SI1) 井穴

[定位] 在手指,小指末节尺侧,指甲根角侧上方0.1寸(指寸)(图3-33)。

[解剖] 有指掌侧固有动、静脉,指背动脉形成的动、静脉网;布有尺神经手背支。

[主治] ① 乳痈,乳汁少;② 昏迷,热病;③ 头痛,目翳,咽喉肿痛。

[操作] 浅刺0.1寸或点刺出血。

2. 后溪(Hòuxī,SI3) 输穴;八脉交会穴之一,通督脉

[定位] 在手内侧,第5掌指关节尺侧近端赤白肉际凹陷中(图3-33)。

[解剖] 在小指尺侧,第5掌骨小头后方,当小指展肌起点外缘;有指背动、静脉,手背静脉网;布有尺神经手背支。

[主治] ① 头项强痛,腰背痛,手指及肘臂挛痛;② 目赤,耳聋,咽喉肿痛;③ 癫狂痫;④ 疟疾。

[操作] 直刺0.5~1.0寸。

3. 腕骨(Wàngǔ,SI4) 原穴

[定位] 在腕区,第5掌骨底与三角骨之间的赤白肉际凹陷中(图3-33)。

[解剖] 在手背尺侧,小指展肌起点外缘;有腕背侧动脉(尺动脉分支),手背静脉网;布有尺神经手背支。

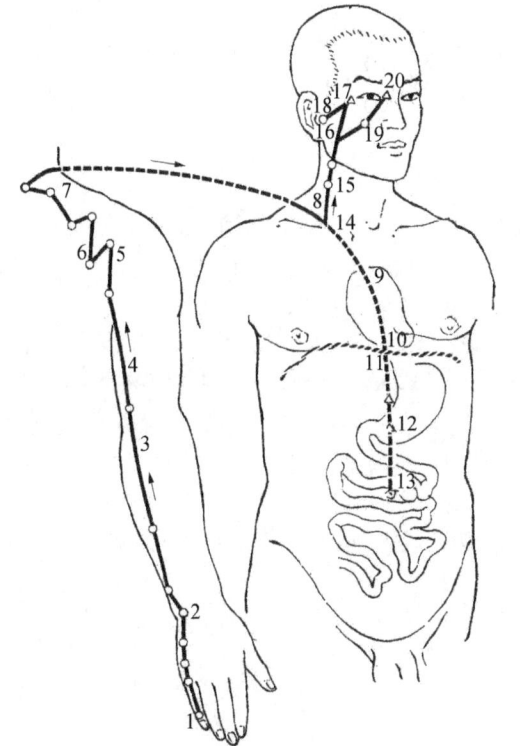

—— 本经有穴通路 -------- 本经无穴通路 ○ 本经腧穴 △ 交会穴

图3-32 手太阳小肠经循行示意图

1. 起于小指之端 2. 循手外侧上腕,出踝中 3. 直上循臂骨下廉,出肘内侧两筋之间 4. 上循臑外后廉 5. 出肩解 6. 绕肩胛 7. 交肩上 8. 入缺盆 9. 络心 10. 循咽 11. 下膈 12. 抵胃 13. 属小肠 14. 其支者,从缺盆 15. 循颈 16. 上颊 17. 至目锐眦 18. 却入耳中 19. 其支者,别颊上䪼,抵鼻 20. 至目内眦,斜络于颧

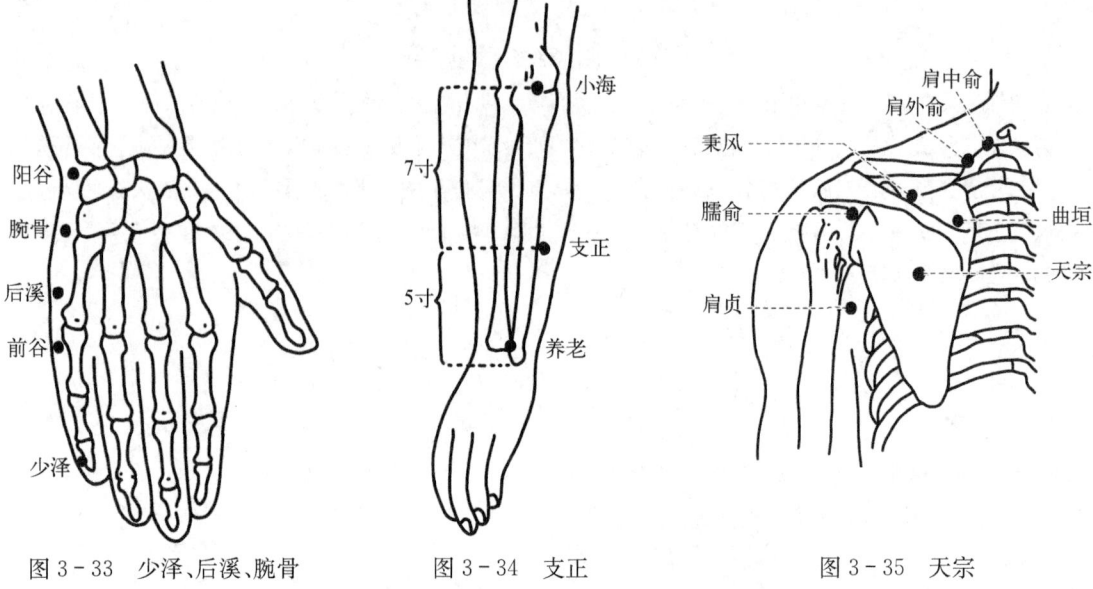

图 3-33　少泽、后溪、腕骨　　　图 3-34　支正　　　图 3-35　天宗

[主治] ① 指挛腕痛,头项强痛,目翳,耳鸣;② 黄疸,疟疾;③ 热病。
[操作] 直刺 0.3～0.5 寸。

4. 支正（Zhīzhèng,SI7）络穴

[定位] 在前臂后区,腕背侧远端横纹上 5 寸,尺骨尺侧与尺侧腕屈肌之间(图 3-34)。
[解剖] 在尺骨背面,尺侧腕伸肌的尺侧缘;布有骨间背侧动、静脉;布有前臂内侧皮神经分支。
[主治] ① 头痛,目眩,项强,肘臂酸痛;② 热病,癫狂。
[操作] 直刺或斜刺 0.5～0.8 寸。

5. 天宗（Tiānzōng,SI11）

[定位] 在肩胛区,肩胛冈中点与肩胛骨下角连线的上 1/3 与下 2/3 交点凹陷中(图 3-35)。

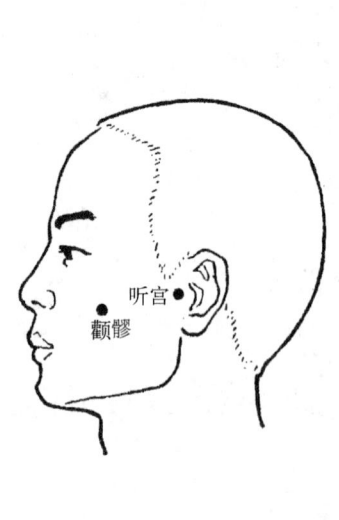

图 3-36　颧髎、听宫

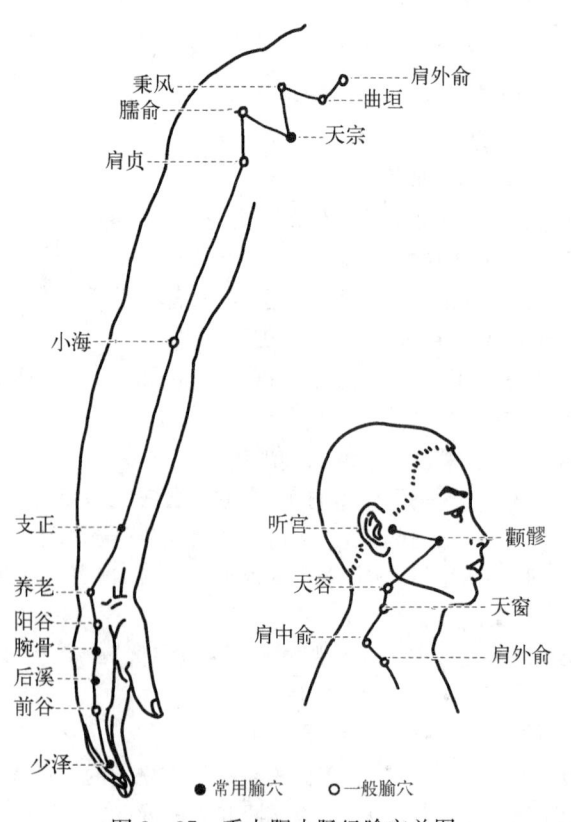

图 3-37　手太阳小肠经腧穴总图

〔解剖〕 在冈下窝中央冈下肌中;有旋肩胛动、静脉肌支;布有肩胛上神经。
〔主治〕 ① 肩胛疼痛;② 气喘;③ 乳痈。
〔操作〕 直刺或斜刺 0.5～1.0 寸。

6. 颧髎 (Quánliáo,SI18) 手少阳、手太阳经交会穴
〔定位〕 在面部,颧骨下缘,目外眦直下凹陷中(图 3-36)。
〔解剖〕 在颧骨下颌髁状突的后下缘稍后,咬肌的起始部,颧肌中;有面横动、静分支;布有面神经及眶下神经。
〔主治〕 ① 口眼㖞斜,眼睑瞤动,齿痛,颊肿;② 三叉神经痛。
〔操作〕 直刺 0.3～0.5 寸,斜刺或平刺 0.5～1.0 寸。《类经图翼》:禁灸。

7. 听宫 (Tīnggōng,SI19) 手少阳、足少阳、手太阳经交会穴
〔定位〕 在面部,耳屏正中与下颌骨髁状突之间的凹陷中(图 3-36)。
〔解剖〕 有颞浅动、静脉的耳前支;布有面神经及三叉神经的第 3 支的耳颞神经。
〔主治〕 ① 耳鸣,耳聋,聤耳;② 齿痛。
〔操作〕 张口,直刺 1.0～1.5 寸。

表 3-6 手太阳小肠经腧穴提要表

穴 名		定 位	主 治	刺 灸	注 意
*少泽 Shàozé	SI1	在手指,小指末节尺侧,指角根角侧上方 0.1 寸(指寸)	乳痈,乳汁少;昏迷,热病;头痛,目翳,咽喉肿痛	浅刺 0.1 寸或点刺出血	
前谷 Qiángǔ	SI2	在手指,第 5 掌指关节尺侧远端赤白肉际凹陷中	热病,乳少;头痛,目痛,耳鸣,咽喉肿痛	直刺 0.3～0.5 寸	
*后溪 Hòuxī	SI3	在手内侧,第 5 掌指关节尺侧近端赤白肉际凹陷中	头项强痛,腰背痛,手指及肘臂挛痛;目赤,耳聋,咽喉肿痛;癫狂痛;疟疾	直刺 0.5～1.0 寸	
*腕骨 Wàngǔ	SI4	在腕区,第 5 掌骨底与三角骨之间的赤白肉际凹陷中	指挛腕痛,头项强痛;目翳,耳鸣;黄疸,疟疾;热病	直刺 0.3～0.5 寸	
阳谷 Yánggǔ	SI5	在腕后区,尺骨茎突与三角骨之间的凹陷中	颈颔痛,臂外侧痛,腕痛;头痛,目眩,耳鸣耳聋;热病,癫狂痫		
养老 Yǎnglǎo	SI6	在前臂后区,腕背横纹上 1 寸,尺骨头桡侧凹陷中	目视不明;肩、背、肘、臂酸痛	直刺或斜刺 0.5～0.8 寸	
*支正 Zhīzhèng	SI7	在前臂后区,腕背侧远端横纹上 5 寸,尺骨尺侧与尺侧腕屈肌之间	头痛,目眩项强,肘臂酸痛;热病;癫狂		
小海 Xiǎohǎi	SI8	在肘后区,尺骨鹰嘴与肱骨内上髁之间凹陷处	肘臂疼痛;癫痫	直刺 0.3～0.5 寸	
肩贞 Jiānzhēn	SI9	在肩胛区,肩关节后下方,腋后纹头直上 1 寸	肩臂疼痛;瘰疬	直刺 1.0～1.5 寸	
臑俞 Nàoshū	SI10	在肩胛区,腋后纹头直上,肩胛冈下缘凹陷中	肩臂疼痛;瘰疬	直刺或斜刺 0.5～1.5 寸	
*天宗 Tiānzōng	SI11	在肩胛区,肩胛冈中点与肩胛骨下角连线的上 1/3 与下 2/3 交点凹陷中	肩胛疼痛;气喘;乳痈		
秉风 Bǐngfēng	SI12	在肩胛区,肩胛冈中点上方冈上窝中	肩胛疼痛,上肢酸麻	直刺或斜刺 0.5～1.0 寸	
曲垣 Qūyuán	SI13	在肩胛区,肩胛冈内侧端上缘凹陷中	肩胛疼痛		

续 表

穴 名		定 位	主 治	刺 灸	注 意
肩外俞 Jiānwàishū	SI14	在脊柱区,第1胸椎棘突下,后正中线旁开3寸	肩背疼痛,颈项强急	斜刺 0.5～0.8寸	不可深刺,以免引起气胸
肩中俞 Jiānzhōngshū	SI15	在脊柱区,第7颈椎棘突下,后正中线旁开2寸	咳嗽,气喘,肩背疼痛		
天窗 Tiānchuāng	SI16	在颈部,横平喉结,胸锁乳突肌后缘	耳鸣,耳聋,咽喉肿痛,暴喑;颈项强痛	直刺 0.5～1.0寸	
天容 Tiānróng	SI17	在颈部,下颌角后方,胸锁乳突肌前缘凹陷中	耳鸣,耳聋,咽喉肿痛;颈项强痛,头痛		
*颧髎 Quánliáo	SI18	在面部,颧骨下缘,目外眦直下凹陷中	口眼㖞斜,眼睑瞤动,齿痛,颊肿;三叉神经痛	直刺0.3～0.5寸,斜刺或平刺0.5～1.0寸	
*听宫 Tīnggōng	SI19	在面部,耳屏正中与下颌骨髁状突之间的凹陷中	耳鸣,耳聋,聤耳;齿痛	张口,直刺1.0～1.5寸	微张口进针

说明:穴前有"*"者为常用腧穴

附

手太阳小肠经穴分寸歌

小指端外为少泽,前谷外侧节前觅,节后握拳取后溪,腕骨腕前骨陷侧,锐骨下陷阳谷讨,腕后锐上觅养老,支正腕后五寸量,小海肘后五分好,肩贞腋上一寸找,臑俞大骨下陷保,天宗秉风下窝中,秉风冈上举有空,曲垣肩中曲肩陷,外俞去脊三寸从,中俞二寸大椎旁,天窗扶突后陷详,天容耳下曲颊后,颧髎面頄锐端量,听工耳中大如菽,此为小肠手太阳。

七、足太阴脾经(21穴)

(一)经脉循行

起于足大趾末端(隐白),沿着大趾内侧赤白肉际,经过大趾本节后的第1跖趾关节后面,上行至内踝前面,再上腿肚,沿着胫骨后面,交出足厥阴经的前面,经膝股部内侧前缘,进入腹部,属于脾脏,联络胃,通过横膈上行,挟咽部两旁,连系舌根,分散于舌下。

胃部支脉:向上通过横膈,流注于心中,与手少阴心经相接(图3-38)。

(二)主要病候

胃脘痛、食则呕、嗳气、腹胀便溏、黄疸、身重无力、舌根强痛、下肢内侧肿胀、厥冷。

(三)主治概要

本经腧穴主治脾胃病、妇科病、前阴病,以及经脉循行部位的其他病证。

(四)重点腧穴

1. 隐白 (Yǐnbái,SP1) 井穴

[定位] 在足趾,大趾末节内侧,趾甲根角侧后方0.1寸(指寸)(图3-39)。

[解剖] 有趾背动脉;布有腓浅神经的足背支及足底内侧神经。

[主治] ① 腹胀,便血,尿血;② 月经过多,崩漏;③ 癫狂,多梦,惊风。

[操作] 浅刺0.1寸。

2. 太白 (Tàibái,SP3) 输穴;原穴

[定位] 在跖区,第1跖趾关节近端赤白肉际凹陷中(图3-39)。

[解剖] 在𣧧展肌中;有足背静脉网、足底内侧动脉及足跗内侧动脉分支;布有隐神经及腓浅神经分支。

[主治] ① 胃痛,腹胀,肠鸣,泄泻,便秘,痔漏;② 脚气;③ 体重节痛。

[操作] 直刺 0.5~0.8 寸。

3. 公孙 （Gōngsūn，SP4）络穴；八脉交会穴之一，通冲脉

[定位] 在跖区，第 1 跖骨底的前下缘赤白肉际处（图 3-39）。

[解剖] 在𧿹展肌中；有跗内侧动脉分支及足背静脉网；布有隐神经及腓浅神经分支。

[主治] 胃痛，呕吐，腹痛，泄泻，痢疾。

[操作] 直刺 0.6~1.2 寸。

据报道，①对消化性溃疡患者进行 X 线胃肠检查时，观察到针刺内关、足三里胃蠕动多有增强作用，尤以足三里为明显，而针刺公孙则胃蠕动多减弱。②针刺公孙、内关、梁丘等穴有抑制胃酸分泌作用。

4. 三阴交 （Sānyīnjiāo，SP5）足太阴、足少阴、足厥阴经交会穴

[定位] 在小腿内侧，内踝尖上 3 寸，胫骨内侧缘后际（图 3-40）。

[解剖] 在胫骨后缘和比目鱼肌之间，深层有屈趾长屈肌；有大隐静脉，胫后动、静脉；布有小腿内侧皮神经，深层后方有胫神经。

[主治] ①肠鸣腹胀，泄泻；②月经不调，带下，阴挺，不孕，滞产，遗精，阳痿，遗尿；③失眠；④下肢痿痹；⑤脚气；⑥疝气。

[操作] 直刺 1~1.5 寸。孕妇慎针。

5. 地机 （Dìjī，SP8）郄穴

[定位] 在小腿内侧，阴陵泉（SP9）下 3 寸，胫骨内侧缘后际（图 3-40）。

[解剖] 在胫骨后缘与比目鱼肌之间；前方有大隐静脉及膝最上动脉的末支，深层有胫后动、静脉；布有小腿内侧皮神经，深层后方有胫神经。

[主治] ①腹痛，泄泻；②小便不利，水肿；③月经不调，痛经，遗精。

[操作] 直刺 1~1.5 寸。

6. 阴陵泉 （Yīnlíngquán，SP9）合穴

[定位] 在小腿内侧，胫骨内侧髁下缘与胫骨内侧缘之间的凹陷中（图 3-40）。

[解剖] 在胫骨后缘和腓肠肌之间，比目鱼肌起点上；前方有大隐静脉、膝最上动脉，最深层有胫后动、静脉；布有小腿内侧皮神经本干，最深层有胫神经。

[主治] ①腹胀，泄泻，水肿，黄疸，小便不利或失禁；②膝痛。

[操作] 直刺 1~2 寸。

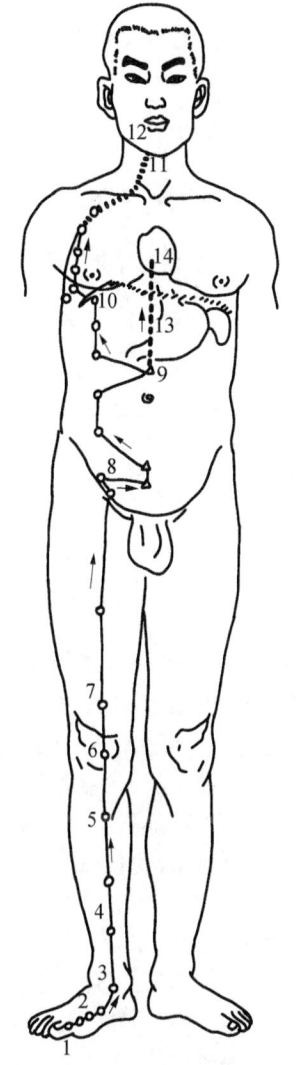

—— 本经有穴通路 -------- 本经无穴通路 ○ 本经腧穴

图 3-38 足太阴脾经循行示意图

1. 起于大指之端，循指内侧白肉际 2. 过核骨后 3. 上内踝前廉 4. 上腨 5. 循胫骨后 6. 交出厥阴之前 7. 上膝股内前廉 8. 入腹 9. 属脾络胃 10. 上膈 11. 挟咽 12. 连舌本散舌下 13. 其支者，复从胃别上膈 14. 注心中

7. 血海 （Xuèhǎi，SP10）

[定位] 在股前区，髌底内侧端上 2 寸，股内侧肌隆起处（图 3-41）。

简便取穴法：患者屈膝，医生以左手掌心按于患者右膝髌骨上缘，食指、中指、无名指、小指向上伸直，拇指约呈 45°斜置，拇指尖下是穴。对侧取法仿此。

[解剖] 在股骨内上髁上缘，股内侧肌中间；有股动、静脉肌支；布有股前皮神经及股神经肌支。

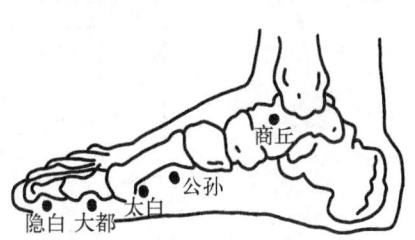

图 3-39 隐白、太白、公孙

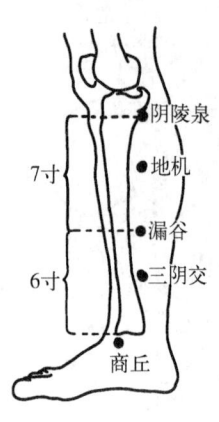
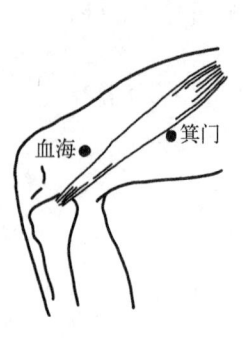
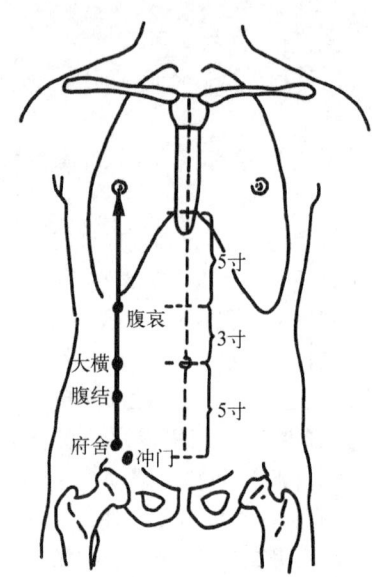

图 3-40 三阴交、地机、阴陵泉　　图 3-41 血海　　图 3-42 大横

[主治] ① 月经不调,崩漏,经闭;② 瘾疹,湿疹,丹毒。
[操作] 直刺 1~1.5 寸。

8. 大横 (Dàhéng,SP15) 足太阴经、阴维脉交会穴
[定位] 在腹部,脐中旁开 4 寸(图 3-42)。
[解剖] 在腹外斜肌肌部及腹横肌肌部;布有第 11 肋间动、静脉;布有第 12 肋间神经。
[主治] 泄泻,便秘,腹痛。
[操作] 直刺 1~2 寸。

9. 大包 (Dàbāo,SP21) 脾之大络
[定位] 在胸外侧区,第 6 肋间隙,腋中线上(图 3-43)。
[解剖] 在第 6 肋间隙,前锯肌中;有胸背动、静脉及第 6 肋间动、静脉;布有第 6 肋间神经,当胸长神经直系的末端。
[主治] ① 气喘;② 胸胁痛,全身疼痛,四肢无力。
[操作] 斜刺或向后平刺 0.5~0.8 寸。

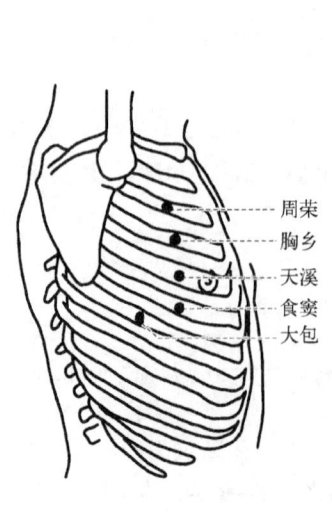
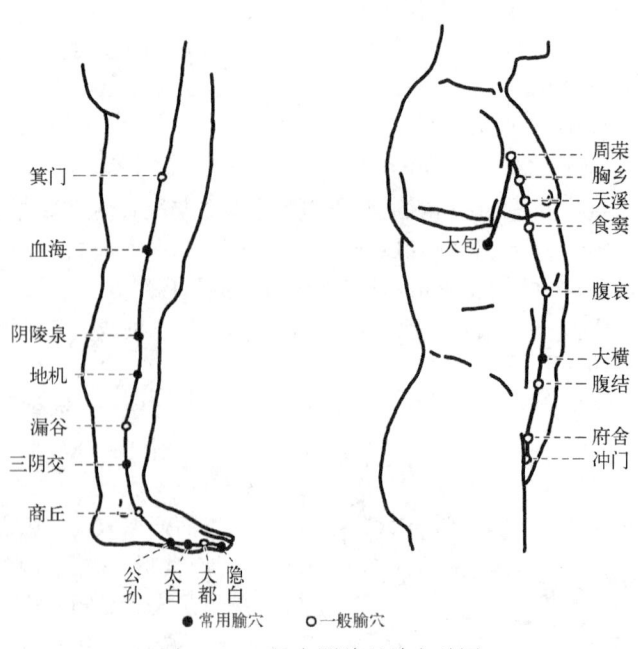

图 3-43 大包　　图 3-44 足太阴脾经腧穴总图

表 3-7 足太阴脾经腧穴提要表

穴 名		定 位	主 治	刺 灸	注 意
*隐白 Yǐnbái	SP1	在足趾,大趾末节内侧,趾甲根角侧后方 0.1 寸(指寸)	腹胀,便血,尿血;月经过多,崩漏;癫狂,多梦,惊风	浅刺 0.1 寸	
大都 Dàdū	SP2	在足趾,第 1 跖趾关节远端赤白肉际凹陷中	腹胀,胃痛,呕吐,泄泻,便秘;热病	直刺 0.3～0.5 寸	
*太白 Tàibái	SP3	在跖区,第 1 跖趾关节近端赤白肉际凹陷中	胃痛,腹胀,肠鸣,泄泻,便秘,痔漏,脚气;体重节痛	直刺 0.5～0.8 寸	
*公孙 Gōngsūn	SP4	在跖区,第 1 跖骨底的前下缘赤白肉际处	胃痛,呕吐,腹痛,泄泻,痢疾	直刺 0.6～1.2 寸	
商丘 Shāngqiū	SP5	在踝区,内踝前下方,舟骨粗隆与内踝尖连线中点凹陷中	腹胀,泄泻,便秘,黄疸;足踝痛	直刺 0.5～0.8 寸	
*三阴交 Sānyīnjiāo	SP5	在小腿内侧,内踝尖上 3 寸,胫骨内侧缘后际	肠鸣腹胀,泄泻;月经不调,带下,阴挺,不孕,滞产,遗精,阳痿,遗尿;失眠;下肢痿痹,脚气;疝气	直刺 1～1.5 寸	孕妇慎针
漏谷 Lòugǔ	SP6	在小腿内侧,内踝尖上 6 寸,胫骨内侧缘后际	腹胀,肠鸣,小便不利,遗精,下肢痿痹		
*地机 Dìjī	SP8	在小腿内侧,阴陵泉(SP9)下 3 寸,胫骨内侧缘后际	腹痛,泄泻,小便不利,水肿;月经不调,痛经,遗精		
*阴陵泉 Yīnlíngquán	SP9	在小腿内侧,胫骨内侧髁下缘与胫骨内侧缘之间的凹陷中	腹胀,泄泻,水肿,黄疸,小便不利或失禁;膝痛	直刺 1～2 寸	
*血海 Xuèhǎi	SP10	在股前区,髌底内侧端上 2 寸,股内侧肌隆起处	月经不调,崩漏,经闭,瘾疹,湿疹,丹毒	直刺 1～1.5 寸	
箕门 Jīmén	SP11	在股前区,髌底内侧端与冲门(SP12)的连线上 1/3 与下 2/3 交点,长收肌和缝匠肌交角的动脉搏动处	小便不利,遗尿;腹股沟肿痛	避开动脉,直刺 0.5～1 寸	
冲门 Chōngmén	SP12	在腹股沟区,腹股沟斜纹中,髂外动脉搏动处的外侧	腹痛,疝气;崩漏,带下		
府舍 Fǔshè	SP13	在下腹部,脐中下 4.3 寸,前正中线旁开 4 寸	腹痛,疝气,结聚	直刺 1～1.5 寸	
腹结 Fùjié	SP14	在下腹部,脐中下 1.3 寸,前正中线旁开 4 寸	腹痛,泄泻;疝气	直刺 1～2 寸	
*大横 Dàhéng	SP15	在腹部,脐中旁开 4 寸	泄泻,便秘,腹痛		
腹哀 Fù'āi	SP16	在上腹部,脐中上 3 寸,前正中线旁开 4 寸	消化不良,腹痛,便秘,痢疾	直刺 1～1.5 寸	
食窦 Shídòu	SP17	在胸部,第 5 肋间隙中,前正中线旁开 6 寸	胸胁胀痛,嗳气,翻胃,腹胀;水肿	斜刺或向外平刺 0.5～0.8 寸	食窦至大包诸穴,深部为肺脏,不可深刺
天溪 Tiānxī	SP18	在胸部,第 4 肋间隙中,前正中线旁开 6 寸	胸胁疼痛,咳嗽;乳痈,乳汁少		
胸乡 Xiōngxiāng	SP19	在胸部,第 3 肋间隙中,前正中线旁开 6 寸	胸胁胀痛		
周荣 Zhōuróng	SP20	在胸部,第 2 肋间隙中,前正中线旁开 6 寸	咳嗽,气逆,胸胁胀满		
*大包 Dàbāo	SP21	在胸外侧区,第 6 肋间隙,在腋中线上	气喘,胸胁痛;全身疼痛,四肢无力		

说明:穴前有"*"者为常用腧穴

附

足太阴脾经穴分寸歌

大趾内侧端隐白,节前陷中求大都,太白节后白肉际,节后一寸公孙呼,商丘踝前陷中遭,踝上三寸三阴交,踝上六寸漏谷是,膝下五寸地机朝,膝下内侧阴陵泉,血海膝膑上内廉,箕门穴在鱼腹取,动脉应手越筋间,冲门横骨两端外,去腹中行三寸半,冲上七分是府舍,舍上三寸腹结算,结上寸三是大横,却与脐平莫胡乱,建里之旁四寸取,便是腹哀分一段,中庭旁六食窦穴,膻中去六是天溪,再上寸六胸乡穴,周荣相去亦同然,大包腋下有六寸,渊腋之下三寸绊。

八、足厥阴肝经(14穴)

(一)经脉循行

起于足大趾上毫毛部(大敦),沿着足跗部向上,经过内踝前1寸处(中封),向上至内踝上8寸处,交出于足太阴经的后面,上行膝内侧,沿着股部内侧,进入阴毛中,环绕阴部,上达小腹,挟着胃旁,归属肝脏,联络胆腑,向上通过横膈,分布于胁肋,沿着喉咙的后面,向上进入鼻咽部,连接于"目系"(眼球连系于脑的部位),向上出于前额,与督脉会合于巅顶。

"目系"的支脉:下行颊里,环绕唇内。

肝部的支脉:从肝分出,通过横膈,向上流注于肺,与手太阴肺经相接(图3-45)。

(二)主要病候

胸满、呃逆、呕吐、飧泄、小便不利、遗尿或癃闭、疝气、少腹肿、睾肿等。

(三)主治概要

本经腧穴主治妇科、前阴、肝胆系统病证,以及经脉循行部位的其他病证。

(四)重点腧穴

1. 大敦 (Dàdūn, LR1) 井穴

[定位] 在足趾,大趾末节外侧,趾甲根角侧后方0.1寸处(图3-46)。

[解剖] 有皮肤、皮下组织;穴区内有趾背神经和趾背动脉分布。

[主治] ①月经不调,经闭,崩漏,阴挺,阴缩,阴中痛等月经病及前阴病证;②遗尿,癃闭,血尿;③疝气,少腹痛;④癫痫。

[操作] 斜刺0.1~0.2寸,或点刺出血。

2. 行间 (Xíngjiān, LR2) 荥穴

[定位] 在足背,第1、2趾间,趾蹼缘后方赤白肉际处(图3-46)。

[解剖] 有皮肤、皮下组织;穴区内有趾背神经和趾背动脉分布。

[主治] ①头痛、目眩、目赤肿痛、青盲、口㖞、癫痫、中风等肝经风热上扰头目的病证;②崩漏、月经不调、痛经、带下等妇科病证;③胁痛,疝气,阴中痛;④小便不利,遗尿,癃闭,五淋。

[操作] 直刺0.5~0.8寸。

3. 太冲 (Tàichōng, LR3) 输穴;原穴

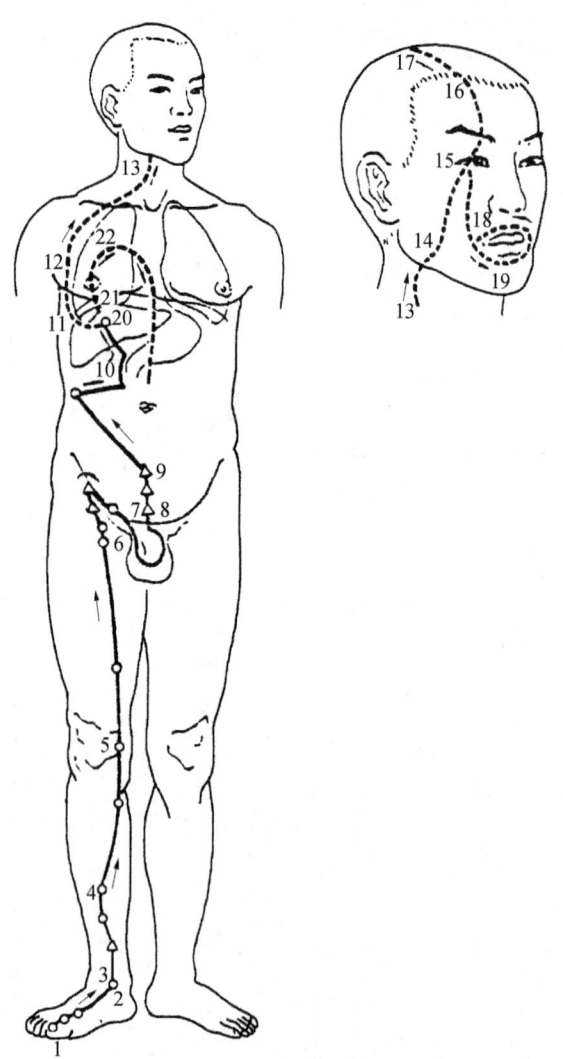

—— 本经有穴通路 ------- 本经无穴通路 ○ 本经腧穴 △ 交会穴

图3-45 足厥阴肝经循行示意图

1. 起于大指丛毛之际 2. 上循足跗上廉 3. 去内踝一寸
4. 上踝八寸,交出太阴之后 5. 上腘内廉 6. 循股阴 7. 入毛中 8. 过阴器 9. 抵小腹 10. 挟胃,属肝,络胆 11. 上贯膈
12. 布胁肋 13. 循喉咙之后 14. 上入颃颡 15. 连目系
16. 上出额 17. 与督脉会于巅 18. 其支者,从目系下颊里
19. 环唇内 20. 其支者,复从肝 21. 别贯膈 22. 上注肺

[定位] 在足背,第1、2跖骨间,跖骨底结合部前方凹陷中,或触及动脉搏动(图3-46)。

[解剖] 有皮肤、皮下组织,第1跖骨间背侧肌,踇长伸肌外缘;穴区内有趾背神经和足背静脉网,深层有足底外侧神经和第1跖背动脉分布。

[主治] ① 头痛,眩晕,中风,小儿惊风,癫狂痫证,目赤肿痛,耳鸣,口㖞,咽痛等肝经风热病证;② 月经不调,崩漏,痛经,带下病等妇科病证;③ 胁痛,呕逆,腹胀,黄疸等肝气犯胃病证;④ 遗尿,癃闭,疝气;⑤ 下肢痿痹。

[操作] 直刺0.5~0.8寸。

4. 曲泉 (Qūquán,LR8) 合穴

[定位] 在膝部,腘横纹内侧端,半腱肌肌腱内缘凹陷中(图3-47)。

[解剖] 有皮肤、皮下组织,缝匠肌、股薄肌、半膜肌肌腱、腓肠肌内侧头;穴区内有隐神经和大隐静脉,深层有股神经肌支、闭孔神经肌支、胫神经肌支和膝内上动脉、膝内下动脉分布,再深层有胫神经干和腘动脉、腘静脉分布。

[主治] ① 月经不调,痛经,阴挺,阴痒,带下病,产后腹痛;② 遗精,阳痿,疝气;③ 小便不利;④ 膝痛,下肢痿痹。

[操作] 直刺1~1.5寸。

5. 章门 (Zhāngmén,LR13) 脾之募穴;脏会;足厥阴、足少阳经交会穴

[定位] 在侧腹部,第11肋游离端的下际(图3-48)。

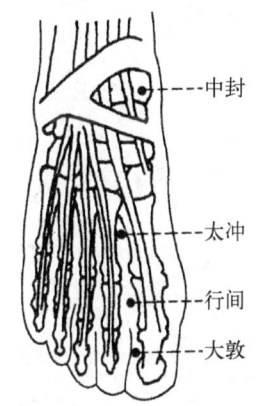

图3-46 大敦、行间、太冲

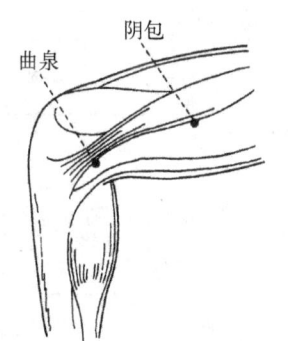

图3-47 曲泉

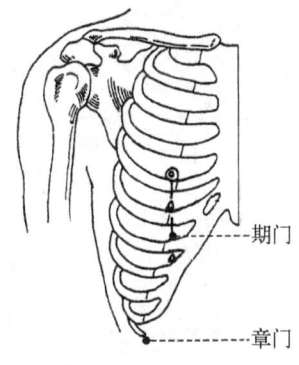

图3-48 章门、期门

[解剖] 有皮肤、皮下组织,腹内、外斜肌及腹横肌;有肋间动脉末支;布有第10、第11肋间神经;右侧当肝脏下缘,左侧当脾脏下缘。

[主治] ① 腹痛、腹胀、呕吐、肠鸣、泄泻、痞积等脾胃系统病证;② 胸胁痛、痞块、黄疸等肝胆系统病证;③ 神疲肢倦;④ 疝气。

[操作] 斜刺0.5~0.8寸。

6. 期门 (Qīmén,LR14) 肝之募穴;足厥阴经、足太阴经、阴维脉交会穴

[定位] 在胸部,第6肋间隙,前正中线旁开4寸(图3-48)。

[解剖] 有皮肤、皮下组织、腹直肌、肋间肌;有肋间动、静脉;布有第6、第7肋间神经。

[主治] ① 胸胁胀满、疼痛、呕

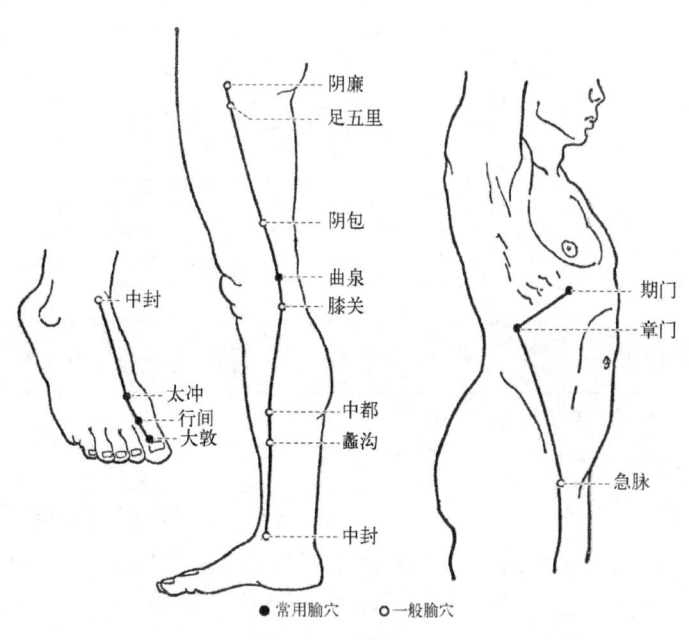

图3-49 足厥阴肝经腧穴总图

吐、吞酸、腹胀、腹泻等肝气犯胃病证；② 乳痈，咳喘。

[操作] 斜刺 0.5～0.8 寸。

表3-8 足厥阴肝经腧穴提要表

穴 名		定 位	主 治	刺 灸	注 意
*大敦 Dàdūn	LR1	在足趾，大趾末节外侧，趾甲根角侧后方0.1寸处	月经不调、经闭、崩漏、阴挺、阴缩、阴中痛等月经病及前阴病证；遗尿、癃闭、血尿；疝气，少腹痛；癫痫	斜刺0.1～0.2寸，或点刺出血	
*行间 Xíngjiān	LR2	在足背，第1、2趾间，趾蹼缘后方赤白肉际处	头痛、目眩、目赤肿痛、青盲、口㖞、癫痫、中风等肝经风热上扰头目的病证；崩漏、月经不调、痛经、带下等妇科病证；胁痛、疝气、阴中痛；小便不利，遗尿，癃闭，五淋	直刺0.5～0.8寸	
*太冲 Tàichōng	LR3	在足背，第1、2跖骨间，跖骨底结合部前方凹陷中，或触及动脉搏动	头痛、眩晕、中风、小儿惊风、癫狂痫证、目赤肿痛、耳鸣、口㖞、咽痛等肝经风热病证；月经不调、崩漏、痛经、带下病等妇科病证；胁痛、呕逆、腹胀、黄疸等肝气犯胃病证；遗尿、癃闭、疝气；下肢痿痹		
中封 Zhōngfēng	LR4	在踝区，内踝前，胫骨前肌肌腱的内缘凹陷中	下肢痿痛；疝气，遗精，小便不利		
蠡沟 Lígōu	LR5	在小腿内侧，内踝尖上5寸，胫骨内侧面的中央	月经不调，阴挺，带下病；小便不利，遗尿；疝气；下肢痿痹	平刺0.5～0.8寸	
中都 Zhōngdū	LR6	在小腿内侧，内踝尖上7寸，胫骨内侧面的中央	腹痛，疝气；恶露不尽，泄泻		
膝关 Xīguān	LR7	在膝部，胫骨内侧髁的下方，阴陵泉穴后1寸	膝髌肿痛，下肢痿痹	直刺1～1.5寸	
*曲泉 Qūquán	LR8	在膝部，腘横纹内侧端，半腱肌肌腱内缘凹陷中	月经不调，痛经，阴挺，阴痒，带下病，产后腹痛；遗精，阳痿，疝气，小便不利；膝痛，下肢痿痹		
阴包 Yīnbāo	LR9	在股前区，髌底上4寸，股薄肌与缝匠肌之间	月经不调；小便不利；腰骶痛引小腹	直刺0.8～1寸	
足五里 Zúwǔlǐ	LR10	在股前区，气冲穴直下3寸，动脉搏动处	少腹胀痛；小便不通；阴挺，睾丸肿痛，瘰疬	直刺1～1.5寸	避开动静脉针刺
阴廉 Yīnlián	LR11	在股前区，气冲穴(ST30)直下2寸	月经不调，带下；少腹疼痛，下肢挛急		避开动静脉针刺
急脉 Jímài	LR12	在腹股沟区，横平耻骨联合上缘，前正中线旁开2.5寸	阴挺，疝气，阴茎痛，少腹痛；股内侧痛	直刺0.5～1寸	
*章门 Zhāngmén	LR13	在侧腹部，第11肋游离端的下际	腹痛、腹胀、呕吐、肠鸣、泄泻、痞积等脾胃系统病证；胸胁痛、痞块、黄疸等肝胆系统病证；神疲肢倦；疝气	斜刺0.5～0.8寸	
*期门 Qīmén	LR14	在胸部，第6肋间隙，前正中线旁开4寸	胸胁胀痛、疼痛、呕吐、吞酸、腹胀、腹泻等肝气犯胃病证；乳痈，咳喘		禁直深刺，以免损伤肝、肺

说明：穴前有"*"者为常用腧穴

附

足厥阴经穴分寸歌

足大趾端名大敦，行间大趾缝中存，太冲本节后二寸，踝前一寸号中封，蠡沟踝上五寸是，中都踝上七寸中，膝关阴陵后一寸，曲泉屈膝尽横纹，阴包膝上方四寸，气冲三寸下五里，阴廉冲下只二寸，急脉阴旁二寸半，章门直脐季肋端，乳下二肋取期门。

笔记栏

九、足少阴肾经(27穴)

(一)经脉循行

起于足小趾之下,斜向足心(涌泉),出于舟骨粗隆之下,沿内踝后,进入足跟,沿小腿内侧上行,出腘窝的内侧,向上行股内后缘,通向脊柱(长强,属督脉),属于肾脏(腧穴通路;还出于前,向上行腹部前正中线旁开0.5寸,胸部前正中线旁开2寸,终止于锁骨下缘俞府穴),联络膀胱。

肾脏部直行的脉:从肾向上通过肝和横膈,进肺中,沿着喉咙,挟于舌根部。

肺部支脉:从肺出来,联络心脏,流注于胸中,与手厥阴心包经相接(图3-50)。

(二)主要病候

咳血、气喘、舌干、咽喉肿痛、水肿、大便秘结、泄泻、腰痛、脊股内后侧痛、痿弱无力、足心热等证。

(三)主治概要

本经腧穴主治妇科、前阴病,头和五官病证,以及经脉循行部位的其他病证。

(四)重点腧穴

1. 涌泉 (Yǒngquán,KI1)井穴

[定位] 在足底,屈足卷趾时足心最凹陷中。(图3-51)。

[解剖] 在足底第2、第3跖骨之间,跖腱膜中,内有趾短屈肌腱、趾长屈肌腱、第2蚓状肌,深层为骨间肌;有来自胫前动脉的足底弓;布有足底内侧神经支。

[主治] ①昏厥,中暑,癫痫,小儿惊风,足心热;②头痛,头晕,咽喉肿痛;③小便不利,便秘。

[操作] 直刺0.5~0.8寸。

2. 然谷 (Rángǔ,KI2)荥穴

[定位] 在足内侧,足舟骨粗隆下方,赤白肉际处(图3-52)。

[解剖] 有踇指外展肌;有跗内侧动脉及跗内侧动脉分支;布有足底内侧神经。

[主治] ①月经不调,带下,阴挺;②遗精,阳痿,小便不利;③咯血,咽喉肿痛,消渴;④小儿脐风,口噤不开;⑤下肢痿痹,足跗痛。

[操作] 直刺0.5~0.8寸。

3. 太溪 (Tàixī,KI3)输穴;原穴

[定位] 在足踝区,内踝尖与跟腱之间的凹陷处(图3-52)。

[解剖] 前有胫后动、静脉;布有小腿内侧皮神经、胫神经。

[主治] ①头痛,目眩,失眠,健忘,咽喉肿痛,齿痛,耳聋,耳鸣;②月经不调,遗精,阳痿,小便频数;③腰脊痛及下肢厥冷,内踝肿痛;④气喘,胸痛,咯血;⑤消渴。

[操作] 直刺0.5~0.8寸。

4. 大钟 (Dàzhōng,KI4)络穴

[定位] 在跟区,内踝后下方,跟骨上缘,跟腱附着部前缘凹陷中(图3-52)。

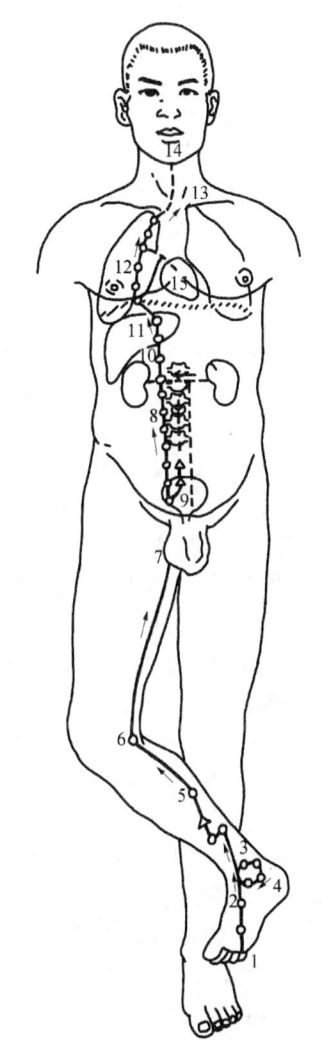

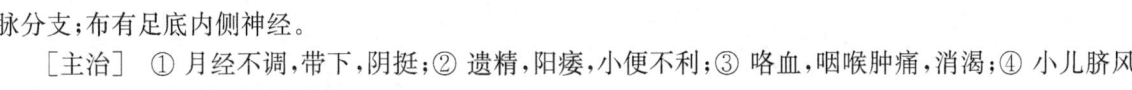

图3-50 足少阴肾经循行示意图

1.起于小指之下,斜走足心 2.出于然谷之下 3.循内踝之后 4.别入跟中 5.以上腨内 6.出腘内廉 7.上股内后廉 8.贯脊属肾 9.络膀胱 10.其直者,从肾 11.上贯肝膈 12.入肺中 13.循喉咙 14.挟舌本 15.其支者,从肺出络心,注胸中

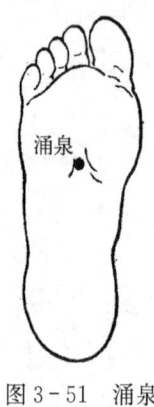
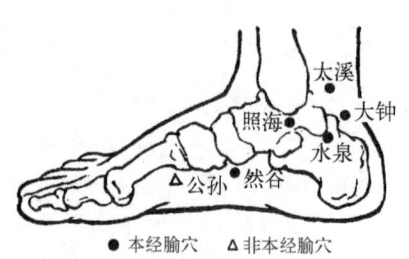

图 3-51 涌泉　　　　图 3-52 然谷、太溪、大钟、照海

[解剖]　在跟腱附着部的内前缘;有胫后动脉跟内侧支;布有小腿内侧皮神经及胫神经的跟骨内侧神经。

[主治]　① 癃闭,遗尿;② 月经不调;③ 腰脊强痛,足跟痛;④ 气喘,咯血。

[操作]　直刺0.3~0.5寸。

5. 照海　(Zhàohǎi,KI6)八脉交会穴,通阴跷脉

[定位]　在踝区,内踝尖下1寸,内踝下缘边际凹陷处(图3-52)。

[解剖]　在内踝下方,踇趾外展肌止点;后方有胫后动、静脉;布有小腿内侧皮神经,深部为胫神经本干。

[主治]　① 痫证,失眠;② 咽干咽痛,目赤肿痛;③ 小便不利,小便频数;④ 月经不调,痛经,赤白带下;⑤ 下肢痿痹。

[操作]　直刺0.3~0.5寸。

6. 复溜　(Fùliū,KI7)经穴

[定位]　在小腿内侧,内踝尖上2寸,跟腱的前缘(图3-53)。

[解剖]　在比目鱼肌下端移行于跟腱处之内侧;前方有胫后动、静脉;布有腓肠内侧皮神经,小腿内侧皮神经,深层为胫神经。

[主治]　① 水肿,腹胀;② 盗汗,身热无汗;③ 肠鸣,泄泻;④ 足痿,腰脊强痛。

[操作]　直刺0.8~1.0寸。

7. 俞府　(Shùfǔ,KI27)

[定位]　在胸部,锁骨下缘,前正中线旁开2寸(图3-54)。

[解剖]　在胸大肌中;有胸内动、静脉的前穿支;布有锁骨上神经前支。

[主治]　① 咳嗽,气喘,胸痛;② 不嗜食。

[操作]　斜刺或平刺0.5~0.8寸。

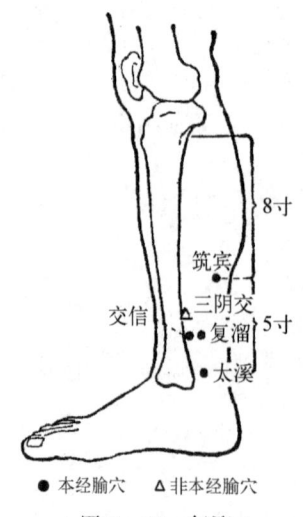
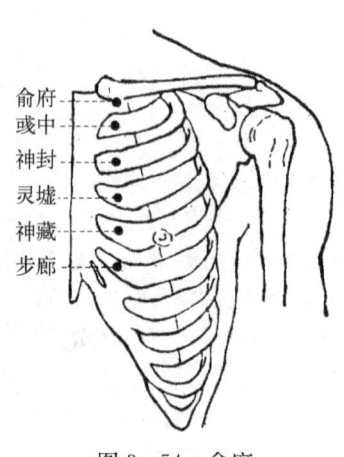

图 3-53 复溜　　　　图 3-54 俞府

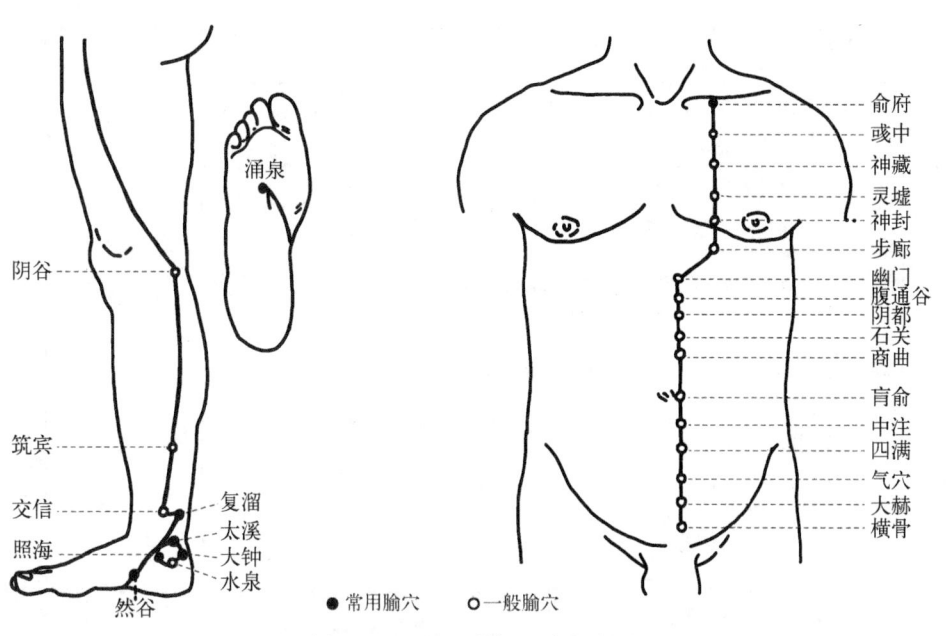

图 3-55 足少阴肾经腧穴总图

表 3-9 足少阴肾经腧穴提要表

穴　名		定　位	主　治	刺　灸	注　意
*涌泉 Yǒngquán	KI1	在足底,屈足卷趾时足心最凹陷中	昏厥,中暑,癫痫,小儿惊风,足心热;头痛,头晕,咽喉肿痛,小便不利,便秘	直刺 0.5～0.8 寸	
*然谷 Rángǔ	KI2	在足内侧,足舟骨粗隆下方,赤白肉际处	月经不调,带下,阴挺,遗精,阳痿,小便不利;咯血,咽喉肿痛,消渴,小儿脐风,口噤不开;下肢痿痹,足跗痛	直刺 0.5～0.8 寸	
*太溪 Tàixī	KI3	在足踝区,内踝尖与跟腱之间的凹陷处	头痛,目眩,失眠,健忘,咽喉肿痛,齿痛,耳聋,耳鸣;月经不调,遗精,阳痿,小便频数;腰脊痛及下肢厥冷,内踝肿痛;气喘,胸痛,咯血;消渴	直刺 0.5～0.8 寸	
*大钟 Dàzhōng	KI4	在跟区,内踝后下方,跟骨上缘,跟腱附着部前缘凹陷中	癃闭,遗尿,月经不调,腰脊强痛,足跟痛;气喘,咯血	直刺 0.3～0.5 寸	
水泉 Shuǐquán	KI5	在跟区,太溪(KI3)直下 1 寸,跟骨结节内侧凹陷中	月经不调、痛经;小便不利		
*照海 Zhàohǎi	KI6	在踝区,内踝尖下 1 寸,内踝下缘边际凹陷处	痫证,失眠;咽干咽痛,目赤肿痛;小便不利,小便频数;月经不调,痛经,赤白带下;下肢痿痹	直刺 0.3～0.5 寸	
*复溜 Fùliū	KI7	在小腿内侧,内踝尖上 2 寸,跟腱的前缘	水肿,腹胀;盗汗,身热无汗,肠鸣,泄泻;足痿,腰脊强痛	直刺 0.8～1.0 寸	
交信 Jiāoxìn	KI8	在小腿内侧,内踝尖上 2 寸,胫骨内侧缘后际凹陷中	月经不调,痛经,崩漏,腹痛,腹泻,小便不利,水肿;睾丸痛,疝气;膝、股腘内侧痛	直刺 0.5～1.0 寸	
筑宾 Zhùbīn	KI9	在小腿内侧,太溪(KI3)直上 5 寸,比目鱼肌与跟腱之间	癫狂痫证;呕吐,疝气,小腿内侧痛	直刺 0.5～1.2 寸	
阴谷 Yīngǔ	KI10	在膝后区,腘横纹上,半腱肌肌腱外侧缘	阳痿,疝气,月经不调,崩漏,小便难;膝股内侧痛		

笔记栏

续 表

穴 名		定 位	主 治	刺 灸	注 意
横骨 Hénggǔ	KI11	在下腹部,脐中下5寸,前正中线旁开0.5寸	少腹胀痛,疝气;小便不利,遗尿,遗精,阳痿	直刺0.8～1.2寸	针刺前宜排空小便。孕妇禁刺
大赫 Dàhè	KI12	在下腹部,脐中下4寸,前正中线旁开0.5寸	月经不调,痛经,带下,遗精,阳痿		
气穴 Qìxué	KI13	在下腹部,脐中下3寸,前正中线旁开0.5寸	月经不调,带下;小便不利;泄泻		
四满 Sìmǎn	KI14	在下腹部,脐中下2寸,前正中线旁开0.5寸	腹痛,疝气,便秘,月经不调,带下;遗尿,遗精		
中注 Zhōngzhù	KI15	在下腹部,脐中下1寸,前正中线旁开0.5寸	腹痛,便秘,泄泻;月经不调		
肓俞 Huāngshù	KI16	在腹部,脐中旁开0.5寸	腹痛,泄泻,便秘		
商曲 Shāngqū	KI17	在上腹部,脐中上2寸,前正中线旁开0.5寸	噫气,反胃,腹胀,水肿;胸胁痛	直刺0.5～0.8寸	
石关 Shíguān	KI18	在上腹部,脐中上3寸,前正中线旁开0.5寸	呕吐,腹痛,便秘;不孕		
阴都 Yīndū	KI19	在上腹部,脐中上4寸,前正中线旁开0.5寸	腹胀,腹泻,便秘;不孕		
腹通谷 Fùtōnggǔ	KI20	在上腹部,脐中上5寸,前正中线旁开0.5寸	腹胀,腹痛,呕吐	直刺或斜刺0.5～0.8寸	
幽门 Yōumén	KI21	在上腹部,脐中上6寸,前正中线旁开0.5寸	腹痛,腹胀,呕吐,泄泻		不可深刺,以免伤及内脏
步廊 Bùláng	KI22	在胸部,第5肋间隙,前正中线旁开2寸	胸痛,咳嗽,气喘;乳痈;呕吐不嗜食		
神封 Shénfēng	KI23	在胸部,第4肋间隙,前正中线旁开2寸	咳嗽,气喘,胸胁支满;乳痈;呕吐不嗜食		
灵墟 Língxū	KI24	在胸部,第3肋间隙,前正中线旁开2寸	咳嗽,气喘,痰多;胸胁胀痛,乳痈;呕吐	斜刺或平刺0.5～0.8寸	不可深刺,以免伤及肺脏
神藏 Shéncáng	KI25	在胸部,第2肋间隙,前正中线旁开2寸	咳嗽,气喘,胸痛;烦满,呕吐,不嗜食		
彧中 Yùzhōng	KI26	在胸部,第1肋间隙,前正中线旁开2寸	咳嗽,气喘,胸胁胀满,不嗜食		
*俞府 Shùfǔ	KI27	在胸部,锁骨下缘,前正中线旁开2寸	咳嗽,气喘,胸痛;不嗜食		

说明:穴前有"*"者为常用腧穴

附

足少阴肾经穴分寸歌

足掌心中是涌泉,然谷踝前大骨边,太溪踝后跟骨上,照海踝下四分安,水泉溪下一寸觅,大钟跟后踵筋间,复溜溪上二寸取,交信溜前五分骈,二穴只隔筋前后,太阴之后少阴前,筑宾内踝上腨分,阴谷膝内两筋间,上从任脉开半寸,横骨平取曲骨边,大赫气穴并四满,中注肓俞亦相连,六穴上行皆一寸,俱距中行半寸间,商曲又平下脘取,石关阴都通谷联,幽门适当巨阙侧,五穴分寸量同前,再从中行开二寸,步廊却在中庭边,神封灵墟及神藏,彧中俞府璇玑旁,每穴上行皆寸六,旁开二寸仔细量。

笔记栏

十、足阳明胃经(45穴)

（一）经脉循行

起于鼻翼两侧(迎香)，上行到鼻根部，与旁侧足太阳经交会，向下沿着鼻的外侧(承泣)，进入上齿龈中，回出环绕口唇，向下交会于颏唇沟承浆(任脉)处，再向后沿着口腮后下方，出于下颌大迎处，沿着下颌角颊车，上行耳前，经过上关(足少阳经)，沿着发际，到达前额神庭。

面部支脉：从大迎前下走人迎，沿着喉咙，进入缺盆部，向下通过横膈，属于胃，联络脾。

缺盆部直行的脉：经乳头，向下挟脐旁，进入少腹两侧气冲。

胃下口部支脉：沿着腹里向下到气冲会合，再由此下行至髀关，直抵伏兔部，下至膝盖，沿着胫骨外侧前缘，下经足跗，进入第2趾外侧端(厉兑)。

胫部支脉：从膝下3寸(足三里)处分出，进入足中趾外侧。

足跗部支脉：从跗上(冲阳)分出，进入足大趾内侧端(隐白)，与足太阴脾经相接(图3-56)。

（二）主要病候

肠鸣腹胀、水肿、胃痛、呕吐或消谷善饥、口渴、咽喉肿痛、鼻衄、胸部及膝髌等本经循行部位疼痛、热病、发狂等证。

（三）主治概要

本经腧穴主治胃肠病，头面、目、鼻、口、齿痛，神志病，以及经脉循行部位的其他病证。

（四）重点腧穴

1. 承泣 （Chéngqì，ST1）足阳明经、阳跷脉、任脉交会穴

[定位] 在面部，在眼球与眶下缘之间，瞳孔直下(图3-57)。

[解剖] 在眶下缘上方，眼轮匝肌中，深层眶内有眼球下直肌、下斜肌；有眶下动、静脉分支，眼动、静脉的分支；布有眶下神经分支及动眼神经下支的肌支、面神经分支。

[主治] ①目赤肿痛，流泪，夜盲；②眼睑𥆧动，口眼㖞斜。

[操作] 以左手拇指向上轻推眼球，紧靠眶缘缓慢直刺0.5～1.5寸，不宜提插，以防刺破血管引起血肿。

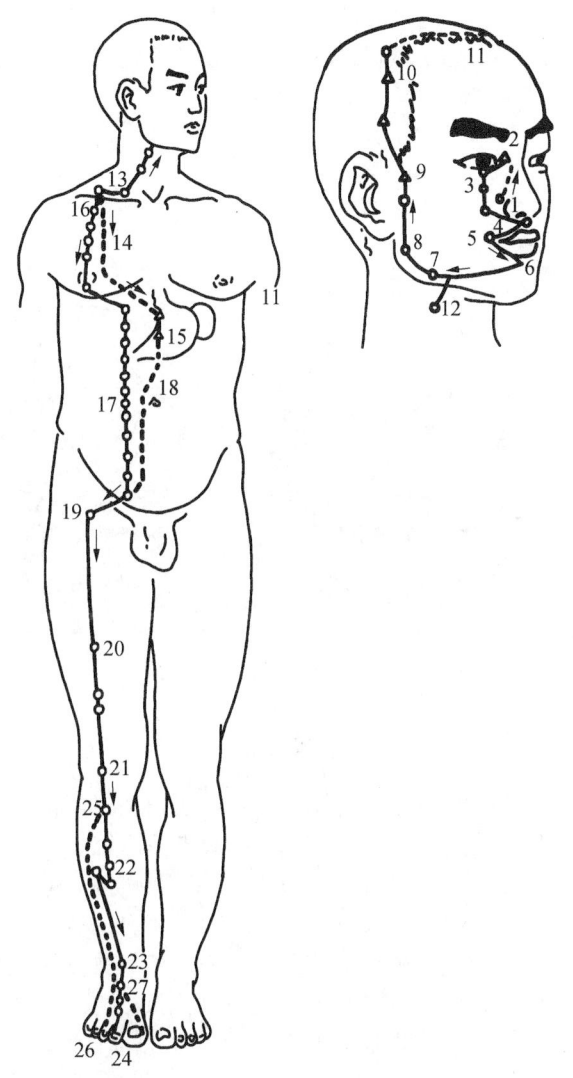

—— 本经有穴通路　-------- 本经无穴通路　○ 本经腧穴　△ 交会穴

图3-56 足阳明胃经脉循行示意图

1. 起于鼻之交颊中　2. 旁纳太阳之脉　3. 下循鼻外　4. 入上齿中　5. 还出挟口环唇　6. 下交承浆　7. 却循颐后下廉，出大迎　8. 循颊车　9. 上耳前，过客主人　10. 循发际　11. 至额颅　12. 其支者，从大迎前，下人迎，循喉咙　13. 入缺盆　14. 下膈　15. 属胃络脾　16. 其直者，从缺盆下乳内廉　17. 下挟脐，入气街中　18. 其支者，起于胃口，下循腹里，下至气街中而合　19. 以下髀关　20. 抵伏兔　21. 下膝髌中　22. 下循胫外廉　23. 下足跗　24. 入次趾外间　25. 其支者，下廉三寸而别　26. 下入中趾外间　27. 其支者，别跗上，入大趾间，出其端

2. 四白 （Sìbái，ST2）

[定位] 在面部，眶下孔凹陷处，瞳孔直下(图3-57)。

[解剖] 在眶下孔处，当眼轮匝肌和上唇方肌之间；有面动、静脉分支，眶下动、静脉；布有面神经分支，当眶下神经处。

[主治] ①目赤痛痒，目翳，眼睑𥆧动，口眼㖞斜；②头痛眩晕。

[操作] 直刺或斜刺0.3~0.5寸,不可深刺。

3. 地仓 (Dìcāng,ST4) 手阳明、足阳明经、阳跷脉交会穴

[定位] 在面部,口角旁开0.4寸(指寸)。(图3-57)。

[解剖] 在口轮匝肌中,深层为颊肌;有面动、静脉;布有面神经和眶下神经分支,深层为颊肌神经的末支。

[主治] 口㖞,流涎,眼睑瞤动。

[操作] 斜刺或平刺0.5~0.8寸。

4. 颊车 (Jiáchē,ST6)

[定位] 在面部,下颌角前上方1横指凹陷中(中指)(咀嚼时咬肌隆起最高点处)(图3-58)。

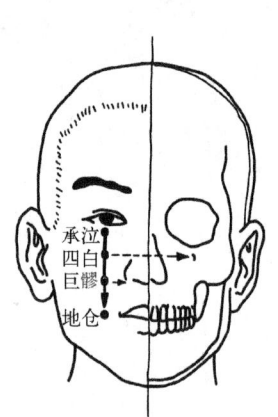
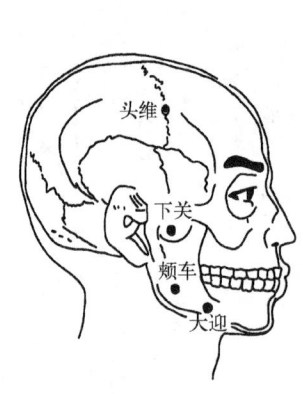
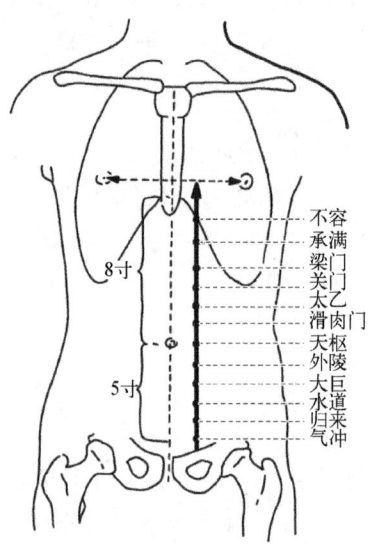

图3-57 承泣、四白、地仓　　图3-58 颊车、下关、头维　　图3-59 梁门、天枢、归来

[解剖] 在下颌角前方,有咬肌;有咬肌动、静脉;布有耳大神经、面神经及咬肌神经。

[主治] 口㖞,齿痛,颊肿,口噤不语。

[操作] 直刺0.3~0.5寸,平刺0.5~1寸。

5. 下关 (Xiàguān,ST7) 足阳明、足少阳经交会穴

[定位] 在面部,颧弓下缘中央与下颌切迹之间凹陷中。注:闭口,上关(GB3)直下,颧弓下缘凹陷中。

[解剖] 当颧弓下缘,皮下有腮腺,为咬肌起始部;有面横动、静脉,最深层为上颌动、静脉;正当面神经颧眶支及耳颞神经分支,最深层为下颌神经。

[主治] ① 耳聋,耳鸣,聤耳;② 齿痛,口噤,口眼㖞斜。

[操作] 直刺0.5寸~1寸。

6. 头维 (Tóuwéi,ST8) 足阳明、足少阳、阳维脉交会穴

[定位] 在头部,额角发际直上0.5寸,头正中线旁开4.5寸(图3-58)。

[解剖] 在颞肌上缘的帽状腱膜中;有颞浅动、静脉的额支;布有耳颞神经的分支及面神经额颞支。

[主治] ① 头痛,目眩,口痛;② 流泪,眼睑瞤动。

[操作] 平刺0.5~1寸。《针灸甲乙经》:禁不可灸。

7. 梁门 (Liángmén,ST21)

[定位] 在上腹部,脐中上4寸,前正中线旁开2寸(图3-59)。

[解剖] 当腹直肌及其鞘处,深层为腹横肌;有第7肋间动、静脉分支及腹壁上动、静脉;当第8肋间神经分支处(右侧深部当肝下缘,胃幽门部)。

[主治] 胃痛,呕吐,食欲不振,腹胀,泄泻。

[操作] 直刺0.8~1.2寸。

8. 天枢 (Tiānshū,ST25) 大肠之募穴

[定位] 在腹部,横平脐中,前正中线旁开2寸(图3-59)。

[解剖] 当腹直肌及其鞘处;有第9肋间动、静脉分支及腹壁下动、静脉分支;布有第10肋间神经分支(内部为小肠)。
[主治] ① 腹胀肠鸣,绕脐痛,便秘,泄泻,痢疾;② 月经不调,癥瘕。
[操作] 直刺1～1.5寸。《千金方》:孕妇不可灸。

9. **归来** (Guīlái,ST29)
[定位] 在下腹部,脐中下4寸,前正中线旁开2寸(图3-59)。
[解剖] 在腹直肌外缘,有腹内斜肌,腹横肌腱膜;外侧有腹壁下动、静脉;布有髂腹下神经。
[主治] ① 腹痛,疝气;② 月经不调,白带,阴挺。
[操作] 直刺1～1.5寸。

10. **伏兔** (Fútù,ST32)
[定位] 在股前区,髌底上6寸,髂前上棘与髌底外侧端的连线上(图3-60)。
[解剖] 在股直肌的肌腹中;有旋股外侧动、静脉分支;布有股前皮神经、股外侧皮神经。
[主治] ① 腰痛膝冷,下肢麻痹;② 疝气;③ 脚气。
[操作] 直刺1～2寸。

11. **梁丘** (Liángqiū,ST34) 郄穴
[定位] 在股前区,髌底上2寸,股外侧肌与股直肌肌腱之间(图3-60)。
[解剖] 在股直肌和股外侧肌之间;有旋股外侧动脉降支;布有股前皮神经、股外侧皮神经。
[主治] ① 膝肿痛,下肢不遂;② 胃痛;③ 乳痈;④ 血尿。
[操作] 直刺1～1.2寸。

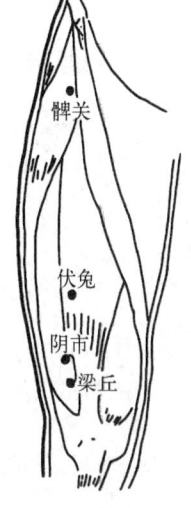

图3-60 伏兔、梁丘

12. **足三里** (Zúsānlǐ,ST36) 合穴;胃下合穴
[定位] 在小腿外侧,犊鼻(ST35)下3寸,犊鼻与解溪(ST41)连线上(图3-61)。
[解剖] 在胫骨前肌、趾长伸肌之间;有胫前动、静脉;为腓肠外侧皮神经及隐神经的皮支分布处,深层当腓深神经。
[主治] ① 胃痛,呕吐,噎膈,腹胀,泄泻,痢疾,便秘,肠痈;② 下肢痹痛,脚气;③ 虚劳羸瘦;④ 乳痈;⑤ 癫狂;⑥ 水肿。本穴有强壮作用,为保健要穴。
[操作] 直刺1～2寸。

据报道:① 针刺健康人和胃病患者的足三里和手三里,观察发现胃弛缓时针刺使收缩加强,胃紧张时变为弛缓,并可解除幽门痉挛。② 针刺单纯性消化不良和中毒性消化不良患儿的足三里、合谷、三阴交,可使原来低下的胃游离酸、总酸度、胃蛋白酶和胃脂肪酶活性迅速升高。③ 针刺人及家兔的足三里,发现裂解素(主要是裂解含有大量多糖体的革兰阴性杆菌,也能灭活某些病毒)都有增加,人增加17.85单位,兔增加62.1单位,两者均在针后12小时增加最显著。④ 针刺家兔的"足三里""大椎",可使其调理素明显增加,从而促进白细胞吞噬指数的上升,增强其免疫能力。

13. **上巨虚** (Shàngjùxū,ST37) 大肠下合穴
[定位] 在小腿外侧,犊鼻(ST35)下6寸,犊鼻与解溪(ST41)连线上(图3-61)。
[解剖] 在胫骨前肌中;有胫前动、静脉;布有腓肠外侧皮神经及隐神经的皮支,深层当腓深神经。
[主治] ① 肠鸣,腹痛,泄泻,便秘,肠痈;② 下肢痿痹,脚气。
[操作] 直刺1～2寸。

14. **下巨虚** (Xiàjùxū,ST39) 小肠下合穴
[定位] 在小腿外侧,犊鼻(ST35)下9寸,犊鼻与解溪(ST41)连线上(图3-61)。
[解剖] 在胫骨前肌与趾长伸肌之间,深层为拇长伸肌;有胫前动、静脉;布有腓浅神经分支,深层为腓深神经。

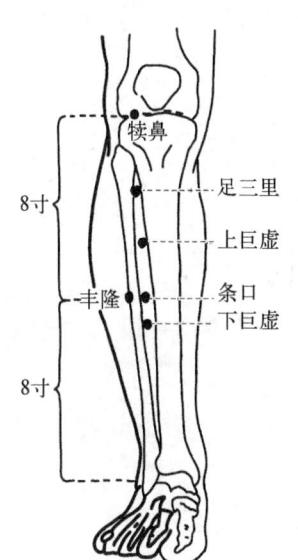

图3-61 足三里、上巨虚、下巨虚、丰隆

[主治] ① 小腹痛,泄泻,痢疾;② 乳痈;③ 下肢痿痹;④ 腰脊痛引睾丸。
[操作] 直刺1～1.5寸。

15. 丰隆 (Fēnglóng,ST40) 络穴

[定位] 在小腿外侧,外踝尖上8寸,胫骨前肌的外缘(图3-61)。
[解剖] 在趾长伸肌外侧和腓骨短肌之间;有胫前动脉分支;当腓浅神经处。
[主治] ① 头痛,眩晕,痰多咳嗽,呕吐,便秘,水肿,癫狂痫;② 下肢痿痹。
[操作] 直刺1～1.5寸。

16. 解溪 (Jiěxī,ST41) 经穴

[定位] 在踝区,踝关节前面中央凹陷中,踇长伸肌腱与趾长伸肌腱之间(图3-62)。
[解剖] 在踇长伸肌腱与趾长伸肌腱之间;有胫前动、静脉;浅部当腓浅神经,深层当腓深神经。
[主治] ① 头痛,眩晕,癫狂;② 腹胀,便秘;③ 下肢痿痹。
[操作] 直刺0.5～1寸。

17. 内庭 (Nèitíng,ST44) 荥穴

[定位] 在足背,第2、3趾间,趾蹼缘后方赤白肉际处(图3-62)。
[解剖] 有足背静脉网;布有腓浅神经足背支。
[主治] ① 齿痛,咽喉肿痛,口㖞,鼻衄,热病;② 胃痛吐酸,腹胀,泄泻,痢疾,便秘;③ 足背肿痛。
[操作] 直刺或斜刺0.5～0.8寸。

18. 厉兑 (Lìduì,ST45) 井穴

[定位] 在足趾,第2趾末节外侧,趾甲根角侧后方0.1寸(指寸)(图3-62)。
[解剖] 有趾背动脉形成的动脉网;布有腓浅神经的足背支。 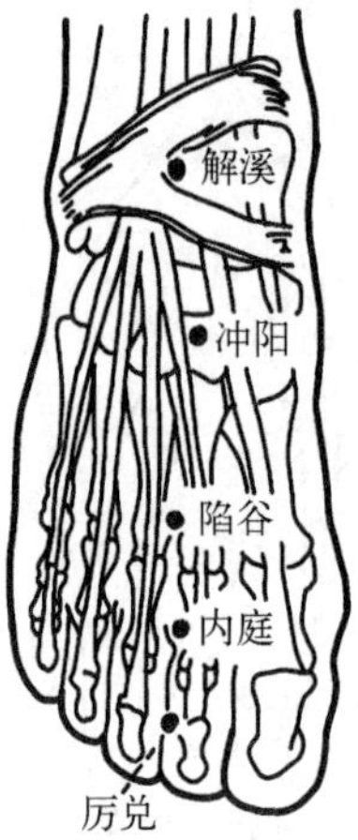
[主治] ① 鼻衄,齿痛,咽喉肿痛,热病;② 腹胀;③ 多梦,癫狂。
[操作] 浅刺0.1寸。

图3-62 解溪、内庭、厉兑

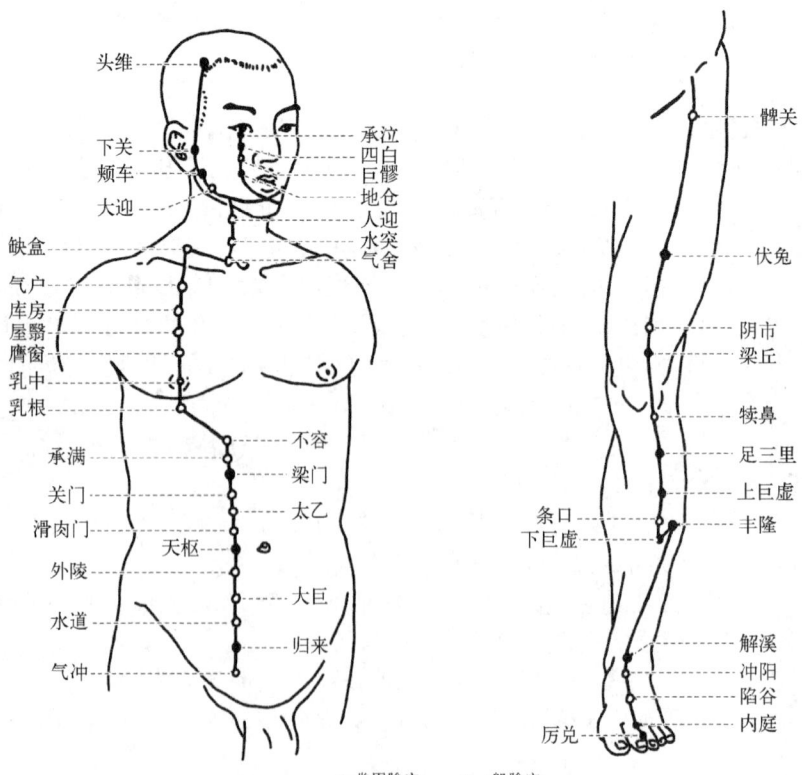

图3-63 足阳明胃经腧穴总图

表3-10 足阳明胃经腧穴提要表

穴 名		定 位	主 治	刺 灸	注 意
*承泣 Chéngqì	ST1	在面部,在眼球与眶下缘之间,瞳孔直下	目赤肿痛,流泪,夜盲;眼睑䀮动,口眼㖞斜	轻推眼球,紧靠眶缘缓慢直刺0.5~1.5寸	不宜提插,以防刺破血管
*四白 Sìbái	ST2	在面部,眶下孔凹陷处,瞳孔直下	目赤痛痒,目翳,眼睑䀮动,口眼㖞斜;头痛眩晕	直刺或斜刺0.3~0.5寸	不可深刺
巨髎 Jùliáo	ST3	在面部,横平鼻翼下缘,瞳孔直下	口角㖞斜,眼睑䀮动,鼻衄,齿痛,唇颊肿	斜刺或直刺0.3~0.5	
*地仓 Dìcāng	ST4	在面部,口角旁开0.4寸(指寸)	口㖞,流涎,眼睑䀮动	斜刺或平刺0.5~0.8寸	
大迎 Dàyíng	ST5	在面部,下颌角前方,咬肌附着部的前缘凹陷中,面动脉搏动处	口㖞,口噤,颊肿,齿痛	避开动脉,斜刺或平刺0.3~0.5寸	
*颊车 Jiáchē	ST6	在面部,下颌角前上方1横指凹陷中(中指)(咀嚼时咬肌隆起最高点处)	口㖞,齿痛,颊肿,口噤不语	直刺0.3~0.5寸,平刺0.5~1寸	
*下关 Xiàguān	ST7	在面部,颧弓下缘中央与下颌切迹之间凹陷中	耳聋,耳鸣,聤耳;齿痛,口噤,口眼㖞斜	直刺0.5~1寸	
*头维 Tóuwéi	ST8	在头部,额角发际直上0.5寸,头正中线旁开4.5寸	头痛,目眩,口痛;流泪,眼睑䀮动	平刺0.5~1寸	
人迎 Rényíng	ST9	在颈部,横平喉结,胸锁乳突肌前缘,颈总动脉搏动处	咽喉肿痛,气喘,瘰气;高血压	避开颈总动脉,直刺0.3~0.8寸	
水突 Shuǐtū	ST10	在颈部,横平环状软骨,胸锁乳突肌前缘	咽喉肿痛,咳嗽,气喘	直刺0.3~0.8寸	
气舍 Qìshè	ST11	在胸锁乳突肌,锁骨上小窝,锁骨胸骨端上缘,胸锁乳突肌的胸骨头与锁骨头之间	咽喉肿痛,气喘,呃逆,瘿瘤,瘰疬,颈项强	直刺0.3~0.5寸	不可深刺
缺盆 Quēpén	ST12	在颈外侧区,锁骨上大窝,锁骨上缘凹陷中,前正中线旁开4寸	咳嗽,气喘,咽喉肿痛,缺盆中痛,瘰疬	直刺或斜刺0.3~0.5寸	
气户 Qìhù	ST13	在胸部,锁骨下缘,前正中线旁开4寸	咳嗽,气喘,呃逆,胸胁支满,胸痛	斜刺或直刺0.5~0.8寸	
库房 Kùfáng	ST14	在胸部,第1肋间隙,前正中线旁开4寸	咳嗽,气喘,咳唾脓血,胸胁胀痛	斜刺或直刺0.5~0.8寸	
屋翳 Wūyì	ST15	在胸部,第2肋间隙,前正中线旁开4寸	咳嗽,气喘,咳唾脓血,胸胁胀痛,乳痈	斜刺或直刺0.5~0.8寸	
膺窗 Yīngchuāng	ST16	在胸部,第3肋间隙,前正中线旁开4寸	咳嗽,气喘,胸胁胀痛;乳痈	斜刺或直刺0.5~0.8寸	
乳中 Rǔzhōng	ST17	在胸部,乳头中央		不针不灸	定位标志
乳根 Rǔgēn	ST18	在胸部,第5肋间隙,前正中线旁开4寸	咳嗽,气喘,呃逆,胸痛;乳痈,乳汁少	斜刺或直刺0.5~0.8寸	
不容 Bùróng	ST19	在上腹部,脐中上6寸,前正中线旁开2寸	呕吐,胃痛,食欲不振,腹胀	直刺0.5~0.8寸	
承满 Chéngmǎn	ST20	在上腹部,脐中上5寸,前正中线旁开2寸	胃痛,吐血,食欲不振,腹胀	直刺0.8~1寸	

笔记栏

续　表

穴　名		定　位	主　治	刺　灸	注　意
*梁门 Liángmén	ST21	在上腹部,脐中上4寸,前正中线旁开2寸	胃痛,呕吐,食欲不振,腹胀,泄泻	直刺0.8~1.2寸	
关门 Guānmén	ST22	在上腹部,脐中上3寸,前正中线旁开2寸	腹胀,腹痛,肠鸣泄泻,水肿		
太乙 Tàiyǐ	ST23	在上腹部,脐中上2寸,前正中线旁开2寸	胃痛,心烦,癫狂		
滑肉门 Huáròumén	ST24	在上腹部,脐中上1寸,前正中线旁开2寸	胃痛,呕吐,癫狂		
*天枢 Tiānshū	ST25	在腹部,横平脐中,前正中线旁开2寸	腹胀肠鸣,绕脐痛,便秘,泄泻,痢疾,月经不调,癥瘕		
外陵 Wàilíng	ST26	在下腹部,脐中下1寸,前正中线旁开2寸	腹痛,疝气,痛经	直刺1~1.5寸	
大巨 Dàjù	ST27	在下腹部,脐中下2寸,前正中线旁开2寸	小腹胀满,小便不利,疝气;遗精,早泄		
水道 Shuǐdào	ST28	在下腹部,脐中下3寸,前正中线旁开2寸	小腹胀满,小便不利,疝气;痛经,不孕		
*归来 Guīlái	ST29	在下腹部,脐中下4寸,前正中线旁开2寸	腹痛,疝气;月经不调,白带,阴挺		
气冲 Qìchōng	ST30	在腹股沟区,耻骨联合上缘,前正中线旁开2寸,动脉搏脉处	肠鸣腹痛,疝气;月经不调,不孕,阳痿,阴肿	直刺0.5~1寸	
髀关 Bìguān	ST31	在股前区,股直肌近端、缝匠肌与阔筋膜张肌3条肌肉之间凹陷中	腰痛膝冷,痿痹,腹痛	直刺1~2寸	
*伏兔 Fútù	ST32	在股前区,髌底上6寸,髂前上棘与髌底外侧端的连线上	腰痛膝冷,下肢麻痹;疝气,脚气		
阴市 Yīnshì	ST33	在股前区,髌底上3寸,股直肌肌腱外侧缘	腿膝痿痹,屈伸不利;疝气,腹胀腹痛	直刺1~1.5寸	
*梁丘 Liángqiū	ST34	在股前区,髌底上2寸,股外侧肌与股直肌肌腱之间	膝肿痛,下肢不遂;胃痛;乳痈;血尿	直刺1~1.2寸	
犊鼻 Dúbí	ST35	在膝前区,髌韧带外侧凹陷中	膝痛,下股麻痹,屈伸不利,脚气	向后内斜刺0.5~1寸	
*足三里 Zúsānlǐ	ST36	在小腿外侧,犊鼻(ST35)下3寸,犊鼻与解溪(ST41)连线上	胃痛,呕吐,噎膈,腹胀,泄泻,痢疾,便秘,肠痈;下肢痹痛,脚气,虚劳羸瘦;乳痈;癫狂;水肿	直刺1~2寸	
*上巨虚 Shàngjùxū	ST37	在小腿外侧,犊鼻(ST35)下6寸,犊鼻与解溪(ST41)连线上	肠鸣,腹痛,泄泻,便秘,肠痈;下肢痿痹,脚气		
条口 Tiáokǒu	ST38	在小腿外侧,犊鼻(ST35)下8寸,犊鼻与解溪(ST41)连线上	脘腹疼痛;下肢痿痹,转筋,跗肿,肩臂痛		
*下巨虚 Xiàjùxū	ST39	在小腿外侧,犊鼻(ST35)下9寸,犊鼻与解溪(ST41)连线上	小腹痛,泄泻,痢疾,乳痈;下肢痿痹,腰脊痛引睾丸	直刺1~1.5寸	
*丰隆 Fēnglóng	ST40	在小腿外侧,外踝尖上8寸,胫骨前肌的外缘	头痛,眩晕,痰多咳嗽,呕吐,便秘,水肿,癫狂痫;下肢痿痹		
*解溪 Jiěxī	ST41	在踝区,踝关节前面中央凹陷中,跨长伸肌腱与趾长伸肌腱之间	头痛,眩晕,癫狂,腹胀,便秘;下肢痿痹	直刺0.5~1寸	

笔记栏

续 表

穴 名		定 位	主 治	刺 灸	注 意
冲阳 Chōngyáng	ST42	在足背,第2跖骨基底部与中间楔状骨关节处,可触及足背动脉	口眼㖞斜,面肿,齿痛;癫狂痫;胃痛;足痿无力	避开动脉,直刺0.3~0.5寸	
陷谷 Xiàngǔ	ST43	在足背,第2、3跖骨间,第2趾关节近端凹陷中	面浮身肿,目赤肿痛,热病,肠鸣腹痛;足背肿痛	直刺或斜刺0.5~1寸	
*内庭 Nèitíng	ST44	在足背,第2、3趾间,趾蹼缘后方赤白肉际处	齿痛,咽喉肿痛,口㖞,鼻衄,热病;胃痛吐酸,腹胀,泄泻,痢疾,便秘;足背肿痛	直刺或斜刺0.5~0.8寸	
*厉兑 Lìduì	ST45	在足趾,第2趾末节外侧,趾甲根角侧后方0.1寸(指寸)	鼽衄,齿痛,咽喉肿痛,腹胀,热病;多梦,癫狂	浅刺0.1寸	

说明:穴前有"*"者为常用腧穴

附

足阳明胃经经穴分寸歌

胃之经兮足阳明,承泣目下七分寻,四白目下一寸取,巨髎鼻孔旁八分,地仓挟吻四分近,大迎颔前寸三分,颊车耳下曲颊陷,下关耳前动脉行,头维神庭旁四五,人迎喉旁寸五真,水突筋前迎下在,气舍突下穴相乘,缺盆舍外横骨内,相去中行四寸明,气户璇玑旁四寸,至乳六寸又四分,库房屋翳膺窗近,乳中正在乳头心,次有乳根出乳下,各一寸六不相侵,却去中行须四寸,以前穴道为君臣,不容巨阙旁二寸,却近幽门寸五新,其下承满与梁门,关门太乙滑肉门,上下一寸无多少,共去中行二寸寻,天枢脐旁二寸间,枢下一寸即外陵,枢下二寸大巨穴,枢下三寸水道存,水下一寸归来穴,距离中行二寸行,气冲鼠蹊上一寸,又距曲骨二寸明,髀关膝上有尺二,伏兔膝上六寸分,阴市膝上方三寸,梁丘膝上二寸真,膝膑陷中犊鼻存,膝下三寸三里明,膝下六寸名上廉,膝下八寸条口停,膝下九寸下廉看,踝上八寸丰隆存,解溪跗上系鞋处,就在踝横纹中行,冲阳跗上五寸唤,陷谷庭后二寸间,内庭次趾外间陷,厉兑大次趾外端。

十一、足少阳胆经(44穴)

(一)经脉循行

起于目外眦(瞳子髎),向上到达额角部(颔厌),向后下行到耳后(风池),沿着颈部行于手少阳经的前面,到肩上交出手少阳经的后面,向下进入缺盆部。

耳部的支脉:从耳后进入耳中,出走耳前,到目外眦后方。

外眦部的支脉:从目外眦处分出,下走大迎,会合于手少阳经到达目眶下,下行经颊车,由颈部向下会合前脉于缺盆;再向下进入胸中,通过横膈,联络肝脏,属于胆,沿着胁肋内,出于少腹两侧腹股沟动脉部,经过外阴部毛际,横行入髋关节部(环跳)。

缺盆部直行的脉:下行腋部,沿着侧胸部,经过季胁,向下会合前脉于髋关节部,再向下沿着大腿的外侧,出于膝外侧,下行经腓骨前面,直下到达腓骨下段,再下到外踝的前面,沿足背部,进入足第4趾外侧端(足窍阴)。

足背部支脉:从足临泣处分出,沿着第1、第2跖骨之间,出于大趾端,穿过趾甲,回过来到趾甲后的毫毛部(大敦,属肝经),与足厥阴肝经相接(图3-64)。

(二)主要病候

口苦、目眩、善太息、头痛、颔痛、颌痛、目外眦痛、疟疾、缺盆部肿痛、腋下肿、胸胁痛、下肢外侧痛、足外侧痛、下肢发热、拘急、麻木、痿软无力等。

(三)主治概要

本经腧穴主治侧头、目、耳、颌咽病,肝胆系统病,神志病,热病,以及经脉循行部位的其他病证。

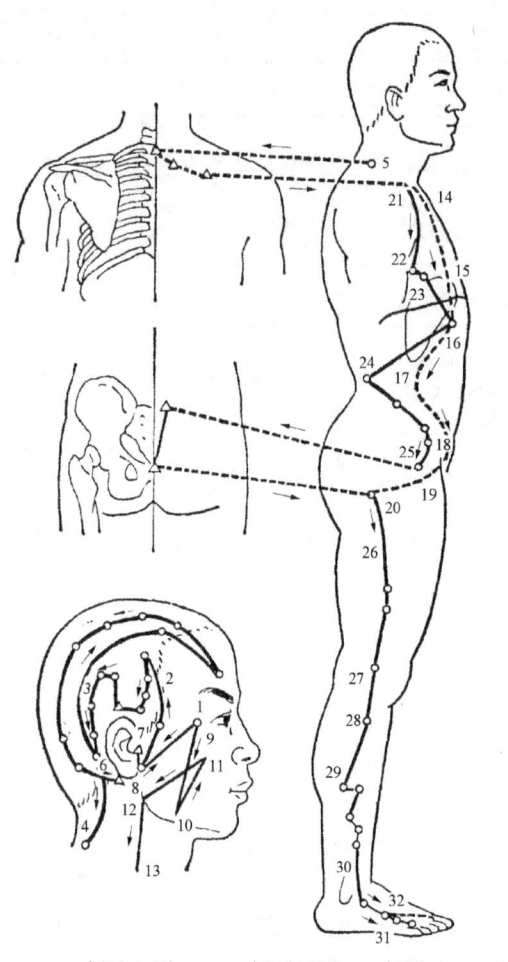

图 3-64 足少阳胆经循行示意图

——本经有穴通路 ------本经无穴通路 ○本经腧穴 △交会穴

1. 起于目锐眦 2. 上抵头角 3. 下耳后 4. 循颈,行手少阳之前,至肩上却交出手少阳之后 5. 入缺盆 6. 其支者,从耳后入耳中 7. 出走耳前 8. 至目锐眦后 9. 其支者,别锐眦 10. 下大迎 11. 合于手少阳,抵于䪼 12. 下加颊车 13. 下颈,合缺盆 14. 以下胸中贯膈 15. 络肝 16. 属胆 17. 循胁里 18. 出气街 19. 绕毛际 20. 下合髀厌中 21. 其直者,从缺盆 22. 下腋 23. 循胸 24. 过季胁 25. 下合髀厌中 26. 以下循髀阳 27. 出膝外廉 28. 下外辅骨之前 29. 直下抵绝骨之端 30. 下出外踝之前,循足跗上 31. 入小指次指之间 32. 其支者,别跗上,入大指之间,循大指歧骨内,出其端,还贯爪甲,出三毛

（四）重点腧穴

1. 瞳子髎 （Tóngzǐliáo,GB1）足少阳、手少阳、手太阳经交会穴

［定位］ 在面部,目外眦外侧 0.5 寸凹陷中（图 3-65）。

［解剖］ 有皮肤、皮下组织、眼轮匝肌、颞肌;穴区内有三叉神经的眼神经、上颌神经,深层有面神经颧支、颞支和颞浅动脉分布。

［主治］ ① 目赤肿痛,目翳,青盲;② 头痛,口眼㖞斜。

［操作］ 平刺 0.3~0.5 寸,或点刺出血。

2. 听会 （Tīnghuì,GB2）

［定位］ 在面部,耳屏间切迹与下颌骨髁状突之间的凹陷中（图 3-65）。

［解剖］ 有皮肤、皮下组织、咬肌筋膜、腮腺;穴区内有耳颞神经、耳大神经和颞浅动脉,深层有面神经丛、下颌神经肌支和舌咽神经腮腺支分布。

［主治］ ① 耳鸣,耳聋,聤耳等耳系病证;② 面痛,齿痛,口眼㖞斜,颌肿。

［操作］ 直刺 0.5~1.0 寸。

3. 阳白 （Yángbái,GB14）足少阳经、阳维脉交会穴

［定位］ 在头部,眉上 1 寸,瞳孔直上（图 3-66）。

［解剖］ 有皮肤、皮下组织,在额肌中;有额动、静脉外侧支;布有额神经外侧支。

［主治］ ① 头痛,眉骨痛;② 目痛,视物模糊,眼睑瞤动;③ 面瘫。

［操作］ 平刺 0.5~0.8 寸。

4. 头临泣 （Tóulínqì,GB15）足少阳经、阳维脉交会穴

［定位］ 在头部,前发际上 0.5 寸,瞳孔直上（图 3-66）。

［解剖］ 有皮肤、皮下组织,在额肌中;有额动、静脉;布有额神经内、外支会合支。

［主治］ ① 头痛;② 目眩,目痛,流泪;③ 鼻塞,鼻渊;④ 热病,小儿惊痫。

［操作］ 平刺 0.5~0.8 寸。

5. 风池 （Fēngchí,GB20）足少阳经、阳维脉交会穴

［定位］ 在颈后区,枕骨之下,胸锁乳突肌上端与斜方肌上端之间的凹陷中（图 3-67）。

［主治］ ① 头痛、头重、眩晕、中风、癫痫、口眼㖞斜、耳鸣、耳聋、失眠等风邪为患的病证;② 感冒、鼻塞、鼻渊、颈项强痛等外感病证;③ 目赤肿痛、咽喉疼痛、龃衄等五官系统病证;④ 热病、疟疾等。

［操作］ 针尖微下,向对侧眼球方向或向鼻尖方向斜刺 0.8~1.2 寸。深部中间为延髓,严格掌握针刺角度和深度。

［解剖］ 有皮肤、皮下组织,在胸锁乳突肌与斜方肌上端附着部之间的凹陷中,深层为头夹肌;有枕动、静脉分支;布有枕小神经分支。

6. 肩井 （Jiānjǐng,GB21）手少阳经、阳维脉交会穴

［定位］ 在肩胛区,第 7 颈椎棘突与肩峰最外侧点连线的中点（图 3-68）。

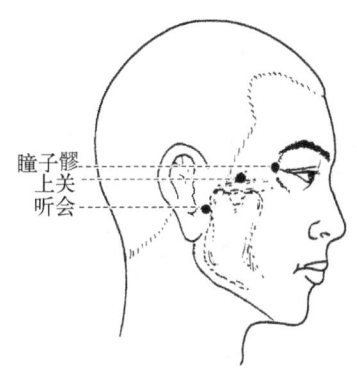
图3-65 瞳子髎、听会

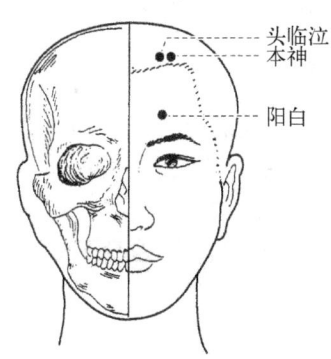
图3-66 阳白、头临泣

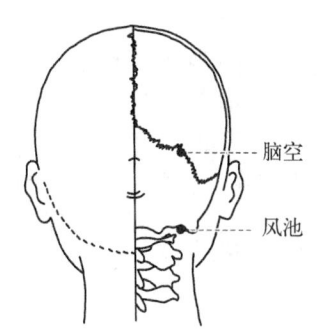
图3-67 风池

[解剖] 有皮肤、皮下组织、斜方肌、肩胛提肌；穴区内有锁骨上神经内侧支分布，深层有副神经、肩胛背神经和颈横动、静脉分布，再深层有胸膜顶。

[主治] ① 头项、肩背强紧，疼痛，上肢不遂；② 难产，乳痈，乳汁不下；③ 瘰疬。

[操作] 直刺0.5～0.8寸，深部正当肺尖，不可深刺；孕妇禁针。

7. 日月 （Rìyuè，GB24）胆之募穴；足少阳、足太阴经交会穴

[定位] 在胸部，第7肋间隙中，前正中线旁开4寸（图3-69）。

[解剖] 有皮肤、皮下组织，有肋间内、外肌，肋下缘有腹外斜肌腱膜、腹内斜肌、腹横肌；有肋间动、静脉；布有第7或第8肋间神经。

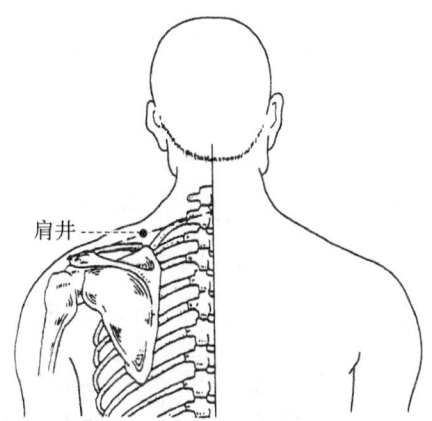
图3-68 肩井

[主治] ① 胁肋胀痛黄疸等肝胆系统病证；② 呕吐、吞酸、呃逆等肝胆犯胃病证。

[操作] 斜刺0.5～0.8寸，不可深刺，以防造成气胸或损伤肝胆。

8. 带脉 （Dàimài，GB26）足少阳经、带脉交会穴

[定位] 在侧腹部，第11肋骨游离端垂直线与脐水平线的交点上（图3-70）。

[解剖] 有皮肤、皮下组织，有腹内、外斜肌及腹横肌；有第12肋间动、静脉；布有第12肋间神经。

[主治] ① 月经不调，闭经，带下病等；② 疝气；③ 腹痛，腰胁痛。

[操作] 直刺0.5～0.8寸。

9. 环跳 （Huántiào，GB30）足少阳、足太阳经交会穴

[定位] 在臀区，股骨大转子最凸点与骶管裂孔连线的外1/3与内2/3交点处（图3-71）。

[解剖] 有皮肤、皮下组织，臀大肌；穴区内有臀下皮神经、髂腹下神经、臀上皮神经和股外侧皮神经，深层有坐骨神经干经过，并有臀下神经和臀下动脉分布。

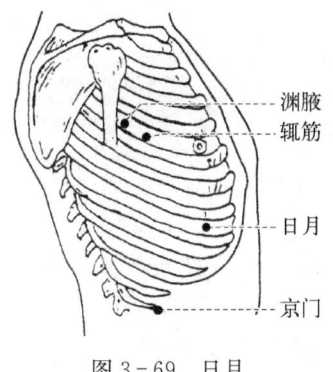
图3-69 日月

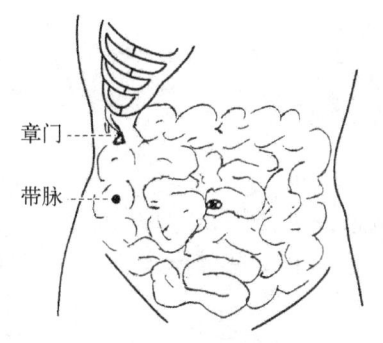
图3-70 带脉

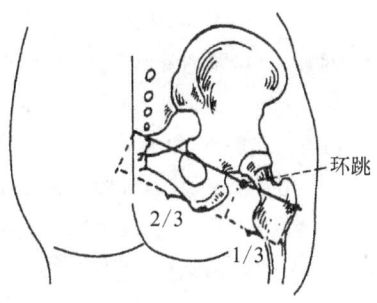
图3-71 环跳

［主治］ ① 腰胯疼痛,下肢痿痹,半身不遂;② 风疹。
［操作］ 直刺2～3寸。

10. 风市 (Fēngshì,GB31)
［定位］ 在股部,直立垂手,掌心贴于大腿时,中指尖所指凹陷中,髂胫束后缘(图3-72)。
［解剖］ 有皮肤、皮下组织,髂胫束、股外侧肌、股中间肌;穴区内有股外侧皮神经,深层有股神经肌支和旋股外侧动脉降支分布。
［主治］ ① 下肢痿痹,半身不遂,臀股强痛;② 遍身瘙痒,脚气。
［操作］ 直刺1～2寸。

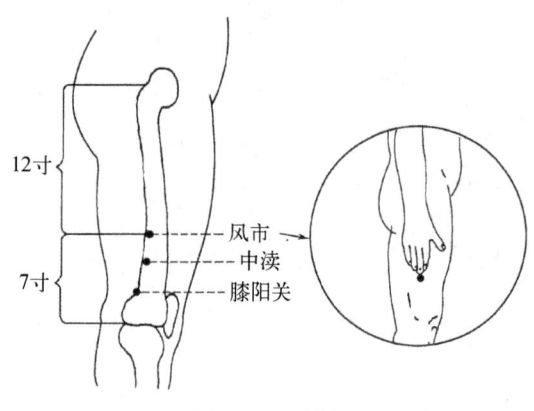

图3-72 风市

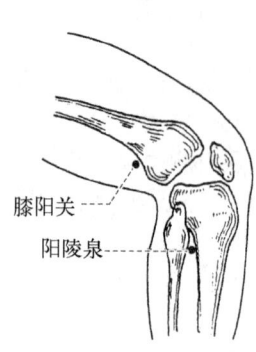

图3-73 阳陵泉

11. 阳陵泉 (Yánglíngquán,GB34) 合穴;胆下合穴;八会穴之筋会
［定位］ 在小腿外侧,腓骨头前下方凹陷中(图3-73)。
［解剖］ 有皮肤、皮下组织,腓骨长肌、趾长伸肌;穴区内有腓肠外侧皮神经,深层有腓浅神经、腓深神经和胫前动脉、膝下外侧动脉分布。
［主治］ ① 胁痛、口苦、呕吐、黄疸等肝胆犯胃病证;② 下肢痿痹,半身不遂,膝髌肿痛,脚气;③ 小儿惊风,破伤风。
［操作］ 直刺1～1.5寸。

12. 光明 (Guāngmíng,GB37) 络穴
［定位］ 在小腿外侧,外踝尖上5寸,腓骨前缘(图3-74)。
［解剖］ 有皮肤、皮下组织,腓骨短肌、趾长伸肌、踇长伸肌;穴区内有腓肠外侧皮神经和腓浅神经,深层有腓深神经和胫前动脉分布,再深层有腓深神经干和胫前动脉、胫前静脉分布。
［主治］ ① 目痛,夜盲,视物不明;② 下肢痿痹;③ 乳房胀痛。
［操作］ 直刺1～1.5寸。

13. 悬钟 (Xuánzhōng,GB39)(又名:绝骨)八会穴之髓会
［定位］ 在小腿外侧,外踝尖上3寸,腓骨前缘(图3-74)。
［解剖］ 有皮肤、皮下组织、趾长伸肌;穴区内有腓肠外侧皮神经,深层有腓深神经和腓动脉穿支,再深层有小腿骨间膜及腓动脉、腓静脉经过。
［主治］ ① 痴呆、中风、眩晕、失眠、偏头痛、颈项强痛、肢体痿软无力等髓海不足的病证;② 胸胁胀痛、咽喉肿痛,腰腿痛;③ 痔疾,便血。
［操作］ 直刺0.8～1寸。

14. 丘墟 (Qiūxū,GB40) 原穴
［定位］ 在踝区,外踝的前下方,趾长伸肌腱的外侧凹陷中(图3-75)。
［解剖］ 有皮肤、皮下组织,小腿十字韧带、趾短伸肌;穴区内有足背外侧皮神经、腓浅神经皮支,深层有腓深神经肌支和外踝前动脉分布。
［主治］ ① 颈项痛,腋下肿,胸胁胀痛,足跗肿痛;② 目中翳膜;③ 下肢痿痹;④ 疟疾。
［操作］ 直刺0.5～0.8寸。

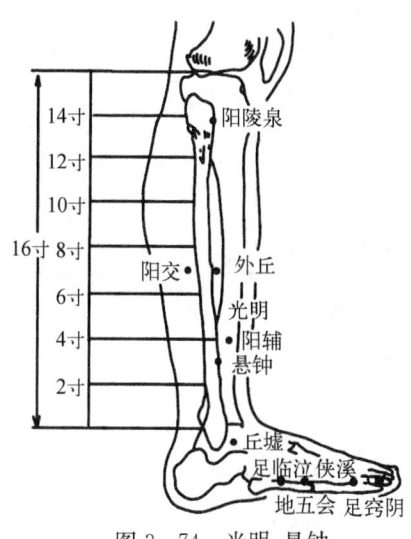

图 3-74 光明、悬钟

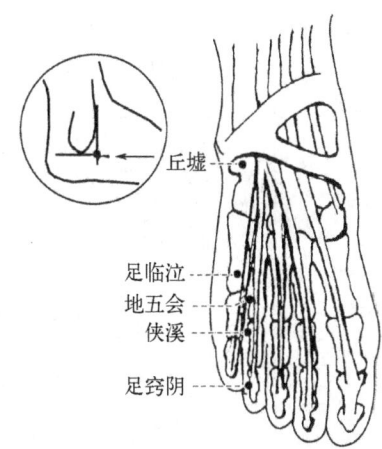

图 3-75 丘墟、足临泣、足窍阴

15. 足临泣 （Zúlínqì，GB41）输穴；八脉交会穴，通带脉

[定位] 在足背，第4、5跖骨底结合部的前方，第5趾长伸肌腱外侧凹陷中（图3-75）。

[解剖] 有皮肤、皮下组织，第4骨间背侧肌和第3骨间足底肌；穴区内有足背中间皮神经和足背静脉网分布，深层有足底外侧神经肌支和第4跖背动脉分布。

[主治] ① 目赤肿痛，偏头痛，胁肋疼痛，足跗肿痛；② 月经不调，乳痈；③ 瘰疬；④ 疟疾；⑤ 遗尿。

[操作] 直刺0.3~0.5寸。

16. 足窍阴 （Zúqiàoyīn，GB44）井穴

[定位] 在足趾，第4趾末节外侧，趾甲根角侧后方0.1寸（图3-75）。

[解剖] 有皮肤、皮下组织，趾甲根；穴区内有趾背神经和趾背动脉分布。

[主治] ① 头痛、目赤肿痛、耳聋、咽喉肿痛、失眠多梦、热病等头面五官实热病证；② 胁痛，咳逆；③ 月经不调。

[操作] 浅刺0.1寸，或点刺出血。

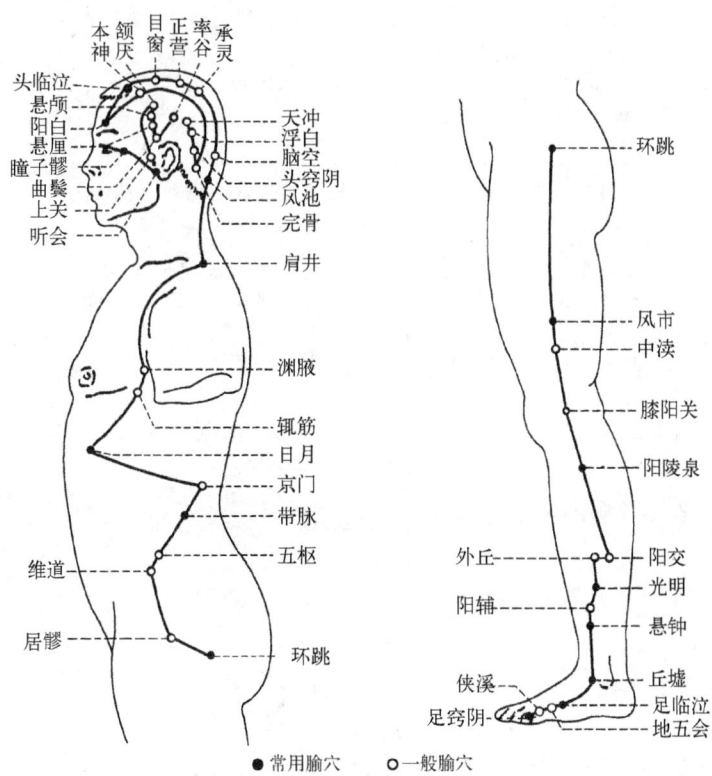

● 常用腧穴　○ 一般腧穴

图 3-76 足少阳胆经腧穴总图

表 3-11 足少阳胆经腧穴提要表

穴 名		定 位	主 治	刺 灸	注 意
*瞳子髎 Tóngzǐliáo	GB1	在面部,目外眦外侧0.5寸凹陷中	目赤肿痛,目翳,青盲;头痛,口眼㖞斜	平刺0.3～0.5寸,或点刺出血	
*听会 Tīnghuì	GB2	在面部,耳屏间切迹与下颌骨髁状突之间的凹陷中	耳鸣、耳聋、聤耳等耳系病证;面痛,齿痛,口眼㖞斜,颔肿	直刺0.5～1.0寸	
上关 Shàngguān	GB3	在面部,颧弓上缘中央凹陷中	耳鸣,耳聋,偏头痛,齿痛,眼眶痛;口眼㖞斜		
颔厌 Hányàn	GB4	在头部,从头维至曲鬓的弧形连线(其弧度与鬓发弧度相应)的上1/4与下3/4的交点处	头痛,齿痛;眩晕,耳鸣,惊痫	直刺0.3～0.4寸	
悬颅 Xuánlú	GB5	在头部,头维至曲鬓的弧形连线(其弧度与鬓发弧度相应)的中点处	偏头痛,目外眦痛,面肿,齿痛	向后平刺0.5～0.8寸	
悬厘 Xuánlí	GB6	在头部,头维至曲鬓的弧形连线(其弧度与鬓发弧度相应)的上3/4与下1/4的交点处	偏头痛,目外眦痛;面肿,上齿痛;耳鸣		
曲鬓 Qūbìn	GB7	在头部,耳前鬓角发际后缘与耳尖水平线交点处	头痛,颔颊肿,牙关紧闭;目赤肿痛		
率谷 Shuàigǔ	GB8	在头部,耳尖直上入发际1.5寸	偏头痛;眩晕,醉酒;小儿急、慢惊风	平刺0.5～1寸	
天冲 Tiānchōng	GB9	在头部,耳根后缘直上,入发际2寸	头痛,齿龈肿痛,癫痫,惊恐		
浮白 Fúbái	GB10	在头部,耳后乳突的后上方,从天冲至完骨的弧形连线(其弧度与耳郭弧度相应)的上1/3与下2/3交点处	头痛,颈项强痛,耳鸣;瘰疬		
头窍阴 Tóuqiàoyīn	GB11	在头部,耳后乳突的后上方,天冲至完骨的弧形连线(其弧度与耳郭弧度相应)的上2/3与下1/3交点处	头痛,颈项强痛,耳鸣,耳痛,眩晕,胸胁痛		
完骨 Wángǔ	GB12	在头部,耳后乳突的后下方凹陷中	癫痫,疟疾;头痛,颈项强痛;颊肿		
本神 Běnshén	GB13	在头部,前发际上0.5寸,头正中线旁开3寸	头痛,目眩,癫痫,小儿惊风;胸胁痛	平刺0.5～0.8寸	
*阳白 Yángbái	GB14	在头部,眉上1寸,瞳孔直上	头痛,眉骨痛,目痛,视物模糊,眼睑瞤动;面瘫		
*头临泣 Tóulínqì	GB15	在头部,前发际上0.5寸,瞳孔直上	头痛,目眩,目痛,流泪,鼻塞,鼻渊,小儿惊痫		
目窗 Mùchuāng	GB16	在头部,前发际上1.5寸,瞳孔直上	头痛,目眩,远、近视,小儿惊痫		
正营 Zhèngyíng	GB17	在头部,前发际上2.5寸,瞳孔直上	头痛,目眩;唇吻强急		
承灵 Chénglíng	GB18	在头部,前发际上4寸,瞳孔直上	头晕,目眩,目痛,鼻渊,鼻衄		
脑空 Nǎokōng	GB19	在头部,横平枕外隆凸的上缘,风池穴直上	颈项强痛,头痛,癫痫;目眩		

续 表

穴 名		定 位	主 治	刺 灸	注 意
*风池 Fēngchí	GB20	在颈后区,枕骨之下,胸锁乳突肌上端与斜方肌上端之间的凹陷中	头痛、头重、眩晕、中风、癫痫、口眼㖞斜、耳鸣、耳聋、失眠等风邪为患的病证;感冒、鼻塞、鼻渊、颈项强痛等外感病证;目赤肿痛、咽喉疼痛、衄等五官系统病证;热病,疟疾	斜刺0.8~1.2寸	禁深刺;向对侧口角或向鼻尖方向针刺较安全
*肩井 Jiānjǐng	GB21	在肩胛区,第7颈椎棘突与肩峰最外侧点连线的中点	头项、肩背强紧、疼痛,上肢不遂;难产,乳痈,乳汁不下;瘰疬	直刺0.5~0.8寸	深部正当肺尖,禁深刺;孕妇禁针
渊腋 Yuānyè	GB22	在胸外侧区,第4肋间隙中,在腋中线上	胸满,胁痛,臂痛不举	斜刺0.5~0.8寸	禁深刺,以防造成气胸
辄筋 Zhéjīn	GB23	在胸外侧区,第4肋间隙中,腋中线前1寸	胸胁胀满、疼痛,腋肿,肩臂痛		
*日月 Rìyuè	GB24	在胸部,第7肋间隙中,前正中线旁开4寸	胁肋胀痛、黄疸等肝胆系病证;呕吐、吞酸、呃逆等肝胆犯胃病证		禁深刺,以防造成气胸或肝胆
京门 Jīngmén	GB25	在上腹部,第12肋骨游离端的下际	小便不利,水肿,腰痛,胁痛,腹胀,腹泻		禁深刺,以防损伤内脏
*带脉 Dàimài	GB26	在侧腹部,第11肋骨游离端垂直线与脐水平线的交点上	月经不调,闭经,带下病等;疝气;腹痛,腰胁痛	直刺0.5~0.8寸	
五枢 Wǔshū	GB27	在下腹部,横平脐下3寸,髂前上棘内侧	阴挺,赤白带下,月经不调,少腹痛,腰胯痛;疝气	直刺0.8~1.5寸	
维道 Wéidào	GB28	在下腹部,髂前上棘内下0.5寸	阴挺,带下病,月经不调,水肿,少腹痛;疝气	向前下方斜刺0.8~1.5寸	
居髎 Jūliáo	GB29	在臀区,髂前上棘与股骨大转子最凸点连线的中点处	下肢痿痹、疼痛,腰痛	直刺1~1.5寸	
*环跳 Huántiào	GB30	在臀区,股骨大转子最凸点与骶管裂孔连线的外1/3与内2/3交点处	腰胯疼痛,下肢痿痹,半身不遂;风疹	直刺2~3寸	
*风市 Fēngshì	GB31	在股部,直立垂手,掌心贴于大腿时,中指尖所指凹陷中,髂胫束后缘	下肢痿痹,半身不遂,臀股强痛,遍身瘙痒,脚气	直刺1~2寸	
中渎 Zhōngdú	GB32	在股部,腘横纹上7寸,髂胫束后缘	下肢痿痹,麻木,半身不遂	直刺1~1.5寸	
膝阳关 Xīyángguān	GB33	在膝部,股骨外上髁后上缘,股二头肌腱与髂胫束之间的凹陷中	膝腘肿痛、挛急,小腿麻木	直刺0.8~1寸	
*阳陵泉 Yánglíngquán	GB34	在小腿外侧,腓骨头前下方凹陷中	胁痛、口苦、呕吐、黄疸等肝胆犯胃病证;下肢痿痹,半身不遂,膝髌肿痛,脚气;小儿惊风,破伤风		
阳交 Yángjiāo	GB35	在小腿外侧,外踝尖上7寸,腓骨后缘	癫狂;胸胁胀满;下肢痿痹	直刺1~1.5寸	
外丘 Wàiqiū	GB36	在小腿外侧,外踝尖上7寸,腓骨前缘	胸胁胀满,癫狂;下肢痿痹		
*光明 Guāngmíng	GB37	在小腿外侧,外踝尖上5寸,腓骨前缘	目痛,夜盲,视物不明;下肢痿痹,乳房胀痛		

续表

穴 名		定 位	主 治	刺 灸	注 意
阳辅 Yángfǔ	GB38	在小腿外侧，外踝尖上4寸，腓骨前缘	偏头痛，胸胁胀痛；瘰疬；下肢痿痹	直刺0.8～1寸	
*悬钟 Xuánzhōng （又名：绝骨）	GB39	在小腿外侧，外踝尖上3寸，腓骨前缘	痴呆、中风、眩晕、失眠、偏头痛、颈项强痛、肢体痿软无力等髓海不足的病证；胸胁胀痛，咽喉肿痛，腰腿痛，痔疾，便血	直刺0.8～1寸	
*丘墟 Qiūxū	GB40	在踝区，外踝的前下方，趾长伸肌腱的外侧凹陷中	颈项痛，腋下肿，胸胁胀痛，足跗肿痛，目中翳膜；下肢痿痹；疟疾	直刺0.5～0.8寸	
*足临泣 Zúlínqì	GB41	在足背，第4、5跖骨底结合部的前方，第5趾长伸肌腱外侧凹陷中	目赤肿痛，偏头痛，胁肋疼痛，足跗肿痛；月经不调，乳痈；瘰疬；疟疾；遗尿	直刺0.3～0.5寸	
地五会 Dìwǔhuì	GB42	在足背，第4、5跖骨间，第4跖趾关节近端凹陷中	胁痛，乳痈；足背肿痛；头痛，耳鸣		
侠溪 Xiáxī	GB43	在足背，第4、5趾间，趾蹼缘后方赤白肉际处	惊悸，目眩，热病；头痛，耳鸣，目赤肿痛，胁肋疼痛；足跗肿痛		
*足窍阴 Zúqiàoyīn	GB44	在足趾，第4趾末节外侧，趾甲根角侧后方0.1寸	头痛，目赤肿痛，失眠多梦，胁痛	浅刺0.1寸，或点刺出血	

说明：穴前有"*"者为常用腧穴

附

足少阳经穴分寸歌

外眦五分瞳子髎，耳前陷中听会绕，上关颧弓上缘是，内斜曲角颔厌照，斜后下行悬颅定，悬厘颅下半寸饶，曲鬓耳前发际上，入发寸半率谷交，天冲率后斜五分，后下一寸浮白呈，窍阴穴在枕骨上，完骨耳后发际认，入发四分须记真，本神神庭旁三寸，入发五分眦上凭，阳白眉上一寸的，却与瞳子相对直，入发五分头临泣，旁开相对神庭穴，临后一寸是目窗，窗后一寸正营穴，承灵又在正营后，相去寸半见《甲乙》，风池直上寻脑空，夹脑户旁二寸的，风池耳后尖角陷，肩井大椎肩峰间，大骨之前半寸取，渊腋腋下三寸从，再从渊腋横前取，相隔一寸辄筋逢，日月期门下一肋，十二肋端是京门，章下平脐寻带脉，五枢髂前上棘前，前下五分维道认，居髎髂前转子取，环跳髀枢宛中陷，风市垂手中指寻，中渎膝上五寸陈，阳关膝阳陵上三寸，阳陵膝下一寸量，腓骨头前陷中央，阳交外踝上七寸，此系斜属三阳络，外丘踝上七寸斟，踝上五寸光明着，踝上四寸阳辅穴，踝上三寸悬钟列，丘墟踝下陷中觅，丘下三寸足临泣，临下五分地五会，会下一寸侠溪接，欲觅窍阴归何处，小趾次趾外侧角。

十二、足太阳膀胱经(67穴)

(一) 经脉循行

起于目内眦(睛明)，上额交会于巅顶(百会，属督脉)。

巅顶部支脉：从头顶到颞颥部。

巅顶部直行的脉：从头顶入里联络于脑，回出分开下行项后，沿肩胛部内侧，挟脊柱，到达腰部，从脊旁肌肉进入体腔联络肾脏，属于膀胱。

腰部支脉：向下通过臀部，进入腘窝内。

后项部支脉：通过肩胛骨内缘直下，经过臀部(环跳，属足少阳胆经)下行，沿大腿后外侧，与腰部下来的支脉会合于腘窝中。从此向下，通过腓肠肌，出于外踝的后面，沿着第5跖骨粗隆，至小趾外侧端(至阴)，与足少阴经相接(图3-77)。

(二) 主要病候

小便不通、遗尿、癫狂、疟疾、目痛、见风流泪、鼻塞多涕、鼻衄、头痛；项、背、腰、臀部及下肢循行部位痛麻等。

(三) 主治概要

本经腧穴主治头、项、目、背、腰、下肢部病证及神志病。背部第1侧线的背俞穴及第2侧线相平的腧穴，主治与其相关的脏腑病证和有关的组织器官病证。

(四) 重点腧穴

1. 睛明 （Jīngmíng，BL1）手太阳、足太阳、足阳明、阴跷脉、阳跷脉交会穴

[定位] 在面部，目内眦内上方眶内侧壁凹陷中（图3-78）。

注：闭目，在目内眦内上方0.1寸的凹陷中。

[解剖] 在眶内缘睑内侧韧带中，深部为眼内直肌；有内眦动、静脉和滑车上下动、静脉，深层上方有眼动、静脉本干；布有滑车上、下神经，深层为眼神经，上方为鼻睫神经。

[主治] 目赤肿痛，流泪，视物不明，目眩，近视。

[操作] 嘱患者闭目，医生左手轻推眼球向外侧固定，左手缓慢进针，紧靠眶缘直刺0.5～1.0寸。不捻转，不提插（或只轻微地捻转和提插）。出针后按压针孔片刻，以防出血。本穴禁灸。

2. 攒竹 （Cuánzhú，BL2）

[定位] 在面部，眉头凹陷中，额切迹处（图3-78）。

[解剖] 有额肌及皱眉肌；当额动、静脉处；布有额神经内侧支。

[主治] ① 头痛，眉棱骨痛；② 眼睑眴动，眼睑下垂，目视不明，目赤肿痛；③ 呃逆。

[操作] 平刺0.5～0.8寸。禁灸。

3. 天柱 （Tiānzhù，BL10）

[定位] 在颈后区，横平第2颈椎棘突上际，斜方肌外缘凹陷中（图3-79）。

[解剖] 在斜方肌起部，深层为头半棘肌；有枕动、静脉干；布有枕大神经干。

[主治] ① 后头痛，项强，肩背腰痛；② 鼻塞；③ 癫狂痫；④ 热病。

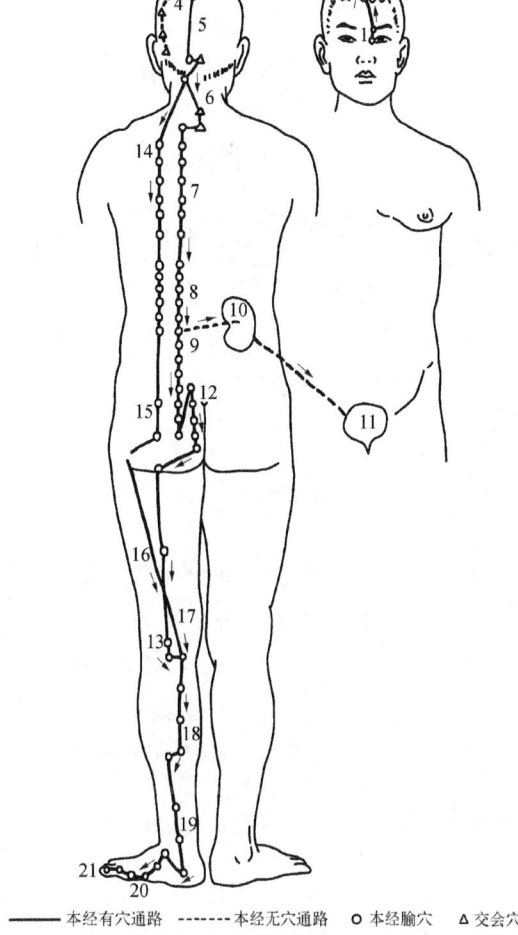

图3-77 足太阳膀胱经循行示意图

1. 起于目内眦 2. 上额 3. 交巅 4. 其支者，从巅至耳上角 5. 其直者，从巅入络脑 6. 还出别下项 7. 循膊膊内，挟脊 8. 抵腰中 9. 入循膂 10. 络肾 11. 属膀胱 12. 其支者，从腰中下挟脊贯臀 13. 入腘中 14. 其支者，从髆内左右，别下贯胛，挟脊内 15. 过髀枢 16. 循髀外从后廉 17. 下合腘中 18. 以下贯腨内 19. 出外踝之后 20. 循京骨 21. 至小指外侧

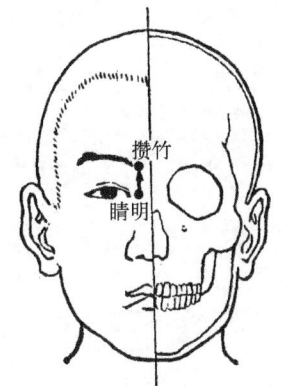

图3-78 睛明、攒竹

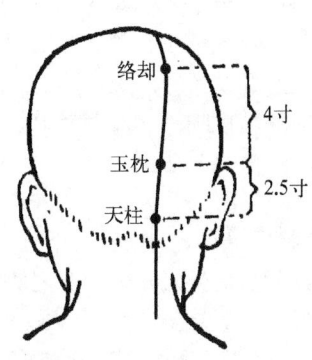

图3-79 天柱

［操作］ 直刺或斜刺0.5～0.8寸，不可向内上方深刺，以免伤及延髓。

4. 风门 （Fēngmén，BL12）足太阳经、督脉交会穴

［定位］ 在脊柱区，第2胸椎棘突下，后正中线旁开1.5寸（图3-80）。

［解剖］ 有斜方肌、菱形肌、上后锯肌，深层为最长肌；有第2肋间动、静脉后支；布有第2、第3胸神经后支的皮支，深层为第3胸神经后支外侧支。

［主治］ ① 感冒，咳嗽，发热，头痛；② 项强，胸背痛。

［操作］ 斜刺0.5～0.8寸。

5. 肺俞 （Fèishū，BL13）肺之背俞穴

［定位］ 在脊柱区，第3胸椎棘突下，后正中线旁开1.5寸（图3-80）。

［解剖］ 有斜方肌、菱形肌，深层为最长肌；有第3肋间动、静脉后支；布有第3或第4胸神经后支的皮支，深层为第3胸神经后支外侧支。

［主治］ ① 咳嗽，气喘；② 吐血；③ 骨

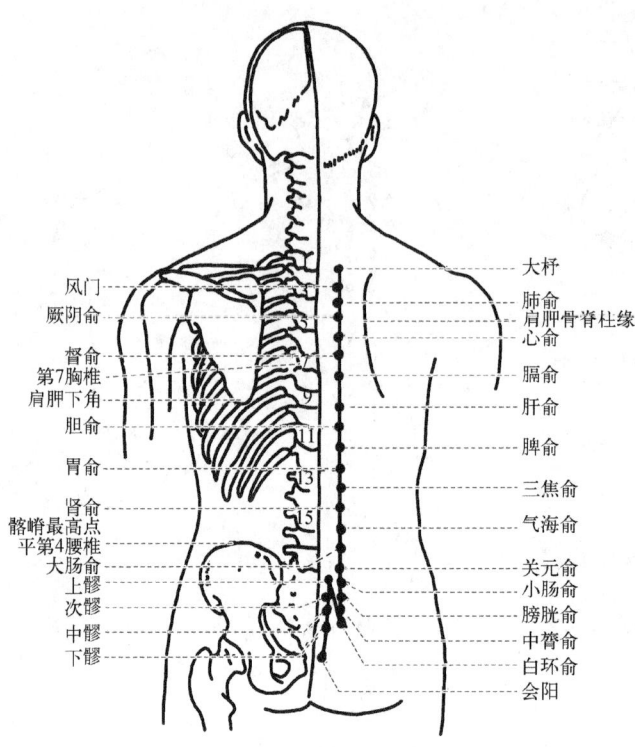

图3-80 风门、肺俞、心俞、膈俞、肝俞、胆俞、脾俞、胃俞、大肠俞、次髎

蒸潮热，盗汗。

［操作］ 斜刺0.5～0.8寸。

6. 心俞 （Xīnshū，BL15）心之背俞穴

［定位］ 在脊柱区，第5胸椎棘突下，后正中线旁开1.5寸（图3-80）。

［解剖］ 有斜方肌、菱形肌，深层为最长肌；有第5肋间动、静脉后支；布有第5或第6胸神经后支的皮支，深层为第5胸神经后支外侧支。

［主治］ ① 心痛，惊悸，失眠，健忘，癫痫；② 咳嗽，吐血。

［操作］ 斜刺0.5～0.8寸。

7. 膈俞 （Géshū，BL17）八会穴之血会

［定位］ 在脊柱区，第7胸椎棘突下，后正中线旁开1.5寸（图3-80）。

［解剖］ 在斜方肌下缘，有背阔肌、最长肌；布有第7肋间动、静脉后支；布有第5或第8胸神经后支的皮支，深层为第7胸神经后支外侧支。

［主治］ ① 气喘，呕吐，呃逆，吐血；② 贫血，瘾疹，皮肤瘙痒；③ 潮热，盗汗。

［操作］ 斜刺0.5～0.8寸。

8. 肝俞 （Gānshū，BL18）肝之背俞穴

［定位］ 在脊柱区，第9胸椎棘突下，后正中线旁开1.5寸（图3-80）。

［解剖］ 在背阔肌、最长肌和髂肋肌之间；有第9肋间动、静脉后支；布有第9或第10胸神经后支的皮支，深层为第9胸神经后支外侧支。

［主治］ ① 黄疸，胸胁胀痛；② 目疾；③ 癫狂痫；④ 脊背痛。

［操作］ 斜刺0.5～0.8寸。

9. 胆俞 （Dǎnshū，BL19）胆之背俞穴

［定位］ 在脊柱区，第10胸椎棘突下，后正中线旁开1.5寸（图3-80）。

［解剖］ 在背阔肌、最长肌和髂肋肌之间；有第10肋间动、静脉后支；布有第10胸神经后支的皮支，深层为第10胸神经后支的外侧支。

［主治］ ① 黄疸，口苦，胁痛；② 肺结核，潮热。

［操作］ 斜刺0.5～0.8寸。

10. 脾俞 (Píshū,BL20) 脾之背俞穴

[定位] 在脊柱区,第11胸椎棘突下,后正中线旁开1.5寸(图3-80)。

[解剖] 在背阔肌、最长肌和髂肋肌之间;有第11肋间动、静脉后支;布有第11胸神经后支的皮支,深层为第11胸神经后支肌支。

[主治] ① 腹胀,腹泻,呕吐,痢疾,便血;② 背痛。

[操作] 斜刺0.5~0.8寸。

11. 胃俞 (Wèishū,BL21) 胃之背俞穴

[定位] 在脊柱区,第12胸椎棘突下,后正中线旁开1.5寸(图3-80)。

[解剖] 在腰背筋膜、最长肌和髂肋肌之间;有肋下动、静脉后支;布有第12胸神经后支的皮支,深层为第12胸神经后支外侧支。

[主治] 胃脘痛、呕吐、腹胀、肠鸣等脾胃疾患。

[操作] 斜刺0.5~0.8寸。

12. 肾俞 (Shènshū,BL23) 肾之背俞穴

[定位] 在脊柱区,第2腰椎棘突下,后正中线旁开1.5寸(图3-80)。

[解剖] 在腰背筋膜、最长肌和髂肋肌之间;有第2腰动、静脉后支;布有第1腰神经后支的外侧支,深层为第1腰丛。

[主治] ① 腰痛,遗尿,遗精,阳痿,月经不调,带下;② 耳鸣,耳聋。

[操作] 直刺0.5~1.0寸。

13. 大肠俞 (Dàchángshū,BL25) 大肠之背俞穴

[定位] 在脊柱区,第4腰椎棘突下,后正中线旁开1.5寸(图3-80)。

[解剖] 在腰背筋膜、最长肌和髂肋肌之间;有第4腰动、静脉后支;布有第3腰神经皮支,深层为腰丛。

[主治] ① 腹胀,腹泻,便秘;② 腰腿痛。

[操作] 直刺0.8~1.2寸。

14. 膀胱俞 (Pángguāngshū,BL28) 膀胱之背俞穴

[定位] 在骶区,横平第2骶后孔,骶正中嵴旁开1.5寸(图3-80)。

[解剖] 在骶棘肌起部和臀大肌起部之间;有骶外侧动、静脉后支;布有臀中皮神经分支。

[主治] ① 小便不利,遗尿;② 腰骶痛;③ 腹泻,便秘。

[操作] 直刺或斜刺0.8~1.2寸。

15. 次髎 (Cìliáo,BL32)

[定位] 在骶区,正对第2骶后孔中,约当髂后上棘与第2骶椎棘突连线的中点凹陷处(图3-80)。

[解剖] 在臀大肌起始部;当骶外侧动、静脉后支处;为第2骶神经后支通过处。

[主治] ① 月经不调,痛经,带下;② 小便不利,遗精,疝气;③ 腰骶痛,下肢痿痹。

[操作] 直刺1.0~1.5寸。

16. 委阳 (Wěiyáng,BL39) 三焦下合穴

[定位] 在膝部,腘横纹上,股二头肌腱的内侧缘(图3-81)。

[解剖] 在股二头肌腱内侧;有膝上外侧动、静脉;布有股后皮神经,正当腓总神经处。

[主治] ① 腹满,小便不利;② 腰脊强痛,腿足挛痛。

[操作] 直刺1.0~1.5寸。

17. 委中 (Wěizhōng,BL40) 合穴;膀胱下合穴

[定位] 在膝后区,腘横纹中点(图3-81)。

[解剖] 在腘窝正中,有腘筋膜;皮下有股腘静脉,深层内侧为腘静脉,最深层为腘动脉;有股后皮神经,正当胫神经处。

[主治] ① 腰背痛,下肢痿痹;② 腹痛,急性吐泻,小便不利,遗尿;③ 丹毒。

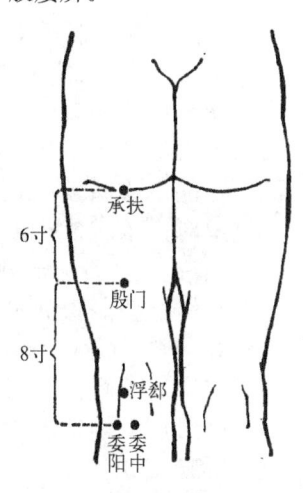

图3-81 委阳、委中

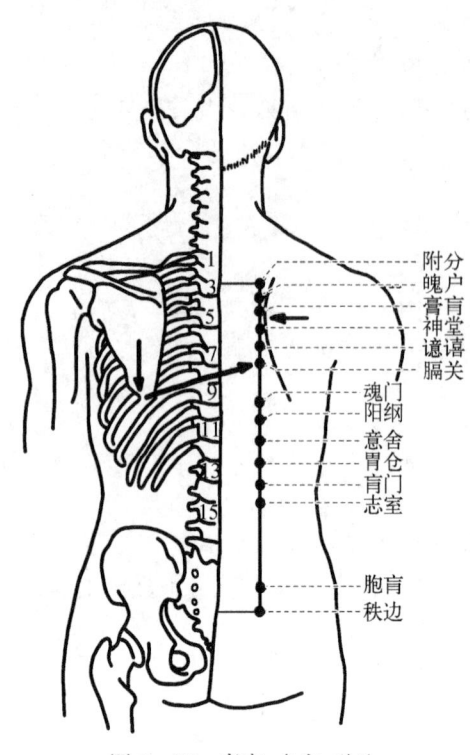

图3-82 膏肓、志室、秩边

[操作] 直刺1.0~1.5寸,或用三棱针点刺腘静脉出血。

18. 膏肓 (Gāohuāng,BL43)

[定位] 在脊柱区,第4胸椎棘突下,后正中线旁开3寸(图3-82)。

[解剖] 在肩胛骨脊柱缘,有斜方肌、菱形肌,深层为髂肋肌;有第4肋间动、静脉背侧支及颈横动脉降支;布有第3、第4神经后支。

[主治] ①咳嗽,气喘,肺痨;②肩胛痛;③健忘、盗汗、遗精等虚损诸疾。

[操作] 斜刺0.5~0.8寸。

19. 志室 (Zhìshì,BL52)

[定位] 在腰区,第2腰椎棘突下,后正中线旁开3寸(图3-82)。

[解剖] 有背阔肌、髂肋肌;有第2腰动、静脉背侧支;布有第12胸神经后支外侧支,第1腰神经外侧支。

[主治] ①遗精,阳痿;②小便不利,水肿;③腰脊强痛。

[操作] 斜刺0.5~0.8寸。

20. 秩边 (Zhìbiān,BL54)

[定位] 在骶区,横平第4骶后孔,骶正中嵴旁开3寸(图3-82)。

[解剖] 有臀大肌,在梨状肌下缘;正当臀下动、静脉;深层当臀下神经及股后皮神经,外侧为坐骨神经。

[主治] ①腰骶痛,下肢痿痹;②小便不利;③便秘,痔疾。

[操作] 直刺1.5~2.0寸。

21. 承山 (Chéngshān,BL57)

[定位] 在小腿后区,腓肠肌两肌腹与肌腱交角处(图3-83)。

[解剖] 在腓肠肌两肌腹交界下端;有小隐静脉,深层为股后动、静脉;布有腓肠内侧皮神经,深层为胫神经。

[主治] ①腰腿拘急、疼痛;②痔疾,便秘。

[操作] 直刺1.0~2.0寸。

22. 飞扬 (Fēiyáng,BL58) 络穴

[定位] 在小腿后区,昆仑穴直上7寸,腓肠肌外下缘与跟腱移行处(图3-83)。

[解剖] 有腓肠肌及比目鱼肌;布有腓肠外侧皮神经。

[主治] ①头痛,目眩;②腰腿疼痛;③痔疾。

[操作] 直刺1.0~1.5寸。

23. 昆仑 (Kūnlún,BL60) 经穴

[定位] 在踝区,外踝尖与跟腱之间的凹陷中(图3-84)。

[解剖] 有腓骨短肌;有小隐静脉及外踝后动、静脉;布有腓肠神经。

[主治] ①后头痛,项强,腰骶疼痛,足跟肿痛;②癫痫;③难产。

[操作] 直刺0.5~0.8寸。《针灸大成》:"妊妇刺之落胎。"

24. 申脉 (Shēnmài,BL62) 八脉交会穴之一,通阳跷脉

[定位] 在踝区,外踝尖直下,外踝下缘与跟骨之间凹陷中(图3-84)。

[解剖] 在腓骨长、短肌腱上缘;有外踝动脉网及小隐静脉;布有腓肠神经的足背外侧皮神经分支。

[主治] ①头痛,眩晕;②癫狂痫证,失眠;③腰腿酸痛。

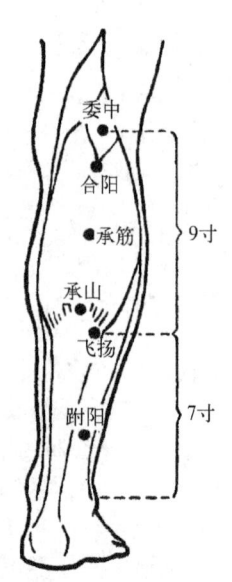

图3-83 承山、飞扬

[操作] 直刺 0.3～0.5 寸。

25. 束骨（Shùgǔ,BL65）输穴

[定位] 在跖区,第 5 跖趾关节的近端,赤白肉际处(图 3-84)。

[解剖] 在小趾外展肌下方;有第 4 趾跖侧总动、静脉;有第 4 趾跖侧神经及足背外侧皮神经分布。

[主治] ① 头痛,项强,目眩;② 腰腿痛;③ 癫狂。

[操作] 直刺 0.3～0.5 寸。

26. 至阴（Zhìyīn,BL67）井穴

[定位] 在足趾,小趾末节外侧,趾甲根角侧后方 0.1 寸(图 3-84)。

[解剖] 有趾背动脉及趾跖侧固有动脉形成的动脉网;布有趾跖侧固有神经及足背外侧皮神经。

[主治] ① 胎位不正,滞产;② 头痛,目痛;③ 鼻塞,鼻衄。

[操作] 浅刺 0.1 寸。胎位不正用灸法。

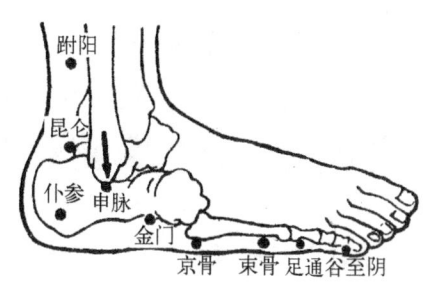

图 3-84 昆仑、申脉、束骨、至阴

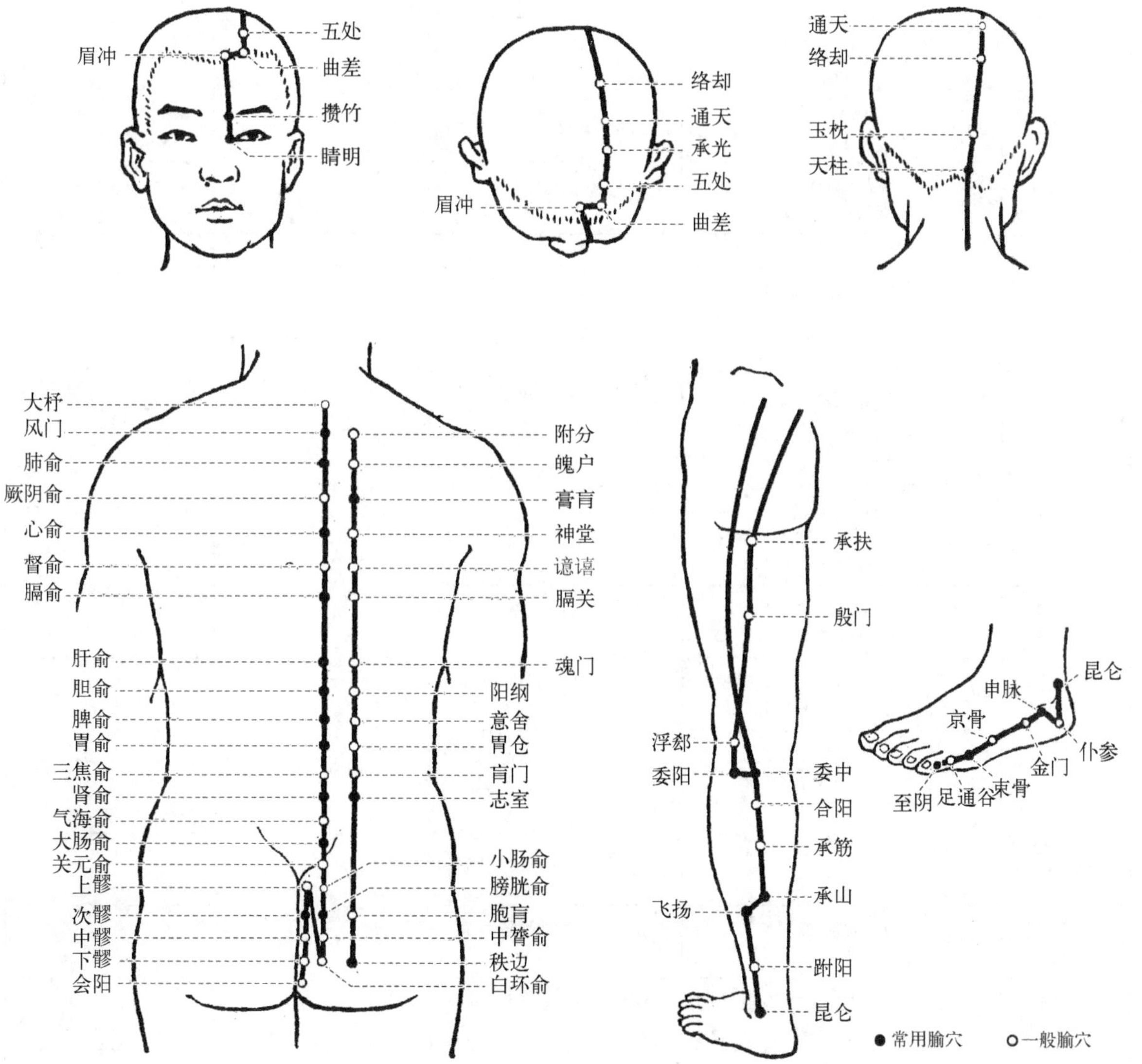

图 3-85 足太阳膀胱经腧穴总图

表 3-12 足太阳膀胱经腧穴提要表

穴 名		定 位	主 治	刺 灸	注 意
*睛明 Jīngmíng	BL1	在面部,目内眦内上方眶内侧壁凹陷中	目赤肿痛,流泪,视物不明,目眩,近视。	嘱患者闭目,医生左手轻推眼球向外侧固定,紧靠眶缘缓慢进针直刺0.5～1.0寸	不宜大幅度提插捻转。出针后按压针孔片刻,以防出血。禁灸
*攒竹 Cuánzhú	BL2	在面部,眉头凹陷中,额切迹处	头痛,眉棱骨痛,眼睑瞤动,眼睑下垂,目视不明,目赤肿痛;呃逆	平刺0.5～0.8寸	禁灸
眉冲 Méichōng	BL3	在头部,额切迹直上入发际0.5寸	头痛,目眩,鼻塞,鼻衄		不宜灸
曲差 Qūchā	BL4	在头部,前发际正中直上0.5寸,旁开1.5寸	头痛,目眩,鼻塞,鼻衄	平刺0.5～0.8寸	
五处 Wǔchù	BL5	在头部,前发际正中直上1寸,旁开1.5寸	头痛,目眩;癫痫		
承光 Chéngguāng	BL6	在头部,前发际正中直上2.5寸,旁开1.5寸	头痛,目眩,鼻塞;热病	平刺0.3～0.5寸	
通天 Tōngtiān	BL7	在头部,前发际正中直上4寸,旁开1.5寸	头痛,目眩,鼻塞,鼻衄,鼻渊		
络却 Luòquè	BL8	在头部,前发际正中直上5.5寸,旁开1.5寸	头晕,目视不明,耳鸣		
玉枕 Yùzhěn	BL9	在头部,横平枕外隆凸上缘,后发际正中旁开1.3寸	头项痛,目痛;鼻塞		
*天柱 Tiānzhù	BL10	在颈后区,横平第2颈椎棘突上际,斜方肌外缘凹陷中	后头痛,项强,肩背腰痛;鼻塞;癫狂痫;热病	直刺或斜刺0.5～0.8寸	不可向内上方深刺,以免伤及延髓
大杼 Dàzhù	BL11	在脊柱区,第1胸椎棘突下,后正中线旁开1.5寸	咳嗽;项强,肩背痛		本经背部诸穴,不宜深刺,以免伤及内部重要脏器
*风门 Fēngmén	BL12	在脊柱区,第2胸椎棘突下,后正中线旁开1.5寸	感冒,咳嗽,发热,头痛;项强,胸背痛		
*肺俞 Fèishū	BL13	在脊柱区,第3胸椎棘突下,后正中线旁开1.5寸	咳嗽,气喘,吐血;骨蒸潮热,盗汗		
厥阴俞 Juéyīnshū	BL14	在脊柱区,第4胸椎棘突下,后正中线旁开1.5寸	心痛,心悸;咳嗽,胸闷;呕吐		
*心俞 Xīnshū	BL15	在脊柱区,第5胸椎棘突下,后正中线旁开1.5寸	心痛,惊悸,失眠,健忘,癫痫;咳嗽,吐血	斜刺0.5～0.8寸	
督俞 Dūshū	BL16	在脊柱区,第6胸椎棘突下,后正中线旁开1.5寸	心痛、胸闷;寒热、气喘;腹胀、腹痛、肠鸣、呃逆		
*膈俞 Géshū	BL17	在脊柱区,第7胸椎棘突下,后正中线旁开1.5寸	气喘,呕吐,呃逆,吐血;贫血,瘾疹,皮肤瘙痒;潮热,盗汗		
*肝俞 Gānshū	BL18	在脊柱区,第9胸椎棘突下,后正中线旁开1.5寸	黄疸,胸胁胀痛;目疾;癫狂痫;脊背痛		
*胆俞 Dǎnshū	BL19	在脊柱区,第10胸椎棘突下,后正中线旁开1.5寸	黄疸,口苦,胁痛,肺结核,潮热		
*脾俞 Píshū	BL20	在脊柱区,第11胸椎棘突下,后正中线旁开1.5寸	腹胀,腹泻,呕吐,痢疾,便血;背痛		
*胃俞 Wèishū	BL21	在脊柱区,第12胸椎棘突下,后正中线旁开1.5寸	胃脘痛,呕吐,腹胀,肠鸣等脾胃疾患		

笔记栏

续 表

穴 名		定 位	主 治	刺 灸	注 意
三焦俞 Sānjiāoshū	BL22	在脊柱区,第1腰椎棘突下,后正中线旁开1.5寸	肠鸣,腹胀,腹泻;腰背强痛;小便不利,水肿	直刺0.5~1.0寸	
*肾俞 Shènshū	BL23	在脊柱区,第2腰椎棘突下,后正中线旁开1.5寸	腰痛,遗尿,遗精,阳痿,月经不调,带下;耳鸣,耳聋		
气海俞 Qìhǎishū	BL24	在脊柱区,第3腰椎棘突下,后正中线旁开1.5寸	肠鸣腹胀;痛经;腰痛		
*大肠俞 Dàchángshū	BL25	在脊柱区,第4腰椎棘突下,后正中线旁开1.5寸	腹胀,腹泻,便秘;腰腿痛	直刺0.8~1.2寸	
关元俞 Guānyuánshū	BL26	在脊柱区,第5腰椎棘突下,后正中线旁开1.5寸	腹胀,腹泻,腰骶痛;小便频数或不利,遗尿		
小肠俞 Xiǎochángshū	BL27	在骶区,横平第1骶后孔,骶正中嵴旁开1.5寸	遗精,遗尿,尿血,尿痛,带下;腹泻,痢疾;腰骶痛	直刺或斜刺0.8~1.2寸	
*膀胱俞 Pángguāngshū	BL28	在骶区,横平第2骶后孔,骶正中嵴旁开1.5寸	小便不利,遗尿;腰骶痛;腹泻,便秘		
中膂俞 Zhōnglǚshū	BL29	在骶区,横平第3骶后孔,骶正中嵴旁开1.5寸	腹泻;疝气;腰骶痛		
白环俞 Báihuánshū	BL30	在骶区,横平第4骶后孔,骶正中嵴旁开1.5寸	遗尿,遗精,月经不调,带下;疝气;腰骶痛		
上髎 Shàngliáo	BL31	在骶区,正对第1骶后孔中	大、小便不利;月经不调,带下,阴挺,遗精,阳痿;腰骶痛	直刺1.0~1.5寸	
*次髎 Cìliáo	BL32	在骶区,正对第2骶后孔中,约当髂后上棘与第2骶椎棘突连线的中点凹陷处	月经不调,痛经,带下;小便不利,遗精,疝气;腰骶痛,下肢痿痹		
中髎 Zhōngliáo	BL33	在骶区,正对第3骶后孔中	便秘,腹泻;小便不利,月经不调,带下;腰骶痛		
下髎 Xiàliáo	BL34	在骶区,正对第4骶后孔中	腹痛,便秘;小便不利,带下;腰骶痛		
会阳 Huìyáng	BL35	在骶区,尾骨端旁开0.5寸	痔疾,腹泻,阳痿;带下		
承扶 Chéngfú	BL36	在股后区,臀沟的中点	腰、骶、臀、股部疼痛;痔疾	直刺1.0~2.0寸	
殷门 Yīnmén	BL37	在股后区,臀沟下6寸,股二头肌与半腱肌之间	腰痛,下肢痿痹		
浮郄 Fúxì	BL38	在膝后区,腘横纹上1寸,在股二头肌腱内侧	股、腘部疼痛和麻木;便秘	直刺1.0~1.5寸	
*委阳 Wěiyáng	BL39	在膝部,腘横纹上,股二头肌腱的内侧缘	腹满,小便不利;腰脊强痛,腿足挛痛		
*委中 Wěizhōng	BL40	在膝后区,腘横纹中点	腰背痛,下肢痿痹,腹痛,急性吐泻,小便不利,遗尿;丹毒	直刺1.0~1.5寸,或用三棱针点刺腘静脉出血	
附分 Fùfēn	BL41	在脊柱区,第2胸椎棘突下,后正中线旁开3寸	颈项强痛,肩背拘急,肘臂麻木	斜刺0.5~0.8寸	
魄户 Pòhù	BL42	在脊柱区,第3胸椎棘突下,后正中线旁开3寸	咳嗽,气喘,肺痨;项强,肩背痛		

续 表

穴 名		定 位	主 治	刺 灸	注 意
*膏肓 Gāohuāng	BL43	在脊柱区,第4胸椎棘突下,后正中线旁开3寸	咳嗽,气喘,肺痨;肩胛痛;健忘、盗汗、遗精等虚损诸疾	斜刺0.5~0.8寸	
神堂 Shéntáng	BL44	在脊柱区,第5胸椎棘突下,后正中线旁开3寸	咳嗽,气喘,胸闷;脊背强痛		
譩譆 Yìxī	BL45	在脊柱区,第6胸椎棘突下,后正中线旁开3寸	咳嗽,气喘;肩背痛;疟疾,热病		
膈关 Géguān	BL46	在脊柱区,第7胸椎棘突下,后正中线旁开3寸	胸闷,嗳气,呕吐;脊背强痛		
魂门 Húnmén	BL47	在脊柱区,第9胸椎棘突下,后正中线旁开3寸	胸胁痛,背痛;呕吐,腹泻		
阳纲 Yánggāng	BL48	在脊柱区,第10胸椎棘突下,后正中线旁开3寸	肠鸣,腹痛,腹泻,黄疸;消渴		
意舍 Yìshè	BL49	在脊柱区,第11胸椎棘突下,后正中线旁开3寸	腹胀,肠鸣,呕吐		
胃仓 Wèicāng	BL50	在脊柱区,第12胸椎棘突下,后正中线旁开3寸	胃脘痛,腹胀,小儿食积;水肿;背脊痛		
肓门 Huāngmén	BL51	在腰区,第1腰椎棘突下,后正中线旁开3寸	腹痛,痞块,便秘;乳疾		
*志室 Zhìshì	BL52	在腰区,第2腰椎棘突下,后正中线旁开3寸	遗精,阳痿;小便不利,水肿;腰脊强痛		
胞肓 Bāohuāng	BL53	在骶区,横平第2骶后孔,后正中线旁开3寸	肠鸣,腹胀,便秘;癃闭;腰脊强痛	直刺1.0~1.5寸	
*秩边 Zhìbiān	BL54	在骶区,横平第4骶后孔,骶正中嵴旁开3寸	腰骶痛,下肢痿痹,小便不利;便秘;痔疾	直刺1.5~2.0寸	
合阳 Héyáng	BL55	在小腿后区,腘横纹下2寸,腓肠肌内、外侧头之间	腰脊强痛,下肢痿痹;疝气;崩漏	直刺1.0~2.0寸	
承筋 Chéngjīn	BL56	在小腿后区,腘横纹下5寸,腓肠肌两肌腹之间	腰腿拘急,疼痛;痔疾	直刺1.0~1.5寸	
*承山 Chéngshān	BL57	在小腿后区,腓肠肌两肌腹与肌腱交角处	腰腿拘急,疼痛;痔疾,便秘	直刺1.0~2.0寸	
*飞扬 Fēiyáng	BL58	在小腿后区,昆仑穴直上7寸,腓肠肌外下缘与跟腱移行处	头痛,目眩;腰腿疼痛;痔疾	直刺1.0~1.5寸	
跗阳 Fūyáng	BL59	在小腿后区,昆仑穴直上3寸,腓骨与跟腱之间	腰骶疼痛,下肢痿痹,外踝肿痛;头痛	直刺0.8~1.2寸	
*昆仑 Kūnlún	BL60	在踝区,外踝尖与跟腱之间的凹陷中	后头痛,项强,腰骶疼痛,足跟肿痛;癫痫;难产	直刺0.5~0.8寸	《针灸大成》:"妊妇刺之落胎。"
仆参 Púcān	BL61	在跟区,昆仑直下,跟骨外侧,赤白肉际处	下肢痿痹,足跟痛;癫痫		
*申脉 Shēnmài	BL62	在踝区,外踝尖直下,外踝下缘与跟骨之间凹陷中	头痛,眩晕;癫狂痫证;失眠;腰腿酸痛	直刺0.3~0.5寸	
金门 Jīnmén	BL63	在足背,外踝前缘直下,第5跖骨粗隆后方,骰骨下缘凹陷中	头痛;腰痛,下肢痿痹,外踝痛;癫痫,小儿惊风		

笔记栏

续表

穴 名		定 位	主 治	刺 灸	注 意
京骨 Jīnggǔ	BL64	在跖区,第5跖骨关节粗隆前下方,赤白肉际处	头痛,项强;腰痛;癫痫	直刺0.3~0.5寸	
*束骨 Shùgǔ	BL65	在跖区,第5跖趾关节的近端,赤白肉际处	头痛,项强,目眩;腰腿痛;癫狂		
足通谷 Zútōnggǔ	BL66	在足趾,第5跖趾关节的远端,赤白肉际处	头痛,项强;鼻衄;癫狂	直刺0.2~0.3寸	
*至阴 Zhìyīn	BL67	在足趾,小趾末节外侧,趾甲根角侧后方0.1寸	胎位不正,滞产;头痛,目痛;鼻塞,鼻衄	浅刺0.1寸	胎位不正用灸法

说明:穴前有"*"者为常用腧穴

附

足太阳膀胱经穴分寸歌

足太阳是膀胱经,目内眦角始睛明,眉毛内侧攒竹取,眉冲直上旁神庭,曲差入发五分际,神庭旁开寸五分,五处旁开亦半寸,细算却与上星平,承光通天络却穴,相去寸半调匀看,玉枕夹脑一寸三,入发二五枕骨取,天柱项后发际取,大筋外廉陷中献,自此夹脊开寸五,第一大杼二风门,三椎肺俞厥阴四,心五督六椎下论,膈七肝九十胆俞,十一脾俞十二胃,十三三焦十四肾,气海俞在十五椎,大肠十六椎下取,十七关元俞可推,小肠十八胱十九,中膂俞穴二十椎,白环廿一椎下当,以上各穴可推之,更有上次中下髎,一二三四腰空好,会阳阴尾尻骨旁,第一侧线诸穴了,再从脊旁开三寸,第二椎下为附分,三椎魄户四膏肓,第五椎下寻神堂,第六譩譆膈关七,第九魂门十阳纲,十一椎下意舍存,十二胃仓穴已分,十三肓门端正在,十四志室不须论,十九胞肓廿一秩,第二侧线诸穴匀,继向臀部横纹取,承扶居下陷中央,殷门扶下方六寸,委阳腘外两筋乡,浮郄实居委阳上,相去只有一寸长,委中在腘约纹里,向下二寸寻合阳,承筋合阳直下取,穴在腨肠之中央,承山腨下分肉间,外踝七寸上飞扬,跗阳外踝上三寸,昆仑后跟陷中央,仆参跟下脚边上,申脉踝下五分张,金门申前墟后取,京骨外侧骨际量,束骨本节后肉际,通谷节前陷中强,至阴却在小趾侧,太阳之穴始周详。

第二节 奇经八脉

一、督脉(29穴)

(一) 经脉循行

督脉起于小腹内,下出会阴部,经长强穴沿后背正中脊柱之内上行达项后风府穴,进入脑内,上行巅顶,循前额正中线到鼻柱下端,下行人中沟,入上唇系带与齿龈相接处(图3-86)。

(二) 主要病候

腰脊强痛、头重、癫疾惊痫、疝痔等。

(三) 主治概要

本经腧穴主治神志病,热病,经脉循行部位及相应内脏疾患。

(四) 重点腧穴

1. 长强 (Chángqiáng,GV1) 络穴;足少阳、足少阴经、督脉交会穴

[定位] 在会阴区,尾骨下方,尾骨端与肛门连线的中点处(图3-87)。

[解剖] 在肛尾膈中;有肛动、静脉分支及棘间动脉丛延续部;有尾神经和肛神经分布。

[主治] ① 痔疾,便血,脱肛,泄泻,便秘;② 癫狂痫证;③ 腰背、尾骶部痛。

[操作] 针尖斜向上与骶骨平行,沿尾骨和直肠之间刺入0.5~1寸,切不可刺穿直肠壁。

2. 腰阳关 (Yāoyángguān,GV3)

[定位] 在脊柱区,第4腰椎棘突下凹陷中,后正中线上(图3-87)。

[解剖] 在腰背筋膜、棘上韧带及棘间韧带中;有腰动脉后支和棘间静脉丛;有腰神经后支内侧皮支分布。

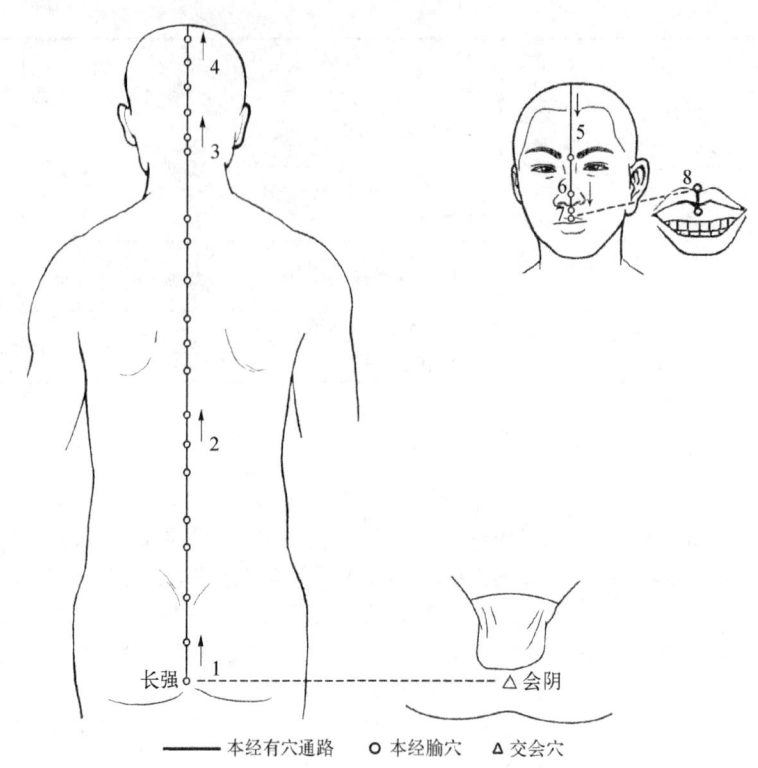

图 3-86 督脉循行示意图

1. 起于下极之俞 2. 并于脊里 3. 上至风府,入属于脑 4. 上巅 5. 循额
6. 至鼻柱 7. 行人中沟 8. 至兑端,入龈交

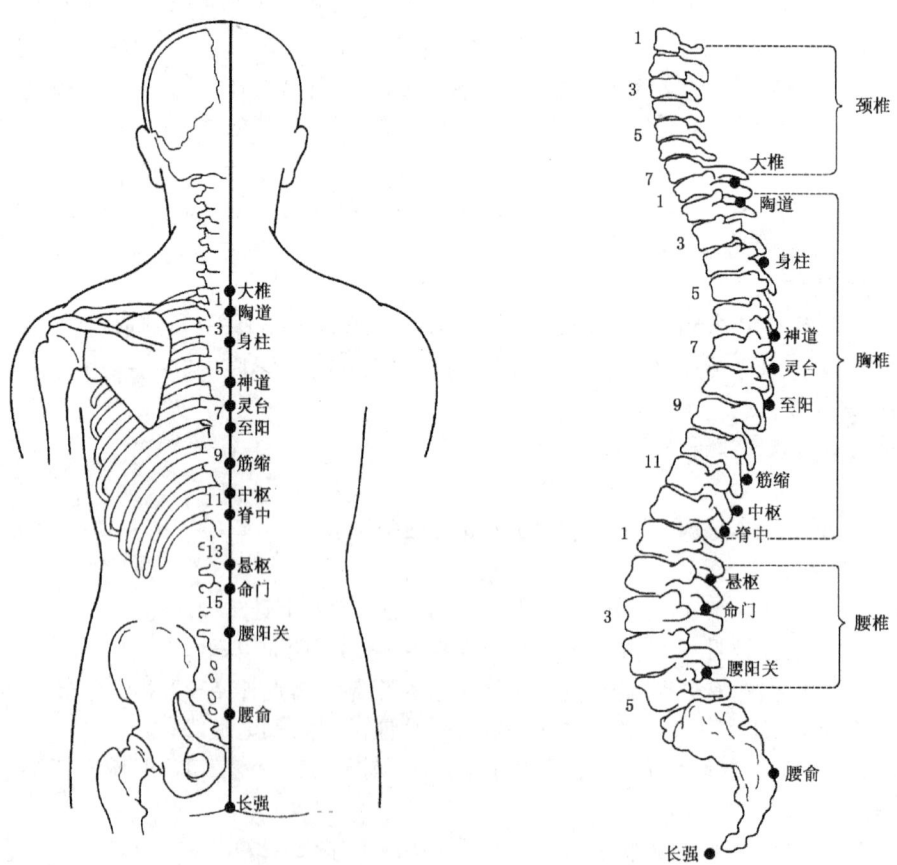

图 3-87 长强、腰阳关、命门、至阳、大椎

[主治] ①腰骶疼痛,下肢痿痹;②月经不调,赤白带下;③遗精,阳痿。
[操作] 针尖稍斜向上刺0.5~1寸。

3. **命门** (Mìngmén,GV4)
[定位] 在脊柱区,第2腰椎棘突下凹陷中,后正中线上(图3-87)。
[解剖] 同"腰阳关"穴。
[主治] ①遗精,阳痿,早泄;②腰痛脊强;③月经不调,赤白带下;④遗尿,尿频,泄泻;⑤头晕耳鸣。
[操作] 针尖稍斜向上刺0.5~1寸。

4. **至阳** (Zhìyáng,GV9)
[定位] 在脊柱区,第7胸椎棘突下凹陷中,后正中线上(图3-87)。
[解剖] 在腰背筋膜、棘上韧带及棘间韧带中;有第7肋间动脉后支和棘间静脉丛;有第7胸神经后支内侧支分布。
[主治] ①腹痛黄疸,胸胁胀痛,身热;②咳嗽,气喘;③脊背强痛;④胃痛。
[操作] 针尖稍斜向上刺0.5~1寸。

5. **大椎** (Dàzhuī,GV14)
[定位] 在脊柱区,第7颈椎棘突下凹陷中,后正中线上(图3-87)。
[解剖] 在腰背筋膜、棘上韧带及棘间韧带中;有颈横动脉分支和棘间静脉丛;有第8颈神经后支内侧皮分布。
[主治] ①感冒,咳嗽,气喘;②热病,癫狂,惊痫;③头项肩背强痛;④痤疮,风疹。
[操作] 针尖稍斜向上刺0.5~1寸。

6. **哑门** (Yǎmén,GV15) 督脉、阳维脉交会穴
[定位] 在颈后区,第2颈椎棘突上际凹陷中,后正中线上(图3-88)。
[解剖] 在项韧带和项肌中;有枕动、静脉分支和棘间静脉丛;有第3枕神经和枕大神经分布。
[主治] ①舌强不语,喑哑;②癫狂痫证;③头痛项强。
[操作] 头稍前倾,项部肌肉放松,针经第2颈椎棘突上缘向下颌方向缓慢刺入0.5~1寸。穴位深部有脊髓等重要结构,针刺不宜过深,进针一定要缓慢。

7. **风府** (Fēngfǔ,GV16) 督脉、阳维脉交会穴
[定位] 在颈后区,枕外隆凸直下,两侧斜方肌之间凹陷中(图3-88)。
[解剖] 在项韧带和项肌中;有枕动、静脉分支和棘间静脉丛;有第3枕神经和枕大神经分布。
[主治] ①头痛项强,眩晕;②半身不遂,中风不语;③癫痫。
[操作] 头稍前倾,项部肌肉放松,向下颌方向缓慢刺入0.5~1寸。针尖不可向上,以免刺入枕骨大孔,误伤延髓。穴位深部有脊髓等重要结构,针刺不宜过深;针尖不可朝向鼻背,易出现意外。

8. **百会** (Bǎihuì,GV20) 督脉、足太阳经交会穴
[定位] 在头部,前发际正中直上5寸(图3-88)。
[解剖] 在帽状腱膜中;有左右颞浅动、静脉及左右枕动、静脉吻合网;有枕大神经、眶上神经及耳颞神经分支分布。
[主治] ①头痛,眩晕;②失眠,健忘;③中风不语,癫狂痫证;④脱肛,子宫脱垂,久泻,阴挺,痔疾。
[操作] 平刺0.5~0.8寸。

9. **上星** (Shàngxīng,GV23)
[定位] 在头部,前发际正中直上1寸(图3-88)。
[解剖] 在帽状腱膜中,左右额肌交界处;有额动、静脉分支及颞浅动、静脉分支;有滑车上神经和眶上神经分布。
[主治] ①头痛,眩晕,癫狂;②鼻渊,鼻衄;③目痛流泪;④热病。
[操作] 平刺0.5~0.8寸。

10. **素髎** (Sùliáo,GV25)
[定位] 在面部,鼻尖的正中央(图3-88)。
[解剖] 在鼻尖软骨中;有面动、静脉的鼻背支;有筛前神经鼻外支分布。

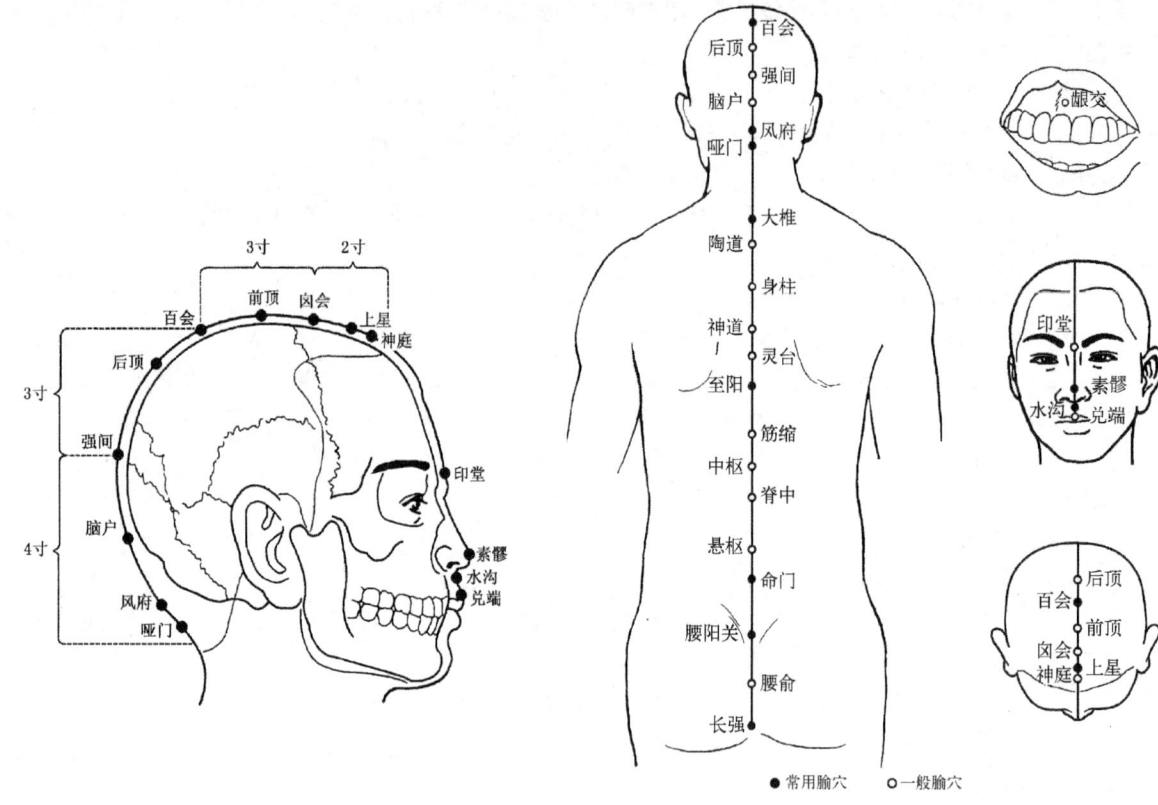

图 3-88　哑门、风府、百会、上星、素髎、水沟

图 3-89　督脉腧穴总图

[主治]　① 鼻渊,鼻衄,鼻塞;② 惊厥,昏迷,窒息。
[操作]　向上斜刺 0.3～0.5 寸,或点刺出血。

11. 水沟　(Shuǐgōu,GV26) 督脉、手阳明经、足阳明经交会穴

[定位]　在面部,人中沟的上 1/3 与中 1/3 交点处(图 3-88)。
[解剖]　在口轮匝肌中;有上唇动、静脉;有眶下神经分布。
[主治]　① 昏迷,晕厥,癫狂,惊痫;② 口眼㖞斜,牙关紧闭;③ 腰脊强痛。
[操作]　向上斜刺 0.3～0.5 寸,或用指甲按掐。

表 3-13　督脉腧穴提要表

穴　名		定　位	主　治	刺　灸	注　意
*长强 Chángqiáng	GV1	在会阴区,尾骨下方,尾骨端与肛门连线的中点处	痔疾,便血,脱肛,泄泻,便秘;癫狂痫证;腰背、尾骶部痛	针尖斜向上与骶骨平行,沿尾骨和直肠之间刺入 0.5～1 寸	切不可刺穿直肠壁
腰俞 Yāoshū	GV2	在骶区,正对骶管裂孔,后正中线上	腰脊强痛,下肢痿痹;月经不调;痔疾,脱肛,泄泻,便秘	针尖稍斜向上刺 0.5～1 寸	
*腰阳关 Yāoyángguān	GV3	在脊柱区,第 4 腰椎棘突下凹陷中,后正中线上	腰骶疼痛,下肢痿痹;月经不调,赤白带下;遗精,阳痿		
*命门 Mìngmén	GV4	在脊柱区,第 2 腰椎棘突下凹陷中,后正中线上	遗精,阳痿,早泄;腰痛脊强;月经不调,赤白带下;遗尿,尿频,泄泻;头晕耳鸣		
悬枢 Xuánshū	GV5	在脊柱区,第 1 腰椎棘突下凹陷中,后正中线上	腰痛脊强;泄泻,腹胀,腹痛		
脊中 Jǐzhōng	GV6	在脊柱区,第 11 胸椎棘突下凹陷中,后正中线上	泄泻,痔疾,脱肛;腰痛脊强;小儿消化不良		
中枢 Zhōngshū	GV7	在脊柱区,第 10 胸椎棘突下凹陷中,后正中线上	腰痛脊强;胃痛,呕吐,腹满,食欲不振		

续　表

穴　名		定　位	主　治	刺　灸	注　意
筋缩 Jīnsuō	GV8	在脊柱区,第9胸椎棘突下凹陷中,后正中线上	脊强背痛,筋挛拘急;癫狂惊痫;胃痛	针尖稍斜向上刺0.5～1寸	
*至阳 Zhìyáng	GV9	在脊柱区,第7胸椎棘突下凹陷中,后正中线上	腹痛黄疸,胸胁胀痛,身热,咳嗽,气喘;脊背强痛,胃痛		
灵台 Língtái	GV10	在脊柱区,第6胸椎棘突下凹陷中,后正中线上	咳嗽,气喘;项背强痛;疔疮		
神道 Shéndào	GV11	在脊柱区,第5胸椎棘突下凹陷中,后正中线上	心悸,失眠,健忘;肩背强痛;咳嗽气喘		
身柱 Shēnzhù	GV12	在脊柱区,第3胸椎棘突下凹陷中,后正中线上	咳嗽气喘,身热头痛;疔疮;癫狂惊痫;背脊强痛		
陶道 Táodào	GV13	在脊柱区,第1胸椎棘突下凹陷中,后正中线上	头痛项强,恶寒发热,咳嗽气喘;项背强痛		
*大椎 Dàzhuī	GV14	在脊柱区,第7颈椎棘突下凹陷中,后正中线上	感冒,咳嗽,气喘;热病,癫狂,惊痫;头项肩背强痛;痤疮,风疹		
*哑门 Yǎmén	GV15	在颈后区,第2颈椎棘突上际凹陷中,后正中线上	舌强不语,喑哑;癫狂痫证;头痛项强	头稍前倾,项部肌肉放松,针经第2颈椎棘突上缘向下颌方向缓慢刺入0.5～1寸	穴位深部有脊髓等重要结构,针刺不宜过深,进针一定要缓慢
*风府 Fēngfǔ	GV16	在颈后区,枕外隆凸直下,两侧斜方肌之间凹陷中	头痛项强,眩晕;半身不遂,中风不语;癫痫	头稍前倾,项部肌肉放松,向下颌方向缓慢刺入0.5～1寸	针尖不可向上,以免刺入枕骨大孔,误伤延髓。穴位深部有脊髓等重要结构,针刺不宜过深;针尖不可朝向鼻背,易出现意外
脑户 Nǎohù	GV17	在头部,枕外隆凸的上缘凹陷中	头痛,眩晕,项强;癫痫	平刺0.5～0.8寸	
强间 Qiángjiān	GV18	在头部,后发际正中直上4寸	头痛,目眩;癫狂,失眠		
后顶 Hòudǐng	GV19	在头部,后发际正中直上5.5寸处	头痛,眩晕;癫狂痫证		
*百会 Bǎihuì	GV20	在头部,前发际正中直上5寸	头痛,眩晕,失眠,健忘;中风不语,癫狂痫证;脱肛,子宫脱垂,久泻,阴挺,痔疾		
前顶 Qiándǐng	GV21	在头部,前发际正中直上3.5寸处	头痛,眩晕,癫痫;中风偏瘫		
囟会 Xìnhuì	GV22	在头部,前发际正中直上2寸处	头痛,眩晕;癫痫		小儿囟门未闭合者禁刺
*上星 Shàngxīng	GV23	在头部,前发际正中直上1寸	头痛,眩晕,癫狂,鼻渊,鼻衄;目痛流泪;热病		
神庭 Shéntíng	GV24	在头部,前发际正中直上0.5寸	头痛,眩晕,失眠,癫狂痫证;目痛,鼻渊		
*素髎 Sùliáo	GV25	在面部,鼻尖的正中央	鼻渊,鼻衄,鼻塞;惊厥,昏迷,窒息	向上斜刺0.3～0.5寸,或点刺出血	
*水沟 Shuǐgōu	GV26	在面部,人中沟的上1/3与中1/3交点处	昏迷,晕厥,癫狂,惊痫,口眼㖞斜,牙关紧闭;腰脊强痛	向上斜刺0.3～0.5寸,或用指甲按掐	

续表

穴 名		定 位	主 治	刺 灸	注 意
兑端 Duìduān	GV27	在面部,上唇结节的中点	齿痛,口噤不开;昏厥,癫狂,癔症;腰脊强痛	向上斜刺0.2～0.3寸	
龈交 Yínjiāo	GV28	在上唇内,上唇系带与上齿龈的交点处	牙龈肿痛;口舌生疮;腰痛	向上斜刺0.2～0.3寸,或点刺出血	
印堂 Yìntáng	GV29	在头部,两眉毛内侧端中间的凹陷处	头痛,头晕,失眠,惊风,鼻渊,鼻衄;腰痛;呃逆,呕吐	向下平刺0.3～0.5寸	针刺时针尖对准鼻尖处,不可偏斜向左右

附

督脉经穴分寸歌

尾骨尖端是长强,二十一椎腰俞当,十六阳关十四命,十三悬枢脊中央,脊中十一椎下寻,中枢藏于十椎下,九椎之下取筋缩,七椎之下为至阳,六陵五神三身柱,陶道一椎之下量,一椎之上大椎穴,发际半寸哑门行,风府发际上一寸,脑户二五枕骨上,发上四寸强间位,五寸五分后顶强,百会七寸顶中取,耳尖直上发中央,前顶前行一寸半,囟会再行寸半取,前发一寸上星会,神庭入发五分当,鼻头尖端素髎位,人中沟中水沟藏,兑端口唇尖端上,龈交龈缝藏于里。

二、任脉(24穴)

(一)经脉循行

任脉起于小腹内,下出会阴部,向上到阴毛处,在体内沿腹部、胸部正中线上行,到达咽喉部,再上行环绕嘴唇,沿着面部上行至眼眶下部(图3-90)。

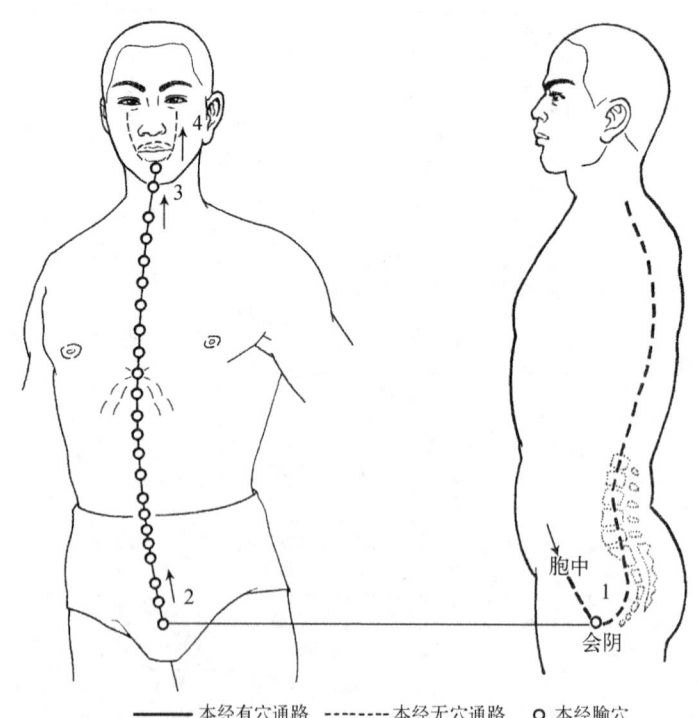

图3-90 任脉循行示意图
1.起于中极之下,以上毛际 2.循腹里,上关元 3.至咽喉 4.上颐循面入目

(二) 主要病候

带下、疝气、月经不调、不育、遗尿、遗精等。

(三) 主治概要

本经腧穴主治经脉循行部位的局部病证及相应内脏器官疾病,部分腧穴有强身健体作用或可用于治疗神志病。

(四) 重点腧穴

1. 中极 （Zhōngjí,CV3）膀胱经募穴;足三阴经、任脉交会穴

[定位] 在下腹部,脐中下 4 寸,前正中线上(图 3-91)。

[解剖] 在腹白线上,有腹壁浅动、静脉;有髂腹下神经分布。

[主治] ① 小便不利,遗尿,尿频;② 遗精,阳痿,早泄;③ 月经不调,痛经,崩漏带下,阴挺,产后恶露。

[操作] 直刺 0.5~1 寸,不宜深刺;针刺前宜先排尿;孕妇不宜针刺。

2. 关元 （Guānyuán,CV4）小肠经之募穴;足太阴、足少阴、足厥阴经、任脉交会穴

[定位] 在下腹部,脐中下 3 寸,前正中线上(图 3-91)。

[解剖] 在腹白线上,有腹壁浅动、静脉;有肋下神经前皮支的内侧支分布。

[主治] ① 小便不利,尿频,尿闭,遗尿,遗精,阳痿,早泄;② 月经不调,经闭,痛经,带下,崩漏,不孕;③ 泄泻,腹痛;④ 中风脱证,虚劳羸瘦。

[操作] 直刺 1~2 寸,不宜深刺;针刺前宜先排尿;孕妇不宜针刺。

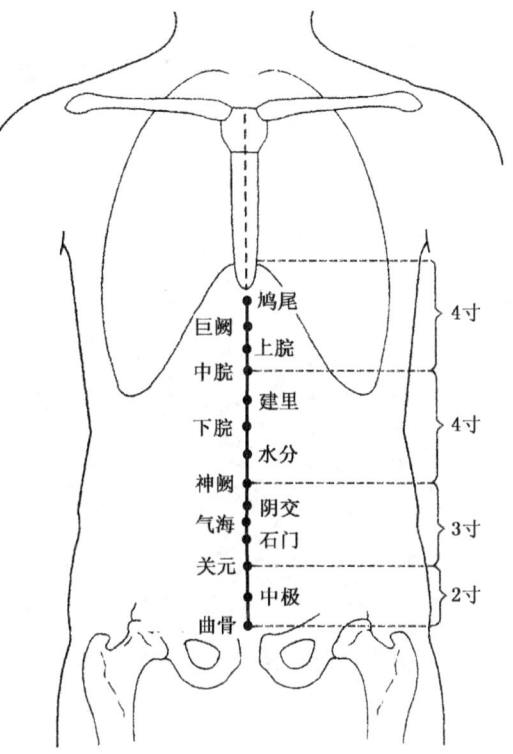

图 3-91 中极、关元、气海、神阙、中脘

3. 气海 （Qìhǎi,CV6）肓之原穴

[定位] 在下腹部,脐中下 1.5 寸,前正中线上(图 3-91)。

[解剖] 在腹白线上,有腹壁浅动、静脉;有第 11 肋间神经前皮支的内侧支分布。

[主治] ① 腹痛,腹胀,泄泻,便秘;② 遗尿,遗精,阳痿,水肿;③ 崩漏,月经不调,经闭,痛经,带下;④ 羸瘦无力,中风脱证。

[操作] 直刺 1~2 寸。

4. 神阙 （Shénquè,CV8）

[定位] 在脐区,脐中央(图 3-91)。

[解剖] 在脐窝中央,有腹壁下动、静脉;有第 10 肋间神经前皮支的内侧支分布。

[主治] ① 腹痛,泻痢,脱肛;② 虚脱,四肢逆冷;③ 水肿,小便不利。

[操作] 禁刺,宜灸,多用艾条温和灸或艾炷隔盐灸。

5. 下脘 （Xiàwǎn,CV10）足太阴经、任脉交会穴

[定位] 在上腹部,脐中上 2 寸,前正中线上(图 3-91)。

[解剖] 在腹白线上,有腹壁上、下动、静脉交界处的分支,有第 8 肋间神经前皮支的内侧支分布。

[主治] ① 腹痛腹胀,呕吐呃逆,泄泻;② 虚肿。

[操作] 直刺 1~2 寸。

6. 中脘 （Zhōngwǎn,CV12）胃之募穴;八脉交会穴之腑会;手太阳、手少阳、足阳明经、任脉交会穴

[定位] 在上腹部,脐中上 4 寸,前正中线上(图 3-91)。

[解剖] 在腹白线上,有腹壁上动、静脉;有第 7、8 肋间神经前皮支的内侧支分布。

[主治] ① 胃脘痛,吐泻,呃逆,吞酸,腹胀,小儿消化不良;② 咳嗽痰多;③ 癫痫。
[操作] 直刺1~1.5寸。

7. 膻中 (Dànzhōng,CV17) 心包之募穴;八脉交会穴之气会
[定位] 在胸部,横平第4肋间隙,前正中线上(图3-92)。
[解剖] 在胸骨体上,有胸廓内动、静脉的前穿支;有第4肋间神经前皮支的内侧支分布。
[主治] ① 胸痛,心悸,咳嗽,气喘;② 产后少乳,乳痈;③ 呕吐,呃逆。
[操作] 平刺0.3~0.5寸。

8. 天突 (Tiāntū,CV22) 阴维脉、任脉交会穴
[定位] 在颈前区,胸骨上窝中央,前正中线上(图3-93)。
[解剖] 在颈白线上,皮下有劲静脉弓、甲状腺下动脉分支,深部位气管,向下在胸骨柄后方为无名静脉及主动脉弓;有颈横神经分布。

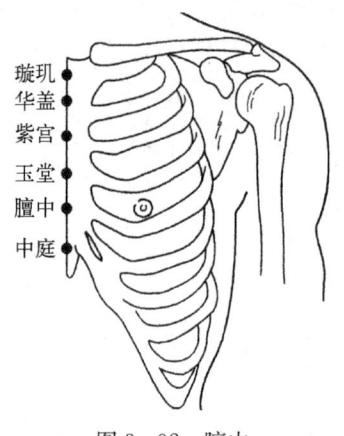

图3-92 膻中

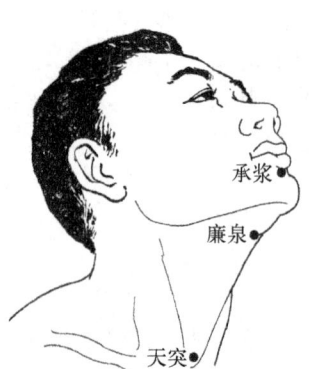

图3-93 天突、廉泉、承浆

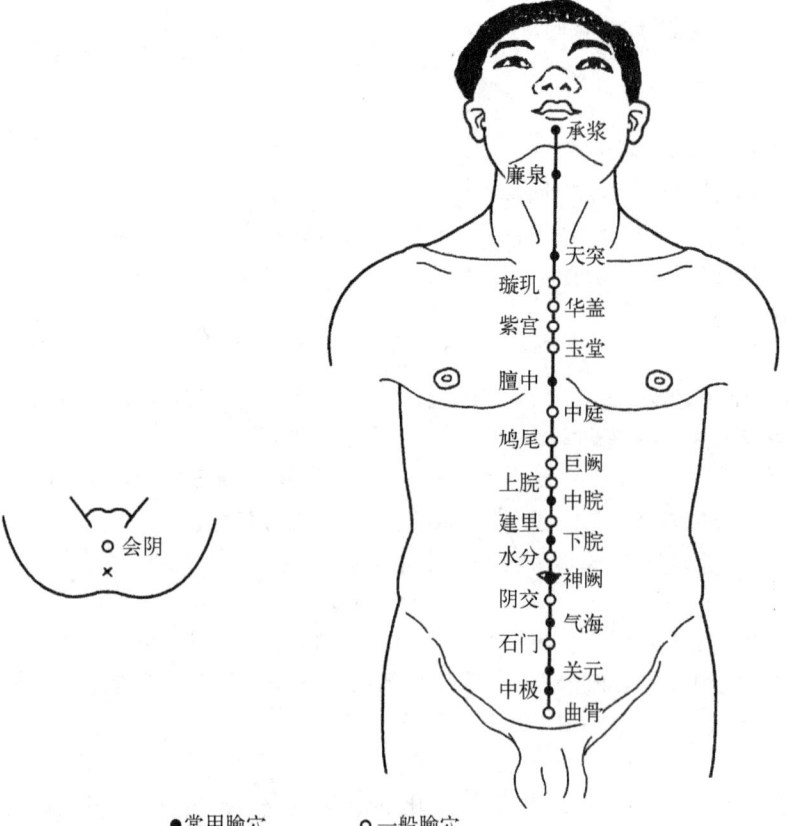

● 常用腧穴　　○ 一般腧穴

图3-94 任脉腧穴总图

[主治] ① 咳嗽,哮喘,咳血,胸痛;② 咽喉肿痛,暴喑,慢性咽炎;③ 噎膈。
[操作] 先直刺0.2寸后,将针贴近颈前皮肤,朝向胸骨柄后方,紧靠胸骨柄向下刺入1～1.5寸。针刺时严格掌握深度和角度,以防刺伤气管、肺及有关动、静脉。

9. 廉泉 (Liánquán,CV23) 阴维脉与任脉之交会穴

[定位] 在颈前区,喉结上方,舌骨上缘的凹陷中,前正中线上(图3-93)。
[解剖] 在甲状软骨与舌骨之间,有颈前浅静脉,有颈横神经升支分布。
[主治] ① 舌强失语,舌下肿痛,舌缓流涎,暴喑,喉痹,吞咽困难;② 咽喉肿痛。
[操作] 向舌根部斜刺0.5～0.8寸。

10. 承浆 (Chéngjiāng,CV24) 足阳明经、任脉交会穴

[定位] 在面部,颏唇沟的正中凹陷处(图3-93)。
[解剖] 在口轮匝肌和颏肌之间,有颏动、静脉和颏下动、静脉;有颏神经和面神经分布。
[主治] ① 口眼㖞斜,齿痛龈肿,流涎;② 癫痫。
[操作] 斜刺0.3～0.5寸。

表3-14 任脉腧穴提要表

穴名		定位	主治	刺灸	注意
会阴 Huìyīn	CV1	在会阴区,男性在阴囊根部与肛门连线的中点,女性在大阴唇后联合与肛门连线的中点。	月经不调,遗精,阳痿,小便不利,遗尿,昏迷,癫狂	直刺0.5～1寸	孕妇慎用
曲骨 Qūgǔ	CV2	在下腹部,耻骨联合上缘,在前正中线上	月经不调,带下,痛经,小便不利,遗尿,遗精,阳痿,疝气		
*中极 Zhōngjí	CV3	在下腹部,脐中下4寸,前正中线上	小便不利,遗尿,尿频;遗精,阳痿,早泄,月经不调,痛经,崩漏带下,阴挺,产后恶露		不宜深刺;针刺前宜先排尿;孕妇不宜用
*关元 Guānyuán	CV4	在下腹部,脐中下3寸,前正中线上	小便不利,尿频,尿闭,遗尿,遗精,阳痿,早泄,月经不调,经闭,痛经,带下,崩漏,不孕;泄泻,腹痛;中风脱证,虚劳羸瘦	直刺1～2寸	孕妇不宜用
石门 Shímén	CV5	在下腹部,脐中下2寸,在前正中线上	小便不利,水肿,遗精,阳痿;腹胀腹痛,泄痢;月经不调,经闭,带下,崩漏		孕妇不宜用
*气海 Qìhǎi	CV6	在下腹部,脐中下1.5寸,前正中线上	腹痛,腹胀,泄泻,便秘;遗尿,遗精,阳痿,水肿;崩漏,月经不调,经闭,痛经,带下;羸瘦无力,中风脱证		
阴交 Yīnjiāo	CV7	在下腹部,脐中下1寸,前正中线上	腹痛泄泻,小便不利;月经不调		
*神阙 Shénquè	CV8	在脐区,脐中央	腹痛,泻痢,脱肛,虚脱,四肢逆冷,水肿,小便不利	禁刺,宜灸,多用艾条温和灸或艾炷隔盐灸	
水分 Shuǐfēn	CV9	在上腹部,脐中上1寸,前正中线上	腹痛腹胀,肠鸣泄泻,水肿,小便不利		
*下脘 Xiàwǎn	CV10	在上腹部,脐中上2寸,前正中线上	腹痛腹胀,呕吐呃逆,泄泻,虚肿	直刺1～2寸	
建里 Jiànlǐ	CV11	在上腹部,脐中上3寸,前正中线上	胃脘痛,呕吐,腹胀;水肿		
*中脘 Zhōngwǎn	CV12	在上腹部,脐中上4寸,前正中线上	胃脘痛,吐泻,呃逆,吞酸,腹胀,小儿消化不良,咳嗽痰多;癫痫	直刺1～1.5寸	

笔记栏

续 表

穴 名		定 位	主 治	刺 灸	注 意
上脘 Shàngwǎn	CV13	在上腹部,脐中上5寸,前正中线上	胃脘痛,吐泻,呃逆;癫痫	直刺0.5~1寸	穴位深部为肝下缘及胃幽门部,肝脾肿大者禁刺
巨阙 Jùquè	CV14	在上腹部,脐中上6寸,前正中线上	胸痛心烦,心悸健忘;腹胀腹痛,呕吐呃逆		穴位深部为肝脏,不可深刺
鸠尾 Jiūwěi	CV15	在上腹部,剑胸结合下1寸处,前正中线上	胸闷心痛,心烦,心悸;腹胀,呕吐,呃逆,癫狂,惊痫	斜向下刺0.5~1寸	
中庭 Zhōngtíng	CV16	在上腹部,剑胸结合中点处,前正中线上	胸胁胀满,心痛;呕吐,小儿吐乳;慢性咽炎		
*膻中 Dànzhōng	CV17	在胸部,横平第4肋间隙,前正中线上	胸痛,心悸,咳嗽,气喘;产后少乳,乳痈,呕吐,呃逆	平刺0.3~0.5寸	
玉堂 Yùtáng	CV18	在胸部,横平第3肋间隙处,在前正中线上	胸闷、胸痛;咳嗽,气喘		
紫宫 Zǐgōng	CV19	在胸部,横平第2肋间隙,前正中线上	咳嗽,气喘;胸痛,胸胁闷痛		
华盖 Huágài	CV20	在胸部,横平第1肋间隙,前正中线上	咳嗽,气喘;胸胁痛		
璇玑 Xuánjī	CV21	在胸部,胸骨上窝下1寸,前正中线上	咳嗽,气喘;胸痛		
*天突 Tiāntū	CV22	在颈前区,胸骨上窝中央,前正中线上	咳嗽,哮喘,咳血,胸痛;咽喉肿痛,暴喑,慢性咽炎;噎膈	先直刺0.2寸后,将针贴近颈前皮肤,朝向胸骨柄后方,紧靠胸骨柄向下刺入1~1.5寸	针刺时严格掌握深度和角度,以防刺伤气管、肺及有关动、静脉
*廉泉 Liánquán	CV23	在颈前区,喉结上方,舌骨上缘的凹陷中,在前正中线上	舌强失语,舌下肿痛,舌缓流涎,暴喑,喉痹,吞咽困难;咽喉肿痛	向舌根部斜刺0.5~0.8寸	
*承浆 Chéngjiāng	CV24	在面部,颏唇沟的正中凹陷处	口眼㖞斜,齿痛龈肿,流涎;癫痫	斜刺0.3~0.5寸	

附

任脉经穴分寸歌

会阴藏于两阴间,毛际陷中曲骨见,中极脐下四寸在,关元脐下三寸觅,石门脐下二寸是,脐下寸半气海连,脐下一寸为阴交,脐之中央即神阙,脐上一寸是水分,脐上二寸乃下脘,建里脐上三寸定,中脘脐上四寸行,上脘脐上五寸列,脐上六寸巨阙步,鸠尾脐上七寸量,膻下寸六取中庭,膻中两乳中间取,膻上寸六玉堂寻,紫宫膻上三寸二,华盖膻上四八举,膻上六寸四璇玑,天突胸骨上窝里,廉泉舌下喉结上,颏唇沟中承浆陷。

三、冲 脉

(一)经脉循行

起于小腹内,下出会阴部,向上行于脊柱之内。其外行者经气冲与足少阴经交会,沿着腹部两侧,上达咽喉,环绕口唇(图3-95)。

(二)主要病候

腹痛、气急、气逆上冲、月经不调、不孕等。

(三)交会腧穴

会阴、阴交(任脉),气冲(足阳明经),横骨、大赫、气穴、四满、中注、肓俞、商曲、石关、阴都、腹通谷、幽

笔记栏

门(足少阴经)。

四、带　脉

（一）经脉循行

起于季胁部的下方，斜向下行到带脉、五枢、维道穴，斜向上回行绕腰腹一周（图3-96）。

（二）主要病候

腹满腹痛、腰脊痛、月经不调、赤白带下、痿证等。

（三）交会腧穴

带脉、五枢、维道（足少阳经）。

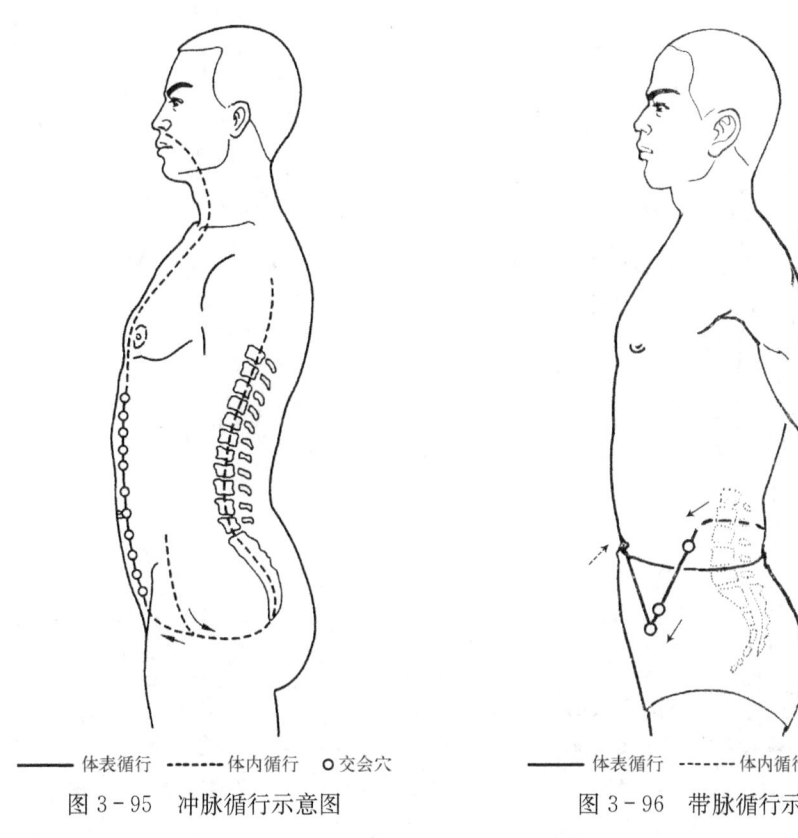

图3-95　冲脉循行示意图　　　　图3-96　带脉循行示意图

五、阴维脉

（一）经脉循行

起于小腿内侧，向上沿大腿内侧上行到腹部，与足太阴经相合，经过胸部，与任脉会于颈部（图3-97）。

（二）主要病候

心痛、胃痛、胸腹痛等里证。

（三）交会腧穴

筑宾（足少阴经），府舍、大横、腹哀（足太阴经），期门（足厥阴经），天突、廉泉（任脉）。

六、阳维脉

（一）经脉循行

起于足跟外侧，向上经过外踝，沿足少阳经上行髋部，经胁肋后侧上行，从腋后上肩，过颈项至前额，

再到项后,合于督脉(图3-98)。

（二）主要病候

恶寒发热、腰痛、目眩等。

（三）交会腧穴

金门（足太阳经），阳交（足少阳经），臑俞（手太阳经），天髎（手少阳经），肩井、本神、阳白、头临泣、目窗、正营、承灵、脑空、风池（足少阳经），风府、哑门（督脉）。

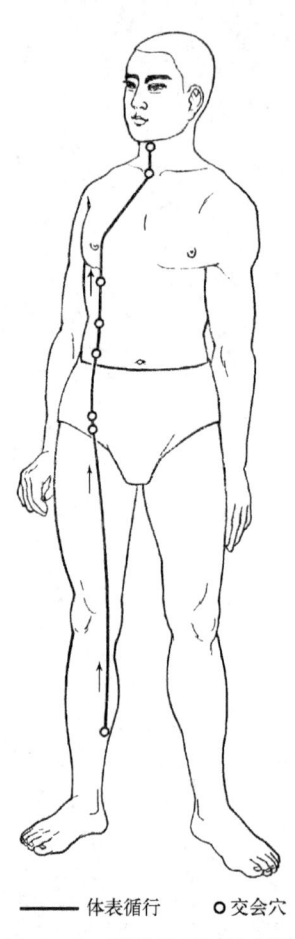

图3-97 阴维脉循行示意图　　图3-98 阳维脉循行示意图

七、阴跷脉

（一）经脉循行

起于足跟内侧舟骨的后方，上行内踝的上方，直上沿大腿内侧，经过前阴部，向上沿胸部内侧，进入锁骨上窝，向上经人迎的前面，上过颧部，到目内眦，与足太阳经和阳跷脉相会合(图3-99)。

（二）主要病候

多寐，下肢内侧拘急、外侧迟缓，癃闭等。

（三）交会腧穴

照海、交信（足少阴经），睛明（足太阳经）。

八、阳跷脉

（一）经脉循行

起于足跟外侧，经外踝上行腓骨后，沿大腿外侧和胁后上肩，过颈部上挟口角，进入目内眦，与阴跷脉会合,再沿足太阳经上额、入发际、下耳后,与足少阳经合于风池(图3-100)。

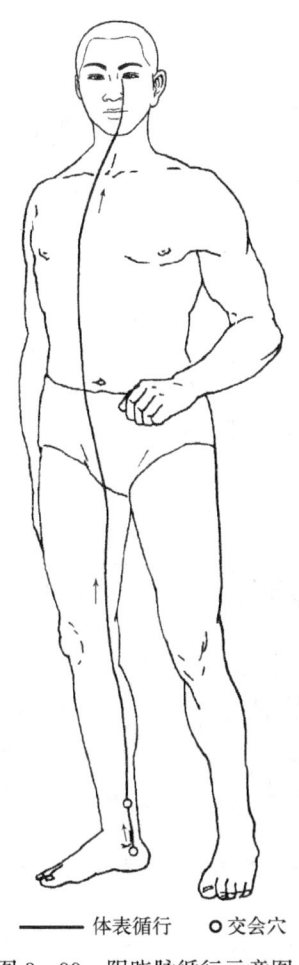

图3-99 阴跷脉循行示意图

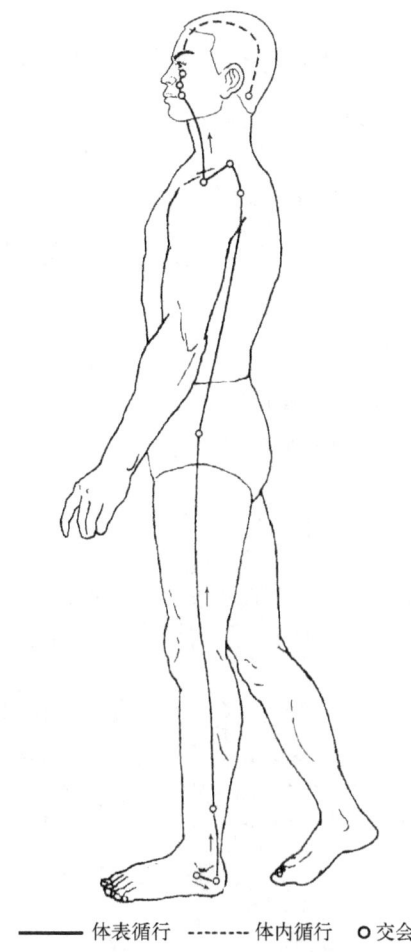

图3-100 阳跷脉循行示意图

(二)主要病候

不寐,下肢外侧拘急、内侧迟缓,目眦痛。

(三)交会腧穴

睛明、申脉、仆参、跗阳(足太阳经),居髎(足少阳经),臑俞(手太阳经),巨骨、肩髃(手阳明经),天髎(手少阳经),地仓、巨髎、承泣(足阳明经)。

第三节 十五络脉

一、手太阴络——列缺

手太阴经络脉,名列缺。起于腕关节上方桡骨茎突后的筋骨缝中,与手太阴经并行,直走入手掌中,散布在大鱼际部。

其病证,实证见手腕部和手掌发热,虚证见呵欠、尿频、遗尿,可取此穴治疗。穴位在桡骨茎突上方腕横纹上1.5寸处,别行于手阳明经。

二、手厥阴络——内关

手厥阴经络脉,名内关。在腕关节后2寸处出于两筋之间,一支走向手少阳经,一支沿着手厥阴经上行,联系于心包,散络于心系(心与各脏相连的组织)。

其病证,实证见心痛,虚证见心烦(头项强),可取此穴治疗。

三、手少阴络——通里

手少阴经络脉,名通里。在腕关节后1寸处分出上行,沿着手少阴经进入心中,向上联系舌根部,会属于目系(眼后与脑相连的组织)。

其病证,实证见胸膈胀满、支撑不适,虚证见不能言语,可取此穴治疗。通里别行于手太阳经。

四、手阳明络——偏历

手阳明经络脉,名偏历。在腕关节后3寸处分出,走向手太阴经。其分支向上沿臂膊部,经过肩髃穴部,上行到下颌角,遍布于牙根部,再别出分支,上行进入耳中,合于该部聚集的许多经脉。

其病证,实证见龋齿、耳聋,虚证见牙齿冷痹、络脉痹阻不通,可取此穴治疗。

五、手少阳络——外关

手少阳经络脉,名外关。在腕关节后2寸处分出,绕行于臂膊外侧,上行注于胸中,会合于手厥阴经。

其病证,实证见肘部拘挛,虚证见肘部弛缓不收,可取此穴治疗。

六、手太阳络——支正

手太阳经络脉,名支正。在腕关节后5寸处,向内注于手少阴经。其分支上行经肘部,上络于肩髃穴。

其病证,实证见关节弛缓、肘部痿废不能用,虚证见皮肤生赘疣,小的像手指上的痂疥,可取此穴治疗。

七、足阳明络——丰隆

足阳明经络脉,名丰隆。在外踝上8寸处分出,走向足太阴经,其分支沿胫骨外缘上行,向上联络头项部,与各经脉气相会合,向下联络咽喉部。

其病证,气厥逆就会患喉痹、突然失音。实证见癫狂,虚证见足弛缓不收、胫部肌肉萎缩,可取此穴治疗。

八、足少阳络——光明

足少阳经络脉,名光明。在外踝上5寸处分出,走向足厥阴经,向下联络足背部。

其病证,实证见足部厥冷,虚证见下肢痿软无力,不能行走,坐而不能起立,可取此穴治疗。

九、足太阳络——飞扬

足太阳经络脉,名飞扬。在外踝上7寸处分出,走向足少阴经。

其病证,实证见鼻塞、流涕、头背痛,虚证见鼻流涕、鼻出血,可取此穴治疗。

十、足太阴络——公孙

足太阴经络脉,名公孙。在足大趾本节后1寸处分出,走向足阳明经。其分支进入腹内,联络肠胃。

其病证,气厥逆就会患霍乱。实证见肠中绞痛,虚证见腹部胀气,可取此穴治疗。

笔记栏

十一、足厥阴络——蠡沟

足厥阴经络脉,名蠡沟。在内踝上5寸处分出,走向足少阳经。其分支经过胫骨,上行到睾丸部,终结于阴茎。

其病证,气厥逆就会见睾丸肿胀,突发疝气。实证见阴茎挺长,虚证见阴部暴痒,可取此穴治疗。

十二、足少阴络——大钟

足少阴经络脉,名大钟。在内踝后绕行足跟,走向足太阳经。其分支与足少阴经并行向上,到心包下,向外贯穿腰脊部。

其病证,气厥逆就会心胸烦闷。实证见二便不通,虚证见腰痛,可取此穴治疗。

十三、任脉之络——鸠尾

任脉的络脉,名鸠尾。从剑突下鸠尾穴向下,散布于腹中。

其病证,实证见腹部皮肤痛,虚证见腹部皮肤瘙痒,可取此穴治疗。

十四、督脉之络——长强

督脉的络脉,名长强。挟脊椎旁上行至项部,散布于头上,再向下到肩胛分左右走向足太阳经,向深部贯穿脊骨中。

其病证,实证见脊柱强直,虚证见头重、震颤,可取此穴治疗。

十五、脾之大络——大包

脾的大络,名大包。在渊腋下3寸分出,散布于胸胁部。

其病证,实证见全身痛,虚证见全身骨节松弛无力,此络脉像网络样绕罗全身,如出现血瘀,可取此穴治疗。

第四节 常用奇穴

一、头颈部穴

1. 四神聪 (Sìshéncōng,EX-HN1)

[定位] 在头部,百会前后左右各旁开1寸,共4穴(图3-101)。

[解剖] 在帽状腱膜中,有枕动静脉、颞浅动静脉顶支和眶上动静脉的吻合网;有枕大神经、耳颞神经和眶上神经分布。

[主治] ① 头痛,眩晕,失眠,健忘;② 癫痫,小儿脑瘫。

[操作] 平刺0.5~0.8寸。

2. 太阳 (Tàiyáng,EX-HN5)

[定位] 在头部,眉梢与目外眦之间,向后约1横指的凹陷处(图3-104)。

[解剖] 在颞筋膜及颞肌中,有颞浅动、静脉;有颧面神经、下颌神经及面神经颞支分布。

[主治] ① 头痛;② 目赤肿痛,目眩,视物不清;③ 口眼㖞斜。

[操作] 直刺或斜刺0.3~0.5寸,或点刺出血。

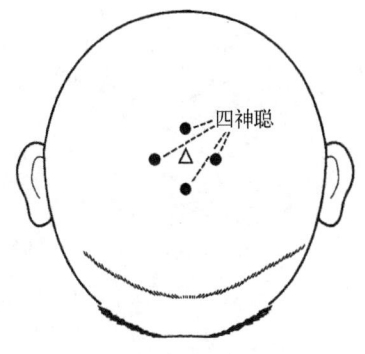

图3-101 四神聪穴定位图

3. 球后 (Qiúhòu, EX-HN7)

[定位] 在面部,眶下缘外 1/4 与内 3/4 交界处(图 3-102)。

[解剖] 在眼轮匝肌中,有眶下动、静脉的分支或属支;有眶下神经及动眼神经下支分布。

[主治] 目疾,如目赤肿痛,视物不清,目翳,青盲,雀盲。

[操作] 直刺 0.5～1 寸。针刺时针尖略向内上方,朝视神经方向缓慢进针;不宜深刺、捻转和提插;此穴针刺易出血,出针时宜按压。

4. 金津、玉液 (Jīnjīn、yùyè, EX-HN12、EX-HN13)

[定位] 在口腔内,舌系带两旁的静脉上。左为"金津",右为"玉液"(图 3-103)。

[解剖] 有舌下静脉;有舌下神经和舌神经分布。

[主治] ① 舌强,舌肿,口疮,喉痹;② 失语;③ 消渴,呕吐,腹泻。

[操作] 点刺出血。

5. 牵正 (Qiānzhèng)

[定位] 在面颊部,在耳垂前 0.5～1 寸处(图 3-104)。

[解剖] 在咬肌中,有咬肌动、静脉;有面神经颊支和咬肌神经分布。

[主治] ① 口眼㖞斜;② 口疮。

[操作] 向前斜刺 0.5～1 寸。

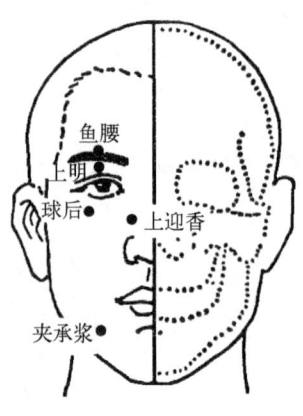
图 3-102 球后

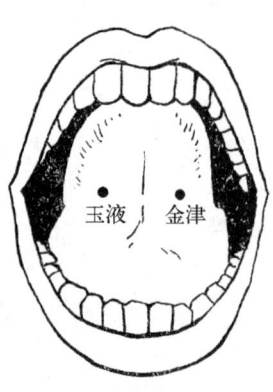
图 3-103 金津、玉液

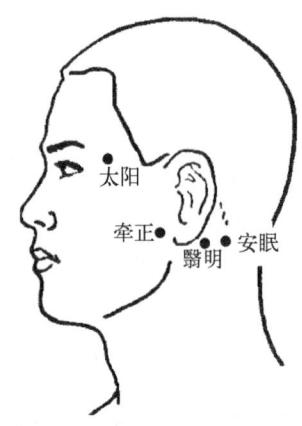
图 3-104 太阳、牵正、翳明、安眠

6. 翳明 (Yìmíng, EX-HN14)

[定位] 在项部,当翳风后 1 寸(图 3-104)。

[解剖] 在胸锁乳突肌上,有耳后动、静脉;有耳大神经和枕小神经分布。

[主治] ① 目赤肿痛,视物不清,夜盲;② 耳鸣,失眠;③ 头痛,眩晕。

[操作] 直刺 0.5～1 寸。

二、胸腹部穴

1. 子宫 (Zǐgōng, EX-CA1)

[定位] 在下腹部,脐中下 4 寸,前正中线旁开 3 寸(图 3-105)。

[解剖] 在腹内、外斜肌处,有腹壁浅动、静脉;有髂腹下神经分布。

[主治] 月经不调,痛经,不孕,崩漏,子宫脱垂。

[操作] 直刺 0.8～1.2 寸。不可深刺。

2. 三角灸 (Sānjiǎojiǔ, EX-CA2)

[定位] 在下腹部,以患者两口角之间的长度为一边,作等边三角形,将顶角置于患者脐心,底边呈水平线,两底角处取穴(图 3-105)。

[解剖] 在腹直肌中,有腹壁下动、静脉肌支;有第 10 肋间神经分布。

[主治] ① 疝气;② 绕脐腹痛;③ 不孕。

[操作] 艾灸。

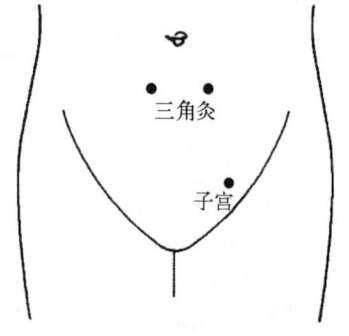
图 3-105 子宫、三角灸

三、背 部 穴

1. 定喘 （Dìngchuǎn,EX-B1）

[定位] 在脊柱区,横平第7颈椎棘突下,后正中线旁开0.5寸(图3-106)。

[解剖] 在斜方肌、菱形肌、颈夹肌、上后锯肌、竖棘肌中,有颈横动脉和颈深动脉分支;有第8颈神经后支的内侧皮支、外侧支及第1胸神经后支的外侧支分布。

[主治] ① 咳嗽,哮喘;② 肩背痛,落枕。

[操作] 直刺或向内斜刺0.5～1寸。

2. 夹脊 （Jiájǐ,EX-B2）

[定位] 在脊柱区,第1胸椎至第5腰椎棘突下两侧,后正中线旁开0.5寸,一侧17穴(图3-106)。

[解剖] 在横突间的韧带和肌肉中,位置不同,涉及的肌肉也不同。大致分为三层：浅层为斜方肌、背阔肌和菱形肌,中层为上、下锯肌,深层为竖棘肌、横突棘肌。每穴都有相应椎骨下方发出的脊神经后支及其伴行的动静脉丛分布。

[主治] 上胸部夹脊治疗心肺部及上肢部疾患;下胸部夹脊治疗胃肠部疾患;腰部夹脊治疗腰腹及下肢疾患。

[操作] 直刺0.3～0.5寸。

3. 腰眼 （Yāoyǎn,EX-B7）

[定位] 在腰区,横平第4腰椎棘突下,后正中线旁开约3.5寸凹陷中(图3-106)。

[解剖] 在背阔肌、髂肋肌中,有第4腰动、静脉分支或属支;有第4腰神经后支及腰丛分布。

[主治] ① 腰痛;② 月经不调,带下。

[操作] 直刺0.5～1.5寸。

图3-106 定喘、夹脊、腰眼

四、上 肢 穴

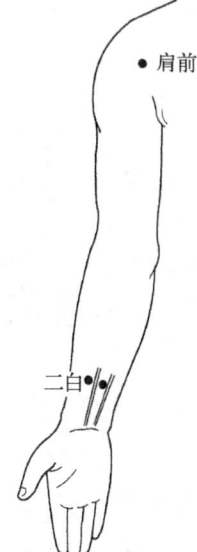

图3-107 肩前、二白

1. 肩前 （Jiānqián）（别名：肩内陵）

[定位] 在肩前区,正坐垂肩,在腋前皱襞顶端与肩髃穴连线的中点处(图3-107)。正坐垂臂取穴。

[解剖] 在三角肌中,有胸肩峰动静脉、旋肱前后动静脉;有锁骨上神经外侧支、腋神经和肌皮神经分布。

[主治] 肩臂痛,臂不能举。

[操作] 直刺0.5～1寸。

2. 腰痛点 （Yāotòngdiǎn,EX-UE7）

[定位] 在手背,第2、3掌骨间及第4、5掌骨间,腕背侧远端横纹与掌指关节的中点处,一手2穴(图3-108)。

[解剖] 在骨间背侧肌中,有掌背动脉分支及手背动脉网;有桡神经及尺神经手背支分布。

[主治] 急性腰扭伤。

[操作] 直刺0.3～0.5寸,或从两侧向掌中斜刺0.5～0.8寸。

3. 落枕点 （Luòzhěndiǎn,EX-UE8）

[定位] 在手背,第2、3掌骨间,掌指关节后0.5寸(指寸)凹陷处(图3-108)。

[解剖] 在骨间背侧肌中,有掌背动脉分支及手背动脉网;有桡神经手背支分布。
[主治] ① 落枕;② 手背痛,手指麻木。
[操作] 直刺 0.5~0.8 寸。

4. 八邪 (Bāxié, EX-UE9)

[定位] 在手背,第 1~5 指间,指蹼缘后方赤白肉际处,一手 4 穴,左右共 8 穴(图 3-108)。
[解剖] 在骨间背侧肌中,有掌背动脉及手背动脉网;有桡神经及尺神经手背支分布。
[主治] ① 手背肿痛,手指麻木;② 目痛,烦热。
[操作] 斜刺 0.5~0.8 寸,或点刺出血。

5. 四缝 (Sìfèng, EX-UE10)

[定位] 在手指,第 2~5 指掌面的近侧指间关节横纹中央,一手 4 穴(图 3-109)。
[解剖] 有腱鞘、屈指伸肌腱(指深屈肌腱),有指掌侧固有动脉、指皮下静脉;有指掌侧固有神经分布。
[主治] ① 疳积;② 百日咳;③ 肠道蛔虫病。
[操作] 直刺 0.1~0.2 寸,挤出少量黄白色透明黏液或出血。

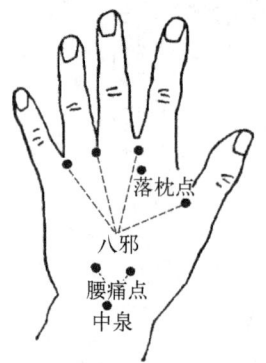

图 3-108 腰痛点、落枕点、八邪

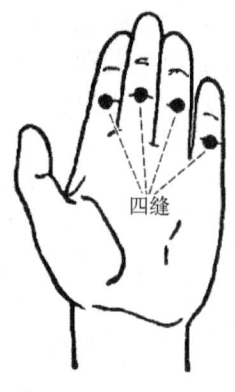

图 3-109 四缝

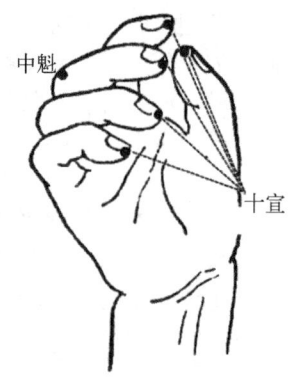

图 3-110 中魁、十宣

6. 十宣 (Shíxuān, EX-UE11)

[定位] 在手指,十指尖端,距指甲游离缘 0.1 寸(指寸),一手 5 穴,左右共 10 穴(图 3-110)。
[解剖] 有指掌侧固有动、静脉网;拇、食中指有正中神经分布,无名指有正中神经和尺神经分布,小指有尺神经分布。
[主治] ① 晕厥,热病,癫痫,惊风;② 咽喉肿痛;③ 手指麻木。
[操作] 直刺 0.1~0.2 寸,或点刺出血。

五、下 肢 穴

1. 百虫窝 (Bǎichóngwō, EX-LE3)

[定位] 在股前区,髌底内侧端上 3 寸(图 3-111)。
[解剖] 在股内侧肌中,有股动静脉肌支、大隐静脉属支;有股神经前皮支及肌支分布。
[主治] ① 肠道蛔虫病;② 风湿痒疹,下部生疮。
[操作] 直刺 1.5~2 寸。

2. 鹤顶 (Hèdǐng, EX-LE2)

[定位] 在膝前区,髌底中点的上方凹陷中(图 3-111)。
[解剖] 在股四头肌腱中,有股动静脉肌支、大隐静脉属支;有股神经前皮支及肌支分布。
[主治] 膝关节痛,足胫无力。

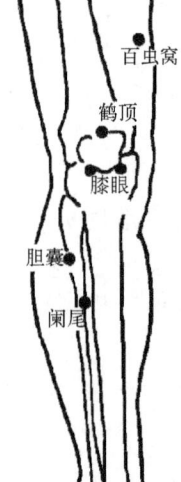

图 3-111 百虫窝、鹤顶、膝眼、胆囊、阑尾、八风

[操作] 直刺 1～1.5 寸。

3. 膝眼（Xīyǎn，EX-LE4）

[定位] 在膝部，髌韧带内侧凹陷处的中央（图 3-111）。

[解剖] 在髌韧带两侧，有膝关节动、静脉网；有隐神经分支、股外侧皮神经分支和胫腓总神经分支分布。

[主治] 膝痛，腿痛。

[操作] 向膝中斜刺 0.5～1 寸，或透刺对侧膝眼。

4. 胆囊（Dǎnnáng，EX-LE6）

[定位] 在小腿外侧，腓骨小头直下 2 寸（图 3-111）。

[解剖] 在腓骨长肌与趾长伸肌处，有胫前动、静脉；有腓肠外侧皮神经、腓浅神经和腓深神经分布。

[主治] ①胆囊炎，胆石症，胆道蛔虫病；②下肢痿痹。

[操作] 直刺 1～2 寸。

5. 阑尾（Lánwěi，EX-LE7）

[定位] 在小腿外侧，髌韧带外侧凹陷下 5 寸，胫骨前嵴外 1 横指（中指）（图 3-111）。

[解剖] 在胫骨前肌与趾长伸肌处，有胫前动、静脉；有腓肠外侧皮神经和腓深神经分布。

[主治] ①阑尾炎，胃脘痛，消化不良；②下肢痿痹，胁肋痛。

[操作] 直刺 1～2 寸。

6. 八风（Bāfēng，EX-LE10）

[定位] 在足背，第 1～5 趾间，趾蹼缘后方赤白肉际处，一足 4 穴，左右共 8 穴（图 3-111）。

[解剖] 在趾骨小头间前跖骨间肌中，有趾背动、静脉；有腓浅神经和腓深神经分布。

[主治] 足跗肿痛，趾痛，脚软无力。

[操作] 斜刺 0.5～0.8 寸，或点刺出血。

表 3-15 常用奇穴提要表

穴 名		定 位	主 治	刺 灸	注 意
*四神聪 Sìshéncōng	EX-HN1	在头部，百会前后左右各旁开 1 寸，共 4 穴	头痛，眩晕，失眠，健忘，癫痫，小儿脑瘫	平刺 0.5～0.8 寸	
鱼腰 Yúyāo	EX-HN4	在头部，瞳孔直上，眉毛中	目赤肿痛，眼睑瞤动，眼睑下垂，目翳，口眼㖞斜，眉棱骨痛	平刺 0.5～1 寸	针刺时，针尖朝向眉毛左、右端，透攒竹或丝竹空
上明 Shàngmíng		在面部，眉弓中点，眶上缘下凹陷中	眼疾	浅刺 0.3～0.5 寸	针刺时进针要缓慢，不可提插
*太阳 Tàiyáng	EX-HN5	在头部，眉梢与目外眦之间，向后约 1 横指的凹陷中	头痛；目赤肿痛，目眩，视物不清，口眼㖞斜	直刺或斜刺 0.3～0.5 寸，或点刺出血	
*球后 Qiúhòu	EX-HN7	在面部，眶下缘外 1/4 与内 3/4 交界处	目疾，如目赤肿痛，视物不清，目翳，青盲，雀盲	直刺 0.5～1 寸	针刺时针尖略向内上方，朝视神经方向缓慢进针；不宜深刺、捻转和提插；此穴针刺易出血，出针时宜按压
上迎香 Shàngyíngxiāng（别名：鼻通）	EX-HN8	在面部，鼻翼软骨与鼻甲的交界处，鼻唇沟上端处	鼻渊，鼻塞，鼻部疮疖	向内上方斜刺 0.3～0.5 寸	
夹承浆 Jiáchéngjiāng		在面部，承浆穴左右各旁开 1 寸处	口眼㖞斜，齿龈肿痛；面肌痉挛	直刺 0.2～0.5 寸，或斜刺 0.3～0.5 寸	
*金津、玉液 Jīnjīn、Yùyè	EX-HN12、EX-HN13	在口腔内，舌系带两旁的静脉上。左为"金津"，右为"玉液"	舌强，舌肿，口疮，喉痹；失语，消渴，呕吐，腹泻	点刺出血	

续表

穴 名		定 位	主 治	刺 灸	注 意
*牵正 Qiānzhèng		在面颊部,在耳垂前0.5~1寸处	口眼㖞斜;口疮	向前斜刺0.5~1寸	
*翳明 Yìmíng	EX-HN14	在项部,当翳风后1寸	目赤肿痛,视物不清,夜盲;耳鸣,失眠,头痛,眩晕	直刺0.5~1寸	
安眠 Ānmián		在项部,当翳风穴与风池穴连线的中点处	失眠,心悸;头痛,眩晕;癫狂,癔症		
*子宫 Zǐgōng	EX-CA1	在下腹部,脐中下4寸,前正中线旁开3寸	月经不调,痛经,不孕,崩漏,子宫脱垂	直刺0.8~1.2寸	不可深刺
*三角灸 Sānjiǎojiǔ	EX-CA2	在下腹部,以患者两口角之间的长度为一边,作等边三角形,将顶角置于患者脐心,底边呈水平线,两底角处取穴	疝气;绕脐腹痛;不孕	艾灸	
*定喘 Dìngchuǎn	EX-B1	在脊柱区,横平第7颈椎棘突下,后正中线旁开0.5寸	咳嗽,哮喘;肩背痛;落枕	直刺或向内斜刺0.5~1寸	
*夹脊 Jiájǐ	EX-B2	在脊柱区,第1胸椎至第5腰椎棘突下两侧,后正中线旁开0.5寸,一侧17穴	上胸部夹脊治疗心肺部及上肢部疾患;下胸部夹脊治疗胃肠部疾患;腰部夹脊治疗腰腹及下肢疾患	直刺0.3~0.5寸	
胃脘下俞 Wèiwǎnxiàshù (别名:八俞、膵俞、胰俞)	EX-B3	在脊柱区,横平第8胸椎棘突下,后正中线旁开1.5寸	胃脘痛,腹痛,胸胁痛;消渴;咳嗽	斜刺0.3~0.5寸	
痞根 Pǐgēn	EX-B4	在腰区,横平第1腰椎棘突下,后正中线旁开3.5寸	痞块,翻胃;疝痛,腰痛	直刺0.5~1寸	
*腰眼 Yāoyǎn	EX-B7	在腰区,横平第4腰椎棘突下,后正中线旁开约3.5寸凹陷中	腰痛;月经不调,带下	直刺0.5~1.5寸	
十七椎 Shíqīzhuī	EX-B8	在腰区,第5腰椎棘突下凹陷中	腰骶痛,下肢痿痹;月经不调,痛经,带下	向上斜刺1~1.5寸	
腰奇 Yāoqí	EX-B9	在骶区,尾骨端直上2寸,骶角之间凹陷中	癫痫;失眠,头痛,便秘	向上平刺1~1.5寸	
*肩前 Jiānqián (别名:肩内陵)		在肩前区,正坐垂肩,在腋前皱襞顶端与肩髃穴连线的中点处	肩臂痛,臂不能举	直刺0.5~1寸	正坐垂臂取穴
肘尖 Zhǒujiān	EX-UE1	在肘后区,尺骨鹰嘴的尖端	瘰疬;痈疽,疔疮	艾灸	
二白 Èrbái	EX-UE2	在前臂,腕掌侧远端横纹上4寸,桡侧腕屈肌腱的两侧,一臂2穴	痔疮,脱肛;前臂痛	直刺0.5~0.8寸	
中泉 Zhōngquán	EX-UE3	在前臂后区,腕背侧远端横纹上,指总伸肌腱桡侧凹陷中	胸胁胀满,咳嗽气喘;胃脘痛	直刺0.3~0.5寸	

续表

穴　名		定　位	主　治	刺　灸	注意
中魁 Zhōngkuí	EX-UE4	在手指,中指背面,近侧指间关节的中点处	牙痛,鼻出血,反胃,呃逆,呕吐	艾灸	
*腰痛点 Yāotòngdiǎn	EX-UE7	在手背,第2、3掌骨间及第4、5掌骨间,腕背侧远端横纹与掌指关节的中点处,一手2穴	急性腰扭伤	直刺0.3～0.5寸,或从两侧向掌中斜刺0.5～0.8寸	
*落枕点 Luòzhěndiǎn	EX-UE8	在手背,第2、3掌骨间,掌指关节后0.5寸(指寸)凹陷处	落枕;手背痛,手指麻木	直刺0.5～0.8寸	
*八邪 Bāxié	EX-UE9	在手背,第1～5指间,指蹼缘后方赤白肉际处,一手4穴,左右共8穴	手背肿痛,手指麻木,目痛,烦热	斜刺0.5～0.8寸,或点刺出血	
*四缝 Sìfèng	EX-UE10	在手指,第2～5指掌面的近侧指间关节横纹中央,一手4穴	疳积;百日咳;肠道蛔虫病	直刺0.1～0.2寸,挤出少量黄白色透明黏液或出血	
*十宣 Shíxuān	EX-UE11	在手指,十指尖端,距指甲游离缘0.1寸(指寸),一手5穴,左右共10穴	晕厥,热病,癫痫,惊风;咽喉肿痛;手指麻木	直刺0.1～0.2寸,或点刺出血	
环中 Huánzhōng		在环跳穴与腰俞穴连线的中点处	坐骨神经痛,腰腿痛	直刺2～3寸	
*百虫窝 Bǎichóngwō	EX-LE3	在股前区,髌底内侧端上3寸	肠道蛔虫病;风湿痒疹,下部生疮	直刺1.5～2寸	
*鹤顶 Hèdǐng	EX-LE2	在膝前区,髌底中点的上方凹陷中	膝关节痛,足胫无力	直刺1～1.5寸	
*膝眼 Xīyǎn	EX-LE4	在膝部,髌韧带内侧凹陷处的中央	膝痛,腿痛	向膝中斜刺0.5～1寸,或透刺对侧膝眼	
*胆囊 Dǎnnáng	EX-LE6	在小腿外侧,腓骨小头直下2寸	胆囊炎,胆石症,胆道蛔虫病;下肢痿痹	直刺1～2寸	
*阑尾 Lánwěi	EX-LE7	在小腿外侧,髌韧带外侧凹陷下5寸,胫骨前嵴外1横指(中指)	阑尾炎,胃脘痛,消化不良;下肢痿痹,胁肋痛		
*八风 Bāfēng	EX-LE10	在足背,第1～5趾间,趾蹼缘后方赤白肉际处,一足4穴,左右共8穴	足跗肿痛,趾痛,脚软无力	斜刺0.5～0.8寸,或点刺出血	

(杨志新　卢开信　周　力　李丽红)

中篇

刺灸方法

第四章 刺灸方法总论

本章主要介绍刺灸方法的概念和研究范围、刺灸方法的分类、刺灸法的效应特异性与刺灸法的量学要素、刺灸法的宜忌、患者体位的选择、消毒制度。

通过学习，掌握进行针灸操作时如何选择体位；熟悉刺灸法的宜忌、消毒制度；了解刺灸方法的概念和研究范围、刺灸方法的分类、刺灸法的效应特异性与刺灸法的量学要素。

第一节 刺灸方法的概念和研究范围

刺灸方法是指针灸治疗所采取的各种刺激腧穴或部位的方法。传统的刺灸方法包括刺法、灸法和拔罐法等，现代应用的穴位注射、穴位埋线、腧穴电刺激以及腧穴激光、微波、红外线照射等方法也归入刺灸方法之中，是传统刺灸方法的发展。

刺灸方法的研究范围包含两大部分：一是各种刺灸方法的临床施术的具体操作方法，即针灸的施术技术，或称针灸技术。二是刺灸方法的理论内容，如刺灸方法的选择、得气、行气、循经感传、针灸补泻、针灸量效关系、针灸宜忌、适用范围、注意事项、针灸异常情况与处理等。此两者都是针灸临床所需掌握的技能与知识。

第二节 刺灸方法的分类

目前的刺灸方法可分为刺法、灸法（含拔罐法）、微针系统诊疗法和腧穴特种疗法四大类。

刺法古称"砭刺"，又称"针法"，指采用特制的针具，通过一定的手法刺激人体的腧穴或部位，以防治疾病的方法。刺法依据针具的不同，又分为毫针刺法、三棱针刺法、皮肤针与皮内针法、电针法、火针法、水针法、鍉针法及芒针刺法等。

灸法古称"灸焫"，又称"艾灸"，指采用以艾绒或其他易燃材料烧灼、熏熨人体的一定部位或腧穴，以防治疾病的方法。依据施灸材料的不同，灸法又分为艾灸法和非艾灸法。艾灸法包括艾炷灸、艾条灸、温针灸、温灸器灸等多种。非艾灸法包括天灸、灯火灸、黄蜡灸、药锭灸、药捻灸、药笔灸、药线灸等。

微针系统诊疗法，指采用针刺等方法刺激人体相对独立的特定部位，以诊断和治疗全身疾病的各种针灸疗法。因其刺激部位有别于传统经穴，且偏于短针的应用而得名。与传统经穴应用相比，微针系统具有穴位集中、操作简便、疗效独特等特点。如头针、耳针、眼针、舌针、面针、鼻针、腹针等。

腧穴特种疗法，指在传统的针灸疗法的基础上，应用自然和人工的各种物理因素（电、声、光、热、磁等）及化学因素（中、西药物）作用于经络、腧穴，通过机体的调整作用，达到预防和治疗疾病的方法。如穴位敷贴疗法、穴位磁疗法、穴位电疗法、穴位激光照射疗法、穴位微波辐射疗法、穴位红外线辐射疗法、穴位药物离子导入疗法等。

以上各种刺灸方法在临床应用中各具特点，它们既可以单独应用，又可根据临床的实际需要配合应用，以达到最佳的临床效果。

第三节 刺灸法的效应特异性与量学要素

刺灸法的效应特异性，是指不同的刺灸方法或相同的方法而刺激参数的不同，其产生的临床效应不同。这种临床效应的不同即反映出临床疗效上的差别。

刺灸法是针灸施治的重要手段和过程,因而成为临床取效的关键环节之一。针灸的临床疗效不仅决定于机体的功能状态和针灸处方所选取的经络、腧穴,也与不同刺灸方法的选择有着密切关联。古今刺灸法种类繁多,而不同的刺灸方法具有各自不同的最佳应用范围。针法与灸法有别,不同针法、灸法之间有别,即使是针灸医生使用最普遍的毫针刺法,亦因其针具、针刺角度与方向、行针手法、刺激参数等不同而效应迥异。理清不同疗法各自的最大优势,明确不同刺灸法的最佳适应证在临床上有着事半功倍的意义。

刺灸法的量学要素,是指与刺灸法的刺激量及效应密切相关的因素。各种刺灸方法都是通过刺激体表的经络腧穴而达到治疗疾病的目的的,故针刺和艾灸本身就包含着刺激量等有关量学方面的问题。大量实践证明,刺灸法的相关量学要素也是关系疗效的重要环节之一。

毫针刺法量学要素包括进针方向、进针深度、具体手法操作的强度和时间,以及留针时间的长短等;三棱针放血的量学要素主要是放血量的多少;皮肤针法的量学要素主要是叩刺的力度和叩刺面积等;艾灸的量学要素包括施灸的方式、方法与施灸的时间等。刺灸法的量学要素还与机体对刺激的敏感度有关。

揭示刺灸法的效应特异性和量学要素与临床疗效相互作用的规律,对提高临床疗效有重要的意义。

第四节　刺灸法的宜忌

一、施术部位的宜忌

刺灸施术时所选择的腧穴都有确切的位置,要求医生必须熟悉腧穴局部的解剖特点,除以刺血络、刺筋骨为目的的特殊刺法外,都应避开要害部位。

1. 禁刺的部位与腧穴　在针刺特殊部位的腧穴时,应严格掌握针刺的深浅、进针的角度。后项部内为延髓,不可深刺;胸腹和腰背部,必须掌握分寸,严禁深刺;大血管附近的腧穴,操作时要慎重,如邻近动脉的委中、箕门、气冲、曲泽、经渠、冲阳等;乳中、脐中和小儿囟门部位也不宜针刺。

2. 禁灸的部位与腧穴　妊娠期妇女的腰骶部和下腹部、睾丸、乳头、阴部不宜灸;颜面部不宜直接灸,以免形成瘢痕;皮薄肌少筋肉结聚处和关节处不宜直接瘢痕灸。

二、患者体质的宜忌

人体有强弱、肥瘦、老幼的不同,体质的类型也各有异,针刺时必须区别对待。对强壮者可用较强的刺法,可多针,留针时间较长;对瘦弱者则宜用较轻的刺法,宜少针,留针时间较短;对小儿则用多针、浅刺疾出针法。此外,孕妇尤其有习惯性流产史者,应慎用针刺。

关于施灸的标准,亦应结合体质条件掌握。初病、体质强壮者,艾炷宜大,壮数宜多;久病、体质虚弱者及妇女和儿童,艾炷宜小,壮数宜少。

三、病情性质的宜忌

病情有表里、寒热、虚实的不同,临床应在辨证的基础上,选择不同的刺灸方法给予适当的治疗。一般表证宜浅刺,表寒可用温针,表热应疾出针;里证宜深刺,里寒可用补法,里热应行泻法;虚证用补法,虚寒宜少针,虚热可多针;实证用泻法,表实宜浅刺,里实可深刺;寒证宜深刺,久留针;热证宜浅刺,疾出,并可刺出血。

四、刺灸时间的宜忌

1. 留针久暂　留针时间的长短与疾病的性质相关。一般对表热证,宜疾出针;对里证和虚寒证,一

笔记栏

般均需留针。留针的宜忌,治疗热证时留针的时间宜短,而治疗寒证留针时间宜长。

2. 施针时间 《素问·八正神明论》论述了人体生理功能与天时变化的关系。古人结合日月的运行盈亏推论人体血气的周期性活动,根据气的开阖而行补泻,提出"候时而刺"的针法,即"是以因天时而调血气也。是以天寒无刺,天温无疑。月生无泻,月满无补,月郭空无治,是谓得时而调之。"后世在此基础上发明子午流注针法。

五、特殊情况的宜忌

《素问·刺禁论》和《灵枢·终始》均提出了在一些特殊情况下勿刺,如对于大醉、大怒、大惊、大劳、饱腹、饥饿、大渴等暂时现象,不宜立即针刺,必须待其恢复后再行针刺。

第五节　患者体位的选择

刺灸法施术时,患者体位选择得是否适当,对腧穴的正确定位,针刺的施术操作,持久留针以及防止晕针、滞针、弯针甚至折针等都有很大影响,如病重体弱或精神紧张的患者采用坐位,易使患者感到疲劳,往往易于发生晕针。又如体位选择不当,在针刺施术时或在留针过程中,患者常因移动体位而造成弯针、滞针甚至发生折针事故。因此,根据处方所取腧穴的所在部位选择适当的体位,以既有利于腧穴的正确定位,又便于针灸的施术操作和较长时间的留针,也不致疲劳为原则。临床针刺时常用的体位主要以卧位和有倚靠的坐位为主。

临床常用体位有以下几种。

1. 仰卧体位　适用于前身部腧穴(图4-1)。
2. 俯卧体位　适用于后身部腧穴(图4-2)。
3. 侧卧体位　适用于侧身部腧穴(图4-3)。

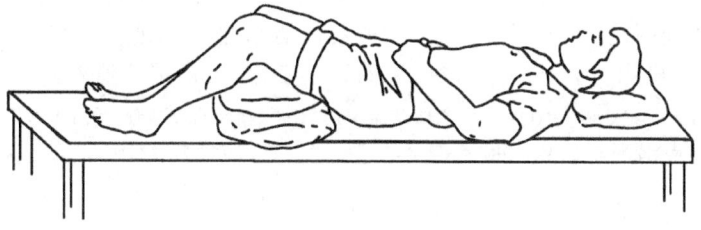

图4-1　仰卧体位

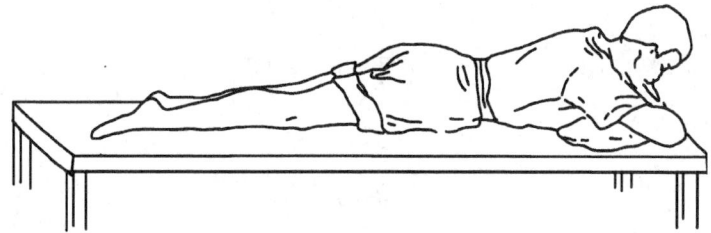

图4-2　俯卧体位

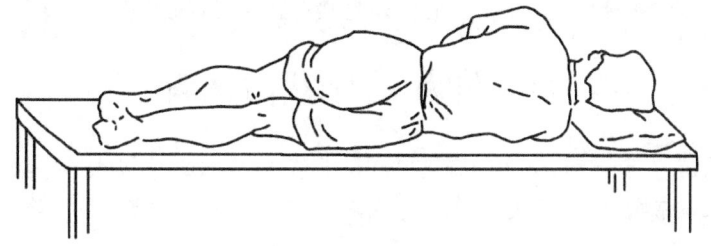

图4-3　侧卧体位

4. **仰靠坐位** 适用于头面、前颈、上胸和肩臂、腿膝、足踝等部腧穴(图4-4)。
5. **俯伏坐位** 适用于顶枕、后项和肩背等部腧穴(图4-5)。
6. **侧伏坐位** 适用于顶颞、耳颊等部腧穴(图4-6)。

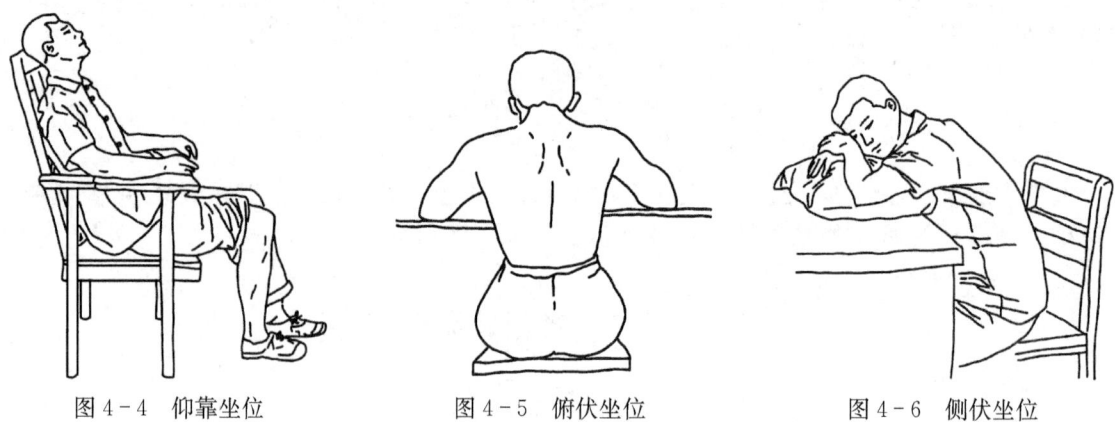

图4-4 仰靠坐位　　　图4-5 俯伏坐位　　　图4-6 侧伏坐位

第六节 消毒制度

针灸临床治疗过程中的严格消毒灭菌工作，是必须执行的操作规范。消毒包括针具消毒、医生双手消毒、患者施术部位消毒和治疗室内消毒。

一、针具消毒

为了避免临床上的交叉感染，提倡使用一次性针刺器具，它是在普通毫针或三棱针基础上，由塑料或铂金等材料加封、灭菌而制成。应用此种针具，不需要再消毒，但应注意在包装盒上注明的保质期内使用。即使针具需要反复应用，也应注意每位患者的针具专用，不得用于他人。每次用完后，用70%或75%的乙醇擦拭、整理后，装于干净的玻璃管或针盒内，标明患者姓名后进行消毒处理。消毒方法，可选择乙醇浸泡或高压蒸汽锅消毒。用过的针具不能随便丢弃，应放在专用的容器内，等待专门部门收回处理。

二、医生双手消毒

医生的手在施术前，需用肥皂水刷洗干净，并用75%乙醇棉球或0.5%的碘伏棉球涂擦后，方可持针操作。

三、施术部位消毒

在患者需要针刺的穴位皮肤上用75%的乙醇棉球或0.5%的碘伏棉球擦拭即可。擦拭时应从中点向外环绕进行。穴位皮肤消毒后，注意保持洁净，避免接触污物，以防污染。

四、针灸治疗室内消毒

针灸治疗室内消毒包括治疗台上用的床垫、枕巾、毛毯、垫席等物品，要按时换洗晾晒，如采用一人一用的消毒垫布、垫纸、枕巾则更好。治疗室也应定期消毒净化，保持空气流通、环境卫生洁净。

(贾春生)

第五章 毫针刺法

导　学

本章主要讲述毫针的构造、规格与保藏,指力和手法的锻炼;重点讲解毫针的进针方法、行针手法、针刺补泻、得气及针刺异常情况的处理及预防;对于针刺角度、方向、深度,留针与出针和针刺注意事项等内容作一般介绍。

通过学习,掌握毫针刺法操作,如行针、候气、催气等操作方法,辅助手法的操作和针刺异常情况的处理及预防,提插、捻转、疾徐、呼吸等单式补泻手法和烧山火、透天凉复式补泻手法的临床操作技能;了解得气的意义。

第一节　毫针的构造、规格与保藏

一、毫针的结构

毫针是用金属制作而成的,以不锈钢为制针材料者最常用。不锈钢毫针具有较高的强度和韧性,针体挺直滑利,能耐高热、防锈,不易被化学物品腐蚀,故目前被临床广泛采用。目前,也有用其他金属制作的毫针,如金针、银针,其传热、导电性能虽优于不锈钢针,但针体较粗,强度、韧性不如不锈钢针,加之价格昂贵,除特殊需要外,一般临床很少应用。至于普通钢针、铜针、铁针,因其容易锈蚀,弹性、韧性、牢固性差,除偶用于磁针法外,临床已不采用。

毫针的构造,分为针尖、针身、针根、针柄、针尾五个部分(图5-1)。

针尖是针身的尖端锋锐部分,亦称针芒,是刺入腧穴部位肌肤的关键部位;针身是针尖至针柄间的主体部分,又称针体,是毫针刺入腧穴内相应深度的主要部位;针根是针身与针柄连接的部位,是观察针身刺入穴位深度和提插幅度的外部标志;针柄是用金属丝缠绕呈螺旋状,为针根至针尾的部分,是医生持针、运针的操作部位,也是温针灸法装置艾绒之处;针尾是针柄的末端部分,亦称针顶。

根据毫针针柄与针尾的构成和形状不同可分为:环柄针(又称圈柄针),即针柄用镀银或经氧化处理的金属丝缠绕成环形者;花柄针(又称盘龙针),即针柄中间用两根金属丝交叉缠绕呈盘龙形者;平柄针(又称平头针),即针柄也用金属丝缠绕,其尾部平针柄者;管柄针,即针柄用金属薄片制成管状者。上述四种针形中,平柄针和管柄针主要在进针器和进针管的辅助下使用(图5-2)。

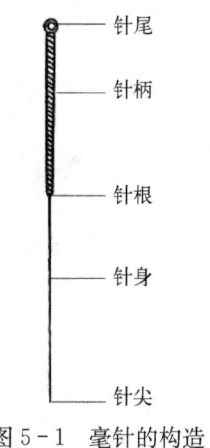

图5-1　毫针的构造

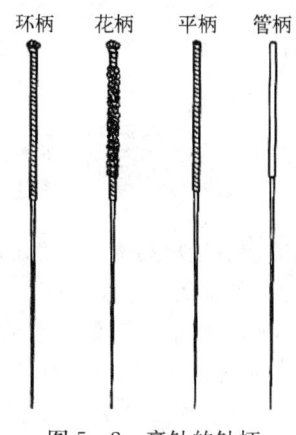

图5-2　毫针的针柄

二、毫针的规格

毫针的规格,是以针身的直径和长度区分的(表5-1、表5-2)。

表5-1 毫针的长度规格表

规格(寸)		0.5	1	1.5	2	2.5	3	4	4.5	5	6
针身长度(mm)		15	25	40	50	65	75	100	115	125	150
针柄长	长柄(mm)	25	35	40	40	40	40	55	55	55	56
	中柄(mm)	—	30	35	35	—	—	—	—	—	—
	短柄(mm)	20	25	25	30	30	30	40	40	40	40

表5-2 毫针的粗细规格表

号数	26	27	28	29	30	31	32	33	34	35
直径(mm)	0.45	0.42	0.38	0.34	0.32	0.30	0.28	0.26	0.24	0.22

一般临床以粗细为28～30号(0.32～0.38 mm)和长短为1～3寸(25～75 mm)者最为常用。短毫针主要用于耳穴和浅在部位的腧穴作浅刺之用,长毫针多用于肌肉丰厚部位的腧穴作深刺和某些腧穴作横向透刺之用。毫针的粗细与针刺的强度有关,供临床辨证施治时选用。

三、毫针的保养与检修

(一)保养

针具应很好地爱护保管,除了一次性应用的毫针外,每一患者反复使用的针具都应注意保养。保养针具是为了防止针尖受损、针身弯曲或生锈、污染等。因此,对针具应当妥善保存,藏针的器具有针盒、针管和针夹等。若用针盒或针夹,可多垫几层消毒纱布,将消毒后的针具,根据毫针的长短,分别置于或插在消毒纱布上,再用消毒纱布敷盖,以免污染,然后将针盒或针夹盖好备用。若用针管,应在针管至针尖的一端,塞上干棉球(以防针尖损坏钩曲),然后将针置入、盖好,高压消毒后备用。

(二)检修

消毒以前需认真检查针具,发现损毁或不符合要求的,必须剔除。所选毫针,针尖要端正不偏,光洁度高,尖中带圆,圆而不钝,形如"松针",锐利适度,使进针阻力小而不易钝涩;针身要光滑挺直,圆正匀称,坚韧而富有弹性;针根要牢固,无剥蚀、伤痕;针柄的金属丝要缠绕均匀、牢固而不松脱或断丝,针柄的长短、粗细要适中,便于持针、运针和临床操作。对于针尖有钩曲或卷毛,针身有斑驳、锈痕及弯曲,针根有剥蚀或松动,针柄有粗细扁圆不均现象者,当及时检修或弃之不用。

第二节 针刺练习

毫针针体细软,需要一定的指力和熟练的手法。针刺练习,主要是对指力和手法的锻炼。指力是指医生持针之手进针操作的力度。良好的指力是掌握针刺手法的基础,熟练的手法是运用针刺治病的条件。指力和手法必须常练,达到熟练程度后,则可在施术时,进针快、透皮不痛;行针时,补泻手法运用自如。反之,指力与手法不熟练,则在施术时难以控制针体,进针困难,痛感明显;行针时动作不协调,影响针刺治疗效果。因此,初学者必须努力练好指力和手法的基本功。针刺的练习,一般分三步进行。

笔记栏

一、指力练习

指力练习主要在纸垫上操作。用松软的纸张,折叠成长 8 cm,宽约 5 cm,厚 2~3 cm 的纸块,用线如"井"字形扎紧,做成纸垫。练针时,左手平执纸垫,右手拇、食、中三指持针柄,如持笔状地持 1~1.5 寸毫针,使针尖垂直地抵在纸块上,然后右手拇指与食、中指交替捻动针柄,并渐加一定的压力,待针穿透纸垫后另换一处,反复练习。纸垫练习主要是锻炼指力和操作的基本手法(图 5-3、图 5-4)。

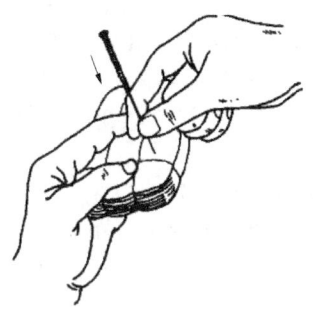
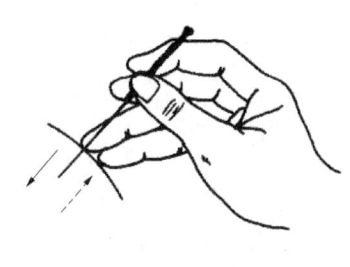

图 5-3　纸垫练针　　　　　　　　　　　　图 5-4　提插练针

二、手法练习

手法练习在指力练习的基础上进行,主要在棉团上操作。取棉团一团,用棉线缠绕,外紧内松,做成直径 6~7 cm 的圆球,外包白布一层缝制即可练针。因棉团松软,可以练习提插、捻转、进针、出针等各种毫针操作手法的模拟动作,进行提插练针时,以执笔式持针,将针刺入棉球,在原处做上提下插的动作,要求深浅适宜,幅度均匀,针身垂直。在此基础上,可将提插与捻转动作配合练习,要求提插幅度上下一致,捻转角度来回一致,操作频率快慢一致,达到动作协调、得心应手、运用自如、手法熟练的程度(图 5-5)。

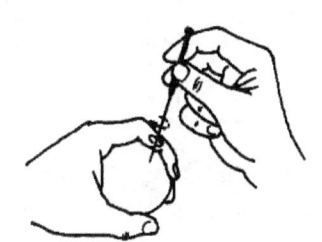

图 5-5　棉团练针

三、自身试针

通过用纸垫、棉团等物体练针,掌握了一定的指力和手法后,可以在自己身上进行试针练习,以亲身体会指力的强弱、针刺的感觉、行针的手法等。要求自身练针时,能逐渐做到进针无痛或微痛,针身挺直不弯,刺入顺利,提插、捻转针身自如,指力均匀,手法熟练。同时,仔细体会指力与进针、手法与得气的关系,以及持针手指的感觉和受刺部位的感觉。

第三节　刺　　法

一、进针方法

(一)毫针持针法

毫针持针法是指进针之前用手捏拿毫针的方法。持针法有以下几种(图 5-6)。

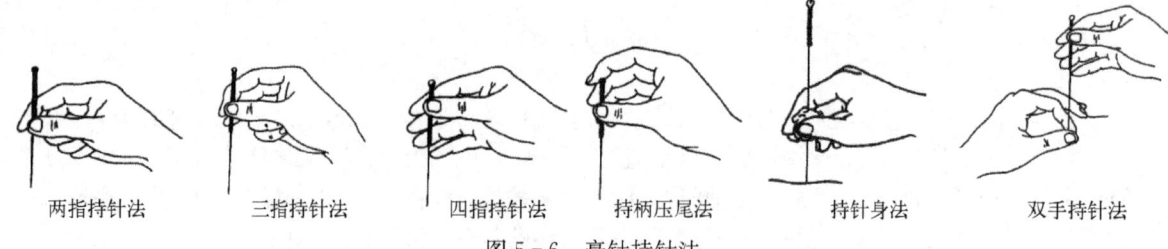

图 5-6 毫针持针法

1. **两指持针法** 用拇、食指捏拿针柄。适用于操持短小针具。
2. **三指持针法** 用拇、食、中三指捏拿针柄。适用于操持较长的针具。
3. **四指持针法** 用拇、食、中三指捏拿针柄,以无名指抵住针身。适用于长针的操持。利用无名指抵针身,可以防止针身的弯曲。
4. **持柄压尾法** 用拇指、中指夹持针柄,食指抬起顶压针尾,三指配合刺入。适宜于短针速刺。
5. **持针身法** 用拇、食两指捏一棉球,裹住针身近针尖部分。适用于快速进针。
6. **双手持针法** 用右手拇、食、中三指捏持针柄,左手拇、食指夹持针尖上端。适用于操持长针、芒针。此法双手配合,有利于长针的进针。

（二）刺手与押手

进针法是指将针刺入皮肤的操作方法。在进行针刺操作时,一般应双手协同操作,紧密配合。《难经·七十八难》说:"知为针者信其左,不知为针信其右"。《标幽赋》更进一步阐述其义:"左手重而多按,欲令气散;右手轻而徐入,不痛之因。"临床上一般用右手持针操作,主要是拇、食、中指夹持针柄,其状如持笔(图 5-6),故称右手为"刺手";左手爪切按压所刺部位或辅助针身,故称左手为"押手"。

刺手的作用是掌握针具,施行手法操作;进针时,运指力于针尖,而使针刺入皮肤,行针时便于左右捻转、上下提插和弹震刮搓以及出针时手法操作等。

押手的作用主要是固定腧穴的位置,夹持针身协助刺手进针,使针身有所依附,保持针垂直,力达针尖,以利于进针,减少刺痛和协助调节、控制针感。

（三）进针方法

1. 单手进针法

(1) 中指扶持法:多用于较短的毫针。用右手拇、食指持针,中指端紧靠穴位,指腹抵住针体中部,当拇、食指向下用力时,中指也随之屈曲,将针刺入,直至所要求的深度。此法三指并用,尤适用于双穴同时进针,针入穴位后,中指即离开应针之穴,此时拇、食、中指可随意配合,施行补泻(图 5-7)。

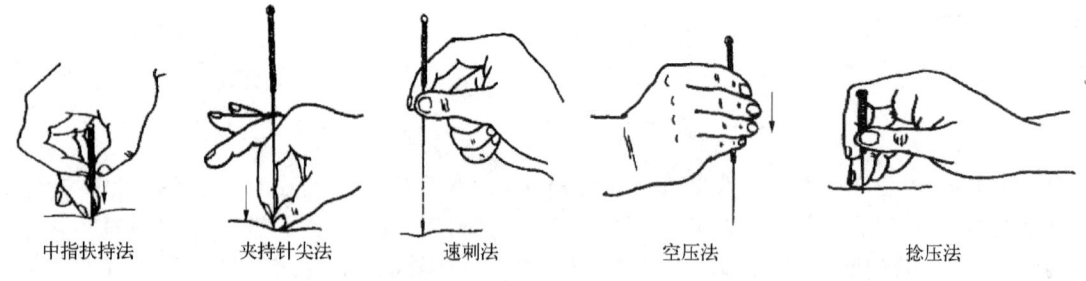

图 5-7 单手进针法

(2) 夹持针尖法:右手拇、食指捏住针身下段,露出针尖,将针尖对准穴位并紧贴穴位皮肤,然后用力向下连续按压两下,刺入皮下后,再持针柄向下直刺至所要求的深度。此法多用于 2 寸左右的毫针,且局部组织较丰厚部位的进针(图 5-7)。

(3) 速刺法:右手拇、食指捏住针柄下部或针身上端,针尖对准穴位并距穴位皮肤有一定距离,然后用力快速向穴位刺去,刺入皮下后,再将针送至所要求的深度。此法适用于 1~1.5 寸的毫针,且组织较丰厚部位的进针;胸背部、眼区等禁用本法,以免造成危险(图 5-7)。

(4) 空压法:以右手拇指、食指捏持针柄,中指护持针身,无名指、小指夹持针身下端,露出针尖约 2 mm,然后悬空于穴位上方,距皮肤 6 cm 左右,对准穴位向下冲压,迅速将针刺入皮下。此法适用于

1.5～2.5寸的毫针及大部分腧穴的进针(图5-7)。

(5) 捻压法：持针法同空压法，但拇指向前突出。进针时无名指与小指轻压于穴位旁皮肤，然后轻点穴位，拇指迅速将针柄向后一捻，针尖随之刺入皮下。此法适用于1.5寸毫针及皮肉较浅薄部位的进针(图5-7)。

2. 双手进针法

(1) 指切进针法：又称爪切进针法，用左手拇指或食指端切按在腧穴位置的旁边，右手持针，紧靠左手指甲将针刺入腧穴(图5-8)。此法适宜于短针的进针。

(2) 夹持进针法：又称骈指进针法，即用左手拇、食两指持捏消毒干棉球，或用食指与中指夹住针身下端，将针尖固定在所刺腧穴的皮肤表面位置，右手捻动针柄，将针刺入腧穴(图5-9)。此法适用于长针的进针。

临床上也有采用插刺进针的，即单用右手拇、食两指夹持消毒干棉球，夹住针身下端，使针尖露出2～3分，对准腧穴的位置，将针迅速刺入腧穴，然后将针捻转刺入一定深度，并根据需要适当选用押手配合行针。

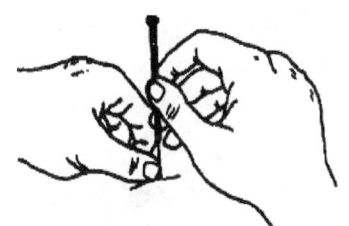
图5-8　指切进针法

图5-9　夹持进针法

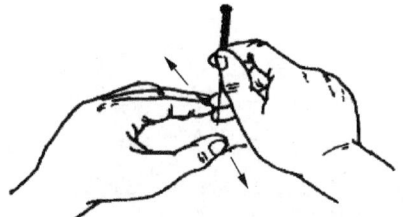
图5-10　舒张进针法

(3) 舒张进针法：用左手拇、食两指将针刺入腧穴部位的皮肤向两侧撑开，使皮肤绷紧，右手持针，使针从左手拇、食两指的中间刺入(图5-10)。此法主要用于皮肤松弛部位的腧穴。

(4) 提捏进针法：用左手拇、食两指将针刺入腧穴部位的皮肤提起，右手持针，从捏起的上端将针刺入(图5-11)。此法主要用于皮肉浅薄部位的腧穴，如印堂穴。

以上各种进针方法在临床上应根据腧穴所在部位的解剖特点、针刺深浅和手法的要求灵活选用，以便于进针和减少患者的疼痛。

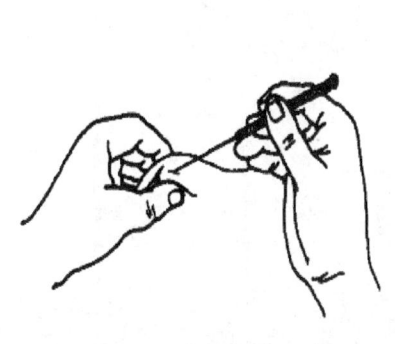
图5-11　提捏进针法

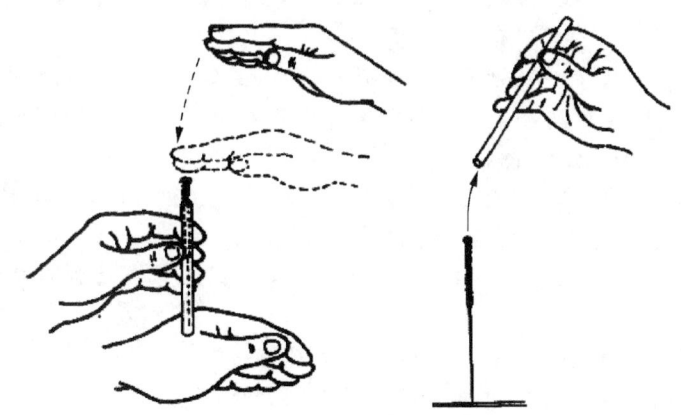
图5-12　管针进针法

3. 管针进针法　备好塑料、玻璃或金属制成的针管，针管长度比毫针短2～3分，以便露出针柄；针管的直径，以能顺利通过针尾为宜。进针时，左手持针管，将针装入管内，针尖与针管下端平齐，置于应刺的腧穴上，针管上端露出针柄2～3分，用右手食指叩打针尾或用中指弹击针尾，即可使针刺入，然后退出针管，再运用行针手法(图5-12)。

二、针刺的角度、方向、深度

针刺的角度、方向和深度，是指毫针刺入皮下后的具体操作要求。在针刺操作过程中，掌握正确的针刺角度、方向和深度,是增强针感、提高疗效、防止意外的关键。腧穴的正确定位,不应仅限于体表的位置,还必须与正确的进针角度、方向、深度等有机结合起来,才能充分发挥其应有的效应。临床上同一腧穴,由于针刺的角度、方向、深度的不同,所产生针感的强弱、感传的方向和治疗效果常有明显的差异。正确掌握针刺角度、方向和深度,要根据施术腧穴所在的具体位置、患者体质、病情需要和针刺手法等实际情况灵活掌握。

（一）针刺的角度

针刺的角度是指进针时针身与皮肤表面所形成的夹角（图5-13）,它是根据腧穴所在的位置和医生针刺时所要达到的目的来决定的。

1. 直刺 是针身与皮肤表面呈90°垂直刺入。此法适用于人体大部分腧穴。

2. 斜刺 是针身与皮肤表面呈45°左右倾斜刺。此法适用于肌肉浅薄处或内有重要脏器,或不宜直刺、深刺的腧穴。

3. 平刺 即横刺、沿皮刺,是针身与皮肤表面呈15°左右或沿皮以更小的角度刺入。此法适用于皮薄肉少部位的腧穴,如头部的腧穴等。

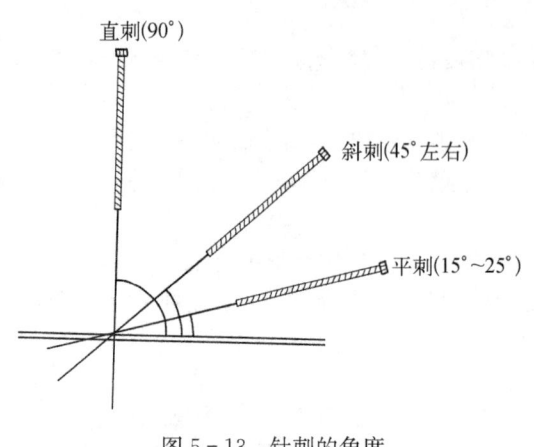

图5-13 针刺的角度

（二）针刺的方向

针刺的方向是指进针时针尖对准的某一方向或部位,一般依经脉循行的方向、腧穴的部位特点和治疗的需要而定。

1. 依循行定方向 即根据针刺补泻的需要,为达到"迎随补泻"的目的,在针刺时结合经脉循行的方向,或顺经而刺,或逆经而刺。通常当补时,针尖与经脉循行的方向一致;而当泻时,针尖须与经脉循行的方向相反。

2. 依腧穴定方向 即根据针刺腧穴所在部位的特点,为保证针刺的安全,某些穴位必须朝向某一特定的方向或部位。如针刺哑门穴时,针尖应朝向下颌方向缓慢刺入;针刺廉泉穴时,针尖应朝向舌根方向缓慢刺入;针刺背部某些腧穴,针尖要朝向脊柱等。

3. 依病情定方向 即根据病情治疗的需要,为使针刺的感应达到病变所在的部位,针刺时针尖应朝向病所,达到"气至病所"的目的,采用行气手法时须依病情决定针刺的方向。

（三）针刺的深度

针刺的深度是指针身刺入人体内的深浅度。每个腧穴的针刺深度,在第三章经络腧穴各论中已有详述,在此仅从临床实践中,患者的年龄、体质、病情、部位等方面作一介绍（图5-14）。

1. 年龄 年老体弱,气血衰退;小儿娇嫩,稚阴稚阳,均不宜深刺。中青年身强体壮者,可适当深刺。

2. 体质 对形瘦体弱者,宜相应浅刺;形盛体强者,宜深刺。

3. 病情 阳证、新病宜浅刺;阴证、久病宜深刺。

4. 部位 头面、胸腹及皮薄肉少处的腧穴宜浅刺;四肢、臂、腹及肌肉丰满处的腧穴宜深刺。

针刺的角度和深度关系极为密切,一般来说,深刺多用直刺,浅刺多用斜刺、平刺。对天突、风府、哑门等穴以及眼区、胸背和重要脏器部位的腧穴,尤其应注意掌握好针刺角度和深度。至于不同季节,对针刺深浅也有影响,也应予以重视。

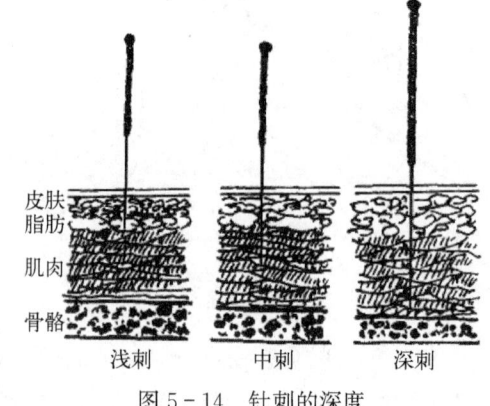

图5-14 针刺的深度

三、行针手法

行针,又名运针,是指将针刺入腧穴后,为了使之得气、调节针感和进行补泻而施行的各种针刺手法。

毫针进针后,为了使患者产生针刺感应,进一步调整针感的强弱,以及使针感向某一方向扩散、传导而采取的操作方法。行针手法包括基本手法和辅助手法两类。

（一）基本手法

行针的基本手法是毫针刺法的基本动作,从古至今临床常用的主要有提插法和捻转法两种。临床施术时,两种基本手法既可单独应用,又可配合应用。

1. 提插法 即将针刺入腧穴一定深度后,施以上提下插的操作手法。这种使针由浅层向下刺入深层的操作谓之插,从深层向上引退至浅层的谓之提,如此反复地上下呈纵向运动的行针手法(图5-15)。对于提插幅度的大小、层次的变化、频率的快慢和操作时间的长短,应根据患者的体质、病情、腧穴部位和针刺目的等灵活掌握。使用提插法时的指力一定要均匀一致,幅度不宜过大,一般以3~5分为宜,频率不宜过快,每分钟60次左右,保持针身垂直,不改变针刺角度、方向和深度。通常认为行针时提插的幅度大,频率快,刺激量就大;反之,提插的幅度小,频率慢,刺激量就小。

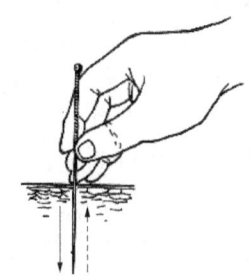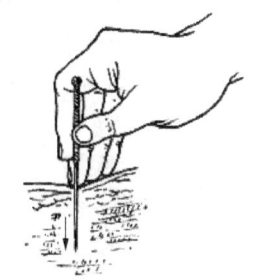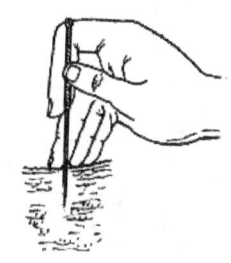

图5-15 提插法

2. 捻转法 即将针刺入腧穴一定深度后,施向前向后捻转动作的操作手法。这种使针在腧穴内反复前后来回旋转的行针手法(图5-16)。捻转角度的大小、频率的快慢、时间的长短等,需根据患者的体质、病情、腧穴的部位、针刺目的等具体情况而定。使用捻转法时,指力要均匀,角度要适当,一般应掌握在180°~360°,不能单向捻针,否则针身易被肌纤维等缠绕,引起局部疼痛或导致滞针而使出针困难。一般认为捻转角度大,频率快,刺激量就大;捻转角度小,频率慢,刺激量则小。

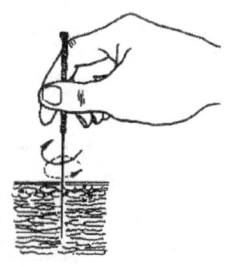

图5-16 捻转法

（二）辅助手法

由于得气、行气与否,与疗效有着密切的联系,因此,如用一般提插法与捻转法不得气或不行气时,可采用下述的得气与行气手法,常称为行针的辅助手法,是行针基本手法的补充,以促使得气现象的产生和加强针刺感应的操作手法。临床常用的行针辅助手法有以下几种。

1. 循法 针刺不得气时,可以用循法催气。其方法是医生用手指顺着经脉的循行径路,在腧穴的上下部轻柔地揉按、循摄或叩打(图5-17)。未得气时可催气速至,已得气时可促使气行,若针下过紧时也可使针下徐和。《针灸大成》指出:"凡下针,若气不至,用指于所属部分经络之路,上下左右循之,使气血往来,上下均匀,针下自然气至沉紧。"说明此法能推动气血,激发经气,促使针后易于得气。

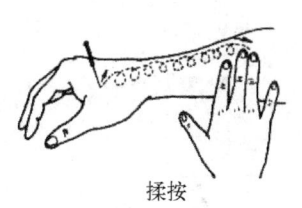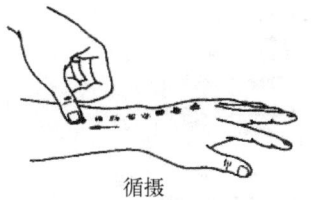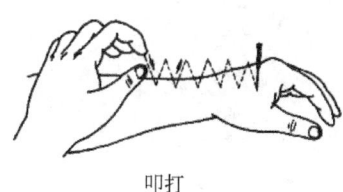

揉按　　　　　循摄　　　　　叩打

图5-17 循法

2. 摄法 用手指指甲在针穴所在的经脉上下,按经脉循行路线分段切压片刻。此法可以行气,与循法大体相同,故常合称为循摄法(图5-17、图5-18)。

3. 弹法 针刺后在留针过程中,以手指轻弹针尾或针柄,使针体微微振动,以加强针感,助气运行

(图5-19)。《针灸问对》:"如气不行,将针轻弹之,使气速行"。此法有催气、行气的作用。

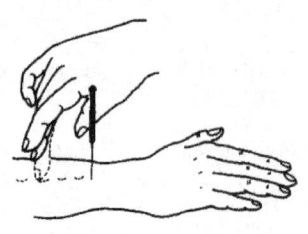

图5-18 摄法

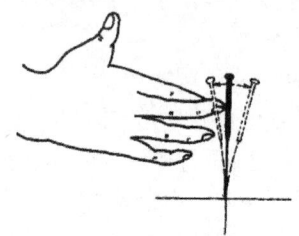

图5-19 弹法

4. 刮法　针刺入一定深度后,经气未至,以拇指或食指的指腹抵住针尾,用拇指、食指或中指指甲,由上而下频频刮动针柄,促使得气(图5-20)。本法在针刺不得气时用之可激发经气,如已得气者可以加强针刺感应的传导和扩散。刮法分单手刮法与双手刮法,向上刮与向下刮作用无区别,可根据临床情况,灵活应用。

(1) 单手刮法:向上刮时,以拇指指腹抵住针尾,用食指指甲由针柄下端向上轻刮针柄,使针体微微颤动;或以拇、中指捏持针柄下端,用食指指甲由下向上轻轻刮动针柄。向下刮时,以拇、中指捏持针柄,用食指指甲由上向下刮动针柄;或以食、中指夹持针柄下端,手掌面朝上,用拇指指甲由上向下刮动针柄(图5-20)。

(2) 双手刮法:左手拇指指腹抵住针尾,左右手四指半握夹持针柄,用右手拇指指甲上下来回刮动针柄。也可左、右手同时各刮一针,方法同单手刮法(图5-20)。

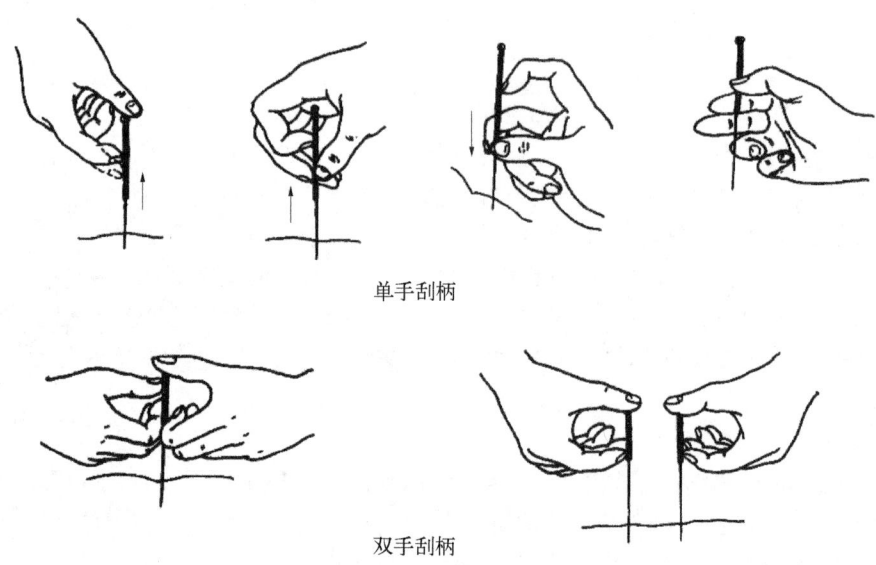

单手刮柄

双手刮柄

图5-20 刮法

5. 摇法　针刺入一定深度后,手持针柄,将针轻轻摇动,以行经气。《针灸问对》有"摇以行气"的记载。其法有二:一是直立针身而摇,以加强得气的感应;二是卧倒针身而摇,使经气向一定方向传导(图5-21)。

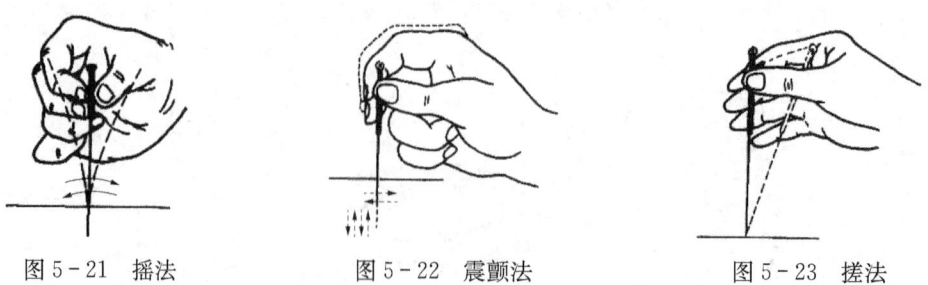

图5-21 摇法　　　　图5-22 震颤法　　　　图5-23 搓法

6. 震颤法　针刺入一定深度后,右手持针柄,用小幅度、快频率的提插、捻转手法,使针身轻微震颤(图5-22)。此法可促使针下得气,增强针刺感应。

7. 搓法　以右手拇、食、中三指持针柄单向捻转如搓线状,每搓2～3周或3～5周,搓时应与提插法配合应用,以免肌纤维缠绕针身。此法可促使得气及行气(图5-23)。

8. 盘法 先将针刺入腧穴深部,行针得气后将针提至浅部,再将针扳倒,使针身倾斜15°~45°,然后持针柄盘旋针体,盘旋的角度可在180°~360°之间(图5-24)。此法可使针下气至而调和,以使针感加强和提高疗效。

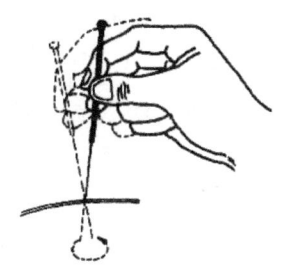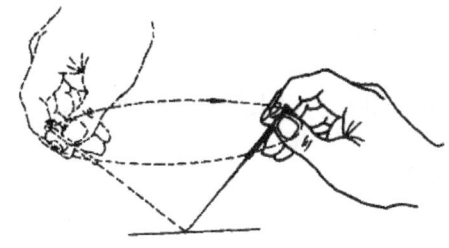

图5-24 盘法

9. 飞法 针后不得气者,用右手拇、食指执持针柄,细细捻搓数次,然后张开两指,一搓一放,反复数次,状如飞鸟展翅,故称飞法(图5-25)。《医学入门》载:"以大指次指捻针,连搓三下,如手颤之状,谓之飞。"此法的作用在于催气、行气,并使针刺感应增强。

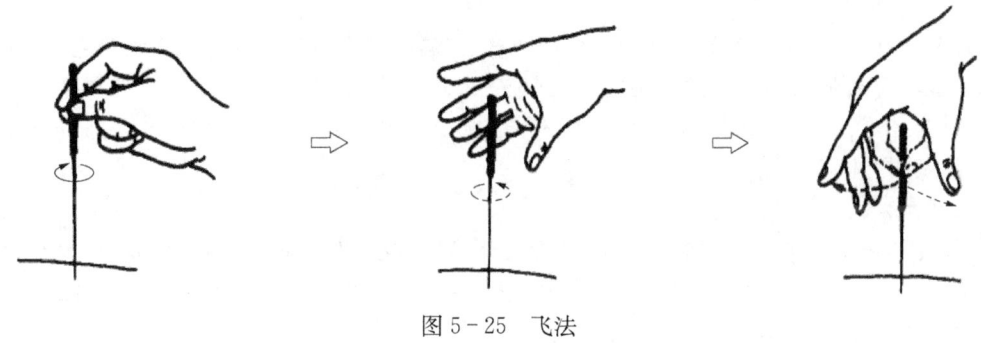

图5-25 飞法

毫针行针手法以提插、捻转为基本操作方法,并根据临证情况,选用相应的辅助手法。如刮法、弹法,可应用于一些不宜施行大角度捻转的腧穴;飞法可应用于某些肌肉丰厚部位的腧穴;摇法、震颤法可用于较为浅表部位的腧穴。通过行气基本手法和辅助手法的施用,主要促使针后气至或加强针刺感应,以疏通经络,调和气血,达到防治疾病的目的。

四、得气、候气、催气和守气

(一)得气

得气,古称"气至",近称"针感",是指针刺入腧穴一定深度后,施以提插或捻转等行针手法,使针刺部位获得"经气"感应,谓之得气。针下是否得气,可以从临床两个方面分析判断。一是患者对针刺的感觉和反应,另一是医生对刺手指下的感觉。当针刺腧穴得气时,患者的针刺部位有酸胀、麻重等自觉反应,有时出现热、凉、痒、痛、抽搐、蚁行等感觉,或出现沿着一定的方向和部位传导、扩散现象。

少数患者还会出现循经性肌肤瞤动、震颤等反应,有的还可见到针刺腧穴部位的循经性皮疹带或红、白线状现象。患者有自觉反应的同时,医生的刺手亦能体会到针下沉紧、涩滞或针体颤动等反应。若针刺后未得气,患者则无任何特殊感觉或反应,医生刺手亦感觉针下空松、虚滑。正如窦汉卿在《标幽赋》说:"轻滑慢而未来,沉涩紧而已至……气之至也,如鱼吞钩饵之浮沉;气未至也,如闲处幽堂之深邃。"这可以说是对得气与否所作的最形象的描述。

得气与否以及气至的迟速,不仅关系针刺的治疗效果,而且可以借此窥测疾病的预后。《灵枢·九针十二原》说:"刺之要,气至而有效",充分说明得气的重要意义。临床上一般是得气迅速时,疗效较好;得气较慢时,效果就差;若不得气,就可能无治疗效果。《金针赋》也说:"气速效速,气迟效迟。"在临床上若刺之而不得气时,就要分析经气不至的原因:或因取穴定位不准确,手法运用不当,或为针刺角度有误,深浅失度,对此就应重新调整腧穴的针刺部位、角度、深度,运用必要的针刺手法,这样再次行针时,一般即可得气。

笔记栏

（二）候气

《针灸大成》说："用针之法，以候气为先"。当针下不得气时，需取留针候气的方法等待气至；亦可采用间歇运针，施以提插、捻转等手法，以待气至。前者为静留针候气法，后者为动留针候气法。留针候气，要有耐心，不可操之过急。

（三）催气

催气是通过各种手法，催促经气速至的方法。《神应经》云："用右手大指及食指持针，细细摇动、进退、搓捻，其针如手颤之状，是谓催气。"此外，如刮动针柄、弹摇针身、沿经循摄等法，也都有催气的作用。

（四）守气

守气是指在使用候气、催气之法，针下得气后，患者有舒适感觉时，医生需采取守气方法，守住针下经气，以保持针感持久。《素问·宝命全形论》曰："经气已至，慎守勿失"，《灵枢·小针解》说："上守机者，知守气也……针以得气，密意守气勿失也"。只有守住针下之气，才能在此基础上施以不同手法，使针刺对机体继续发生作用。

五、针刺补泻

（一）针刺补泻的原则

针刺补泻是根据《灵枢·经脉》"盛则泻之，虚则补之，热则疾之，寒则留之，陷下则灸之"这一针灸治疗疾病的基本理论原则，而确立的两种不同的治疗方法。《灵枢·九针十二原》："虚实之要，九针最妙，补泻之时，以针为之。"《千金方》："凡用针之法，以补泻为先。"所以，补泻原则的确定是针刺治病的重要环节，也是毫针刺法的核心内容。

（二）针刺补泻的概念

补法是泛指能鼓舞人体正气，使低下的功能恢复正常的方法；泻法是泛指能疏泄病邪，使亢进的功能恢复正常的方法。针刺补泻就是通过针刺腧穴，采用适当的手法激发经气以补益正气，疏泄病邪而调节人体脏腑经络功能，促使阴阳平衡而恢复健康的方法。

（三）针刺补泻效果产生的主要因素

1. 机体所处的功能状态 在不同的病理状态下，针刺可以产生不同的调整作用（即补泻效果）。当机体处于虚惫状态而呈虚证时，针刺可以起到扶正补虚的作用；若机体处于虚脱状态时，针刺还可以起到回阳固脱的作用；当机体处于邪盛状态而呈实热、邪闭的实证时，针刺可以起到清热启闭，祛邪泻实的作用。例如，胃肠功能亢进而痉挛疼痛时，针刺可解痉止痛；胃肠功能抑制而蠕动缓慢、腹胀纳呆时，针刺可加强胃肠蠕动，提高消化功能，消除腹胀，增进食欲。大量的临床实践和实验研究表明，针刺当时的机体功能状态，是决定针刺补泻效果的主要因素。

2. 腧穴作用的相对特异性 腧穴的主治功用，不仅具有普遍性，而且具有相对特异性。人体不少腧穴，如关元、气海、命门、膏肓、五脏俞等穴，都能鼓舞人体正气，促使功能旺盛，具有强壮作用，适宜于补虚益损。相反，很多腧穴，如人中、委中、十二井、十宣等穴，都能疏泄病邪，抑制人体功能亢进，具有祛邪作用，适于补虚泻实。当施行针刺补泻时，必须结合腧穴作用的相对特异性，才能产生针刺补泻的效果。

3. 针具及手法轻重因素 影响针刺补泻因素与使用的针具粗细、长短，刺入的角度、深度，行针时的幅度、频率等有直接关系。一般来说，粗毫针用的指力要重，刺激量大；细毫针用的指力较轻，刺激量就小。针刺入腧穴的角度、深度不同，其刺激的轻重程度也不同。一般直刺、深刺的量要大些，平刺、浅刺的量要小些。行针时的幅度、频率不同，与针刺手法轻重密切相关。提插幅度大、捻转角度大、频率快者，其刺激量就大；反之，刺激量就小。

（四）常用针刺补泻手法

1. 单式补泻手法

（1）捻转补泻：是以向左或向右捻转的角度的大与小、用力的重与轻来区分补与泻的一种补泻方法；它也是各种复式补泻法中的基础补泻法之一。针下得气后，捻转角度小，用力轻，频率慢，操作时间短者为补法；捻转角度大，用力重，频率快，操作时间长者为泻法。也有以大拇指向前捻针为左转，大拇指向后捻针为右转，左转时角度大，用力重者为补法；右转时角度大，用力重者为泻法（图5-26）。

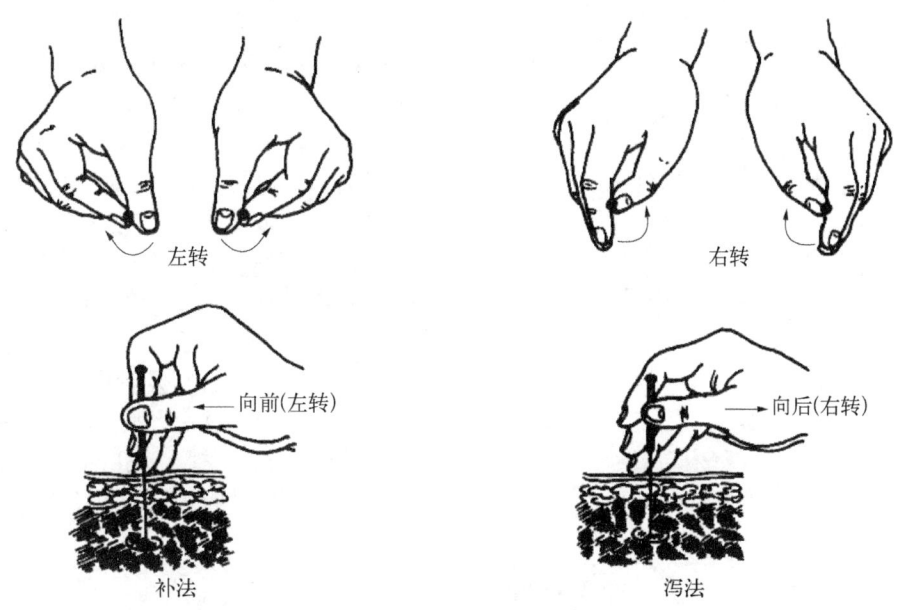

图 5-26 捻转补泻

（2）徐疾补泻：是以进针或出针的快与慢来区分补与泻的一种补泻手法。进针得气后，徐徐向内由浅而深推进，急速向外由深而浅退出针者为补法，即徐进疾退者为补；进针时急速刺入腧穴深层，得气后徐徐将针由深而浅退出者为泻法，即疾进徐退者为泻。

（3）提插补泻：是以提或插的重与轻来区分补与泻的一种补泻手法，它也是各种复式补泻法的基础手法之一。其操作方法是，先浅后深，进针得气后，重插轻提（紧按慢提），提插幅度小，频率慢，操作时间短者为补法；先深后浅，轻插重提（慢按紧提），提插幅度大，频率快，操作时间长者为泻法。无论补法或泻法，均须反复行施，方能达到补或泻的效果。

（4）迎随补泻：是以针尖进针的方向与经脉循行方向的顺逆关系来区分补与泻的一种补泻方法。进针时针尖顺着经脉循行去的方向为补法，即顺经而刺为补；针尖逆着经脉循行去的方向为泻法，即逆经而刺为泻。

（5）呼吸补泻：是以呼气或吸气时的进针（插针）与出针（提针）来区分补与泻的一种手法。患者呼气时进针，吸气时出针为补法，即呼进吸出者为补；患者吸气时进针，呼气时出针为泻法，即吸进呼出者为泻。

（6）开阖补泻：是以出针时按闭针孔与否来区分补与泻的一种补泻手法。出针后迅速揉按针孔者为补法；出针时摇大针孔而不揉按针孔者为泻法。

（7）平补平泻：是一种不区分补泻，以得气为主的手法。临床应用最广泛。进针得气后，均匀地提插、捻转，达到疗效即可出针。

2. 复式补泻手法

（1）烧山火法：是较常应用的复式补法，由徐疾、提插或捻转、九六、开阖及呼吸等补法组合而成。根据穴位的可刺深度，分为天（浅层）、人（中层）、地（深层）三部进行操作。将针刺入腧穴应刺深度的上1/3（天部），得气后行提插补法或捻转补法九数；将针刺入中1/3（人部），得气后行提插补法或捻转补法九数；将针刺入下1/3（地部），得气后再行提插补法或捻转补法九数，是为三进。然后将针慢慢地提到上1/3（天部），是为一退。三进一退为一度，如此反复操作数度，最后将针紧按至地部留针，能产生温热感。此法操作时，可让患者呼气时进针、插针，吸气时退针、出针，出针后疾按针孔。此法多用于治疗冷痹顽麻、虚寒性疾病等（图 5-27）。

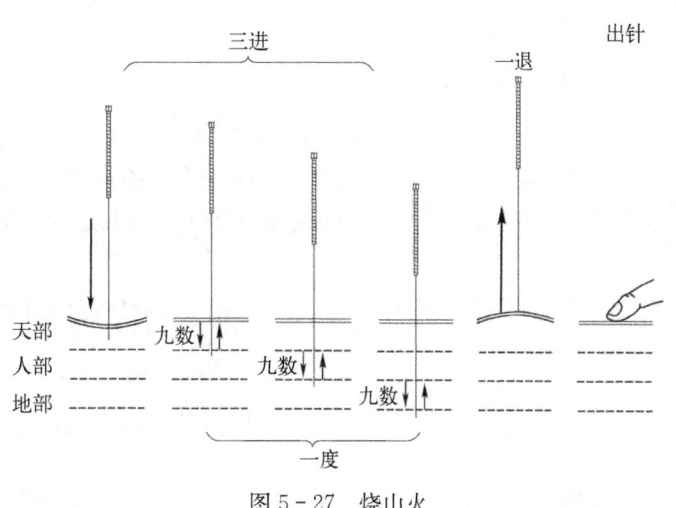

图 5-27 烧山火

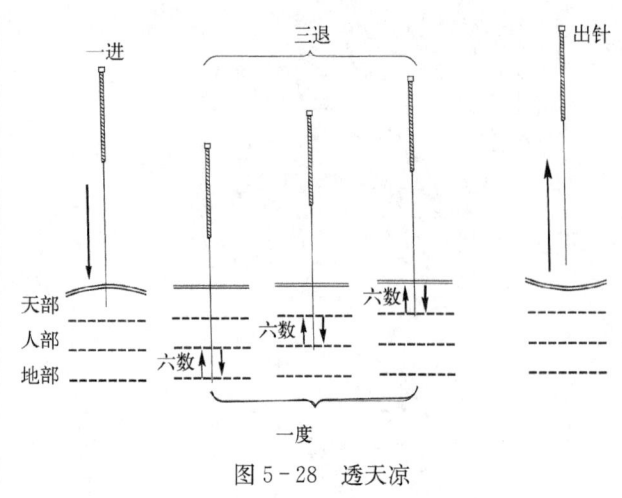

图 5-28 透天凉

(2) 透天凉法：是较常用的复式泻法，由疾徐、提插或捻转、九六、开阖及呼吸等泻法组合而成。根据穴位的可刺深度，分为天（浅层）、人（中层）、地（深层）三部进行操作。先将针刺入皮下，然后将针直入腧穴应刺深度的下 1/3（地部），得气后行提插泻法或捻转泻法六数；再将针紧提至中 1/3（人部），得气后行提插泻法或捻转泻法六数；然后将针紧提至上 1/3（天部），得气后行提插泻法或捻转泻法六数，是为一进三退。一进三退为一度，如此反复操作数度，最后将针紧提至天部留针，能引起凉感。此法操作时，还可让患者吸气时进针、插针，呼气时提针、出针，出针时摇大针孔，不按针孔。此法多用于治疗热痹、急性痈肿等实热性疾病（图 5-28）。

六、留针与出针

（一）留针法

将针刺入腧穴施术后，使针留置穴内称为留针。留针的目的是加强针刺的作用和便于继续行针施术。一般病证只要针下得气而施以适当的补泻手法后，即可出针或留针 10~20 min。但对一些特殊病证，如急性腹痛、破伤风、角弓反张及寒性、顽固性疼痛或痉挛性病证，即可适当延长留针时间，有时留针可达数小时，以便在留针过程中作间歇性行针，以增强、巩固疗效。若不得气时，也可静以久留，以待气至。在临床上留针与否或留针时间的长短，不可一概而论，应根据患者具体病情而定。

（二）出针法

出针法，又称起针、退针、拔针法，是在施行针刺手法或留针达到预定针刺目的和治疗要求后，将针起出的操作方法。出针是整个毫针刺法过程中的最后一个操作程序，预示针刺结束。

一般出针时，用左手拇、食指两指持消毒干棉球夹持针身底部，或仅食指用棉球压住穴位，右手将针捻转松动后，随即拔出（图 5-29）。也可用左手拇、食指张开固定局部皮肤，右手将针拔出。若是斜刺或平刺时，用左手拇指按压在穴旁，右手将针拔出（图 5-30）。

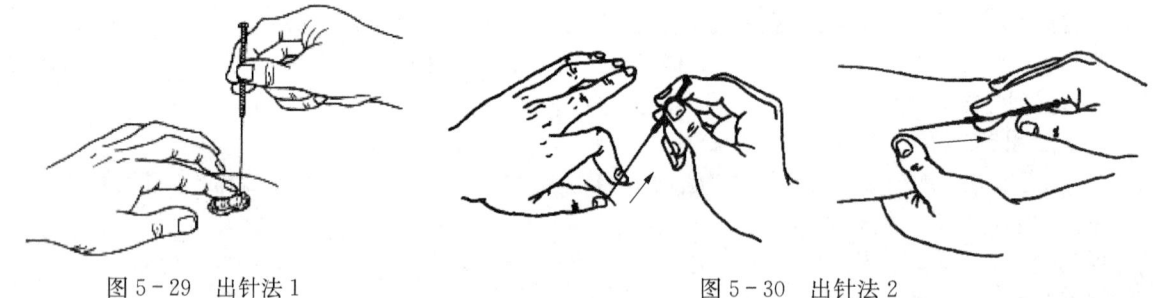

图 5-29 出针法 1　　　　　图 5-30 出针法 2

按出针的速度又可分为快速出针与缓慢出针。快速出针多用于短针的出针；缓慢出针先将针退至浅层，然后缓慢出针，多用于长针的出针。当针退出后，除特殊需要外，都要用消毒棉球轻压针孔片刻，询问针刺部位有无不适感，检查核对针数有否遗漏，仔细查看针孔是否出血或是否疼痛，还应注意有无晕针延迟反应。

第四节　针刺异常情况处理及注意事项

一、针刺异常情况的处理及预防

针刺治疗虽然比较安全，但如操作不慎、疏忽大意，或犯刺禁，或针刺手法不当，或对人体解剖部位缺乏全面的了解，在临床上有时也会出现一些不应有的异常情况，常见者有以下几种。

（一）晕针

晕针是在针刺过程中患者发生的晕厥现象。这是可以避免的，医生应该注意防止。

原因　患者体质虚弱，精神紧张，或疲劳、饥饿、大汗、大泻、大出血之后或体位不当，或医生在针刺时手法过重，而致针刺时或留针过程中而发此症。

症状　患者突然出现精神疲倦，头晕目眩，面色苍白，恶心欲吐，多汗，心慌，四肢发冷，血压下降，脉象沉细，或神志昏迷，仆倒在地，唇甲青紫，二便失禁，脉微细欲绝。

处理　立即停止针刺，将针全部起出。使患者平卧，注意保暖，轻者仰卧片刻，给饮温开水或糖水后，即可恢复正常。重者在上述处理基础上，可刺人中、素髎、内关、足三里、灸百会、关元、气海等穴，即可恢复。若仍不省人事，呼吸细微，脉细弱者，可考虑配合其他治疗或采用急救措施。

预防　对于晕针应注重预防。如初次接受针刺治疗或精神过度紧张，身体虚弱者，应先作好解释，消除患者对针刺的顾虑，同时选择舒适持久的体位，最好采用卧位。选穴宜少，手法要轻。若饥饿、疲劳、大渴时，应令进食、休息、饮水后再予针刺。医生在针刺治疗过程中，要精神专一，随时注意观察患者的神色，询问患者的感觉。一旦有不适等晕针先兆，可及早采取处理措施，防患于未然。

（二）滞针

滞针是指在行针时或留针后医生感觉针下涩滞，捻转、提插、出针均感困难，而患者则感觉痛剧。

原因　患者精神紧张，当针刺入腧穴后，患者局部肌肉强烈收缩；或行针手法不当，向单一方向捻针太过，以致肌肉组织缠绕针体而成滞针。若留针时间过长，有时也可出现滞针。

现象　针在体内，捻转不动，提插、出针均感困难，若勉强捻转、提插时，则患者痛不可忍。

处理　若患者精神紧张，局部肌肉过度收缩时，可稍延长留针时间，或于滞针腧穴附近，进行循按或用叩弹针柄，或在附近再刺一针，以宣散气血，而缓解肌肉的紧张。若行针不当，或单向捻针而致者，可向相反方向将针捻回，并用刮柄、弹柄法，使缠绕的肌纤维回释，即可消除滞针。

预防　对精神紧张者，应先做好解释工作，消除患者不必要的顾虑。注意行针的操作手法和避免单向捻转，若用搓法时，应注意与提插法的配合，则可避免肌纤维缠绕针身，而防止滞针的发生。

（三）弯针

弯针是指进针时或将针刺入腧穴后，针身在体内形成弯曲。

原因　医生进针手法不熟练，用力过猛、过速，以致针尖碰到坚硬组织器官；或患者在针刺或留针时移动体位；或因针柄受到某种外力压迫、碰击等，均可造成弯针。

现象　针柄改变了进针或刺入留针时的方向和角度，提插、捻转及出针均感困难，而患者感到疼痛。

处理　出现弯针后，即不得再行提插、捻转等手法。如针柄轻微弯曲，应慢慢将针起出。若弯曲角度过大时，应顺着弯曲方向将针起出。若由患者移动体位所致，应使患者慢慢恢复原来体位，局部肌肉放松后，再将针缓缓起出，切忌强行拔针以免将针体断入体内。

预防　医生进针手法要熟练，指力要均匀，并要避免进针过速、过猛。选择适当体位，在留针过程中，嘱患者不要随意变动体位，注意保护针刺部位，针柄不得受外物硬碰和压迫。

（四）断针

断针，又称折针，是指针体折断在人体内。若能术前作好针具的检修，并在施术时加以应有的注意，断针是可以避免的。

原因　针具质量欠佳，针身或针根有损伤剥蚀，进针前失于检查，针刺时将针身全部刺入腧穴；或行针时强力提插、捻转，肌肉猛烈收缩；或留针时患者随意变动体位；或弯针、滞针未能进行及时的正确处理等，均可造成断针。

现象　行针时或出针后发现针身折断，其断端部分针身尚露于皮肤外，或断端全部没入皮肤之下。

处理　医生态度必须从容镇静，嘱患者切勿变动原有体位，以防断针向肌肉深部陷入。若残端部分针身显露于体外时，可用手指或镊子将针起出。若断端与皮肤相平或稍凹陷于体内者，可用左手拇、食两指垂直向下挤压针孔两旁，使断针暴露体外，右手持镊子将针取出。若断针完全深入皮下或肌肉深层时，应在X线下定位，手术取出。

预防　为了防止折针，应认真仔细地检查针具，对不符合质量要求的针具，应剔出不用。避免过猛、过强的行针。在行针或留针时,应嘱患者不要随意变动体位。针刺时更不宜将针身全部刺入腧穴,应留部分针身在体外,以便于针根断折时取针。在进针行针过程中,如发现弯针时,应立即出针,切不可强行刺入、行针。对于滞针等,亦应及时正确地处理,不可强行硬拔。

(五) 血肿

血肿是指针刺部位出现的皮下出血而引起的肿痛。

原因　针尖弯曲带钩,使皮肉受损,或刺伤血管所致。

现象　出针后,针刺部位肿胀疼痛,继则皮肤呈现紫色。

处理　若微量的皮下出血而局部小块青紫时,一般不必处理,可以自行消退。若局部肿胀疼痛较剧,青紫面积大而且影响到活动功能时,可先作冷敷止血后,再作热敷或在局部轻轻揉按,以促使局部瘀血消散吸收。

预防　仔细检查针具,熟悉人体解剖部位,避开血管针刺,出针时立即用消毒干棉球揉按压迫针孔。

二、针刺注意事项

由于人的生理功能状态和生活环境条件等因素的影响,在针刺治病时,还应注意以下几个方面。

(1) 患者在过于饥饿、疲劳、精神过度紧张时,不宜立即进行针刺。对身体瘦弱、气虚血亏的患者,进行针刺时手法不宜过强,并应尽量选用卧位。

(2) 妇女怀孕3个月者,不宜针刺小腹部的腧穴。若怀孕3个月以上者,腹部、腰骶部腧穴也不宜针刺。至于三阴交、合谷、昆仑、至阴等一些通经活血的腧穴,在怀孕期亦应禁刺。如妇女行经时,若非为了调经,亦慎用针刺。

(3) 小儿囟门未合时,头项部的腧穴不宜针刺。

(4) 常有自发性出血或损伤后出血不止的患者,不宜针刺。

(5) 皮肤有感染、溃疡、瘢痕或肿瘤的部位,不宜针刺。

(6) 对胸、胁、腰、背等脏腑所居之处的腧穴,不宜直刺、深刺。肝大、脾大、肺气肿患者更应注意。如刺胸、背、腋、胁、缺盆等部位的腧穴,若直刺过深,都有伤及肺脏的可能,使空气进入胸腔,导致创伤性气胸,轻者出现胸痛、胸闷、心慌、呼吸不畅,甚则呼吸困难、唇甲发绀、出汗、血压下降等症。体检时,可见患侧胸部肋间隙变宽,叩诊呈过清音,气管向健侧移位,听诊时呼吸音明显减弱或消失。胸部X线透视,可见气体、肺组织压迫情况等而可确诊,对此症应及时采取治疗措施。因此,医生在进行针刺过程中,精神必须高度集中,令患者选择适当的体位,严格掌握进针的深度、角度,以防止事故的发生。

(7) 针刺眼区和项部的风府、哑门等穴以及脊椎部的腧穴,要注意掌握一定的角度,不宜大幅度地提插、捻转和长时间地留针,以免伤及重要组织器官,产生严重的不良后果。

(8) 对尿潴留等患者在针刺小腹部的腧穴时,也应掌握适当的针刺方向、角度、深度等,以免误伤膀胱等器官,出现意外。

(苗　茂)

第六章 灸法和拔罐法

导 学

本章主要讲述灸法的特点与作用、分类及应用、注意事项,主要介绍艾灸中的直接灸及隔物灸的操作及适应证;介绍拔罐的操作方法、注意事项等内容。

通过学习,掌握灸法的作用、分类,灸法和拔罐法的操作方法及适应证;熟悉灸法、拔罐法的注意事项;了解灸法和拔罐法的使用材料与器具。

第一节 灸 法

灸,烧灼的意思。《说文解字》:"灸,灼也,从火,久声。"灸法是借灸火的热力给人体以温热性刺激,通过经络腧穴的作用,以达到治病、防病的目的的一种方法。《灵枢·官能》曰:"针所不为,灸之所宜。"《医学入门》说:"药之不及,针之不到,必须灸之。"说明针与灸具有不同的功效和适应证,并提示针与灸互补,相辅相成,相得益彰,不可互相替代,应区别应用。

施灸的原料很多,但多以艾叶为主。艾叶味苦、辛,性温,入脾、肝、肾三经,有温经通络、行气活血、祛湿散寒、消肿散结的功效。气味芳香,含挥发油等成分。艾叶制成艾绒,则易燃而热力温和,能穿透皮肤而直达深部,且便于取用,价格低廉,用作灸料,具有温通经络、行气活血、祛湿逐寒、消肿散结、回阳救逆及防病保健的作用。《名医别录》载:"艾味苦,微温,无毒,主灸百病。"用干燥的艾叶捣制后除去杂质,得到纯净细软的艾绒,晒干贮藏,以备应用。除艾叶外,还有灯心草、硫黄、黄蜡、桑枝、桃枝等易燃药物和材料。在艾绒中也可掺入芳香类药物,如麝香、冰片、丁香、木香、乳香等。

一、特点与作用

(一)特点

(1)灸法的作用方式主要是通过烧灼或温熨的刺激方法,来刺激体表的腧穴或患部,这与多数针法需要通过体表的腧穴将针刺入体内有很大不同。灸法的这一特点,减少了针法交叉感染之虞。

(2)擅长于治疗虚寒、陷下病证和预防保健。灸法的临床治疗范围十分广泛,可应用于寒、热、虚、实多种证型的疾病。由于灸法对穴位或患处产生的温热性刺激,具有温阳补虚、升阳举陷之功效,所以一般认为其温补升阳的作用比针法好。因此,常用于寒证、虚证、陷下证及中老年人的预防保健。

(3)有特殊功效,可补针、药之不足。针法、灸法和中药疗法,各具特点,又各有其局限性。许多疾病在用针刺或中药无效或疗效不明显的情况下,往往用灸法能取得较好效果。如临床上单纯采用灸法或配合针刺的其他疗法,对治疗风湿性关节炎、风湿性肌纤维炎、类风湿关节炎、肩周炎、慢性支气管炎、支气管哮喘、慢性胃肠病、慢性妇科病等有着显著的疗效。另外,灸法的种类很多,每一种灸法各具所长,有些灸法还为专病而设,有利于提高临床治疗效果。

(4)易被患者接受和用于家庭保健治疗。除化脓灸外,其他的多数灸法无痛苦,患者无畏惧感,很容易为患者所接受。又因多数灸法操作简便,患者容易掌握而能自我治疗,有利于常见病的家庭保健和治疗。这种易学易会的特点,易于家庭普及和社会推广。

笔记栏

(二) 灸法的主治作用

1. 温经散寒 灸火的温和热力具有直接的温通经络、祛散寒邪的功用,这正是"寒者温之"的具体运用。《素问·异法方宜论》说:"北方者,天地所闭藏之域也,其地高陵居,风寒冰冽……脏寒生满病,其治宜灸焫。"

2. 扶阳固脱 灸火的热力具有扶助阳气、举陷固脱的作用。《伤寒论》说:"下利,手足逆冷者,灸之。"阳气虚脱出现的大汗淋漓、四肢厥冷、脉微欲绝证可用灸法。临床常用于治疗各种虚寒证、寒厥证、虚脱证。又《灵枢·经脉》云:"陷下则灸之",故气虚下陷,脏器下垂之症多用灸疗,可用治中气不足,阳气下陷而引起的遗尿、脱肛、阴挺、崩漏、带下等。

3. 消瘀散结 艾火的温和热力具有行气活血、消瘀散结的作用。《灵枢·刺节真邪》载:"脉中之血,凝而留止……弗能取之。"灸法能使气机调达,营卫和畅而消散瘀结。故可用于治疗气血凝滞之疾,如乳痈初起、瘰疬、寒性疖肿未化脓等。

4. 防病保健 灸法防病保健有悠久的历史,灸法可以激发人体正气,增强抗病能力,无病时施灸有防病保健的作用。《备急千金要方》记载:"凡入吴蜀地游宦,体上常须三两处灸之,勿令疮暂瘥,则瘴疬、温疟毒气不能著人也。"《医说》中言:"若要安,三里莫要干。"有俗语说:"三里灸不绝,一切灾病息。"说明无病施灸,可防病保健,增强抗病能力,可使人精力充沛,延年益寿。

灸法过程中,施灸点皮肤外温度上升高达100℃左右,皮肤内温度最高在56℃左右。皮下与肌层内的温度变化和表皮不同,灸法刺激不仅涉及浅层,也涉及深层。正是这种温热刺激,使局部皮肤充血,毛细血管扩张,增强局部的血液循环与淋巴循环,缓解和消除平滑肌痉挛;并使局部的皮肤组织代谢能力加强,促进炎症、瘢痕、浮肿、粘连、渗出物、血肿等病理产物消散吸收;同时又能使汗腺分泌增加,有利于代谢产物的排泄;还可引起大脑皮质抑制的扩散,降低神经系统的兴奋性,发挥镇静、镇痛作用;同时温热作用还能促进药物的吸收。研究发现,灸法具有近红外辐射作用。人体既是一个红外辐射源,又是一个良好的红外吸收体,灸法的近红外辐射为机体的活动提供了必要的能量,灸法所发出的近红外光量子能为机体所调控。在灸法过程中,近红外辐射作用于人体穴位时,具有较高的穿透能力,是一种有利于刺激穴位的信息照射,纠正病理状态下能量(信息)代谢的紊乱状态,调控机体的免疫力,从而达到恢复正常功能的目的。

二、分类与临床应用

灸法的种类十分丰富,一般依据施灸材料可分为艾灸法和非艾灸法两大类。凡以艾绒为主要施灸材料的均属于艾灸法。艾灸法是灸法的主体,临床应用最为广泛,依据操作方式的不同,又可分为艾炷灸、艾条灸、温针灸、温灸器灸及较为特殊的艾灸法,临床上以艾炷灸和艾条灸最为常用,是灸法的主体部分。在使用艾炷灸时,根据艾炷是否直接置于皮肤穴位上烧灼的不同,又分为直接灸和间接灸两法。非艾灸类如灯火灸、黄蜡灸、药锭灸、药捻灸、药笔灸、药线灸等(表6-1)。

表6-1 灸法分类

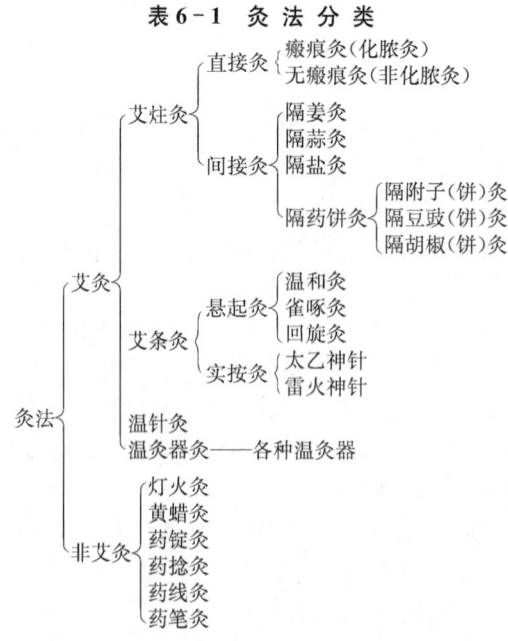

（一）艾灸

1. 艾炷灸　将艾炷放在穴位上施灸，称为艾炷灸。艾炷一般由干净的艾绒制作而成，医生用手把艾绒搓捏成大小合适的圆锥形艾炷（图6-1），将其置于施灸部位，从顶端点燃进行施灸。艾炷灸分为直接灸和间接灸两类。

图6-1　艾炷

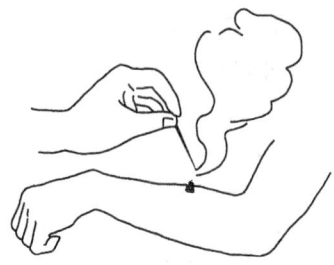

图6-2　直接灸

（1）直接灸：将大小适宜的艾炷直接放在皮肤上施灸的方法（图6-2）。根据对皮肤的刺激程度不同、灸后有无烧伤化脓，又分为瘢痕灸（化脓灸）和无瘢痕灸（非化脓灸）。

1）瘢痕灸：又名化脓灸，临床上多用小艾炷，施灸前先在施术部位上涂以少量凡士林或大蒜液，以增加黏附性和刺激作用，然后放置艾炷，从尖端点燃，艾炷燃烧过半，局部皮肤潮红、灼痛时，医生用手在穴位四周轻轻拍打或抓挠，以分散患者注意力，减轻施灸时的痛苦。应用此法一般每壮艾炷须燃尽后，除去灰烬，方可换炷，每换一壮，可以用纱布蘸冷开水抹净所灸部位，再涂少许凡士林或大蒜液，一次可灸7～9壮。灸治完毕后，应将局部擦拭干净，然后在施灸穴位上敷贴消炎膏药，约1周后可化脓形成灸疮，灸疮5～6周愈合，灸疮结痂脱落，局部留有瘢痕，故名瘢痕灸。在灸疮化脓时，局部应注意清洁，避免感染。同时，可多食一些营养较丰富的食物，如羊肉、豆腐等，以促使灸疮的正常透发，有利于提高疗效。如偶尔发现有灸疮久不愈合者，可采用外科方法予以处理。

此法所产生的灸疮，是局部组织经烫伤后，产生无菌性化脓现象，以对穴位局部产生持续的刺激，从而起到治疗和保健作用，改善体质，增强机体的抵抗力。但对于身体过于虚弱，或有糖尿病、皮肤病的患者不宜用此法。目前临床上，常用于治疗哮喘、慢性胃肠炎、发育障碍等疾病。由于这种方法施灸后会留下瘢痕，故灸前必须征求患者的同意及合作。

2）无瘢痕灸：又名非化脓灸，以达到温烫为主，不致透发成灸疮的灸法。临床上多用中、小艾炷，先将施灸部位涂以少量凡士林，以使艾炷便于黏附，然后将大小适宜的艾炷放在穴位上，并将之从尖端点燃，艾炷燃烧过半，局部皮肤潮红、灼痛时，医生即用镊子移去艾炷，更换艾炷再灸，可连续灸3～7壮，以局部皮肤出现轻度红晕为度。因其灸后不起泡，或起泡后不致形成灸疮，不留瘢痕，易为患者接受。此法适用于虚寒轻证，如哮喘、眩晕、慢性腹泻、风寒湿痹和皮肤疣等。

（2）间接灸：又称间隔灸或隔物灸，指在艾炷下垫一衬隔物放在穴位上施灸的方法（图6-3）。因其衬隔药物的不同，又可分为多种灸法。古代的隔物灸法种类很多，广泛用于临床各种病证。所隔物品有动物、植物和矿物，多数属于中药。药物可随病证不同而灵活选用，既有单方，也有复方。故治疗时，发挥了艾灸和药物的双重作用而有特殊的效果。现将临床常用的几种方法介绍如下。

图6-3　间接灸

1）隔姜灸：将新鲜生姜切成直径2～3 cm、厚0.2～0.3 cm的薄片，中间用针穿刺数孔，然后将姜片置于施灸部位，再于姜片上置艾炷点燃施灸。艾炷燃尽后，易炷再灸。一般灸5～10壮，以局部皮肤潮红而不起泡为度。施灸过程中,若患者感觉灼热不可忍受时,可将姜片向上稍提起,或缓慢移动姜片。此法简便易行,应用广泛。生姜味辛,性微温,具有温胃止呕,散寒止痛的作用,故此法多用于治疗因寒而致的呕吐、腹痛以及风湿痹痛等。

2) 隔蒜灸:用独头大蒜切成0.2～0.3 cm厚的薄片,中间用针穿刺数孔,蒜片置于应灸腧穴或患处,上置艾炷灸之,每灸5～7壮。因大蒜液对皮肤有刺激性,灸后容易起泡,故应注意防护,若不欲起泡,可将蒜片向上提起,或缓慢移动。大蒜味辛,性温,有解毒,杀虫之功,故此法多用于治疗肺痨、腹中积块及疮疡初起等。此外,尚有一种自大椎穴起至腰俞穴铺一层蒜泥的铺灸法(长蛇灸),民间多用于治疗虚劳、顽痹等证。

3) 隔盐灸:又称神阙灸,本法只适于脐部。嘱患者仰卧屈膝,以纯净干燥的大粒食盐填平脐孔,或于其上再放上姜片,以免食盐遇火起爆,导致烫伤,上置大艾炷施灸,一般灸5～10壮。如患者脐部凸出,可用湿面条围脐如井口,再填盐于脐中,如上法施灸。临床常用治急性腹痛、吐泻、痢疾、小便不利、夜尿频多和中风脱证等。此法具有回阳救逆的作用,凡大汗亡阳、肢冷脉伏之脱证,可用大艾炷连续施灸,不计壮数,直至汗止脉起,体温回升,症状改善为度。

4) 隔附子(饼)灸:以附子片或附子饼(将附子切细研末,以黄酒调和做饼,厚约0.5 cm,直径2～3 cm,上刺数孔)作间隔,上置艾炷灸之。由于附子辛温大热,有温肾补阳的作用,故用来治疗各种阳虚证,如命门火衰之阳痿、早泄、遗精以及外科疮疡久溃不敛等。可根据病情选取适当部位灸治,饼干更换,直至皮肤出现红晕为度。灸时可在药饼下衬垫纱布,以防烫伤,药饼灸后可重复再用。

5) 其他:还有隔豆豉(饼)灸、隔胡椒(饼)灸、隔巴豆(饼)灸、隔葶苈(饼)灸等多种方法,操作的方法大同小异,临床可根据药物功能而对症选用。

2. 艾条灸 又叫艾卷灸,是将艾绒制作成艾条,将其一端点燃,对准穴位或患处施灸的一种方法。还有在艾绒内掺入药物,再卷成艾卷施灸的方法,名为"雷火神针"和"太乙神针",现在临床分为单纯艾条灸和药物艾条灸。按操作方法不同艾卷灸可分为悬起灸和实按灸。

(1) 悬起灸:施灸时,医生手持艾条,将一端点燃,直接悬于施灸部位之上,与之保持一定距离,使热力发效的一种灸法。一般艾火距皮肤有一定距离,不直接接触皮肤。按悬起灸的操作方法不同,又分为温和灸、雀啄灸和回旋灸。

1) 温和灸:将艾条燃着端悬于施灸部位上,距离皮肤2～3 cm,进行熏烤,灸至患者局部有温热舒适感而无灼痛的感觉为宜,一般每处灸10～15 min,至皮肤稍有红晕度(图6-4)。如遇到昏厥或局部知觉减退的患者及小儿时,医生可将食、中两指置于施灸部位两侧,通过医生的手指来测知患者局部受热程度,以便随时调节施灸距离,掌握施灸时间,防止烫伤。临床应用广泛,适用于一切灸法主治病证。

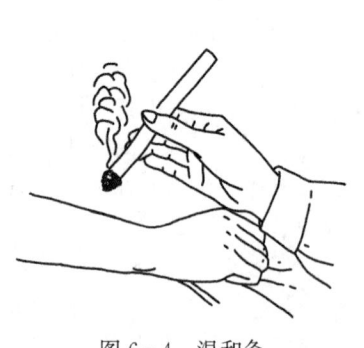 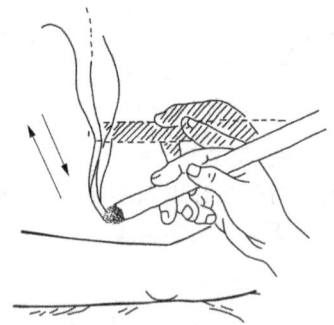 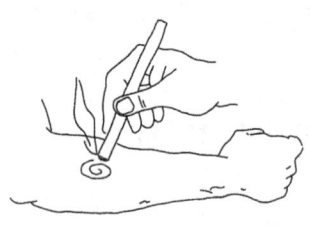

图6-4 温和灸　　　　　图6-5 雀啄灸　　　　　图6-6 回旋灸

2) 雀啄灸:将艾条燃着端悬于施灸部位上,距皮肤2～3 cm处,对准穴位,上下移动,像鸟雀啄食样,一起一落,忽近忽远地施灸(图6-5)。一般每灸5 min。临床多用于昏厥急救、小儿疾患、胎位不正、缺乳等。

3) 回旋灸:将艾条燃着端悬于施灸部位上,距皮肤2～3 cm处,平行往复回旋熏灸,使皮肤有温热感而不至于灼痛(图6-6)。一般每灸10～15 min,移动范围在3 cm左右。适用于风寒湿痹及瘫痪。

(2) 实按灸:在施灸部位上铺设6～8层锦纸、纱布、绸布或棉布,医生手持艾条,将一端点燃,艾燃着端对准施灸部位直按其上,停1～2 s,使热力透达深部。待患者感到按灸局部灼烫、疼痛即拿开艾条,每次每穴可按3～7次,移去艾条和铺设的纸或布,见皮肤红晕为度。最常用的为太乙神针和雷火神针,常用于风寒湿痹、痿证和虚寒证。

3. 温针灸 是针刺与艾灸结合应用的一种方法,适用于既需要留针而又适宜用艾灸的病证。操作方法是,将毫针刺入腧穴得气后,并给予适当补泻手法后留针时,将纯净细软的艾绒2～3 g包裹于毫针针柄顶端捏紧成团状,或用一段长约2～3 cm的艾条,直接插在针柄上,点燃施灸。待艾绒或艾条燃尽无热度后除去灰烬,将针取出(图6-7)。此法是一种简而易行的针灸并用方法,它可以将艾绒燃烧的热力通过针身传入体内,使其发挥针和灸的双重作用,达到治疗的目的。使用时应注意防止艾绒燃烧的灰火脱落烧伤皮肤,可在施术部位皮肤上铺垫纸片。

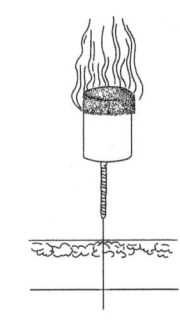

图6-7 温针灸

4. 温灸器灸 是将艾绒放入特制的温灸器内,点燃后施灸的方法。温灸器多为金属(铁、铝)制成,上下四周有孔,上有顶盖,可取下装艾绒。临床常用的温灸器有温灸盒和温灸筒(图6-8)。

施灸时,将温灸器上盖打开,装入艾绒,或可掺入药物,然后点燃将盖扣好,即可在施术部位上方来回熨灸,一般灸15～30 min,以局部皮肤红晕为度。此法有调和气血、温中散寒之功,一般需要灸治者均可采用,对小儿、妇女及畏惧灸治者最为适宜。

5. 其他灸法 又称非艾灸,是指以艾绒以外的物品作为施灸材料的灸治方法。常用的有以下几种。

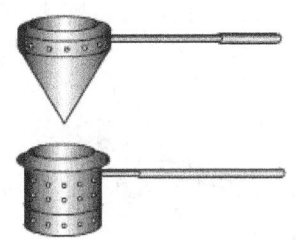 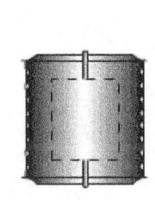 

图6-8 温灸器

(1) 灯火灸:根据疾病选定穴位后,用水笔做一标记,取灯心草一根约10 cm,将一端浸入植物油中(香油、麻油、苏子油均可)3 cm,取出用棉纸吸去浮油,右手拇、食指捏住前1/3处,用明火点燃,火焰不宜过大,将火焰慢慢向穴位移动,并稍停瞬间,待火焰略一变大,则立即垂直接触穴位,听到清脆的"叭"的焠爆声,一触即离,火焰也随之熄灭。一般每穴焠灸2～4次。灸后局部保持清洁,防止感染(图6-9)。

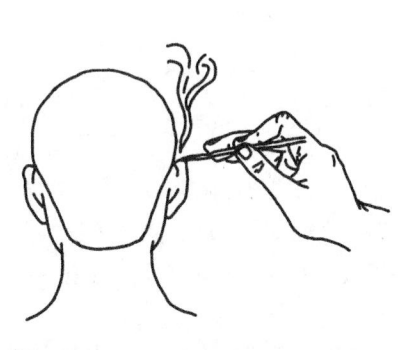 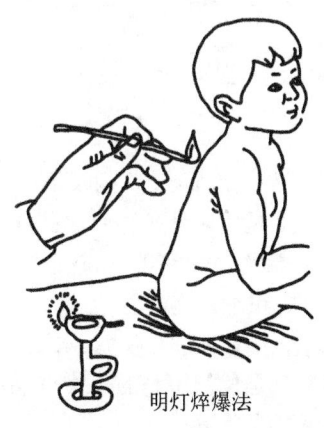

明灯焠爆法

图6-9 灯火灸

(2) 黄蜡灸:是指以黄蜡为施灸材料的施灸方法。黄蜡即蜂蜡之黄色者,为蜜蜂科昆虫中华蜜蜂等分泌的蜡质,经精制而成,具有收涩、生肌、止痛、解毒的功效。取面粉适量,用水调和制成条状,按疮疡范围大小围成一圈,高3～4 cm,底部紧贴于皮肤上,以无空隙渗漏为准;圈外用棉布或卫生纸数层覆盖,防止炭火烘烤皮肤;圈内填入黄蜡屑0.6～1.0 cm厚。用铜勺盛炭火置于黄蜡之上烘烤,使黄蜡熔化。疮疡浅者,皮上觉热痛难忍时即移去炭火停灸;疮疡深者,不觉热痛再入蜡片,随化随填至圈满为度,仍用炭火使蜡液沸动,初觉有痒感,继之灼热疼痛,于痛不可忍时移去炭火,用少许冷水浇于蜡上,待蜡冷却凝结后将其与面圈、围布一起揭去(图6-10)。

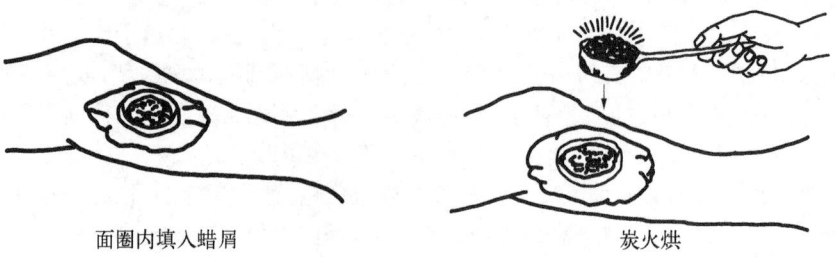

图6-10 黄蜡灸

此法用于灸治各种疮疡,疮浅者1~3次便消,疮深者3~4次可脓去肿消而愈。

(3) 药锭灸:是将多种药品研末,和硫黄熔化在一起,制成药锭放在穴位上,点燃后进行灸治的一种方法。药锭因药物处方的不同而有阳燧锭、香硫饼、救苦丹等多种。临床最为常用的为阳燧锭灸。取蟾酥、朱砂、川乌、草乌各1.5g,僵蚕1条(阳燧锭处方),各研细末后和匀;用硫黄45g,置铜勺内用微火炖化,加入以上药末搅匀,离火后再加入麝香0.6g,冰片0.3g搅匀,立即倾入湿瓷盘内速荡转成片,待冷却后收入罐内备用。灸时,将一直径2cm的圆形薄纸片铺于施灸部位,取药锭一小块如瓜子大,置于纸片中央,用火点燃药锭,燃至将尽时用纱布将火压熄即可。每穴可灸1~3壮。灸后皮肤起水泡,可用消毒针挑破,涂上甲紫溶液,保护疮面(图6-11)。

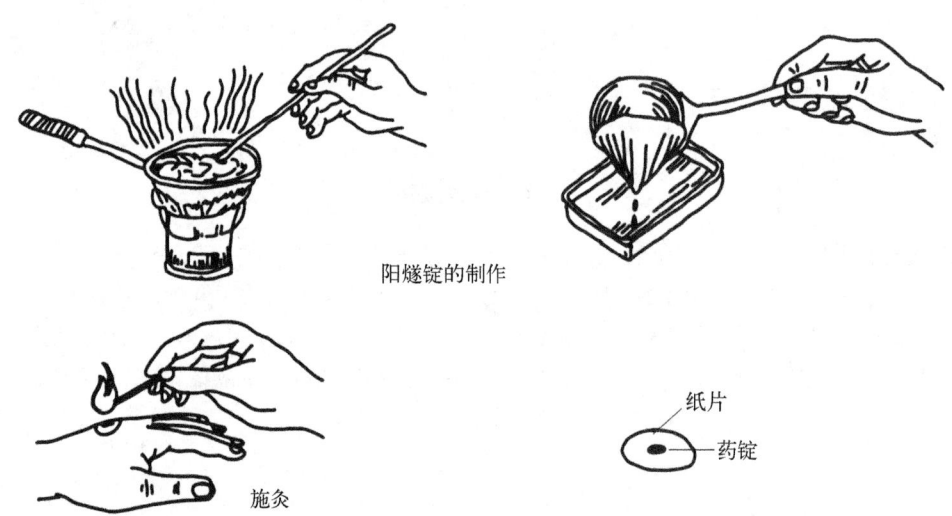

图6-11 药锭灸

此法主要用于灸治痈疽、瘰疬及风湿痹证,多于局部施灸。

(4) 药捻灸:是用多种药物制成药捻以施灸的一种方法。《本草纲目拾遗》所载"蓬莱火",即是药捻灸。西黄、雄黄、乳香、没药、丁香、麝香、火硝各等分,或去西黄加硼砂、草乌。用紫棉纸裹药末,搓捻成紧实的条状,如官香粗细。施灸时,剪取0.5~1cm长一段,以凡士林黏于皮肤上,点燃施灸。

此法主要用于治疗风痹、瘰疬、水胀、膈气等证。

(5) 药线灸:是使用特制的药线点燃后进行施灸的一种灸疗方法。此法为广西壮族的一种民间疗法,故又称壮医药线灸法。

药线是利用广西壮族自治区出产的苎麻卷制成线,再放在药物溶液中浸泡加工而成。一般线长30cm,直径有1cm、0.7cm、0.25cm三种,分别称为1、2、3号药线。以拇、食指持线的一端,露出0.5~1cm长的线头,将露出的线头在酒精灯上点燃,吹灭火焰,线头留有星火,将星火对准穴位或患处点灸,同时拇指把星火压在穴位上,火灭即起。一般每穴灸一下,患处也可点灸呈莲花形、梅花形(图6-12)。

此法临床应用范围广泛,对外感、风湿痹证、肩周炎、高血压、面瘫、乳腺小叶增生、肢体瘫痪、脑炎后遗症等均可取穴灸治。

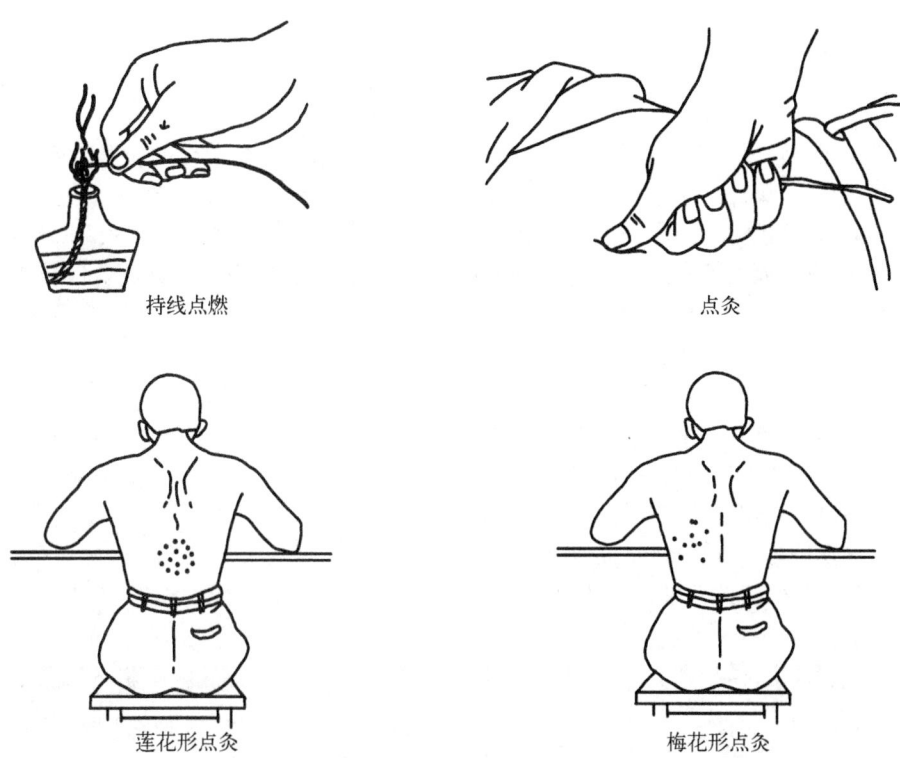

图 6-12 药线灸

(6) 药笔灸：是使用万应点灸笔点燃后进行施灸的一种灸疗方法。

万应点灸笔是一种特制的新型施灸材料与工具，它是在古代"太乙神针"、"雷火神针"以及"阳燧锭"灸法的基础上，选用了舒筋活络、活血行瘀、祛风解毒、镇痛消炎等 20 余味中药与浸膏压缩成笔形而成。除药笔外，还有配套的药纸，以增强疗效与保护皮肤。将药笔下端点燃，左手将药纸紧铺在穴位皮肤上并固定，右手呈执笔式持药笔，将灸火隔纸对准穴位像雀啄样进行点灸 4～5 次。患者局部有虫咬样轻微疼痛。手法轻重宜适中，太轻效果不佳，过重将药纸烧穿易造成烫伤。灸后立即于局部擦涂少许薄荷油或特制的冰片蟾酥油，以防止起泡及避免出现褐色瘢痕（此种瘢痕不加处理也能很快脱落，不留痕迹）（图 6-13）。

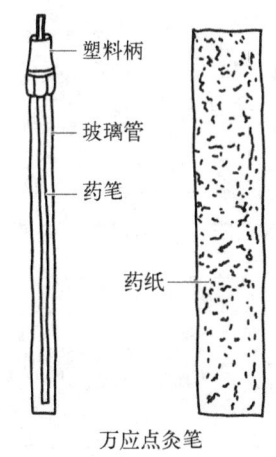
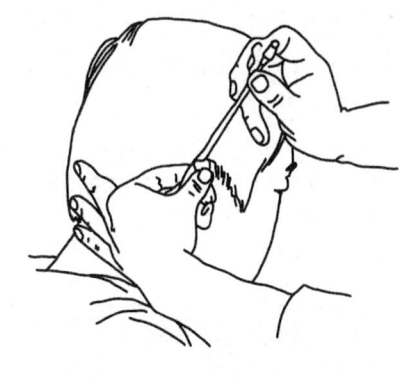

图 6-13 药笔灸

此法在临床应用时，根据病情、所选穴位、患处的情况，可对穴位呈梅花状点灸，对患部呈片状或环状点灸，按经络循行呈条状点灸，有利于提高治疗效果。此法临床应用范围广泛，特别是对各种疼痛性疾病、急性化脓性或非化脓性炎症、高热、高血压、胃肠病等有很好的治疗效果。

三、灸感、灸量与灸法补泻

(一) 灸感

灸感,一般是指施灸时患者的自我感受。同针感一样,灸感既有施灸部位的局部感觉,也有向远处传导或循经感传的感觉。局部的感觉中,化脓灸局部为烧灼疼痛的感觉,其他多数灸法多为温热或微有灼痛的感觉。局部的热感也有不同的表现形式,有仅表面有热感的,可称为表热;有表面不热或微热而深部较热,可称为深热;有表面的热感进一步透达组织深部的,可称为透热;有热感以施灸穴位为中心向周围逐渐扩散的,可称为扩热;也有局部的热感向远处传导,称为传热;或热感沿着经脉传导的,称为循经感传。灸法的循经感传有时不是热感的传导,而是类似针法经气传导的感觉。在灸感中还有比较特殊的现象,即施灸局部不热或微热而远部较热,或与所灸经穴相关的脏腑、器官热。

灸感的出现或表现方式与多方面的因素有关,如施灸的方法、刺激程度、病情、体质及对热刺激的敏感度等。一般而言,施灸方法与刺激程度的不同,是产生灸感强弱的重要因素,但即使同样的施灸方法与刺激程度,由于病情、体质和对热刺激的敏感度不同,也会有不同的灸感出现。近年来的研究表明,大凡在施灸中,能够出现透热、扩热、传热、循经感传、局部不热或微热而远部较热等灸感者,多属于对灸法的热刺激较为敏感者,其灸疗的效果也好,因此提出了"热敏灸法"和"腧穴敏化学说"。

(二) 灸量

灸量,即施灸的剂量,是指施灸时,灸火在皮肤上燃烧所产生的刺激强度,而刺激的强度等于施灸的时间与施灸的程度的总和。灸量与疗效密切相关,达到一定的灸量就会产生一定的灸效。灸效,是指不同的灸法与不同的灸量协同产生的灸治效果。

古代灸法中,虽然没有"灸量"一词,但有"灸之生熟"之说。生,即少灸;熟,即多灸。少灸与多灸的掌握是根据患者的体质、年龄、施灸部位、所患病情等方面,而每次施灸的壮数及累计的壮数是不同的。古人还强调一点,即施灸时必须要达到一定的温热程度,产生一定的灸感,仅皮表有热感,往往达不到治疗目的,如《医宗金鉴·刺法心法要诀》所说:"凡灸诸病,必火足气到,始能求愈。"

临床上施灸的量,不同的施灸方法有不同的计算方法。一般艾炷灸以艾炷的大小和壮数来定,艾条灸、温灸器多用时间计算,太乙神针、雷火神针则以熨灸的次数计算。还有累积施灸的量,即疗程的总灸量。

灸量的掌握要根据年龄大小、体质、施灸部位、病情轻重等综合因素来确定。小儿、青少年灸量宜小,中老年灸量宜大;患者体质强壮者,每次灸量可大,但累计灸量宜小;患者身体虚弱甚者,每次灸量宜小,但累计灸量宜大;头面、胸背、四肢等皮薄肌少处,灸炷均不宜大而多;腰腹、臀四肢皮厚肌多处,不妨大炷多壮;病轻者宜小,病重者宜大;若治初感风寒等邪气轻浅之证,或上实下虚之疾,欲解表通阳、驱散外邪,或引导气血下行时,不过三、五、七壮已足,炷亦不宜过大;但对沉寒痼冷、元气欲脱等证,须扶助阳气、温散寒凝时,则须大炷多壮,尤其对危重证,甚至不计壮数,灸至阳回脉复为止(表6-2)。古代文献中灸百壮的记载,是指多次灸治的累计数。

表6-2 灸量的掌握

	灸 量 小	灸 量 大
年龄	小儿、青少年	中老年
体质	体弱(单次灸量小,但疗程宜长)	体实(单次灸量大,但疗程宜短)
部位	头胸四肢的皮薄肌少处	腰腹以下的皮厚肌多处
病情	邪气轻浅、上实下虚	沉寒痼冷、元气欲脱

施灸疗程的长短,是灸疗量的另一个方面,可根据病情灵活掌握。急性病疗程较短,有时只需灸治1~2次即可;慢性病疗程较长,可灸治数月乃至1年以上。一般初灸时,每日1次,3次后改为2~3天1次。急性病亦可1天灸2~3次,慢性病需长期灸治者,可隔2~3日灸1次。

影响灸量的关键因素有:① 灸火的大小:灸火的大小是决定单位时间内产生灸量的决定因素。② 施灸时间的长短:灸法和用药一样也有量的积累,施灸时间越长,施灸时释放的能谱和化学活性物质

笔记栏

被机体吸收越多,即产生的灸量越大。③ 灸距的大小:灸距是指艾条灸、温灸器灸时灸火至皮肤之间的距离。灸距决定了施灸局部温度的高低和灸材燃烧释放的化学活性物质的吸收。④ 施灸频度:施灸频度不仅与灸量的积累有关,而且也直接关系到灸法的疗效。了解影响灸量的关键因素,对于能否恰当地应用灸量,探索不同病证灸量的应用规律,提高灸疗效果,以及灸法操作规范化有着重要的意义。

（三）灸法补泻

灸法也有"补泻"之说。《灵枢·背腧》说:"气盛则泻之,虚则补之。以火补者,毋吹其火,须自灭也。以火泻者,疾吹其火,传其艾,须其火灭也。"指出灸法亦须根据辨证施治的原则进行补虚泻实,并提出了艾炷直接灸的具体补泻方法。具体操作方法:补法,点燃艾炷后,不吹其火,待其慢慢地燃烧、自灭;泻法,点燃艾炷后,以口速吹旺其火,快燃速灭(图6-14)。由此看来,补法是火力温和而时间稍长,能使真气聚而不散;泻法是火力较猛而时间较短,能促使邪气消散。

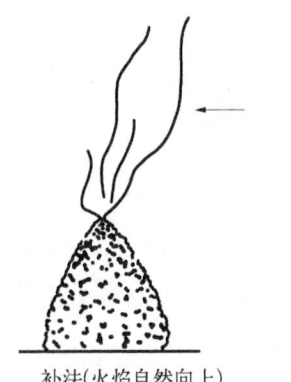
补法(火焰自然向上)

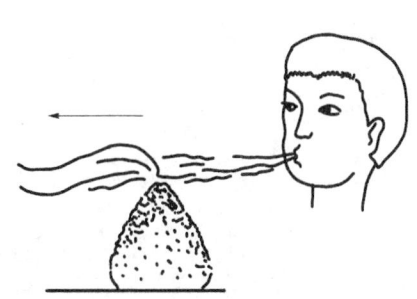
泻法(吹火焰)

图6-14 灸法补泻

其他的灸法虽没有提出过补泻的方法,但可根据施灸时灸火的温和与猛烈、时间的长与短来掌握。具体应用时,还须根据患者的具体情况,结合灸治的部位、穴位的性能、患者的体质和年龄等,灵活运用。

四、注 意 事 项

1. 施灸的体位 患者体位要舒适,并便于医生操作。一般空腹、过饱、极度疲劳时不宜施灸。直接灸宜采取卧位,注意防止晕灸的发生。

2. 施灸的顺序 一般是先灸上部,后灸下部;先背、腰部,后腹部;先头部,后四肢。

3. 禁灸与慎灸的部位 颜面部、心区、体表大血管部和关节肌腱部不可用瘢痕灸。妇女妊娠期,腰骶部和小腹部禁用瘢痕灸,其他灸法也不宜灸量过重。对昏迷、肢体麻木不仁及感觉迟钝的患者,勿灸过量,以避免烧伤。

4. 灸疮、灸泡的处理 灸疮的处理,详见"瘢痕灸"。灸后起泡者,小者可自行吸收,大者可用消毒针穿破,放出液体,敷以消毒纱布、用胶布固定即可。

5. 环境与防火 施灸过程中,室内宜保持良好的通风。严防艾火烧坏衣服、床单等。施灸完毕,必须把艾火彻底熄灭,以防火灾。

（贾春生）

第二节 拔 罐 法

拔罐法,古称角法,又名火罐气、吸筒法,是以罐为工具,利用燃烧、抽吸、蒸汽等方法造成罐内负压,使罐吸附于腧穴或体表的一定部位,以产生良性刺激,达到调整机体功能、防治疾病目的的外治方法。

拔罐法,早在马王堆汉墓出土的帛书《五十二病方》中就有记载,历代中医文献中亦多论述,主要为外科治疗疮疡时,用来吸血排脓。后来又扩大应用于肺结核、风湿病等内科病证。随着医疗实践的不断发展,不仅罐的质料和拔罐的方法不断得到改进和发展,而且治疗的范围也逐渐扩大,外科、内科等都有它的适应证,并经常和针刺配合使用。因此,拔罐法已成为针灸治疗中的一种重要方法。

一、罐具的种类

罐具的种类很多,目前临床常用的有竹罐、陶罐、玻璃罐和抽气罐等(图6-15)。

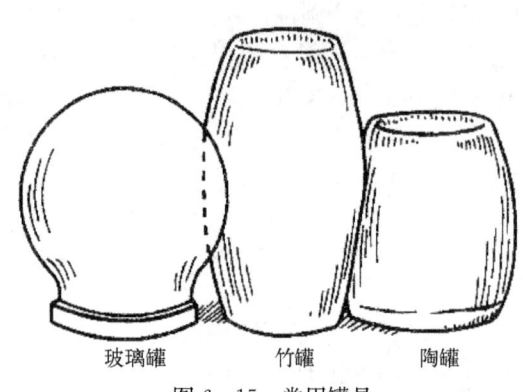

图 6-15 常用罐具

1. 竹罐 用直径 3~5 cm 坚固无损的竹子,截成 6~8 cm 或 8~10 cm 长的竹管,一端留节作底,另一端作罐口,用刀刮去青皮及内膜,制成形如腰鼓的圆筒,用砂纸磨光,使罐口光滑平正。竹罐的优点是取材容易,经济易制,轻巧,不易摔碎。缺点是容易燥裂漏气,吸附力不大。

2. 陶罐 用陶土烧制而成,罐的两端较小,中间略向外凸出,状如瓷鼓,底平,口径大小不一,口径小者较短,口径大者略长。这种罐的优点是吸力大,但质地较重,容易摔碎损坏。

3. 玻璃罐 在陶罐的基础上,改用玻璃加工而成,其形如球状,罐口平滑,分大、中、小三种型号。其优点是质地透明,使用时可直接观察局部皮肤的变化,便于掌握时间,临床应用较普遍。其缺点是容易破碎。

4. 抽气罐 用注射用青霉素药瓶、注射用链霉素药瓶或类似的小药瓶,将瓶底切去磨平,磨光滑,瓶口的橡皮塞须保留完整,以便于抽气时使用。现有用透明塑料制成的抽气罐,上面加置活塞,便于抽气。

二、吸拔方法与起罐方法

(一) 吸拔方法

1. 火罐法 利用燃烧时的火焰的热力,排去空气,使罐内形成负压,将罐吸着在皮肤上。具体操作方法有下列几种。

(1) 投火法:将易燃软质纸片(卷)或95%乙醇棉球点燃后投入罐里,将火罐迅速扣在选定的部位上(图6-16)。投火时,不论使用纸卷或纸条,都必须高出罐口1寸多,等到燃烧1寸左右后,纸卷或纸条都能斜立罐里一边,火焰不会烧着皮肤。初学投火法,还可在被拔地方放一层湿纸,或涂点水,让其吸收热力,可以保护皮肤。

(2) 闪火法:用7~8号粗铁丝,一头缠绕石棉绳或线带,做好酒精棒。使用前,将酒精棒稍蘸95%乙醇,用酒精灯或蜡烛燃着,将带有火焰的酒精棒一头伸入罐内摇晃数圈,迅速撤出,马上将火罐扣在应拔的部位上,此时罐内已成负压即可吸住(图6-17)。

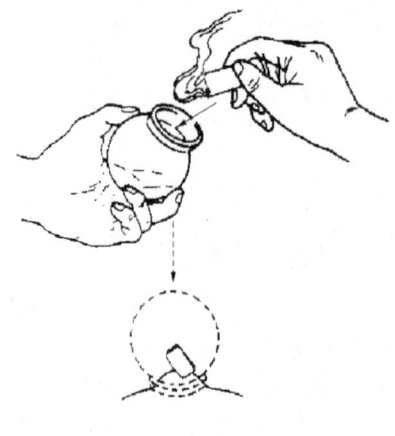

图 6-16 投火法

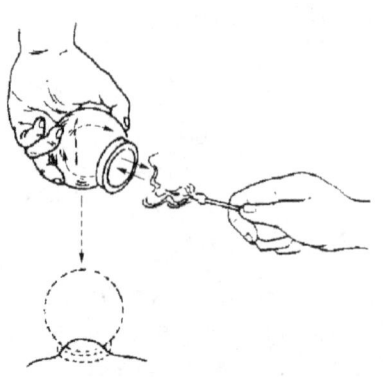

图 6-17 闪火法

闪火法的优点是,当吸附火罐时,火焰已离开火罐,罐内无火,可避免烫伤,优于投火法。

(3) 滴酒法:向罐子内壁中部滴 1~2 滴乙醇,将罐子转动一周,使乙醇均匀地附着于罐子的内壁上(不要沾罐口),然后用火柴将乙醇燃着,将罐口朝下,迅速将罐子扣在选定的部位上。

(4) 贴棉法:扯取面积大约 0.5 cm×0.5 cm 的脱脂棉一小块,薄蘸乙醇,紧贴在罐壁中段,用火柴燃着,马上将罐子扣在选定的部位上。

(5) 架火法:准备一个不易燃烧及传热的块状物,直径 2~3 cm,放在应拔的部位上,上置小块乙醇棉球,将棉球燃着,马上将罐子扣上,立刻吸住,可产生较强的吸力。

2. 煮罐法 一般应用竹罐。先将 5~10 个罐子放在锅内加水煮沸,使用时将罐子倾倒用镊子夹出,甩去水液,或用折叠的毛巾紧扪罐口,乘热按在皮肤上,即能吸住。放入适量的祛风活血药物,如羌活、独活、当归、红花、麻黄、艾叶、川椒、木瓜、川乌、草乌等,即称药罐,多用于治疗风寒湿痹等症。

3. 抽气法 先将注射用青霉素药瓶、注射用链霉素药瓶等废瓶制成的抽气罐紧扣在需要拔罐的部位上,用注射器从橡皮塞抽出瓶内空气,使产生负压,即能吸住。或用抽气筒套在塑料杯罐活塞上,将空气抽出,即能吸着(图 6-18)。

以上诸法,一般留 10~15 min,待拔罐部位皮肤充血、瘀血时,将罐取下。若罐大而吸拔力强时,可适当缩短留罐的时间,以免起泡。多用于治疗风湿痹证、感冒咳嗽、胃痛、呕吐、腹痛、泄泻等。

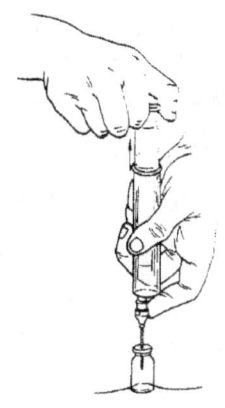

图 6-18 抽气法

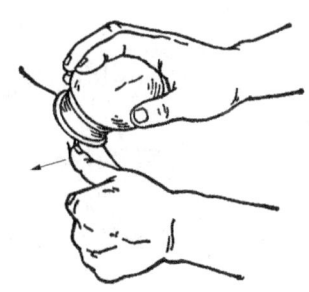

图 6-19 起罐法

(二)起罐法

1. 一般罐 一手握住罐体腰底部稍倾斜,另一手拇指或食指按压罐口边缘的皮肤,使罐口与皮肤之间产生空隙,空气进入罐内,即可将罐取下(图 6-19)。

2. 抽气罐 提起抽气罐上方的橡皮塞使空气注入罐内,罐即可脱落。也可用一般罐的起罐方法起罐。

3. 水(药)罐 为防止罐内有残留水(药)液漏出,若吸拔部位呈水平面,应先将拔罐部位调整为侧面后再起罐。

三、临床应用

在临床,根据病情需要,具体运用拔罐法时,还有以下几种方法。

1. 留罐 又称坐罐,即拔罐后将罐子吸附留置于施术部位 10~15 min,使局部皮肤潮红,甚或皮下瘀血呈紫黑色后将罐起下。此法一般疾病均可应用,而且单罐、多罐皆可应用。

2. 走罐 又称推罐,一般用于面积较大、肌肉厚的部位,如腰背部、大腿部等。可选用口径较大的玻璃火罐,罐口要光滑,先在罐口或欲拔罐部位涂一些凡士林油膏等润滑剂,再将罐吸住,然后,医生用右手握住罐子,略用力将罐沿着一定路线反复推拉,至走罐部位皮肤紫红为度。推罐时应用力均匀,以防止火罐漏气脱落。(图 6-20)。

3. 闪罐 采用闪火法将罐拔住后,随即取下,再吸拔、再取下,反复吸拔至局部皮肤潮红或罐体底部发热为度。动作要迅速而准确,必要时可在闪罐后留罐。

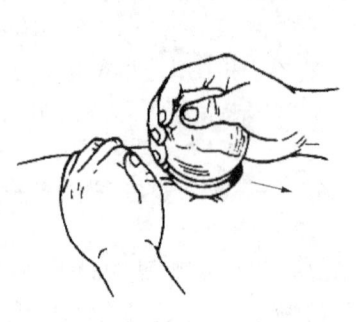
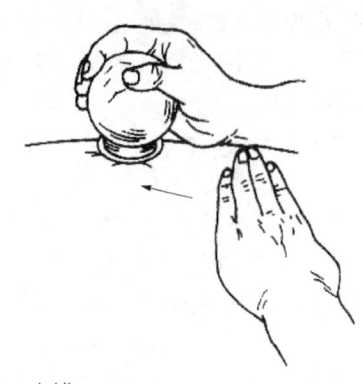

图 6-21 走罐

4. 留针拔罐 是将针刺和拔罐相结合应用的一种方法。即先针刺待得气后留针,再以针为中心点将火罐拔上,留置 10～15 min,然后起罐拔针(图 6-21)。

5. 刺血拔罐 又称刺络拔罐,即在应拔部位的皮肤消毒后,用皮肤针或三棱针、粗毫针等点刺出血或三棱针挑治后,再行拔罐、留罐,使之出血,以加强刺血治疗的作用。一般针后拔罐留置 10～15 min。

6. 药罐 是指先在抽气罐内盛贮一定的药液,一般为罐子的 1/2 左右,药物常用生姜、辣椒液、两面针酊、风湿酒等,或根据需要配制,然后按抽气罐法抽去空气,使罐吸附在皮肤上。

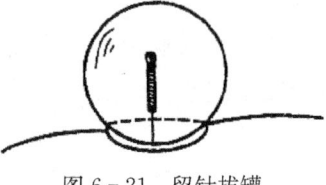

图 6-21 留针拔罐

四、作用与适用范围

拔罐法具有通经活络、行气活血、消肿止痛、祛风散寒等作用。其适用范围较为广泛,如风湿痹痛、各种神经麻痹,以及一些急慢性疼痛,如腹痛、腰背痛、痛经、头痛等均可应用,还可用于感冒、咳嗽、哮喘、消化不良、胃脘痛、眩晕等脏腑功能紊乱方面的病证。此外,如丹毒、红丝疔、毒蛇咬伤、疮疡初起未溃等外科疾病亦可用拔罐法。

五、注 意 事 项

(1) 拔罐时要选择适当的体位和肌肉丰满的部位。若体位不当或有所移动,及骨骼凸凹不平、毛发较多的部位,均不可用。

(2) 拔罐时要根据所拔部位的面积大小而选择大小适宜的罐。操作时必须迅速,才能使罐拔紧,吸附有力。

(3) 用火罐时应注意勿灼伤或烫伤皮肤。若烫伤或留罐时间太长而皮肤起水泡时,小的水泡无须处理,仅敷以消毒纱布,防止擦破即可。水泡较大时,用消毒针将水泡刺破放出水液,涂以甲紫溶液,或用消毒纱布包敷,以防感染。

(4) 皮肤有过敏、溃疡、水肿者,及大血管分布部位,不宜拔罐。高热抽搐者,以及孕妇的腹部、腰骶部,亦不宜拔罐。

(黄娟 徐晶)

第七章 其他针法

导 学

本章主要讲述三棱针刺法、皮肤针法、皮内针法、电针法和火针法。这是除毫针刺法、灸法和拔罐法外,针灸临床最常用的五种针刺方法。在临床上,他们有各自的适用范围,是毫针刺法及灸法的重要辅助针法。本章将逐一介绍各种针法的操作方法、适用范围及注意事项。

通过学习,掌握各种针刺方法的操作方法及注意事项;熟悉其适用范围;了解电针刺激参数的选择。能根据各种针法的特点在临床上选择应用。

第一节 三棱针刺法

三棱针,针柄呈圆柱状,针身呈三角锥形,针尖锋利,常用来刺破腧穴、浅静脉,适量出血,或挑断皮下部分纤维组织,以达到防治疾病的目的(图7-1)。

三棱针古称锋针,《灵枢·官针》说:"病在经络痼痹者……病在五脏固居者,取以锋针。"《灵枢·九针论》说:"故为之治针,必筒其身而锋其末,令可以泻热出血,而痼病竭……主痈热出血。"这是三棱针刺络放血的最早记载。

图7-1 三棱针

一、操 作 方 法

右手拇指和食指持针柄,中指抵住针身下端,露出针尖3 mm左右,以控制针刺深度(图7-2)。针刺时,左手或按压,或舒张,或提捏皮肤,右手持针刺入。常用的刺法有点刺法、散刺法、刺络法、挑刺法。

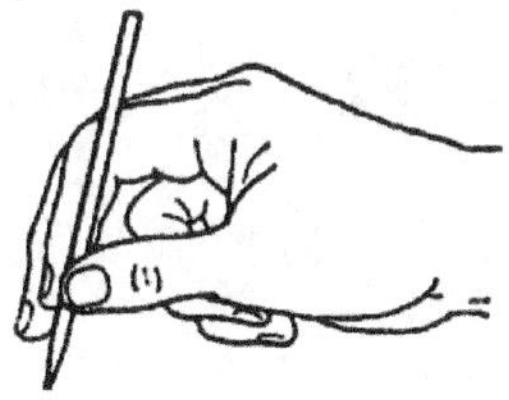

1. 点刺法 严格消毒后,用手指在被刺部位或其周围用推、揉、挤、捋等方法,使局部充血,将三棱针迅速刺入腧穴3 mm左右,立即出针,挤压针孔周围,使适量出血,用消毒干棉球按压止血。

2. 散刺法 散刺法,古称"豹纹刺",严格消毒后,持三棱针由外缘呈环形向病变中心点刺,适量出血后,消毒干棉球按压止血。

图7-2 三棱针持针式

3. 刺络法 严格消毒后,持三棱针快速刺入较细的浅静脉后出针,放出适量血液,消毒干棉球按压止血。

4. 挑刺法 严格消毒后,压手按住或捏起腧穴两侧皮肤,使腧穴固定,刺手持三棱针,从15~30°角刺入一定深度后,上挑针尖,挑破皮肤或皮下组织,使出血或流出黏液,消毒干棉球按压止血;也有刺入5 mm左右,倾斜针身,轻轻提高针尖,挑断皮下部分纤维组织,覆盖敷料。挑刺一般3~7天1次,3~5次为1个疗程。10~14天后,可进行第2个疗程。

二、适 用 范 围

三棱针刺法具有活血化瘀、疏经通络、开窍泄热、调和气血的作用,适用范围广泛。常用于治疗顽固性痹证、昏厥、高热、中暑、中风闭证、急性咽喉肿痛、目赤红肿、顽癣、疔疮初起、扭挫伤、疟疾、痔疾、久痹、头痛、丹毒、指(趾)麻木等。

笔记栏

三、注 意 事 项

(1) 针刺前,做好思想工作,消除患者的恐惧心理,让患者保持舒适的体位,与医生配合,以防晕针。
(2) 必须对针具、医生双手、患者的针刺部位进行严格消毒,防止感染。
(3) 点刺和散刺,必须做到浅而快,切勿刺入过深伤及动脉,出血不宜过多,一般以数滴为宜。
(4) 身体虚弱,常有自发性出血或损伤后出血不易止住的患者,不宜使用。
(5) 每日或隔日治疗1次,3～5次为1个疗程。急证可每日治疗2次;出血较多的,每周治疗1～2次为宜。

第二节 皮 肤 针 法

皮肤针的针头呈小锤形,针柄一般长15～19 cm,针头一端散嵌着不锈钢断针。根据所嵌断针数量,可分别称为梅花针(5支针)、七星针(7支针)、罗汉针(18支针)等。

《素问·皮部论》说:"凡十二经络脉者,皮之部也。是故百病之始生也,必先于皮毛。"十二皮部与经络、脏腑联系密切,皮肤针叩刺皮部,激发调节经络脏腑功能,可达到防治疾病的目的。

一、操 作 方 法

(一) 持针式
拇指、食指、无名指握住针柄后部,食指伸直压在针柄中段(图7-3)。

(二) 叩刺法
严格消毒后,持皮肤针,针尖对准叩刺部位,运用灵活的腕力垂直叩刺,即将针尖垂直叩击在皮肤上,并立即弹起,如此反复进行。

图7-3 皮肤针持针式

叩刺时,根据患者体质、年龄、病情、叩刺部位的不同,控制好刺激强度。

轻度刺激:用较轻腕力叩刺,局部皮肤略有潮红,患者稍有疼痛感。适宜老弱妇儿、虚证患者和头面、眼、耳、口、鼻及肌肉浅薄处。

中度刺激:用不轻不重的腕力叩刺,以局部皮肤明显潮红,微渗血,患者有疼痛感。适宜一般疾病和多数患者。

重度刺激:用较重腕力叩刺,局部皮肤明显潮红,可见出血,患者有明显疼痛感。适用于年壮体强、实证患者和肩、背、腰、臀部等肌肉丰厚处。

(三) 叩刺部位
皮肤针叩刺部位一般可分为循经叩刺、穴位叩刺、局部叩刺三种。

1. 循经叩刺 是沿与疾病相关的经脉循行路线叩刺的方法。最常用的是项背腰骶部的督脉和膀胱经。因督脉能调节一身之阳气,五脏六腑的背俞穴,皆分布在背腰部的膀胱经,所以其治疗范围广泛。四肢肘膝关节以下的经络,因五腧穴多分布在此,可治疗相应经络脏腑的疾病。

2. 穴位叩刺 是选取与疾病相关的腧穴叩刺的方法。临床常用的有各种特定穴、华佗夹脊穴、阿是穴等。

3. 局部叩刺 是在病变部位叩刺的方法。例如,扭伤后局部瘀肿疼痛、顽癣等,可在局部进行叩刺。

二、适 用 范 围

皮肤针多用于头痛、胁痛、背痛、腰痛、皮肤麻木、高血压、失眠、胃肠病、痛经、斑秃、顽癣、神经性皮炎、近视等。

笔记栏

三、注意事项

(1) 针刺前,认真检查针具,针尖必须平齐、无钩,针柄与针头连接处必须牢固。
(2) 叩刺时针尖要垂直而下,以减少患者疼痛。
(3) 叩刺后,如有出血,应进行清洁及消毒,以防感染。

第三节 皮内针法

皮内针是特制的颗粒型或揿钉型针具。皮内针法,又称"埋针法",即将皮内针刺入腧穴部位的皮内或皮下,固定并留置较长时间,给腧穴弱而长时间的刺激,调整经络脏腑功能,以达到防治疾病目的的一种针法。《素问·离合真邪论》有"静以久留"的刺法,皮内针就是古代久留针的发展(图7-4)。

图7-4 颗粒型和揿钉型皮内针

一、操作方法

（一）颗粒型皮内针

严格消毒后,用镊子夹住针身,沿腧穴部位皮下横向刺入0.5～1 cm,用胶布将留在皮外的针柄固定。

（二）揿钉型皮内针

严格消毒后,用镊子夹住环形针柄,将针尖垂直刺入腧穴,使针柄平整地贴于皮肤,用胶布固定。也可将针柄贴在小块胶布上,手执胶布,将针体压入腧穴。

留针时间,一般3～5天为宜,热天一般留针1～2天,天凉可留针3～7天。留针期间,每隔4小时用手按压埋针处1～2 min,以加强刺激,提高疗效。

二、适用范围

常用于某些慢性病和疼痛性疾病,如头痛、三叉神经痛、牙痛、面瘫、胆绞痛、胃痛、月经不调、痛经、遗尿、失眠、高血压、哮喘、咳嗽等。

三、注意事项

(1) 经常活动的部位,如关节附近、胸腹部等,不宜埋针,以免引起疼痛。
(2) 埋针后,如患者感觉疼痛或妨碍肢体活动,应将针取出,改选穴位重新埋针。
(3) 埋针期间,针处不可沾水,热天出汗较多,埋针时间不宜过长,以防感染。

第四节 电针法

电针法,是在毫针刺入腧穴得气后,用电针仪在毫针上通以接近人体生物电的微量电流,以针刺和电流两种刺激相结合,来防治疾病的一种疗法。电针可以在一定程度上代替医生长时间持续运针,并能比较客观准确地控制刺激量。

一、电针仪器

电针仪采用振荡发生器,输出接近人体生物电的低频脉冲电流,既可连接毫针,又可用点状电极或板

状电极直接放在穴位或患处进行治疗。电针仪刺激量可控,安全省电,体积小,携带方便,在临床广泛应用。

二、操作方法

毫针刺入腧穴得气后,将输出电位器调至"0"位,负极接主穴,正极接配穴,也有不分正负极,两根导线任接两支针柄,然后拨开电源开关,选好波形,慢慢调高至所需输出电流量。通电时间一般 5～20 min,用于镇痛,可通电 15～45 min。如感觉减弱,可适当加大输出电流量,或暂时断电 1～2 min 后再通电。如因病情需要只针刺一个穴位,可把一根导线接在针柄上,另一根导线接在一块约 25 cm 大小的薄铝板上,外包几层湿纱布,平放在离针稍远的皮肤上,用带子固定。这样,针刺部位的电刺激感应较明显,而铝板部位因电流分散,而感应微弱。当达到预定时间后,先将输出电位器调回"0"位,然后关闭电源开关,取下导线出针。

三、电针的选穴

电针法的选穴与毫针刺法大致相同,一般选取同侧肢体 1～3 对穴位为宜,选穴太多刺激过强,患者不易接受。

四、电针刺激参数的选择

(一)脉冲电流的作用和刺激的强度

1. 脉冲电流的作用 人体组织是由水分、无机盐、带电生物胶体组成的复杂的电解质电导体。当一种波形、频率不断变换的脉冲电流作用人体时,组织中的离子会发生定向运动,消除细胞膜极化状态,使离子浓度和分布发生显著变化,从而影响人体组织功能。低频脉冲电流通过毫针刺激腧穴,具有调整人体功能、加强止痛镇静、促进气血循环、调节肌张力等作用。

2. 脉冲电流的刺激强度 当电流逐渐增大到一定强度时,患者开始有麻刺感,此时的电流强度称为"感觉阈"。电流强度继续增加,患者会突然产生刺痛感,能引起疼痛感觉的电流强度称为"痛阈"。一般情况下,感觉阈和痛阈之间的电流强度,是最适合的治疗强度,因其范围较窄,需仔细调节。感觉阈和痛阈因人而异,并受多方面因素影响,要区别对待。超过痛阈的电流强度,患者不易接受,应以患者能耐受的强度为宜。患者对电流刺激会产生耐受,有时在治疗过程中需要加大刺激强度。

(二)波形、频率及节律

电针仪输出脉冲电的频率和节律的变化产生了不同的脉冲波形。波形不同,对机体的作用也不同,临床使用时应据病情选择适当波形,以提高疗效。常用波形有:密波、疏波、疏密波、断续波等。

1. 密波 高频率(一般在 50～100 次/秒)连续输出的波形叫密波。密波能降低神经应激功能,先对感觉神经起抑制作用,继而对运动神经也产生抑制作用。常用于止痛、镇静、缓解肌肉和血管痉挛、针刺麻醉等。

2. 疏波 低频率(一般是 2～5 次/秒)连续输出的波形叫疏波。疏波刺激作用较强,能引起肌肉收缩,提高肌肉韧带的张力,对感觉和运动神经的抑制发生较慢。常用于治疗痿证,各种肌肉、关节、韧带、肌腱的损伤等。

3. 疏密波 疏波和密波有节律交替输出(各持续 1.5 s)的波形叫疏密波。疏密波能克服单一波形易产生适应的缺点,动力作用较大,治疗时兴奋效应占优势。能促进代谢、气血循环,改善组织营养,消除炎性水肿。常用于止痛,治疗扭挫伤、关节周围炎、气血运行障碍、坐骨神经痛、面瘫、肌无力、局部冻伤等。

4. 断续波 密波有节律地交替输出与中断(各持续 1.5 s)形成的波形叫断续波。断续波,机体不容易产生适应,动力作用颇强,能提高肌肉组织的兴奋性,对横纹肌有良好的刺激收缩作用。常用于治疗痿证、瘫痪等。

笔记栏

五、适 用 范 围

电针的适用范围和毫针刺法基本相同。临床常用于各种痛证,痹证,痿证,心、胃、肠、胆、膀胱、子宫等脏腑功能失调,肌肉、韧带、关节的损伤性疾病等,并可用于针刺麻醉。

六、注 意 事 项

(1) 治疗前,先检查电针仪性能是否良好,输出值是否正常。

(2) 电针仪最大输出电压在 40 V 以上者,最大输出电流应控制在 1 mA 以内,避免发生触电事故。

(3) 调节电流量时,应缓慢增强,认真寻找最佳治疗电流量,切忌电流量过大或电流量突然加大,引起肌肉强烈收缩,超过患者耐受,甚者造成弯针、断针、晕针等意外。体质虚弱、精神紧张的患者,尤其注意。

(4) 避免电流回路通过心脏;安装心脏起搏器的患者,禁止使用电针。在接近延髓、脊髓部位使用电针时,电流输出量切勿过强,以免发生意外。孕妇慎用电针。

(5) 毫针的针柄经过温针灸氧化后不导电,或有些针柄的材料本身就不导电,使用时,应将电针仪输出线夹在针体上。

第五节 火 针 法

火针法,是将特制的金属针烧红,迅速刺入一定部位或穴位上,给人以一定的热性刺激,并快速退出以治疗疾病的方法。

火针古称"燔针",火针刺法称为"焠刺"。《灵枢·官针》曰:"焠刺者,刺燔针则取痹也。"明代吴鹤皋说:"焠刺者,用火先赤其针而后刺,此治寒痹之在骨也。"

一、操 作 方 法

(一) 选穴与消毒

1. 选穴 与毫针刺法基本相同,但选穴宜少,多以"以痛为腧"的局部取穴法为主。

2. 消毒 针刺前穴位局部皮肤应严格消毒,可先用碘酒消毒,再以乙醇脱碘或 0.5%~1% 碘伏消毒。

(二) 火针常用刺法

1. 点刺法 在腧穴上施以单针点刺的方法。

2. 密刺法 在体表病灶上施以多针密集刺激的方法,每针间隔不超过 1 cm。

3. 散刺法 在体表病灶上施以多针疏散刺激的方法,每针间隔 2 cm 左右。

4. 围刺法 围绕体表病灶周围施以多针刺激的方法,针刺点在病灶与正常组织的交界处。

5. 刺络法 用火针刺入体表血液瘀滞的血络,放出适量血液的方法。

(三) 烧针与针刺

1. 烧针 是使用火针的关键步骤。在使用火针前必须将针烧红,可先烧针身,后烧针尖。火针烧灼的程度有三种,根据治疗需要,可将针烧至白亮、通红或微红。若针刺较深者,需烧至白亮,速进疾出,否则不易刺入,也不易拔出,而且剧痛。若针刺较浅,可烧至通红,速入疾出,轻浅点刺。若针刺表浅,则可烧至微红,在表皮部位轻而稍慢地烙熨。

2. 针刺 可用左手拿点燃的酒精灯,右手持针,尽量靠近施治部位,烧针后对准穴位垂直点刺,速进速退。也可刺入后不立即拔针,留针 5~15 min 后再出针。出针后用无菌干棉球按压针孔,以减少疼痛并防止出血。

3. 针刺的深度 应根据病情、体质、年龄和针刺部位的肌肉厚薄、血管深浅、神经分布而定。一般而言,四肢、腰腹部针刺稍深,可刺2~5分深;胸背部针刺宜浅,可刺1~2分深;至于痣疣的针刺深度以其基底的深度为宜。

二、适 用 范 围

火针法临床应用也十分广泛,可涉及临床各科的多种疾病,但由于患者对本法多有恐惧心理,所以临床上一般多用于持续性疼痛,寒性、慢性、顽固性疾病。常用病证如下。

(1) 某些以疼痛为主要症状且缠绵难愈的病证。如各种痹证(包括风湿关节炎与类风湿关节炎)、网球肘、肩周炎、骨性关节炎、滑膜炎、腱鞘炎、腰椎病、腰肌劳损、痛经、胃脘痛、三叉神经痛等。

(2) 某些皮肤病。如神经性皮炎、蛇串疮、下肢象皮肿、湿疹、痣、疣等。

(3) 某些外科感染性疾病。痈疽、丹毒、瘰疬等。

(4) 某些慢性疾病。如慢性结肠炎、癫痫、阳痿、下肢静脉曲张、小儿疳积等。

三、注 意 事 项

(1) 施术时应注意安全,防止烧伤或火灾等事故发生。

(2) 针刺要避开动脉及神经干,勿损伤内脏和重要器官。

(3) 孕妇、产妇及婴幼儿慎用。

(4) 糖尿病患者、瘢痕体质或过敏体质者慎用。

(5) 精神过于紧张、饥饿、疲劳的患者不宜用。

(6) 施术后针孔局部若出现微红、灼热、轻度疼痛、瘙痒等症状属正常现象,可不作处理,应嘱咐注意针孔局部清洁,忌用手搔抓,不宜用油、膏类药物涂抹;针孔当天不宜沾水。

(7) 不明原因的肿块部位禁刺。

(8) 大失血、凝血机制障碍的患者禁刺。

(崔建美)

第八章 常用微针系统诊疗法

导 学

本章主要讲述常用微针系统中的头针、耳针。本章将逐一介绍两种针法的穴位定位、主治病证、操作方法及注意事项等。

通过学习,掌握两种针法的主要穴位定位、操作方法;熟悉不同针法的主治病证;了解不同针法的注意事项。

第一节 头 针 法

一、标准头穴线的定位及主治

(一)额区(4条线)

1. 额中线(MS1)

【部位】 在额部正中,前发际上下各0.5寸,即自神庭穴(GV24)向下针1寸,属督脉。(图8-1)。

【主治】 头痛、强笑、自哭、失眠、健忘多梦、癫狂痫、鼻病等。

2. 额旁1线(MS2)(胸腔区)

【部位】 在额部,额中线外侧直对目内眦角,发际上下各0.5寸,即自眉冲穴(BV2)沿经向下针1寸,属足太阳膀胱经(图8-1)。

【主治】 冠心病、心绞痛、支气管哮喘、支气管炎、失眠等上焦病征。

3. 额旁2线(MS3)(胃区、肝胆区)

【部位】 在额部,额旁1线的外侧,直对瞳孔,发际上下各0.5寸,即自头临泣(GB15)向下针1寸,属足少阳胆经(图8-1)。

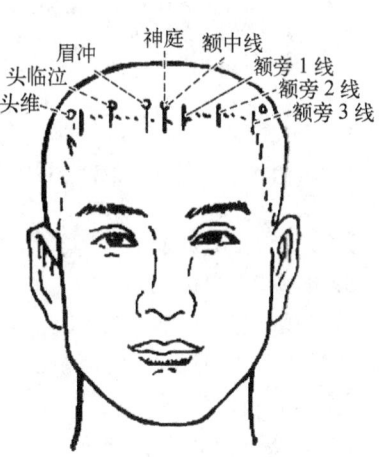

图8-1 《标准化方案》额区

【主治】 急慢性胃炎、胃和十二指肠溃疡、肝胆疾病等中焦病征。

4. 额旁3线(ST8)(生殖区、肠区)

【部位】 在额部,额旁2线的外侧,自头维穴(ST8)的内侧0.75寸处,发际上下各0.5寸,共1寸,属足少阳胆经与足阳明胃经之间。(图8-1)。

【主治】 功能失调性子宫出血、阳痿、遗精、子宫脱垂、尿频、尿急等下焦病征。

(二)顶区(5条线)

1. 顶中线(MS5)

【部位】 在头顶正中线上,自百会穴(GV20)向前1.5寸至前顶穴(GV21),属督脉(图8-2)。

【主治】 腰腿足病征,如瘫痪、麻木、疼痛、皮质性多尿、小儿夜尿、脱肛、胃下垂、子宫脱垂、高血压、头顶痛等。

2. 顶颞前斜线(MS6)(运动区)

【部位】 在头部侧面,从前顶穴(GV21)至悬厘穴(GB6)的连线,此线斜穿足太阳膀胱经、足少阳胆经(图8-3)。

【主治】 对侧肢体中枢性运动功能障碍,全线分5等分,上1/5治疗对侧下肢中枢性瘫痪,中2/5治疗对侧上肢中枢性瘫痪,下2/5治疗对侧中枢性面瘫、运动性失语、流涎、脑动脉粥样硬化等。

3. 顶颞后斜线(MS7)(感觉区)

【部位】 在头部侧面,从百会穴(GV20)至曲鬓穴(GB7)的连线,此线斜穿督脉,足太阳膀胱经和足少阳胆经(图8-3)。

【主治】 对侧肢体中枢性感觉障碍,全线分5等分,上1/5治疗对侧下肢感觉异常,中2/5治疗上肢感觉异常,下2/5治疗对侧头面部感觉异常。

4. 顶旁1线(MS8)

【部位】 在头顶部,顶中线左右各旁开1.5寸的两条平行线,自承光穴(BL6)起向后针1.5寸,属足太阳膀胱经(图8-4)。

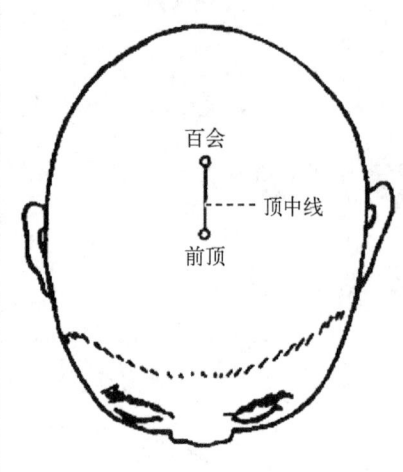

图8-2 《标准化方案》顶区1

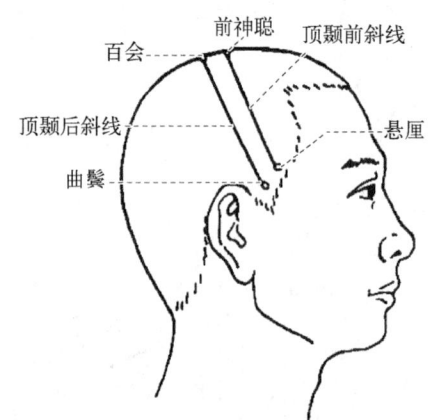

图8-3 《标准化方案》顶区2

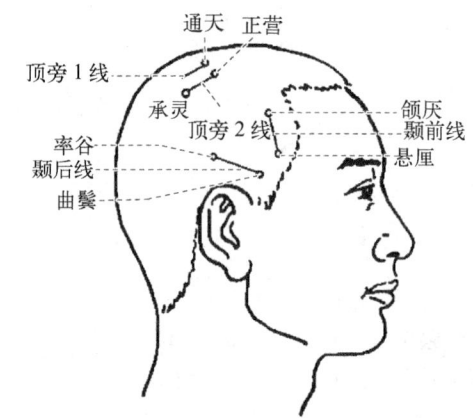

图8-4 《标准化方案》顶区与颞区

【主治】 腰腿病证,如瘫痪、麻木、疼痛等。

5. 顶旁2线(MS9)

【部位】 在头顶部,顶旁1线的外侧,两线相距0.75寸,距正中线2.25寸,自正营穴(GB17)起沿经线向后针1.5寸,属足少阳胆经(图8-4)。

【主治】 肩、臂、手等病证,如瘫痪、麻木、疼痛等。

(三) 颞区(2条线)

1. 颞前线(MS10)

【部位】 在头部侧面,颞部两鬓内,从额角下部向前发际处颔厌穴(GB4)到悬厘穴(GB7)属足少阳胆经(图8-4)。

【主治】 偏头痛、运动性失语、周围面神经麻痹和口腔疾病。

2. 颞后线(MS11)

【部位】 在头部侧面,颞部耳上方,耳尖直上自率谷穴(GB8)到曲鬓穴(GB7),属足少阳胆经(图8-4)。

【主治】 偏头痛、眩晕、耳聋、耳鸣。

(四) 枕区(3条线)

1. 枕上正中线(MS12)

【部位】 在枕部,枕外粗隆上方正中的垂直线,自强间穴(GV18)至脑户穴(GV17),属督脉(图8-5)。

【主治】 眼病。

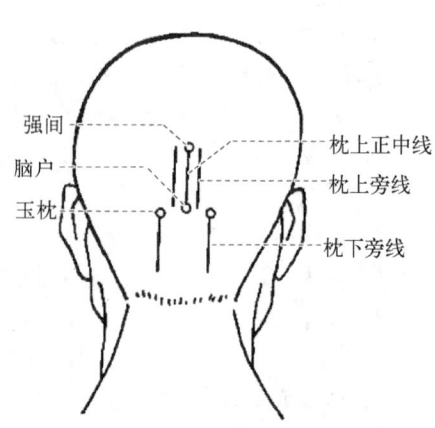

图8-5 《标准化方案》枕区

2. 枕上旁线（MS13）（视区）

【部位】 在枕部，枕上正中线平行向外 0.5 寸（图 8-5）。

【主治】 皮质性视力障碍、白内障、近视眼、目赤肿痛等眼病。

3. 枕下旁线（MS14）（平衡区）

【部位】 在枕部，从膀胱经玉枕穴（BL9）向下引一直线，长 2 寸，属足太阳膀胱经（图 8-5）。

【主治】 小脑疾病引起的平衡障碍、后头痛、腰背两侧痛。

二、头针的适应证

主要治疗脑源性疾患，如瘫痪、麻木、失语、眩晕、耳鸣、舞蹈病等。此外，也可以治疗腰腿痛、夜尿、肩周炎及三叉神经痛等各种神经性疼痛。头针还可应用于外科手术的针刺麻醉。

三、操 作 方 法

1. 选穴方法 单侧肢体疾病，常选用对侧头穴线；双侧肢体疾病，常选用双侧头穴线；内脏全身疾病或不容易区分左右的疾病，常双侧取穴。根据病情选取相对应的头穴线后，可再选取相关头穴线配合治疗。如下肢瘫痪，可选择顶旁 1 线配顶颞前斜线和顶颞后斜线的上 1/5。

2. 体位 患者一般取坐位或卧位。

3. 快速进针 持针，使针尖与头皮呈 30°左右快速刺入，当针尖抵达帽状腱膜下层时，指下感到阻力减小，使针体与头皮平行，沿头穴线快速推进到相应的深度。

4. 快速捻转 医生的肩关节、肘关节、腕关节、拇指固定不动，食指半屈曲状，用拇指第 1 节的掌侧面与食指第 1 节的桡侧面捏住针柄，然后以食指掌指关节不断伸屈，使针体来回快速旋转 200 次/min 左右，每次左右旋转各 2 圈左右。捻转持续 2～3 min，然后静留针 5～10 min，再重复捻转，用同样的方法再捻转 2 次即可（图 8-6，图 8-7）。

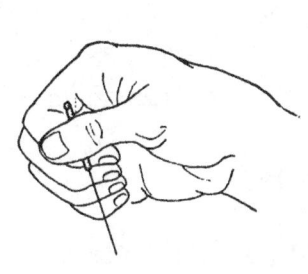
图 8-6 头针持针式

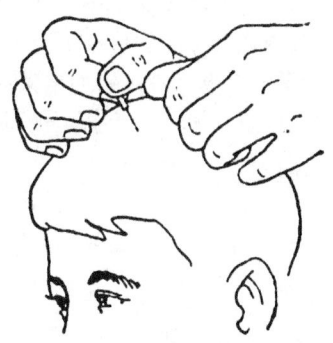
图 8-7 头针捻式

一般关节疾病患者，在行针或留针期间，适当主动或被动活动相应的关节，有助于提高疗效。快速捻转 3～5 min 后，部分患者在病变部位会出现热、麻、胀、凉、抽动等感应，这种患者的疗效通常比较好。也可用电针代替手捻进行治疗，脉冲电频率常选在 200～300 次/min。

5. 出针 刺手夹持针柄轻轻捻转至皮下，使针下无沉紧感，压手固定穴区周围皮肤，可快速出针，也可缓慢出针。出针后必须用消毒干棉球按压针孔片刻，防止出血。

6. 疗程 一般每日或隔日针治 1 次，10～15 次为 1 个疗程。间隔 5～7 天，再继续下 1 个疗程。

四、注 意 事 项

（1）严格消毒，以防感染。

（2）进针时，如果医生手下有抵抗感，或患者感觉明显疼痛，应立即将针后退，改变角度后再进针。

（3）由于头针的刺激较强，刺激时间较长，医生必须注意观察患者的反应，以防晕针。

（4）对脑出血患者，一般要等病情及血压稳定后，再考虑行头针治疗。凡有高热、急性炎症、心力衰竭等，慎用头针治疗。颅骨缝骨化不全的患者，慎用头针治疗。

（崔建美）

第二节　耳　针　法

耳针（auricular acupuncture）是指使用短毫针针刺或其他方法刺激耳郭穴位，以诊治疾病的一种方法。耳郭与人体各部存在着一定的生理联系。望耳的形态、色泽可以辅助诊断疾病，刺激耳部穴位可以防治疾病，其治疗范围较广，操作方便，且对疾病的诊断也有一定的参考意义。

运用耳穴诊治疾病，早在《灵枢·五邪》就有记载："邪在肝，则两胁中痛……取耳间青脉以去其掣。"唐代《备急千金要方》有取耳中穴治疗马黄、黄疸、寒暑疫毒等病。历代医学文献也有介绍用针、灸、吸、按摩、耳道塞药、吹药等方法刺激耳郭以防治疾病，以望、触耳郭诊断疾病的记载，并一直为很多医家所应用。这些说明，我国利用耳穴诊治疾病的历史已相当悠久。

为了便于不同国家间的研究和交流，我国制定了《耳穴名称与部位的国家标准方案（GB/T 13734-92）》。

一、耳与经络脏腑的关系

耳与脏腑的生理、病理有着密切的联系。与生理相关的，如《灵枢·五阅五使》说："耳者，肾之官也"；《灵枢·脉度》说："肾气通于耳，肾和则耳能闻五音矣"；《千金要方》说："心气通于舌，非窍也，其通于窍者，寄见于耳，荣华于耳"；《证治准绳》说："肾为耳窍之主、心为耳窍之客"；《厘正按摩要术》在汇集前人经验基础上，提出了耳背与五脏的关系，指出"耳珠属肾，耳轮属脾，耳上轮属心，耳皮肉属肺，耳背玉楼属肝"的生理联系。与病理相关的，如《素问·脏气法时论》说："肝病者……虚则目无所视，耳无所闻"；《素问·玉机真脏论》说："脾为孤脏……其不及则令人九窍不通"；《证治准绳》说："肺气虚则少气……是以耳聋"。而察耳的形态、色泽等改变，可"视其外应，以知其内脏"的病变，如《灵枢·本脏》说：耳"黑色小理者肾小……耳薄不坚者肾脆"；《证治准绳》说："凡耳轮红润者生，或黄或黑或青而枯燥者死，薄而白、薄而黑者皆为肾败"。现代科学研究表明，耳与脏腑器官在生理上密切联系，不仅存在着相关性，而且具有相对特异性，这为耳针法诊治疾病提供了客观依据。

二、耳郭的表面解剖

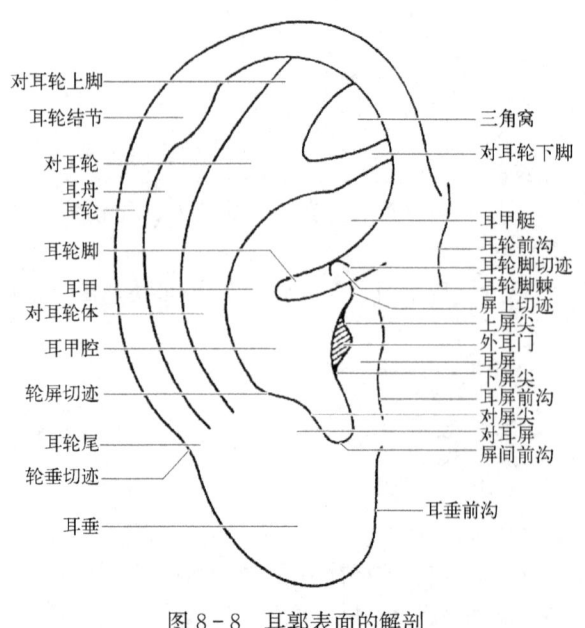

图8-8　耳郭表面的解剖

耳郭分为凹面的耳前和凸面的耳背。其体表解剖如图8-8示。

耳轮　耳郭卷曲的游离部分。

耳轮结节　耳轮后上部的膨大部分。

耳轮尾　耳轮向下移行于耳垂的部分。

轮垂切迹　耳轮和耳垂后缘之间的凹陷处。

耳轮脚　耳轮深入耳甲的部分。

耳轮脚棘　耳轮脚和耳轮之间的软骨隆起。

耳轮脚切迹　耳轮脚棘前方的凹陷处。

对耳轮　与耳轮相对呈"Y"字形的隆起部，由对耳轮体、对耳轮上脚和对耳轮下脚三部分组成。

对耳轮体　对耳轮下部呈上下走向的主体部分。

对耳轮上脚　对耳轮向前上分支的部分。

对耳轮下脚　对耳轮向前下分支的部分。

三角窝　对耳轮上、下脚与相应耳轮之间的三角形凹窝。

耳舟　耳轮与对耳轮之间的凹沟。
耳屏　耳郭前方呈瓣状的隆起。
屏上切迹　耳屏与耳轮之间的凹陷处。
对耳屏　耳垂上方，与耳屏相对的瓣状隆起。
屏间切迹　耳屏与对耳屏之间的凹陷处。
轮屏切迹　对耳轮与对耳屏的凹陷处。
耳垂　耳郭下部无软骨的部分。
耳甲　部分耳轮与对耳轮、对耳屏、耳屏及外耳门之间的凹窝。由耳甲艇、耳甲腔两部分组成。
耳甲腔　耳轮脚以下的耳甲部。
耳甲艇　耳轮脚以上的耳甲部。
外耳门　耳甲腔前方的孔窍。

三、耳穴的分布

耳穴(ear point)是指分布在耳郭上的一些特定区域。人体发生疾病时，常会在耳郭的相应部位出现压痛敏感、皮肤电特异性改变和变形、变色等反应。可参考这些现象来诊断疾病，并可通过刺激这些部位防治疾病。

耳穴在耳郭的分布有一定规律，其分布图好像一个倒置的胎儿，头部朝下，臀部朝上。其分布规律是：与头面部相应的耳穴在耳垂和耳垂的邻近；与上肢相应的耳穴在耳舟；与躯干和下肢相应的耳穴在对耳轮和对耳轮上脚、对耳轮下脚；与内脏相应的耳穴多集中在耳甲艇和耳甲腔；消化道的耳穴环形排列在耳轮脚周围(图8-9)。

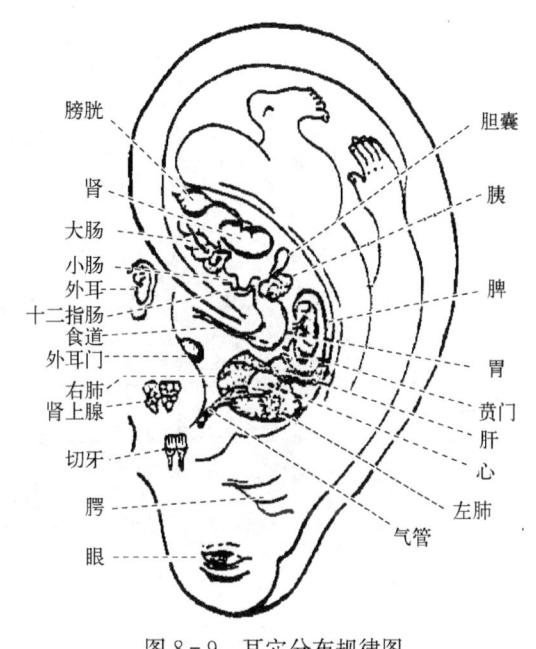

图8-9　耳穴分布规律图

四、耳穴的定位及主治

为了方便取穴，国家标准《耳穴名称与部位》按耳的解剖将每个部位划分为若干个区域，共计91个穴位(图8-10，图8-11，表8-1～表8-10)。现将定位及主治病证分述如下。

（一）耳轮穴位

耳轮分为12区，耳轮脚为1区，自耳轮脚切迹到对耳轮下脚上缘之间等分为3份，依次为2、3、4区，从对耳轮下脚到轮垂切迹之间，从上至下依次为5～12区。

表8-1　耳轮穴位

穴　名	定　位	主　治
耳中(ear center)	在耳轮脚处，即耳轮1区	呃逆，荨麻疹，皮肤瘙痒症，小儿遗尿，咯血，出血性疾病
直肠(rectum)	在耳轮脚棘前上方的耳轮处，即耳轮2区	便秘，腹泻，脱肛，痔疾
尿道(urethra)	在直肠上方的耳轮处，即耳轮3区	尿频，尿急，尿痛，尿潴留
外生殖器(external genitals)	在对耳轮下脚前方的耳轮处，即耳轮4区	睾丸炎，附睾炎，外阴瘙痒症
肛门(anus)	在三角窝前方的耳轮处，即耳轮5区	肛裂，痔疮
耳尖(ear apex)	在耳郭向前对折的上部尖端处，即耳轮6，7区交	发热，高血压，急性结膜炎，睑腺炎，牙痛，失眠
结节(node)	在耳轮结节处，即耳轮8区	头晕，头痛，高血压
耳轮1(helix 1)	从耳轮结节下方的耳轮处，即耳轮9区	发热，扁桃腺炎，上呼吸道感染
耳轮2(helix 2)	在1下方的耳轮处，即耳轮10区	发热，扁桃腺炎，上呼吸道感染
耳轮3(helix 3)	在2下方的耳轮处，即耳轮11区	发热，扁桃腺炎，上呼吸道感染
耳轮4(helix 4)	在轮3下方的耳轮处，即耳轮12区	发热，扁桃腺炎，上呼吸道感染

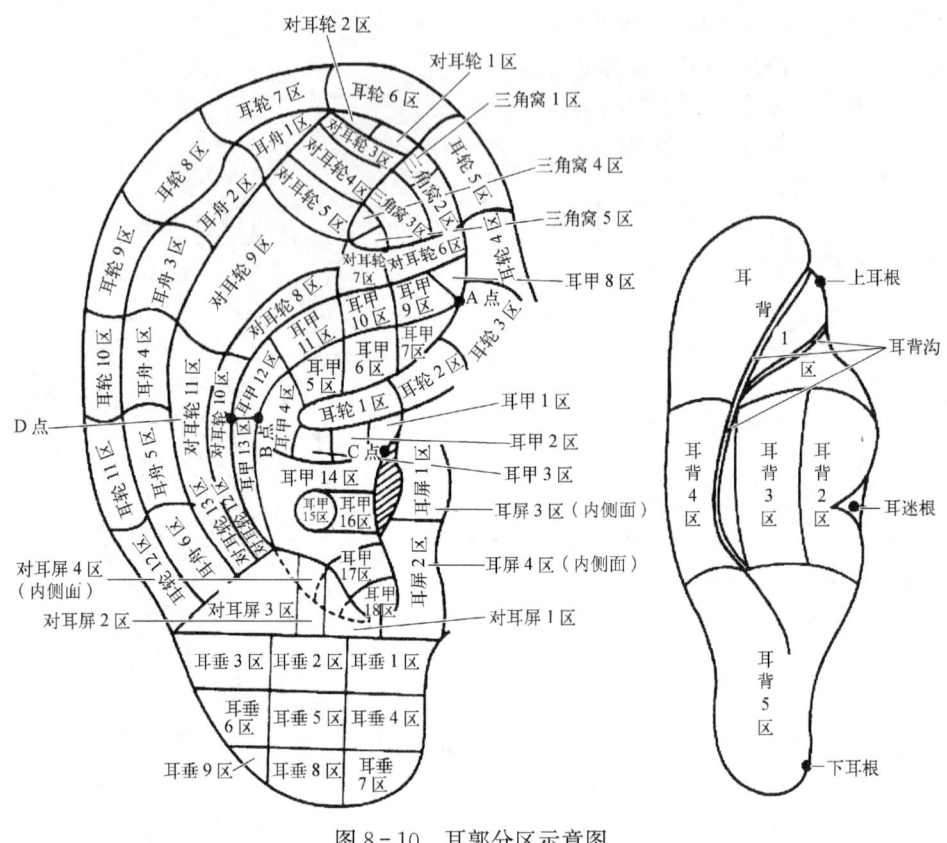

图 8-10 耳郭分区示意图

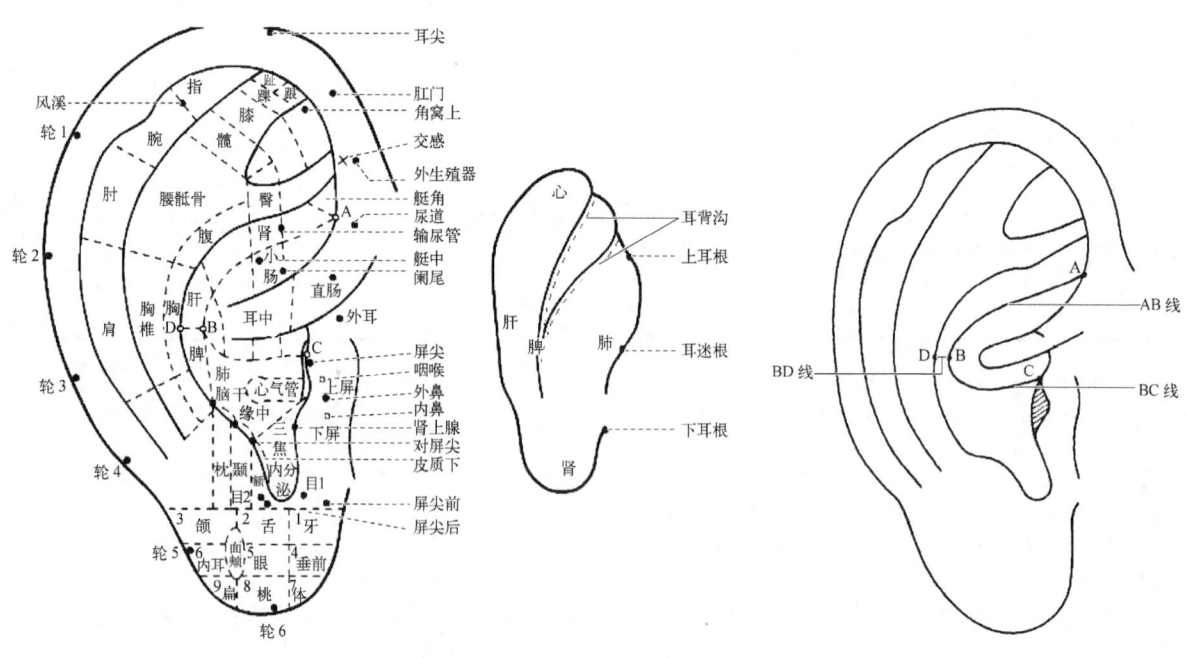

图 8-11 耳穴定位示意图

(二) 耳舟穴位

将耳舟分为 6 等分，自上而下依次为 1～6 区。

表 8-2 耳舟穴位

穴名	定位	主治
指(finger)	在耳舟上方处，即耳舟 1 区	甲沟炎，手指疼痛麻木
腕(wrist)	在指区的下方，即耳舟 2 区	腕部疼痛
风溪(wind stream)	在耳轮结节前方，指区与腕区之间，即耳舟 1、2 区交界处	荨麻疹，皮肤瘙痒症，过敏性鼻炎
肘(elbow)	在腕区的下方处，即耳舟 3 区	肱骨外上髁炎，肘部疼痛
肩(shoulder)	在肘区的下方处，即耳舟 4、5 区	肩关节周围炎，肩部疼痛
锁骨(clavicle)	在肩区下方处，即耳舟 6 区	肩关节周围炎

(三) 对耳轮穴位

对耳轮分为 13 个区。

对耳轮上角分为上、中、下三等分。下 1/3 为 5 区，中 1/3 为 4 区；再将上 1/3 分为上下两等分，下 1/2 为 3 区；再将上 1/2 分为前后两等分，后 1/2 为 2 区，前 1/2 为 1 区。

将耳轮下脚分为前、中、后三等分，中、前 2/3 为 6 区，后 1/3 为 7 区。

对耳轮体从对耳轮上、下角分叉处至轮屏切迹分为 5 等分，再沿对耳轮耳甲缘将对耳轮体分为前 1/4 和后 3/4 两部分，前上 2/5 为 8 区，后上 2/5 为 9 区，前中 2/5 为 10 区，后中 2/5 为 11 区，前下 1/5 为 12 区，后下 1/5 为 13 区。

表 8-3 对耳轮穴位

穴名	定位	主治
跟(heel)	在对耳轮上脚前上部，即对耳轮 1 区	足跟痛
趾(toe)	在耳尖下方的对耳轮上脚后上部，即对耳轮 2 区	甲沟炎，趾部疼痛
踝(ankle)	在趾、跟区下方处，即对耳轮 3 区	踝关节扭伤
膝(knee)	在对耳轮上脚中 1/3 处，即对耳轮 4 区	膝关节疼痛，坐骨神经痛
髋(hip)	在对耳轮上脚下 1/3 处，即对耳轮 5 区	髋关节疼痛，坐骨神经痛，腰骶部疼痛
坐骨神经(sciatic nerve)	在对耳轮下脚前 2/3 处，即对耳轮 6 区	坐骨神经痛，下肢瘫痪
交感(sympathesis)	在对耳轮下脚末端与耳轮内缘相交处，即对耳轮 1 区前端	胃肠痉挛，心绞痛，胆绞痛，输尿管结石，自主神经功能紊乱
臀(gluteus)	在对耳轮下脚后 1/3 处，即对耳轮 7 区	坐骨神经痛，臀筋膜炎
腹(abdomen)	在对耳轮前部上 2/5 处，即对耳轮 8 区	腹痛，腹泻，腹胀，急性腰扭伤，痛经，产后宫缩痛
腰骶椎(lumbosacral vertebrae)	在腹区后方，即对耳轮 9 区	腰骶部疼痛
胸(chest)	在对耳轮前部中 2/5，即对耳轮 10 区	胸胁疼痛，肋间神经痛，胸闷，乳腺炎
胸椎(thoracic vertebrae)	在胸区后方，即对耳轮 11 区	胸痛，经前乳房胀痛，乳腺炎，产后泌乳不足
颈(neck)	在对耳轮下 1/5，即对耳轮 12 区	落枕，颈项疼痛
颈椎(thoracic vertebrae)	在颈区后方，即对耳轮 13 区	落枕，颈椎综合征

(四) 三角窝穴位

将三角窝由耳轮内缘至对耳轮上、下脚分叉处分为前、中、后 3 等分，中 1/3 为 3 区；前 1/3 再分上、中、下三等分，上 1/3 为 1 区，中、下 2/3 为 2 区；再将后 1/3 分为上、下两分，上 1/2 为 4 区，下 1/2 为 5 区。

表8-4 三角窝穴位

穴 名	定 位	主 治
角窝上(superior triangular fossa)	在三角窝前1/3处的前上方,即三角窝1区	高血压
内生殖器(internal genitals)	在三角窝前1/3的中、下部,即三角窝2区	痛经,月经不调,白带过多,功能失调性子宫出血,阳痿,遗精,早泄
角窝中(middle triangular fossa)	在三角窝中1/3处,即三角窝3区	哮喘
神门(shenmen)	在三角窝后1/3的上部,即三角窝4区	失眠,多梦,戒断综合征,癫痫,高血压,神经衰弱,痛证
盆腔(pelvis)	在三角窝后1/3的下部	盆腔炎,附件炎

(五)耳屏穴位

耳屏分为4区。耳屏外侧面分为上、下两等分,上部分为1区,下部为2区,将耳屏内侧面分为上、下两等分,上部为3区,下部为4区。

表8-5 耳屏穴位

穴 名	定 位	主 治
上屏(upper tragus)	在耳屏外侧面上1/2处,即耳屏1区	咽炎,鼻炎
下屏(lower tragus)	在耳屏外侧面下1/2处,即耳屏2区	鼻炎,鼻塞
外耳(external ear)	在屏上切迹前方近耳轮部,即耳屏1区上缘处	外耳道炎,中耳炎,耳鸣
屏尖(apex of tragus)	在耳屏游离缘上部尖端,即耳屏1区后缘处	发热,牙痛,斜视
外鼻(external nose)	在耳屏外侧中部,即耳屏1、2区之间	鼻前庭炎,鼻炎
肾上腺(suprarenal gland)	在耳屏游离缘下部尖端	低血压,风湿性关节炎,腮腺炎,链霉素中毒,眩晕,哮喘,休克
咽喉(pharynx and larynx)	在耳屏内侧面上1/2处,即耳屏3区	声音嘶哑,咽炎,扁桃腺炎,失语,哮喘
内鼻(internal nose)	在耳屏内侧面下1/2处,即耳屏4区	鼻炎,上颌窦炎,鼻衄
屏间前(anterior intertragal notch)	在屏间切迹前方耳屏最下部,即耳屏2区下缘处	咽炎,口腔炎

(六)对耳屏穴位

将对耳屏分为4区,由对屏尖及对屏尖至轮屏切迹连线之中点,分别向耳垂上线作两条垂线,将对耳屏外侧及其后部分分成前、中、后3区,前为1区、中为2区、后为3区。对耳屏内侧面为4区。

表8-6 对耳屏穴位

穴 名	定 位	主 治
额(forehead)	在对耳屏外侧面的前部,即对耳屏1区	偏头痛,头晕
屏间后(posterior intertragal notch)	在屏间切迹后方对耳屏下部,即对耳屏1区下缘处	额窦炎
颞(temple)	在对耳屏外侧面的中部,即对耳屏2区	头晕,头痛,癫痫,哮喘,神经衰弱
枕(occiput)	在对耳屏外侧面的后部,即对耳屏3区	头晕,头痛,癫痫,哮喘,神经衰弱
皮质下(subcortex)	在对耳屏的内侧面,即对耳屏4区	痛症,间日疟,神经衰弱,假性近视,失眠
对屏尖(apex of antitragus)	在对耳屏游离缘的尖端,即对耳屏1、2、4区交点处	哮喘,腮腺炎,睾丸炎,附睾炎,神经性皮炎
缘中(central rim)	在对耳屏游离缘上,对屏尖与轮屏切迹之中点处,即对耳屏2、3、4区交点处	遗尿,耳眩晕,尿崩症,功能失调性子宫出血
脑干(brain stem)	在轮屏切迹处,即耳屏3、4区之间	眩晕,后头痛,假性近视

(七)耳甲穴位

将耳甲用标志点、线分为18个区。在耳轮的内缘上,设耳轮脚切迹至对耳轮下脚间中、上1/3交界处为A点;在耳甲内,由耳轮脚消失处向后作一水平线与对耳轮耳甲缘相交,设交点为D点;设耳轮脚消失处至 D 点连线中、后 1/3 交界处为 B 点;设外耳道口后缘上 1/4 与下 3/4 交界处为 C 点;从 A 点向 B 点作一条与对耳轮耳甲艇缘弧度大体相仿的曲线;从 B 点向 C 点作一条与耳轮脚下缘弧度大体相仿的曲线。

将 BC 线前段与耳轮脚下缘间分成 3 等份,前 1/3 为耳甲 1 区,中 1/3 为耳甲 2 区,后 1/3 为耳甲 3 区。ABC 线前方,耳轮脚消失处为耳甲 4 区。将 AB 线前段与耳轮脚上缘及部分耳轮内缘间分成 3 等份,后 1/3 为 5 区,中 1/3 为 6 区,前 1/3 为 7 区。将对耳轮下脚下缘前、中 1/3 交界处与 A 点连线,该线前方的耳甲艇部为耳甲 8 区。将 AB 线前段与对耳轮下脚下缘间耳甲 8 区以后的部分,分为前、后 2 等份,前 1/2 为耳甲 9 区,后 1/2 为耳甲 10 区。在 AB 线后段上方的耳甲艇部,将耳甲 10 区后缘与 BD 线之间分成上、下 2 等份,上 1/2 为耳甲 11 区,下 1/2 为耳甲 12 区。由轮屏切迹至 B 点作连线,该线后方、BD 线下方的耳甲腔部为耳甲 13 区。以耳甲腔中央为圆心,圆心与 BC 线间距离的 1/2 为半径作圆,该圆形区域为耳甲 15 区。过 15 区最高点及最低点分别向外耳门后壁作两条切线,切线间为耳甲 16 区。15 区、16 区周围为耳甲 14 区。将外耳门的最低点与对耳屏耳甲缘中点相连,再将该线以下的耳甲腔部分为上、下 2 等份,上 1/2 为耳甲 17 区,下 1/2 为耳甲 18 区。

表 8-7 耳 甲 穴 位

穴 名	定 位	主 治
口(mouth)	在耳轮脚下方前 1/3 处,即耳甲 1 区	面瘫,口腔炎,胆囊炎,胆石症,戒断综合征,牙周炎,舌炎
食道(esophagus)	在耳轮脚下方中 1/3 处,即耳甲 2 区	食道炎,食道痉挛
贲门(cardia)	在耳轮脚下方后 1/3 处,即耳甲 3 区	贲门痉挛,神经性呕吐
胃(stomach)	在耳轮脚消失处,即耳甲 4 区	胃痉挛,胃炎,胃溃疡,失眠,牙痛,消化不良,恶心呕吐,前额痛
十二指肠(duodenum)	在耳轮脚及部分耳轮与 AB 线之间的后 1/3 处,即耳甲 5 区	十二指肠溃疡,胆囊炎,胆石症,幽门痉挛
小肠(small intestine)	在耳轮脚及部分耳轮与 AB 线之间的中 1/3 处,即耳甲 6 区	消化不良,腹痛,心动过速,心律不齐
大肠(large intestine)	在耳轮脚及部分耳轮与 AB 线之间的前 1/3 处,即耳甲 7 区	腹泻,便秘,咳嗽,牙痛,痤疮
阑尾(appendix)	在小肠区与大肠区之间,即耳甲 6、7 区交界处	单纯性阑尾炎,腹泻
艇角(angle of superior concha)	在对耳轮下角下方前部,即耳甲 8 区	前列腺炎,尿道炎
膀胱(bladder)	在对耳轮下脚下方中部,即耳甲 9 区	膀胱炎,遗尿,尿潴留,腰痛,坐骨神经痛
肾(kidney)	在对耳轮下脚下方的后部,即耳甲 10 区	腰痛,耳鸣,神经衰弱,肾盂肾炎,遗尿,哮喘,月经不调,阳痿,遗精,早泄
输尿管(ureter)	在肾区与膀胱区之间,即耳甲 9、10 区交界处	输尿管结石绞痛
胰胆(pancreas-gallbladder)	在耳甲艇的后上方,即耳甲 11 区	胆囊炎,胆石症,胆道蛔虫病,偏头痛,带状疱疹,中耳炎,耳鸣,急性胰腺炎
肝(liver)	在耳甲艇的后下方,即耳甲 12 区	胁痛,眩晕,经前期紧张症,月经不调,更年期综合征,高血压,假性近视,单纯性青光眼
艇中(center of superior concha)	在小肠区与肾区之间,即耳甲 6、10 区交界处	腹痛,腹胀,胆道蛔虫病
脾(spleen)	在 BD 线下方,耳甲腔的后上部,即耳甲 13 区	腹胀,腹泻,便秘,食欲不振,功能性子宫出血,白带过多,耳眩晕
心(heart)	在耳甲腔正中凹陷中,即耳甲 15 区	心动过速,心律不齐,心绞痛,无脉症,神经衰弱,癔症,口舌生疮
气管(trachea)	在心区与外耳门之间	哮喘,支气管炎
肺(lung)	在心、气管处周围,即心区的上、外、下三面	哮喘,胸闷,声音嘶哑,皮肤瘙痒症,荨麻疹,便秘,戒断综合征
三焦(triple energizer)	在外耳门后下,肺区与内分泌区之间,即耳甲 17 区	便秘,腹胀,上肢外侧疼痛
内分泌(endocrine)	在屏间切迹内,耳甲腔的前下部,即耳甲 18 区	痛经,月经不调,更年期综合征,痤疮,间日疟,甲状腺功能减退或亢进症

（八）耳垂穴位

将耳垂分为9区，在耳垂上线至耳垂下线最低点之间划两条等距离平行线，于上平行线上引两条垂直等份线，将耳垂分为9个区，上部由前到后依次为耳垂1区、2区、3区；中部由前到后依次为耳垂4区、5区、6区；下部由前到后依次为耳垂7区、8区、9区。

表8-8 耳垂穴位

穴 名	定 位	主 治
牙（tooth）	在耳垂正面前上部，即耳垂1区	牙痛，牙周炎，低血压
舌（tongue）	在耳垂正面中上部，即耳垂2区	舌炎，口腔炎
颌（jaw）	在耳垂正面后上部，即耳垂3区	牙痛，颞颌关节炎
垂前（anterior ear lobe）	在耳垂正面前中部，即耳垂4区	神经衰弱，牙痛
眼（eye）	在耳垂正面中央，即耳垂5区	急性结膜炎，电光性眼炎，麦粒肿，假性近视
内耳（internal ear）	在耳垂正面后中部，即耳垂6区	耳眩晕，耳鸣，听力减退，中耳炎
面颊（cheek）	在耳垂正面与内耳区之间，即耳垂5区、6区交界处	周围性面瘫，三叉神经痛，痤疮，扁平疣，面肌痉挛，腮腺炎
扁桃体（tonsil）	在耳垂正面下部，即耳垂8区	扁桃体炎，咽炎

（九）耳背穴位

将耳背分为5区，分别过对耳轮上、下脚分叉处耳背对应点和轮屏切迹耳背对应点作两条水平线，将耳背分为上、中、下3部，上部为耳背1区，下部为耳背5区。再将中部分为内、中、外3等份，内1/3为耳背2区、中1/3为耳背3区、外1/3为耳背4区。

表8-9 耳背穴位

穴 名	定 位	主 治
耳背心（heart of posterior surface）	在耳背上部，即耳背1区	心悸，失眠，多梦
耳背肺（lung of posterior surface）	在耳背中内部，即耳背2区	哮喘，皮肤瘙痒症
耳背脾（spleen of posterior surface）	在耳前中央部，即耳背3区	胃痛，消化不良，食欲不振
耳背肝（liver of posterior surface）	在耳背中外部，即耳背4区	胆囊炎，胆石症，胁痛
耳背肾（kidney of posterior surface）	在耳背下部，即耳背5区	头晕，头痛，神经衰弱
耳背沟（groove of posterior surface）	在对耳轮沟和对耳轮上、下脚沟处	高血压，皮肤瘙痒症

（十）耳根穴位

表8-10 耳根穴位

穴 名	定 位	主 治
上耳根（upper ear root）	在耳根最上处	鼻出血
耳迷根（root of ear vagus）	在耳轮脚后沟的耳根处	胆囊炎，胆石症，胆道蛔虫病，鼻塞，心动过速，腹痛，腹泻
下耳根（lower ear root）	在耳根最下处	低血压，下肢瘫痪，小儿麻痹后遗症

五、耳穴的临床应用

（一）耳穴处方的选穴原则

1. 按疾病的相应部位选穴 如胃病选胃穴，阑尾炎选阑尾穴，肩痛选肩穴，咽喉痛选咽喉穴等。

2. 按中医理论选穴 根据脏腑经络学说的理论结合疾病所出现的症状辨证取穴。如耳鸣选肾穴，因为"肾开窍于耳"；目病选肝穴，因"肝开窍于目"；失眠选心穴，因"心主神"，失眠多与心神不宁有关；皮肤病选肺穴，因"肺主皮毛"等。

笔记栏

3. 按西医学知识选穴 如十二指肠溃疡选十二指肠、交感,心律失常选心穴,月经不调选子宫穴,输液反应选肾上腺穴等。

4. 根据临床经验选穴 如目赤肿痛选耳尖,癫狂选神门,牙痛选齿穴等。

选穴须注意精炼,一般以选用2～3穴为宜。一侧有病取同侧,两侧病或脏腑病选双侧穴,也可左病取右,右病取左。

（二）耳穴的探查方法

1. 直接观察法 就是利用肉眼或借助放大镜,在自然光线下,对耳部由上而下,从内到外,直接观察有无变形、变色征象,如脱屑、水疱、丘疹、充血、硬结、疣赘、软骨增生、色素沉着以及血管的形状、颜色的变异等。

2. 按压法 诊断明确后,在患者耳部相应部位用探针、火柴梗、毫针柄等物用轻、慢、用力均匀的压力寻找痛点。一般在疾病相应部位的耳郭部从周围向中心探压,或自上而下、自外而内对整个耳郭进行检查,耐心细致地找压痛点。当压到敏感点时,患者会出现皱眉、呼痛、躲闪等反应。挑选最明显的一点作为耳针的治疗点。

3. 电阻测定法 当人体发生疾病时,多数患者相应耳穴的电阻下降。这些电阻下降的耳穴,皮肤导电量必然增高,故又称为"良导点"。这种良导点,就可以作为耳针治疗的刺激点。测定时用特制的电子仪器测定耳穴皮肤的电阻、电位、电容等变化,方法是患者一手握电极,医生手执探测头,在患者耳郭上进行探查,当电极探头触及敏感点时,如电阻低的耳穴,可以通过指示信号、音响或仪表反映出来。这种电测定法具有操作简便、准确性高等优点。

（三）耳穴治疗操作方法

1. 毫针刺法

（1）定穴与消毒：诊断明确后,用探棒或耳穴探测仪将所测得的敏感点或耳穴作为针刺点。行针刺之前必须严格消毒耳穴,先用2%碘酒消毒,再用75%乙醇脱碘,待酒精干后施术。

（2）体位与进针：一般采用坐位,如年老体弱、病重或精神紧张者宜采用卧位。针具选用26～30号0.3～0.5寸长的不锈钢毫针。进针时左手拇、食两指固定耳郭,中指托着针刺部位的耳背,这样既可掌握针刺的深度,又可以减轻针刺疼痛。然后用右手拇、食两指持针,在刺激点针刺即可。用快速插入的速刺法或慢慢捻入的缓刺法均可。刺入深度应视患者耳郭局部的厚薄灵活掌握,一般刺入皮肤2～3分,以达软骨后毫针站立不摇晃为准。刺入耳穴后,如患部感应强烈,患者症状有即刻减轻感;如局部无针感,应调整针刺的方向、深度和角度。刺激强度和手法依病情、体质、证型、耐受程度等综合考虑。

（3）留针与出针：留针的时间一般为15～30 min,慢性病、疼痛性疾病留针时间适当延长,儿童、年老者不宜多留。留针期间为提高疗效,可每隔10 min运针1次。治疗结束出针时,医生左手托住耳部,右手迅速将毫针拔出,再用消毒干棉球压迫针孔,以免出血。

2. 埋针法 是将皮内针埋入耳穴治疗疾病的方法,适用于慢性病和疼痛性疾病,起到持续刺激、巩固疗效和防止复发的目的。使用本法时,左手固定常规消毒后的耳郭,右手用镊子夹住皮内针的针柄,轻轻刺入所选穴位,再用胶布固定。一般埋患侧耳郭,必要时埋双耳。每日自行按压3次,每次留针3～5日,5次为1个疗程。

3. 电针法 是毫针与脉冲电流刺激相结合的一种疗法。临床上更适用于神经系统疾病、内脏痉挛、哮喘诸证。针刺获得针感后,接电针仪上的两根输出导线,具体操作可参照电针法。电针仪旋钮要慢慢旋动,逐渐调至所需刺激量,切忌突然增强刺激,以防发生意外。通电时间一般以10～20 min为宜。

4. 压丸法 即在耳穴表面敷贴压丸替代埋针的一种简易疗法。此法既能持续刺激穴位,又安全无痛,无副作用,目前广泛应用于临床。

压丸所选用材料可就地取材,如王不留行籽、油菜籽、绿豆、小米、白芥子等,临床多用王不留行籽,因其表面光滑,大小和硬度适宜。应用前用沸水烫洗2 min,晒干装瓶备用。另外也有贴耳穴专用的小磁珠,取用也很方便。

应用时将所用材料贴附在0.6 cm×0.6 cm的胶布中央,用镊子夹住敷贴在选用的耳穴上。每日自行按压3～5次,每次每穴按压30～60 s,3～7日更换1次,双耳交替。刺激强度依患者情况而定,一般儿童、孕妇、年老体弱者、神经衰弱者用轻刺激法,急性疼痛性病证宜用强刺激法。

5. 穴位注射法 用微量药物注入耳穴,通过注射针对穴位的刺激和药物的药理作用,协同调整机体功能,促进疾病恢复,达到防治疾病的目的。

一般使用 1 mL 注射器配 26 号针头,依病情吸取选用药物,左手固定耳郭,右手持注射器刺入耳穴的皮内或皮下,行常规皮试操作,缓缓推入 0.1～0.3 mL 药物,使皮肤形成小皮丘,耳郭有胀、红、热等反应,注射完毕后用消毒干棉球轻轻压迫针孔,隔日 1 次。

六、注意事项

(1) 严格消毒,防止感染。因耳郭在外,表面凸凹不平,结构特殊,针刺前必须严格消毒,有伤面和炎症部位禁针,针刺后如针孔发红、肿胀应及时涂 2.5% 碘酒,防止化脓性软骨膜炎的发生。

(2) 对扭伤和有运动障碍者,进针后宜适当活动,有利于提高疗效。

(3) 对习惯性流产的孕妇应禁针。

(4) 患有严重器质性病变和伴有重度贫血者不宜针刺,对严重心脏病、高血压患者不宜行强刺激。

(5) 耳针治疗时亦应注意防止发生晕针,万一发生应及时处理。

(黄　娟)

第九章　腧穴特种疗法

导　学

本章主要讲述腧穴特种疗法中的穴位注射、穴位贴敷、穴位埋线。本章将逐一介绍各种针法的操作方法、适用范围及注意事项。

通过学习,掌握各种特种疗法的操作方法;熟悉其适用范围;了解不同疗法的注意事项。能根据各种针法的特点在临床上选择应用。

第一节　穴位注射

穴位注射,是使用注射器将中西药物注射液注入穴位,以防治疾病的一种疗法。将针刺对穴位的刺激作用、注射液对穴位的刺激作用,以及注射液本身对肌体的药物作用结合起来,发挥综合效能,对某些疾病有很好的疗效。

一、用具及常用药液

（一）用具

1 mL、2 mL、5 mL、10 mL、20 mL 的一次性无菌注射器,一般穴位用牙科 5 号针头或一般 7 号针头,或 5～6.5 号针头,深部穴位可用 9 号长针头。

（二）常用药物

1. 中草药制剂　复方当归注射液、丹参注射液、川芎嗪注射液、鱼腥草注射液、银黄注射液、柴胡注射液、板蓝根注射液、威灵仙注射液、徐长卿注射液、清开灵注射液等。

2. 维生素类制剂　维生素 B_1 注射液、维生素 B_6 注射液、维生素 B_{12} 注射液、维生素 C 注射液、维丁胶性钙注射液等。

3. 其他　5% 或 10% 葡萄糖注射液、生理盐水、注射用水、三磷酸腺苷、辅酶 A、神经生长因子、胎盘组织液、硫酸阿托品、山莨菪碱、加兰他敏、泼尼松龙、盐酸普鲁卡因、利多卡因、氯丙嗪等。

二、穴位的选择

穴位注射选穴要少而精,一般 1～4 个为宜,常选择肌肉丰满处的腧穴,也可选择结节、条索、压痛等阳性反应点。

三、操作方法

1. 操作程序　让患者保持舒适的体位,选择合适的注射器和针头,抽取适量药液,严格消毒后,右手持注射器快速刺入腧穴或反应点的皮下,然后缓慢进针,"得气"后,回抽无血,无回液时即可将药液注入,实热证注入宜速,虚寒证注入宜缓。当药液较多时,可由深至浅,边推药液边退针,或将注射针向多个方向注射药液。

笔记栏

2. 注射剂量　头面部可注射 0.1～0.5 mL；耳穴可注射 0.1～0.2 mL；胸部可注射 0.5～1 mL；腹背及四肢部可注射 1～2 mL；腰臀部可注射 2～5 mL。注射量不可超过注射液说明书规定的最大剂量。

3. 疗程　一般 1～2 天 1 次，急证可以每天 2 次，治疗后反应强烈的，可间隔 2～3 天治疗 1 次，6～10 次为 1 个疗程，疗程间可休息 3～5 天。

四、适 用 范 围

穴位注射的适用范围非常广泛，临床常用于痛证，痹证，痿证，癫狂，心、胃、肠、胆、膀胱、子宫等器官的功能失调，肌肉、韧带、关节的损伤性疾病等。

五、注 意 事 项

（1）针刺前，消除患者的恐惧心理，让患者保持舒适的体位，防止晕针。并对患者说明注射后的正常反应，比如注射后局部可能会有酸胀感，4～24 小时内局部有轻度不适。

（2）注射器有漏气，针头有毛钩者，均不能使用。

（3）必须注意药物的性能、药理作用、剂量、配伍禁忌、副作用、过敏反应、有效期、药物有无沉淀变质等情况。凡使用能引起过敏反应的药物（如青霉素、链霉素、普罗卡因等），必须先做皮试，阳性反应者不可应用。副作用较强的药物，应谨慎使用。

（4）必须对针具、医生双手、患者的针刺部位进行严格消毒，以防感染。

（5）在颈部、胸背部注射时，切勿过深，药物剂量也必须严格控制，注射宜缓慢。

（6）一般药液不能注入关节腔、脊髓腔和血管内，否则可能会导致不良后果。必须避开神经干，以免损伤神经。

（7）孕妇的下腹、腰骶部和三阴交、合谷等孕妇禁针穴位，不宜应用穴位注射。年老体弱者，选穴须少，药液剂量须酌减。

第二节　穴 位 贴 敷

穴位贴敷，是指在穴位上贴敷某种药物，通过药物和腧穴的共同作用，以防治疾病的一种外治方法。其中某些带有刺激性的药物（如毛茛、斑蝥、白芥子、甘遂、蓖麻子等）捣烂或研末，贴敷穴位，可以引起局部发泡化脓如"灸疮"，则又称为"天灸"或"自灸"，现代也称发泡疗法。

一、贴敷药物与剂型

1. 药物的选择　凡是临床上有效的汤剂、丸剂，一般都可以熬膏或研末用作穴位贴敷。正如吴师机在《理瀹骈文》中所言："外治之理即内治之理，外治之药亦即内治之药，所异者法耳"。外治与内治只是方法不同，治疗原则是一样的。与内服药物相比，贴敷用药具有以下特点。

（1）使用通经走窜、开窍活络之品。《理瀹骈文》载："膏中用药，必得通经走络、开窍透骨、拔毒外出之品为引"，以领群药开结行滞，直达病所，祛邪外出。常用的药物有冰片、麝香、丁香、花椒、白芥子、乳香、没药、肉桂、细辛、白芷、姜、葱、蒜等。

（2）多选气味醇厚，甚或力猛有毒之品。如生南星、生半夏、生川乌、生草乌、巴豆、斑蝥、蓖麻子、大戟等药物。

（3）选择适当溶剂调和贴敷药物或熬膏使用，达到药力专、吸收快、收效速的目的。常用溶剂有水、白酒或黄酒、醋、姜汁、蜂蜜、蛋清、凡士林等。醋调贴敷药，能起到解毒、化瘀、敛疮等作用，虽用药猛，可缓其性；酒调贴敷药，则有行气、活血、通络、消肿、止痛作用，虽用药缓，可激其性；油调贴敷药，又可润肤生肌。此外，还可针对病情应用药物的浸剂作溶剂。

2. 药物的制作　穴位贴敷，在临床上根据病情及药物性能的不同，有多种使用方法，如贴敷散剂、贴敷膏剂等。

（1）膏剂：这是将所选药物熬制成膏或者制成外贴膏药或软膏，分为软膏剂和硬膏剂。

1）软膏剂：将药物加入适宜基质中，制成容易涂布于皮肤、黏膜或创面的半固体外用制剂。

2）硬膏剂：有铅硬膏、橡胶硬膏和中药巴布剂。

铅硬膏：以食用植物油榨取药料，去渣后在高热下与红丹反应而成的铅硬膏称为黑膏药；以食用植物油与宫粉为基质，油炸药料，去渣后与宫粉反应而成的铅硬膏称为白膏药；用松香为基质制成的膏药称为松香膏药。

橡胶硬膏：以橡胶为主要基质，与树脂、脂肪或类脂性物质（辅料）和药物混匀后，摊涂于布或其他裱褙材料上而制成的一种外用制剂。

中药巴布剂：以水溶性高分子化合物或亲水性物质为基质，与中药提取物制成的中药敷贴剂。

（2）丸剂：是将药物细粉或药物提取物加适宜的黏合剂或辅料制成的球形制剂。

（3）散剂：又称粉剂，是指一种或数种药物经粉碎、混匀而制成的粉状药剂。

（4）糊剂：将药物粉碎成细粉，或将药物按所含有效成分以渗漉法或其他方法制得浸膏，再粉碎成细粉，加入适量黏合剂或湿润剂，搅拌均匀，调成糊状。

（5）泥剂：将中药捣碎或碾成泥状物，可添加蜜、面粉、乙醇等物质增加其黏湿度。

（6）熨贴剂：以中药研细末装布袋中敷贴穴位，或直接将药粉或湿药饼敷于穴位上，再用艾火或其他热源在所敷药物上温熨。

（7）浸膏剂：将中药粉碎后用水煎熬浓缩成膏状，用时可直接将浸膏剂敷于穴位上。

（8）膜剂：将中药成分分散于成膜材料中制成膜剂或涂膜剂，用时将膜剂固定于穴位上或直接涂于穴位上成膜即可。

（9）饼剂：将药粉制成圆饼形进行贴敷的一种剂型。

（10）锭剂：将药物研极细末，并经细筛后，加水或面糊适量，制成锭形，烘干或晾干备用。用时加冷开水磨成糊状，以此涂布穴位。

（11）鲜药剂：采用新鲜中草药捣碎或揉搓成团块状，或将药物切成片状，再将其敷于穴位上。

二、操 作 方 法

1. 选穴处方 穴位贴敷是以经络腧穴理论为基础，通过辨证，选取贴敷的腧穴。腧穴力求少而精。此外，还应结合以下特点选取腧穴。

（1）选择病变局部的腧穴贴敷药物，或选用阿是穴贴敷药物。

（2）神阙穴和涌泉穴是最常用的贴敷腧穴。

（3）选用经验穴贴敷药物，如吴茱萸敷贴涌泉穴治疗小儿流涎，威灵仙敷贴身柱穴治疗百日咳等。

2. 贴敷方法 根据所选腧穴，采取患者舒适、医生便于操作的治疗体位，使药物能贴敷稳妥。贴敷药物之前，定准穴位，用75%乙醇，或0.5%～1%碘伏棉球（签）在施术部位消毒。也可使用能够增加药物透皮速度或增加药物透皮量的助渗剂，如在敷药前先在穴位上涂以助渗剂或将助渗剂与药物调和后再贴敷。

（1）贴法：将已制备好的药物直接贴压于穴位上，然后外敷医用胶布固定；或先将药物置于医用胶布粘面正中，再对准穴位粘贴。硬膏剂可直接或温化后，将硬膏剂中心对准穴位贴牢。

（2）敷法：将已制备好的药物直接涂搽于穴位上，外覆医用防渗水敷料贴，再以医用胶布固定。

（3）填法：将药膏或药粉填于脐中，外覆纱布，再以医用胶布固定。

（4）熨贴法：将熨贴剂加热，趁热外敷于穴位。或先将熨贴剂贴敷穴位上，再用艾火或其他热源在药物上温熨。

如需换药，贴敷部位无水泡、破溃者，可用消毒干棉球或棉签蘸温水、植物油或液状石蜡清洁皮肤上的药物，擦干并消毒后再贴敷；贴敷部位起水泡或破溃者，应待皮肤愈后再贴敷。小的水泡一般不必特殊处理，让其自然吸收；大的水泡应以消毒针具挑破其底部，排尽液体，消毒以防感染；破溃的水泡应消毒处理后，外用无菌纱布包扎，以防感染。一般情况下，刺激性小的药物，每隔1～3天换药1次；不需溶剂调和的药物，还可适当延长到5～7天换药1次；刺激性大的药物，应视患者的反应和发泡程度确定贴敷时

间,数分钟至数小时不等。如需再贴敷,应待局部皮肤愈后再贴敷,或改用其他有效穴位交替贴敷。敷脐疗法每次贴敷3～24小时,隔日1次,所选药物不应为刺激性大及发泡之品。冬病夏治穴位贴敷从每年入伏到末伏,每7～10天贴1次,每次贴3～6小时,连续3年为1个疗程。贴敷穴位皮肤出现色素沉着、潮红、微痒、烧灼感、疼痛、轻微红肿、轻度出水泡,属于穴位贴敷的正常皮肤反应。

三、适 用 范 围

穴位贴敷的适用范围较为广泛,如哮喘、咳嗽、腹痛、面瘫、便秘、小儿咳嗽、小儿哮喘、小儿泄泻、腰腿痛、乳癖、鼻渊、口疮、经行腹痛、蛇串疮等。此外,还常用于防病保健。

四、注 意 事 项

(1) 久病、体弱、消瘦以及有严重心肝肾功能障碍者慎用。其他如糖尿病患者、孕妇、幼儿慎用。颜面部慎用。

(2) 对于所贴敷之药,应将其固定牢稳,以免移位或脱落。

(3) 凡用溶剂调敷药物时,需随调配随敷用,以防挥发。

(4) 若用膏剂贴敷,膏剂温度不应超过45℃,以免烫伤。

(5) 对胶布过敏者,可选用低过敏胶布或用绷带固定贴敷药物。

(6) 对于残留在皮肤上的药膏,不宜用刺激性物质擦洗。

(7) 贴敷药物后注意局部防水。

(8) 注意贴敷时间和贴敷局部皮肤反应。

(9) 贴敷后若出现范围较大、程度较重的皮肤红斑、水泡、瘙痒现象,应立即停药,进行对症处理。出现全身性皮肤过敏症状者,应及时到医院就诊。

第三节 穴 位 埋 线

穴位埋线,是指将外科缝线埋入穴位内,利用线对穴位产生的持续刺激作用,以防治疾病的方法。在临床上,穴位埋线根据针灸"静以久留"的原则,针对需要留针治疗的患者,辨证论治,取穴配方,发挥针刺、穴位的综合作用。穴位埋线具有刺激性强、疗效持久的特点,可广泛应用于临床各科病证。

一、操 作 方 法

1. 选穴处方 一般根据针灸治疗的处方原则辨证取穴。穴位埋线多选肌肉比较丰厚部位的穴位,以背、腰部及腹部穴最常用。如哮喘取肺俞,胃病取脾俞、胃俞、中脘等。选穴原则与针刺疗法相同,但取穴要少而精,每次埋线1～3穴,可间隔2～4周埋线1次。

2. 埋线方法

(1) 套管针埋线法:对拟操作的穴位以及穴周皮肤消毒后,取一段适当长度的可吸收性外科缝线,放入套管针的前端,后接针芯,用一手拇指和食指固定拟进针穴位,另一只手持针刺入穴位,达到所需的深度,施以适当的提插捻转手法,当出现针感后,边推针芯,边退针管,将可吸收性外科缝线埋置在穴位的肌层或皮下组织内。拔针后用无菌干棉球(签)按压针孔止血。

(2) 埋线针埋线法:在穴位旁开一定距离处选择进针点,局部皮肤消毒后施行局部麻醉,用0.25%～0.5%盐酸利多卡因注射液50～300 mg,在拟操作的部位皮内注射形成一皮丘。如需扩大范围,则再从皮丘边缘进针注药形成第二个皮丘,最终形成一连串皮丘带。必要时作分层注射,即由皮丘按解剖层次向四周及深部扩大浸润范围。每次注药完应回抽注射器,以免注入血管内。然后取适当长度的可吸收性外科缝线,一手持镊将线中央置于麻醉点上,另一手持埋线针,切口向下压线,以15°～45°刺入,将线推入

笔记栏

皮内(或将线套在埋线针尖后的切口上,两端用止血钳夹住。一手持针,另一手持钳,针尖切口向下以15°~45°刺入皮内)。当针头的切口进入皮内后,持续进针直至线头完全埋入穴位的皮下,再适当进针后,把针退出(图9-1)。用无菌干棉球(签)按压针孔止血。宜用无菌敷料包扎,保护创口3~5天。

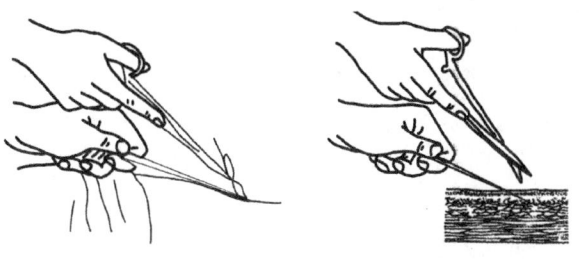

图9-1　埋线针埋线法

(3) 医用缝合针埋线法：在拟埋线穴位的两侧1~2 cm处,皮肤消毒后,施行局部麻醉,局部麻醉方法同埋线针埋线法。一手用持针器夹住穿有可吸收性外科缝线的皮肤缝合针,另一手捏起两局麻点之间的皮肤,将针从一侧局麻点刺入,穿过肌层或皮下组织,从对侧局麻点穿出,紧贴皮肤剪断两端线头,放松皮肤,轻柔局部,使线头完全进入皮下(图9-2)。用无菌干棉球(签)按压针孔止血。宜用无菌敷料包扎,保护创口3~5天。

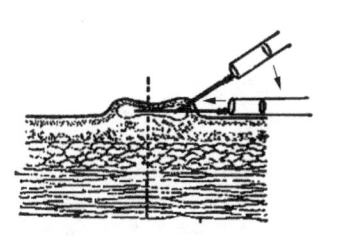 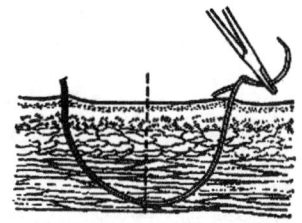 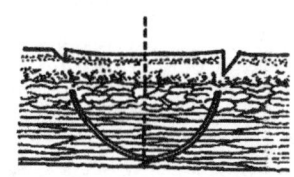

图9-2　医用缝合针埋线法

二、适 用 范 围

穴位埋线可用于内科的支气管炎,支气管哮喘,慢性胃炎,胃、十二指肠溃疡,胃下垂,萎缩性胃炎,腹泻,便秘,面瘫,坐骨神经痛,癫痫,眩晕,阳痿,单性肥胖症等;外科的颈椎病、腰椎增生性关节炎等;妇科的月经不调、带下病、痛经、不孕症等;儿科的百日咳、遗尿等;皮肤科的银屑病、荨麻疹、神经性皮炎;五官科的视神经萎缩、鼻渊等,均有较好的治疗效果。

三、注 意 事 项

(1) 线在使用前可用适当的药液、生理盐水或75％乙醇浸泡一定的时间,应保证溶液的安全无毒和清洁无菌。
(2) 操作过程中应保持无菌操作,埋线后创面应保持干燥、清洁,防止感染。
(3) 若发生晕针,应立即停止治疗,按照晕针处理。
(4) 埋线后应该进行定期的随访。
(5) 穴位埋线后,拟留置体内的可吸收性外科缝合线头不应暴露于体外。
(6) 孕妇的小腹部和腰骶部,以及其他一些慎用针灸的穴位慎用埋线疗法。
(7) 患者精神紧张、大汗、劳累后或饥饿时慎用埋线疗法。
(8) 有出血倾向的患者慎用埋线疗法。

(贾春生)

下篇

针灸应用

第十章 针灸治疗总论

导 学

本章介绍针灸临床诊治特色、针灸治疗作用、针灸治疗原则、针灸配穴处方和特定穴等内容。

通过学习,掌握针灸三大治疗作用、针灸治疗原则、针灸配穴处方规律和特定穴的具体内容及其临床应用特点;熟悉针灸临床诊治特色和刺灸法的选择。

针灸治疗是在掌握经络、腧穴基本知识和刺法灸法技术的基础上,进一步阐述运用针灸各种治疗方法以治疗各类疾病的具体内容。因此,下篇的学习是步入临床的重要桥梁,具有非常重要的意义。本章重点讲述针灸临床诊治特色、针灸治疗作用、针灸治疗原则、针灸配穴处方规律及特定穴的应用特点等针灸治疗的基本问题,掌握这些内容,将有助于运用针灸治疗解决各种临床实际问题。

第一节 针灸临床诊治特色

针灸学是中医学的一门重要分支学科。针灸临床诊治与中医学其他学科一样,包括辨证与施治两个重要环节,但其还具有针灸学自身的特色。概括而言,针灸临床辨证施治具有尤重望、切二诊,强调八纲和经络气血辨证,辨经与辨证结合,调神与调气并重,"理、法、方、穴、术"一线贯通等诊治特点。

一、四诊合参,尤重望、切二诊

望闻问切四诊是中医收集病情资料,进行诊断的基本方法。这四种方法对针灸诊断的意义同样重要。但是,四诊中的望、切二诊在针灸临床诊治的整个过程中发挥着更为特殊的作用,即在刺灸过程的前、中、后都需望神色和切脉,以判断诊断是否准确、治疗是否有效。

例如,一个高热患儿,经过四诊收集资料,形成诊断,确定治疗方案,这是针前诊;然后给患儿施术,其间必须密切观察患儿的神色及脉象,以防意外情况出现,这是针中诊;治疗结束,还需留下观察,从患儿神色及脉象判断治疗是否有效。若患儿神色转而安稳,"脉静身凉",表示针刺治疗业已奏效;若患儿烦躁不安,"脉疾躁而身热不退",则可能效果不好,或需再次治疗,或需防止变证发生。

可见望、切二诊几乎伴随着针灸临床诊治的全过程,并形成颇具针灸学学科特色的诊断—修正诊断—疗效判断的诊治模式;此外,还发展出一整套内容丰富的腧穴望诊、腧穴切诊(切背俞穴、腹诊、切特定穴等)的方法以协助临床诊断,充实了中医诊断学的内容。

腧穴望诊,主要望腧穴局部皮肤色泽的异常变化,包括出现病理性红晕、苍白、暗紫甚至瘀斑等。如腧穴部位红晕、充血,并有光泽者,多属实证、热证或急性病;苍白色或暗灰色,晦暗无光者,多属虚证、寒证或慢性病变;暗紫甚至瘀斑,说明气滞血瘀或热毒炽盛。另外,在四诊合参的基础上还要结合经络的循行进行望诊,望经络循行线上是否有经络阳性反应点,甚者阳性反应线。如手太阴肺经循行部位上出现颜色变化或者肺经上重点腧穴有颜色变化等,提示肺部疾病;腰腹部出现点状、线状反应,环绕腰部,提示带脉疾病;腰背部、腿后侧出现反应线条,提示足太阳经脉病变等。

腧穴切诊,是通过对腧穴部位的皮肤进行点压、推寻,以其病理形态改变来诊断疾病的一种方法。正常腧穴按压时有酸胀感,无压痛、无结节或条索状物或其他异常感觉和反应。腧穴的病理反应则有明显压痛,或有结节,或有条索状物,或其他敏感反应等。穴位压痛和阳性反应物反映经络和脏腑的病理变

笔记栏

化,可结合四诊以诊断疾病,也可单独使用,对疾病进行修正诊断。

切背俞穴：如在肺俞穴摸到结节,配合中府穴亦有明显压痛者,提示有肺病；肝病患者切诊肝俞穴,常有压痛或结节等。

腹诊：中脘穴在胃肠疾病中常出现压痛,实证者穴位肌肉硬而压痛明显,虚证多为钝痛,穴位压痛部位较深；大巨穴的压痛,多见于肠道疾患及妇科疾患,痛经患者的大巨穴和关元穴压痛明显。

切特定穴：胆囊炎及胆石症在双侧胆囊穴有压痛；心脏疾病多在内关、神门和膻中穴有明显压痛；血压的异常变化多在双侧合谷、太冲穴有阳性反应；胁痛者在阳陵泉可有压痛；腰背部疼痛多在委中穴有压痛或结节出现等。

二、强调八纲和经络气血辨证,辨经与辨证结合

针灸临床诊治过程中,在分析所收集的临床资料及选择辨证方法上有其自身特点：在诸多辨证方法中,特别强调八纲和经络气血辨证的应用,此两者是针灸辨证的核心纲领。

辨经,即运用八纲和经络理论,根据患者的各种症状和体征来辨别其病变属性、经络脏腑归属,从而选择相应的经络腧穴进行治疗。辨证,即运用中医理论,将四诊所搜集到的有关疾病的各种症状和体征,加以分析、综合判断为某种性质的"证候",亦即"证"。

辨经与辨证都是针灸辨证论治的核心。辨证论治是中医的基本特征之一,针灸临床诊治过程中,对所有疾病的诊治均可采用辨证的方法；同时,人体内脏的病变,往往会在其相关的经脉循行部位或腧穴上出现异常反应,而针灸治病就是直接作用于这些部位或腧穴,通过经络的传导反应,达到治病的目的。

《灵枢·卫气》说："能别阴阳十二经者,知病之所生,候虚实之所在者,能得病之高下。"《灵枢·官能》说："察其所痛,左右上下,知其寒温,何经所在"。《灵枢·经脉》将不同的病候按十二经脉系统予以分类,成为历代针灸临床辨证归经的依据。围绕脏腑经络进行辨证,复杂的证候即有所归属,就可以有的放矢地指导循经取穴,大大提高治病效果。如肝气郁结所致之乳痈,因厥阴之脉布于胸胁,达于乳下,肝郁化火,循经上扰,结聚成痈,故可取肝经行间、期门等穴进行治疗。

临床应用上,辨经与辨证并不矛盾,只是针灸学比中医学其他学科更强调辨经的重要性。辨证本身就涵盖了经络辨证,在明确辨证的基础上,结合经络的循行部位及所联系的脏腑而进行辨证归经,然后根据辨经与辨证的结果,进行相应的配穴处方,依方施术。在针灸临床诊治过程中,针对不同的疾病,如内脏疾病或运动系统病患,可分别采用以脏腑辨证为主或经络辨证为主的诊治方法。

三、调神与调气并重,"理、法、方、穴、术"一线贯通

"调神",又称治神、守神,一是指在针灸施治前注重调治患者的精神状态；二是指在针灸施术过程中,医生专一其神,意守神气,患者神情安定,意守感传。《素问·宝命全形论》说："凡刺之真,必先治神"。

"调气",就是采用补虚泻实等针刺手法使经气调和。《灵枢·刺节真邪》说："用针之类,在于调气。"《灵枢·终始》说："凡刺之道,气调而止,补阴泻阳,音气益彰,耳目聪明,反此者血气不行。"

针灸治病就是通过采用各种刺灸方法,刺激一定的腧穴以激发经气,疏通全身气血,从而使偏盛偏衰的脏腑功能趋于平衡。在这个过程中,首先要治神、守神,方能有利于调气。《素问·针解》说："制其神,令气易行"。《灵枢·官能》指出："工之用针也……明于调气"。又说："用针之要,无忘其神。"说明调气和调神是密不可分、相互促进的。其中,气的活动以神为主导,神动则气行；患者神志专一,精神内守,医生也要神志专一,以助针灸得气和气至病所。而调气又是调神的重要环节或具体的手段,通过调气,有助于"神守志一",从而进一步改善患者的功能状态。调神和调气是针灸作用的关键,也是有别于中医学其他学科的诊治特色。

针灸治疗作用的充分发挥,离不开"理、法、方、穴、术"五个环节。这五个环节缺一不可,成为针灸临床工作的出发点和落脚点。

第二节　针灸治疗作用

通过长期的医疗实践,古代和近代医家总结出针灸具有疏通经络、调和阴阳、扶正祛邪的作用。现代研究也从多个角度证实针灸具有上述治疗作用,同时进一步完善了针灸治疗的处方和刺灸方法,深化了对针灸作用机制的认识。

一、疏通经络

疏通经络作用,是指通过针灸治疗,使受阻的经络通畅而发挥其正常生理功能。这是针灸最基本、最直接、应用最广的治疗作用。经络"内属于腑脏,外络于肢节",运行气血是其主要生理功能之一。经络功能正常时,气血运行通畅,各脏腑器官、四肢百骸得以濡养,内脏和体表得以沟通,机体可发挥其正常的生理功能。若经络功能失常,气血运行受阻,则会影响人体正常的生理功能,进而出现病理变化,引发疾病。

根据经络辨证,经络不通,气血运行受阻,其临床症状常常表现为疼痛、麻木、肿胀等。针灸的疏通经络作用,主要是根据经络的循行,选择相应的腧穴和针刺手法,使经络通畅,气血运行正常,达到治疗疾病的目的。

二、调和阴阳

调和阴阳作用,是指针灸可使机体从阴阳的失衡状态向平衡状态转化,是针灸治疗最终要达到的目的。"阴盛则阳病,阳盛则阴病",针对人体疾病的主要病理变化,运用针灸方法调节阴阳的偏盛偏衰,可使机体转归于"阴平阳秘"的状态,从而恢复脏腑经络的正常功能,达到治愈疾病的目的。

针灸调和阴阳的作用,主要是通过经络的阴阳属性、腧穴配伍和针刺手法来实现的。如中风后出现的足内翻,从经络辨证上可确定为阳(经)缓而阴(经)急,治疗时采用补阳经而泻阴经的针刺方法,平衡阴阳。又如治疗肝阳上亢引起的头痛、眩晕等症,既可取足少阴经穴太溪以滋肾阴,又可取足厥阴经穴太冲以泻肝阳,滋水涵木,使阴阳平衡,从而消除症状。

三、扶正祛邪

扶正祛邪作用,是指针灸可扶助机体正气,祛除致病邪气。疾病的发生、发展及其转归的过程,实质上是正邪相争的过程。扶正祛邪既是疾病向良性方向转归的基本保证,是中医治疗的大法,又是针灸治疗疾病的作用过程。

《素问·刺法论》说:"正气存内,邪不可干。"《素问·评热病论》说:"邪之所凑,其气必虚。"说明针灸治疗必须坚持扶正祛邪的原则。针灸治病,就在于其能够发挥扶正祛邪的作用。

第三节　针灸治疗原则

针灸治疗原则是针灸治疗疾病必须遵循的基本法则,是确立治疗方法的基础。在应用针灸治疗疾病时,具体的治疗方法多种多样,而从总体上把握针灸的治疗原则具有化繁就简的重要意义。针灸的具体治疗原则可概括为补虚泻实、清热温寒、治病求本和三因制宜。

一、补虚泻实

补虚泻实就是扶助正气,祛除邪气。《素问·通评虚实论》说:"邪气盛则实,精气夺则虚。""虚"指正气不足,"实"指邪气旺盛。虚则补,实则泻,属于中医正治法则。正如《灵枢·经脉》说"盛则泻之,虚则补之……陷下则灸之,不盛不虚以经取之"。《灵枢·九针十二原》云:"虚则实之,满则泄之,宛陈则除之,邪盛则虚之"。这些都是针对虚证和实证制订的治疗原则。针灸治疗补虚泻实原则有其特殊的含义。

1. 虚则补之,陷下则灸之　"虚则补之"就是虚证采用补法治疗。针刺治疗虚证用补法主要通过针刺手法的补法、穴位的选择和配伍等来实现。如采用提插补法、捻转补法等,在有关脏腑经脉的背俞穴、原穴,施行补法,可改善脏腑功能,补益阴阳气血等的不足;另外,应用偏补性能的腧穴如关元、气海、命门、肾俞等穴,也可起到补益正气的作用。

"陷下则灸之"属于"虚则补之"的范畴,是指气虚下陷证的治疗原则以灸治为主。对于因脏腑经络之气虚弱、中气不足而出现的气虚下陷的一系列病证,如久泻、久痢、遗尿、脱肛、阴挺等,常在百会、气海、关元等穴应用温灸方法,可起到温补阳气,升提举陷的作用。

2. 实则泻之,宛陈则除之　"实则泻之"就是实证采用泻法治疗。针刺治疗实证用泻法主要通过针刺手法的泻法、穴位的选择和配伍等来实现。如在穴位上施行捻转、提插泻法,或三棱针放血,或皮肤针重叩出血等,可以起到祛除病邪的作用;应用偏泻性能的腧穴如十宣、水沟、素髎、丰隆、血海等,也可起到祛邪的目的。

"宛陈则除之"是实证用泻法的一种。"宛"同"瘀",有瘀结、瘀滞之义。"陈"即"陈旧",引申为时间长久。《素问·针解》说:"菀陈则除之者,出恶血也。"就是对络脉瘀阻不通引起的病证,宜采用三棱针点刺出血,达到活血化瘀的目的。如病情较重者,可点刺出血后加拔火罐,这样可以排出更多的恶血,促进病愈。

3. 不盛不虚以经取之　"不盛不虚"并非指病证本身无虚实可言,而是脏腑、经络的虚实表现不甚明显或一时难以辨别,或仅为病变脏腑、经脉本身的病变,而不涉及其他脏腑、经脉,属本经自病。治疗应按本经循经取穴,同时在针刺时,多采用平补平泻的针刺手法,使本经的气血调和,脏腑功能恢复正常。

二、清热温寒

清热就是热性病证治疗用清法,温寒就是寒性病证治疗用温法。《灵枢·经脉》说:"热则疾之,寒则留之。"这是针对热性病证和寒性病证制订的清热、温寒的治疗原则。

1. 热则疾之　即热性病证的治疗原则是浅刺疾出或点刺出血,手法宜轻而快,可以不留针,以清泻热毒。例如,风热感冒者,当取大椎、曲池、合谷、外关等穴浅刺疾出,即可达到清热解表的目的。若伴有咽喉肿痛者,可用三棱针在少商穴点刺出血,以加强泄热,消肿,止痛的作用。

2. 寒则留之　即寒性病证的治疗原则是深刺而久留针,以达温经散寒的目的。因寒性凝滞而主收引,针刺时不易得气,故应留针候气。若寒邪在里,凝滞脏腑,则针刺应深而久留。在治疗过程中,根据寒邪侵犯的部位,可加艾灸助阳散寒,使阳气得复,寒邪乃散,临床以温针灸最常用。

三、治病求本

治病求本就是在治疗疾病时要抓住疾病的根本原因,采取针对性的治疗方法。在疾病发生、发展的过程中常常有许多临床表现,标本缓急错综复杂,甚至出现假象。这就需要分清标本缓急,抓住主要矛盾,只有抓住了疾病的本质,才能达到治愈疾病的目的。在针灸治疗上掌握了标本缓急,才能做到"用之不殆"。

1. 急则治标　一般情况下,治病求本是根本法则。但在特殊情况下,标病急于本病,如不及时处理,标病可能转化为危证,论治时则应随机应变,按"急则治标,缓则治其本"的原则,先治疗标病。急则治标是在特殊情况下采取的一种权宜之法,如不论任何原因引起的高热抽搐,应当首先针刺大椎、水沟、合谷、太冲等穴,以泄热,开窍,息风止痉;任何原因引起的昏迷,都应先针刺水沟,醒脑开窍。又如患有脏器慢性疾病的患者,遇急性软组织损伤而出现疼痛难忍时,就应该首先治疗其疼痛。

2. 缓则治本　治本是治疗疾病的根本目的。在一般情况下,治疗疾病都应遵循"治病求本"的原则,尤其对于慢性病和急性病的恢复期有重要的指导意义。正如《素问·阴阳应象大论》所说:"治病必求于本。"正虚者固其本,邪盛者祛其邪;治其病因,症状可除;治其先病,后病可解。这就是"伏其所主,先其所

笔记栏

因"。如头痛，可由外感和内伤等多种原因引起，治疗时不能单纯地采用对症治疗，而应该找出致病的原因、病变部位，进而选用相应的经络穴位和操作方法。又如肾阳虚引起的五更泻，泄泻是其症状为标，肾阳不足是其病因为本，治宜灸气海、关元、命门、肾俞等。

3. 标本同治 是标病和本病并重的一种治疗原则。当标本俱急，已经不允许单独治标或单独治本时，应当采取标本同治的方法。如体虚感冒，如果一味解表可使机体正气更虚，而单纯扶正有可能留邪，因此，应当益气解表，益气为治本，解表为治标，宜补足三里、关元、泻合谷、风池、列缺等。

当标病与本病俱缓时，也可以采用标本兼治的方法。如脾虚气滞引起的腹胀，既取脾俞、足三里等健脾治本，又取大横、天枢等理气消胀治标。

四、三因制宜

"三因制宜"是指因时、因地、因人制宜，即根据患者所处的季节（包括时辰）、地理环境和个人的具体情况，而制订适宜的治疗方法。

1. 因时制宜 是根据不同的季节和时辰特点，制订适宜的治疗方法。在应用针灸治疗疾病时，考虑患者所处的季节和时辰有一定意义。因为四时气候的变化对人体的生理功能和病理变化有一定的影响。春夏之季，阳气升发，人体气血趋向体表，病邪伤人多在浅表；秋冬之季，人体气血潜藏于内，病邪伤人多在深部。故治疗上春夏宜浅刺，少用灸法；秋冬宜深刺，多用灸法。因此，历代医家根据人体气血流注盛衰与一日不同时辰的相应变化规律，创立了子午流注针法、灵龟八法、飞腾八法等。另外，因时制宜还包括针对某些疾病的发作或加重规律而选择有效的治疗时机。如精神疾患多在春季发作，故应在春季来前进行治疗；痛经治疗也应在经前1周开始。

2. 因地制宜 是根据不同的地理环境特点制订适宜的治疗方法。由于地理环境、气候条件和生活习惯的不同，人体的生理功能、病理特点也有所区别，治疗应有差异。如在寒冷地区，治疗多用温灸，而且应用壮数较多；在温热地区，应用灸法较少。正如《素问·异法方宜论》指出"北方者……其地高陵居，风寒冰冽，其民乐野处而乳食，脏寒生满病，其治宜艾焫……南方者……其地下，水土弱，雾露之所聚也，其民嗜酸而食胕，故其民皆致理而赤色，其病挛痹，其治宜微针。"

3. 因人制宜 是根据患者的性别、年龄、体质等的不同特点而制订适宜的治疗方法。由于男女在生理上有不同的特点，如妇人以血为用，在治疗妇人病时要多考虑调理冲脉（血海）、任脉等。年龄不同，针刺方法也有差别。《灵枢·逆顺肥瘦》说："年质壮大，血气充盈，肤革坚固，因加以邪，刺此者，深而留之……婴儿者，其肉脆血少气弱，刺此者，以毫针，浅刺而疾发针，日再可也。"患者个体差异更是决定针灸治疗方法的重要因素。如体质虚弱、皮肤薄嫩、对针刺较敏感者，针刺手法宜轻；体质强壮、皮肤粗厚、针感较迟钝者，针刺手法宜重。

第四节 针灸配穴处方

针灸处方就是在中医理论尤其是经络学说等指导下，选取腧穴并进行配伍，同时施以相应刺灸方法而形成的治疗方案。

一、腧穴的选择

穴位是针灸处方的第一组成要素，与针灸疗效有密切关系，这里介绍基本的选穴原则和配穴方法。

（一）选穴原则

选穴原则就是针灸临证选取穴位应该遵循的基本法则，是依据腧穴主治的三大特点而确立的，包括近部选穴、远部选穴、辨证选穴和对症选穴，四者在运用时可分可合。近部选穴和远部选穴是针对病变部位而确定腧穴的选穴原则，辨证选穴和对症选穴是针对疾病表现出的证候及病因病机或症状而选取穴位的原则。

1. 近部选穴 是根据腧穴能治疗病变局部和邻近部位病证这一规律而提出的选取穴位的方法，是

腧穴局部治疗作用的体现,多用于局部症状比较明显的病证,又称局部选穴。如胃痛选中脘,耳鸣取听宫,面瘫取颊车、地仓等。

2. 远部选穴 是根据腧穴具有远治作用的特点提出来的,就是在病变部位所属和相关的经络上,距病位较远的部位选取穴位的方法,又称远端选穴,是"经络所过,主治所及"治疗规律的体现。如胃痛选足阳明胃经的足三里;上牙痛选足阳明胃经的内庭,下牙痛选手阳明大肠经的合谷等。

3. 辨证选穴 是根据疾病的证候特点,分析病因病机而辨证选取穴位的方法。如肾阴不足导致的虚热选肾俞、太溪;肝阳上亢导致的抽风选太冲、行间等。另外,对于病变部位明显的疾病,针对其病因病机而选取穴位也是辨证选穴的范畴,如牙痛根据病因病机可分为风火牙痛、胃火牙痛和虚火牙痛,风火牙痛选风池、外关,胃火牙痛选内庭、二间,虚火牙痛选太溪、行间。

4. 对症选穴 是根据疾病的某些特殊症状或性质而选取穴位的原则,是腧穴特殊治疗作用及临床经验在针灸处方中的具体运用,又称经验取穴,这是针灸处方中不可忽视的环节。如哮喘选定喘穴,小儿疳积选四缝,腰痛选腰痛点等,这是大部分奇穴的主治特点。

（二）配穴方法

配穴方法就是在选穴原则的指导下,针对疾病的病位、病因病机等,选取主治作用相同或相近,对于疾病治疗具有协同作用的腧穴进行配伍应用的方法。临床上穴位配伍的方法多种多样,但总体可归纳为按部位配穴法和按经脉配穴法两大类。

1. 按部位配穴法 是结合机体上腧穴分布的部位进行穴位配伍的方法,主要包括远近配穴法、上下配穴法、前后配穴法、左右配穴法。

(1) 远近配穴法：是以病变部位为依据,在病变局部和远部同时选穴配伍成方的方法,临床应用最为广泛。如牙痛以局部的颊车和远部的合谷、内庭相配,腰痛以局部的夹脊穴和远部的承山、昆仑相配。

(2) 上下配穴法：是指将人体上部腧穴和下部腧穴配合应用的方法,在临床上应用较为广泛。如胃脘痛可上取内关,下取足三里;头项强痛可上取大椎,下取昆仑;阴挺可上取百会,下取三阴交。八脉交会穴的配对应用也属上下配穴法。

(3) 前后配穴法：是指将人体前部和后部的腧穴配合应用的方法,"前"指胸腹为阴,"后"指背腰为阳,故又称腹背阴阳配穴法,在《内经》中称"偶刺"。本配穴方法常用于治疗脏腑疾患,如膀胱疾患,前取水道或中极,后取膀胱俞或秩边;肺病可前取中府,后取肺俞;胃脘痛前取中脘,后取胃俞。俞募配穴法即属于前后配穴法。

(4) 左右配穴法：是指将人体左侧和右侧的腧穴配合应用的方法。本方法是基于人体十二经脉左右对称分布和部分经脉左右交叉的特点总结而成的。临床上为了加强腧穴的协同作用,常选择左右双穴同取,如胃痛可选双侧足三里、梁丘等;或左右腧穴同时并取,如左侧偏头痛可选同侧的太阳、头维和对侧的外关、足临泣,左侧面瘫可选同侧的太阳、颊车、地仓和对侧的合谷;也可采用左病取右、右病取左的取穴法,古称"巨刺",也是按部配穴法中左右配穴的一种方法。

2. 按经脉配穴法 是以经络理论为基础而进行穴位配伍的方法,主要包括本经配穴法、表里经配穴法、同名经配穴法和子母经配穴法。

(1) 本经配穴法：是指某一脏腑、经脉发生病变时,即选该经脉的腧穴配成处方。如胃火循经上扰导致的牙痛,可在足阳明胃经上近取颊车,远取内庭;又如肺病咳嗽,可取局部的中府,远取肺经的尺泽、太渊。

(2) 表里经配穴法：是以脏腑、经脉的阴阳表里配合关系为依据的配穴方法。当某一脏腑、经脉发生疾病时,取该经及与其相表里经脉上的腧穴配合成方。如风热袭肺导致的感冒咳嗽,可选肺经的尺泽和大肠经的曲池、合谷。《灵枢·五邪》载:"邪在肾,则病骨痛,阴痹……取之涌泉、昆仑。"另外,原络配穴法是表里经配穴法在临床上的具体应用。

(3) 同名经配穴法：是将手足同名经的腧穴相互配合的方法,是基于名称相同的经络相互沟通、交会的理论,如阳明头痛取手阳明经的合谷配足阳明经的内庭。

(4) 子母经配穴法：是根据脏腑、经脉的五行属性,基于"虚则补其母,实则泻其子"的理论而选取穴位的配穴方法,如肺虚咳嗽,除取肺经穴和肺俞等以外,可同时选用脾经的太白和胃经的足三里。

笔记栏

二、刺灸法的选择

刺灸法是针灸处方的第二组成要素,包括针灸疗法、操作方法和治疗时机的选择。

1. 针灸疗法的选择 是指针对患者的病情和具体情况而确立的适宜的治疗手段,是针灸操作的第一步。毫针疗法、灸法、拔罐法、耳针疗法等不同针灸方法的治疗作用各有所长。在确定腧穴后,应选择适宜的刺灸方法,才能取得应有效果。

2. 操作方法的选择 针灸操作方法与处方的作用密切相关。当确立了疗法后,要对疗法的操作进行说明,如毫针刺法是用补法还是泻法,是深刺还是浅刺,艾灸用温和灸还是温针灸等,以及留针与否,特别是对于处方中的有些穴位,不同于常规方法的针刺操作的深度、方向,要特别强调。此外,针刺治疗疾病频率如何,几次治疗为1个疗程等,应根据疾病的具体情况而定。

3. 治疗时机的选择 治疗时机是提高针灸疗效的重要方面。一般来说,针灸治疗疾病没有特殊严格的时间要求,但对某些疾病在治疗时间上应予以重视。如痛经在月经来潮前5~7天开始针灸,直到经期结束为止;失眠在下午或晚间针灸,都能明显提高疗效。

附

针灸临床上处方的常用符号

针灸治疗处方时,对于针具、灸法的类别和补泻,可不用文字说明,而以符号代之(表10-1)。

表10-1 针灸处方上常用的符号

方　　法	符　　号	方　　法	符　　号
针刺平补平泻法	∣	针刺补法	⊤
三棱针点刺出血	↓	针刺泻法	⊥
皮肤针	※	艾条灸	×
艾炷灸	△	温针	⊿
拔罐法	○	水针	ⅠM
皮内针	⊖	电针	ⅠN

第五节　特定穴的应用

特定穴的概念和分类在腧穴总论中已经论述过,因其分布、特性和作用不同,故临床应用也各不相同,在选穴配伍上也有一定特点。

一、五输穴的临床应用

五输穴在临床上的应用非常广泛,是远部选穴的主要穴位。这类腧穴每经5穴,十二经共有60个。五输穴不仅有经脉归属,而且具有自身的五行属性,按照"阴井木""阳井金"的规律进行配属。十二经脉五输穴、五行属性见表10-2及表10-3所示。

表10-2 阴经五输穴表

经脉名称	井(木)	荥(火)	输(土)	经(金)	合(水)
手太阴肺经	少商	鱼际	太渊	经渠	尺泽
手厥阴心包经	中冲	劳宫	大陵	间使	曲泽
手少阴心经	少冲	少府	神门	灵道	少海
足太阴脾经	隐白	大都	太白	商丘	阴陵泉
足厥阴肝经	大敦	行间	太冲	中封	曲泉
足少阴肾经	涌泉	然谷	太溪	复溜	阴谷

表 10-3 阳经五输穴表

经脉名称	井(金)	荥(水)	输(木)	经(火)	合(土)
手阳明大肠经	商阳	二间	三间	阳溪	曲池
手少阳三焦经	关冲	液门	中渚	支沟	天井
手太阳小肠经	少泽	前谷	后溪	阳谷	小海
足阳明胃经	厉兑	内庭	陷谷	解溪	足三里
足少阳胆经	足窍阴	侠溪	足临泣	阳辅	阳陵泉
足太阳膀胱经	至阴	足通谷	束骨	昆仑	委中

根据古代文献和临床实际，五输穴的应用可归纳为以下几点。

1. 按五输穴主病特点选用 《灵枢·顺气一日分为四时》云："病在脏者，取之井；病变于色者，取之荥；病时间时甚者，取之输；病变于音者，取之经；经满而血者，病在胃及以饮食不节得病者，取之合"。其后《难经·六十八难》又作了补充："井主心下满，荥主身热，输主体重节痛，经主喘咳寒热，合主逆气而泄。"《灵枢》又有"合治内腑"之说。综合临床的应用情况，井穴多用于急救，荥穴主要用于治疗热证，输穴主要用于治疗关节疼痛，经穴治疗作用不典型，合穴则主要用于治疗脏腑病证。

2. 按五行生克关系选用 这是根据五输穴与五行配合并结合脏腑的五行属性而应用的，《难经·六十九难》提出"虚者补其母，实者泻其子"的原则，根据"生我者为母，我生者为子"，确定出各经五输穴中的母穴和子穴，虚证用母穴，实证用子穴，这一取穴法亦称为子母补泻取穴法。在具体运用时，分本经子母补泻和他经子母补泻两种方法。例如，肺经的实证应"泻其子"，肺在五行中属"金"，因"金生水"，"水"为"金"之子，故可选本经五输穴中属"水"的合穴即尺泽；肺经的虚证应"补其母"，肺属"金"，"土生金"，"土"为"金"之母，因此，应选本经属"土"的五输穴，即输穴太渊。他经补母泻子取穴，肺属"金"，肾属"水"，肾经为肺经的"子经"，根据"实则泻其子"的原则，应在其子经(肾经)上选取"金"之"子"即属"水"的五输穴，为肾经合穴阴谷。各经五输穴子母补泻取穴详见表10-4。

表 10-4 子母补泻取穴表

		脏					腑					
		金	水	木	火	相火	土	金	水	木	火	相火	土
	经脉	肺经	肾经	肝经	心经	心包经	脾经	大肠经	膀胱经	胆经	小肠经	三焦经	胃经
本经子	母穴	太渊	复溜	曲泉	少冲	中冲	大都	曲池	至阴	侠溪	后溪	中渚	解溪
母穴	子穴	尺泽	涌泉	行间	神门	大陵	商丘	二间	束骨	阳辅	小海	天井	厉兑
他经子	母经	脾经	肺经	肾经	肝经	肝经	心经	胃经	大肠经	膀胱经	胆经	胆经	小肠经
母穴	母穴	太白	经渠	阴谷	大敦	大敦	少府	足三里	商阳	通谷	足临泣	足临泣	阳谷
	子经	肾经	肝经	心经	脾经	脾经	肺经	膀胱经	胆经	小肠经	胃经	胃经	大肠经
	子穴	阴谷	大敦	少府	太白	太白	经渠	通谷	足临泣	阳谷	足三里	足三里	商阳

3. 按时选用 天人相应是中医整体观念的重要内容，经脉的气血运行和流注也与季节、时辰有密切的关系。《难经·七十四难》云："春刺井，夏刺荥，季夏刺输，秋刺经，冬刺合。"这实质上是根据手足三阴经的五输穴均以井木为始，与一年的季节顺序相应而提出的季节选穴法。另外，子午流注针法则是根据一日之中十二经脉气血盛衰开合的时间，而治以不同的五输穴，本针法将在附篇中介绍。

二、原穴、络穴的临床应用

原穴是脏腑、经络之原气所经过和留止的部位，与脏腑之原气有着密切的联系。针刺原穴能通达三焦原气，调整内脏功能。原穴与三焦有密切关系，《难经·六十六难》说："三焦者，原气之别使也，主通行原气，历经于五脏六腑。"三焦为原气之别使，它源于肾间动气，而输布全身，调内和外，宣上导下，关系着脏腑气化功能。原穴在六阳经排列于五输穴的"输穴"之后，阴经以输代原。《灵枢·九针十二原》指出："五脏六腑之有疾者，皆取其原也。"因此，临床上原穴主要治疗相关脏腑疾病，也有协助诊断的作用。

络穴是络脉从本经别出的部位,络穴除可治疗其络脉的病证外,由于十二络脉沟通于表里经脉之间,故络穴还可治疗表里两经相关的病证,正如《针经指南》所云:"络穴正在两经中间……若刺络穴,表里皆治。"如脾胃相表里,脾经络穴公孙,既可治疗脾经病证,又可治疗胃经病证。

原穴和络穴既可单独应用,也可相互配合使用。临床上常把先病经脉的原穴和后病的相表里的经脉络穴相配合,称为原络配穴法或主客原络配穴法,是表里经配穴法的应用。如肺经先病,大肠经后病,则先取其经的原穴太渊为主,再取大肠经络穴偏历为客。反之,大肠经先病,肺经后病,先取大肠经原穴合谷为主,后取肺经络穴列缺为客。十二经脉原穴与络穴见表10-5。

表10-5 十二经脉原穴与络穴表

经　　脉	原　穴	络　穴	经　　脉	原　穴	络　穴
手太阴肺经	太　渊	列　缺	手阳明大肠经	合　谷	偏　历
手厥阴心包经	大　陵	内　关	手少阳三焦经	阳　池	外　关
手少阴心经	神　门	通　里	手太阳小肠经	腕　骨	支　正
足太阴脾经	太　白	公　孙	足阳明胃经	冲　阳	丰　隆
足厥阴肝经	太　冲	蠡　沟	足少阳胆经	丘　墟	光　明
足少阴肾经	太　溪	大　钟	足太阳膀胱经	京　骨	飞　扬

三、俞穴、募穴的临床应用

俞穴位于背腰部的膀胱经第1侧线上,亦称背俞穴。募穴则位于胸腹部,故又称为腹募穴。每一脏腑均有各自的背俞穴和募穴。由于背俞穴和募穴都是脏腑之气输注和汇聚的部位,在位置上大体与所属脏腑部位基本一致。因此,主要用于治疗本脏腑的病变,如肺热咳嗽,可泻肺之背俞穴肺俞;寒邪犯胃出现的胃痛,可灸胃之募穴中脘。同时,背俞穴和募穴还可用于治疗与对应脏腑经络相关的组织器官疾患,如肝开窍于目,主筋,目疾、筋病可选肝俞;肾开窍于耳,耳疾可选肾俞。

根据《难经·六十七难》"阴病行阳,阳病行阴。故令募在阴,俞在阳"及《素问·阴阳应象大论》"从阴引阳,从阳引阴"等论述,脏病(阴病)多与背俞穴(阳部)相关,腑病(阳病)多与募穴(阴部)联系。临床上腑病多治其募穴,脏病多选其背俞穴,即阴病行阳,阳病行阴。《灵枢·卫气》云:"气在胸者,止之膺与背腧。气在腹者,止之背俞"。说明了脏腑之气可通过气街与其背俞、募穴相联系。由于背俞、募穴均与脏腑之气密切联系,因此,临床上常常把病变脏腑的背俞、募穴配合运用,以发挥其协同作用,就是俞募配穴法,这是前后配穴法的应用。《素问·奇病论》载:"口苦者……此人者,数谋虑不决,故胆虚气上溢,而为之口苦。治之以胆募俞"。即是最早记载的俞募配穴法。

此外,脏腑发生病变时,常在背俞穴、募穴上出现阳性反应,如压痛、敏感等。因此,诊察按压背俞穴、募穴,再结合其他症状可判断脏腑疾患。脏腑背俞穴与募穴见表10-6。

表10-6 六脏六腑背俞穴与募穴表

六　脏	背俞穴	募　穴	六　腑	背俞穴	募　穴
肺	肺　俞	中　府	大　肠	大肠俞	天　枢
心　包	厥阴俞	膻　中	三　焦	三焦俞	石　门
心	心　俞	巨　阙	小　肠	小肠俞	关　元
脾	脾　俞	期　门	胃	胃　俞	中　脘
肝	肝　俞	章　门	胆	胆　俞	日　月
肾	肾　俞	京　门	膀　胱	膀胱俞	中　极

四、八脉交会穴的临床应用

八脉交会穴是古人根据腧穴的主治特点,认为在四肢部有与奇经八脉相通的八个腧穴。《医学入门·子午八法》中说:"周身三百六十穴,六十六穴又统于八穴。"这里的"八穴"就是指八脉交会穴。这些

笔记栏

腧穴具有主治奇经病证的作用,如督脉出现的脊柱强痛,可选后溪;冲脉出现的胸腹气逆,可选公孙。同时,临床上也可将两脉相合的腧穴互相配合应用,如公孙和内关、后溪和申脉、足临泣和外关、列缺和照海相配,治疗有关部位的疾病,这属于上下配穴法的范畴。古人还以八脉交会穴为基础,创立按时取穴的灵龟八法和飞腾八法。八脉交会穴配伍及主治病证见表10-7。

表10-7 八脉交会穴及主治表

穴名	主治	相配合主治
公孙	冲脉病证	
内关	阴维脉病证	心、胸、胃疾病
后溪	督脉病证	
申脉	阳跷脉病证	目内眦、颈项、耳、肩部疾病
足临泣	带脉病证	
外关	阳维脉病证	目锐眦、耳后、颊、颈、肩部疾病
列缺	任脉病证	
照海	阴跷脉病证	肺系、咽喉、胸膈疾病

附

八脉交会八穴歌

公孙冲脉胃心胸,内关阴维下总同。临泣胆经连带脉,阳维目锐外关逢。后溪督脉内眦颈,申脉阳跷络亦通。列缺任脉行肺系,阴跷照海膈喉咙。

五、八会穴的临床应用

八会穴是指人体脏、腑、气、血、筋、脉、骨、髓等精气聚会处的八个腧穴,即脏会章门,腑会中脘,气会膻中,血会膈俞,筋会阳陵泉,脉会太渊,骨会大杼,髓会绝骨。这八个穴位虽属于不同经脉,但均能治疗有关组织、脏腑的病证。如腑病可选腑之会穴中脘;血证可选血之会穴膈俞等。《难经·四十五难》说:"热病在内者,取其会之穴也。"提示八会穴还可治疗相关的热病。

六、郄穴的临床应用

郄穴是治疗本经和相应脏腑的重要穴位,尤其在治疗急证方面有独特的疗效。一般来说,阴经郄穴治疗血证,阳经郄穴治疗痛证。如急性胃脘痛,取胃经郄穴梁丘;肺病咯血,取肺经郄穴孔最等。郄穴除单独使用外,常与八会穴配合使用,故有"郄会配穴"之称。如梁丘配腑会中脘治疗急性胃痛疗效更好。脏腑疾患也可在相应的郄穴上出现疼痛或压痛,有助于诊断。各经郄穴见表10-8。

表10-8 十六经脉郄穴表

经脉	郄穴	经脉	郄穴
手太阴肺经	孔最	足少阴肾经	水泉
手厥阴心包经	郄门	足阳明胃经	梁丘
手少阴心经	阴郄	足少阳胆经	外丘
手阳明大肠经	温溜	足太阳膀胱经	金门
手少阳三焦经	会宗	阴维脉	筑宾
手太阳小肠经	养老	阳维脉	阳交
足太阴脾经	地机	阴跷脉	交信
足厥阴肝经	中都	阳跷脉	跗阳

笔记栏

七、下合穴的临床应用

下合穴主要用于治疗六腑疾病。《灵枢·邪气脏腑病形》指出："合治内腑"，概括了下合穴的主治特点。六腑胃、大肠、小肠、胆、膀胱、三焦的下合穴依次分别为足三里、上巨虚、下巨虚、阳陵泉、委中、委阳。临床上六腑相关的疾病常选其相应的下合穴治疗，如肠痈取上巨虚，泻痢选下巨虚。另外，下合穴也可协助诊断。

八、交会穴的临床应用

交会穴具有治疗交会经脉疾病的特点。如三阴交本属足太阴脾经腧穴，但它又是足三阴经的交会穴，因此，它不仅治疗脾经病证，也可治疗足少阴肾经和足厥阴肝经的病证。今据《针灸甲乙经》所载，列经脉交会穴于表10-9。

表10-9 经脉交会穴表

	足太阴经	手太阴经	足厥阴经	手厥阴经	足少阴经	手少阴经	足太阳经	手太阳经	足少阳经	手少阳经	足阳明经	手阳明经	任脉	冲脉	督脉	带脉	阴维脉	阳维脉	阴跷脉	阳跷脉	备注
承浆											√	√	○		√						《针灸大成》
廉泉													○				√				
天突													○				√				
上脘							√				√		○								
中脘								√		√	√		○								手太阳、少阳，足阳明所生
下脘	√												○								
阴交													○	√							
关元	√		√										○								
中极	√		√	√									○								
曲骨			√										○								
会阴													○	√	√						
三阴交	○		√		√																
冲门	○		√																		
府舍	○		√															√			
大横	○																	√			
腹哀	○																	√			
中府	√	○																			
章门			○						√												
期门	√		○															√			
天池				○					√												
横骨					○																
大赫					○																
气穴					○																
四满					○																
中注					○																
肓俞					○																

续表

	足太阴经	手太阴经	足厥阴经	手厥阴经	足少阴经	手少阴经	足太阳经	手太阳经	足少阳经	手少阳经	足阳明经	手阳明经	任脉	冲脉	督脉	带脉	阴维脉	阳维脉	阴跷脉	阳跷脉	备注
商曲					○											✓					
石关					○											✓					
阴都					○											✓					
腹通谷					○																
幽门					○																
照海					○														✓		
交信					○														✓		
筑宾					○												✓				
神庭							✓				✓				○						
水沟											✓	✓			○						
百会							✓								○						
脑户							✓								○						
风府															○			✓			
哑门															○			✓			
大椎							✓		✓		✓				○						
陶道							✓								○						《铜人腧穴针灸图经》(以下简称《铜人》)
长强			✓						✓						○						《铜人》
睛明							○	✓			✓								✓	✓	《素问》
大杼							○	✓													
风门							○									✓					
附分							○	✓													
跗阳							○													✓	
申脉							○													✓	
仆参							○													✓	
金门							○											✓			
臑俞								○										✓		✓	
秉风								○	✓	✓		✓									
颧髎								○		✓											
听宫								○	✓	✓											
瞳子髎								✓	○	✓											
上关									○	✓	✓										
颔厌									○	✓	✓										
悬厘									○	✓	✓										
曲鬓						✓			○												
率谷						✓			○												
浮白						✓			○												
头窍阴						✓			○							✓					

续 表

	足太阴经	手太阴经	足厥阴经	手厥阴经	足少阴经	手少阴经	足太阳经	手太阳经	足少阳经	手少阳经	足阳明经	手阳明经	任脉	冲脉	督脉	带脉	阴维脉	阳维脉	阴跷脉	阳跷脉	备注
完 骨							√		○							√					
本 神									○									√			
阳 白									○									√			
头临泣							√		○									√			
目 窗									○									√			
正 营									○									√			
承 灵									○									√			
脑 空									○									√			
风 池									○									√			
肩 井									○	√								√			
日 月	√								○									√			
环 跳							√		○												
带 脉									○							√					
五 枢									○							√					
维 道									○							√					
居 髎									○											√	
阳 交									○												
天 髎								○										√			
翳 风									√	○								√			
角 孙									√	○											
耳和髎							√	√		○											《铜人》
承 泣											○		√							√	
巨 髎											○									√	
地 仓											○	√								√	
下 关							√				○										
头 维									√		○										
气 冲											○			√							冲脉所起
臂 臑												○									手阳明络之会
肩 髃												○								√	
巨 骨												○								√	
迎 香											√	○									

说明：○ 所属经；√ 交会经

（王鸿度）

第十一章 针灸治疗各论

导 学

本章重点介绍内科、妇儿科、皮外科、五官科等病证的概念、病因病机、辨证和治疗等内容,是针灸学的重要内容。

通过学习,重点掌握中风、眩晕、头痛、面瘫、腰痛、痹证、痿证、感冒、哮喘、不寐、胃痛、泄泻、便秘、癃闭等内科病证,月经不调、痛经、崩漏、胎位不正、小儿惊风、疳积、小儿脑性瘫痪等妇儿科病证,痄腮、肘劳、肩周炎、落枕等外科病证,目赤肿痛、近视、耳鸣、耳聋、牙痛、咽喉肿痛等五官科病证,以及晕厥、虚脱、抽搐、内脏绞痛、慢性疲劳综合征、肥胖等病证的辨证、选穴治疗规律,并认真体会辨证、辨经、辨病在针灸临床诊治过程中的应用。

第一节 内 科 病 证

一、中 风

中风(stroke)是以突然晕仆,不省人事,伴口角㖞斜,语言不利,半身不遂;或不经昏仆,仅以口喎语謇、半身不遂为临床表现的一种疾病。因发病急骤,症见多端,病情变化迅速,有如"暴风之骤,矢石之中",故名中风、卒中。本病发病率和死亡率较高,且常留有后遗症,因此是威胁人类生命健康和影响患者生活质量的重大疾患之一。

本病类似于西医学的急性脑血管病,如脑梗死、脑出血、脑栓塞、蛛网膜下腔出血等病。

【病因病机】

中风的发生,虽历代医家立论不同,但归纳其主因为风、火、痰交织,病变涉及心、肝、脾、肾等脏。其形成常在中年以后,阴精暗耗,阴阳失调的基础上,或偶因忧思愤怒,或以劳累、房劳等,致风阳煽动,心火暴盛,风火相煽,气血上逆;或饮食不节,嗜酒、恣食厚味,脾虚痰火内盛,化火动风,上蒙清窍,导致脏腑功能骤然失常,阴阳之气逆乱,而发为闭证;若正衰阳气难系,致阴阳离决,而发生脱证。如风痰流窜经络,气血运行阻滞,则见相应肢体、面部及舌的经络失常的症状。

【辨证】

(一)中经络

主症 半身不遂,舌强语謇,口角㖞斜。

风痰阻络:肢体麻木,头晕目眩,苔白腻或黄腻,脉弦滑。

肝阳上亢:面红目赤,眩晕头痛,心烦易怒,口苦咽干,尿黄便秘,舌红,苔黄,脉弦有力。

气虚血瘀:肢体软弱,偏身麻木,手足肿胀,面色淡白,气短自汗,舌暗,苔白,脉细涩。

此证病见经络阻滞,或未及脏腑,或脏腑功能失常已渐见复原,而经络气血仍然受碍。除上述三个主要证型外,临床还常见痰热腑实、阴虚风动等,需灵活加以辨识处理。

(二)中脏腑

主症 突然昏仆,神志昏昧,并见半身不遂,舌强失语,口角㖞斜等。根据病因、病机可分为闭证和脱证。

笔记栏

闭证：神志昏迷，牙关紧闭，双手握固，面赤气粗，喉中痰鸣，二便闭塞，脉弦滑而数。

脱证：目合口张，手撒，遗溺，气息短促，四肢逆冷，脉散或微。如见汗出如油，脉微欲绝或脉象浮大无根，为真阳外越的危候。

此外，人逾四十岁，若时常头晕头痛，肢体麻木，或偶发一过性肢体痿软无力或语言不利等症，应高度怀疑中风先兆。宜立即问医求治。

【治疗】

（一）基本治疗

1. 中经络

（1）半身不遂

治法　疏通经络，调和阴阳。取阳经经穴为主，重在手、足阳明经穴，辅以太阳、少阳经穴，适当配合阴经经穴。

主穴　上肢：肩髃　曲池　内关（尺泽）　外关　合谷

　　　下肢：环跳　伏兔　阳陵泉　足三里　解溪　昆仑　三阴交　太冲

方义　风病多犯阳经，故本方以阳明经腧穴为主。分别取手、足阳明经穴位，具有调和经脉，疏通气血的作用。阳明多气多血，阳明经气血通畅，则正气得以扶助，机体功能得以恢复。同时兼顾阴阳平衡，选用前人治瘫要穴，如太冲、三阴交、尺泽及内关等阴经穴位，以奏调和阴阳之功。

配穴　半身不遂者可取患侧的井穴针刺出血，上肢还可取肩髎、阳池、后溪等穴，下肢还可取风市、阴市、悬钟等穴；病程日久者，上肢可配大椎、肩外俞，下肢可配腰阳关、殷门等；如病侧经筋屈曲拘急者，肘部配曲泽，腕部配大陵，膝部配曲泉，踝部配太溪；如言语謇涩者，加廉泉、通里、哑门；风痰阻络者加丰隆；肝阳上亢者加太冲、太溪；气虚血瘀者加气海等。

操作　中风早期，手法宜轻，随着疗程的延长，手法逐渐加重，也可在健侧相应穴位行补法，再泻患侧穴位；肢体肌肤麻木不仁者，可用皮肤针局部叩刺。

（2）口角㖞斜

治法　通经活络，调理阴阳。取手足阳明经穴为主。

主穴　地仓　颊车　合谷　太冲

方义　手足阳明和足厥阴经脉均达面部，取地仓、颊车是近取以调局部的经气；取合谷、太冲为远道取穴，以调本经的经气。

配穴　按病位局部取牵正、水沟、四白、下关等穴。

操作　地仓透颊车，泻对侧合谷，泻太冲；初起单刺患侧，病久左右均刺。

2. 中脏腑

（1）闭证

治法　平肝息风，醒脑开窍。取督脉和十二井穴为主。

主穴　水沟　十二井　太冲　丰隆　劳宫

方义　闭证乃肝阳暴亢，气血上逆，故泻水沟和十二井点刺出血，以开闭泄热，醒脑开窍。肝脉上巅，泻足厥阴之原穴太冲，降肝经逆气以平息肝阳。脾胃为生痰之源，痰浊壅盛，气机阻遏，故用足阳明经之别络丰隆，蠲化痰浊。再取心包经之荥穴劳宫以清心泄热。本方可奏平肝息风，清火豁痰，开窍启闭之功。

配穴　牙关紧闭者配颊车、合谷；语言不利者配哑门、廉泉、关冲。

操作　水沟向上斜刺，十二井点刺出血，手法要轻快而勿使患者躁动；太冲、劳宫及丰隆用泻法。

（2）脱证

治法　回阳固脱。取任脉穴为主。

主穴　关元　神阙

方义　任脉为阴脉之海，关元为任脉与足三阴经脉之会穴，为三焦元气所出，联系命门真阳，为阴中含阳要穴，元阳外脱，取之救阳。神阙位于脐中，为真气所系，故用大艾炷重灸，以回垂绝之阳。

操作　关元大艾炷隔姜灸，神阙大艾炷隔盐灸，直至四肢转温。

（二）其他治疗

1. 头针　选顶颞前斜线、顶旁1线及顶旁2线，毫针平刺入头皮下，快速捻转2～3 min，每次留针

30 min，留针期间反复捻转2～3次。行针期间鼓励患者活动肢体。此法在患病初期应用，疗效更好。

2. 电针 在患侧上、下肢体各选两个穴位，针刺得气后留针，接通电针仪，采用断续波或疏密波，以患者肌肉微颤为度，每次通电20 min。

3. 火罐 采用小口径火罐，选取肩髃、曲池、阳池、秩边、环跳、风市、伏兔、阳陵泉、丘墟等穴，分组轮换应用。本法适用于半身不遂。

【按语】

（1）针灸治疗中风疗效较满意，尤其对于神经功能的康复，如肢体运动、语言、吞咽功能等有促进作用。治疗期间应配合适时、积极的功能锻炼。

（2）中风急性期，出现高热、神昏、心力衰竭、颅内压增高、上消化道出血等情况时，应采取综合治疗措施。

（3）中风患者应注意防止褥疮，保证呼吸道通畅，并密切注意血压变化。

附

假性延髓性麻痹

假性延髓性麻痹（pseudobulbar paralysis）又称假性球麻痹，由两侧皮质延髓束损害所致。其表现为软腭、咽喉、舌肌运动障碍，吞咽、发音、讲话困难，无舌肌萎缩及纤维性震颤，咽反射存在，下颌反射增强，常出现强哭强笑。检查体感诱发电位可有异常。由于假性延髓性麻痹往往是急性脑血管病的一种并发症，故此处重点结合中风病进行讨论。

本病属于中医学的"类噎膈""瘖痱"等范畴。

【病因病机】

本病病机为肝肾虚衰，精血不能上荣髓窍，加之阴阳失调，气血逆乱，经脉阻滞，阳气不达，出现构音、吞咽或情感功能障碍而发本病。

【辨证】

中风后出现进食进水困难（吞咽呛咳），或言语中断，或暴发性语言，以及情感障碍，如强哭强笑等。

辨证同中风中经络。

【治疗】

治法 通关利窍。取任、督脉以及足少阳局部经穴为主。

主穴 廉泉 哑门 风池 翳风 完骨

方义 廉泉、哑门、风池、翳风、完骨均为近部取穴，可疏通局部气血，通关利窍。

配穴 痰涎壅盛加丰隆；肝阳上亢加百会、太冲；舌强紫暗加金津、玉液；精神障碍（如强哭强笑）配内关、神门、三阴交等。

操作 廉泉穴，向舌根方向深刺0.8～1.2寸，至得气后，用提插结合捻转手法，平补平泻运针1～2 min，使针感向舌体放射。哑门穴，宜对准口部与耳垂水平进针，直刺，缓缓送针至得气（患者似有触电样感觉）即起针，不提插，不捻转。风池、完骨、翳风穴，针向喉结震颤徐入1～1.5寸，施小幅度捻转补法，以咽喉麻胀为佳，应持续捻转1～3 min。上述各穴，除哑门穴外，在证情稳定期留针15～20 min（急性期一律不留针）。留针期间每隔5～10 min运针1次。

【按语】

（1）针灸治疗本病效果较好，应注意针刺的深度和手法刺激量。

（2）导致皮质延髓束损伤的原发病不一，应酌情变更治疗方案。

二、眩 晕

眩晕（vertigo）是一种自觉头晕眼花、视物旋转动摇的病证。其病位在脑髓清窍。轻者发作时间短，平卧闭目片刻即安；重者如乘坐舟车，旋转起伏不定，以致难于站立，甚至恶心呕吐；或时轻时重，兼见他证而迁延不愈，反复发作。

眩晕多见于西医学的高血压、脑动脉硬化、贫血、神经官能症、五官科疾病等。

【病因病机】

眩晕多因气血亏虚、忧郁恼怒、劳伤过度、饮食厚味等发病。发病机制主要为清窍失养、被扰和被蒙。先天不足或久病体虚,或过度劳伤,肾精亏耗,气血不足而清窍失养;情志不畅,急躁恼怒引起肝阳暴亢,导致清窍被扰;过食肥甘,聚湿成痰,以致清阳不升,浊阴不降而上蒙清窍等。

【辨证】

(一)实证

主症 头晕头胀,视物旋转,目眩耳鸣。

肝阳上亢:头目胀痛,口苦耳鸣,暴躁易怒,舌红,苔黄,脉弦。

湿痰中阻:头重如裹,胸闷恶心,神疲困倦,呕吐痰涎,口黏纳差,舌胖,苔腻,脉濡滑。

(二)虚证

主症 头晕目眩,体虚乏力,失眠健忘,甚则昏眩欲仆。

气血两虚:头晕目眩,神疲乏力,心悸不寐,面色苍白,舌淡苔白,脉细弱。

肾精亏虚:眩晕反复,时轻时重,腰膝酸软,耳鸣健忘,舌淡苔薄,脉沉细。

【治疗】

(一)基本治疗

1. 实证

治法 平肝化痰,定眩止晕。取督脉,足少阳经和手、足厥阴经穴为主。

主穴 风池 百会 内关 太冲

方义 肝经与胆经相表里,取胆经风池和肝经太冲,清泄肝胆,平抑肝阳以治标。内关可和中化痰止呕。百会用泻法,可清利脑窍。

配穴 肝阳上亢者加行间、侠溪、太溪、肝俞、肾俞;痰湿中阻者加头维、丰隆、中脘、阴陵泉;耳源性眩晕者加合谷、太阳、曲池;高血压患者加曲池、足三里;颈性眩晕加风府、天柱、颈夹脊。

操作 毫针刺,泻法。风池,向鼻尖方向斜刺,约1寸深;百会,沿皮向后刺,令针感向四周扩散,直至整个巅顶发胀;内关,直刺1寸,针感向下放射至中指;太冲,斜刺,针感传至足背。

2. 虚证

治法 益气养血,定眩止晕。取足少阳经、督脉穴和背俞穴为主。

主穴 风池 百会 肝俞 肾俞 脾俞 足三里

方义 肝俞、肾俞滋补肝肾,养血益精,以培元固本。脾俞、足三里运化水谷,生精化血,以资生化之源。风池用平补平泻法,可疏调头部气血,百会用补法可升提气血,两穴配合以充养脑髓而缓急治标。

配穴 气血两虚者加气海、胃俞;肾精亏虚者加太溪、悬钟、三阴交;贫血者加膏肓、膈俞;神经性眩晕加神门、内关、三阴交。

操作 风池,用平补平泻法;肝俞、肾俞、足三里,用补法;肝俞、肾俞,向棘突斜刺1~1.5寸施捻转补法。足三里,直刺1.5~2寸,用补法,令针感放射,必要时可配合灸法或温针灸。

(二)其他治疗

1. 头针 选双侧晕听区,沿头皮刺入,快速捻转,每日1次,每次留针30 min。

2. 耳针 选肾上腺、皮质下、额。肝阳上亢者加肝、胆;痰湿中阻者加脾;气血两虚者加脾、胃;肾精亏虚者加肾、脑。毫针刺或用王不留行籽贴压。

3. 穴位注射 以合谷、太冲、翳明为一组,或内关、风池、四渎为一组,每次取2~3穴,每穴注射5%或10%葡萄糖液1~2 mL,或维生素B_{12}注射液0.5 mL,隔日1次。

【按语】

(1) 针灸治疗本病具有较好的临床疗效,能缓解脑血管痉挛,改善脑动脉供血状况,使脑缺血状况得以改善。但应查明原因,明确诊断,注意原发病的治疗。如高血压性眩晕可配降压药,颈性眩晕可配推拿。

(2) 眩晕发作时,嘱患者闭目或平卧,保持安静,如伴呕吐,应防呕吐物误入气管。

(3) 痰湿较重者宜饮食清淡。

附

原发性高血压

原发性高血压(essential hypertension)又称"高血压病"(primary hypertension),是一种常见慢性病,以安静状态下持续性动脉血压增高(BP>140/90 mmHg 或 18.6/12.0 kPa 以上)为主要特点。病因至今未明,一般认为与长期工作紧张、精神刺激及遗传有关。

本病属于中医学"头痛""眩晕""肝风"等范畴。

【病因病机】

本病多因情志失调、饮食失节、内伤虚损等导致肝肾阴阳失调所致。

【辨证】

主症　头痛头晕,头胀,眼花耳鸣,失眠健忘。

肝火亢盛：眩晕头痛,面红目赤,焦躁不安,惊悸口苦,尿赤便秘,舌红,苔干黄,脉弦数。

阴虚阳亢：眩晕头痛,头重脚轻,耳鸣心悸,失眠健忘,五心烦热,舌红少苔,脉弦细而数。

痰湿壅盛：眩晕头痛,头重胸闷,心悸食少,呕恶痰涎,苔白腻,脉滑。

气虚血瘀：眩晕头痛,面色萎暗,耳鸣心悸,神疲乏力,失眠多梦,夜尿频多,时有浮肿,舌淡或暗,苔白,脉细。

【治疗】

(一) 基本治疗

治法　清泻肝火,育阴潜阳。取督脉、足厥阴经、阳明经穴为主。

主穴　百会　曲池　太冲　三阴交　合谷

方义　百会穴为诸阳之会,并与肝经相通,可泻诸阳之气。取曲池、合谷清泻阳明,理气降压。平肝潜阳取肝经原穴太冲,疏肝理气。调补肝脾肾配伍足三阴经交会穴三阴交以治本。

配穴　肝火亢盛者加风池、行间；阴虚阳亢加太溪、肝俞；痰湿壅盛加丰隆、足三里；气虚血瘀加血海、膈俞；阴阳两虚加关元、肾俞；头痛、头重加百会、太阳；心悸怔忡加内关、神门。

操作　气虚血瘀者可灸百会；太冲,向涌泉方向透刺,以增滋阴潜阳之力；其他穴,常规刺。

(二) 其他治疗

1. 皮肤针　叩刺项后、腰骶部和气管两侧,力量依病情虚实和患者体质强弱而定。每日 1 次。

2. 三棱针　取耳尖、大椎、印堂、曲池等穴。每次选 1～2 穴,点刺出血 3～5 滴,2～3 日 1 次。

3. 耳针　取耳背沟、耳尖、交感、神门、心等。每次选 3～4 穴,针刺或埋针,也可用王不留行籽贴压。血压过高者还可在降压沟和耳尖点刺出血。

【按语】

(1) 针灸对各级高血压均有降压作用,其中 1、2 级高血压尤为明显。如血压超过 200/120 mmHg,针刺或电针时应避免强刺激。

(2) 患者避免精神刺激,清淡饮食。

三、头　痛

头痛(headache)是以头部疼痛为主要表现的病证,是患者的一种自觉症状。常见于临床多种急、慢性疾病,头面部病变和许多全身性疾病均可出现头痛。

头痛多见于西医学的高血压、神经性头痛、脑血管疾病、感染性发热及五官科等病。

【病因病机】

头痛的病因分为外感、内伤两个方面。外感头痛以外风为主,多兼夹寒、热、湿邪等。内伤头痛以情志失调、体虚久病、痰瘀阻遏等所致。情志不遂,肝失条达,肝阳上扰；肝肾不足,髓海空虚,清窍失养；久病体虚,气血不足,脑窍失养；脾失健运,痰湿内生,阻滞脑络；外伤跌仆,气血瘀滞,脑络被阻,均可导致内伤头痛。

【辨证】

（一）外感头痛

主症　头痛连及项背，发病较急，痛无休止，外感表证明显。

风寒头痛：头痛恶寒，恶风无汗，苔薄白，脉浮紧。

风热头痛：头痛而胀，发热微汗，口渴欲饮，小便黄，苔薄黄，脉浮数。

风湿头痛：头痛如裹，肢体困重，苔白腻，脉濡。

（二）内伤头痛

主症　头痛发病较缓，多伴头晕，痛势绵绵，时作时休，遇劳或情志刺激而发作、加重。

肝阳上亢：头部胀痛，口苦目眩，心烦易怒，面赤目赤，舌红，苔黄，脉弦。

肝肾亏虚：头痛头晕，目涩耳鸣，腰膝酸软，神疲乏力，舌红苔少，脉细弱。

气血两虚：头部空痛，神疲无力，面色不华，劳则加重，舌淡苔白，脉细弱。

痰浊蒙窍：头痛昏蒙，脘腹痞满，呕吐痰涎，苔白腻，脉滑。

瘀血阻络：头痛迁延日久，或头有外伤史，痛处固定不移，痛如锥刺，舌暗或瘀斑，脉细涩。

此外，在以脏腑辨证基础上，必要时可根据头部经络循行部位行经络辨证：前额痛为阳明头痛，侧头痛为少阳头痛，后枕痛为太阳头痛，巅顶痛为厥阴头痛。

【治疗】

（一）基本治疗

1. 外感头痛

治法　祛风通络，解表止痛。取督脉、手太阴经穴为主。

主穴　列缺　风池　百会　太阳

方义　百会、太阳可疏导头部经气。风池为足少阳与阳维脉的交会穴，功长祛风活血，通络止痛。列缺为肺经络穴，可宣肺解表，祛风通络。

配穴　阳明头痛者加印堂、攒竹、合谷、内庭；少阳头痛者加率谷、外关、足临泣；太阳头痛者加天柱、后溪、申脉；厥阴头痛者加四神聪、太冲、内关；风寒头痛者加风门；风热头痛者加曲池、大椎；风湿头痛者加阴陵泉。

操作　毫针刺，泻法。风门，拔罐或艾灸；大椎，点刺出血。

2. 内伤头痛

（1）实证

治法　疏通经络，清利头窍。取督脉及足阳明经、足少阳经穴为主。

主穴　百会　头维　风池

方义　百会、头维疏通头部经络气血。风池活血通经，清利头目，调和气血。

配穴　肝阳上亢者加太冲、太溪、侠溪；痰浊蒙窍者加太阳、丰隆、阴陵泉；瘀血阻络者加阿是穴、血海、膈俞、内关。

操作　毫针泻法。

（2）虚证

治法　疏通经络，滋养脑髓。取督脉和足阳明经、足少阳经穴为主。

主穴　百会　风池　足三里

方义　百会疏调气血以养脑髓。风池活血通经，调和气血。足三里补益气血，滋养脑髓。

配穴　血虚头痛者加三阴交、肝俞、脾俞；肝肾亏虚者加太溪、肾俞、悬钟。

操作　百会、足三里，用补法；风池，用平补平泻法。

（二）其他治疗

1. 耳针　选枕、颞、额、脑。选2～3穴毫针刺，或埋针，亦可用王不留行籽贴压。对于顽固性头痛可在耳背静脉点刺出血。

2. 皮肤针　用皮肤针叩刺太阳、印堂及阿是穴，少量出血。适用于外感头痛。

3. 穴位注射　选风池穴，用维生素 B_1 注射液或维生素 B_{12} 注射液，每穴 0.5～1.0 mL，每日或隔日 1 次。适用于顽固性头痛。

【按语】

（1）针灸治疗头痛有较好疗效，对于多次治疗无效或逐渐加重者，要考虑颅脑病变，查明原因，采取综合治疗。

（2）如出现两瞳孔不等大，神志不清，应高度警惕脑瘤及蛛网膜下腔出血等重证。

（3）头痛患者在治疗期间，应禁烟酒，适当参加体育锻炼，避免过劳和精神刺激，注意休息。

附

偏 头 痛

偏头痛（migraine）是由于神经、血管性功能失调所引起的疾病，以一侧头部疼痛反复发作为主症，常伴有恶心、呕吐、对光及声音过敏等特点。部分患者可在外伤后出现。

【病因病机】

中医认为本病多与恼怒、紧张、风火痰浊有关。情志不遂，肝失疏泄，郁而化火，日久伤阴；恼怒急躁，肝阳上亢，上扰清窍；脾阳亏虚，痰湿内生，阻遏清窍；气郁日久，久病入络，脉络痹阻所致。

【辨证】

临床表现为一侧头部疼痛，常局限于额部、颞部和枕部，疼痛开始时为激烈的搏动性疼痛，后转为持续性钝痛。任何时间可发作，但以清晨起床时为多发，症状可持续数小时到数日不等。典型的偏头痛有先兆症状，如眼前闪烁暗点、视野缺损、单盲或同侧偏盲。发作时头痛部位可由头的一个部位转移到另一个部位，同时可放射至颈、肩部等。

肝阳上亢：头部胀痛，心烦易怒，胸胁胀痛，眩晕目赤，脉弦数。

痰蒙清窍：头痛昏沉，胸脘痞闷，呕恶吐涎，苔白腻，脉弦滑。

瘀血阻络：头痛如刺，痛有定处，固定不移，舌紫暗或瘀斑，脉弦或涩。

【治疗】

治法　调和肝胆，通经止痛。取足厥阴及手、足少阳经穴为主。

主穴　合谷　率谷　丝竹空　列缺　阿是穴

方义　率谷、丝竹空可疏调少阳经气，通经止痛；阿是穴疏调局部气血，通经止痛；合谷、列缺为远部取穴，可通经止痛。

配穴　肝阳上亢者加太冲、风池；痰蒙清窍者加丰隆、足三里；瘀血阻络者加血海、地机。

操作　头部诸穴平刺，阿是穴行强刺激，间歇行针，久留针，发作时要以远端穴为主，行较强刺激的泻法。

【按语】

（1）针刺治疗偏头痛有非常好的疗效，针灸可明显减轻症状，减少发作频率。

（2）针灸治疗本病需注意治疗时机，宜在典型发作前进行治疗，女性经期头痛患者可在经前进行治疗。

四、面　瘫

面瘫（facial paralysis）是以口眼向一侧歪斜为主要症状的一种疾病，又称"口眼㖞斜"。本病可发生于任何年龄，无明显的季节性，多发病急速，以一侧面部发病多见。

本病相当于西医学的周围性面神经麻痹。至于脑中风引起的中枢性面瘫与本病病理虽然不同，但可参照本病进行治疗。

【病因病机】

本病多由正气不足，脉络空虚，卫外不固，风邪乘虚入中经络，导致气血痹阻，面部经脉、经筋失于濡养，以致肌肉纵缓不收而发。由于足太阳经筋为"目上冈"，足阳明经筋为"目下冈"，故眼睑不能闭合为足太阳和足阳明经筋功能失调所致。口颊部主要为手太阳和手、足阳明经筋所主，因此，口㖞主要系该三条经筋功能失调所致。

【辨证】

本病常急性发作，一般在睡眠醒来时，发现一侧面部肌肉板滞、麻木、瘫痪、额纹消失、眼裂变大、露睛流泪，鼻唇沟变浅，口角下垂歪向健侧，病侧不能蹙额皱眉、闭目、露齿、鼓颊；初起时可有耳后疼痛，还可

出现患侧舌前 2/3 味觉减退或消失、听觉过敏等症。部分患者病程迁延日久,可因瘫痪肌肉出现挛缩,口角反牵向患侧,甚则出现面肌痉挛,形成"倒错"现象。

风寒证:见于发病初期,面部有受凉史,舌淡,苔薄白,脉浮紧。

风热证:见于发病初期,多继发于感冒发热或其他头面部炎症性、病毒性疾病,舌红,苔薄黄,脉浮数。

气血不足:见于恢复期,或病程较长的患者,兼见肢体倦怠无力,面色淡白,头晕等。

【治疗】

(一)基本治疗

治法 祛风散寒,通经活络。取手、足阳明经和太阳经穴为主。

主穴 太阳 阳白 地仓 颊车 合谷 下关

方义 取面部腧穴疏调局部经气,通行气血,濡润肌肉;合谷循经远取,有"面口合谷收"之意。

配穴 风寒证者配风池;风热证者配曲池;恢复期,配足三里;人中沟歪斜者配水沟;鼻唇沟变浅者配迎香。

操作 面部腧穴均行平补平泻法,风寒证可加灸法。在急性期,面部穴位手法不宜过重,针刺不宜过深,取穴不宜过多,肢体远端的腧穴行泻法且手法宜重;在恢复期,肢体远端的足三里施行补法,合谷行平补平泻法。

(二)其他治疗

1. 电针　参照基本治疗的选穴,两穴为一组,每次选 1~2 组,接通电针,采用疏密波,通电 15~20 min,每日 1 次,10 次为 1 个疗程。强度以患者面部肌肉微见跳动而能耐受为度。适用于面瘫中、后期,早期患者不宜用电针法。

2. 拔罐　参照基本治疗的选穴,用三棱针点刺阳白、颊车、地仓、颧髎,拔罐,每周 2 次,适用于恢复期。

3. 穴位注射　参照基本治疗的选穴,用维生素 B_1 注射液,或维生素 B_{12} 注射液,或氢溴酸加兰他敏注射液,或胞二磷胆碱注射液,每穴注射 0.5 mL,每次用 3~4 穴,每日或隔日 1 次。

4. 穴位敷贴　参照基本治疗的选穴,将马钱子锉成粉末约 1~2 分,撒于胶布上,然后贴于穴位处,5~7 日换药 1 次。或用蓖麻仁捣烂加少许麝香,取绿豆粒大一团,敷贴穴位上,每隔 3~5 日更换 1 次。或用白附子研细末,加少许冰片作面饼,敷贴穴位,每日 1 次。

【按语】

(1) 面瘫分为中枢性和周围性两种,应注意鉴别。

(2) 面瘫早期治疗以浅刺、轻刺、透刺为主,不宜使用电针,针刺量不宜过强。

(3) 治疗期间避免风寒,面部可配合热敷、理疗及按摩,注意保护患侧眼睛,使角膜、巩膜免受沙尘伤害。

五、面　　痛

面痛(facial pain)是以眼、面颊部出现放射性、烧灼样抽掣疼痛为主症的疾病,又称"面风痛""面颊痛"。多发于一侧,发病年龄以 40~60 岁为多。初起疼痛时间较短,发作间歇较长,久则发作次数增多,疼痛程度加重,病情顽固,难以自愈。女性多见,以右侧面部为主(占 60% 左右)。

本病相当于西医学的三叉神经痛,是临床上最典型的神经痛。

【病因病机】

面部主要归手、足三阳经所主,内外因素使面部手、足阳明及手、足太阳经脉的气血阻滞,不通则痛,导致本病。面痛多与外感邪气、情志不调、外伤等因素有关。风寒之邪侵袭面部阳明、太阳经脉,寒性收引,凝滞筋脉,气血痹阻;或因风热毒邪,浸淫面部,经脉气血壅滞,运行不畅;外伤或情志不调,或久病成瘀,使气血瘀滞。上述因素皆可导致面部经络气血痹阻,经脉不通,产生面痛。

【辨证】

主症　一侧面部疼痛突然发作,呈电击样、刀割样、撕裂样、针刺样、火灼样剧烈疼痛,持续数秒到数分钟,发作次数不定,间歇期无症状,痛时面部肌肉抽搐,伴面部潮红、流泪、流涎、流涕等,常因说话、吞咽、刷牙、洗脸、冷刺激、情绪变化等诱发。

眼部痛,主要属足太阳经病证;上颌、下颌部痛,主要属手、足阳明和手太阳经病证;兼见面部有感受风寒史,遇寒则甚,得热则轻,鼻流清涕,苔白,脉浮者,为风寒证;痛处有灼热感,流涎,目赤流泪,苔薄黄,脉数者,为风热证;有外伤史,或病变日久,情志变化可诱发,舌暗或有瘀斑,脉细涩者,为气血瘀滞。

【治疗】

(一) 基本治疗

治法　疏通经络,祛风止痛。取足太阳及手、足阳明经穴为主。

主穴　攒竹　四白　下关　地仓　合谷　风池

方义　攒竹、四白、下关、地仓为局部近取,疏通面部经络气血。合谷为手阳明大肠经原穴,可疏利阳明经气,"面口合谷收",与风池相配可祛风,通络,止痛。

配穴　眼部痛者加丝竹空、阳白、外关;上颌部痛者加颧髎、迎香;下颌部痛者加承浆、颊车、翳风、内庭;风寒证者加列缺;风热证者加曲池、尺泽;气血瘀滞者加太冲、三阴交。

操作　毫针刺,用泻法。急性发作期,针刺时宜先取远端穴,局部穴位宜轻刺。

(二) 其他治疗

1. 耳针　选肝、面颊、颌、胃、肾、神门等穴。每次选2~3穴,毫针刺,每日1次,每次留针30 min。亦可用揿针埋藏或王不留行籽贴压。

2. 刺络拔罐　选颊车、地仓、颧髎等穴,用三棱针点刺,行闪罐法,隔日1次。

3. 皮肤针　在局部及其周围找出麻痹点或酸胀点,作为叩刺重点,并在耳前、耳下、太阳穴、鼻区部、两手掌及指端均可适当叩刺。在麻痹或酸胀部叩刺宜重,其他均用轻、中度刺激,隔日1次。

4. 穴位注射　参照基本治疗的选穴,用1%盐酸普鲁卡因注射液0.5~1.0 mL,或维生素B_{12}注射液,每穴注射0.5 mL,每日或隔日1次。

【按语】

(1) 三叉神经痛是一种顽固难治之证,针刺治疗有一定的止痛效果,对继发性三叉神经痛要查明原因,采取适当措施。

(2) 针刺治疗时,局部穴位宜轻刺而久留针,远端穴位可用重刺激手法。

(3) 患者应起居有规律,忌食生冷辛辣等刺激性食物,避免情绪过激及精神紧张。

六、腰　　痛

腰痛(osphyalgia)又称"腰脊痛",是以自觉腰部疼痛为主症的一类病证。疼痛的部位或在脊中,或在一侧,或两侧俱痛。

腰痛常见于西医学的腰部软组织损伤、肌肉风湿、腰椎病变及部分内脏病变。

【病因病机】

腰为肾之府,督脉并于脊里,膀胱经夹脊络肾,故腰脊部经脉、经筋、络脉的不通和失荣可致腰痛。病因主要与感受外邪、跌仆损伤和劳欲太过等因素有关。感受风寒,或坐卧湿地,风寒水湿之邪浸渍经络,经络之气阻滞;或长期从事较重的体力劳动,或腰部闪挫撞击,经筋、络脉受损,瘀血阻络。上述因素可导致腰部经络气血阻滞,不通则痛。素体禀赋不足,或年老精血亏衰,或房劳过度,损伐肾气,腰部脉络失于温煦、濡养,导致腰痛。

腰部从经脉循行上看,主要归足太阳膀胱经、督脉、带脉和肾经(贯脊属肾)所主,故腰脊部经脉、经筋、络脉的不通和失荣是腰痛的主要病机。

【辨证】

主症　腰部疼痛。

寒湿腰痛：由于风寒湿邪为患,症见腰部冷痛重着、酸麻,活动转侧不利,拘急不可俯仰,或腰脊痛连臀腿。如迁延日久,则时轻时重,患部发凉,遇阴雨天疼痛发作或加剧,苔白腻,脉沉而迟缓。

瘀血腰痛：多有陈伤宿疾，劳累而腰痛举发，症见腰痛触之僵硬有牵制感，痛有定处，轻则俯仰不变，重则转侧困难，舌质暗，脉涩，部分患者有外伤史。

肾虚腰痛：起病缓慢，隐隐作痛，或酸多痛少，腰腿酸软无力，喜按喜揉，劳则更甚，如兼神倦肢冷，滑精，面色㿠白，四肢不温，舌淡，脉沉细者，为肾阳虚；如伴有虚烦咽干，手足心热，舌红，脉细数者，为肾阴虚。

【治疗】

(一) 基本治疗

治法　除湿散寒，补益肾气，通经止痛。以局部阿是穴及足太阳经穴为主。

主穴　肾俞　腰眼　委中　大肠俞　阿是穴

方义　腰为肾之府，肾俞乃肾经经气转输之处，可补益肾气，灸之可祛湿散寒；腰眼、阿是穴、大肠俞可疏通局部经脉、络脉及经筋之气血，通经止痛；"腰背委中求"，委中可通调足太阳经气，通络活血止痛。

配穴　寒湿腰痛者配腰阳关；瘀血腰痛者配膈俞、水沟；肾虚腰痛者配命门、志室、三阴交；督脉病证者配后溪；足太阳经证者配申脉。

操作　毫针刺，根据病情虚实，酌情应用补泻或平补平泻。寒湿证加艾灸；瘀血证加刺络拔罐；肾阳虚加灸法。

(二) 其他治疗

1. 皮肤针　选取阿是穴，选择腰部疼痛部位，用梅花针叩刺出血，加拔火罐，隔日1次。适用于寒湿腰痛和瘀血腰痛。

2. 耳针　选腰骶椎、肾、神门、命门等穴。用毫针刺患侧耳穴，针刺后嘱患者活动腰部，每次留针30 min，每日1次。亦可用揿针埋藏或王不留行籽贴压。

3. 穴位注射　以阿是穴为主。用地塞米松注射液5 mL和普鲁卡因注射液2 mL混合液，每穴注射0.5~1 mL，每日或隔日1次。

【按语】

(1) 针灸治疗腰痛有较好的疗效。风湿性腰痛和腰肌劳损疗效为佳；腰椎病变和腰椎间盘突出引起的腰痛，可明显缓解症状；对腰部小关节周围的韧带撕裂疗效较差；内脏疾患引起的腰痛要以治疗原发病为主；因脊椎结核、肿瘤等引起的腰痛，不属于针灸治疗范围。

(2) 注意劳动姿势与体位，避免侧身弯腰，加强腰肌锻炼。平时常用两手掌根部揉擦腰部，早晚各1次，可减轻和防止腰痛。

七、痹　　证

痹证(arthralgia syndrome)是由风、寒、湿、热等外邪侵袭人体，痹阻经络，气血不能畅行，引起肌肉、筋骨、关节等酸痛、麻木、重着、伸屈不利，甚或关节肿大灼热等为主要临床表现的病证。

西医学的风湿性关节炎、风湿热、类风湿关节炎、骨性关节炎、纤维织炎和神经痛等病，均属中医学"痹证"范畴。

【病因病机】

本病与外感风寒湿邪以及人体正气不足有关。风寒湿等邪气，在人体卫气虚弱时容易侵入人体而致病。汗出当风，坐卧湿地，涉水冒雨等，均可使风寒湿等邪气侵入机体经络，留于关节，导致经脉气血痹阻不同，不通则痛，正如《素问·痹论》所说："风寒湿三气杂至，合而为痹"。或因素体阳盛或阴虚有热，复感风寒湿邪，郁久化热；或感受热邪，留注关节，出现关节红肿热痛或发热，发为热痹。根据病邪偏胜和症状特点，分为行痹(风痹)、痛痹(寒痹)、着痹(湿痹)、热痹。

【辨证】

主症　肌肉、筋骨、关节等酸痛、麻木、重着、屈伸不利。

风寒湿痹：关节疼痛、屈伸不利，为风寒湿痹的共同症状。风性善行数变，行痹症见肢体关节疼痛，游走不定，痛无定处，关节屈伸不利，或见恶风发热，苔薄白，脉浮。若寒邪偏盛，发为痛痹，症见肢体关节疼痛较剧，痛有定处，遇寒痛增，得热则减，关节不可屈伸，局部皮色不红，触之不热，苔薄白，脉弦紧。湿

邪偏盛,其性黏滞,发为着痹,症见肢体关节疼痛重着不移,酸痛或有肿胀,肌肤麻木不仁,阴雨寒冷每可促其发作,苔白腻,脉濡缓。

热痹:热邪壅滞经络关节,发为热痹,症见关节疼痛,局部灼热红肿,痛不可触,关节活动不利,可累及1个或多个关节,伴发热恶风、口渴烦闷、苔黄燥、脉滑数等症状。

【治疗】

（一）基本治疗

1. 风寒湿痹

治法　温经散寒,祛风通络,除湿止痛。

主穴　行痹:膈俞　血海

　　　痛痹:肾俞　关元

　　　着痹:阴陵泉。

方义　风邪偏盛为行痹,取膈俞、血海养血活血,含"治风先治血,血行风自灭"之意。寒盛为痛痹,取肾俞、关元益火之源,振奋阳气而祛寒邪。湿盛为着痹,取阴陵泉健脾利湿。局部取穴,旨在疏理局部经络气血,使营卫调和,则风寒湿邪无所依附而痹痛遂解。

配穴　肩部肩髃、肩髎,肘部:曲池、天井,腕部:外关、阳池,背腰部:身柱、腰阳关,髀部:环跳、髀关,股部:承扶、风市,膝部:犊鼻、鹤顶,踝部:丘墟、申脉。

操作　毫针刺,用平补平泻法。痛痹、着痹可加艾灸法,热痹可点刺出血。局部穴位可加拔罐法。

2. 热痹

治法　清热消肿,通络止痛。

主穴　大椎　曲池。

方义　大椎清热散风;曲池清热行气消肿。

操作　毫针刺,用泻法。每日1次,每次留针20～30 min,10次为1个疗程。可配合艾灸。

（二）其他治疗

1. 刺络拔罐　选背脊两侧和关节病痛部位,用皮肤针重叩背脊两侧和关节病痛部位,使出血少许,加拔火罐。

2. 穴位注射　参照基本治疗的选穴,采用当归或威灵仙注射液,每穴注入0.5～1 mL,注意勿注入关节腔内。每隔1～3日注射1次,10次为1个疗程,间歇3～5日。

3. 电针　参照基本治疗的选穴,针刺得气后,通电针机,先用连续波5 min,后改疏密波,通电10～20 min,每日或隔日1次,10次为1个疗程,间歇3～5日。

【按语】

(1) 针刺治疗痹证有较好的效果。

(2) 临床上应区分风湿性关节炎与类风湿关节炎,还要注意鉴别骨结核、骨肿瘤。

(3) 患者平时应注意关节的保暖,避免风寒湿邪的侵袭。

附

坐 骨 神 经 痛

坐骨神经痛(sciatic)是指多种病因所致的沿坐骨神经通路的病损,临床以腰、臀、大腿后侧、小腿后外侧及足外侧疼痛为主要症状的综合征,是各种原因引起坐骨神经受压而出现的炎性病变。通常分为根性坐骨神经痛和干性坐骨神经痛两种,临床上以根性坐骨神经痛多见。中医学称为"腰腿痛"(lumbocrural pain)。

【病因病机】

中医学认为因腰部闪挫、劳损、外伤等原因,可损伤筋脉,导致气血瘀滞,不通则痛。久居湿地,或涉水冒雨,汗出当风,衣着单薄等,风寒湿邪入侵,痹阻腰腿部;或湿热邪气浸淫,流注膀胱经者,均可导致腰腿痛。本病以腰、臀、大腿后侧、小腿后外侧及足外侧以放射性、电击样、烧灼样疼痛为主症,主要属足太阳、足少阳经脉和经筋病证。

【治疗】

治法　通经止痛。以足太阳、足少阳经穴为主。

主穴　大肠俞　腰夹脊　环跳　委中　阳陵泉　悬钟　丘墟
操作　毫针刺,用泻法。以沿腰腿部足太阳、足少阳经向下放射感为度,不宜多次重复。

【按语】

(1) 针刺治疗坐骨神经痛效果显著。如因肿瘤、结核等引起者,应治疗其原发病;腰椎间盘突出引起的可配合牵引或推拿治疗。

(2) 急性期应卧床休息,椎间盘突出症者应睡硬板床,腰部宜束宽腰带。

(3) 平时注意防寒保暖,劳动时需采取正确姿势。

八、痿　证

痿证(flaccidity syndrome)是指肢体筋脉弛缓,痿软无力,日久不能随意活动,或伴有肢体麻木、肌肉萎缩的一类病证。临床上以下肢痿弱无力较为多见,故又称"痿躄"。

西医学的感染性多发性神经根炎、多发性末梢神经炎、小儿麻痹后遗症、运动神经元病、重症肌无力、肌营养不良及周围神经损伤等引起的肢体瘫痪,属于"痿证"范畴。

【病因病机】

多由正气不足,感受湿热毒邪;或高热不退;或病后余热燔灼,伤津耗气,津液不能输布以濡养脏腑,筋脉失养,而致肺热伤津,肢体痿弱不用,形成痿证。或久居湿地,涉水冒寒,湿邪留而不去,郁久化热;或饮食不节,脾胃所伤,湿从内生,蕴湿积热,浸淫筋脉,使筋脉肌肉弛纵不收而生痿证。若久病体虚,或劳伤过度,精损难复,肝肾亏虚,精血亏损,筋脉失养,亦可发生痿证。

【辨证】

主症　四肢筋肉弛缓无力,失去活动功能。

初起多有发热,继则上肢或下肢,偏左或偏右,痿软无力,重者完全不能活动,肌肉日渐消瘦,并有麻木、发凉等症状。

肺热伤津:兼有发热、咳嗽、心烦、口渴,小便短赤,大便干燥,舌红,苔黄,脉细数。

湿热浸淫:兼有身重,胸脘痞闷,小便赤涩热痛,苔黄腻,脉濡数。

脾胃虚弱:兼见纳差气短,腹胀便溏,面色无华,神疲无力,苔薄白,脉细弱。

肝肾亏损:兼见腰脊酸软,眩晕耳鸣,遗精早泄,或月经不调,舌红少苔,脉细数。

【治疗】

(一) 基本治疗

治法　利湿除热,培补脾胃,滋养肝肾。以手、足阳明经穴为主。

主穴　上肢:肩髃　曲池　合谷
　　　下肢:髀关　风市　阳陵泉　足三里

方义　本方取穴侧重阳明之经,阳明多血多气,又"主润宗筋",宗筋约束骨骼,利于关节运动。故治痿证重在调理阳明,补益气血,舒筋通络,配筋之会穴阳陵泉加强疗效。

配穴　咽部麻痹配上廉泉;失语配水沟;肺热伤津配尺泽;湿热浸淫加阴陵泉;脾胃虚弱配脾俞、胃俞;肝肾亏损配肝俞、肾俞。

操作　毫针刺,实证用泻法,虚证用补法,施灸。

(二) 其他治疗

1. 耳针　选受累相应部位,肺、胃、肝、肾。每次选取3~5穴,毫针刺,每次留针20 min,每日1次。亦可用揿针埋藏或王不留行籽贴压,每3~5日更换1次。

2. 头针　选顶中线、顶颞前斜线、顶旁1线,用28~30号长1.5寸毫针刺入头皮下,快速持续捻转2~3 min,每次留针5~10 min,反复操作2~3次,每日或隔日1次,10次为1个疗程。

3. 穴位注射　参照基本治疗的选穴,用维生素 B_1 注射液或维生素 B_{12} 注射液,每穴位注射 0.5 mL,每日1次,10次为1个疗程。

4. 电针　参照基本治疗的选穴,针刺得气后,连接电针机,选好波型,每日1次,每次留针30 min,10次为1个疗程。

5. 皮肤针 选背部肺俞、脾俞、胃俞、膈俞,及手、足阳明经线,用皮肤针反复叩刺上述穴位及经脉,隔日1次。

【按语】

(1) 针灸治疗本病有较好的疗效。现代临床选穴多以阳明经穴及夹脊穴为主,治疗时可配合药物、推拿、理疗等,以提高疗效。

(2) 卧床患者应保持四肢功能体位,以免造成足下垂或内翻,还要注意预防褥疮。治疗期间,配合主动及被动的肢体功能锻炼,效果更佳。

九、感　　冒

感冒(cold),又称伤风、冒风,是风邪侵袭人体所致的常见外感疾病。临床表现以鼻塞、咳嗽、头痛、恶寒发热、全身不适为特征。全年均可发病,尤以冬、春季多见。轻者一般称为"伤风";重者在一个时期内广泛流行,称为"时行感冒"。

西医学的上呼吸道感染属中医学的"感冒"范畴,流行性感冒属"时行感冒"范畴。

【病因病机】

感冒发生,主要由于气候急剧变化时,人体卫外功能不能适应,邪气乘虚由皮毛、口鼻而入,引起一系列肺卫症状。感冒虽以风邪多见,但不同季节,多挟时气或非时之气,故临床以风寒、风热多见,又有挟湿、挟暑之兼证。

【辨证】

主症　鼻塞,咳嗽,头痛,恶寒发热,全身不适。

风寒感冒:头痛,肢体酸楚,鼻塞声重,咳嗽流涕,鼻痒喷嚏,痰液稀薄,恶寒发热或不发热,无汗,苔薄白,脉浮紧。

风热感冒:发热汗出,微恶风寒,头痛昏胀,咳嗽痰稠,鼻塞涕浊,口渴咽痛,苔薄黄,脉浮数。

挟湿则头痛如裹,胸闷纳呆;挟暑则汗出不解,心烦口渴。

【治疗】

(一) 基本治疗

治法　祛风散寒,解表宣肺。以督脉、手太阴经、足太阳经穴为主。

主穴　大椎　风门　列缺

方义　寒邪束表,卫阳闭阻,大椎是督脉与诸阳经之会,功可疏风散邪,通阳解表;外感风寒,先犯太阳而伤肺部,故取风门疏调太阳,解表宣肺;列缺乃肺经络穴,用以宣通肺气而解表止咳。

配穴　头痛配太阳、风池;咳嗽甚配尺泽;鼻塞配迎香;气虚感冒配足三里;风热感冒配曲池、外关、合谷;咽喉痛配少商放血;全身酸楚配身柱;挟湿配阴陵泉;挟暑配委中放血。

操作　毫针刺,用泻法。风寒感冒,大椎行灸法;风热感冒,大椎行刺络拔罐。少商、委中,用刺络放血法。

(二) 其他治疗

1. 穴位注射　参照基本治疗的选穴。用复方大青叶注射液、板蓝根注射液、银黄注射液或复方柴胡注射液,每穴注射1 mL,每日1次。

2. 刺络拔罐　选大椎、风门、身柱、肺俞等穴,穴位常规消毒,用三棱针点刺出血,然后拔火罐。适用于风热感冒。

3. 拔火罐　选大椎、身柱、大杼、肺俞等穴,拔罐后留罐15 min,或用闪罐法。适用于风寒感冒。

4. 耳针　选肺、内鼻、下屏尖、额等穴。毫针刺,中、强刺激。咽痛加咽喉、扁桃体穴。

【按语】

(1) 针刺治疗感冒有较好的疗效,在治疗的同时,应嘱患者多饮热水,促进发汗和利尿,以利于降温和排除体内毒素。

(2) 在感冒多发季节或患者体虚时,针灸足三里、风门,每日1次,连续3~7天,有一定预防作用。

十、咳　　嗽

咳嗽(cough)是肺系疾病的主要症状。"咳"指肺气上逆,有声无痰;"嗽"指咯吐痰液,有痰无声。一般多声痰并见,故并称咳嗽。

西医学认为咳嗽是肺系多种疾病均可出现的症状之一,常见于上呼吸道感染、急慢性支气管炎、支气管扩张、肺炎、肺结核等。

【病因病机】

咳嗽病因,临床上分为外感、内伤两类。外感风寒、风热之邪,从口鼻皮毛而入,肺合皮毛,开窍于鼻,肺部受邪,肺气壅遏不宣,清肃功能失常,影响肺气出入,而致咳嗽。内伤咳嗽,多因脏腑功能失调,如肺阴亏损,失于清润,气逆于上;或肺气不足,失于清肃,或脾虚失运,湿聚生痰,上渍于肺,肺气不宣;或肝气郁结,气郁化火,火盛灼肺,阻碍肃降;或肾虚,摄纳无权而气上逆,均可导致咳嗽。

【辨证】

主症　咳嗽。

外邪束肺,肺卫不宣,肺失肃降而致咳嗽。若因风寒,症见咳嗽声重,咽喉作痒,咳痰稀薄,头痛发热,鼻塞流涕,形寒无汗,肢体酸楚,苔薄白,脉浮紧。若因风热,症见咳痰黏稠,身热头痛,汗出恶风,苔薄黄,脉浮数。若燥热伤肺,则干咳无痰,咽痛喉痒,舌红,苔黄,脉浮数。

内伤咳嗽,多由脏腑功能失调所致。若痰湿阻肺,症见咳嗽黏痰,胸脘作闷,神疲纳差,苔白腻,脉濡滑。若肝火灼肺,症见气逆咳嗽,引胁作痛,面赤咽干,苔黄少津,脉弦数。若因肺虚阴亏,症见干咳少痰,或痰中带血,潮热盗汗,形体消瘦,两颊红赤,神疲乏力,舌红少苔,脉细数。

【治疗】

(一) 基本治疗

1. 外感咳嗽

治法　疏风解表,宣肺止咳。以手太阴肺经和足太阳膀胱经穴为主。

主穴　肺俞　尺泽　列缺

方义　肺主皮毛,司一身之表,取肺之背俞宣肺止咳,宜浅刺;尺泽乃肺之合穴,"合治内腑",宣降肺气,化痰止咳;列缺为肺之络穴,散风祛邪,宣肺解表。

配穴　风寒者配风门;风热者配大椎;咽喉肿痛者取少商点刺出血;鼻塞配迎香;燥热者配曲池。

操作　毫针刺。寒邪重者可艾灸或拔火罐。

2. 内伤咳嗽

治法　调补肺气,止咳化痰。以手、足太阴经穴为主。

主穴　太渊　三阴交　肺俞

方义　内伤咳嗽,肺之气阴损耗,肺失清肃,取肺俞调补肺气,清肃之令自行;太渊为肺经原穴,本脏真气所注,取之肃理肺气;三阴交疏肝健脾,化痰止咳。

配穴　痰湿侵肺者配丰隆、阴陵泉;肝火灼肺者配行间;肺阴亏虚者配膏肓;咯血者配孔最。

操作　毫针刺,补虚泻实。

(二) 其他治疗

1. 穴位注射　参照基本治疗的选穴,用鱼腥草注射液或胎盘注射液,每穴注射 0.5～1 mL,每日1次,10次为1个疗程。

2. 穴位埋线　选肺俞、膻中。常规消毒,局麻浸润,用"0"号羊肠线,三角缝合针将肠线埋于一穴位下肌肉层,15 日更换埋另一穴。

3. 穴位敷贴　选肺俞、定喘、风门、膻中、丰隆,用白附子(16%)、洋金花(48%)、川椒(33%)、樟脑(3%)制成粉剂。将药粉少许置穴位上,用胶布敷贴,每3～4日更换1次,最好在三伏天应用。亦可用白芥子、甘遂、细辛、丁香、苍术、川芎等量研成细粉,加入基质,调成糊状,制成直径1 cm圆饼,贴在穴位上,用胶布固定,每3天更换1次,5次为1个疗程。

【按语】

(1) 针灸缓解咳嗽有一定疗效。

(2) 平时注意保暖、慎避风寒。嗜烟酒者,应戒绝。

十一、哮　　喘

哮喘(asthma)是一种常见的反复发作性疾患。临床以呼吸急促,喉间哮鸣,甚则张口抬肩,不能平卧为主症。"哮"是呼吸急促,喉间有哮鸣音;"喘"是呼吸困难,甚则张口抬肩。正如明代虞抟《医学正传》说:"大抵哮以声响名,喘以气息言"。临床所见哮必兼喘,喘未必兼哮。本病一年四季均可发病,尤以寒冷季节和气候急剧变化时发病较多,且易复发,男女老幼皆可罹患。

西医学的支气管哮喘、慢性喘息性支气管炎、肺炎、肺气肿、心源性哮喘等,均属中医学"哮喘"范畴。

【病因病机】

哮喘成因虽多,但不外乎外感、内伤两端。凡受风寒、风热侵袭,以及过敏体质受烟尘、漆气、花粉等异味影响均可使肺气失宣,气道阻塞而致本病。或因脾失健运,聚湿成痰;或因情志不调,忧思气结,气机不利;或劳伤、久病、伤及肺阴,久病迁延,由肺及肾,肺虚则气无所主,肾虚则摄纳无权,以致哮喘发作。发作期可见气郁痰壅,阻塞气道,表现为邪实证;如反复发作,必致肺气耗损,久则累及脾肾,多为虚证。

【辨证】

主症　呼吸急促,喉间哮鸣,甚则张口抬肩,不能平卧。

一般分为实证、虚证两类。实证如风寒外袭,症见咳嗽喘息,咯痰稀薄,形寒无汗,头痛,口不渴,苔薄白,脉浮紧;如痰热阻肺,症见咳喘痰黏,咯痰不爽,胸中烦闷,咳引胸胁作痛,或见身热口渴,恶心纳呆,苔黄腻,脉滑数。虚证如肺气不足,症见喘促气短,喉中痰鸣,气怯声低,吐痰稀薄,或烦热口干,两颊潮红;如久病肺虚及肾,则气息短促,动则喘甚,形瘦神疲,汗出肢冷,舌淡,苔红,脉沉细。

【治疗】

(一) 基本治疗

1. 实证

治法　祛邪肃肺,止哮平喘。以任脉、足太阳、手太阴经穴为主。

主穴　肺俞　膻中　天突　尺泽

方义　外邪袭肺,肺气失宣,壅塞气道,取肺之背俞穴以宣发太阳经气,祛邪外出,并宣肺平喘;膻中乃气之会穴,宽胸理气,舒展气机;天突降逆平喘止哮;尺泽为肺经合穴,肃肺化痰,降逆平喘。

配穴　风寒者配风门;风热者配大椎、曲池;肝郁者配太冲;痰盛者配丰隆;喘甚者配定喘。

操作　毫针刺,用泻法。背俞穴可艾灸或拔火罐。

2. 虚证

治法　补益肺肾,止哮平喘。以背俞穴、手太阴经穴为主

主穴　肺俞　肾俞　膏肓　太渊

方义　肺主气,肾纳气,肺肾两虚,气无所主,宣降失职,取肺俞、肾俞补益肺肾之气;膏肓理肺补虚;太渊乃肺之原穴,补益肺气,使肺气上充,上有主而下能纳,气机得以升降,哮喘自平。

配穴　肺气虚配气海;肾气虚配太溪;盗汗配阴郄;喘甚配定喘、天突。

操作　毫针刺,用补法,亦可艾灸、拔火罐。

(二) 其他治疗

1. 穴位敷贴　选肺俞、膏肓、膻中、定喘,用白芥子 30 g,甘遂 15 g,细辛 15 g 共为细末,用生姜汁调药粉成糊状,每穴涂药蚕豆大,外敷胶布,贴 30~60 min,去掉,局部红晕微痛为度。若起泡,消毒后挑破,涂甲紫溶液。

2. 穴位埋线　选膻中、定喘、肺俞,常规消毒后,局部浸润麻醉,用三角缝合针将"0"号羊肠线埋于穴下肌肉层,每 10~15 日更换 1 次。

3. 耳针　选平喘、下屏尖、肺、神门、皮质下、下脚端。每次取 2~3 穴,捻转法用中、强刺激。适用于哮喘发作期。

【按语】

(1) 针灸对缓解支气管哮喘发作症状有一定疗效,对于发作严重或哮喘持续不缓解者,应配合药物治疗。

(2) 气候变化时应注意保暖。过敏体质者,注意避免接触致敏原和进食过敏食物。

十二、心　　悸

心悸(palpitation)是指患者自觉心中悸动,惊惕不安,甚则不能自主的一种病证。临床一般多呈阵发性,每因情绪波动或劳累过度而发,本病证可见于多种疾病过程中,且常与失眠、健忘、眩晕、耳鸣等并见。

西医学中凡各种原因引起心脏频率、节律发生异常,均可导致心悸。本病多见于西医学的心神经官能症、风湿性心脏病、冠状动脉硬化性心脏病、肺源性心脏病、贫血、甲状腺功能亢进等。

【病因病机】

中医学认为,心悸多因体质素虚,情志内伤,以及外邪侵袭所致,病位在心。平素正气不足,心虚胆怯,或突受惊恐,使心惊神摇不能自主;或久病心血不足,或忧思过度,劳伤心脾,使心失所养;或久病体虚,或房事过度,肾阴亏虚,水火不济,虚火妄动,上扰心神;或脾肾阳虚,不能蒸化水液,停聚为饮,上犯于心;情志内伤,肝郁气滞,或心阳不振,心脉瘀阻,而发本病。

【辨证】

主症　患者自觉心慌,时作时息。

心虚胆怯：心悸常因惊恐而发,兼见气短自汗,神倦乏力,自汗,多梦易惊,舌淡,苔薄白,脉细弦。

心脾两虚：心悸思虑劳心则甚,兼见神疲乏力,失眠健忘,面色无华,口唇色淡,纳少腹胀,大便溏薄,舌淡,苔薄白,脉细弱。

阴虚火旺：心悸不宁,兼见五心烦热,少寐多梦,头晕目眩,耳鸣腰酸,口干,面颊烘热,舌红少苔或无苔,脉细数。

心血瘀阻：兼见胸闷不舒,心痛阵发,或面唇紫暗,爪甲青紫,舌质紫暗或有瘀点、瘀斑,脉细涩或结代。

水气凌心：兼见眩晕,胸脘痞闷,咳喘不能平卧,咳吐大量泡沫痰涎,或下肢浮肿,渴不欲饮,形寒肢冷,尿少,舌淡胖,苔白腻或白滑,脉弦滑或沉细而滑。

【治疗】

(一) 基本治疗

治法　宁心通络,安神定悸。以心、心包的俞、募穴为主。

主穴　神门　内关　心俞　厥阴俞　巨阙　膻中

方义　神门为手少阴心经原穴,宁心安神以定悸;内关是手厥阴心包经之络穴,可宁心通络,安神定悸;心俞、厥阴俞、巨阙、膻中分别为心和心包之俞穴、募穴,两对俞募配穴,可疏调心气以宁心定悸。

配穴　心虚胆怯加胆俞;心脾两虚加脾俞、足三里;阴虚火旺加太溪、三阴交;心血瘀阻加膈俞;水气凌心加水分、阴陵泉。

操作　所有腧穴常规针刺,实证用泻法,虚证用补法,阳虚者可加用灸法。背部穴位应当注意针刺的角度、方向和深浅。

(二) 其他治疗

1. 耳针　选心、交感、神门、皮质下、肝、胆、脾、肾。每次取3~5穴,毫针刺,轻刺激,留针过程中捻针2~3次,每日1次。亦可用揿针埋藏或王不留行籽贴压。

2. 穴位注射　参照基本治疗的选穴。用维生素B_1注射液或维生素B_{12}注射液,每穴注射0.5 mL,隔日1次。

【按语】

(1) 心悸可由多种疾病引起,针灸治疗的同时应积极查找原发病,针对病因进行治疗。

(2) 针灸治疗心悸不仅能控制症状,而且对疾病本身也有调整和治疗作用。但在器质性心脏病出现心衰倾向时,应及时采用中西结合综合治疗措施,以免延误病情。

(3) 心悸急性发作可用泻法,留针30 min至2 h,以症状消失或减缓为度。

十三、不　　寐

不寐(insomnia)，又称"失眠""不得眠""不得卧""目不眠"，是以经常不能获得正常睡眠为特征的一类病证，主要表现为睡眠时间、深度的不足。轻者入睡困难，或寐而不酣，时寐时醒，或醒后不能再寐；重者则彻夜不寐，常影响正常工作、生活、学习和健康。

本病可见于西医学的神经衰弱、神经官能症等疾病中。

【病因病机】

睡眠由心神所主，神安则寐，神不安则不寐，故本病的病位在心，但与肝、脾、肾关系密切，实者多为心神不宁；虚者多为心失所养。因思虑忧愁，操劳太过，损伤心脾，气血耗伤，心神失养；或因久病、房劳伤及肾，肾阴亏耗，阴虚火旺，心肾不交，水火失济；或因饮食所伤，或久病体虚，或思虑伤脾，导致脾胃不和，湿盛生痰，痰郁生热，痰热上扰心神；或情志不舒，抑郁恼怒，气郁化火，肝火上扰，心神被扰等均可导致本病发生。

【辨证】

主症　经常不能获得正常睡眠。或入睡困难；或睡眠时间不足；或睡眠不深；严重者彻夜不眠。

肝火扰心：心烦不能入睡，兼见急躁易怒，胸胁胀满疼痛，头痛眩晕，面红目赤，口苦，便秘尿黄，舌红，苔黄，脉弦数。

脾胃不和：胸脘痞闷嗳气，嗳腐吞酸，心烦口苦，舌苔厚腻或黄腻，脉滑数。

心脾两虚：多梦易醒，神疲乏力，健忘，面色无华，口唇色淡，纳少腹胀，便溏，舌淡，苔薄白，脉细弱。

心肾不交：手足心热，头晕耳鸣，心悸，健忘，腰膝酸软，遗精盗汗，颧红潮热，口干少津，舌红少苔，脉细数。

心虚胆怯：夜寐多梦易惊，心悸胆怯，善惊易恐，气短倦怠，舌淡，苔薄白，脉弦细。

【治疗】

(一) 基本治疗

治法　交通阴阳，宁心安神。以手少阴经、督脉穴和八脉交会穴为主。

主穴　神门　三阴交　百会　申脉　照海　安眠

方义　本病的病位在心，但与肝、脾、肾关系密切。心藏神，故取心经原穴神门以宁心安神；三阴交为肝、脾、肾三条经脉交会穴，故可疏调肝脾肾气机，益气养血安神；脑为元神之府，百会穴位于巅顶，入络于脑，可镇静安神；《灵枢·大惑论》曰："卫气不得入于阴，常留于阳，留于阳则阳气满，阳气满则阳跷盛，不得入于阴则阴气虚，故曰不瞑矣"，照海、申脉为八脉交会穴，分别与阴、阳跷脉相通，阴、阳跷脉"司眼睑开合"，主睡眠，故取申脉、照海以交通阴阳，宁心安神；安眠为治疗失眠的经验效穴。诸穴合用，共奏交通阴阳，宁心安神之功。

配穴　肝火扰心者加行间；痰热内扰者加丰隆、中脘、内庭；心脾两虚者加心俞、脾俞、足三里；心肾不交者加太溪；心虚胆怯者加心俞、胆俞；脾胃不和者加中脘、足三里。

操作　所有腧穴常规针刺。百会穴可采用迎随补泻法，即虚证针尖向前，实证针尖向后；背俞穴注意针刺的方向、角度和深浅；照海用补法，申脉用泻法。

(二) 其他治疗

1. 耳针　选神门、心、交感、皮质下、脾、肾。每次取3～5穴，毫针刺，轻刺激，留针30 min，每日1次。亦可用揿针埋藏或王不留行籽贴压。

2. 皮肤针　取印堂、百会、颈项部、腰背部膀胱经第1侧线。用轻刺激手法，每次5～10 min，以局部皮肤潮红为度，每日或隔日1次。

3. 穴位注射　取安眠、三阴交。用维生素 B_1 注射液或维生素 B_{12} 注射液，每穴注射 0.5 mL，隔日1次。

【按语】

(1) 针灸治疗不寐效果良好，因午后阳衰阴长，治疗时间以下午和晚上为佳，尤其是以睡前2 h，患者处于安静状态下治疗效果更好。

（2）在治疗前应经各系统检查和实验室检查，如由于发热、咳喘、疼痛或皮肤病的瘙痒等其他疾病引起者，应同时治疗原发病。

十四、胸　　痹

胸痹（chest pain）是以胸部闷痛，甚则胸痛彻背，喘息不得卧为主症的一种疾病。轻者仅感胸闷如窒，呼吸欠畅；重者则有胸痛，严重者心痛彻背，背痛彻心。

胸痹主要见于西医学的冠状动脉粥样硬化性心脏病。

【病因病机】

胸痹的主要病机为心脉痹阻，病位在心，但与肝、脾、肾三脏功能失调关系密切。若素体阳虚，胸阳不足，阴寒之邪乘虚侵袭，寒凝气滞，胸阳不展，心脉痹阻，血行不畅，而发本病；若饮食失节，过食肥甘厚腻，日久损伤脾胃，或忧思伤脾，脾虚气结运化失健，聚湿成痰，上犯心胸清旷之区，痰阻脉络，气滞血瘀，心脉痹阻，而成胸痹；若情志不遂，郁怒伤肝，肝失疏泄，肝郁气滞，气滞则血行失畅，心脉痹阻，亦发为本病。

【辨证】

主症　胸部疼痛，轻者胸闷如塞，重者胸痛如绞。

心血瘀阻：胸部刺痛，固定不移，入夜更甚，心悸失眠，舌质紫暗或有瘀点、瘀斑，脉象沉涩。

痰浊壅塞：胸闷如窒而痛，形体肥胖，肢体困重，胸脘痞闷，咳嗽痰多，气短，舌体胖大边有齿痕，苔白腻，脉滑。

阴寒凝滞：起病急骤，猝然心痛如绞，胸痛彻背，背痛彻胸，往往遇寒而发，胸闷气短，心悸，重则喘息，不能平卧，面色㿠白，四肢厥冷，舌苔白，脉沉细或沉紧。

【治疗】

（一）基本治疗

治法　理气宽胸，通络止痛。以俞、募穴为主。

主穴　内关　心俞　巨阙　膻中

方义　本病病位在心，故取心的俞、募穴心俞、巨阙为"俞募配穴"，可疏调心气以通络止痛；膻中为心包募穴，又为"气会"，配手厥阴心包的络穴内关，可理气宽胸，通络止痛。

配穴　心血瘀阻加膈俞、血海；痰浊壅塞加丰隆、太渊；阴寒凝滞加关元、命门。

操作　毫针刺，用平补平泻法。阳虚阴寒内盛者可加用灸法；背部穴位应当注意针刺的角度、方向和深浅。

（二）其他治疗

耳针　选心、交感、神门、皮质下、肝、脾、肾。每次取3～5穴，毫针刺，中、强刺激，留针过程中捻针2～3次，每日1次。亦可用揿针埋藏或王不留行籽贴压。

【按语】

（1）针灸治疗胸痹在缓解症状方面有较好疗效。

（2）如果患者出现心绞痛，应采取综合治疗措施。

十五、郁　　证

郁证（depression）是由于情志不舒，气机郁滞所致，以心情抑郁，情绪不宁，胸部满闷，胁肋胀痛，或易怒易哭，或咽中如有异物梗塞等症为主要临床表现的一类病证。脏躁、梅核气是郁证中具有特异性的证候，脏躁多见于女性，常因精神刺激诱发，临床表现多种多样，发作时一般以精神恍惚，心神不宁，悲忧善哭，喜怒无常为主；梅核气多见于中青年女性，以精神抑郁，咽中如有物梗塞，吞之不下，咯之不出为特征。

郁证主要见于西医学的神经官能症、癔症、神经衰弱、焦虑症、更年期综合征、反应性精神病、隐匿性抑郁症等。

【病因病机】

郁证的病因总属情志所伤，发病与肝的关系最为密切，其次涉及心、脾、肾等。肝喜条达而主疏泄，情

志不遂,或郁怒伤肝,导致肝气郁结而成气郁,这是郁证的主要病机;或因忧思气结,气滞则血行不畅,可形成血郁;若气郁日久化火,可致肝火上炎而成火郁;肝气郁结,横逆乘脾,肝脾失和,或忧思伤脾,思则气结,既可气郁生痰,又可因生化无源,气血不足,而形成心脾两虚,导致心神失养;若肝郁化火,肝肾之阴被耗,心失所养,可出现阴虚火旺之证。

【辨证】

主症 患者常有情志受伤史。临床表现为精神抑郁,胸闷胁胀,善太息,不思饮食,失眠多梦,情绪不宁,易怒善哭等;部分患者会伴发突然失明、失听、失语、肢体瘫痪和意识障碍等。

肝气郁结:精神抑郁,胁肋胀痛,或脘痞,嗳气频作,善太息,大便不调,女子可见月经不调,舌苔薄白,脉弦。

气郁化火:急躁易怒,胸胁胀满疼痛,头痛目赤,口苦咽干,嘈杂泛酸,便秘尿黄,舌红,苔黄,脉弦数。

痰气郁结:咽中不适,如有物梗阻,吞之不下,咯之不出,胸部窒塞,胁肋胀满,苔白腻,脉弦滑。

心神失养:心神不宁,多疑易惊,悲忧善哭,喜怒无常,或手舞足蹈,舌质淡,脉弦。

心脾两虚:善思多虑,胸闷心悸胆怯,失眠健忘,神疲倦怠,面色萎黄,头晕,易出汗,纳差,舌淡,苔薄白,脉细弱。

阴虚火旺:虚烦少寐,头晕心悸,颧红,口干咽燥,五心烦热,或见盗汗,或遗精腰酸,或月经不调,舌红少苔,脉细数。

【治疗】

(一) 基本治疗

治法 理气解郁,养心安神。以督脉、手、足厥阴经、手少阴经穴为主。

主穴 神门 内关 百会 合谷 太冲

方义 神门为手少阴心经原穴,宁心安神;内关为手厥阴心包之络穴,可宽胸理气,安神定志;脑为元神之府,督脉入络脑,百会穴居巅顶,可醒脑开窍;合谷、太冲"开四关",一方面助百会开窍醒神,另一方面可疏肝理气,与内关加强理气解郁之功。诸穴合用,共奏理气解郁,养心安神之功。

配穴 肝气郁结加期门、膻中;气郁化火加行间;痰气郁结加中脘、丰隆;心神失养加心俞、三阴交养心安神;心脾两虚加心俞、脾俞、足三里;阴虚火旺加太溪、肾俞、三阴交。梅核气加天突、列缺、照海;失明加太阳、睛明、光明;失听加耳门、听宫、中渚;失语加廉泉、哑门;肢体瘫痪加曲池、足三里、阳陵泉;意识障碍加水沟。

操作 所有腧穴常规针刺。水沟用雀啄泻法,以眼球湿润为佳;内关、太冲用泻法;神门用平补平泻法;配穴按虚补实泻法操作;背部穴位应当注意针刺的角度、方向和深浅。

(二) 其他治疗

1. 耳针 选心、枕、脑点、肝、内分泌、神门。每次取3～5穴,毫针浅刺或加电针,两耳同时针刺,用强刺激手法,每次留针20 min,隔日1次。恢复期可用埋针法或王不留行籽贴压。

2. 穴位注射 选风池、心俞、脾俞、足三里。用丹参注射液或参麦注射液,每穴0.3～0.5 mL,如失眠则在睡前注射,每日或隔日1次。

3. 电针 选足三里、内关、太冲、三阴交。每次对称取穴2～3对,通电10～20 min,每日治疗1次。

【按语】

(1) 针灸治疗郁证有良好的疗效。因本病是一种心因性的情志病,在治疗过程中,不能忽视语言的暗示作用,应该恰如其分地了解情志致病的原因,解除患者的思想顾虑,树立战胜疾病的信心,可以提高针灸治疗的效果。

(2) 如患者有神志症状,应经各系统检查和实验室检查以排除器质性疾病,并与癫证、狂证以及脑动脉硬化、脑外伤等所产生的精神症状作鉴别。

十六、癫 狂

癫狂(depressive and manic psychosis)是精神失常的病证,为癫证、狂证的总称。根据临床表现,癫证与狂证有所区别,癫证(depressive psychosis)以精神抑郁,表情淡漠,沉默痴呆,语无伦次为特征,属阴证;

笔记栏

狂证(manic psychosis)以精神亢奋,狂躁不安,甚则打人毁物者为特征,属阳证。两者在病因和病机方面有相似之处,又可以相互转化,故临床上常癫狂并称,本病多见于青壮年。

本病相当于西医学的狂躁型及抑郁型精神分裂症、反应性精神病等。

【病因病机】

本证由七情内伤所致。中医学认为,癫证的发生乃阴气过旺(所谓"重阴则癫"),多因情志所伤,思虑太过,所愿不遂,以致肝气郁结,心脾受损,脾失健运,痰浊内生,痰气上逆,蒙蔽心神,神明失常;或思虑过度,暗耗心血,心虚神耗,或脾虚而化源不足,心神失养,发为本病。狂证的发生是由于阳气暴亢(所谓"重阳则狂"),由于恼怒悲愤,肝失条达,气郁化火,煎熬津液,结为痰火,痰火上扰,蒙蔽心窍,神志逆乱,发为狂证。总之,癫狂的病理因素不离乎痰,癫因痰气,狂因痰火。

【辨证】

(一)癫证

主症　精神抑郁,善疑多虑,或焦急胆怯,喃喃自语,语无伦次,静而少动,或悲郁善哭,呆痴叹息。

肝郁气滞:兼见急躁易怒,悲郁易哭,时时太息,胸胁胀满,舌淡,苔薄白,脉弦。

痰气郁结:兼见喜怒无常,秽洁不分,胸脘痞闷,不思饮食,舌苔白腻,脉弦滑。

心脾两虚:兼见神志恍惚,言语错乱,心悸易惊,善悲欲哭,食少倦怠,舌淡苔白,脉沉细弱。

(二)狂证

主症　精神错乱,喧闹不宁,妄语高歌,狂躁不安,不避亲疏,甚者打人毁物。

痰火扰神:兼见彻夜不眠,两目怒视,面红目赤,狂乱无制,气力逾常,骂人毁物,逾垣上屋,高歌狂呼,舌红绛,苔黄腻或黄燥,脉弦大滑数。

火盛伤阴:狂证日久,病势较缓,时而烦躁不安,时而多言善惊,恐惧不安,形瘦面红而秽,舌红少苔或无苔,脉细数。

气血瘀滞:躁扰不安,恼怒多言,甚则登高而歌,或妄闻妄见,面色暗滞,头痛,胸胁满闷,舌质紫暗有点或瘀斑,脉弦或细涩。

【治疗】

(一)基本治疗

1. 癫证

治法　理气豁痰,醒神开窍。以督脉,手、足厥阴经,足阳明经穴为主。

主穴　百会　神门　内关　合谷　太冲　丰隆

方义　百会为督脉穴,督脉入络脑,可醒脑开窍,宁神定志;神门为心经原穴,内关为心包经络穴,二穴可调畅气机,宁心安神;合谷、太冲"开四关",可理气解郁,醒脑开窍;丰隆和胃化痰,为化痰要穴。以上诸穴合用,共奏理气豁痰,醒神开窍之功。

配穴　肝郁气滞加期门、膻中;痰气郁结加中脘、膻中;心脾两虚加心俞、脾俞。

操作　毫针刺,泻法。

2. 狂证

治法　清心泻火,宁神定志。以督脉、手厥阴经、手少阴经穴为主。

主穴　水沟　神门　内关　劳宫　丰隆

方义　水沟属督脉,督脉与脑相通,可醒脑开窍,安神定志;神门、内关,可醒神开窍,宁心定志;劳宫为心包经荥穴,可清心包而泻心火,安神定志;丰隆化痰通络,醒脑开窍。

配穴　痰火扰神加内庭、中脘;火盛伤阴加行间、太溪、三阴交;气血瘀滞加血海、膈俞。

操作　水沟向鼻中隔深刺、强刺,用雀啄手法,以眼睛充泪为度;其余主穴毫针刺,泻法。

(二)其他治疗

1. 耳针　选心、皮质下、肾、枕、神门。每次选用3～5穴,毫针浅刺,癫证轻刺激,狂证强刺激,留针30 min,每日1次。亦可用揿针埋藏或王不留行籽贴压。

2. 穴位注射　选心俞、膈俞、间使、足三里、三阴交。每次选1～2穴,以25～50 mg氯丙嗪注射液,每日或隔日注射1次。

3. 三棱针　选大椎、水沟、百会、中冲(十宣或十二井)。点刺出血,隔日1次。适用于狂证。

4. 电针 选百会、水沟、通里、丰隆。针后在四肢穴位(癫证用断续波,狂证用连续波)强刺激15～30 min,每日1次。

【按语】

(1) 针灸治疗本病有较好的效果,在治疗过程中,要对患者进行严密的监护,防止自杀以及伤人毁物。

(2) 在治疗过程中,对患者应加强护理,结合心理治疗,家属应积极配合,以提高疗效。

(3) 本病易复发,因此,病情缓解后应继续治疗,以巩固疗效。

十七、痴　呆

痴呆(dementia),又称为"呆病""痴证"等,是指意识清楚的患者,由于各种躯体疾病而引起的持续性高级神经功能全面障碍,包括记忆、解决日常生活问题的能力、已习得的技能、正确的社交技能和控制情绪反应能力的障碍,最终导致精神功能衰退的一组后天获得性综合征。轻者可见神情淡漠,寡言少语,反应迟钝;重者表现为终日不语,或闭门独居,或口中喃喃,言辞颠倒,行为失常,忽笑忽哭,或不欲食,数日不知饥饿等。

本病多发于老年人,多见于西医学的阿尔茨海默病、脑血管性痴呆和混合性痴呆等病。

【病因病机】

本病病位在脑,脑为元神之府,神机之源,一身之主。脑为髓之海,肾主骨生髓,若年老体衰,或久病耗伤,肾精日亏,脑髓失充,精明失聪,神无所依;或因年迈久病,或思虑伤脾,或饮食不节,损伤脾胃,均可致脾胃运化失司,不能健运水谷,气血生化乏源,不能上荣于脑,神明失养;或因痰浊内生,蒙蔽清窍;或因中风、脑部外伤后,瘀血内阻,痹阻脑络,脑髓失养,神机失用,而发痴呆。

【辨证】

主症　起病缓慢,记忆力障碍是本病的首发症状,先表现为近记忆力减退,进而表现为远记忆力减退;其次出现猜疑的症状;病情进一步发展时,计算能力减退,逐渐发展到对日常生活和常识的理解、判断也发生障碍,还可有认知障碍、人格改变、情感障碍、言语障碍和精神异常,并可出现语言和各种神经功能障碍如失语、失用、震颤麻痹、共济失调、锥体束征等;晚期患者完全卧床,生活不能自理。

肝肾亏虚:记忆力减退,智能下降,神情呆滞愚笨,记忆、判断力降低,伴有头晕耳鸣,怠惰思卧,头昏眩晕,或可见手足发麻,步履艰难,舌瘦,质淡红,脉沉细弱。

气血不足:行为、表情失常,终日寡言少语,喜怒无常,记忆力减退甚至丧失,步态不稳,面色淡白,神疲乏力,舌淡,苔薄白,脉细弱。

痰浊闭窍:表情呆板,智力衰退,记忆力丧失,行动迟缓,终日寡言,倦怠思卧,不思饮食,脘腹胀满,口多涎沫,舌淡胖,苔白腻,脉濡滑者。

瘀血阻络:神情淡漠,反应迟钝,智力减退,语言颠倒,健忘善惊,或离奇幻想,思维异常,行为怪僻,或肢体麻木不遂,肌肤甲错,皮肤晦暗,舌质紫暗,有瘀点或瘀斑,脉细涩者。

【治疗】

(一) 基本治疗

治法　补肾填精,醒脑调神。以督脉、足少阴经和足少阳经穴为主。

主穴　百会　四神聪　风池　太溪　悬钟　合谷　太冲　足三里

方义　督脉入络脑,百会、四神聪均位于巅顶,为局部取穴,以醒脑调神;风池配百会、四神聪以开窍醒神,宁心定志;肾主骨生髓,补肾即为生髓,故取太溪补肾养髓;悬钟为髓之会穴,可充养髓海,健脑益智;足三里补益后天,化生气血以助生髓之源;合谷、太冲"开四关",功可活血通络,醒脑开窍。

配穴　肝肾亏虚加肝俞、三阴交;气血不足加气海、膈俞、脾俞;痰浊闭窍加丰隆、中脘;瘀血阻络者加膈俞、血海。

操作　所有腧穴常规针刺。四神聪刺向百会穴,捻转行针;合谷、太冲用泻法;太溪、悬钟用补法;余穴用平补平泻法。

笔记栏

(二) 其他治疗

1. 耳针　选脑点、神门、心、肝、肾、枕、肾上腺。每次选用3～5穴,毫针浅刺,留针30 min,用轻刺激,每日1次。亦可用揿针埋藏或王不留行籽贴压。

2. 穴位注射　参照基本治疗的选穴。用维生素 B_1 注射液或维生素 B_{12} 注射液,每穴注射0.5 mL,隔日1次。

3. 电针　选顶中线、额中线、顶颞前斜线、顶颞后斜线,将2寸长毫针刺入帽状腱膜下,快速行针,毫针强刺激,每日1次。还可配合使用电针,疏密波,中强电流刺激,每日或隔日治疗1次。

【按语】

（1）针灸治疗痴呆有一定效果。针灸治疗本病以早期治疗效果好,晚期则治疗效果较差。因本病较为顽固,疗程一般较长。

（2）有明确病因者在针灸治疗的同时还应积极治疗原发病。

十八、痫　　病

痫病（epilepsy）,又称癫痫、痫证,俗称"羊痫风",是以猝然昏仆,强直抽搐,口吐涎沫,两目上视,移时自醒,醒后神志如常人为特征的一种发作性疾病。

本病相当于西医学的癫痫,包括原发性癫痫及继发性癫痫。

【病因病机】

本病的发病之因,多与先天因素、精神因素、脑部外伤及六淫之邪、饮食失调等有关。或有家族遗传史,或因母孕受惊、高热、服药不慎,或产程胎儿头部受损,均可导致发病。若因情志刺激,肝郁不舒,肝、脾、肾等脏气机失调,骤然阳升风动,痰气上壅,闭阻络窍；或脑部外伤,气血瘀阻,脉络不和,而发病。若久病耗伤,可伤及脾、肾。

【辨证】

（一）发作期

主症　起病急骤,每因惊恐、劳累、情志过极等诱发。发作前常有眩晕、胸闷等先兆。① 大发作：突然昏仆,不省人事,两目上视,牙关紧闭,四肢抽搐,口吐白沫,甚则吼叫声,二便失禁,短暂发作后即清醒,醒后神志如常人,发作过后则觉头昏,精神恍惚,乏力欲寐。② 小发作：动作突然中断,手中物件落地,或头突然向前倾下,而后迅速抬起,或两目上吊,多在数秒至数分钟后即可清醒,但对上述发作症状全然不知。③ 可见多种形式,如口、眼、手等局部抽搐而无突然昏倒；或幻视,或呕吐、多汗,或言语障碍,或见有无意识动作等。

（二）间歇期

痰火扰神：兼见平日情绪急躁易怒,心烦失眠,咯痰不爽,口苦咽干,目赤,舌红,苔黄腻,脉弦滑数。

风痰闭窍：兼见眩晕,胸闷脘痞,痰多,纳差,舌苔白腻,脉弦滑。

瘀阻脑络：既往有脑外伤（或产伤）史,伴头痛,颜面口唇青紫、舌质紫暗或有瘀点、瘀斑,脉弦细涩。

心脾两虚：兼见神疲乏力,失眠健忘,面色无华,口唇色淡,纳少腹胀,大便溏薄,舌淡,苔薄白,脉细弱。

肝肾阴虚：兼见头晕目眩,神志恍惚,面色晦暗,两目干涩,健忘失眠,腰膝酸软,舌红少苔,脉细数。

【治疗】

（一）基本治疗

1. 发作期

治法　醒脑开窍,息风止痫。以督脉及手厥阴经穴为主。

主穴　水沟　百会　内关　后溪　涌泉

方义　水沟、百会为督脉穴,后溪通督脉,督脉入络脑,故针刺可醒脑开窍,宁神定志；内关为心包经络穴,可调畅气机,宁心安神；涌泉为肾经井穴,既可开窍醒神,又可激发肾气,促进脑神的恢复。

配穴　病在夜间发作加照海,白昼发作加申脉通调阴阳。

操作　水沟向鼻中隔深刺、强刺,用雀啄手法,以眼球充泪为度。

2. 间歇期

治法　豁痰开窍,息风定痫。以督脉、任脉和手、足厥阴经穴为主。

主穴　印堂　长强　鸠尾　间使　太冲　丰隆

方义　印堂可醒脑开窍宁神；鸠尾为任脉络穴，任脉为阴脉之海，长强为督脉络穴，督脉为阳脉之海，两穴合用能交通任督，调整阴阳，是治疗痫病的重要组穴；间使为心包经穴，可疏通心包经气血，宁心安神；太冲调畅气机，息风开窍；丰隆和胃降浊，为豁痰化浊的要穴。

配穴　痰火扰神加行间、神门、内庭；风痰闭窍加风池、阴陵泉；瘀阻脑络加膈俞、太阳；心脾两虚加心俞、脾俞、足三里；肝肾阴虚加肝俞、肾俞、太溪、三阴交。

操作　针刺鸠尾应掌握正确的针刺方向、角度和深度，以防伤及肝、脾等腹腔脏器；其余穴位毫针刺，虚补实泻。

(二) 其他治疗

1. 耳针　选胃、皮质下、神门、心、枕、脑点。每次取3～5穴，毫针刺，强刺激，留针30 min，间歇捻针2～3次，每日1次。亦可用揿针埋藏或王不留行籽贴压。

2. 穴位注射　选足三里、内关、大椎、风池。用维生素B_1注射液，每穴注射0.5 mL，隔日1次。

3. 穴位埋线　参照基本治疗的选穴、腰奇穴(尾尖上2寸，适当骶管裂孔处)、癫痫穴(第8胸椎棘突下)。采用套管针埋线法或医用缝合针埋线法将羊肠线埋于穴位。

4. 皮肤针　选长强、百会，督脉循行线。皮肤针叩刺，发作期重刺，间歇期轻刺。

【按语】

(1) 针灸治疗癫痫有一定的疗效，但应行脑电图等常规检查以明确诊断。针灸能有效地改善症状，减少发作次数。

(2) 对于继发性癫痫须详细询问病史，专科检查，必要时应做CT、磁共振检查，以明确诊断，积极治疗原发病。

(3) 本病属顽症痼疾，病情复杂，病程长，所以治疗上宜坚持长期治疗，需要有耐心、恒心、信心。

十九、帕金森病

帕金森病(Parkinson disease)，又称"震颤麻痹"(paralysis agitans)，是一种以静止性震颤、肌强直、运动徐缓为主要症状的中枢神经系统变性的锥体外系疾病。本病属于中医学"颤证""震掉"的范畴。

西医学对于未发现任何确切原因者称为"原发性震颤麻痹"，对于有确切原因者则称为"继发性震颤麻痹"。原发性震颤麻痹好发于50～60岁，男多于女，少数人有家族史。继发性震颤麻痹多见于脑炎、动脉硬化、颅脑损伤，基底节肿瘤，甲状旁腺功能减退或基底节钙化，慢性肝脑变性，一氧化碳、二硫化碳、锰等化学物质中毒等。

【病因病机】

本病病位在脑，以肾为本，以脾为根，以肝为标。由于年事已高或久病肾亏，或劳欲过度，使肝肾阴虚，精血俱耗，以致水不涵木，虚风内动，筋脉失养；或由劳倦过度，或饮食不节，或思虑内伤，损伤心脾，脾虚则气血生化乏源，气血不足，心气虚则行血无力，筋脉失养，而成本病；或因痰湿内盛，风痰闭阻脉络而发病。

【辨证】

主症　以震颤、肌强直、运动徐缓为三大主症。震颤多自一侧上肢手部开始，呈"搓丸样"，在情绪激动时症状加重，运动时减轻，睡眠时消失。肌强直可出现全身肌肉紧张度增高，被动运动时呈"铅管样强直"，若同时有震颤则有"齿轮样强直"；面肌强直使表情和眨眼减少，出现"面具脸"；若舌肌、咽喉肌强直，可表现为说话缓慢，吐字含糊不清，严重可出现吞咽困难。运动徐缓表现为随意运动始动困难，动作缓慢和活动减少；一旦起步可表现为"慌张步态"；患者因失去联合动作，行走时双手无前后摆动；坐时不易起立，卧时不易翻身；书写时可出现"写字过小症"。部分患者还可出现顽固性便秘、怕热、大量出汗、皮脂溢出、排尿不畅或直立性低血压等其他自主神经症状。部分患者尚有失眠、情绪抑郁、反应迟钝、智力衰退或痴呆等精神症状。

肝肾亏虚：筋脉拘紧，肌肉强直，动作笨拙，头及四肢震颤(静止时明显，情绪激动时加剧，随意运动时减轻或消失)，伴头目眩晕、耳鸣、失眠或多梦、腰酸肢软、肢体麻木，舌体瘦，质暗红，脉细弦。

笔记栏

气血不足：筋脉拘紧，肌肉强直，运动减少，肢体震颤，伴头晕心悸，面色无华，神疲乏力，倦怠懒言，舌淡，苔薄白，脉细弱。

痰浊动风：筋脉拘紧，肌肉强直，动作困难（震颤时重时轻，常可自制），胸脘痞闷，食少腹胀，头晕，舌胖大有齿痕，舌质淡，苔腻，脉弦滑。

【治疗】

（一）基本治疗

治法　柔肝息风，通络止颤。以督脉、足厥阴经穴为主。

主穴　百会　四神聪　风池　合谷　太冲　阳陵泉

方义　本病病位在脑，而百会、四神聪均位于巅顶部，属近部取穴，且督脉内入络脑，可醒脑通络，息风宁神；风池可息风宁神定痉；阳陵泉为筋之会穴，可舒筋通络，柔筋止颤；合谷属手阳明，通经络，行气血；太冲乃肝经原穴，平肝息风，与合谷相配属"开四关"法，可通行气血，调和阴阳，息风止痉。

配穴　肝肾亏虚加肝俞、肾俞、太溪、三阴交；气血不足加气海、脾俞、足三里；痰浊动风加丰隆、中脘、阴陵泉。

操作　四神聪，针刺时四个穴点的针尖都朝向百会；其余穴位平补平泻法。

（二）其他治疗

1. 耳针　选心、脑点、枕、肝、神门、脾、肾、交感、神门、皮质下、枕、颈、肘、腕、指、膝。每次选3～5穴，毫针刺，中、强刺激。亦可用揿针埋藏或王不留行籽按压。

2. 穴位注射　参照基本治疗的选穴。根据病情选用当归注射液、丹参注射液、黄芪注射液或用10%葡萄糖液10 mL，加维生素B_{12}注射液1 mL，每穴注入药液0.5～2 mL，每日或隔日治疗1次。

3. 头针　选顶中线、顶颞后斜线、顶旁1线、顶旁2线。常规头针操作，留针30 min左右，每隔5～10 min行针1次，或可加用电针，每日或隔日1次。

【按语】

（1）针灸疗法治疗本病有一定疗效，因本病属疑难病，原因不明，对病程较短者，效果好，须坚持较长时间的治疗。

（2）除常规治疗外，应注意精神调养，保持心情愉快，起居有节，饮食清淡，劳逸适度，适当进行体育锻炼。注意避免一氧化碳、锰、汞、氰化物侵害以及酚噻嗪类、抗忧郁剂、利血平等药物的使用。

二十、消　　渴

消渴（consumptive thirst）是由于阴亏燥热，五脏虚弱所导致的以多饮、多食、多尿、形体消瘦为特征的病证。

本病与西医学糖尿病基本一致。

【病因病机】

本病的病变脏腑主要在肺、胃、肾，又以肾为关键。临床上根据患者的症状不同，病变轻重程度不同，可分为上、中、下三消。病变脏腑各有侧重，上消属肺燥，中消属胃热，下消属肾虚，亦可肺燥、胃热、肾虚三焦同病。消渴多由先天禀赋不足，素体阴虚，复因饮食失节、情志不遂或劳欲过度所致。若先天禀赋不足，五脏虚羸，精气不足，复因调摄失宜，终致精亏液竭而发为消渴；若饮食失节，过食肥甘、醇酒厚味，脾胃受损，脾胃运化失司，积热内蕴，消谷伤津耗液，发为消渴；若情志失调，五志过极，气机郁结，郁而化火，火热炽盛，可上铄肺津，中灼胃液，下耗肾阴，引发消渴；房事不节，劳欲太过，耗伤肾精，虚火内生，阴虚火旺，消灼津液而发为消渴。本病迁延日久，燥热阴虚可阴损及阳，导致气阴两虚、阴阳两虚之证。

【辨证】

主症　多饮、多食、多尿，形体消瘦，或尿有甜味。

上消：烦渴多饮，口干舌燥，尿频量多，舌边尖红，苔薄黄，脉洪数。

中消：多食善饥，形体消瘦，大便干燥，舌红，苔黄，脉滑实有力。

下消：尿频量多，混浊如脂膏，或尿有甜味，头晕耳鸣，腰膝酸软，乏力，口干舌燥，皮肤干燥瘙痒，舌红少苔，脉细数。

阴阳两虚：小便频数，混浊如膏，甚至饮一溲一，面容憔悴，耳轮干枯，腰膝酸软，四肢欠温，畏寒怕冷，阳痿或月经不调，舌淡，苔白而干，脉沉细无力。

【治疗】

（一）基本治疗

治法　清热润燥，养阴生津。以背俞穴为主。

主穴　胃脘下俞　肺俞　胃俞　肾俞　太溪　三阴交

方义　消渴因肺燥、胃热、肾虚所致，故取肺俞以清热润肺；取胃俞、三阴交清胃泻火，调中养阴，生津止渴；取肾俞、三阴交、太溪以益肾滋阴，增液润燥；胃脘下俞为治疗消渴之经验效穴。诸穴合用，共奏清热润燥，养阴生津之功。

配穴　上消加太渊、少府；中消加内庭、中脘；下消加照海、太冲；阴阳两虚加关元、命门。烦渴、口干舌燥者加廉泉、承浆或金津、玉液；便秘者加天枢、腹结、阳陵泉、大敦；多尿、盗汗者加复溜、阴郄；视物模糊者加光明、头维、攒竹；皮肤瘙痒者加曲池、血海、膈俞；上肢疼痛或麻木者加肩髃、曲池、合谷；下肢疼痛或麻木者加风市、阳陵泉、解溪。

操作　毫针刺，用平补平泻法。背俞穴不可深刺，以免伤及内脏。

（二）其他治疗

1. 耳针　选胰、内分泌、肾、三焦、耳迷根、神门、心、肝、肺、屏尖、胃。每次选3～5穴，毫针刺，轻刺激。亦可用揿针埋藏或王不留行籽按压。

2. 穴位注射　参照基本治疗的选穴。每次选2～4穴，用当归注射液、黄芪注射液或小剂量胰岛素，每次选1种药物，每穴注入0.5～2 mL，隔日1次。

【按语】

（1）针灸对糖尿病有一定的疗效，对其并发症亦有很好的效果。

（2）糖尿病患者的皮肤极易并发感染，在针刺过程中应注意严格消毒。

二十一、胁　　痛

胁痛（hypochondriac pain）是以一侧或两侧胁肋部疼痛为主要表现的病证。胁，指胁肋部，在胸壁两侧，由腋以下至第12肋骨。可见于多种急、慢性疾病中。

胁痛常见于西医学的急慢性肝炎、肝硬化、肝癌、急慢性胆囊炎、胆石症、胆道蛔虫病等肝胆病变以及肋间神经痛等。

【病因病机】

肝位于胁部，其经脉"布胁肋"，胆附于肝，其经脉"循胁里"，"过季胁"，故胁痛主要责之于肝胆，另与脾、胃、肾关系密切，其发病不外"不通则痛"和"不荣则痛"。若情志不遂，肝气郁结，失于条达；或跌仆闪挫，胁肋受伤，瘀血停着，阻塞胁络，气机不畅；或外感湿热郁于少阳，枢机不利，疏泄失常；或饮食所伤，损伤脾胃、湿热内生、郁于肝胆，失于疏泄，经脉气机阻滞，而发为胁痛。若久病体虚，劳欲过度，精血亏虚，肝肾阴液不足，血不养肝，脉络失养，拘急而痛，亦可发为胁痛。

【辨证】

主症　以一侧或两侧胁肋部疼痛为主症。由于病因、病性、病程的不同，疼痛性质可有胀痛、刺痛、隐痛、闷痛、窜痛等，常反复发作。

肝气郁结：胁肋胀痛，走窜不定，疼痛每因情志变动而增减，情志不舒，胸闷短气，喜叹息，得嗳气及矢气则舒，纳呆食少，脘腹胀满，苔薄白，脉弦。

瘀血阻络：胁肋刺痛，痛处固定不移，入夜尤甚，舌质紫暗或有瘀点、瘀斑，脉沉涩。

肝胆湿热：胁肋胀痛灼热，触痛明显、拒按，口干口黏，胸闷，纳呆，恶心呕吐，厌食油腻，小便黄赤，或有黄疸，舌红，苔黄腻，脉弦滑数。

肝阴不足：胁肋隐隐作痛，绵绵不已，遇劳加重，头晕目眩，口干咽燥，两目干涩，舌红少苔，脉弦细或细数。

【治疗】

（一）基本治疗

治法　疏利肝胆，通经止痛。以足厥阴、足少阳经穴为主。

主穴　期门　支沟　阳陵泉　足三里

方义　肝、胆经布于胁肋，期门为肝之募穴，又为近部选穴，阳陵泉为胆的下合穴，为远部选穴，两穴相配为"远近配穴"，可疏利肝胆气机，调经止痛；取支沟调理三焦气机，以理气止痛；配足三里引气下行，和胃消痞，以止胁痛，取《金匮要略》之"见肝之病，当先实脾"之意。

配穴　肝气郁结加内关、太冲；瘀血阻络加膈俞、阿是穴；肝胆湿热加行间、侠溪；肝阴不足加肝俞、三阴交；胆道蛔虫病加迎香透四白。

操作　虚证时，足三里用补法，其余主穴用泻法；配穴按虚补实泻法常规操作。期门、膈俞、肝俞等穴不可直刺、深刺，以免伤及内脏；瘀血阻络者可用三棱针点刺出血或再加拔火罐。

（二）其他治疗

1. 耳针　选肝、胆、胸、神门、脾、胃、肾、交感、神门、皮质下。每次选2～4穴，实证强刺激，虚证轻刺激。亦可用揿针埋藏或王不留行籽按压。

2. 穴位注射　参照基本治疗的选穴或夹脊穴。用10%葡萄糖液10 mL，或加维生素B_{12}注射液1 mL，在相应节段的夹脊穴行常规穴位注射。适用于肋间神经痛。

3. 皮肤针　选胁肋部痛点及相应夹脊穴。用皮肤针轻轻叩刺，并加拔火罐。适用于瘀血阻络之胁痛。

【按语】

（1）针灸治疗胁痛有较好的效果，往往能迅速缓解疼痛。

（2）急性胁痛用针灸治疗止痛后，应注意查明病因以明确诊断，必要性采取综合治疗或转科治疗。

二十二、胃　　痛

胃痛（stomachache），又称胃脘痛，是以上腹胃脘部疼痛为主症。由于疼痛部位近心窝部，古人又称"心痛""胃心痛""心腹痛""心下痛"等。

胃痛多见于西医学的急慢性胃炎、消化性溃疡、胃痉挛、胃扭转、胃下垂、胃黏膜脱垂症、胃神经官能症等。

【病因病机】

无论是胃腑本身的原因，还是其他脏腑的病变影响到胃腑，均可使胃络不通或胃失濡养而导致胃痛，本病的病位在胃，与肝、脾关系密切。若外感寒邪或过食生冷，寒邪客于胃中，寒主收引，阻遏气机，可致胃气不和而疼痛；或因饮食不节，暴饮暴食，或过食肥甘厚腻，食滞不化，气机受阻，胃失和降，而发胃痛；若忧思恼怒，情志不遂，肝失疏泄，肝郁气滞，横逆犯胃，胃失和降，亦可发生胃痛；肝郁化火，火盛伤阴，胃失濡养，不荣则痛；若素体禀赋不足，或劳倦内伤，久病脾胃虚弱，脾不升清，胃不降浊，中阳不运，寒从中生，胃失温养作痛；亦有气郁日久，瘀血内结，气滞血瘀，阻碍中焦气机，胃络失和，而致胃痛。

【辨证】

主症　上腹胃脘部疼痛。若胃痛发作较急，痛势较剧，痛处拒按，食后加重者，多属实证；若胃痛发作较缓，隐隐作痛，痛处喜按，喜暖喜，空腹痛甚，食后痛减者，多属虚证。

寒邪犯胃：胃痛因感受寒邪而暴作，脘腹得温痛减，遇寒则痛增，畏寒喜暖，口不渴，喜热饮，苔薄白，脉弦紧。

饮食停滞：因暴饮暴食而胃脘胀满疼痛，拒按，嗳腐吞酸，嘈杂不舒，呕吐或矢气后痛减，苔厚腻，脉滑。

肝气犯胃：胃脘胀满疼痛，连及两胁，嗳气反酸，心烦易怒，喜太息，大便不畅，每因情志因素而诱发，苔薄白，脉弦。

气滞血瘀：胃脘疼痛（多呈刺痛），痛有定处，按之痛甚，或有呕血黑便，舌质紫暗或有瘀点、瘀斑，脉细涩。

脾胃虚寒：胃痛隐隐，喜温喜按，空腹加重，食后痛减，泛吐清水，大便溏薄，神疲乏力，或手足不温，每因劳累、受凉、进生冷饮食而诱发或加重，舌淡，苔薄白，脉虚弱或迟缓。

胃阴不足：胃脘灼热隐痛，饥不欲食，咽干口燥，大便干结，舌红少津，脉弦细或细数。

【治疗】

（一）基本治疗

治法　和胃止痛。以足阳明、手厥阴经穴及募穴为主。

主穴　中脘　内关　足三里

方义　胃腑以通降为顺，中脘为胃之募穴、腑之会穴，足三里为胃之下合穴，两穴可通调腑气，和胃止痛；内关为手厥阴心包经之络穴，沟通三焦，功擅理气降逆，可畅达三焦气机，和胃降逆止痛。

配穴　寒邪犯胃加胃俞、神阙；饮食停滞加下脘、梁门；肝气犯胃加太冲；气滞血瘀加膈俞、三阴交；脾胃虚寒加关元、脾俞；胃阴不足者加三阴交、内庭。

操作　足三里用平补平泻法，疼痛发作时，持续行针 $1\sim 3$ min，直到痛止或缓解；内关、中脘均用泻法。寒邪犯胃和脾胃虚寒者，施行温和灸法、隔姜灸或温针灸，并可加拔火罐；神阙用隔盐灸。

（二）其他治疗

1. 耳针　选胃、十二指肠、脾、肝、神门、交感。每次选用 $3\sim 5$ 穴，毫针浅刺，留针 30 min，每日 1 次。亦可用揿针埋藏或王不留行籽贴压。

2. 穴位注射　参照基本治疗的选穴，根据中医辨证，分别选用当归注射液、丹参注射液、参附注射液或生脉注射液等，也可选用维生素 B_1 注射液或维生素 B_{12} 注射液穴位注射，每次 $2\sim 3$ 穴，每穴 1 mL，每日或隔日 1 次。

【按语】

（1）针灸治疗胃痛有显著疗效，有明显止痛效果。但慢性胃痛需坚持治疗才能取得较好的远期疗效。

（2）胃痛的临床表现有时可与肝胆疾患、胰腺炎、心肌梗死等相似，须注意鉴别，以免延误病情。

（3）对溃疡病出血、胃穿孔等重症胃痛，应及时采取综合治疗措施或转外科治疗。

二十三、呕　　吐

呕吐（vomiting）是呕与吐的合称，指胃气上逆，胃内容物从口中吐出而言。有物有声为"呕"，有物无声为"吐"，无物有声为"干呕"。因呕与吐常同时出现，故并称为呕吐。

呕吐多见于西医学的急慢性胃炎、胃扩张、贲门痉挛、幽门痉挛或梗阻、胃黏膜脱垂症、十二指肠壅积症、胃神经官能症、胆囊炎、胰腺炎，等等。

【病因病机】

胃居中焦，主受纳，腐熟水谷，与脾共司升清降浊之能，胃以和降为顺，若胃气上逆则发为呕吐。若感受风寒暑湿燥火六淫之邪或秽浊之气，侵犯胃腑，气机不利，胃失和降，水谷随逆气上出，发生呕吐；或饮食不节，暴饮暴食，或过食肥甘厚腻，导致食滞不化，胃气上逆而呕吐；或因恼怒伤肝，肝气横逆犯胃，胃气上逆；或久病、饮食、忧思伤脾，脾失健运，水湿内停，酿生痰饮，升清降浊失职，胃失和降；或中阳不运，胃阴不足，均可致胃气失和，而发呕吐。

【辨证】

主症　以呕吐食物、痰涎、水液、胆汁诸物或干呕无物为主症。若呕吐发病急骤，病程较短，呕吐量多，吐物酸腐臭秽或伴有寒热者，多属实证。若呕吐起病缓慢，病程较长，时作时止，呕而无力，吐出物不多，腐臭味不甚者，多属虚证。

寒邪犯胃：呕吐清水或痰涎，食久乃吐，头身疼痛，胸脘痞闷，喜暖畏寒，舌苔薄白，脉迟缓。

热邪内蕴：食入即吐，呕吐物酸腐臭秽，口干而渴，喜寒恶热，小便短赤，大便燥结，舌苔黄，脉数。

饮食停滞：因暴饮暴食呕吐酸腐，脘腹胀满，嗳气厌食，吐后则舒，舌苔厚腻，脉滑实。

肝气犯胃：平素多烦易怒，每因情志不畅而呕吐或吐甚，嗳气吞酸，胸胁胀满，舌苔薄白，脉弦。

痰饮内停：呕吐清水痰涎，脘痞纳呆，眩晕心悸，舌苔白滑或白腻，脉滑。

脾胃虚弱：平素脾虚胃弱，饮食稍有不慎即发呕吐，时作时止，面色无华，少气懒言，纳呆便溏，舌淡苔薄白，脉细弱无力。

胃阴不足：呕吐反复发作，呕量不多或时作干呕，饥不欲食，咽干口燥，舌红少津，脉细数。

【治疗】

（一）基本治疗

治法　和胃降逆止呕。以足阳明、手厥阴经穴及募穴为主。

主穴　中脘　内关　足三里

方义　胃腑以通降为顺，中脘为胃之募穴、腑之会穴，足三里为胃之下合穴，二穴可通调腑气、和胃降逆止呕；内关为手厥阴心包经之络穴，沟通三焦，功擅理气降逆，可畅达三焦气机，和胃降逆止呕。

配穴　寒邪犯胃所致的寒吐加胃俞、上脘；热邪内蕴所致的热吐加合谷，并可用金津、玉液点刺出血；饮食停滞加下脘、梁门；痰饮内停加膻中、丰隆；肝气犯胃者，加阳陵泉、太冲；脾胃虚弱加脾俞、胃俞；胃阴不足者，加三阴交、内庭。

操作　足三里用平补平泻法，内关、中脘用泻法；呕吐发作时，可在内关穴行强刺激并持续运针1～3 min；有寒或脾胃虚弱者，可加用艾灸。

（二）其他治疗

1. 耳针　根据病变部位取胃、贲门、幽门、十二指肠、胆、肝、脾、神门、交感。每次选用3～5穴，毫针刺，中等刺激，留针30 min，每日1次。亦可用揿针埋藏或王不留行籽贴压。

2. 穴位注射　参照基本治疗的选穴，可选用甲氧氯普胺注射液、维生素 B_1 注射液或维生素 B_{12} 注射液，每穴0.5～1 mL，每日或隔日1次。

【按语】

（1）针灸治疗呕吐效果良好，因药物反应或妊娠引起的呕吐也可参照本病治法。

（2）上消化道严重梗阻、癌肿引起的呕吐以及脑源性呕吐，针灸只能作对症处理，应重视原发病的治疗。

二十四、腹　　痛

腹痛（bellyache）是指胃脘以下、耻骨联合以上部位发生的以疼痛为主要表现的病证。

腹痛是临床上的常见症状，可见于内科、妇科、外科等多种疾病中，以肠道疾病和妇科疾病引起的腹痛较为多见。其中外科、妇科病证等出现的腹痛，可参照相关篇章施治。西医学的急慢性肠炎、胃肠痉挛、肠易激综合征等疾病引起的腹痛，可参照本病进行治疗。

【病因病机】

腹内有许多脏腑（肝、胆、脾、肾、大小肠、膀胱等），且为手足三阴经、足阳明经、足少阳经、冲脉、任脉、带脉、督脉等诸多经脉所过之处，所以不论何种病因，如外邪、饮食、情志等，凡导致脏腑气机失调、经脉运行不畅或脏腑经脉失养时，均可引起腹痛。若外感寒邪，或过食生冷，寒邪内阻，阻遏气机，可以引起腹痛；或因饮食不节，暴饮暴食，或过食肥甘厚腻，食滞不化，气机受阻，腑气不通，亦可引起腹痛；或情志抑郁，肝气横逆，气机阻滞，或因腹部手术后、跌仆损伤，导致气滞血瘀，络脉阻塞而引起腹痛；若素体阳虚，脾阳不振，寒自中生，脏腑经脉失于温养，腹痛而作。

【辨证】

主症　以腹部疼痛为主要临床表现，可分别表现为全腹痛、脐腹痛、小腹痛、少腹痛等。若发病急骤，痛势剧烈，拒按，多为实证；若病程较长，腹痛绵绵，喜按，多为虚证。

寒邪内阻：多因感寒饮冷，突发腹部拘急剧痛，得温痛减，遇寒更甚，四肢欠温，口不渴，小便清长，舌淡苔白，脉沉紧。

饮食停滞：暴饮暴食后脘腹胀痛，拒按，嗳腐吞酸，恶食，得吐泻后痛减，舌苔厚腻，脉滑。

气机郁滞：脘腹胀痛，攻窜作痛，痛则欲便，便后痛缓，喜叹息，得嗳气或矢气则减，遇恼怒则剧，舌苔薄白，脉弦。

脾阳不振：腹痛隐隐，时作时止，喜温喜按，饥饿劳累则重，进食及休息后痛减，大便溏薄，神疲怯

冷,舌淡,苔薄白,脉沉细。

【治疗】

(一) 基本治疗

治法　通调腑气,缓急止痛。以相应的募穴、下合穴为主。

主穴　中脘　天枢　关元　足三里

方义　中脘在脐上,天枢在脐旁,关元在脐下,属局部选穴;中脘为胃之募穴,又为腑会穴,天枢为大肠募穴,关元为小肠募穴,故三穴对胃肠疾患所致腹痛,可疏调胃肠气机,缓急止痛;"肚腹三里留",足三里与三穴合用,属远近配穴法,功可理气止痛。

配穴　寒邪内阻加神阙;饮食停滞加下脘、里内庭;气机郁滞加太冲;脾阳不振加脾俞、关元。

操作　太冲用泻法,其余主穴用平补平泻法。腹痛发作时,足三里用持续的强刺激 1～3 min;寒证可用温和灸法、隔姜灸或温针灸,并可加拔火罐;神阙用隔盐灸。

(二) 其他治疗

1. 耳针　选胃、小肠、大肠、肝、脾、交感、神门、皮质下。每次选 2～4 穴,疼痛时用中、强刺激捻转。亦可用揿针埋藏或王不留行籽贴压。本法适用于急慢性肠炎引起的腹痛。

2. 穴位注射　选天枢、足三里。用异丙嗪注射液和阿托品注射液各 50 mg 混合液,每穴注入 0.5 mL 药液,每日 1 次。

【按语】

(1) 针灸治疗腹痛有较好的疗效,但针刺止痛后应明确诊断,积极治疗原发病。

(2) 急腹症引起的腹痛,在针灸治疗的同时,应严密观察,必要时应采取其他治疗措施或转外科治疗。

二十五、泄　　泻

泄泻(diarrhea),亦称"腹泻",是指大便次数增多,便质清稀或完谷不化,甚至如水样。所谓"泄",有漏泄之义,是指粪出稀溏,其势较缓;"泻"有倾泻的含义,是指粪出如水,其势较急。因两者微有不同,但其病则一,故统称"泄泻"。本病属常见病、多发病,一年四季均可发生,但以夏、秋两季多见。以其发病特点,临床可概分为急性泄泻和慢性泄泻两类。

泄泻多见于西医学的急慢性肠炎、肠结核、肠易激综合征、过敏性肠炎、慢性非特异性溃疡性结肠炎等疾病中。

【病因病机】

泄泻的病位在肠,但关键病变脏腑在脾胃,此外尚与肝、肾有密切关系。不论是肠腑本身的原因,还是由于其他脏腑的病变影响到肠腑,均可导致大肠的传导功能和小肠的泌别清浊功能失常,而发生泄泻。

急性泄泻,多因外感寒湿暑热之邪,客于肠胃,脾受湿困,邪滞交阻,气机不利,肠胃运化及传导功能失常,以致清浊不分,水谷夹杂而下;或因饮食不节,进食生冷不洁之物,脾胃损伤,运化失常而发病。慢性泄泻,多由久病耗伤,脾胃素虚或外邪迁延日久,受纳、运化失职,水湿不化或食滞内停,清浊不分而下;或情志不调,肝失疏泄,横逆乘脾,运化失常,而成泄泻;或肾阳亏虚,命门火衰,不能温煦脾土,难以腐熟水谷,而致泄泻。

【辨证】

(一) 急性泄泻

主症　发病势急,病程短,大便次数显著增多。

寒湿泄泻:感受寒湿而发病,大便清稀或如水样,水谷相混,腹痛肠鸣,恶寒食少,口不渴,苔白滑,脉濡缓。

湿热泄泻:泻下急迫,热如水注,或泻下不爽,粪色黄褐,气味臭秽,肛门灼热,腹痛,口渴喜冷饮,小便短赤,舌红,苔黄腻,脉濡数者。

饮食停滞:暴饮暴食后,腹满胀痛,大便恶臭如败卵,泻后痛减,伴有未消化的食物,嗳腐吞酸,纳呆,舌苔垢浊或厚腻,脉滑者。

（二）慢性泄泻

主症　发病势缓，病程较长，可由急性泄泻演变而来。

脾胃虚弱：大便溏薄，夹有不消化食物，迁延反复，稍进油腻饮食则便次增多，腹部隐痛喜按，伴有神疲乏力，面色萎黄，舌淡，苔薄白，脉细弱。

肝气乘脾：腹痛泄泻每因情志不畅而发，肠鸣攻窜作痛，腹痛即泻，泻后痛缓，素有胸胁胀闷，嗳气食少，矢气频作，舌苔薄白，脉弦。

肾阳亏虚：每于黎明之前，脐腹作痛，继则肠鸣而泻，完谷不化，泻后则安，形寒肢冷，腹部喜暖，腰膝酸软，舌淡苔白，脉沉细。

【治疗】

（一）基本治疗

1. 急性泄泻

治法　除湿导滞，调肠止泻。以大肠的俞、募穴、下合穴及足太阴经穴为主。

主穴　天枢　大肠俞　上巨虚　阴陵泉

方义　本病病位在肠，故取大肠募穴天枢、大肠背俞穴为"俞募配穴"，上巨虚为大肠之下合穴，"合治内腑"，三穴合用可调理肠腑气机，而止泄泻；阴陵泉为化湿要穴，可健脾化湿。

配穴　寒湿泄泻加神阙；湿热泄泻加内庭；饮食停滞加中脘。

操作　毫针刺，用泻法。神阙用温和灸或隔盐灸；寒湿者可配合灸法。

2. 慢性泄泻

治法　健脾温肾，固本止泻。以大肠的俞、募穴，任脉及足阳明经穴为主。

主穴　神阙　天枢　大肠俞　足三里

方义　灸神阙可温补元阳，固本止泻；大肠俞、天枢为"俞募配穴"，能调理肠胃气机止泻；足三里健脾益胃。

配穴　脾胃虚弱加脾俞、胃俞；肝气乘脾加太冲；肾阳亏虚加肾俞、命门、关元。

操作　神阙用灸法；天枢用平补平泻法；足三里用补法。肾阳不足者可重用灸法，或用隔附子饼灸。

（二）其他治疗

1. 耳针　选大肠、小肠、胃、脾、肝、肾、神门、交感。每次选3～5穴，毫针刺，中等刺激。亦可用揿针埋藏或王不留行籽贴压。

2. 穴位注射　选天枢、上巨虚。用小檗碱注射液，或用维生素B_1注射液、维生素B_{12}注射液，每穴每次注射0.5～1.0 mL，每日或隔日1次。

【按语】

(1) 针灸治疗泄泻有较好疗效。若急性胃肠炎或溃疡性结肠炎等因腹泻频繁而出现脱水现象者，应配合输液等综合疗法。

(2) 急性泄泻治疗期间须控制饮食。

二十六、便　　秘

便秘（constipation）是指大便秘结，排便周期或时间延长，或虽有便意但排便困难的病证。可见于多种急慢性疾病中。

便秘常见于西医学的功能性便秘、肠易激综合征、直肠及肛门疾病所致便秘、药物性便秘、内分泌及代谢性疾病的便秘，以及肌力减退所致的便秘等。

【病因病机】

本病病位在大肠，病机关键是大肠传导失常，但与脾、胃、肺、肝、肾等功能失调均有关联。若素体阳盛，或嗜食辛辣炙煿，以致胃肠积热，津液耗伤，肠道干涩燥结，大便干结，而成热秘；若因情志不畅，肝气郁滞，或忧愁思虑过度气结，或肺失宣降，腑气不通，或久坐少动，肠道气机郁滞，通降失常，传导失职，糟粕内停，而成气秘；若恣食生冷，或外感寒邪，或下焦阳气不充，阴寒凝结，腑气受阻，糟粕不行，凝结肠道，而成冷秘；若久病、产后，气血两伤未复，或年迈体弱，气血亏耗所致，气虚则大肠传导无力，血虚则肠失滋

润,而成虚秘。

【辨证】

主症　以排便困难为主症。临床上有各种不同的表现:大便秘结,排便周期延长;或周期不长,但粪质干结,排便艰难;或粪质不硬,虽有便意,但便出不畅。

热秘:大便干结,腹胀腹痛,面红身热,口干口臭,喜冷饮,小便短赤,舌红,苔黄或黄燥,脉滑数。

气秘:欲便不得,嗳气频作或喜叹息,腹中胀痛连及两胁,得矢气或便后则舒,胸胁痞满,纳食减少,舌苔薄腻,脉弦。

冷秘:大便艰涩,排出困难,腹部拘急冷痛,手足不温,畏寒喜暖,小便清长,舌淡苔白,脉弦紧或沉迟。

虚秘:虽有便意,但排便不畅,或数日不便,但腹无所苦,临厕努挣乏力,挣则汗出心悸气短,便后疲乏,大便并不干硬,面色无华,舌淡苔薄,脉细弱。

【治疗】

(一)基本治疗

治法　通调腑气,润肠通便。以大肠的俞、募、下合穴为主。

主穴　天枢　大肠俞　上巨虚　支沟　照海

方义　便秘病位在大肠,故取大肠募穴天枢与大肠俞同用,属"俞募配穴",再加下合穴上巨虚,以"合治内腑",三穴合用,能通调大肠腑气而开秘;支沟宣通三焦气机,以通腑气,照海养阴以增液行舟,润肠通便,支沟、照海为治疗便秘之经验效穴。

配穴　热秘加合谷、内庭;气秘加太冲、中脘;虚秘加脾俞、气海、足三里、三阴交;冷秘加神阙、关元。

操作　热秘、气秘只针不灸,泻法;冷秘、虚秘针灸并用,可用温针灸、温和灸、隔姜灸或隔附子饼灸。

(二)其他治疗

1. 耳针　选大肠、直肠、三焦、腹、肝、脾、肾、交感、皮质下。每次选3～5穴,毫针刺,中等强度或轻刺激。亦可用揿针埋藏或王不留行籽贴压。

2. 穴位注射　参照基本治疗的选穴。用生理盐水或维生素B_1注射液、维生素B_{12}注射液,每穴注射0.5～1.0 mL,每日或隔日1次。

【按语】

(1) 针灸治疗便秘有较好效果,如经多次治疗无效者,应查明病因。

(2) X线钡剂透视、纤维结肠镜等有关检查,有助于本病的诊断。

(3) 患者应多吃新鲜蔬菜、水果,进行适当体育活动,并养成定时排便的习惯。

二十七、癃　　闭

癃闭(dysuria)是指排尿困难,点滴而下,甚至小便闭塞不通的一种病证。"癃"是指小便不利,点滴而下,病势较缓;"闭"是指小便不通,欲溲不下,病势较急。癃与闭虽有区别,但都是指排尿困难,只是程度上有不同,故常合称癃闭。多见于老年男性或产后妇女及手术后患者。

癃闭常见于西医学的膀胱、尿道器质性和功能性病变及前列腺疾患等所造成的排尿困难和尿潴留,如神经性尿闭、膀胱括约肌痉挛、尿道结石、尿路肿瘤、尿道损伤、尿道狭窄、前列腺增生症以及外科手术或产后引起的尿潴留等。

【病因病机】

本病的病位在膀胱,膀胱气化不利是导致本病的直接原因,但与肾、三焦、肺、脾等关系密切。若湿热下注,导致膀胱气化不利,小便不能;肺为水之上源,若邪热犯肺,肺热壅盛,肺失肃降,津液输布失常,水道通调不利;或情志不遂,肝失疏泄,气机郁滞,影响三焦气化,水道通调受阻;或跌仆损伤,腹部手术,或砂石内生,引起筋脉瘀滞,尿路阻塞,小便难以排出;或年老体弱,久病体虚,脾虚气弱,中气下陷,清阳不升,浊阴不降,则小便不利;或年老肾气虚惫,命门火衰,不能温煦鼓舞膀胱气化,膀胱气化无权,形成癃闭。

【辨证】

主症　尿液排出困难。

膀胱湿热：小便难出，点滴而下，且短赤灼热，甚或点滴不出，小腹胀满，口苦口黏，或口渴不欲饮，大便不畅，舌红，苔黄腻，脉濡数。

肝郁气滞：小便不通，或通而不畅，小腹胀急，胁肋胀痛，多烦易怒，舌红，苔薄黄，脉弦。

瘀浊闭阻：小便滴沥不畅，或时而通畅，时而阻塞不畅，小腹胀满疼痛，舌紫暗或有瘀点、瘀斑，脉涩。

肺热壅盛：小便不畅，或点滴不通，呼吸急促，或有咳嗽，咽干烦渴，舌红，苔薄黄，脉数。

脾气虚弱：小便淋漓不爽，排出无力，小腹坠胀，时欲小便而不得出，或量少不畅，神疲乏力，气短懒言，纳差，舌淡苔白，脉细弱。

肾气亏虚：小便不通，或滴沥不畅，排出无力，腰膝酸软，精神不振，或手足不温，舌淡苔白，脉沉细无力。

【治疗】

（一）基本治疗

治法　疏利膀胱，行气通闭。以膀胱的俞、募穴为主。

主穴　中极　膀胱俞　三阴交　阴陵泉

方义　本病病位在膀胱，中极、膀胱俞分别为膀胱的募穴及背俞穴，两穴同用属"俞募配穴"，能疏利膀胱气机；三阴交为足三阴经交会穴，可调理肝、脾、肾，配阴陵泉共奏健脾利水，助膀胱气化，通利小便之功。

配穴　膀胱湿热加委阳、行间；肝郁气滞加太冲；瘀浊闭阻加血海、次髎；肺热壅盛加尺泽；脾气虚弱加气海、脾俞、足三里；肾气亏虚加肾俞、太溪、关元。

操作　毫针刺，实证用泻法，虚证用补法。针刺中极，针尖向下，不可过深，以免伤及膀胱。

（二）其他治疗

1. 耳针　选肾、膀胱、肺、肝、脾、三焦、交感、神门、皮质下等。每次选3～5穴，毫针刺，中等刺激。亦可用揿针埋藏或王不留行籽贴压。

2. 灸法　选神阙穴。将食盐炒黄待冷，放于神阙穴填平，再用2根葱白压成0.3 cm厚的饼置于盐上，艾炷置葱饼上施灸，至温热入腹内有便意为止。

3. 电针　选双侧维道。针尖向曲骨刺2～3寸，采用断续波，每次15～30 min。

【按语】

（1）针灸治疗癃闭有一定的效果，可以避免导尿的痛苦和泌尿道感染，尤其是对于功能性尿潴留，疗效更好。

（2）若膀胱充盈过度，经针灸治疗1 h后仍不能排尿者，应及时采取导尿措施。

附

慢性前列腺炎

慢性前列腺炎（chronic prostatitis）是成人常见的泌尿系统疾病，其临床特征是会阴部坠胀疼痛，小便不利，尿道口流出乳白色黏液。一般分为慢性细菌性前列腺炎和非细菌性前列腺炎两种，发病年龄集中在20～40岁之间。本病根据症状当属于中医学"淋浊""白浊""尿精""白淫""癃闭"等的范畴。

【病因病机】

本病一般多由于房事不节，忍精不泄或手淫太过，劳伤精气，肾气不足，封藏失职；或日久肾阳亏损，命门火衰而不能蒸化；或嗜食辛辣肥甘厚腻，或思虑过度，损伤脾气，脾虚运化失职，气不固精，精微下渗；或湿热内蕴，败精壅滞，清浊不分，而发为本病。

【辨证】

主症　排尿频繁，尿道口时有白色黏液溢出，下腹部、会阴部或阴囊部疼痛，有时可见血尿，严重者伴有阳痿、早泄、血精及遗精。

湿热下注：尿频，尿急，尿痛，尿道口时有白浊黏液溢出，口苦口黏，或口渴不欲饮，大便不畅，肛指检查前列腺压痛明显，舌红，苔黄腻，脉濡数。

脾虚气陷：尿白，尿意不尽，尿后余沥，量少不畅，神疲乏力，面色无华，气短懒言，纳差，舌淡苔白，脉细弱。

肾气不足：尿滴沥不尽，时有白色黏液溢出，腰膝酸软，头晕耳鸣，精神不振，或手足不温，性功能障碍，舌淡苔白，脉沉细无力。

【治疗】

(一) 基本治疗

治法　疏利下焦,理气活血。以任脉穴为主。

主穴　会阴　气海　关元　三阴交　太溪

方义　关元为任脉与足三阴交会穴,三阴交为足三阴经交会穴,两穴可调理肝、脾、肾,通利小便;会阴为任、督二脉交会穴,可交通阴阳,清利小便;关元、会阴配气海可疏调下焦气机,疏利膀胱气机;太溪补益肾气,恢复其气化及封藏功能。诸穴合用,共奏疏利下焦,理气活血之功。

配穴　湿热下注加中极、阴陵泉;脾虚气陷加脾俞、足三里;肾气不足加肾俞。

操作　毫针刺,主穴用平补平泻法;配穴实证用泻法,虚证用补法。虚证可加用灸法。

(二) 其他治疗

1. 耳针　选外生殖器、膀胱、肾、脾、三焦、交感、神门、皮质下等。每次选3~5穴,毫针刺,中等强度,每日1次。亦可用揿针埋藏或王不留行籽贴压。

2. 穴位注射　选大赫、次髎穴。用胎盘注射液或当归注射液,每次选2对穴位,每穴注入0.5~1 mL,每周3次。

【按语】

(1) 慢性前列腺炎是一种较顽固的疾病,由于其病变部位较为特殊,故药物治疗效果不显著。针灸有较好疗效,但需长期坚持治疗。

(2) 治疗期间需合理安排性生活,节制房事。注意防寒保暖,不吃刺激性食物,禁烟酒。

二十八、遗　精

遗精(nocturnal emission),又称"失精",是指不因性生活而精液频繁遗泄的病证。有梦而遗精,称为"梦遗";无梦而遗精,甚至清醒时精液流出,称"滑精"。

本病常见于西医学的男子性功能障碍、前列腺炎、神经衰弱、精囊炎及睾丸炎等引起的遗精。未婚或已婚后与妻子分居的男子,每月遗精1~2次者,为"精满自溢",不属病态。

【病因病机】

本病病位在肾,与心、肝、脾等密切相关。若劳神太过,思慕不已,心火亢盛,肾阴暗耗,心肾不交,引动相火,扰动精室;若恣情纵欲,房室无度,或梦遗日久,或频犯手淫,以致肾气虚惫,封藏失职,精关不固;或思虑劳倦过度,损伤心脾,气不摄精;或嗜食肥甘厚腻辛辣炙煿,蕴湿生热,湿热下注,精室被扰,均可导致遗精。

【辨证】

主症　频繁遗精,或梦遗,或滑精,每周2次以上,甚则一日数次。

肾气不固:遗精频作,甚则滑精,伴头晕目眩,面色少华,头晕目眩,耳鸣,自汗,腰膝酸软,畏寒肢冷,舌淡,苔薄白,脉沉细弱。

心脾两虚:遗精,每因思虑劳倦而发,心悸失眠健忘,面色萎黄,神疲乏力,食少便溏,舌淡,苔薄白,脉细弱。

阴虚火旺:梦中遗精,少寐多梦,心悸易惊健忘,头晕目眩,耳鸣,神疲乏力,心中烦热,心悸,口干,舌红少苔,脉细数。

湿热下注:梦中遗精频作,或尿后有精液外流,小便短赤混浊,或热涩不爽,口苦或渴,心烦少寐,口舌生疮,大便溏臭,后重不爽,或见脘腹痞闷,恶心,舌红,苔黄腻,脉濡数。

【治疗】

(一) 基本治疗

治法　调补肾气,固摄精关。以任脉穴及背俞穴为主。

主穴　关元　肾俞　三阴交　志室

方义　关元为人体元气之根本所在,又为任脉与足三阴经的交会穴,能调补真元而固精;三阴交为足

笔记栏

三阴经交会穴,既可健脾益气,补益肝肾,又可清热利湿;肾俞、志室可补益肾气,固摄精关。

配穴　肾气不固加太溪;心脾两虚加心俞、脾俞、足三里;阴虚火旺加太溪、神门;湿热下注加中极、阴陵泉。

操作　主穴用毫针补法或平补平泻法。关元,针尖略向下斜刺,使针感向前阴放散;虚证可加用灸法。

(二) 其他治疗

1. 耳针　选内生殖器、肾、心、肝、神门、内分泌、皮质下等。每次选3～5穴,毫针刺,轻刺激,每日1次。亦可用揿针埋藏或王不留行籽贴压。

2. 穴位注射　选关元、中极。用当归注射液,或维生素 B_1 注射液、维生素 B_{12} 注射液,每穴注射 0.5 mL,隔日1次。

3. 皮肤针　选小腹任脉、肾经,腰骶部第2腰椎至第5骶椎夹脊及三阴交穴一带。用皮肤针叩刺,每次 20 min,至皮肤微现红晕为度,每日或隔日1次。

【按语】

(1) 针灸治疗遗精效果较好,对于器质性疾病引起者,应同时治疗原发病。

(2) 针灸治疗的同时,应指导患者消除心理负担,讲究精神卫生,克服诱发遗精因素,并建立良好的生活习惯,坚持适当的体育锻炼。

附

阳　痿

阳痿(impotence),又称"阴痿",是指男子未到性功能衰退年龄,出现性生活中阴茎不能勃起或勃起不坚,影响正常性生活的病证。

西医学的男子性功能障碍及某些慢性虚弱疾病出现的阳痿,可参照本病治疗。

【病因病机】

本病的发生,与肾、肝、心、脾的功能失调密切相关。多因房事不节、手淫过度,或恐惧伤肾,损伤肾气,命门火衰,宗筋失养;或嗜食肥甘厚腻醇酒,湿热内生,湿热下注,宗筋弛缓而致;或思虑忧郁,伤及心脾,气血不足,宗筋失养,而致阳痿。

【辨证】

主症　性生活时阴茎不能勃起,或勃而不坚,或临房早泄,随之痿软无力;或虽能性交,但不经泄精而自行痿软。

命门火衰:头晕目眩,精神萎靡,面色㿠白,腰膝酸软,畏寒肢冷,耳鸣,舌淡苔白,脉沉细。

心脾两虚:心悸自汗,失眠健忘,胆怯多疑,精神倦怠,面色萎黄,食欲不振,舌淡,苔薄白,脉细弱。

惊恐伤肾:精神抑郁或焦躁紧张,心悸易惊,夜寐不安,舌红,苔薄白,脉弦细。

湿热下注:阴茎痿软,阴囊潮湿,瘙痒气臊,小便黄赤,舌红,苔黄腻,脉濡数。

【治疗】

(一) 基本治疗

治法　补益肾气,荣养宗筋。以任脉穴及背俞穴为主。

主穴　关元　肾俞　三阴交

方义　本病主要为肾虚宗筋弛缓,阳事不举。关元为元气所存之处,又为任脉与足三阴经的交会穴,能补真元,直接兴奋宗筋,恢复肾之作强功能;三阴交为足三阴经交会穴,既可健脾益气,补益肝肾,又可清热利湿;肾俞可培肾固本,补益元气。

配穴　命门火衰加命门;心脾两虚加心俞、脾俞、足三里;惊恐伤肾加百会、神门;湿热下注加阴陵泉、中极、蠡沟。

操作　关元,针尖略向下斜刺,使针感向前阴放散;虚证可加用灸法。

(二) 其他治疗

1. 耳针　选外生殖器、内生殖器、内分泌、肾、肝、心、脾、神门、皮质下等。每次选3～5穴,毫针刺,轻刺激,每日

1次。亦可用揿针埋藏或王不留行籽贴压。

2. 穴位注射 选关元、三阴交、肾俞、足三里。可用胎盘组织液、黄芪注射液、当归注射液、丙酸睾酮注射液5 mg或维生素B_1注射液50 mg等，每次每穴注入药液0.5～1 mL，隔日1次。

【按语】

(1) 针灸对原发性阳痿可获满意疗效，对继发者，应治疗原发病。

(2) 阳痿多属功能性，因此，在治疗同时要做好思理疏导工作，消除其紧张心理。

（王鸿度　刘智艳　孙彦辉）

第二节　妇儿科病证

一、月 经 不 调

月经不调（irregular menstruation），又称月经失调，指月经的周期及其量、色、质发生改变，常伴有其他症状。包括月经先期（经早）、月经后期（经迟）、月经先后无定期（经乱）。

西医学的排卵型功能失调性子宫出血和月经稀发病，可参照本病治疗。

【病因病机】

月经先期，多由忧思过度，郁久化热，热结冲任，或阳盛体质，过食辛辣，热郁胞宫，或久病伤阴，虚热内生，热扰冲任，血热妄行所致；或由饮食劳倦，脾气虚损，气不摄血而妄行。月经后期，多因寒邪外侵，寒凝血阻，经脉闭阻，或久病体虚、产育过多，阴阳虚损，冲任不足，或饮食不节，劳思过度，日久伤脾，气血生成不足，胞宫失养，均可导致经血不能按期满溢。月经先后无定期，或因情志不畅，肝失条达，气滞血瘀；或饮食劳倦，日久伤脾，统摄失职；或肾气不足，开合失司，冲任失调，血海蓄溢失常，以致经行先后无定期。

【辨证】

（一）月经先期

主症　月经周期提前1周以上，甚至1个月两次。

实热证：经量较多，色鲜红或紫红，质稠无块或有块，大便干结，小便短赤，舌红，苔黄，脉数。

虚热证：经量多或少，色红，质黏稠，颧部嫩红，手足心热，口咽干燥，舌红苔少，脉细数。

气虚证：经量多，色淡质稀，精神倦怠，短气懒言，舌淡，苔薄白，脉细弱。

（二）月经后期

主症　月经周期推迟1周以上，甚至40～50天一潮。

虚寒证：经量少，色淡质稀，小腹隐痛，喜温喜按，面色㿠白，舌淡苔白，脉沉迟无力者。

实寒证：经量少，色紫暗有块，小腹冷痛拒按，得温痛减，恶寒肢冷，舌暗苔白，脉沉紧或沉迟。

（三）月经先后无定期

主症　月经周期时前时后1～2周者。

肾虚证：经量少，色淡质稀，头晕耳鸣，腰膝酸软，舌淡苔薄，脉沉细。

脾虚证：经量多，色淡质稀，神疲乏力，食少纳呆，舌淡苔薄，脉缓者。

肝郁证：经量时多时少，色暗红有块，经行不畅，胸胁、乳房、少腹憋胀疼痛，善太息，苔薄，脉弦。

【治疗】

（一）基本治疗

1. 月经先期

治法　热则清热凉血调经，虚则补气健脾调冲任。取任脉、足太阴经穴为主。

主穴　关元　三阴交　血海

方义　本方以调和冲任为主。关元属任脉，为足三阴经与任脉之交会穴，三阴交属脾经，为足三阴之会，此二穴均为调经之要穴。血海清热调血。三穴同用，则冲任调和，经血按时而至。

配穴　实热证加太冲或行间；虚热证加太溪；气虚证加足三里、脾俞、肾俞、气海；心烦加神门；经量过多加隐白，腰骶部疼痛加肾俞、次髎。

操作　实证用平补平泻；虚证用补法。气虚可加灸。

2. 月经后期

治法　温通经脉，养血调经。取任脉及足太阴、足阳明经穴为主。

主穴　气海　三阴交　归来

方义　气海为任脉穴，温通一身之阳气，加灸可助温经散寒之功。三阴交、归来属脾胃经，健脾养血通经脉，前者又与肝肾经交会，可通调三阴经之经气。三穴同用脾气旺则血有所资，经脉通，冲任调，经血满溢应时而至。

配穴　实寒证加天枢、地机；虚寒证加关元、腰阳关。

操作　虚寒证补法加灸；实寒证泻法加灸。

3. 月经先后无定期

治法　疏肝和血，益肾调经。取任脉、足太阴、足太阳经穴为主。

主穴　关元　三阴交　肝俞

方义　关元属任脉，可补肾培元，通调冲任；三阴交属足太阴脾经，又是足三阴之会，可补脾胃，益肝肾，调气血；肝俞，有疏肝理气之效。三穴共用可疏肝理气，和血益肾而调经。

配穴　脾肾虚者配脾俞、肾俞；肝郁者配合谷、太冲。

操作　虚证用补法；实证用泻法或平补平泻法。

（二）其他治疗

1. 耳针　选皮质下、内分泌、肝、脾、肾。两穴为一组，每次选1～2组。毫针施捻转法，中等刺激，每日1次，留针20 min左右。亦可用揿针埋藏或王不留行籽贴压，3～5日为1个疗程。

2. 皮肤针　足三阴经下肢部及任脉、肝肾经下腹部循行线，背部取相应背俞穴或第2腰椎以下夹脊穴。梅花针叩刺，局部潮红为度，隔日1次。

3. 穴位注射　依据证型参照基本治疗的选穴。用5%当归注射液或10%丹参注射液，每穴各0.5 mL左右，隔日1次。

【按语】

(1) 针灸治疗本病有较好疗效，如由器质性病变而引起，应尽早选择适当的治疗方法。

(2) 针灸治疗本病一般多在经前5～7天开始，连续治疗3～5个周期，病愈后须再持续2个疗程。

(3) 平素应注意经期卫生，调畅情志，饮食寒凉辛辣适度。行经期内要适当休息，注意保暖，禁房事及剧烈运动。

二、痛　　经

痛经(dysmenorrhea)是指妇女每次经期或行经前后出现小腹疼痛，或痛连腰骶，甚则剧痛难以耐受的病证。常见于青年女性。

痛经常见于盆腔器质性疾病，如子宫内膜异位症、盆腔炎、妇科肿瘤、宫颈狭窄、子宫前后倾等。

【病因病机】

痛经多由经期机体受寒饮冷，寒邪凝于冲任；或情志不畅，郁结伤肝，肝郁气滞，经血瘀滞胞宫；或素体本虚，或大病久病，气血亏虚，或禀赋不足，肝肾素虚，致使冲任气血虚少，胞宫经脉失养，致发痛经。

【辨证】

（一）实证

主症　经期或经行前后小腹痛，甚而拒按，持续数小时甚至3～7天，经色紫暗夹有血块，血块下痛即减。

气滞血瘀：胸闷呕恶，小腹胀痛，或痛连两胁，或行经前后两乳胀痛，舌紫或有瘀斑，脉沉涩或弦。

寒邪凝滞：腹部冷痛，得温则减，恶寒肢冷，经量少，苔白腻，脉沉紧。

（二）虚证

主症　经期或经后小腹隐痛，痛势绵绵，按揉痛减，经量少，色淡。

气血虚弱：面色苍白或萎黄，经期较显著，兼见精神倦怠，头晕眼花，心烦，舌淡胖，边有齿痕，脉细弱。

肝肾亏虚：腰痛腿软，夜寐不安，头晕目眩，耳鸣耳聋，舌红苔少，脉细。

【治疗】

（一）基本治疗

1. 实证

治法　行气散寒，活血止痛。取任脉、足太阴经穴为主。

主穴　中极　次髎　地机

方义　中极属任脉，可通调冲任之气，行气活血散寒；次髎活血通经，为治疗痛经的经验穴；地机为脾经之郄穴，可疏调脾经经气而止痛。三穴同用，共奏行气散寒，活血止痛之效。

配穴　气滞血瘀加太冲、合谷，肝之原配大肠之原，可通调气机，活血化瘀；寒邪凝滞加关元、归来，灸之可温阳散寒而止痛。

操作　毫针刺，用泻法。寒凝者加灸效更佳。

2. 虚证

治法　补气养血，温阳止痛。取任脉、足阳明、足太阴经穴为主。

主穴　足三里　三阴交　关元　命门

方义　足三里，胃经之合穴，有补脾胃，滋气血之功，气血旺，胞脉充，经血自调；三阴交为肝、脾、肾经之会，可通调足三阴经气；关元属任脉，为强壮要穴，可暖下焦，温养胞宫。

配穴　气血虚弱加脾俞、胃俞；肝肾亏虚加肾俞、肝俞。

操作　毫针刺，用补法，可加灸。

（二）其他治疗

1. 耳针　选内分泌、内生殖器、交感、神门。每次选 2～3 个穴，毫针刺，中等刺激，留针 20 min 左右。或可用撳针埋藏或王不留行籽贴压，每 3～5 日更换 1 次。

2. 穴位注射　选次髎、上髎、关元、地机、中极。1%～2%普鲁卡因注射液 1 mL 或 5%当归注射液或 10%红花注射液，每次选 2 穴，每穴注射 0.5～1 mL，每日 1 次，5 日为 1 个疗程。

3. 皮肤针　选脾胃肾经、任脉下腹部、督脉、膀胱经、夹脊穴的腰骶部。常规消毒，每次选 2～3 个穴，按照先上后下，先中央后两旁，梅花针叩刺，潮红为度。每次 10～15 min，痛止为度。

4. 皮内针　选阿是穴、地机、三阴交、气海。取麦粒型或撳钉型直刺，用胶布固定，埋 2 日取出。

5. 穴位埋线　选阿是穴、地机、三阴交、气海、次髎、肾俞、肝俞、脾俞、胃俞。选 2～3 个穴，于经前 3～7 天施治，1 个月 1 次，3 个月为 1 个疗程。

【按语】

（1）针灸对原发性痛经有较佳疗效。继发性痛经针灸可减轻疼痛，但应对原发病进行诊治。其他原因引起的腹痛与月经周期无关的，应予鉴别。

（2）多在经前 1 周开始治疗，一般需坚持 3 个月经周期，无痛经出现始可停止治疗。

（3）注意营养、经期卫生及保暖。切忌生冷及冒雨涉水，避免过度劳累。若寒湿凝滞，温服生姜红糖水，局部热敷及温水淋浴均可暂缓疼痛。

三、经　闭

经闭（amenorrhea），又称闭经，指发育正常的女性年逾 18 岁，月经仍未来潮，或已形成月经周期，而又停经 3 个月以上（妊娠和哺乳期除外）。

西医学将前者称为原发性闭经，后者称为继发性闭经。

【病因病机】

本病多由禀赋不足，肾气素亏，或久病大病，产孕过多，阴血耗损，或劳思过度，脾胃受损，气血生化乏源，而致精血枯竭，血海虚空，无血可下，遂见血枯经闭；或受寒饮冷，寒凝血滞，或情志不舒，气机郁结，气滞血瘀，或因脾虚失运，痰湿凝滞，胞脉闭阻而致血滞经闭。

【辨证】

（一）血枯经闭

主症　女性年逾18岁,而月经未潮,或月事已成规律,现3个月以上月经未至。

肝肾不足：头晕耳鸣,腰膝酸软,口咽干燥,五心烦热,潮热盗汗,舌红少苔,脉弦细。

气血虚弱：头目眩晕,心悸气短,神疲肢倦,不思饮食,舌淡,苔薄白,脉缓。

（二）血滞经闭

主症　平素月经正常,忽而停闭不行。

气滞血瘀：胸胁胀满,或两乳胀痛,心烦易怒,善叹息,少腹胀痛拒按,舌紫暗或有瘀点,脉沉弦或涩而有力。

寒凝血脉：小腹冷痛,得温则减,畏寒肢冷,苔白,脉沉紧。

痰湿凝滞：素体肥胖,闭经后体重明显增加,神疲肢倦,带下量多,舌胖,苔腻,脉滑。

【治疗】

（一）基本治疗

1. 血枯经闭

治法　益胃健脾,养血调经。取任脉、足阳明经穴为主。

主穴　关元　足三里　归来

方义　关元属任脉,又与足三阴交会,能补下焦真元,以助精血化生；足三里、归来均属足阳明胃经,前者又为合穴、下合穴,可养胃健脾,使气血生化有源,下滋胞脉,月事自然应时而下。

配穴　肝肾不足加肝俞、肾俞、太冲、太溪；气虚血弱加脾俞、胃俞、三阴交、气海、膻中、中脘。

操作　毫针刺,补法,宜灸。

2. 血滞经闭

治法　行气活血,祛瘀通经。取任脉和足太阴、阳明经穴为主。

主穴　中极　三阴交　归来

方义　中极属任脉,可调理冲任,温通下焦；三阴交为肝、脾、肾经及冲、任脉之会,可通行气血,调理冲任,为月经病的常用穴；归来属足阳明胃经,位于下腹部,活血而调经,是治疗经闭的常用有效穴。三穴合用能通调下焦之气,共奏调理冲任,行气活血,祛瘀通经之功。

配穴　气滞血瘀加合谷、太冲；寒凝血脉加关元、命门；痰湿凝滞加丰隆、阴陵泉。

操作　毫针刺,用泻法。气滞血瘀可配合刺血法。寒凝血滞可加灸。

（二）其他治疗

1. 耳针　选皮质下、内分泌、内生殖器、肝、脾、肾。每次选3～5穴,毫针刺,中等刺激,留针20～30 min左右。或可用揿针埋藏或王不留行籽贴压,左右两耳交替治疗,每3～5日为1个疗程。

2. 穴位注射　选归来、足三里、关元、三阴交、肝俞、脾俞、肾俞、合谷。每次选2～3个穴,2%红花注射液1 mL或5%当归注射液,每穴注入1～2 mL,每日1次,5日为1个疗程。

3. 挑刺　在腰骶部督脉或膀胱经上取阳性点。三棱针挑刺,每次选2～4个点,每月1次,连续3次。

4. 皮肤针　取腰骶部,夹脊穴、足三阴经循行表浅部,皮肤针叩刺,从上而下,中等强度,皮肤潮红为佳,每次10～15 min,隔日1次。

【按语】

(1) 针灸对本病疗效因病变机制不同而有差别,临床应注意鉴别,尤其要注意早孕。

(2) 针灸治疗本病,周期较长,故需医患耐心配合。

(3) 平时注意饮食合理,调节情绪,加强锻炼,劳逸结合,起居规律。

四、崩　漏

崩漏(metrorrhagia and metrostaxis)指妇女非周期性子宫出血。"崩"指发病急骤,暴下如注,出血量大；"漏"指发病势缓,淋漓不净,出血量少。崩与漏常相互转化,如血崩日久,气血耗伤,可变成漏；漏下日久,病势日进,也可成崩。临床上常并称"崩漏"。以青春期和更年期妇女多见。

西医学的无排卵型功能失调性子宫出血及多种原因引起的阴道出血,均可参照本病治疗。

【病因病机】

崩与漏的出血症状不同,但病机一致,皆为冲任不固,固摄失司。常见病因有情志不畅,肝郁化火,或外感热邪,或过食辛辣,热伤冲任,血热妄行;或劳思过度,饮食不节,损伤脾胃,脾虚气弱,统摄无权;或素体肾气不足,又或房事过度,损伤肾元,封藏失司,冲任不能固摄经血,而致非时而下,而成崩漏。

【辨证】

(一)实证

主症　经血非时而下,量多如崩,或淋漓不断,血色红。

血热:血色深红,质稠味臭,口干喜饮,舌红,苔黄,脉滑数。

血瘀:血色紫暗夹块,漏下不止,或突然下血甚多,小腹疼痛拒按,血块下则痛减,舌紫暗有瘀斑,脉沉涩。

气郁:血色正常,或有血块,胸胁、双乳及小腹胀痛,心烦易怒,善叹息,苔薄白,脉弦。

(二)虚证

主症　经血非时而下,量大如崩,或量少,淋漓不断,经期延长。

脾虚:色淡质稀,神疲嗜睡,气短懒言,食少便溏,舌淡胖,苔薄白,脉缓。

肾虚:出血量多,淋漓日久,色淡质稀,小腹冷痛,喜暖喜按,形寒肢冷,便溏,舌淡苔白,脉沉迟为阳虚;若出血量少或多,或淋漓不止,色鲜红,质黏稠,头晕耳鸣,腰酸腿软,心情烦躁,舌红少苔,脉细数为阴虚。

【治疗】

(一)基本治疗

1. 实证

治法　清热化瘀,固冲止血。取任脉、足太阴经穴为主。

主穴　关元　三阴交　隐白

方义　关元属任脉,足三阴经与冲任之会,可调理冲任,以固摄经血;三阴交为足三阴经之会,可健脾统血,是妇科疾病之要穴;隐白为脾经井穴,用灸法,是治崩漏之验穴。

配穴　血热配血海;血瘀配地机;气郁配太冲。

操作　关元,毫针刺,用平补平泻法;三阴交,毫针刺,用泻法;隐白用灸法。

2. 虚证

治法　健脾补肾,固冲止血。取任脉、足太阴经穴及背俞穴为主。

主穴　气海　三阴交　足三里

方义　气海为任脉要穴,可补肾气而调冲任;三阴交为足三阴经之会,可健脾益肾,调补经血;足三里为足阳明胃经之合穴、下合穴,可养胃健脾,气血足,冲任固,经血止。

配穴　脾虚加脾俞、胃俞;肾阳虚加肾俞、命门;肾阴虚加然谷、太溪。

操作　毫针刺,用补法,并灸。

(二)其他治疗

1. 耳针　选皮质下、内分泌、内生殖器、肝、脾、肾。每次选3~5穴,毫针刺,中等刺激,留针20~30 min左右。亦可用揿针埋藏或王不留行籽贴压,左右两耳交替治疗,每3~5日为1个疗程。

2. 穴位注射　选气海、足三里、关元、三阴交、中极、肝俞、脾俞、肾俞。每次选2~3个穴,维生素B_{12}注射液或黄芪注射液、当归注射液等,每次每穴注入1~2 mL,每日1次,5日为1个疗程。

3. 挑刺　在腰骶部督脉或膀胱经上取阳性点。三棱针挑刺,每次选2~4个点,每月1次,连续3次。

【按语】

(1)针灸对本病治疗前应注意明确妇科诊察,排除癌症。

(2)针灸治疗本病,周期较长,故需医患耐心配合。

(3)平素饮食合理,调畅情志,劳逸结合,起居有常。

(4)若出血量大,应对症采取相应措施。

五、带下病

带下病(leukorrheal diseases)指妇女阴道分泌物明显增多,色、质、气味发生改变,或有全身、局部症状者。本病相似于西医学的阴道炎、子宫颈炎、盆腔炎、妇科肿瘤等病所致的带下增多。

【病因病机】

本病主因冲任不固,带脉失约,而致水湿浊液下注。可因饮食劳倦,损伤脾胃,水湿不运,聚而下注,伤及冲任;或素体肾气不足或房劳多产,下元亏虚,带脉失约,阴液滑脱;或情志不畅,郁滞化火,以致湿热下注。

【辨证】

主症 阴道流出的分泌物明显增多。

脾虚:带下量多,色白或淡黄,质稀无味,连绵不绝,面色萎黄,食少便溏,神疲肢倦,舌淡苔白,脉缓弱。

肾虚:带下量多,色白,质清薄,淋漓不止,腰骶酸痛,少腹不温,小便清长,夜间尤甚,舌淡苔白,脉沉迟。

湿热:带下量多,色黄质黏,如脓如涕,或如米泔,或有血样物,味臭阴痒,或腹痛尿赤,口苦咽干,舌红,苔黄,脉滑数。

【治疗】

(一)基本治疗

治法 健脾益气,温肾助阳,除湿止带。取任脉、带脉及足太阴经穴为主。

主穴 带脉 白环俞 气海 阴陵泉

方义 带脉固摄本经经气,善治妇科经带病;白环俞助膀胱之气化,以驱化湿邪;气海通调任脉之气,阴陵泉健脾利湿,两穴同用可健脾益肾,调肝理气以止带。

配穴 脾虚配脾俞、足三里;肾虚配肾俞、关元;湿热配蠡沟、水道。

操作 毫针刺,用平补平泻法。配穴随证补泻。

(二)其他治疗

1. 耳针 选内分泌、内生殖器、肝、脾、肾、膀胱、三焦。每次选3~5穴,毫针刺,中等刺激,留针20~30 min左右。亦可用揿针埋藏或王不留行籽贴压,左右两耳交替治疗,每3~5日为1个疗程。

2. 穴位注射 选血海、阴陵泉、蠡沟、三阴交、中极、白环俞、膀胱俞、脾俞、肾俞。每次选2~3个穴,5%当归注射液,每次每穴注入1~2 mL,隔日1次,5次为1个疗程。

3. 刺络拔罐 选血海、八髎、委中、太冲、十七椎。三棱针刺入约1 cm,当血色由紫转淡,再拔火罐,留罐15 min,每1~2周治疗1次。

【按语】

(1)针灸对本病疗效较好,但治疗前应注意诊察,排除癌症等原因引起的带下证。

(2)节制情欲,保持外阴清洁,尤其注意经期及产褥期卫生。

(3)调畅情志,注意饮食调养。

六、不 孕

不孕(female infertility),又称绝子或无子,指育龄期女性婚后或末次妊娠后,未避孕,男方生殖功能正常,有正常性生活,夫妇同居两年以上,而未受孕者。前者为原发性不孕,后者为继发性不孕。

西医学中,输卵管阻塞、排卵功能异常、子宫内膜异位症、宫颈炎以及内分泌失调等疾病均可导致不孕症。

【病因病机】

本病多由素体肾精不足,冲任虚损,胞宫失养;或情志不遂,肝郁气结,气血失和;或由脾虚失健,痰湿内生,痰瘀阻滞,胞脉不通,不能成孕。

【辨证】

主症 育龄期女性未避孕,男方生殖功能正常,婚后或末次妊娠后,有正常性生活,同居两年以上而未受孕。

肾虚:婚后不孕,兼见月经延期,量少色淡,性欲冷淡,面色晦暗,腰膝酸软,大便不实,小便清长,舌淡苔白,脉沉迟或沉细。

肝郁:多年未孕,经期紊乱,痛经,行而不畅,量少色暗有块,经前烦躁易怒,两乳胀痛,舌质正常或暗红,苔薄白,脉弦。

痰瘀阻滞:婚后日久不孕,形体肥胖,月经延期,行而不畅有块,甚则闭经,带下量多,质地黏稠,头晕心烦,胸胁胀闷,食少泛呕,舌质暗,苔白腻,脉弦滑。

【治疗】

(一)基本治疗

治法 行瘀通络,调理冲任。取任脉、足太阴经穴为主。

主穴 归来 三阴交 肾俞 关元

方义 三阴交为足三阴经及冲任之会,可通调经气,为月经病的常用穴;归来属足阳明胃经,位于下腹部,活血而调经,可引经血养胞宫,是治疗月经病的常用有效穴;关元属任脉,又与足三阴交会,肾俞可补肾益精,两穴同用可补下焦真元以助精血调养冲任。

配穴 肾阳虚者加命门;肾阴虚者加阴谷、太溪;肝郁加太冲、行间;痰瘀阻滞加丰隆、膈俞。

操作 毫针刺,依据证型定补泻法。肾阳虚甚者可重灸。

(二)其他治疗

1. 耳针 选内分泌、内生殖器、皮质下、肝、肾。每次选2~4穴,两耳可交替治疗,毫针刺,从月经周期第12日开始,连续治疗3天,中等刺激。亦可用揿针埋藏或王不留行籽贴压。

2. 穴位注射 选气海、关元、足三里、大赫、肝俞、肾俞。每次选2~3个穴,用胎盘注射液、5%当归注射液或注射用绒毛膜促性腺激素等,每次每穴注入1~2mL,从月经周期第12日开始,每日1次,连续5次。

3. 埋线 选三阴交。按埋线法常规操作,植入羊肠线,每月1次。

【按语】

(1) 针灸对神经内分泌功能失调性不孕有良好疗效。

(2) 不孕症治疗,应确定病因综合治疗。

(3) 嘱患者一定要调畅情志,注意饮食调养及经期卫生,节欲、蓄精,注意排卵期,选择恰当时机。

七、胎 位 不 正

胎位不正(malposition of fetus)指妊娠30周后,产前检查发现胎位异于正常,而呈枕后位、臀位、横位等。胎位不正是造成难产的常见因素之一,定期产前检查,可及早发现并及时纠正异常胎位。

【病因病机】

本病主因孕妇素体虚弱,中气不足,无力调转胎位,或孕后情志不舒,气机郁滞,胎儿不能回转,而致胎位不正。

【辨证】

主症 胎位不正多无自觉症状,通过妇科检查及B超可确诊。

气血虚弱:兼见神疲肢倦,短气懒言,纳少便溏,舌淡苔白,脉滑弱。

肝郁气滞:兼见情志不畅,心烦易怒,胸胁憋闷,嗳气,苔薄白,脉弦滑。

【治疗】

(一)基本治疗

治法 调理胞宫,矫正胎位。取足太阳经穴为主。

主穴 至阴

方义 女子以血为用,孕妇气血足,气机畅则胎位正。胎儿为肾所养,肾精充足,气血调和,胎位则

笔记栏

顺。至阴为足太阳膀胱经之井穴,与足少阴肾经相续接,针灸至阴可调补足少阴之经气,补益肾精,为转胎的经验穴。

配穴　气血虚弱加足三里、三阴交;肝郁气滞加合谷、太冲。

操作　仰卧位,或坐在靠背椅上,孕妇松解腰带,用艾条灸双侧至阴穴15～20 min,每日1～2次。或用艾炷灸,黄豆大小置于该穴,有灼热感为度,每次7～9壮,每日1次,3天后复查,灸至胎位正常。

（二）其他治疗

穴位激光照射　选至阴。医用氦-氖激光仪,功率5 mW,直接照射穴位,每侧5～8 min,每日1次,3～5次为1个疗程。

【按语】

(1) 艾灸至阴穴矫正胎位成功率较高,优于自然恢复率。

(2) 灸法治疗本病应注意时间,妊娠7～8个月(30～32周)为转胎最佳时机。

(3) 因子宫畸形、骨盆狭窄、肿瘤以及胎儿本身因素引起的胎位不正,或习惯性流产、妊娠毒血症,不宜采用针灸治疗,应尽快请产科处理,以免发生意外。

八、滞　产

滞产(difficult labor)是指第一产程中,子宫收缩不能逐渐增强,此产程超过24 h者。古称"子难""产难"。

本病类似于西医学中的子宫收缩无力。

【病因病机】

本病主因素体虚弱,孕后补养不足,则气血不足,或临盆过早,胞浆早破,气血耗伤所致;或孕妇产前活动过少,或临产过度紧张,或寒邪外侵等,以致气机不调,胞脉阻滞所致。

【辨证】

主症　第一产程延长,浆水早破,胎儿久不娩出。

气血不足：宫缩无力,胎滞不下,阵痛较轻,坠胀不甚,心悸气短,肢倦乏力,或出血量多,胞浆早破,胎儿不能娩出,舌淡,苔薄白,脉沉细弱。

气滞血瘀：产妇腰腹疼痛较剧,拒按,但胎儿不下,下血量少,色暗,精神紧张,胸胁憋胀,舌暗或有瘀斑,脉弦或紧涩。

【治疗】

（一）基本治疗

治法　调理气血,催产下胎。取手阳明、足太阴经穴为主。

主穴　合谷　三阴交　肩井　至阴

方义　合谷为手阳明经原穴,三阴交乃脾经腧穴,又为足三阴经交会穴,两穴合用补合谷,泻三阴交,可补气调血,以致胎下;至阴是足太阳经井穴,与肩井同为催产的经验穴。

配穴　气血不足加足三里、气海;气滞血瘀加太冲、血海。

操作　毫针刺,补合谷,泻三阴交,至阴、肩井穴斜刺,用泻法。得气后再行针5 min,并间歇行针。配穴依据证型虚补实泻。

（二）其他治疗

1. 耳针　选内分泌、内生殖器、皮质下、内生殖器、交感、肾。每次选2～3穴,毫针刺,中等刺激,每隔3～5 min捻转行针1次,至胎儿娩出为止。

2. 穴位注射　选合谷、三阴交。5%当归注射液,每穴注入0.5 mL,根据子宫收缩情况每隔15～30 min重复1次。

3. 艾灸　选气海、关元、合谷、三阴交、上髎、次髎、至阴、复溜。每次选2～3穴,用艾条温和灸,时间不限,至胎儿娩下为止。或隔盐灸神阙穴,黄豆大小艾炷灸5～7壮。

4. 穴位敷贴　选神阙、涌泉。蓖麻叶捣烂,做成药饼,或巴豆2粒去壳加麝香0.3 g研制成药饼,贴于穴上再盖上敷料,产后则除去药贴。

【按语】

(1) 针灸对宫缩无力的滞产有催产作用,且对产妇、胎儿的调整作用和缓,无不良影响,有良好镇痛作用。

(2) 因子宫畸形、盆腔狭窄等引起的滞产,应转产科治疗。

(3) 消除产妇紧张情绪,注意休息,保持充足体力。

九、乳　少

乳少(agalactia),又称缺乳、乳汁不行,指产后或哺乳期,乳汁分泌甚少或全无,不能满足婴儿的正常需求。

【病因病机】

气血充足,冲任得养,肝气条达,乳汁正常分泌。若素体气血虚弱,或分娩失血过多,又因孕期、产后调养不当,或产后过劳,气血耗损,气血生化不足,则乳汁生化乏源;或因产后情志所伤,肝失条达,乳络不通,乳汁运行不畅,而致少乳。

【辨证】

主症　产后乳汁分泌甚少或无乳汁分泌,或哺乳期乳汁突然减少或全无。

气血虚弱:产后少乳,甚则全无,乳汁清稀,双乳柔软无胀感,面色苍白,爪甲无华,纳呆便溏,神疲乏力,舌淡苔白,脉细弱。

肝郁气滞:产后缺乳,乳房憋胀疼痛,甚或低热,情志郁闷不舒,胸胁胀满,食少脘痞,大便秘结,小溲短赤,舌红,苔黄,脉弦。

【治疗】

(一) 基本治疗

治法　疏调气血,通经化乳。取任脉、足阳明经穴为主。

主穴　膻中　乳根　少泽

方义　气会膻中位于两乳之间,调气通络以催乳;乳根属足阳明经,位于乳房局部,可疏通阳明及乳房局部经气;少泽为通乳之经验效穴。

配穴　气血虚弱加脾俞、足三里;肝郁气滞加太冲、内关。

操作　少泽,实则刺血,虚则灸之,余穴平补平泻,向乳房方向平刺,可灸。配穴按虚补实泻法。

(二) 其他治疗

1. 耳针　选胸、内分泌、交感、肝、脾、肾。毫针刺,中等刺激,每次15～20 min。亦可用揿针埋藏或王不留行籽贴压。

2. 穴位注射　选膻中、乳根、肝俞、脾俞。维生素B_1注射液、维生素C注射液各10 mL,每穴注入1～2 mL,每日1次。

3. 皮肤针　选背部从肺俞至三焦俞及乳房周围。叩刺强度根据证候的虚实决定轻重,一般多用轻刺激或中等刺激。背部从上而下每隔2 cm叩打一处,并可沿肋间向左右两侧斜行叩刺,两乳周围做放射状叩刺,乳晕部作环形叩刺,每次叩刺10 min,每日1次。

【按语】

(1) 针灸治疗产后乳少效果良好。

(2) 哺乳期应保持心情舒畅,避免劳累过度,应保持充足睡眠,注意饮食。

十、小儿惊风

小儿惊风(infantile convulsion),又称"惊厥",俗称"抽风",以四肢抽搐、角弓反张、口噤不开,甚则意识不清为主要症状的儿科常见急证。任何年龄的儿童均可发病,以1～5岁多见,年龄越小,发病率越高。临床分为急、慢惊风两类。

笔记栏

小儿惊风可见于西医学高热、脑膜炎、脑炎、低钙血症、脑发育不全、癫痫等过程中。

【病因病机】

急惊风多由外感时邪、饮食积滞,郁而化火,而致热盛动风,或惊恐伤肾,气机逆乱,风痰上扰,肝风内动;慢惊风则多由于素体虚弱,或久病邪恋,脾肾虚弱,虚风内动而致。

【辨证】

1. 急惊风

主症 发病急骤,壮热面赤,烦躁不宁,抽搐强劲,甚则神昏。

外感惊风:兼见头痛、鼻塞,流涕,咳嗽,咽红,苔薄黄,脉浮数。

痰食生风:先见纳呆呕吐,便秘腹痛,痰多,继则发热神昏,摇头弄舌,咬牙啮齿,喉间痰鸣,呼吸气粗,苔黄腻,脉弦滑。

惊恐生风:惊吓后,见惊惕时作,面色发青,夜间惊啼,甚则抽搐,大便色青,苔白,脉散乱。

2. 慢惊风

主症 起病缓,体温不高,时惊时止,或仅身体局部抽动,面黄神疲。

脾阳虚:兼见面色萎黄,嗜睡露睛,四肢不温,足跗及面部微肿,大便稀薄、色青带绿,舌淡苔白,脉沉弱。

肝肾阴亏:兼见面色潮红,身热虚烦,手足心热,大便干结,舌绛苔少,脉细数。

【治疗】

(一)基本治疗

1. 急惊风

治法 清热豁痰,开窍醒神。取督脉、手阳明、足厥阴经穴位为主。

主穴 水沟 印堂 太冲 合谷

方义 督脉上"入脑"中,水沟属督脉,印堂位居督脉,可开窍醒神,镇惊安神;太冲、合谷分别为肝之原、大肠之原,两穴合用称为"开四关",可清肝息风,能治小儿惊厥。

配穴 外感惊风加大椎、十宣;痰食生风加丰隆、天枢;惊恐生风加神门。

操作 毫针刺,用泻法。

2. 慢惊风

治法 补肾健脾,镇惊息风。取督脉、足阳明经、足厥阴经穴为主。

主穴 足三里 气海 百会 印堂 太冲

方义 足三里,胃经之下合穴,可健脾益胃,补益气血,配气海培元固本,使气血壮,而正气复;百会属督脉,居于巅顶,与肝经"会于巅",印堂位居督脉,两穴同用能镇惊安神,息风潜阳;太冲平肝息风。诸穴合用,可收补肾健脾,镇惊息风之功。

配穴 脾阳虚加中脘、脾俞;肝肾阴亏加太溪、肝俞、肾俞。

操作 毫针刺,用平补平泻法。脾肾阳虚可加灸。

(二)其他治疗

1. 耳针 选神门、皮质下、交感、肝、心,慢惊风加脾、肾。急惊风毫针刺,强刺激;慢惊风毫针刺,中等刺激,或用王不留行籽贴压。

2. 灯火灸 选印堂、承浆。用于急惊风。

【按语】

(1)针灸对惊风有较好的缓减作用,但须查明病因,针对原发病进行治疗。

(2)惊风发作时,立刻让患儿平躺,头偏向一侧,口中塞入裹有多层纱布的压舌板,若情况紧急,用布裹筷子也可,以防止咬伤舌头。吸出呼吸道痰液等分泌物,危重时可吸氧,确保呼吸道通畅。

十一、遗 尿

遗尿(enuresis)是指排尿功能正常,睡中小便自遗,醒后方觉,并反复出现的一种儿科病证。偶因疲劳或睡前饮水过多,不作病态论。

遗尿多见于情志因素或泌尿系统异常及感染和隐性脊柱裂等疾病。

【病因病机】

本病多由禀赋不足、久病体弱,而致肾气不足,下元封藏失职,膀胱约束无权而致;或病后脾肺气虚,水道制约无力,致使小便自遗。

【辨证】

主症 3周岁以上儿童,夜间不能自控排尿,轻者数日1次,重者每夜1次或数次。

肾气不足：白天小便清长频数,夜间自遗,神疲肢倦,恶寒肢冷,腰膝酸软,面色㿠白,舌淡,脉沉迟无力。

肺脾气虚：白天小便频数量少,睡中自遗,劳累后遗尿加重,面白无华,少气懒言,纳呆便溏,舌淡苔白,脉细弱。

【治疗】

(一)基本治疗

治法 补气健脾,温肾固摄。取任脉穴及背俞穴为主。

主穴 膀胱俞 中极 关元 三阴交

方义 膀胱俞、中极位于膀胱之前后,是膀胱的俞、募穴,可促进膀胱气化功能;关元为任脉与足三阴经之会,可益肾固本;三阴交为足三阴经交会穴,可通调三阴经之经气,两穴合用可补肺健脾,通调水道。

配穴 肾气不足配太溪、命门;肺脾气虚配肺俞、脾俞、足三里。

操作 毫针刺,用补法,加灸。

(二)其他治疗

1. **耳穴** 选膀胱、肾、皮质下、尿道。每次选2~3穴,毫针刺,轻刺激,每次15~20 min。亦可用揿针埋藏或王不留行籽贴压,睡前可按压以加强刺激。

2. **穴位注射** 选中极、膀胱俞、气海、肾俞、关元、关元俞。每次选2穴,当归注射液或维生素B_1注射液、维生素B_{12}注射液、硝酸士的宁注射液等,每穴每次2 mL,隔日1次。

3. **皮肤针** 选气海、关元、中极、膀胱俞、肾俞、曲骨、三阴交、局部夹脊穴。皮肤针轻叩,以皮肤潮红为度,也可叩刺后拔火罐,隔日1次。

4. **穴位敷贴** 选神阙穴。煅龙牡、覆盆子、肉桂各30 g,生麻黄10 g,冰片6 g。前药共研细末,每用5~10 g,用醋调成膏饼状贴于穴上,再盖上敷料,夜敷昼揭。

5. **穴位激光照射** 选中极、膀胱俞、肾俞、三阴交。用氦-氖激光仪,直接照射穴位,每穴5 min,每日1次。尤其适用于畏针患儿。

【按语】

(1) 针灸对功能性遗尿的效果较好。对于因器质性疾病引起的遗尿,应注重治疗原发病。

(2) 治疗期间首先排除患儿心理负担,并嘱家长密切配合,睡前限量饮水,培养自觉排尿的习惯。

十二、疳 积

疳积(infantile malnutrition),又称"疳证",是以形体消瘦,面黄发疏,腹部膨隆,精神萎靡等为特征的一种慢性疾病。5岁以下儿童多发。本病起病缓慢,病情随病程迁延加重,严重影响儿童生长发育。

本病类似于西医学中的慢性营养障碍性疾病及多种维生素缺乏症。

【病因病机】

本病多因喂养不当,饮食失调,积滞胃脘,损伤脾胃,运化失宜,气血不足,机体失养;或因偏食、久病不愈、病后失调、感染虫疾等,损伤脾胃,耗伤气血,而成疳。

【辨证】

主症 形体消瘦,面黄发疏,腹部膨隆,精神萎靡。

脾胃虚弱：兼见大便不调,不思饮食,四肢欠温,唇舌淡白,脉细弱。

虫积：兼见多食易饥或嗜食异物,肚腹膨胀,时有腹痛,吮指磨牙,舌淡,脉细弦。

【治疗】

（一）基本治疗

治法 健脾益胃,化滞消疳。取足太阴、足阳明经穴及背俞穴为主。

主穴 足三里 四缝 中脘

方义 胃之下合穴足三里配胃之募穴、腑会中脘,可通腑导滞,健脾和胃,扶助后天之本;奇穴四缝为治疗疳积的经验效穴。

配穴 脾胃虚弱加脾俞、胃俞、天枢;虫积加百虫窝。

操作 中脘用平补平泻法,足三里用补法,四缝用三棱针或粗毫针挑刺,挤出黄白黏液者为佳。婴幼儿不留针。

（二）其他治疗

1. 捏脊 选脊柱及其两侧。患儿俯卧位,从长强穴往上,用手指提捏皮肤,一捏一放,交替而上,至大椎穴为1遍,3遍后从白环俞沿脊柱两旁1.5寸处提捏,方法同前,至大杼穴为止,反复3遍,每日1次。

2. 穴位注射 选大椎、足三里、阳陵泉、曲池、合谷、手三里、丰隆。每次选2～4穴,5%当归注射液或维生素B_1注射液、维生素B_{12}注射液等,每次每穴注入0.5～1 mL,隔日1次。

3. 穴位敷贴 选神阙、内关。桃仁、杏仁、山栀等份研末,再加冰片、樟脑少许,研末拌匀备用。取药末150 g,用鸡蛋清调匀敷于穴上,24 h后去除。

【按语】

(1) 针灸对小儿疳证有一定疗效。对于因肠道寄生虫、结核病等慢性疾病所致者,应根治其原发病。

(2) 提倡母乳喂养,注意乳食定时定量。断乳时,给予营养丰富、易于消化的食物,但不可过食肥甘厚腻生冷之品。

十三、小儿脑性瘫痪

小儿脑性瘫痪(infantile cerebral paralysis),即小儿脑瘫,是以肢体运动感知障碍,智力低下,发育迟缓,惊厥时作等为主症的儿科病证。属中医学"五迟""五软"范畴。

本病类似于西医学的多种原因引起中枢神经系统损伤而致的后遗症。

【病因病机】

本病多因先天不足,肝肾虚损,精血不足,脑髓失养,心神受损;或乳食不当、大病久病后失于调养,脾胃亏虚,气虚血弱,不足以流注筋骨,濡养四末;或胎中受邪,内陷脑络,或难产产伤,筋脉受伤,日久化痰成瘀,导致痰瘀阻络,脑髓四肢百骸筋肉失养,而成脑瘫。

【辨证】

主症 肢体运动感知障碍,智力低下,发育迟缓。

肝肾不足：筋骨瘦弱,发育迟缓,如行走、坐立、长齿等均明显晚于同龄小儿,头项、肢体无力,神呆喜卧,面色少华,舌淡,苔薄白,脉细。

气血两虚：筋肉痿软,头项无力,神呆体倦,言语迟缓,食少便溏,流涎不止,舌淡苔白,脉细弱。

痰瘀阻滞：痴呆失语,反应迟钝,手足瘫软不用,肢体麻木,舌淡紫或边有瘀点,脉弦滑或涩。

【治疗】

（一）基本治疗

治法 滋养肝肾,养血活血,通络开窍。取督脉、阳明经穴为主。

主穴 百会 四神聪 大椎 悬钟 足三里

方义 百会、大椎同属督脉,刺之可通诸阳,而活络开窍;奇穴四神聪位于巅顶,定惊安神,而醒脑益智;髓会悬钟可滋补肝肾,填精益髓,再加足三里培补后天,养气血,而荣筋骨。诸穴同用则可通络而开窍。

配穴 肝肾不足加肝俞、肾俞、悬钟;气血两虚加心俞、脾俞;痰瘀阻滞加膈俞、血海、丰隆。根据症状可取局部穴。

操作 毫针刺,随证补泻或平补平泻,或速刺不留针。

(二) 其他治疗

1. 头针 选额中线、顶颞前斜线、顶旁1线、顶旁2线、顶中线、颞后线、枕下旁线。1.5寸毫针迅速刺入帽状腱膜下，然后将针体与头皮平行，刺到所需的刺激区，留针2~4 h，留针期间可自主活动，隔日1次。

2. 皮肤针 选夹脊穴（第7~17椎）、脾俞、胃俞。从上而下分三行，皮肤针轻叩，每次叩10~20 min，隔日1次。

3. 耳穴 选枕、皮质下、心、肾、肝、脾、神门。每次选2~4穴，毫针刺，中等刺激，每次留针20~30 min。或用王不留行籽贴压，每3~5日更换1次。

【按语】

(1) 针灸对轻型有一定疗效，可改善症状。本病应尽早治疗，且需坚持较长时间。

(2) 针灸治疗同时，加强功能训练及智力培训可增强疗效。

十四、儿童多动综合征

儿童多动综合征（children's hyperkinesis syndrome），即"注意缺陷障碍"，是指不同程度的自控能力差，表现为活动过多，注意力不集中，情绪不稳定及行为异常，学习困难等，为儿童时期常见的疾患。多发于学龄儿童，男孩多见。

【病因病机】

本病以虚证为主，主因禀赋不足，肾精虚衰，阳亢风动；或饮食失调，气血不足，心脾两虚，心神失养，髓海空虚，元神失控。

【辨证】

主症 自控能力差，活动过多，注意力不集中，情绪不稳定，行为异常。

心脾两虚：兼有面色萎黄，精神倦怠，夜间多梦，记忆力较差，纳呆便溏，舌淡，苔薄白，脉细弱。

阴虚阳亢：兼见精神涣散，冲动易怒，爪甲无华，五心烦热，盗汗多梦，大便秘结，舌红，苔黄，脉弦细数。

【治疗】

(一) 基本治疗

治法 补气养血，滋阴潜阳，安神益智。取督脉、足少阴经穴为主。

主穴 百会　印堂　神门　悬钟　三阴交

方义 百会为诸阳之会，配奇穴印堂醒脑开窍，安神益智；神门为手少阴经之原穴，益气宁心而安神；髓会悬钟可滋补肝肾，填精益髓，健脑益智；三阴交为足三阴之会，可调补肝脾肾三脏之气，使脾气足，气血生化有源，肝肾充，则阴平阳秘，诸症渐安。

配穴 心脾两虚加心俞、内关、脾俞、足三里；阴虚阳亢加太溪、太冲、照海。

操作 毫针刺，用补法为主。

(二) 其他治疗

1. 头针 选额中线、顶颞前斜线、顶旁1线、顶旁2线、顶中线、颞前线。1.5寸毫针迅速刺入帽状腱膜下，然后将针体与头皮平行，刺到所需的刺激区，留针20~30 min，留针期间行针2次，每日1次。

2. 皮肤针 选夹脊穴（第7~17椎）、百会、印堂、涌泉。每日用皮肤针轻叩，以红润为度，每次叩10~20 min，隔日1次。

3. 耳针 选枕、皮质下、心、肾、肝、脾、神门、交感。每次选2~4穴，毫针刺，中等刺激，每次留针20~30 min。或用王不留行籽贴压，每3~5日更换1次。

【按语】

(1) 针灸治疗本病有较好临床疗效，可明显改善症状。本病以耳穴治疗较适合患儿，配合推拿效果更佳。

(2) 嘱家长多与患儿沟通，培养其良好习惯及自我控制能力，给予必要的心理治疗。

(闫改霞)

第三节 皮外科病证

一、风疹

风疹(urticaria)是以皮肤出现成片、成块的风团,异常瘙痒为主症的疾病,因其时隐时现,又名"瘾疹""风疹块"。是常见的过敏性皮肤病,其特征是皮肤上出现淡红色或苍白色瘙痒性疹块,急性者短期发作后多可痊愈,消退后不留任何痕迹。慢性者常反复发作,缠绵难愈。

本病相当于西医学的急、慢性荨麻疹。

【病因病机】

本病多由腠理不固,风邪乘虚侵袭,遏于肌肤所致。或体质素虚;或食用鱼虾荤腥食物,以及肠道寄生虫等,导致胃肠积热,复感风邪,使内不得疏泄,外不得透达,郁于肌肤之间而发。

【辨证】

主症 皮肤出现成块或成片的风团,瘙痒异常。

风热袭表:发病迅速,全身瘙痒,皮疹形状、大小不等,呈淡红色或白色,边界清楚,此起彼伏,兼见身热、口渴、咳嗽、肢体酸痛等症,发作与天气有明显关系,或疹块以露出部位如头面、手足为重。

胃肠积热:在发皮疹的同时,伴有发热,脘腹胀痛,神疲纳呆,大便秘结或腹泻,小便黄赤,或伴有恶心呕吐,舌质红赤,舌苔黄腻,脉滑数;发作与饮食因素有明显关系。

血虚风燥:风团反复发作,迁延数月或数年。

【治疗】

(一)基本治疗

治法 疏风清热,活血和营。以手阳明、足太阴经穴为主。

主穴 曲池 合谷 血海 三阴交 膈俞

方义 本病为风邪遏于肌表,曲池、合谷同属阳明,善于疏风清热;血海、三阴交属足太阴,主血分病,调营活血;膈俞为血之会穴,活血祛风。诸穴共奏疏风清热,活血和营之功。

配穴 风邪侵袭加外关、风池;胃肠积热加内庭、天枢;湿邪较重加阴陵泉、三阴交;血虚风燥加足三里、三阴交;呼吸困难加天突;恶心呕吐加内关。

操作 毫针刺,用泻法。

(二)其他治疗

1. 皮肤针 选风池、血海、夹脊(胸2~5,骶1~4)。沿经轻叩,每日1次,每次叩打20 min,穴位处重叩至点状出血。

2. 耳针 选肺、肾上腺、内分泌、神门、胃、耳尖、耳背静脉。毫针刺,每次选取3~4穴,中等刺激,每日1次,每次留针30 min。亦可用王不留行籽贴压,隔日1次。耳尖、耳背静脉可点刺出血。

3. 拔罐法 在神阙穴,拔火罐,留罐5 min,取下,再拔罐留5 min,如此3次为1次治疗,每日1次。

【按语】

(1)针灸治疗本病效果较好,但部分慢性发作者较难根除。

(2)忌食鱼腥等食物,远离过敏原。

(3)皮肤瘙痒症亦可参考本病进行针灸治疗。

二、疔疮

疔疮(acute suppurative infection)是好发于颜面和手足部的常见外科疾患。本病以发病开始即有粟米样小脓头,发病迅速,根深坚硬如钉为特征。因发病部位和形状不同,而有"人中疔""虎口疔""红丝疔"等名称。

西医学的急性甲沟炎、化脓性指头炎、急性淋巴管炎等均属本病范畴。

【病因病机】

多因肌肤不洁,铁木刺伤而妄施外挑挤压,以致火毒乘隙侵袭,邪热蕴结肌肤;或因恣食膏粱厚味和酗酒等,以致脏腑蕴热,毒从内发;若毒热内盛,则流窜经络,内攻脏腑,则属危候。

【辨证】

主症 初起为粟粒状小脓头,发病迅速,根深坚硬如钉,其色或黄或紫,肿胀,灼热,疼痛,数日内硬结增大,疼痛加剧;继而形成脓肿而硬结变软,疼痛减轻,溃脓后脓腔塌陷,逐渐愈合。

火毒流窜经络:疔疮发生于四肢部,患处有红丝上窜,称"红丝疔"。

内攻脏腑:兼见寒战高热,神昏谵语,头痛呕吐,称"疔疮走黄",为危候。

【治疗】

(一) 基本治疗

治法 清热解毒,行气和血。以督脉穴为主。

主穴 身柱 灵台 合谷 委中

方义 督脉统率诸阳,故泻身柱、灵台以疏泄阳邪火毒,两穴为治疗疔疮之经验穴;阳明多气多血,取合谷以清泻阳明火毒;委中为"血郄",刺血以清泄血热。

配穴 高热加大椎、十宣、十二井穴;神昏加水沟、十二井穴。还可根据患部所属经脉进行首尾配穴,如发于面部迎香穴处属手阳明经,加商阳;发于食指端加迎香;发于拇指端属手太阴经,选中府;发于足小趾次指属足少阳,选瞳子髎;如系红丝疔,可沿红丝从终点依次点刺到起点,以泻其恶血。

操作 毫针刺,用泻法。

(二) 其他治疗

1. 三棱针 在脊柱两旁寻找丘疹样突起处,或取心俞、脾俞等穴。常规消毒后,用三棱针或粗针挑取白色纤维样物,每次取2~4处。

2. 隔蒜灸 选阿是穴。将蒜片置于疔肿上,将艾炷放在蒜片上点燃灸之,每一疔灸3~10壮,每日1次,10次为1个疗程。轻者灸3~4次痊愈,为防止复发应灸完1个疗程,重者一般需2个疗程。

3. 耳针 选神门、肾上腺、皮质下、耳尖、耳背静脉。毫针刺,中等刺激,耳尖及耳背静脉点刺出血。

【按语】

(1) 疔疮初起,切忌挤压、挑刺,患部不宜针刺,红肿发硬时忌手术切开,以免引起感染扩散。

(2) 疔疮走黄,症情凶险,须及时抢救,疔疮如已成脓,应予外科处理。

三、痄　　腮

痄腮(mumps)是以耳下腮部肿胀疼痛为主症的一种急性传染性疾病,又名"蛤蟆瘟"。本病一般流行于冬春季节,好发于5~9岁儿童,成人发病,症状往往较儿童为重。绝大多数可获终身免疫,也有少数反复发作。

本病相当于西医学的流行性腮腺炎。

【病因病机】

本病因外感时行温毒,从口鼻而入,挟痰化火,遏阻少阳、阳明经脉,郁而不散,失于疏泄,结于腮部所致。肝胆相为表里,肝脉循少腹络阴器,若受邪较重,则常并发少腹痛,睾丸肿胀。若温毒炽盛,热极生风,内窜心肝,则出现高热、昏迷、痉厥等变症。

【辨证】

主症 以耳垂为中心的腮部漫肿疼痛,或伴有发热。

温毒在表:耳下腮部酸痛,继而肿胀,伴有恶寒发热,全身轻度不适,咽红,舌红,苔薄黄,脉浮数。

热毒壅结:腮部焮热肿痛,坚硬拒按,咀嚼困难,高热,烦躁,头痛,大便干结,小便黄赤,咽痛,舌苔黄腻,脉象浮数或滑数。

温毒内陷:高热烦渴,并发睾丸肿痛,甚则神昏,抽搐。

【治疗】

（一）基本治疗

治法　清热解毒，消肿散结。以手少阳及手、足阳明经穴为主。

主穴　翳风　颊车　外关　合谷　关冲

方义　本病患部属少阳、阳明经，治宜清泄少阳、阳明经郁热为主。取翳风、颊车宣散局部气血之郁滞；外关配合谷既能疏风解表，又可清热解毒；关冲点刺出血，利少阳气机，可奏清热消肿之功。

配穴　高热加大椎、商阳；睾丸肿痛加太冲、曲泉；神昏抽搐加水沟、十宣或十二井。

操作　毫针刺，用泻法。

（二）其他治疗

1. 灯火灸　单侧者取同侧角孙，双侧者取双侧角孙，先将穴处头发剪去，常规消毒，施灯火灸。一般灸治1次即可消肿。如未完全消肿时，次日可重复1次。本法可以预防腮腺炎。

2. 耳针　选耳尖、面颊、肾上腺、耳背静脉。耳尖及耳背静脉用三棱针点刺放血，余穴用毫针刺，中等刺激，每次留针20~30 min，每日或隔日1次。

【按语】

（1）针刺治疗痄腮有较好的疗效，如有严重合并症，应采取综合治疗。

（2）本病有传染性，患者自起病至腮腺肿胀完全消退期需进行隔离。

（3）流行季节针刺颊车、合谷、足三里等穴可起预防作用。

四、乳　痈

乳痈（acute mastitis）指乳房红肿疼痛，乳汁排出不畅，以致结脓成痈为主的病证。多发生于产后哺乳的产妇，尤其是初产妇更为多见，发病多在产后2~4周，故又有"产后乳痈"之称。未分娩时、非哺乳期或妊娠后期也可偶见本病。

本病相当于西医学的急性乳腺炎。

【病因病机】

足阳明胃经过乳房，足厥阴肝经至乳下，本病多由忧思恼怒，肝气失于疏泄；或过食肥甘厚味，胃腑积热；或因乳头皮肤破裂，外邪火毒侵入乳房等，导致乳房脉络不通，排乳不畅，郁热火毒与积乳互凝，结脓成痈。本病主要在胃、肝两经。胃热肝郁，火毒凝结是其基本病机。

【辨证】

主症　乳房红肿疼痛。

郁脓期：初期乳房结块，肿胀疼痛，排乳不畅，常兼恶寒发热、全身不适等。

酿脓期：乳部肿块增大，焮红疼痛，时时跳痛。

溃脓期：乳部肿块中央软陷，触之浮动，或见乳头有脓汁排出。

【治疗】

（一）基本治疗

治法　清热解毒，消肿散结。以足阳明、厥阴经穴为主。

主穴　肩井　膻中　少泽　期门　乳根

方义　乳痈为病，乃胃热，肝郁，火毒所致。肩井为治疗乳痈的经验穴，有消肿散结之功；少泽功善通乳；膻中、乳根两穴，疏通局部气血；期门疏肝解郁。诸穴共奏清热解毒，消肿散结之功。

配穴　气郁配太冲；胃热配内庭；火毒盛加厉兑、大敦。

操作　毫针刺，用泻法。

（二）其他治疗

1. 艾灸　选阿是穴。初起时用葱白或大蒜捣烂，敷患处，用艾条熏灸10~20 min，每日1~2次。本法适用于乳痈尚未成脓者。

2. 拔罐　早期选大椎、第4胸椎夹脊、乳根（患侧）。用三棱针点刺出血后拔火罐，每日1次；溃脓期局部选用适当大小玻璃罐在溃破处吸拔脓液。

【按语】
（1）针灸对乳痈早期出现肿块而未化脓者有效，初起可热敷配合治疗，若已化脓须转外科治疗。
（2）哺乳前后保持乳头清洁。

五、乳　　癖

乳癖（lump in breast）是指妇女乳房部的慢性良性肿块。多见于中青年妇女，少数病例可恶变。
本病相当于西医学的乳腺小叶增生和慢性囊性增生、乳房纤维瘤等疾病。

【病因病机】
足阳明胃经过乳房，足厥阴肝经至乳下，足太阴脾经行乳外，本病多与情志内伤、忧思恼怒有关，郁怒伤肝，思虑伤脾，或因冲任失调，气滞痰凝，阻滞乳络而成。本病的基本病机为气滞痰凝，冲任失调。病在胃、肝、脾三经。

【辨证】
主症　单侧或双侧乳房出现单个或多个大小不等的肿块，胀痛或压痛，增长缓慢，质地坚韧或呈囊性感，边界清楚，与周围组织不粘连，活动度好。
气滞痰凝：肿块和胀痛随情绪变化而消长，可伴心烦善怒，胸闷气短，失眠多梦，舌质红，苔白，脉弦滑。
冲任失调：肿块于经前期增大，经后缩小，可伴腰酸乏力，神疲倦怠，月经紊乱或闭经等，舌质淡，苔白，脉象沉细。

【治疗】
（一）基本治疗
治法　疏肝解郁，化痰消结，调理冲任。以足阳明、足厥阴经穴为主。
主穴　屋翳　乳根　膻中　天宗　肩井　期门　足三里
方义　屋翳、乳根、足三里疏导阳明经气，屋翳、乳根疏通局部气血；膻中为气会，泻之以理气消肿散结；天宗、肩井为治疗乳腺疾病之经验穴，可化痰消结；期门疏肝气，调冲任。
配穴　肝郁加肝俞、太冲；冲任失调加血海、三阴交。
操作　毫针刺，补泻兼施。

（二）其他治疗
耳针　选内分泌、内生殖器、乳腺、胸、肝、胃。用毫针刺，中等刺激，每次留针 30 min，间歇运针 2～3 次，10 次为 1 个疗程。或用王不留行籽贴压，每 3～5 日更换 1 次。

【按语】
（1）本病为慢性病，针灸有较好疗效，但需坚持治疗。
（2）平素注意调畅情志，忌忧思恼怒。
（3）本病应注意与乳腺癌相鉴别。

六、肠　　痈

肠痈（acute appendicitis）为外科常见急腹症，临床以转移性右下腹疼痛为特征。可发于任何年龄，多见于青壮年。
本病相当于西医学的急、慢性阑尾炎。

【病因病机】
本病多因饮食不节，暴饮暴食；或过食油腻，生冷不洁之物，损伤肠胃，湿热内蕴于肠间，或因饮食后急剧奔走，导致气滞血瘀，肠络受损；或因寒温不适、跌仆损伤、精神因素等均可导致气滞、血瘀、湿阻、热壅、瘀滞、积热不散，血腐肉败而成痈肿。

【辨证】
主症　转移至右下腹疼痛，疼痛呈持续性，阵发性加剧。

肠腑气蕴:痛势不剧,全身症状不明显,或伴有恶寒发热,恶心呕吐,便秘,腹胀,溲赤,苔黄腻,脉洪数。

热盛肉腐:痛处固定不移,痛势加剧,腹肌紧张拘急,拒按,局部可触及局限性肿物,高热不退,全身症状明显。

【治疗】

(一)基本治疗

治法　清热导滞,行气活血。以足阳明胃经穴为主。

主穴　阑尾　上巨虚　天枢

方义　本病为大肠腑病,故取治疗肠痈经验穴阑尾为主,配大肠募穴天枢、大肠下合穴上巨虚通调肠腑气机。三穴合用,具有清热导滞,行气活血,逐腐通肠之功。

配穴　恶心呕吐加内关;发热加曲池;腹胀加大肠俞;便秘加腹结。

操作　毫针刺,用泻法。每次留针30～60 min,每日1～2次。

(二)其他治疗

1. 耳针　选阑尾、大肠、神门。用毫针刺,中等刺激,每次留针30～60 min,每日1～2次。

2. 电针　选天枢、阑尾穴。电针刺激,强度以患者能耐受为度,每次留针30～60 min,每日1～2次。

【按语】

(1) 针灸对单纯性阑尾炎未化脓者效果良好,若症状严重有阑尾穿孔或坏死倾向者,须及时进行外科处理。

(2) 慢性阑尾炎可参照以上方法治疗,可每日或隔日针灸1次,阿是穴可用艾条灸或隔蒜、姜灸。

七、痔　　疮

痔疮(haemorrhoids)为发生于肛肠部的一种慢性疾病,以肛门内外出现小肉状突起物,并常常伴有肿痛、瘙痒、流水、出血等症为特征,又称痔核。男女均可发病,以青壮年、经产妇多见。

西医学根据痔疮发生部位的不同,分内痔、外痔和混合痔,发于肛门齿线以上者为内痔,齿线以下者为外痔,齿线上下均有者为混合痔。

【病因病机】

痔疮发生多与久坐或站立工作、负重远行、妊娠多产、泻痢日久、长期便秘及嗜食辛辣等有关,均可导致湿热内生,湿热下注,脉络郁阻,结聚肛肠而发病。病久可致脾气下陷。督脉过肛门,足太阳经别入肛中,故本病主要与膀胱经、督脉有关。

【辨证】

主症　肛门部出现小肉状突起物,无症状或仅有异物感,也可伴有肛门处疼痛、肿胀和大便出血。

湿热下注:伴疼痛,肿胀。

脾虚下陷:病久伴脱肛,乏力。

【治疗】

(一)基本治疗

治法　清热利湿,化瘀止血。以足太阳及督脉经穴为主。

主穴　次髎　长强　会阳　承山　二白

方义　次髎、会阳、承山同属足太阳膀胱经,足太阳经别入于肛,故取三穴用泻法,清泄肛肠湿热,疏导膀胱经气而消瘀滞;近取长强以加强其作用。二白为治疗痔疮的经验穴,《玉龙歌》说:"痔漏之疾亦可憎,表里急重最难禁,或病或痒或下血,二白穴在掌后寻。"取本穴治疗内痔出血有效。

配穴　湿热下注加中极、阴陵泉;脾虚下陷灸百会、脾俞;肛门肿痛配秩边、飞扬;便秘配支沟、大肠俞。

操作　毫针刺,用泻法。

(二)其他治疗

1. 耳针　选肛门、直肠、大肠、神门、脾、肾上腺。毫针刺,每次选取2～3穴,中等刺激,每次留针20～30 min,每日1次。

2. 挑刺 在大肠俞或在第7胸椎至骶尾间寻找痔点,其状为紫红色或粉红色丘疹,以腰骶部接近督脉的痔点疗效较好,每次选1个痔点,常规消毒,用三棱针将挑治部位的表皮纵行挑破0.2~0.3 cm,继向深部挑刺,将皮下白色纤维样物挑断,每周1次,连续3~4次。

【按语】
(1) 针灸对本病可改善症状,根治一般需专科治疗。
(2) 平时少食辛辣刺激性食物,保持大便通畅。

八、扭　　伤

扭伤(sprain)是指四肢关节或躯体的软组织损伤,如肌肉、肌腱、韧带、血管等扭伤而无骨折、脱臼、皮肉破损的证候。主要表现为受伤部位肿胀疼痛,关节活动受限,多发于肩、肘、腕、腰、髋、膝、踝等部位。

【病因病机】
多由剧烈运动或负重不当,或不慎跌仆、外伤、牵拉和过度扭转等原因,引起肌肉、肌腱、韧带、血管等软组织的痉挛、撕裂、瘀血肿胀,以致经络不通,经气运行受阻,气血壅滞局部而成。

【辨证】
主症　扭伤部位疼痛,关节活动不利或不能,继则出现肿胀,伤处肌肤发红或青紫。患肢有不同程度的功能障碍,常伴有局部热痛。

新伤:局部微肿,肌肉压痛,肌肤发红,则伤势较轻;如肿胀高起,皮色紫红,关节屈伸不利,疼痛剧烈,表示伤势较重,或有瘀血留滞。

陈伤:一般肿胀不明显,以疼痛、关节功能障碍为主,常因风寒侵袭或劳作而反复发作。

【治疗】
(一) 基本治疗
治法　祛瘀消肿,舒筋通络。以受伤局部腧穴为主。
主穴　肩部:阿是穴　肩髃　肩髎　肩贞
　　　肘部:阿是穴　曲池　小海　天井
　　　腕部:阿是穴　阳池　阳溪　阳谷
　　　腰部:阿是穴　肾俞　腰阳关
　　　髋部:阿是穴　环跳　秩边　居髎
　　　膝部:阿是穴　膝阳关　梁丘　血海　膝眼
　　　踝部:阿是穴　解溪　昆仑　丘墟

方义　扭伤主要是由气血壅滞而致局部肿胀疼痛,属经筋病,故治疗当取近部腧穴,达到行气血,通经络之目的,使损伤组织恢复正常。伤势较重者,可用循经近治和远治相结合的方法。

配穴　除了取以上受伤局部腧穴外,亦可根据受伤部位的经络所在,配合循经远取,如腰部扭伤取委中、后溪、水沟穴;或关节对应取穴法,即以肩关节与髋关节、膝关节与肘关节、踝关节与腕关节对应,例如踝关节外侧足太阳经处扭伤,可在对侧腕关节手太阳经养老、阳谷穴处找最明显压痛的穴位针刺。疼痛较重配合谷、太冲;瘀血肿胀甚者配血海、三阴交。

操作　新伤,毫针刺,用泻法,或用粗针点刺放血;陈伤,毫针刺,用温通手法,或留针加灸,每日1次,每次留针30 min。

(二) 其他治疗
1. 刺络拔罐　选阿是穴,用皮肤针重叩肿胀明显部位至微出血,或用粗针点刺出血,加拔火罐,每次留罐10~15 min。适用于新伤局部血肿明显,陈伤瘀血久留等症。

2. 耳针　选取相应扭伤部位、皮质下、神门。毫针刺,中、强刺激,每次留针10~30 min,每日1次。或用王不留行籽贴压。

【按语】
(1) 针灸治疗扭伤有较好疗效,但必须排除骨折、脱位、韧带断裂等情况。
(2) 可配合推拿、药物等治疗。

九、肘　劳

肘劳(elbow strain)是指肘关节外上髁部疼痛,伴有伸腕和前臂旋转功能障碍的慢性劳损性疾病。本病起病缓慢,常反复发作,无明显外伤史。多发于一侧,亦有双侧发病者,其痛有时可放射至前臂或肩部,用力握拳,前臂旋转时疼痛加重。多见于从事旋转前臂和屈伸关节的劳动者,如木工、钳工、水电工及网球运动员等。

本病相当于西医学的肱骨外上髁炎(或称"网球肘")。

【病因病机】

本病主要由于肘部气血虚弱,血不荣筋,肌肉、筋骨失养,加之慢性劳损引起。前臂在反复拧、拉动作时,使肘部筋伤,迁延日久或感受风寒,以致劳伤气血,阻滞经脉而成。

【辨证】

主症　肱骨外上髁和肱桡关节附近局限性疼痛,肘关节活动时疼痛加重。

病属手阳明经筋:肘关节上方(肱骨外上髁周围)有明显压痛,俗称网球肘。

病属手太阳经筋:肘关节内下方(肱骨内上髁周围)有明显压痛,俗称高尔夫球肘。

病属手少阳经筋:肘关节外部(尺骨鹰嘴处)有明显压痛,俗称学生肘或矿工肘。

【治疗】

(一) 基本治疗

治法　舒筋通络。以局部取穴为主。

主穴　压痛点　曲池　肘髎　合谷

方义　取压痛点多向透刺,或作多针齐刺,配曲池、肘髎以疏通局部气血,远取合谷疏通阳明经经气。诸穴共取舒筋通络之功。

配穴　病属手阳明经筋,加手三里、三间;病属手太阳经筋,加小海、养老;病属手少阳经筋,加天井、外关。

操作　毫针刺,用泻法。得气后留针,局部用艾条温和灸。

(二) 其他治疗

1. 艾灸　选压痛点、曲池、肘髎、手三里、外关等穴。在上述穴位上放置鲜姜片,用艾炷隔姜灸,每穴灸3～5壮,每日或隔日1次,10次为1个疗程。

2. 拔罐　选压痛点。用皮肤针叩刺局部出血,加拔火罐,每2～3日1次。适宜于局部肿胀者。

3. 耳针　选肘、肾上腺、神门、皮质下。毫针刺,中等刺激。或双耳用王不留行籽贴压,3日更换1次。

【按语】

(1) 治疗期间,尽量减少肘部活动,勿提重物。

(2) 局部可配合药物敷贴,以加强疗效。

十、肩周炎

肩周炎(periarthritis of shoulder)是指肩部酸重疼痛及活动受限、强直的临床综合征。属于中医学"肩痹"范畴,有"漏肩风""肩凝症""冻结肩""五十肩"之称。发病率女性高于男性。

本病发生与慢性劳损有关,主要系慢性退行性改变,多继发于肱二头肌腱腱鞘炎、冈上肌腱炎或肩峰下滑囊炎。

【病因病机】

正气不足,营卫渐虚,加之局部感受风寒,或劳作过度,或外伤损伤,皆可使肩部筋骨失养,脉络气血不利,不通则痛。

【辨证】

主症　肩周疼痛、酸重,夜间为甚,患者肩前、后及外侧均有压痛,主动和被动外展、后伸、上举等功能明显受限,后期可出现肌肉萎缩。

当肩前部压痛明显时,为手阳明经证;当肩后部压痛明显时,为手太阳经证;当肩外侧压痛明显时,为手少阳经证。

外邪内侵:兼有明显感受风寒史,遇风寒痛增,得温痛缓,畏风恶寒。

气滞血瘀:肩部有外伤或劳作过度史,疼痛拒按,舌暗或有瘀斑,脉涩。

气血虚弱:肩部酸痛,劳累加重,或伴见头晕目眩,四肢乏力,舌淡,苔薄白,脉细弱。

【治疗】

(一)基本治疗

治法　舒筋通络,行气活血。以阿是穴及手三阳经穴为主。

主穴　肩髃　肩髎　肩贞　肩前　阿是穴

方义　肩髃、肩髎、肩贞分别为手阳明、手少阳、手太阳经穴;阿是穴和奇穴肩前,均为局部选穴,可疏通肩部经络气血,活血止痛。

配穴　手阳明经证取合谷、条口;手太阳经证取后溪、昆仑;手少阳经证取外关、阳陵泉;外邪内侵取合谷、风池;气滞血瘀取内关、合谷;气血虚弱取足三里、气海。

操作　足三里、气海用补法,余穴均用泻法。先刺远端穴,较强刺激,行针时鼓励患者活动肩关节;肩部穴位要求有强烈针感,直达病所。可加灸法。

(二)其他治疗

1. 刺络拔罐　用三棱针在肩部压痛点点刺,使少量出血,加拔火罐;或用皮肤针叩刺肩部压痛点,使其少量出血,加拔火罐。

2. 耳针　取肩、肩关节、锁骨、神门、皮质下等。毫针刺,中等刺激,留针30 min。也可用王不留行籽贴压。

3. 电针　取肩髃、肩髎、肩贞、肩前、天宗、曲池、外关等穴。每次选2～4穴,接通电针仪,早期用连续波,后期用续断波,强刺激10～15 min。

4. 穴位注射　在肩部穴位注射当归注射液、川芎注射液、红花注射液等或10%葡萄糖液、维生素B_1注射液,每穴0.5 mL,如压痛点广泛,可选择2～3个压痛最明显处注射。

【按语】

(1)针灸治疗本病有较好的疗效。但应排除肩关节结核、肿瘤等疾患。

(2)坚持适当的肩部功能锻炼。注意肩部保暖,避免风寒侵袭。

十一、落　　枕

落枕(stiff neck)是指急性单纯性颈项强痛、活动受限的一种病证,又称"失枕"。系颈部伤筋,轻者4～5日自愈,重者可延至数周不愈;如频繁发作,往往是颈椎病的反应,有反复发作的特点。

西医学认为本病是各种原因导致颈部肌肉痉挛所致。

【病因病机】

本病可因睡眠姿势不当,枕头高低不适,致使颈项部肌肉遭受过分牵拉,颈部脉络受损;或因感受风寒,局部气血运行不畅,而颈项强痛。

【辨证】

主症　颈项强痛,头颈活动受限,转动不利,头向患侧倾斜。重者疼痛牵及肩背和上臂,局部肌肉痉挛,压痛明显。本病多起于睡眠后,无明显外伤史。

病属督脉、太阳经:项背强痛,低头时加重,项背部压痛明显。

病属少阳经:颈肩部疼痛,头部歪向患侧,颈肩部压痛明显。

【治疗】

(一)基本治疗

治法　行气活血,舒筋通络。以局部阿是穴及手太阳、足少阳经穴为主。

主穴　外劳宫　阿是穴　后溪　悬钟

方义　太阳、少阳经循行于项部,取后溪、悬钟为循经取穴,可疏调太阳、少阳经气,解痉止痛;外劳

笔记栏

宫为治疗落枕的有效经验穴,与局部阿是穴合用,远近相配取穴,起到疏调颈项部气血,舒筋通络的作用。

配穴　病属督脉、太阳经,加大椎、昆仑、养老;病属少阳经,加风池、肩井;恶寒头痛取风池、合谷;肩痛取曲垣、肩髃;背痛取肩外俞、天宗。

操作　毫针刺,用泻法。先刺外劳宫或悬钟,轻轻捻转,嘱患者活动颈项,一般疼痛当即缓解,再针近部诸穴,并可配合温针或拔火罐。

（二）其他治疗

1. 耳针　选颈、颈椎、神门、皮质下。毫针刺,中等刺激,捻针时嘱患者徐徐转动颈项,每次留针30～60 min,每日1次。或用王不留行籽贴压,3日更换1次。

2. 拔罐　在患侧项背、肩背部加拔火罐,或顺着肌肉走行施闪罐法,每日1次。

【按语】

(1) 针灸治疗本病效果良好,针后可配合推拿和热敷。

(2) 睡眠时注意枕头的高度要适度。

(3) 注意颈部保暖,避免受风寒。

附

颈 椎 病

颈椎病(cervical spondylosis)是指因颈椎间盘退行性变及椎间关节退变,引起颈椎管或椎间孔变形、狭窄,刺激、压迫颈部脊髓、神经根、血管及交感神经,造成其结构或功能性损害所引起的一组以头、颈、肩、背及上下肢疼痛麻木为主要症状的疾病的总称。属中医学"痹证""痿证""头痛""眩晕""项强""项筋急"和"项肩痛"的范畴。中年以上人群易发病,以40～60岁人群更多见,但是目前有年轻化趋势,本病好发于长期低头伏案工作及电脑工作人员。

西医将颈椎病分为七型,即颈型、神经根型、脊髓型、椎动脉型、交感型、混合型及其他型。这里主要介绍颈型、神经根型和椎动脉型。

颈型:颈部疼痛、酸胀及沉重不适感,可向枕部及肩背部放射,颈部肌肉紧张、僵硬感,颈部活动受限和局部压痛点;X线检查提示生理曲度变化及不稳;除外颈部其他疾患。

神经根型:一侧或两侧颈、肩、臂反复发作的疼痛、麻木,仰头、咳嗽时症状加重,手指麻木、活动不灵。

椎动脉型:与头颈部活动相关,出现头痛、头晕、视觉障碍、耳鸣耳聋,头痛多为一侧,呈跳痛、刺痛,常见症状为当头颈活动到某一位置时,突然发生眩晕及下肢麻木无力而摔倒,意识往往清楚。椎动脉造影对诊断有帮助。

【病因病机】

中医学认为本病是因年老肝肾阴虚,气血渐衰,督脉空虚,不能濡养脑窍及筋骨,或感受风寒,或颈项部创伤,或动作失度,导致经络阻塞,气血运行不畅。

【治疗】

治法　活血通经。以颈夹脊穴及手、足太阳,足少阳经穴为主。

主穴　风池　颈夹脊　天柱　肩井　后溪　合谷　外关

操作　毫针刺,用泻法或平补平泻法。

【按语】

针灸治疗本病可明显改善症状,尤其对颈型、椎动脉型有较好的效果。可配合推拿、牵引等方法,平时注意颈部保暖。

十二、腱 鞘 囊 肿

腱鞘囊肿(ganglion)是发生于关节或腱鞘内的囊性肿物,内含有无色透明或微呈白色、淡黄色的浓稠黏液,好发于关节和腱鞘附近,常见于手腕背和足背部。患者多为青壮年,女性较多。属中医学"筋结""筋瘤"的范围。

【病因病机】

本病多因患部过度劳累、经久站立等劳伤经筋,而致气血运行失畅,痰凝筋脉而成。

【辨证】

主症 本病为局限性发展缓慢的囊性肿物,圆形或椭圆形的小肿块,高出皮面,表面光滑,边界清楚,不与皮肤粘连,质软,有波动感。日久囊液充满,囊壁纤维化而变硬,无明显自觉症状或有轻微酸痛和压痛。

根据腱鞘囊肿发病部位属于何经所过,辨证为属何经筋病证。

【治疗】

(一)基本治疗

治法 行气活血,舒筋散结。以囊肿局部阿是穴为主。

主穴 囊肿局部阿是穴

配穴 发于手腕配外关;发于足背配解溪。

操作 囊肿局部常规消毒,在囊肿的正中和四周各刺入1针,针尖均刺向囊肿的中心,以刺破囊壁为度,留针20～30 min,并用艾条在局部温和灸,隔日1次,至囊肿消失为止。

(二)其他治疗

三棱针 选阿是穴。将囊肿常规消毒后,医生一手掐持囊肿,另一手持三棱针对准囊肿迅速刺入,并向四周深刺,务使囊壁刺破,但勿透过囊的下层。然后快速拔针,同时将掐持囊肿的手指用力挤压,使囊内的胶性黏液全部排出,局部擦净,常规消毒后加压包扎3～5日,一般1次即可。如囊肿再起,1周后再行针刺。

【按语】

针灸治疗本病有较好效果,但应注意严格消毒,以防感染。

十三、丹　　毒

丹毒(erysipelas)是患部皮肤突发片状红斑、鲜红灼痛的一种急性接触传染的感染性疾病,因其病损部位色赤如丹,故名丹毒。本病好发于颜面和小腿。生于头部者称"抱头火丹",生于腿胫及足部者称"流火"或"火丹脚",游走全身者称"赤游丹"。春、秋季节好发,多见于幼童和老年人。

本病相当于西医学的急性网状淋巴管炎。

【病因病机】

本病多因血分有热,更兼火毒侵袭,或皮肤黏膜破损,邪毒乘隙而入,火热邪毒郁于肌肤,经络阻塞,气血壅遏而成。其中发于头面者,多挟风热;发于胸胁者,多挟肝火;发于下肢者,多兼湿热;发于新生儿者,则多由胎毒内蕴,外邪引动而发。

【辨证】

主症 发病急速,皮肤红肿热痛,状如云片,边界分明是本病的特征。

初期,寒战高热,全身不适,并伴有头痛、口渴、呕吐和厌食等症状;继则局部皮肤一片鲜红,色赤如丹,边界清楚,按之灼热,边缘略高于皮肤表面,并很快向四周蔓延,其患部皮肤中间由鲜红转为暗红,可有小片表皮脱屑,或见大小不等黄色水疱,溃烂流水,疼痛作痒。如见壮热烦躁,神昏谵语,恶心呕吐,痉厥,为邪毒内攻之象,乃属危急之候。

风热外袭:多发于头面部,兼见发热恶寒,头痛,舌红,苔薄黄,脉浮数。

湿毒内盛:多发于下肢,红斑表面有黄色水疱,兼见发热,心烦,口渴不欲饮,小便短赤,关节肿痛,舌红,苔黄腻,脉濡数。

邪毒内陷:壮热烦躁,神昏谵语,恶心呕吐,甚则痉厥,属危急之候。

【治疗】

(一)基本治疗

治法 清热解毒,活血祛瘀。以督脉及手阳明经穴为主。

主穴 合谷 曲池 大椎 委中 阿是穴

方义 阳气过多则为热,热甚则为火,火甚则为毒,故清火毒必当泻阳气。督脉为阳脉之海,阳明经为多气多血之经,在三阳经中阳气最盛,故本病取督脉与阳明经穴为主。大椎为督脉与诸阳经交会穴,合谷、曲池为手阳明经穴,三穴合用可泻阳气而清火毒。委中为血郄,凡血分热毒壅盛之急证,用之最宜。阿是穴点刺或散刺出血,可直接清泄血分郁热,使热毒出泻,有"宛陈则除之"之意。

配穴 风热外袭加风池;湿毒内盛加阴陵泉、内庭;邪毒内陷加十二井或十宣;发于头面者取太阳、百会、头维;发于下肢者取血海、阴陵泉、内庭;热毒较盛者取十宣或十二井。

操作 毫针刺,用泻法,或点刺出血。

(二)其他治疗

1. 耳针 选耳尖、肾上腺、肺、大肠、皮质下、相应部位耳穴。耳尖点刺放血,余穴用毫针刺,中等刺激,每日或隔日1次,每次留针30 min。

2. 拔罐 选阿是穴。在红肿部位用皮肤针叩刺或散刺,然后拔火罐,使污血邪毒尽出,每日1次。面部禁用。

【按语】

(1)针灸治疗本病有效,但一般应配合中药内服或外用,可提高疗效,缩短病程。

(2)病情严重者,应及时采取中西医结合方法综合治疗。

十四、蛇 丹

蛇丹(herpes zoster)是以突发单侧簇集水疱呈带状分布的皮疹,并伴有烧灼刺痛为主的病证,又称"蛇串疮""缠腰火丹"等。多发于腰腹、胸背和颜面部,好发于春、秋两季。

本病相当于西医学的带状疱疹。

【病因病机】

本病多由情志内伤,或因饮食失节,而致肝胆火盛,脾经湿热内蕴,复又外感火热时邪,毒热交阻经络,凝结于肌肤、脉络,而发为疱疹。

【辨证】

主症 初起患部皮肤烧灼刺痛,局部皮肤潮红,伴有轻度发热、乏力、食欲不振等全身症状。继则出现簇集性粟粒大丘疹,迅速变为水疱,如绿豆或黄豆大小,疱液先为透明,后转混浊,三五成群,排列如带状,多发生于身体一侧,以腰、胁部为最常见。疱疹在2~3周后逐渐干燥结痂,愈后一般不留瘢痕。可遗留疼痛感,少数老年患者于皮损消退后遗留顽固性疼痛,可持续数月或更久。

肝经火毒:皮损鲜红,疱壁紧张,口苦口渴,烦躁易怒,便秘尿赤,舌红,苔黄,脉弦数。

脾经湿热:皮损淡红,疱壁松弛,起黄白水疱,疱壁易于穿破,渗水糜烂,身重腹胀,苔黄腻,脉滑数。

【治疗】

(一)基本治疗

治法 泻火燥湿,解毒止痛。以局部阿是穴及相应夹脊穴为主。

主穴 局部阿是穴 夹脊穴 合谷 曲池

方义 本病取局部阿是穴、夹脊穴,泻火解毒;合谷、曲池配合疏导阳明经气,以清解邪毒。

配穴 肝经火毒配行间、侠溪;脾经湿热配阴陵泉、血海。

操作 诸穴均用毫针泻法。疱疹局部阿是穴用围针法,向疱疹带中央沿皮平刺。

(二)其他治疗

1. 耳针 选胰、胆、肾上腺、神门、肝、肺。毫针刺,中等刺激,捻转3~5 min,每次留针30~60 min,每日1次。

2. 皮肤针 疱疹后遗神经痛,可在局部用皮肤针叩刺后,加艾条灸。

3. 刺络拔罐 用三棱针点刺疱疹及周围,加拔火罐,令每罐出血3~5 mL,配穴亦可用三棱针点刺出血。

【按语】

(1)针灸治疗本病有较好效果,对疱疹后遗神经痛者,针灸也有较好的止痛效果,少数病例合并化脓感染者,须外科处理。

(2) 配合中药内服外敷,效果更好。

(3) 忌食辛辣、油腻、鱼虾等发物。

十五、湿　　疹

湿疹(eczema)是一种呈多形性皮疹倾向,湿润、剧烈瘙痒、易于复发和慢性化的过敏性炎症性皮肤病。属于中医学"癣疮"范畴,可泛发全身,又可局限于某些部位,因其症状及病变部位不同,故名称各异。如浸淫遍体,渗液极多者名"浸淫疮";身起红粟,瘙痒出血者称"血风疮";发于面部者称"面游风";发于耳部为"旋耳风";发于乳头者称"乳头风";发于脐部者称"脐疮";发于肛门者称"肛圈癣";发于阴囊者称"绣球风"或"肾囊风";婴儿湿疹称"胎敛疮"。

【病因病机】

急性、亚急性湿疹多因风湿热邪客于肌肤而成。慢性者多为血虚风燥或脾虚。湿邪是主要病因,涉及脏腑主要在脾。

【辨证】

主症　皮疹呈多形性损害,如丘疹、疱疹、糜烂、渗出、结痂、鳞屑、肥厚、苔藓样变、皮肤色素沉着等。根据湿疹症状和发病缓急可分为急性、亚急性和慢性三期。急性湿疹起病较快,常对称发生,初期为密集的点状红斑及粟粒大小的丘疹和疱疹,很快变成小水疱,破溃后形成点状糜烂面,瘙痒难忍,并可合并感染,形成脓疱、脓液渗出;亚急性湿疹多为急性湿疹迁延而来,症状较为缓和,当急性的红肿渗液开始减轻,更主要是患部出现红斑鳞屑,部分炎症倾向于消退;急性、亚急性反复发作不愈,则变为慢性湿疹,也可能发病时就为慢性湿疹,瘙痒呈阵发性,遇热或入睡时瘙痒加剧,皮肤粗糙、增厚、触之较硬,苔藓样变、色素沉着,抓痕,间有糜烂、渗出、血痂、鳞屑。病程较长,可迁延数月或数年。

湿热浸淫：发病急,可泛发全身各部,初期皮肤潮红灼热、肿胀,继而粟疹成片或水疱密集,渗液、瘙痒,伴身热、心烦、口渴,便干、溲赤,舌红,苔黄腻,脉滑数。

脾虚湿蕴：发病缓慢,皮损潮红,瘙痒,抓后糜烂,可见鳞屑,伴纳少神疲,腹胀便溏,舌淡白胖嫩,边有齿痕,苔白腻,脉濡缓。

血虚风燥：病情反复发作,病程较长,皮损色暗或色素沉着,粗糙肥厚,呈苔藓样变,剧痒,皮损表面有抓痕、血痂和脱屑,伴头昏乏力,腰酸肢软,口干不欲饮,舌淡苔白,脉弦细。

【治疗】

(一) 基本治疗

治法　清热化湿,健脾利湿,养血润燥。以皮损局部阿是穴及足太阴经穴为主。

主穴　曲池　足三里　三阴交　阴陵泉　皮损局部阿是穴

方义　曲池为手阳明经合穴,既能清肌肤湿气,又可化胃肠湿热;足三里既能健脾化湿,又能补益气血,标本兼顾;三阴交、阴陵泉运脾利湿,除肌肤之湿热;皮损局部阿是穴疏调局部经络之气,祛风止痒。

配穴　湿热浸淫配脾俞、水道、肺俞;脾虚湿蕴配太白、脾俞、胃俞;血虚风燥配膈俞、肝俞、血海;痒甚失眠者配风池、安眠、百会、四神聪等。

操作　毫针刺,留针20～30 min。急性期每日1次,慢性期隔日1次。

(二) 其他治疗

1. 皮肤针　轻叩夹脊穴及足太阳经第1侧线,以皮肤红晕为度,每日1次。也可用皮肤针重叩皮损局部出血后,再拔火罐,隔日1次。

2. 耳针　急性湿疹选肺、神门、肾上腺、耳背静脉;慢性湿疹加肝、皮质下。耳背静脉点刺出血,余穴均用毫针刺法,快速捻转,留针1～2 h。也可用王不留行籽贴压,每3～5日更换1次。

3. 穴位注射　选曲池、足三里、血海、大椎等穴。每次2穴,用维生素B_1注射液、维生素B_{12}注射液、板蓝根注射液,或自血加2.5%的枸橼酸钠注射液,每穴注1～2 mL,隔日1次。

【按语】

(1) 针灸治疗本病效果明显,尤其是缓解症状较快,但根治有相当难度。

(2) 患处避免搔抓,忌用热水烫洗或用肥皂等刺激物洗涤。

(3) 避免致敏因素。忌食鱼虾、浓茶、咖啡、酒等。

十六、神经性皮炎

神经性皮炎(neurodermatitis)是一种皮肤神经功能失调所致的肥厚性皮肤病，又称慢性单纯性苔藓，以皮肤革化和阵发性剧痒为特征。多见于成人。属于中医学中"顽癣""牛皮癣""摄领疮"等范畴。

【病因病机】

本病系由风热之邪客于肌肤，留而不去；或情志抑郁，气郁化火；或因日久不愈，血虚风燥，邪结肌肤；或衣领等物长期刺激皮肤，致生风化热。

【辨证】

主症 本病多局限于某处，如颈项、肘、腘、阴部、骶部、踝等部位，偶见散发全身，双侧对称分布，缠绵难愈。

风热客于肌表：初起局部仅有阵发性瘙痒，多因搔抓或摩擦等刺激，局部皮肤出现苔藓样皮疹，呈多角形(或圆形)，如帽头大小，皮色淡红或如常，兼见情志抑郁、失眠易怒等症。

血虚风燥，邪结肌表：丘疹融合成片，皮肤增厚，干燥粗糙，或有少量灰白鳞屑，而成苔藓化，阵发性瘙痒加剧，常因瘙痒搔抓而见抓痕、血痂和继发感染。

【治疗】

(一) 基本治疗

治法 祛风止痒，清热润燥。以病变局部阿是穴及手阳明、足太阴经穴为主。

主穴 阿是穴 合谷 曲池 血海 膈俞 足三里

方义 本病是风热之邪客于肌肤，日久成血虚风燥之征，故取阿是穴以疏通局部气血，肌肤得以濡养；合谷、曲池祛风止痒；"治风先治血，血行风自灭"，故取血海、膈俞以活血养血；足三里扶正固本。

配穴 失眠配心俞、神门；烦躁易怒取肝俞、太冲；血虚取脾俞、三阴交。

操作 毫针刺，用泻法。阿是穴围刺，并艾灸。

(二) 其他治疗

1. 耳针 选交感、神门、耳中、耳郭上相应点、肝、肺。毫针刺，中等刺激，每日1次，每次留针30 min。或用小手术刀片轻割相应部位耳穴，以轻度渗血为度。

2. 皮肤针 选阿是穴。先轻叩刺皮损周围，后重叩患处，以少量出血为度，同时配合拔罐或艾条灸。

【按语】

(1) 针灸治疗本病有一定效果，但本病较难痊愈，需坚持治疗。

(2) 忌食辛辣、饮酒，注意劳逸结合，避免精神过度紧张。

十七、痤　疮

痤疮(acne)是青春期常见的一种毛囊及皮脂腺炎症，中医学称"肺风粉刺"。本病好发于15~30岁青年男女，但近年来，成人发病率有升高的趋势，多见于颜面、胸背等处，多数青春期过后自然痊愈，少数严重者终身留有瘢痕。

【病因病机】

本病多由肺经风热，熏蒸肌肤，或过食辛辣油腻之物，脾胃湿热蕴积，侵蚀肌肤，或因冲任不调，肌肤疏泄功能失畅而发。

【辨证】

主症 损害主要发生于前额、双颊部，其次为胸背部。初起为粉刺，有的为黑头丘疹，可挤出乳白色粉质样物，常呈对称分布，可散在分布，在发展过程中可演变为炎性丘疹、脓疱、结节、囊肿，甚至瘢痕等，往往数种同时存在。病程缓慢，常持续到中年才逐渐缓解而痊愈，遗留或多或少的凹坑状萎缩性瘢痕或瘢痕疙瘩。

肺经风热：丘疹多发于颜面、胸背上部，色红，或有痒痛，舌红，苔薄黄，脉浮数。

脾胃湿热：丘疹红肿疼痛，或有脓疱。伴口臭、便秘、尿黄，舌红，苔黄腻，脉滑数。

痰湿凝滞：丘疹以脓疱、结节、囊肿、瘢痕等多种损害为主，伴有纳呆，便溏，舌淡，苔腻，脉滑。

冲任不调：女性患者经期皮疹增多或加重,经后减轻,伴有月经不调,舌暗红,苔薄黄,脉弦细数。

【治疗】

(一) 基本治疗

治法　清热化湿,凉血解毒。以局部及手阳明经穴为主。

主穴　大椎　合谷　曲池　阳白　颧髎　内庭

方义　督脉为阳脉之海,阳明为多血多气之经,大椎为督脉与诸阳经交会穴,合谷、曲池为手阳明经穴,内庭为足阳明经穴,四穴合用清泄阳明之热;颧髎、阳白疏通局部气血,使肌肤疏泄功能得以调畅。

配穴　肺经风热配少商、风门、尺泽;脾胃湿热配阴陵泉、足三里、三阴交;冲任不调配血海、膈俞、三阴交;痰湿凝结配脾俞、丰隆、三阴交。

操作　毫针刺,用泻法。大椎点刺出血,隔日1次。

(二) 其他治疗

1. 挑刺　在背部第1~12胸椎旁开0.5~3.0寸的范围内,寻找丘疹样阳性反应点。用三棱针挑刺,挑断皮下部分纤维组织,使之出血少许,每周1~2次。

2. 刺络拔罐　取大椎、肺俞、膈俞、太阳、尺泽、委中。每次选2穴,用三棱针快速点刺穴位处瘀血的络脉,使自然出血,待血色转淡后,再以闪火法拔罐,2~3日1次。

3. 耳针　选耳尖、肺、大肠、内分泌、面颊、脾、肾上腺。每次选用3~4穴,耳尖点刺放血,余穴用毫针刺,中度刺激,每次留针20~30 min,每日1次。也可用王不留行籽贴压。

【按语】

(1) 针灸对本病有一定疗效。

(2) 局部勿乱涂外用药,严禁用手挤压,以防感染,遗留瘢痕。

(3) 忌食辛辣、油腻食品,保持大便通畅。

十八、斑　秃

斑秃(alopecia areata)是指头皮部毛发突然发生斑状脱落的病证,严重者头发可全部脱落。中医学又称"油风""头风",俗称"鬼剃头"。

【病因病机】

毛发营养来源于精血。凡房劳过度,肾精亏损,或思虑伤脾,气血生化乏源,或肺气不足,宣发失司,或久病体弱,气血两虚;或肝肾阴虚,精血不足,血虚生风而毛发失养脱落;或情志不畅,肝气郁结而致瘀血阻滞,瘀血不去,新血不生,血不养发而脱落;若精神刺激,心火亢盛,则血热生风,风动脱发。

【辨证】

主症　头发突然脱落,呈圆形、椭圆形或形状不规则,大小不等,边界清楚,局部毛发脱净,少数患者发生全秃,甚至眉毛、胡须、阴毛、腋毛脱落。

血虚证：伴有头晕,失眠,舌淡,苔薄,脉细弱。

血瘀证：病程较长,面色晦暗,舌边有紫色瘀点,脉细涩。

【治疗】

(一) 基本治疗

治法　养血祛风,活血化瘀。以局部阿是穴为主。

主穴　百会　风池　太渊　局部阿是穴

方义　头为诸阳之首,百会为手足之阳经与督脉交会穴,配风池可疏散在表之风邪;肺主皮毛,太渊为肺经原穴,配阿是穴直达病所,补能益气生血,泻能活血化瘀,故四穴为治疗斑秃的主穴。

配穴　头晕配上星;失眠配内关、神门。

操作　毫针刺,补泻兼施。局部可用皮肤针叩刺。

(二) 其他治疗

1. 皮肤针　选局部阿是穴。轻叩患部,潮红即可,隔日1次,10次为1个疗程。脱发区在叩刺后用鲜姜片外擦,能提高疗效。

2. 艾灸 选局部阿是穴。用艾条在患部熏灸,至皮肤微呈红晕时为止。

【按语】

(1) 针灸治疗本病效果良好,但对"全秃"疗效欠佳。

(2) 保持心情舒畅。

(赵 华)

第四节 五官科病证

一、目赤肿痛

目赤肿痛(swelling and pain of eye)是指白睛突发红赤,睑肿疼痛为主要特征的时行眼疾。古代文献又称"天行赤眼""天行赤热"等,俗称"红眼病"。本病常呈暴发流行,患者多有接触史,双眼同时或先后发病。

目赤肿痛可见于西医学的流行性结膜炎、假性结膜炎以及流行性角膜结膜炎等。

【病因病机】

本病多因猝感风热时邪、疫疠之气,上犯白睛,郁而不宣;或素有肝胆积热,又疫疠之气相召,内外合邪,上攻于目,导致目睛经脉闭阻,血壅气滞而发病。

【辨证】

主症 目赤肿痛,羞明流泪,目眵量多。

风热外袭:发病急骤,伴发热恶风、头痛鼻塞,舌尖红,脉浮数。

肝胆火盛:起病稍缓,伴耳鸣,烦躁易怒,口苦,溲赤便秘,舌红,苔黄,脉弦数。

【治疗】

(一) 基本治疗

治法 疏风清热,消肿止痛。取局部穴及手阳明、足厥阴经穴为主。

主穴 攒竹 太阳 印堂 风池 合谷 太冲

方义 目为肝之外窍,足厥阴肝经上连目系,故取足厥阴肝经原穴太冲清泻肝胆之火,并引热下行;合谷为手阳明大肠经原穴,可疏调阳明经气以散风热;风池为足少阳胆经与阳维脉交会穴,内通目络,既可疏通眼络以止痛,又配合谷疏散外邪,配合太冲清泻肝胆;太阳、攒竹、印堂位于眼区局部,可宣泄眼部郁热,泄热消肿止痛。

配穴 风热外袭者配少商、上星;肝胆火盛者配行间、侠溪。

操作 毫针刺,用泻法。风池切忌向内上方斜刺、深刺;太阳、印堂、少商用三棱针点刺放血。

(二) 其他治疗

1. 耳针 取眼、肝、肺、心、肾上腺。每次选用3~4穴,毫针刺,重刺激,留针30 min。亦可用揿针埋藏或王不留行籽贴压;或耳尖或耳背静脉用三棱针点刺出血。

2. 挑刺 在肩胛间区寻找敏感点,或大椎两旁0.5寸处选点。用三棱针挑治。

【按语】

(1) 针灸治疗目赤肿痛效果良好,能明显减轻病情。

(2) 本病流行期间应隔离患者,脸盆、毛巾等需煮沸、日晒或消毒,羞明重者应避免强光刺激,忌食辛辣食物。

二、麦粒肿

麦粒肿(hordeolum)是指胞睑边缘出现小疖肿,形似麦粒,易于溃脓的眼病,又称"针眼""偷针""土疳"等。本病好发于青少年,部分患者常反复发作。

麦粒肿相当于西医学的睑腺炎。凡睫毛毛囊或附属的皮脂腺感染为外麦粒肿；睑板腺感染为内麦粒肿。

【病因病机】

麦粒肿多因风热外袭，客于胞睑，或过食辛辣炙煿，脾胃蕴热，火热毒邪上攻，以致火热结聚于胞睑，气血痹阻，腐化酿脓而发病。

【辨证】

主症　初起睑缘局限性红肿硬结，痒痛和触痛，继则红肿疼痛渐剧，数日后硬结顶端出现黄色脓点，破溃后脓自流出，红肿渐消。

风热外感：患部微肿痒痛，或伴发热头痛，全身不适，苔薄黄，脉浮数。

脾胃蕴热：患部红肿灼痛，或伴口渴喜饮，便秘溲赤，舌红，苔黄，脉滑数。

【治疗】

（一）基本治疗

治法　清热解毒，消肿散结。取局部穴及足太阳、阳明经穴为主。

主穴　太阳　攒竹　风池　合谷　厉兑

方义　点刺太阳出血，可泄热解毒，活血消肿散结；攒竹为足太阳经穴，配太阳可疏调眼部气血，清泄眼部郁热，消肿散结止痛；风池为足少阳经与阳维脉的交会穴，内通目络，既可疏通眼络以消肿止痛，又配合谷疏散外邪，擅泄头面之风热；胞睑属脾，脾胃互为表里，厉兑为足阳明胃经井穴，可清泄脾胃积热，并引热下行。

配穴　外感风热者配商阳；脾胃蕴热者配内庭；反复发作者配足三里、阴陵泉。

操作　毫针刺，用泻法。风池切忌向内上方斜刺、深刺；太阳、厉兑、商阳用三棱针点刺出血。

（二）其他治疗

1. 耳针　取眼、肝、脾、胃、肺、肾上腺。每次选用3～4穴，毫针刺，重刺激。亦可用揿针埋藏或王不留行籽贴压；或耳尖或耳背静脉点刺出血。

2. 挑刺　在两肩胛间，第1～7胸椎两侧，寻找淡红色疹点。用三棱针挑刺，挤出少量血液，可反复挤3～5次。或挑断疹点处的皮下纤维组织。

3. 刺络拔罐　取大椎。采用三棱针点刺出血后拔罐。

【按语】

（1）针灸治疗麦粒肿疗效显著，但脓成后应转眼科处理。

（2）本病初起至酿脓，患处切忌挤压，以免脓毒扩散，造成严重后果。

三、近　　视

近视（myopia）是以视近清晰、视远模糊为特征表现的眼病，古称"能近怯远症"。近视与远视、散光同属于屈光不正的眼病。

本病相当于西医学的近视眼。

【病因病机】

近视多因先天禀赋不足，肝肾亏损，或劳心伤神，心脾两虚，加之不良用眼习惯，导致气血阴阳虚损，不能上注于目，目失所养，以致目中神光不能发越于远处，形成近视。

【辨证】

主症　视近物正常，视远物模糊不清。

肝肾不足：伴腰膝酸软，头晕耳鸣，失眠健忘，两目干涩，舌红，脉细尺弱。

心脾两虚：伴心悸失眠，神疲乏力，纳呆便溏，面色不华，舌淡，脉沉细弱。

【治疗】

（一）基本治疗

治法　益气养血，通络明目。以局部穴配合足阳明、足少阳经穴为主。

主穴　睛明　太阳　四白　风池　足三里　光明

方义　睛明、太阳、四白为局部选穴,可疏通眼部经气,调和气血,通络明目;风池为足少阳与阳维脉交会穴,内连眼络,光明为足少阳经络穴,联络肝经,两穴远近配合,疏调眼络,养肝明目;足三里为足阳明胃经合穴,健运脾胃,生化气血,与四白穴远近配合,以上滋眼络而明目。

配穴　肝肾不足者配肝俞、肾俞、太溪;心脾两虚者配心俞、脾俞、三阴交。

操作　毫针刺,用补法或平补平泻法。睛明针刺时应注意固定眼球,轻柔进针,不宜提插捻转,出针时按压针孔。

(二) 其他治疗

1. 耳针　选眼、肝、脾、肾、心、皮质下。每次选用3～4穴,采用揿针埋藏法,或王不留行籽贴压法。

2. 皮肤针　取眼周穴位及风池、翳明。轻度或中度叩刺。

3. 头针　取枕上正中线、枕上旁线。头针常规操作。

【按语】

(1) 针灸治疗轻、中度近视疗效肯定,假性近视疗效显著,且年龄越小治愈率越高。

(2) 平时注意用眼卫生,坚持做眼睛保健操。

附

视 神 经 萎 缩

视神经萎缩(optic atrophy)是由各种原因导致的视网膜神经节细胞轴索广泛损害,出现萎缩变性。临床以视力功能损害和视神经乳头苍白为主要特征。本病严重影响视力,致盲率较高。

视神经萎缩分为原发性和继发性两大类,如视网膜、视神经的炎症、退变、缺血、外伤、遗传等因素,眶内或颅内占位性病变的压迫,其他原因所致的视盘水肿、青光眼等,均可能引起视神经萎缩。

视神经萎缩属于中医学的"青盲"范畴。

【病因病机】

本病的发生多因先天禀赋不足、房劳久病,肝肾亏损,精血亏虚,或思虑劳倦,心脾两虚,气血不足,致目系失荣,目窍萎闭;或情志不遂,气机郁滞,或头眼外伤,脉络瘀阻,致目窍闭塞,均使神光不得发越于外而发病。

【辨证】

主症　患眼外观无异常而视力显著减退,甚至完全失明。

肝肾亏虚:伴头晕耳鸣,两目干涩,腰膝酸软,脉细或细数。

气血不足:伴头晕心悸,面白无华,纳呆神疲,舌淡,脉沉细。

肝气郁结:伴情志抑郁,胸胁胀痛,口干口苦,舌红,脉弦细数。

气血瘀滞:有外伤史,伴头痛眩晕,健忘,舌质暗,有瘀斑,脉涩。

【治疗】

(一) 基本治疗

治法　调理气血,养精明目。取局部穴和足厥阴经穴为主。

主穴　球后　睛明　风池　太冲　光明

方义　球后、睛明皆位于眼部,可通调眼部气血;风池为足少阳胆经与阳维脉交会穴,内通目络,可通络明目;肝经上连目系,太冲为足厥阴肝经原穴,光明为足少阳胆经络穴,原络配用,可疏调经气,益肝明目。

配穴　肝肾亏虚者配肝俞、肾俞;气血不足者配三阴交、足三里;肝气郁结者配期门、行间;气血瘀滞者配三阴交、膈俞。

操作　毫针刺,实证用泻法,虚证用补法。睛明、球后针刺时应注意固定眼球,轻柔进针,不宜提插捻转,出针时按压针孔;气血不足者可配合灸法。

(二) 其他治疗

1. 耳针　取眼、肝、肾、脾、皮质下、枕。每次选用3～4穴,毫针刺。亦可用揿针埋藏或王不留行籽贴压。

2. 皮肤针　取眼眶周围、第5～12胸椎两侧、风池、膈俞、肝俞、胆俞。眼区轻刺激,其余穴位施以中等刺激。

3. 头针 取枕上正中线、枕上旁线。头针常规操作。

【按语】

针灸治疗视神经萎缩有一定疗效,可控制病情发展,提高视力,延缓致盲。但视神经萎缩是眼科难治疾病,故治疗需要较长时间,一般3~6个月,不能急于求成。

四、耳鸣、耳聋

耳鸣(tinnitus)、耳聋(deafness)均为听觉异常。耳鸣以自觉耳内鸣响为主症,耳聋以听力减退或听觉丧失为主症。两者既可单独出现,亦常同时或先后出现。

耳鸣、耳聋可见于西医学的多种疾病,包括耳科疾病、药物中毒、脑血管疾病、高血压、动脉硬化、糖尿病、贫血、感染性疾病及外伤性疾病等。

【病因病机】

本病多因风邪侵袭少阳经脉,循经上犯耳窍;或情志刺激,气郁化火,肝胆火盛,循经上扰耳窍;或过食肥甘,酿痰化热,痰火郁结,邪气上扰,壅遏耳窍;或由先天不足、房劳过度、久病虚损,致肾精亏损,或脾胃虚弱,精血不足,耳窍失养,均可导致耳鸣、耳聋的发生。

【辨证】

(一)实证

主症 突发耳鸣、耳聋,或耳中胀闷,鸣声隆隆不断,按之不减。

风邪外感:伴发热恶寒,全身不适,舌苔薄,脉浮。

肝胆火盛:伴头胀面赤,烦躁易怒,舌红,苔黄,脉弦数。

痰火郁结:伴头昏沉重,胸脘痞闷,舌红,苔黄腻,脉滑数。

(二)虚证

主症 久病耳聋,耳中如蝉鸣,按之鸣声减弱,时作时止,劳累加剧。

肾精亏损:兼头晕乏力,腰膝酸软,舌红少苔,脉细数尺弱。

脾胃虚弱:兼神疲纳呆,腹胀便溏,舌淡苔白,脉沉细弱。

【治疗】

(一)基本治疗

治法 聪耳开窍。取局部穴和手、足少阳经穴为主。

主穴 听会 翳风 侠溪 中渚

方义 手足少阳经脉均从耳后入耳中,出耳前,故取手、足少阳经穴为主。中渚、翳风为手少阳经穴,听会、侠溪为足少阳经穴,诸穴同名经远近配穴,共奏疏调少阳经气,聪耳开窍之功效。

配穴 风邪外感者配外关、合谷;肝胆火盛者配行间、丘墟;痰火郁结者配丰隆、内庭;肾精亏损者配肾俞、太溪;脾胃虚弱者配足三里、三阴交。

操作 毫针刺,实证用泻法,虚证用补法。脾胃虚弱者针灸并用。

(二)其他治疗

1. 耳针 取内耳、肝、胆、脾、肺、肾。每次选用3~4穴,毫针刺。亦可用揿针埋藏或王不留行籽贴压。

2. 皮肤针 取耳周穴位及风池。轻度或中度叩刺。

3. 头针 取两侧颞后线。头针常规操作。适用于神经性耳鸣、听力下降者。

4. 穴位注射 取听宫、翳风、完骨、瘈脉。每次两侧各选1穴。采用654-2注射液,每穴注射5 mg;或用维生素B_{12}注射液100 μg,每穴注射0.2~0.5 mL;或用当归注射液、丹参注射液,每穴注射0.5~1 mL。

【按语】

(1)针灸治疗耳鸣、耳聋有一定效果,尤其对神经性耳鸣、耳聋效果较好,对因药物中毒、动脉硬化、鼓膜损伤等所致者效果不佳。

(2)耳鸣、耳聋的致病原因复杂,应明确诊断,配合原发病治疗。

五、鼻　渊

鼻渊(sinusitis)是以鼻流浊涕,量多不止为主要特征的鼻病,又称"脑漏""脑渗""脑崩"等。

鼻渊类似于西医学的急、慢性鼻窦炎。

【病因病机】

鼻为肺之外窍,本病多因外感风寒,入肺化热,或风热外袭,郁闭肺系,以致肺失宣降,邪热上壅鼻窍;或情志失调,胆失疏泄,气郁化火,胆火循经上犯,移热于脑,伤及鼻窍;或过食肥甘厚味,酿生湿热,郁困脾胃,循经熏蒸鼻窍,均可发为鼻渊。

【辨证】

主症　鼻流浊涕,色黄腥秽,量多不止,鼻塞,嗅觉减退。

肺经风热:伴头痛,发热恶寒,咳嗽,舌尖红,苔薄黄,脉浮数。

胆腑郁热:伴头痛剧烈,烦躁易怒,口苦咽干,舌红,苔黄,脉弦数。

脾胃湿热:伴头晕头重,胸脘痞闷,口干不欲饮,舌红,苔黄腻,脉滑数。

【治疗】

(一) 基本治疗

治法　清热宣肺,通利鼻窍。取局部穴和手太阴、阳明经穴为主。

主穴　列缺　合谷　迎香　印堂　风池

方义　鼻为肺之外窍,手阳明大肠经与手太阴肺经互为表里,且手阳明经脉上挟鼻孔。列缺为手太阴肺经络穴,合谷为手阳明大肠经原穴,两穴表里经配用,宣肺祛邪,通利鼻窍;迎香分居鼻旁,印堂位在鼻根,两穴宣散局部郁热而通鼻窍;风池为足少阳胆经与阳维脉的交会穴,既可疏风解表,又能清胆利窍,为治鼻病之有效穴。

配穴　肺经风热者配尺泽、少商;胆腑郁热者配侠溪、阳陵泉;脾胃湿热者配阴陵泉、内庭;头痛剧烈者配上星、太阳。

操作　毫针刺,用泻法。少商、上星用三棱针点刺放血。

(二) 其他治疗

1. 耳针　取内鼻、肾上腺、额、肺、胆、脾、胃。每次选用3～5穴,毫针刺。亦可用揿针埋藏或王不留行籽贴压。

2. 艾灸　主穴:印堂、囟会、上星、百会、迎香。配穴:肺俞、脾俞、足三里、三阴交。每次选取主穴及配穴各1～2穴,采用艾条温和灸。适用于鼻渊日久不愈者。

3. 头针　取额中线或额旁1线。头针常规操作。

4. 穴位注射　取合谷、迎香。每次选用1穴,选用复合维生素B注射液,每穴注射0.2～0.5 mL。

【按语】

(1) 针灸治疗鼻渊有一定效果,以急性鼻窦炎效果较好。

(2) 平素可自我按摩合谷、迎香,每次5～10 min,每日1～2次。

(3) 经常锻炼身体,适当户外运动,增强抵抗力。

六、牙　痛

牙痛(toothache)为口腔疾患中的常见症状。

牙痛可见于西医学的各种牙病,如龋齿、牙髓炎、牙周炎、冠周炎和牙本质过敏等。

【病因病机】

手、足阳明经脉分别入于上、下齿中;肾主骨,齿为骨之余。本病常因嗜食辛辣炙煿,胃肠积热,火热循经上扰;或风邪外袭,郁于阳明,邪郁化火,循经上炎;或房劳过度、年老久病,肾阴不足,虚火上扰,均可灼伤牙床、龈肉,发为牙痛。亦有多食甘酸之物,口齿不洁,垢秽蚀齿而作痛者。

【辨证】

主症　牙齿疼痛。

胃火牙痛：牙痛甚烈，牙龈红肿，伴口渴口臭，大便干燥，舌红，苔黄，脉洪数。

风火牙痛：牙痛剧烈，牙龈红肿，伴发热恶寒，舌尖红，苔薄黄，脉浮数。

虚火牙痛：牙痛隐隐，时作时止，或齿根松动，伴头晕耳鸣，腰酸，舌红少苔，脉细数。

【治疗】

（一）基本治疗

治法　清热消肿，通经止痛。取局部穴和手、足阳明经穴为主。

主穴　合谷　颊车　下关

方义　手、足阳明经脉分别入于上、下齿中，故取手、足阳明经穴为主。本方为同名经远近配穴，近取足阳明经颊车、下关，远取手阳明经合谷，三穴并用，共奏疏通阳明经气，清泄阳明郁热，通经止痛之功。合谷兼有祛风清热之效。

配穴　胃火牙痛者配内庭、二间；风火牙痛者配风池、外关；虚火牙痛者配太溪、行间。

操作　毫针刺，主穴及实证用泻法；虚证者太溪用补法，行间用泻法。合谷可左右交叉刺，持续行针1～2 min。

（二）其他治疗

1. 耳针　取牙、颌、神门、屏尖、胃、大肠、肾。每次选用3～5穴，毫针刺，牙痛剧烈者用强刺激。亦可用揿针埋藏或王不留行籽贴压。

2. 电针　取颊车、下关、合谷。选用密波，通电10～20 min，每日1～2次。适用于牙痛剧烈者。

3. 穴位敷贴　取阳溪。将大蒜捣烂成泥，于睡前敷贴，至发泡后取下。适用于龋齿疼痛者。

4. 穴位注射　取合谷、颊车、下关。每次选用1～2穴。选用复方氨林巴比妥注射液，每穴注射0.5～1 mL。

【按语】

(1) 针灸治疗牙痛效果显著，但对龋齿牙痛只能暂时止痛。

(2) 导致牙痛的原因较多，应同时治疗原发病。

(3) 平素注意口腔卫生，并避免冷、热、酸、甜等刺激。

(4) 牙痛应与三叉神经痛相鉴别。

七、口　疮

口疮(aphtha)是以口舌表面溃烂，出现溃疡为主要表现的一种常见口腔科病证，亦称"口疳"。本病相当于西医学的复发性口疮、阿弗他口炎等。

【病因病机】

心开窍于舌，脾开窍于口，脾经连舌本，散舌下，肾经挟舌本。本病常因过食辛辣厚味，嗜烟饮酒，致心脾积热，复感风、火、燥邪，热邪循经上攻于口舌；或年老久病，房劳过度，肾阴不足，虚火上扰，灼于口舌，发为口疮。

【辨证】

主症　口腔、唇、颊等处出现圆形或椭圆形淡黄色或灰白色小点，周围红晕，表面凹陷，局部灼痛。

心脾积热：溃疡量多，溃面呈黄白色，周围鲜红微肿，灼热疼痛，伴口渴口臭，心烦不寐，便秘溲赤，舌红，苔黄，脉数。

阴虚火旺：溃疡量少，溃面呈灰白色，周围色淡红，微痛，此愈彼起，反复绵延，伴五心烦热，腰膝酸软，舌红少苔，脉细数。

【治疗】

（一）基本治疗

治法　清热泻火，消肿止痛。取局部穴和手少阴、手阳明经穴为主。

主穴　廉泉　地仓　合谷　通里

方义　廉泉、地仓为局部取穴,以疏通局部经气,消肿止痛;"面口合谷收",合谷清热消肿,通经止痛,尤其擅长清泄头面口咽之热邪,为治疗口腔疾患的要穴;舌为心之苗,手少阴心经的络脉系舌本,通里为手少阴经络穴,有清心泻火消肿,通经活络止痛的功效。

配穴　心脾积热者配内庭、劳宫;阴虚火旺者配照海、太溪;痛甚者配金津、玉液。

操作　毫针刺,实证用泻法,强刺激;虚证用平补平泻法。金津、玉液用三棱针刺血。

（二）其他治疗

1. 耳针　取口、舌、神门、心、脾、胃、肾。每次选用3～5穴,毫针刺,疼痛剧烈者用强刺激。亦可用撤针埋藏或王不留行籽贴压。

2. 三棱针　取大椎及大椎旁开1.5～2 cm处寻找反应点。用三棱针挑断皮下纤维组织2～3根,挤压针孔,出血3～5滴,每周2次。

3. 穴位敷贴　取涌泉。吴茱萸10 g,研成细末,用醋调成膏状,敷贴涌泉穴。

【按语】

（1）针灸治疗口疮有一定效果。

（2）平素注意口腔卫生,少食刺激性食物。

八、咽喉肿痛

咽喉肿痛(sore throat)是口咽和喉咽部疾患中的常见症状,以咽喉部红肿疼痛、吞咽不适为特征。中医学的"喉痹""乳蛾"等均以咽喉肿痛为主症。

咽喉肿痛可见于西医学的急、慢性咽炎和单纯性喉炎,急性扁桃体炎,扁桃体周围脓肿等。

【病因病机】

咽接食管通于胃,喉接气管通于肺。本病多因风热外袭,邪灼肺系,或外邪不解入里,过食辛辣炙煿,肺胃蕴热,上攻咽喉;或温热病后、劳伤过度,肺肾阴虚,咽喉失润,或虚火上炎,灼于咽喉,均可导致咽喉肿痛。

【辨证】

主症　咽喉肿痛,吞咽不适。

风热外感:咽喉红肿疼痛,伴发热恶寒,头痛,咳嗽,舌尖红,苔薄黄,脉浮数。

肺胃实热:咽喉红肿痛甚,伴高热,咽干烦渴,便秘尿黄,舌红,苔黄,脉洪数。

肺肾阴虚:咽喉稍肿,色暗红,疼痛较轻,入夜尤重,伴口干不欲饮,手足心热,舌红少苔,脉细数。

【治疗】

（一）基本治疗

1. 实热证

治法　清热利咽,消肿止痛。取手太阴、手足阳明经穴为主。

主穴　少商　尺泽　合谷　内庭　天突

方义　少商为手太阴肺经井穴,点刺出血,清泄肺热,消肿利咽止痛,为治咽喉肿痛之要穴;尺泽为手太阴肺经合穴、子穴,"实则泻其子",刺之清泄肺经实热,消肿利咽;合谷为手阳明经原穴,既可疏散风热之邪,又配足阳明经荥穴内庭,清泄阳明之郁热,引火下行;天突为近部取穴,有清利咽喉之功效。

配穴　风热外感者配风池、曲池;肺胃实热者配鱼际、厉兑。

操作　毫针刺,用泻法。天突针刺时应注意角度和深度。

2. 虚热证

治法　滋阴降火,清利咽喉。取足少阴、手太阴经穴为主。

主穴　照海　太溪　鱼际

方义　照海为足少阴肾经和阴跷脉的交会穴,两脉均循行于喉咙,取之能调两经经气而利咽喉,配足少阴肾经原穴太溪,滋补肾阴,以降虚火;鱼际为手太阴肺经荥穴,清肺泄热,利咽止痛。

配穴　伴有失音者配通里、廉泉。

操作　毫针刺,照海、太溪用补法,鱼际用泻法;或用平补平泻法。

（二）其他治疗

1. 耳针 取咽喉、扁桃体、轮1～轮4、肾上腺、神门、肺、胃、肾。每次选用3～5穴，毫针刺，疼痛剧烈者用强刺激。亦可用揿针埋藏或王不留行籽贴压。

2. 三棱针 取少商、商阳、耳尖，点刺出血；或取耳背静脉，刺络放血。每日1～2次。适用于实热证。

3. 穴位注射 取合谷、孔最、曲池等穴。每次选用一侧穴。选用板蓝根注射液、柴胡注射液等，每穴注射1～2 mL，左右交替应用。

【按语】

（1）针灸治疗咽喉肿痛效果较好，尤以急性者为佳。

（2）对扁桃体周围脓肿，如已成脓需转科处理。

（3）患者宜戒烟酒，忌食酸辣等刺激性食物。

第五节 急 证

一、晕 厥

晕厥（fainting）以突发而短暂的意识丧失、四肢厥冷为主症。其特征为突感眩晕，行动无力，迅速失去知觉而昏倒，数秒至数分钟后恢复清醒。

晕厥可见于西医学的短暂性脑缺血发作、癔症、脑血管痉挛、体位性低血压、低血糖，外伤、情志刺激等均可出现晕厥。

【病因病机】

晕厥多以元气素虚、病后气血未复、产后失血过多等正气不足为基础，每遇操劳过度，或骤然起立等诱因，导致气血不能上充于脑，阳气不能达于四末；或因强烈情志刺激、外伤剧烈疼痛，导致气机逆乱，血随气逆，清窍受扰而发病。

【辨证】

主症 自觉眩晕乏力，继则突然昏倒，不省人事，四肢厥冷。

实证：素体强壮，多因暴怒、外伤引发，兼见面赤唇紫、口噤息粗，肢痉握拳，脉沉弦。

虚证：素体虚弱，多因过劳、惊恐引发，兼见面白唇淡，目陷口张，息微汗出，舌质淡，脉细缓无力。

【治疗】

（一）基本治疗

治法 苏厥醒脑。取督脉、手厥阴经穴为主。

主穴 水沟 百会 中冲 涌泉 内关

方义 脑为元神之府，督脉入脑上巅，心主神明，故取督脉、手厥阴经穴为主。水沟、百会同属督脉，且水沟位居督脉与任脉交接处，可沟通阴阳之气，百会位居巅顶，两穴共奏醒脑开窍苏厥之功；中冲为手厥阴经井穴，涌泉为足少阴经井穴，均为阴阳经交接处，刺之顺接阴阳之气而平衡阴阳，配手厥阴经络穴内关可奏苏厥醒脑之效。

配穴 四肢逆冷者配关元、气海，施灸法以温煦四末。

操作 毫针刺，实证用泻法，强刺激；虚证用补法，中等刺激，并重灸百会。

（二）其他治疗

1. 耳针 取心、神门、皮质下、肾上腺。毫针刺，强刺激。亦可用揿针埋藏或王不留行籽贴压。

2. 三棱针 取十二井穴或十宣。点刺出血。适用于实证。

3. 指针 取水沟、合谷、内关等穴。用拇指重力掐按，以患者苏醒为度。

【按语】

（1）针灸对因情绪激动、外伤疼痛引起的晕厥效果良好，其他原因所致者只作为急救措施，需明确晕厥发生原因，对因论治。

（2）迅速使患者平卧，解开衣扣，并注意保暖。

二、虚　　脱

虚脱(collapse)是以突然面色苍白、神志淡漠,或昏迷、肢冷汗出、血压下降为特征的危重证候。

虚脱类似于西医学的休克。

【病因病机】

虚脱多因大汗、大吐、大泻、大失血,或由六淫邪毒外袭、七情过度损伤、久病正气虚衰、药物过敏或中毒等因素,严重损伤气血津液,使脏腑阴阳失调,气血不能营养全身所导致。严重者可致阴阳衰竭,出现亡阳亡阴之危候。

【辨证】

主症　面色苍白,肢冷汗出,神志淡漠,反应迟钝,或烦躁不安,尿量减少,甚则昏迷,大汗淋漓,四肢厥逆,二便失禁,血压下降,脉微细。

亡阳：兼见呼吸气微,唇色发绀,舌质胖淡,脉微欲绝或芤大无力。

亡阴：兼见烦躁不安,气促息微,口渴唇干,舌绛干瘦,脉细数无力。

若病情恶化,则可导致阴阳俱脱之危候。

【治疗】

(一) 基本治疗

治法　回阳固脱,苏厥救逆。取任脉、督脉穴为主。

主穴　素髎　水沟　百会　关元　神阙　内关

方义　督脉为阳脉之海,入络于脑,素髎、水沟、百会均属于督脉,可醒脑开窍苏厥,百会并具升阳举陷固脱之功；内关为手厥阴经络穴,为阴维所系,可补心气,益心神,有醒神苏厥之效；任脉为阴脉之海,脐下为元气所居之所,重灸关元、神阙,温补元气,回阳救逆,敛阴固脱。

配穴　亡阳者配气海、足三里；亡阴者配涌泉、太溪。

操作　毫针刺,素髎、水沟用泻法,强刺激；内关用补法。百会、关元、神阙重用灸法。

(二) 其他治疗

1. 耳针　取心、神门、肾上腺、皮质下、枕。毫针刺,中等刺激。亦可用揿针埋藏或王不留行籽贴压。

2. 指针　取水沟、合谷、内关。用拇指重力掐按 1～3 min。

3. 穴位注射　取关元、气海、足三里。选用参麦注射液或参附注射液,每穴注射 1～2 mL。

【按语】

虚脱发病突然,病情复杂,针灸可作为抢救措施之一,但必须针对病因进行综合治疗。

三、高　　热

高热(hyperpyrexia)是指体温超过 39℃者。为多种疾病所表现出的一种急性症状。中医学所称"实热""壮热""日晡潮热"等,均属于高热的范畴。

高热常见于西医学的急性感染、急性传染病、中暑、风湿热、结核病、部分恶性肿瘤以及寄生虫病等。

【病因病机】

高热多由外感六淫之邪,卫气失宣,或温邪疫毒侵袭,燔于气分或内陷营血而发病；或由暑热之邪外感,内犯心包,引起高热。

【辨证】

主症　体温升高,超过 39℃。

邪在肺卫：发热恶寒,头痛肢酸,咳嗽咽痛,舌尖红,脉浮数。

热在气分：高热汗出,烦渴引饮,舌红,苔黄,脉洪数。

热入营血：高热夜甚,烦躁不安,甚则神昏谵语,或斑疹隐隐,或吐血、便血,舌红绛,脉细数。

【治疗】

（一）基本治疗

治法　清热退烧。取督脉、手阳明经穴为主。

主穴　大椎　十二井穴或十宣　曲池　合谷

方义　督脉为阳脉之海，总督一身之阳气，大椎为诸阳之会，十二井穴、十宣皆在四末，为阴阳经交接处，三棱针点刺诸穴放血，具有显著的泄热退烧之功用；合谷、曲池分别为手阳明经原穴和合穴，毫针泻之，既宣肺解表祛邪，又清泄阳明郁热。诸穴并用，热邪可清，高烧得退。

配穴　邪在肺卫者配外关；热在气分者配内庭；热入营血者配委中、曲泽；神昏者配水沟、内关；烦躁不安者配印堂、神门。

操作　毫针刺，用泻法，强刺激。大椎、十二井穴、十宣用三棱针点刺出血；委中、曲泽用三棱针刺络放血。

（二）其他治疗

1. 耳针　取肾上腺、肺、心、神门、耳尖、耳背静脉。毫针刺，强刺激。亦可用揿针埋藏或王不留行籽贴压；或耳尖、耳背静脉用三棱针点刺出血。

2. 刮痧　取脊柱两侧、背俞穴和肘窝、腘窝等处。用刮痧板或瓷汤匙刮至皮肤红紫色为度。

3. 穴位注射　取合谷、曲池、肺俞。每次选用2穴，选用柴胡注射液或银黄注射液，每穴注射0.5～1 mL；或用复方氨林巴比妥注射液，每穴注射0.1～0.2 mL。

【按语】

针灸退热效果良好。但在治疗同时须查明原因，明确诊断，针对病因进行综合治疗。

四、抽　　搐

抽搐（convulsion）以四肢不自主的肌肉抽动，甚则颈项强直、角弓反张为特征表现。抽搐发作常伴见意识丧失，或发作后出现昏迷。

抽搐可见于西医学的癫痫、破伤风、小儿惊厥、癔症、妊娠高血压综合征、颅内感染、颅脑外伤、颅内占位性病变、高血压脑病等疾病过程中。

【病因病机】

抽搐多因感受六淫疫毒之邪，邪毒内闭，化热化火，或体内湿热蕴郁，酿痰化火，或暴怒伤肝，气郁化火，以致火热炽盛，引动肝风；或肝肾阴虚，津血衰少，或脾胃虚弱，气血不足，致血虚生风，均可引起抽搐发生。

【辨证】

主症　四肢抽动，或伴项背强直，角弓反张，两目上视，口噤不开，甚者伴有意识丧失。

热极生风：发病急骤，兼见壮热口渴，烦躁或神昏，舌红，苔黄，脉弦数有力。

虚风内动：病势较缓，兼见低热，虚烦不宁，肢颤或手足蠕动，面白无华，舌淡，脉弦细弱。

【治疗】

（一）基本治疗

治法　息风止痉。以足厥阴、足少阳经穴为主。

主穴　太冲　阳陵泉　合谷

方义　太冲为足厥阴肝经原穴，阳陵泉为足少阳胆经合穴，且为筋之会穴，两穴表里经配合，可平肝、养肝，息风止痉；合谷为手阳明大肠经原穴，与太冲配合谓之"开四关"，为平肝息风、镇惊止痉之要穴。

配穴　热极生风者配大椎、曲池；虚风内动者配三阴交、血海；神志不清者配水沟、内关。

操作　毫针刺，实证用泻法，强刺激；虚证用平补平泻法，中等刺激。

（二）其他治疗

1. 耳针　取肝、心、神门、皮质下。毫针刺，中、强刺激。或采用揿针埋藏。

2. 电针　取内关、合谷、太冲、阳陵泉。选用密波，刺激10～20 min。

3. 穴位注射　取合谷、曲池、太冲、阳陵泉。每次选用2穴，采用地龙注射液，每穴注射0.5～1 mL。

【按语】

针灸治疗抽搐有一定疗效,但病情缓解后须查明病因,进一步针对病因进行相应治疗。

五、内 脏 绞 痛

心 绞 痛

心绞痛(angina pectoris)是因冠状动脉供血不足,心肌急剧、暂时性缺血缺氧所引起的以胸痛为特征性表现的综合征。

心绞痛属于中医学"胸痹""真心痛""厥心痛"等范畴。

【病因病机】

心绞痛的发生多因寒邪内侵,阻遏胸阳;情志失调,气郁血滞;过食肥甘,痰湿内阻;或年老体虚,胸阳不振,导致心络痹阻不通,而引发心绞痛。

【辨证】

主症 突然发作胸骨下部后方或心前区压榨性、憋闷性或窒息性疼痛,可放射到左侧肩、颈、上肢内侧。疼痛一般持续数分钟,较少超过 15 min,伴有面色苍白、焦虑、恐惧和汗出。舌质紫暗或有瘀斑,脉涩。多因情绪激动、劳累、受寒、饱食等因素诱发。

寒邪凝滞:起病急骤,猝然心痛如绞,胸痛彻背,背痛彻胸,往往遇寒而发,胸闷气短,心悸,重则喘息,不能平卧,面色苍白,四肢厥冷,舌苔白,脉沉细或沉紧。

气滞血瘀:多因七情诱发,胸部刺痛,固定不移,入夜更甚,心悸失眠,舌质紫暗或有瘀点、瘀斑,脉象沉涩。

痰浊阻络:形体肥胖,胸闷如窒而痛,肢体困重,胸脘痞闷,咳嗽痰多,气短,舌体胖大,边有齿痕,苔白腻,脉滑。

胸阳不振:心痛彻背,得热痛减,面色苍白,大汗淋漓,气短息微,四肢厥冷,舌淡,有齿痕,脉沉细或脉微欲绝。

【治疗】

(一) 基本治疗

治法 行气活血,通络止痛。取手厥阴、手少阴经穴为主。

主穴 内关 郄门 阴郄 膻中

方义 内关为手厥阴心包经络穴,并与阴维脉相通,功擅理气宽胸,疏通心络而止痛,是治疗胸痹的主要腧穴;郄门、阴郄分别为手厥阴心包经、手少阴心经的郄穴,具缓急止痛之功,善治心胸急痛;气会膻中,位居胸部,为心包之募穴,可调畅胸中气机,理气宽胸,畅达胸阳。诸穴配合,共奏行气通阳,通络止痛之功效。

配穴 寒邪凝滞者配关元、神阙;气滞血瘀者配太冲、膈俞;痰浊阻络者配丰隆、阴陵泉;胸阳不振者配心俞、至阳。

操作 毫针刺,用泻法。寒邪凝滞、胸阳不振者配用灸法。

(二) 其他治疗

1. 耳针 取心、胸、神门、皮质下、交感。毫针刺,中等刺激。亦可用揿针埋藏或王不留行籽贴压。

2. 电针 取郄门、阴郄、巨阙、膻中。选用密波,刺激 10～20 min。

3. 穴位注射 取心俞、厥阴俞、内关、郄门。每次选用 2 穴,采用复方丹参注射液或川芎嗪注射液,每穴注射 0.5～1 mL。

胆 绞 痛

胆绞痛(biliary colic)是以右上腹胆区绞痛,阵发性加剧或痛无休止为特征表现的一种常见急腹症。可见于各种胆道疾病如胆管炎、胆囊炎、胆石症、胆道蛔虫症等。

胆绞痛属于中医学"胁痛"的范畴。

【病因病机】

胆绞痛的发生多因情志不畅,肝胆气滞;或恣食肥甘,湿热内蕴;或蛔虫妄动,气机逆乱,以致胆腑壅遏,气机不畅,而发病。

【辨证】

主症　突发右上腹持续性绞痛，阵发性加剧。疼痛部位拒按，有明显压痛、叩击痛和反跳痛，并向右肩背部放射。可伴有汗出肢冷，腹胀嗳气，恶心呕吐，脉弦紧。

肝胆气滞：疼痛每因情志刺激而发作，情志不舒，胸闷短气，喜叹息，纳呆食少，脘腹胀满，苔薄白，脉弦紧。

肝胆湿热：疼痛伴寒战发热，触痛明显，拒按，口苦咽干，胸闷，纳呆，恶心呕吐，小便黄赤，或有黄疸，舌红，苔黄腻，脉弦滑数。

蛔虫扰动：右上腹和剑突下出现钻顶样疼痛，拒按，恶心呕吐或吐蛔，脉弦紧。

【治疗】

（一）基本治疗

治法　疏利胆腑，解痉止痛。取胆的俞、募穴及足少阳经穴为主。

主穴　中脘　胆俞　日月　外丘　胆囊穴

方义　胆为六腑之一，以通为用。中脘位居上腹，为八会穴之腑会，日月、胆俞为胆的俞募配穴，三穴共用，疏通胆腑气机，利胆止痛；外丘为胆经郄穴，擅调畅气机，缓急止痛；胆囊穴为经外奇穴，是治疗胆囊病的经验效穴。

配穴　肝胆气滞者配期门、太冲；肝胆湿热者配阴陵泉、阳陵泉；蛔虫扰动者配迎香、百虫窝。

操作　毫针刺，用泻法，强刺激，久留针。

（二）其他治疗

1. 耳针　取胆、肝、胃、脾、三焦、腹、神门、交感。每次选用3～4穴，毫针刺，强刺激。亦可用揿针埋藏或王不留行籽贴压。

2. 电针　取日月、期门、阳陵泉、胆囊穴。选用密波，刺激10～20 min。

3. 穴位注射　取右上腹压痛点、日月、阳陵泉、胆囊穴。每次选用2穴，采用654-2注射液，每穴注射0.5～1 mL。

肾　绞　痛

肾绞痛（renal colic）以阵发性剧烈腰部或侧腹部绞痛为主要临床特征，是由泌尿系结石引发的剧痛症。

肾绞痛属于中医学的"腰痛""砂淋""石淋""血淋"等范畴。

【病因病机】

肾绞痛的发生多因恣食辛辣肥甘，湿热蕴结下焦，尿液受其煎熬；或情志不畅，气郁血滞，结于下焦；或肾气虚弱，膀胱失煦，气化无力，尿液停聚，以致尿中杂质凝聚为砂石，阻滞水道，气机不畅，而发病。

【辨证】

主症　突发一侧腰部或侧腹部绞痛，多呈持续性或间歇性，并沿输尿管向髂窝、会阴、阴囊及大腿内侧放射，或出现血尿，排尿困难或尿流中断，肾区可有叩击痛。痛剧而久者，可伴恶心呕吐，面色苍白，冷汗淋漓。

气滞血瘀：疼痛如刀割、锥刺，或有尿血，舌紫暗，有瘀点或瘀斑，脉沉涩或细涩。

下焦湿热：兼见小便短赤、混浊，或淋漓不畅或有尿血，舌红，苔黄腻，脉濡数。

肾气虚弱：兼见排尿乏力，甚至点滴而下，腰膝酸软，舌淡苔薄白，脉沉细弱。

【治疗】

（一）基本治疗

治法　清利湿热，通淋止痛。取肾和膀胱的俞、募穴及足太阴经穴为主。

主穴　中极　膀胱俞　肾俞　三焦俞　三阴交

方义　中极、膀胱俞为膀胱的俞募配穴，疏利膀胱气机，清利膀胱湿热；三焦为水道，故取三焦俞以宣通三焦气化，通利水道；肾俞补益肾气，化气行水；三阴交为足三阴经交会穴，具健脾利湿、疏肝行气、化瘀通滞、益肾行水之功。诸穴配合，共奏清利湿热，通淋止痛的功效。

配穴　气滞血瘀者配太冲、血海；下焦湿热者配阴陵泉、委中；肾气虚弱者配关元、太溪。

操作　毫针刺，用泻法，强刺激，久留针；肾气虚弱者用平补平泻法。

(二) 其他治疗

1. 耳针 取膀胱、肾、输尿管、三焦、神门、皮质下、交感。每次选用3～4穴,毫针刺,强刺激。亦可用揿针埋藏或王不留行籽贴压。

2. 电针 取肾俞、三阴交。选用密波,刺激10～20 min。

3. 穴位注射 取腰部压痛点、肾俞、中极、三阴交。每次选用2穴,用5%～10%葡萄糖注射液,每穴注射1～2 mL。

【按语】

(1) 针灸对剧痛症有较好的止痛效果,尤以电针效果为佳。

(2) 治疗中或待病情缓解后,须查明病因,结合病因治疗以提高疗效。

(3) 应密切观察病情变化,以便及时采取相应措施,综合治疗。

(张会珍)

第六节 其 他

一、慢性疲劳综合征

慢性疲劳综合征(chronic fatigue syndrome),又称雅痞症,指以长期疲劳,休息后不能缓解,同时伴有低烧、头痛头晕、失眠健忘、肌肉关节痛及多种神经精神异常等为主要症状的综合征。常规实验室检查及体检无异常。中医学中属"虚劳"、"五劳"、"郁证"等范畴。1987年由美国疾病控制中心正式命名,目前西医学认为本病与精神压力、不良生活习惯、过度劳累及病毒感染有关。

【病因病机】

本病主要病机是五脏气血阴阳失衡。或劳伤过度,暗耗心血,脾气受损,运化失职;或情志不遂,郁结伤肝,肝气郁结;或久病、过劳,耗伤肾精,日久阴阳失衡,心肾不交。

【辨证】

主症 不明原因的持续或反复发作的严重疲劳至少半年,充分休息后不能缓解,活动减少。

心脾两虚:精神倦怠,心悸失眠,少气懒言,纳呆便溏,面色无华,舌淡苔薄,脉细弱。

肝气郁结:恼怒后疲劳加重,心烦易怒,胸胁胀痛,舌红苔薄,脉弦。

心肾不交:惊悸失眠,心烦多梦,头晕耳鸣,腰膝酸软,口咽干燥,舌红少苔,脉细数。

【治疗】

(一) 基本治疗

治法 补气养血,调畅气机,安神定智。取督脉、足少阴经穴为主。

主穴 百会 脾俞 肝俞 肾俞 合谷 太冲 足三里 三阴交 关元

方义 百会为诸阳之会,通调诸阳,安神益智;脾俞、肝俞、肾俞三穴同用,可健脾益气,滋补肝肾,补虚安神;合谷、太冲开四关以调全身气机;关元、足三里、三阴交,可助阳而化阴,调补肝脾肾三脏之气,使脾气足,气血生化有源,肝肾充,则阴平阳秘,诸症渐安。

配穴 心脾两虚加心俞、内关;肝气郁结加膻中、阳陵泉;心肾不交加神门、太溪。

操作 毫针刺,背俞穴、足三里、关元用补法,余穴用平补平泻法。

(二) 其他治疗

1. 推拿 选督脉、夹脊穴、膀胱经循行、阳明经循行。提捏法、按揉法、滚法、推法等,每日3次。

2. 皮肤针 选督脉、夹脊穴、背俞穴。每日皮肤针分三行轻叩,以红润为度,每次叩20～30 min,隔日1次。

3. 耳针 选皮质下、心、肾、肝、脾、神门、交感。每次选2～4穴,毫针刺,中等刺激,每日1次,留针20～30 min。或用王不留行籽贴压,每3～5日更换1次。

【按语】

(1) 针灸治疗本病可较好地缓解疲劳,调节患者睡眠及情绪,并可改善患者机体虚弱状况。

(2) 本病可配合补充微量元素,中西医结合治疗,必要时可配合心理治疗。

(3) 嘱患者调畅情志,注意规律饮食与休息。适当结合体育锻炼,如太极拳。

二、戒断综合征

戒断综合征(withdrawal syndrome)是指在长期吸烟、饮酒、吸毒或因使用镇静类药物成瘾后,突然中断而出现的烦躁不安、呵欠频频、流涎流泪、全身疲乏、昏昏欲睡、感觉迟钝等一系列戒断现象。

戒烟综合征

戒烟综合征是指因长期吸入含尼古丁的烟叶制品,当中断吸烟后而出现的全身软弱无力、烦躁不安、呵欠连作、口舌无味,甚至心情不畅、胸闷、焦虑、感觉迟钝等一系列瘾癖症候群。

【病因病机】

烟草中含有尼古丁等多种有害物质,长期吸入,则导致脏腑经络气血功能失调所致。

【临床表现】

精神委靡,软弱乏力,焦躁不安,呵欠频频,流涎流泪,口淡无味,咽部异物感,甚者心情郁闷,胸闷呕恶,肌肉颤动,感觉迟钝,可引发肺癌、慢性支气管炎、肺源性心脏病、胃及十二指肠溃疡、肝硬化等多种疾病。

【治疗】

(一)基本治疗

治法 清心除烦,宣肺化痰。取督脉、手少阴经穴为主。

主穴 百会 神门 丰隆 戒烟穴(位于列缺与阳溪之间)

方义 百会安神定志,神门为心经原穴用以清心除烦;丰隆为足阳明之络穴,祛痰要穴;戒烟穴是戒烟的有效奇穴。合用共收清心除烦,宣肺化痰之功。

配穴 烦躁者加内关、涌泉;倦怠嗜睡加劳宫;肺气损伤加肺俞、气海;咽喉不适加翳风、颊车、三阴交。

操作 主穴毫针刺,用泻法,余穴依据证型虚补实泻。留针30 min,间歇行针,每日1~2次。

(二)其他治疗

耳针 选皮质下、肺、口、气管、神门、交感。每次选2~4穴,毫针刺,中等刺激。每次1次,留针20~30 min。或用王不留行籽贴压。

【按语】

(1) 应用耳压加针灸戒烟效果很好,对自愿接受戒烟治疗者,大多可以达到预期效果。烟龄较长者效果差。

(2) 应用耳压或耳针戒烟时,应嘱戒烟者在饭后或用脑工作等烟瘾最大时,自己按压已贴好的耳穴以加强刺激,可促使烟瘾消失。

(3) 针灸戒烟时,可根据患者戒断后产生的各种不适症状,针对性选穴,只有这些症状消失,戒烟疗效才巩固。

戒毒综合征

戒毒综合征是指患者因长期吸毒成瘾,戒断时出现的渴求使用阿片、心烦易怒、恶心呕吐、肌肉疼痛、流泪流涕、瞳孔扩大、毛发竖立或出汗、腹泻、呵欠、发热、失眠,甚至精神异常等一系列瘾癖症候群。

【病因病机】

长期吸食毒品,毒邪内侵,扰乱心神,日久脏腑功能失调所致。

【临床表现】

主症 软弱乏力,寒战汗出,喷嚏时作,涕唾泪无法自控,恶心呕吐,厌食,腹痛腹泻,肌肉抽动,心悸失眠,烦躁易怒,甚至精神异常。

【治疗】

(一)基本治疗

治法 安神定志,疏调气血。以督脉及手厥阴、手少阴经穴为主。

主穴　水沟　神门　内关　劳宫　合谷

方义　水沟属督脉,内通脑髓,可疏通诸阳,醒脑开窍;神门为心经原穴,可宁心安神而除烦;内关为手厥阴心包经之络穴,配本经荥穴劳宫,可清心除烦,安神定智;合谷为手阳明之原穴,可通行气血,镇静止痛。

配穴　毒瘾发作初期加太冲;肌肉抽搐加阳陵泉;失眠加申脉、照海;腹泻加天枢;心烦惊厥加涌泉、中冲。

操作　水沟向鼻中隔刺,强度宜大;余穴依据证型虚补实泻。留针60 min,间歇行针,每日1～2次。可用电针。

(二) 其他治疗

1. 耳针　选皮质下、肺、口、神门、肾上腺、内分泌等,依据症状加减取穴。每次选3～5穴,毫针刺,强刺激,每次1次,留针30～50 min。或用王不留行籽贴压。

2. 皮肤针加拔火罐　选督脉、夹脊穴及膀胱背俞穴。用梅花针重叩,然后加拔火罐。

【按语】

(1) 针灸戒毒有较好疗效,但须患者及家庭全力配合。

(2) 针灸戒毒治疗前要详细了解患者吸毒的原因、吸毒的方式,因人而异进行有的放矢的宣传教育和心理治疗。对于因病(如肿瘤、呼吸系统及各类神经痛)而吸毒者,要注意原发病治疗,或在医生指导下逐渐减量,以免出现意外。

(3) 若出现惊厥、虚脱等症状,应及时给予静脉输液、支持疗法等综合治疗手段。

(4) 家庭及社会的配合是巩固疗效、断绝吸毒的必不可少的因素,应高度重视。

三、肥　胖　症

肥胖症(obesity)是指体内脂肪过多,使得体重超标。目前临床上,高于标准体重的20%以上或身体质量指数(body mass index,简称BMI)超过30,可确诊为肥胖症。通常分为单纯性和继发性两类,前者无明显神经或内分泌系统异常症状,临床多见;后者与遗传、药物有关,或因神经、内分泌和代谢疾患引发。针灸治疗以单纯性肥胖为主。肥胖症易并发糖尿病、高血压、动脉粥样硬化、冠心病及多种感染性疾患。女性肥胖多致内分泌失调,体重失控,子宫内外脂肪细胞增多,出现不孕。

【病因病机】

肥胖症多因脾胃运化失常,气血阴阳失调,痰湿蕴滞体内,积聚日久,则成本病。若胃肠积热,则消谷善饥,摄食过多,脂膏内存;如脾胃气虚,则运化无力,痰饮内生,泛溢肌肤;或肾气不足,气化失常,水湿内停,而发生肥胖。

【辨证】

主症　体重超过标准体重的20%以上或身体质量指数超过30。

轻者常无明显症状,重者多有体型肥胖,困乏倦怠,行动缓慢,动则少气。

胃肠积热:兼见食欲旺盛,口燥喜饮,恶热多汗,大便秘结,小便短黄,舌红,苔黄,脉滑数。

脾胃气虚:兼见不思饮食,食后乏力,脘腹胀满,嗜睡懒言,大便溏薄,舌淡胖有齿痕,苔薄白,脉缓弱。

肾阳不足:兼见面色㿠白,动则喘促,自汗神疲,腰膝酸软,头晕耳鸣,渴而少饮,或畏寒肢肿,女性多伴经水不调,男子兼见阳痿早泄,舌质淡胖,苔白,脉沉而细弱无力。

【治疗】

(一) 基本治疗

治法　祛湿化痰消脂,通经活络。取手、足阳明经穴为主。

主穴　曲池　天枢　阴陵泉　丰隆　太冲

方义　曲池、天枢均属阳明经,可疏通阳明经气,通调肠胃,并调节三焦之疏通水道,运行水液功能;阴陵泉为脾经的合穴,丰隆是胃经的络穴,为化痰要穴,两穴合用清热利湿,化痰消脂;太冲疏肝补肾,调畅一身之气机。

配穴　胃肠积热加上巨虚、支沟、阳陵泉;脾胃气虚加脾俞、胃俞、足三里、太白;肾阳不足加关元、肾俞、三焦俞、水分。

操作　毫针刺,用泻法。

(二) 其他治疗

1. 耳针 选内分泌、皮质下、口、胃、脾、肺。每次选3~5穴,毫针刺,中等刺激,每次留针20~30 min。或用王不留行籽贴压,每3~5日更换1次。治疗期间,若患者有饥饿感,于餐前可按压穴位3~5 min。

2. 皮肤针 参照基本治疗的选穴,配合局部阿是穴。实证重叩,以皮肤渗血为度;虚证中等力度叩刺,以红润为度,隔日1次。

【按语】

(1) 针灸对单纯性肥胖有较好疗效,治疗有效后需坚持1~2个疗程,巩固疗效。

(2) 患者在治疗期间及治疗后应适当控制饮食,加强锻炼,可提高疗效,防止反弹。

四、衰 老

衰老(senility)是指人体随着年龄增加而脏腑功能也随之衰退、病危死亡率增高的过程,是一系列生理、病理综合作用的结果,是一种自然规律。

【病因病机】

衰老主要与脏腑功能及经络气血的盛衰密切相关。当肾中精气不足,脾胃虚弱时,气血生化乏源,五脏六腑、四肢百骸无以濡养,经络气血不充,阴阳失去平衡,衰老也就接踵而至。

【辨证】

主症 疲劳健忘,反应迟钝,气短乏力,畏寒肢冷,纳差少眠,甚至面浮肢肿。

肾精不足:腰膝酸软,耳鸣耳聋,发脱齿摇,舌淡,苔薄白,尺脉细弱。

脾胃虚弱:少气懒言,消瘦面黄,肢体倦怠,腹胀便溏,舌淡苔白,脉细弱。

心肺气虚:心悸气短,咳喘胸闷,动则加剧,痰液清稀,头晕乏力,声低气怯,神疲自汗,舌淡苔白,或唇舌暗淡,脉沉弱或结代。

【治疗】

(一) 基本治疗

治法 补益脏腑,调理气血。取强壮保健穴为主。

主穴 三阴交 百会 神阙 足三里 关元

方义 三阴交为足三阴经之交会穴,可调理阴经经气,百会为诸阳之会,可通调阳经之气,两穴相合,阴阳相顺;灸神阙可培补元气;足三里、关元为常用强壮保健穴,可补脾健胃,填精益肾,使先天之精得以充养,后天气血生化有源。诸穴相配可疏调阴阳气血,补益脏腑,提高机体免疫力,从而达到防病保健,延年益寿的目的。

配穴 肾精不足加肾俞、命门;脾胃虚弱加脾俞、胃俞;心肺气虚加心俞、肺俞、气海。

操作 神阙用灸法,余穴均用毫针刺,补法或加灸。

(二) 其他治疗

1. 隔物灸 参照基本治疗的选穴,配合局部阿是穴。每次选2~4穴,隔附子饼灸。

2. 皮肤针 选头部、督脉、膀胱经背部。以背部、头部中线为标准,分三行,从上而下轻叩,潮红为度,隔日1次。

3. 耳针 选内分泌、皮质下、心、肾、脾、脑。每次选2~4穴,毫针刺,中等刺激,每日1次,留针20~30 min。或用王不留行籽贴压,两耳可交替治疗。

【按语】

(1) 针灸可延缓衰老,特别是灸法,使用方便,古文献记载颇多,疗效肯定,但需长期坚持。

(2) 针灸治疗同时可结合按摩、运动等养生保健方法,另外,需调畅情志,饮食起居科学规律。

(闫改霞)

附篇

参考资料

第一节 子午流注针法、灵龟八法、飞腾八法

一、子午流注针法

子午流注针法是以井、荥、输、经、合五输穴配合阴阳五行为基础,运用干支配合脏腑,干支纪年纪月纪日纪时,以推算经气流注盛衰开阖,按时取穴的一种治疗方法。根据具体临床运用,可分为"纳干法"和"纳支法"两大类。

(一)子午流注针法的应用基础

1. 五输穴配合阴阳五行 子午流注针法是以五输穴作为施治部位的,五输穴与阴阳五行的配合关系见附表1、附表2。

附表1 阳经五输穴与脏腑阴阳五行配合表

经脉＼五输穴	井(金)	荥(水)	输(木)	原	经(火)	合(土)
足少阳胆经(木)	足窍阴	侠溪	足临泣	丘墟	阳辅	阳陵泉
手太阳小肠经(火)	少泽	前谷	后溪	腕骨	阳谷	小海
足阳明胃经(土)	厉兑	内庭	陷谷	冲阳	解溪	足三里
手阳明大肠经(金)	商阳	二间	三间	合谷	阳溪	曲池
足太阳膀胱经(水)	至阴	通谷	束骨	京骨	昆仑	委中
手少阳三焦经(君火)	关冲	液门	中渚	阳池	支沟	天井

附表2 阴经五输穴与脏腑阴阳五行配合表

经脉＼五输穴	井(木)	荥(火)	输(土)	经(金)	合(水)
足厥阴肝经(木)	大敦	行间	太冲	中封	曲泉
手少阴心经(火)	少冲	少府	神门	灵道	少海
足太阴脾经(土)	隐白	大都	太白	商丘	阴陵泉
手太阴肺经(金)	少商	鱼际	太渊	经渠	尺泽
足少阴肾经(水)	涌泉	然谷	太溪	复溜	阴谷
手厥阴心包经(君火)	中冲	劳宫	大陵	间使	曲泽

2. 天干地支

(1)干支序数及其阴阳属性:干支是天干和地支的统称,是古代用来记述年、月、日、时的符号。天干是甲、乙、丙、丁、戊、己、庚、辛、壬、癸,分别代表1、2、3、4、5、6、7、8、9、10。地支是子、丑、寅、卯、辰、巳、午、未、申、酉、戌、亥,分别代表1、2、3、4、5、6、7、8、9、10、11、12。

干支阴阳属性以奇数为阳,偶数为阴进行分类。天干中的甲、丙、戊、庚、壬为阳干,乙、丁、己、辛、癸为阴干。地支中的子、寅、辰、午、申、戌为阳支,丑、卯、巳、未、酉、亥为阴支。

(2)干支配合:干支分为阴阳,干支的配合原则是阴与阴相配,阳与阳结合。阳干必配阳支,在日为阳日,在时为阳时;阴干必配阴支,在日为阴日,在时为阴时。天干起于甲,地支起于子,两者配合即成甲子、乙丑、丙寅……壬戌、癸亥,即六十环周,又称"六十花甲",是计算年、月、日、时的基础。

(3)十二时辰气血流注顺序:每天24小时,用十二地支来代表,每一个时辰便是2小时。十二时辰中气血在十二经脉中按顺序流注(附表3)。

笔记栏

附表3 十二时辰气血流注顺序

经脉	胆经	肝经	肺经	大肠经	胃经	脾经	心经	小肠经	膀胱经	肾经	心包经	三焦经
时辰	子	丑	寅	卯	辰	巳	午	未	申	酉	戌	亥
时间	23~1	1~3	3~5	5~7	7~9	9~11	11~13	13~15	15~17	17~19	19~21	21~23

(4) 平太阳时、真太阳时：平太阳时是假设地球绕日运动是标准的圆形，一年中每天都是均匀的24小时。日常使用的北京时间即平太阳时。但实际上地球绕日运动是椭圆轨道，每天的日子长短是不同的，考虑该因素得到的即是真太阳时。此外，真太阳时还要求每天中午12点，太阳处在头顶最高。子午流注针法中所运用的时辰需使用当地的真太阳时。而要把平太阳时调整为真太阳时，就需要考虑地球绕日轨道规律及时差因素。计算当地真太阳时的公式为：当地真太阳时＝当地平太阳时＋时差。我国采用北京所在的东八时区的区时作为标准时间，称为北京时间，北京时间是东经120度经线地方的平太阳时，故我国当地真太阳时＝北京时＋当地平太阳时与北京时之差＋真太阳时与平太阳时之差。当地平太阳时与北京时之差＝4(分钟/度)×(地方经度－120度)；当地真太阳时与平太阳时之差＝9.5分钟×Sin 2L－7.7分钟×Sin(L＋78度)，其中L＝280度＋0.985 6度×(计算日距当年1月1日的天数)，为一常数。

例如，要推算我国广州在2012年4月10日的当地真太阳时。已知广州的经度约为东经113.23度，即可推算出广州与北京时间的时差为－27分5秒；广州真太阳时与平太阳时之差为＋0分46秒。故2012年4月10日广州的真太阳时＝北京时－27分5秒＋0分46秒，即为北京时＋26分19秒。

(5) 年、月、日、时干支推算法

1) 年干支推算法

$$干支序号＝(当年公元数－3)\div 60 \text{ 之余数}$$

例如，求2012年的年干支：

$$(2012－3)\div 60＝33\cdots\cdots 29$$

29在六十花甲中是壬辰，故2012年是壬辰年。

2) 月干支推算法：按照农历计算。一年有12个月，正好与十二地支相配，故月地支是固定不变的，分别是1月(寅)、2月(卯)、3月(辰)、4月(巳)、5月(午)、6月(未)、7月(申)、8月(酉)、9月(戌)、10月(亥)、11月(子)、12月(丑)。月天干的求解方法：根据求出的某年天干推算其农历一月的天干，再顺序向下推算。具体有歌诀可推算："甲己之年丙作首，乙庚之年戊当头，丙辛之年庚寅上，丁壬壬寅顺行流，若言戊癸何方起，甲寅之上去寻求。"意思是指：1(甲)与6(己)年的1月天干为3(丙)，其正月干支是丙寅；2(乙)与7(庚)年的1月天干为5(戊)，其正月干支是戊寅；3(丙)与8(辛)年的1月天干为7(庚)，其正月干支是庚寅；4(丁)与9(壬)年的1月天干为9(壬)，其正月干支是壬寅；5(戊)与10(癸)年的1月天干为1(甲)，其正月干支是甲寅。

例如，2012年是壬辰年，1月的干支是壬寅，以后诸月可顺序推算。

3) 日干支推算法

$$日干序号＝(元旦天干数＋月份加减数＋所求日数)\div 10 \text{ 之余数}$$
$$日支序号＝(元旦地支数＋月份加减数＋所求日数)\div 12 \text{ 之余数}$$

元旦干支数见附表4，月份加减数见附表5。

附表4 公元2012～2039年元旦干支表

闰　　年		平　　年					
年份	元旦干支	年份	元旦干支	年份	元旦干支	年份	元旦干支
2012	辛酉(8,10)	2013	丁卯(4,4)	2014	壬申(9,9)	2015	丁丑(4,2)
2016	壬午(9,7)	2017	戊子(5,1)	2018	癸巳(10,6)	2019	戊戌(5,11)
2020	癸卯(10,4)	2021	己酉(6,10)	2022	甲寅(1,3)	2023	己未(6,8)
2024	甲子(1,1)	2025	庚午(7,7)	2026	乙亥(2,12)	2027	庚辰(7,5)
2028	丙戌(3,11)	2029	辛卯(8,4)	2030	丙申(3,9)	2031	辛丑(8,2)
2032	丁未(4,8)	2033	壬子(9,1)	2034	丁巳(4,6)	2035	壬戌(9,11)
2036	丁卯(4,4)	2037	癸酉(10,10)	2038	戊寅(5,3)	2039	癸未(10,8)

附表5　月份加减数表

年基数\别	月份	1月	2月	3月	4月	5月	6月	7月	8月	9月	10月	11月	12月
平年	干	−1	+0	−2	−1	−1	+0	+0	+1	+2	+2	+3	+3
	支	−1	+6	+10	+5	−1	+6	+0	+7	+2	+8	+3	+9
闰年		3月以后余数加1											

例如,求2012年1月23日干支:

日干序号＝[8(元旦天干数)−1(月份加减数)+23(所求日数)]÷10,余数为0,按10记,天干为癸。

日支序号＝[10(元旦地支数)−1(月份加减数)+23(所求日数)]÷12,余数为8,地支为未。

即2012年1月23日为癸未日。

4) 时干支推算法:一日有十二时辰,正好和十二地支相配,故时辰地支是固定不变的,每天都是从夜半子时开始。时天干的求解方法:根据求出的某日天干推算其子时的天干,再顺序向下推算。具体有歌诀可推算:"甲己起甲子,乙庚起丙子,丙辛起戊子,丁壬起庚子,戊癸起壬子。"意思是指:1(甲)与6(己)日子时的天干为1(甲),其日子时的干支是甲子;2(乙)与7(庚)日子时的天干为3(丙),其日子时的干支是丙子;3(丙)与8(辛)日子时的天干为5(戊),其日子时的干支是戊子;4(丁)与9(壬)日子时的天干为7(庚),其日子时的干支是庚子;5(戊)与10(癸)日子时的天干为9(壬),其日子时的干支是壬子。

例如,2012年1月23日的干支是癸未,此日子时的干支为壬子,再顺序推算其他时辰。

3. 干支与脏腑、五行的关系

(1) 干支配脏腑:是纳干法的基础,具体可参照歌诀:"甲胆乙肝丙小肠,丁心戊胃己脾乡。庚属大肠辛属肺,壬属膀胱癸肾脏。三焦阳府须归丙,包络从阴丁火旁。阳干宜纳阳之府,脏配阴干理自当。"意思是:甲配胆、乙配肝、丙配小肠与三焦、丁配心与心包、戊配胃、己配脾、庚配大肠、辛配肺、壬配膀胱、癸配肾。

地支配脏腑与十二时辰气血流注顺序一致,具体为:子配胆、丑配肝、寅配肺、卯配大肠、辰配胃、巳配脾、午配心、未配小肠、申配膀胱、酉配肾、戌配心包、亥配三焦。

(2) 天干合化五行:五脏属阴,配合阴干,六腑属阳,配合阳干。甲乙为木,丙丁为火,戊己为土,庚辛为金,壬癸为水。

(二) 纳干法

纳干法又称为纳甲法,是由干支、阴阳、脏腑、经络和五输穴相结合而组成的一种按时开穴针法。

1. 按时开井穴　按时开井穴的取穴规律是根据日、时的干支,阳日阳时开阳经之穴,阴日阴时开阴经之穴,本着阳进阴退的规律循环,只适用于开井穴。

阳进是指天干为阳主进,即从甲→乙→丙……

阴退是指地支为阴主退,即从戌…→酉…→申…→……

干支相配,必须阳干配阳支,阴干配阴支。戌是地支中阳支的最末,故阴退从戌开始。阳进阴退是推算次日的干支取井穴时辰的方法。如甲日甲戌时开窍阴,要推算乙日开井穴的时辰,就要根据阳进阴退的原则,天干从甲进一为乙,地支从戌退一为酉,故乙日开井穴大敦应在乙酉时。癸日肾经井穴的开穴时间不能在癸丑,应在亥时,是因为每日每经值日十一时,十日累积十时形成的(附表6)。

附表6　纳干法开井穴表

日干	甲	乙	丙	丁	戊	己	庚	辛	壬	癸
时辰	甲→戌…	乙→酉…	丙→申…	丁→未…	戊→午…	己→巳…	庚→辰…	辛→卯…	壬→寅…	癸→亥
经脉	胆	肝	小肠	心	胃	脾	大肠	肺	膀胱	肾
井穴	窍阴	大敦	少泽	少冲	厉兑	隐白	商阳	少商	至阴	涌泉

2. 经生经、穴生穴开五输穴　在开井穴之后,要推算一天中的时干开穴,应本着阳日阳时开阳经之穴,阴日阴时开阴经之穴,并按照经生经、穴生穴的顺序开穴。

如甲日胆经主气,在甲戌时应开胆经的井穴窍阴,甲戌的下一个时辰为乙亥,为阴时,阳日逢阴时为闭,无穴可开;再下一个时辰是丙子,属阳,阳日遇阳时则有穴可开,按经穴相生的顺序,胆属木,木能生火,小肠属火,故应开小肠经穴,窍阴属金,金能生水,小肠经的水穴是前谷,故丙子时当开前谷穴;丙子时后是丁丑时,属阴,无穴可开;再下一个时辰是戊寅时,属阳,本着经穴相生的规律,应开胃经的陷谷穴;再下一个时辰是己卯,属阴,无穴可开;再下一个时辰是庚辰,属阳,按经穴相生,开大肠经阳溪穴;下一个时辰是辛巳,属阴,无穴可开;再下一个时辰是壬午,属阳,按经穴相生,当开膀胱经委中;下一个时辰是癸未,属阴,无穴可开;最后一个阳时是甲申,甲日再见甲叫日干重见,因为天干10个,经脉12条,十天干不够配十二经,所以必然重见,即起于甲必重见于甲,起于乙必重见于乙。

五输穴开完后,重见如何开穴?如甲申日开何穴?这就需应用阳经气纳三焦,阴经血归包络和阳经纳穴他生我,阴经纳穴我生他的规律来开穴。即阳干重见必是纳入三焦而开三焦经穴;阴干重见必定纳入包络而开心包经穴。因此,根据阳经纳穴他生我的原则,甲申时应开三焦经的水穴液门穴;根据阴经纳穴我生他的原则,乙未时应开心包络的火穴劳宫穴。

3. "返本还原"开原穴　运用纳干法经穴相生顺序开穴,当开到的穴位是"输"穴时,同时应开值日经的原穴,即返本还原开穴。"本"指的是本日的值日经,"原"指的是值日经的原穴,若为阴经,则以"输"穴代之。故根据"返本还原"的规律,甲日胆经值日,戊寅时开胃经的输穴陷谷穴时,应同时开胆经的原穴丘墟穴。

4. 子午流注逐日按时定穴歌

(1) 甲日戌时胆窍阴,丙子时中前谷荥,戊寅陷谷阳明俞,返本丘墟木在寅。
　　庚辰经注阳溪穴,壬午膀胱委中寻,甲申时纳三焦水,荥合天干取液门。

(2) 乙日酉时肝大敦,丁亥时荥少府心,己丑太白太冲穴,辛卯经渠是肺经,癸巳肾宫阴谷合,乙未劳宫火穴荥。

(3) 丙日申时少泽当,戊戌内庭治胀康,庚子时在三间俞,本原腕骨可祛黄,壬寅经火昆仑上,甲辰阳陵泉合长,丙午时受三焦木,中渚之中仔细详。

(4) 丁日未时心少冲,己酉大都脾土逢,辛亥太渊神门穴,癸丑复溜肾水通,乙卯肝经曲泉合,丁巳包络大陵中。

(5) 戊日午时厉兑先,庚申荥穴二间迁,壬戌膀胱寻束骨,冲阳土穴必还原,甲子胆经阳辅是,丙寅小海穴安然,戊辰气纳三焦脉,经穴支沟刺必痊。

(6) 己日巳时隐白始,辛未时中鱼际取,癸酉太溪太白原,乙亥中封内踝比,丁丑时合少海心,己卯间使包络止。

(7) 庚日辰时商阳居,壬午膀胱通谷之,甲占临泣为俞木,合谷金原返本归,丙戌小肠阳谷火,戊子时居三里宜,庚寅气纳三焦合,天井之中不用疑。

(8) 辛日卯时少商本,癸巳然谷何须忖,乙未太冲原太渊,丁酉心经灵道引,己亥脾合阴陵泉,辛丑曲泽包络准。

(9) 壬时寅时起至阴,甲辰胆脉侠溪荥,丙午小肠后溪俞,返求京骨本原寻,三焦寄有阳池穴,返本还原似的亲,戊申时注解溪胃,大肠庚戌曲池真,壬子气纳三焦寄,井穴关冲一片金,关冲属金壬属水,子母相生恩义深。

(10) 癸日亥时井涌泉,乙丑行间穴必然,丁卯俞穴神门是,本寻肾水太溪原,包络大陵原并过,己巳商丘内踝边,辛未肺经合尺泽,癸酉中冲包络连,子午截时安定穴,留传后学莫忘言。

5. 一、四、二、五、三、○反克取穴法　为了解决过时闭时无穴可开的问题,可运用一、四、二、五、三、○反克取穴法,使所有时辰都有开穴。即甲日用己日的穴,乙日用庚日的穴,丙日用辛日的穴,丁日用壬日的穴,戊日用癸日的穴,称作刚柔相配。并可用时辰的天干决定开穴的经脉,即甲时胆,乙时肝,丙时小肠,丁时心,戊时胃,己时脾,庚时大肠,辛时肺,壬时膀胱,癸时肾经;根据时辰的地支,增补穴位,阳经按阳时补穴:子补井、寅补荥、辰补输、午补经、申补合、戌补纳(穴),阴经按阴时补穴:丑补井、卯补荥、巳补输、未补经、酉补合、亥补纳(穴)。具体开穴见附表7。

笔记栏

附表7　一、四、二、五、三、○反克取穴表

常　　规	一	四	二	五	三	○
五输纳穴	井	经	荥	合	输	纳、归
六甲	干支	甲日,甲戌	己日,甲子	戊日,甲寅	丁日,甲辰	丙日,甲午	乙日,甲申
	穴名	窍阴	阳辅	侠溪	阳陵泉	临泣	液门
六乙	干支	乙日,乙酉	己日,乙亥	己日,乙丑	戊日,乙卯	丁日,乙巳	丙日,乙未
	穴名	大敦	中封	行间	曲泉	太冲	劳宫
六丙	干支	丙日,丙申	庚日,丙戌	庚日,丙子	己日,丙寅	戊日,丙辰	丁日,丙午
	穴名	少泽	阳谷	前谷	小海	后溪	中渚
六丁	干支	丁日,丁未	辛日,丁酉	庚日,丁亥	庚日,丁丑	己日,丁卯	戊日,丁巳
	穴名	少冲	灵道	少府	少海	神门	大陵
六戊	干支	戊日,戊午	壬日,戊申	辛日,戊戌	辛日,戊子	庚日,戊寅	己日,戊辰
	穴名	厉兑	解溪	内庭	足三里	陷谷	支沟
六己	干支	己日,己巳	癸日,己未	壬日,己酉	辛日,己亥	辛日,己丑	庚日,己卯
	穴名	隐白	商丘	大都	阳陵泉	太白	间使
六庚	干支	庚日,庚辰	甲日,庚午	癸日,庚申	壬日,庚戌	壬日,庚子	辛日,庚寅
	穴名	商阳	阳溪	二间	曲池	三间	天井
五输纳穴	井	经	荥	合	输	纳、归
六辛	干支	辛日,辛卯	乙日,辛巳	甲日,辛未	癸日,辛酉	壬日,辛亥	壬日,辛丑
	穴名	少商	经渠	鱼际	尺泽	太渊	曲泽
六壬	干支	壬日,壬寅	丙日,壬辰	乙日,壬午	甲日,壬申	癸日,壬戌	癸日,壬子
	穴名	至阴	昆仑	通谷	委中	束骨	关冲
六癸	干支	癸日,癸亥	戊日,癸丑	丁日,癸卯	丙日,癸巳	乙日,癸未	甲日,癸酉
	穴名	涌泉	复溜	然谷	阴谷	太溪	中冲

(三)纳支法

纳支法又称纳子法,是以一天十二时辰与地支、脏腑相结合而组成的一种按时开穴针法,具体包括补母泻子取穴法和一日六十六穴法。

1. 补母泻子取穴法　根据气血流注到某经的时辰,结合五输穴五行属性,按照"虚则补其母,实则泻其子"的原则进行选穴针刺。虚证宜补,选取本经母穴,如肺(金)虚气喘,可于卯时补太渊(土),土生金,土为金之母;实证宜泻,选取本经子穴,如肺(金)实热咳嗽,可于寅时泻尺泽(水),金生水,水为金之子。如果补泻时间已过,或不虚不实,或遇有急证,可取本经本穴或原穴(附表8)。

附表8　十二经补母泻子、本穴、原穴表

经　脉	补		泻		本穴	原穴
	腧穴	时辰	腧穴	时辰		
手太阴肺经(金)	太渊(土)	卯	尺泽(水)	寅	经渠(金)	太渊
手阳明大肠经(金)	曲池(土)	辰	二间(水)	卯	商阳(金)	合谷
足阳明胃经(土)	解溪(火)	巳	厉兑(金)	辰	足三里(土)	冲阳
足太阴脾经(土)	大都(火)	午	商丘(金)	巳	太白(土)	太白
手少阴心经(火)	少冲(木)	未	神门(土)	午	少府(火)	神门
手太阳小肠经(火)	后溪(木)	申	小海(土)	未	阳谷(火)	腕骨
足太阳膀胱经(水)	至阴(金)	酉	束骨(木)	申	通谷(水)	京骨
足少阴肾经(水)	复溜(金)	戌	涌泉(木)	酉	阴谷(水)	太溪
手厥阴心包经(相火)	中冲(木)	亥	大陵(土)	戌	劳宫(火)	大陵
手少阳三焦经(相火)	中渚(木)	子	天井(土)	亥	支沟(火)	阳池
足少阳胆经(木)	侠溪(水)	丑	阳辅(火)	子	临泣(木)	丘墟
足厥阴肝经(木)	曲泉(水)	寅	行间(火)	丑	大敦(木)	太冲

2. 一日六十六穴法　由于运用补母泻子取穴法,阴经1日只取20穴,阳经1日只取24穴,还有22穴没有取用。故窦汉卿在《标幽赋》中提出了"一日取六十六穴之法,方见幽微,一时取一十二经之原,始知其妙",就是说临证时应按照十二时辰所属脏腑,阴经开井、荥、输、经、合五穴;阳经开井、荥、输、原、经、合六穴。

另外,在纳子法中,还有一种按时循经取穴:一天十二时辰,每个时辰各配一经,在这个时辰内,该经从起点到终点的任何腧穴都可以选用。例如,肺经病,每日寅时都可取肺经从中府到少商的任何腧穴针刺治疗。此法简便易行。

二、灵龟八法、飞腾八法

灵龟八法和飞腾八法均是运用古代哲学的九宫八卦学说,结合人体奇经八脉的会合,取与奇经八脉相通的八个经穴,作出按时取穴的针刺方法。此两法包含"天人相应"之说,阴阳消长之理,五行生克之变,气血流注之机,和子午流注针法相辅相成,临床常配合应用。其中,灵龟八法主要按照日时干支的推演数字变化,进行相加、相除开穴;飞腾八法则主要以天干为主,不用零余开穴。

（一）灵龟八法

1. 灵龟八法的应用基础

(1) 八脉交会穴的配穴配伍及与九宫八卦的对应关系:四肢部位的十二经上有八个经穴与任、督、冲、带、阴维、阳维、阴跷、阳跷八脉相通,称为八脉交会穴。临床常根据八脉八穴分为四组,相互结合治疗相应病证,即为八脉交会穴的配穴配伍。具体为:公孙与内关相通,合于心、胃、胸;后溪与申脉相通,合于目内眦、颈项、耳、肩膊、小肠、膀胱;临泣与外关相通,合于目锐眦、耳后、颈项、肩;列缺与照海相通,合于肺系、咽喉、胸膈。

八脉交会穴与九宫八卦的对应关系是灵龟八法取穴的重要环节。具体为:坎一联申脉,照海坤二五,震三属外关,巽四临泣数,乾六是公孙,兑七后溪府,艮八系内关,离九列缺主(附表9)。

附表9　八卦、九宫、八穴关系

八卦	乾	坎	艮	震	巽	离	坤	兑
九宫	六	一	八	三	四	九	二、五	七
八脉交会穴	公孙	申脉	内关	外关	临泣	列缺	照海	后溪

(2) 逐日干支代数:是根据五行生成数和干支顺序的阴阳定出的,它是演算灵龟八法穴位的基本数字(附表10)。推算歌诀:"甲己辰戌丑未十,乙庚申酉九为期,丁壬寅卯八成数,戊癸巳午七相宜,丙辛亥子亦七数,逐日干支即得知。"

附表10　八法逐日干支代表数

代　数	10	9	8	7
天干	甲己	乙庚	丁壬	戊丙癸辛
地支	辰戌丑未	申酉	寅卯	巳亥午子
五行	土	金	木	火

(3) 临时干支代数:灵龟八法中,每日每个时辰的干支,亦各有一个代数,这个代数与逐日干支的代数有着同样的意义,是推演八法必须掌握的内容(附表11)。推算歌诀:"甲己子午九宜用,乙庚丑未八无疑,丙辛寅申七作数,丁壬卯酉六须知,戊癸辰戌各有五,己亥单加四共齐,阳日除九阴除六,不及另余穴下推。"

附表11　八法临时干支代数表

代数	9	8	7	6	5	4
天干	甲己	乙庚	丙辛	丁壬	戊癸	己亥
地支	子午	丑未	寅申	卯酉	辰戌	

2. 灵龟八法的应用方法　运用灵龟八法,是将日时干支对应八法逐日、临时干支代数的四个数字,共同相加,得出四数之和,然后按照阳日除九,阴日除六的原则,求得余数。余数即为相应时辰的九宫数,根据其与八脉交会穴的对应关系,就可推算出此时辰需开取的穴位。如求甲子日甲子时所开穴位：根据八法逐日干支代数,甲为10,子为7；根据八法临时干支代数,甲为9,子为9；四数相加之和为35；甲子日属阳,应除9,所得余数为8；8对应的八脉交会穴是内关。即甲子日甲子时应开内关穴。

另外,还可结合八脉交会穴配穴配伍,同时开取上下两穴。

(二) 飞腾八法

1. 飞腾八法的应用基础　掌握天干与八脉交会穴、八卦的对应关系(附表12)。有飞腾八法歌："壬甲公孙即是乾,丙居艮上内关然,戊为临泣生坎水,庚属外关震相连,辛上后溪装巽卦,乙癸申脉到坤传,已土列缺南离上,丁居照海兑金全。"

附表12　天干八穴八卦配合表

时辰	壬甲	丙	戊	庚	辛	乙癸	己	丁
腧穴	公孙	内关	临泣	外关	后溪	申脉	列缺	照海
八卦	乾	艮	坎	震	巽	坤	离	兑

2. 飞腾八法的应用方法　飞腾八法的应用方法是推算出某时的天干,即可按照天干八穴八卦的配合关系取穴治疗。如时辰天干为壬甲取公孙,时辰天干为丙取内关。另外,临床应用时还可结合八脉交会穴配穴配伍,同时开取上下两穴。

第二节　针灸文献节录

一、《灵枢经》文选

(一) 九针十二原第一

黄帝问于岐伯曰：余子万民,养百姓,而收其租税。余哀其不给,而属有疾病。余欲勿使被毒药,无用砭石,欲以微针通其经脉,调其血气,营其逆顺出入之会。令可传于后世,必明为之法。令终而不灭,久而不绝,易用难忘,为之经纪。异其篇章,别其表里,为之终始,令各有形,先立针经,愿闻其情。岐伯答曰：臣请推而次之,令有纲纪,始于一,终于九焉。请言其道。小针之要,易陈而难入,粗守形,上守神,神乎神,客在门,未睹其疾,恶知其原。刺之微,在速迟,粗守关,上守机,机之动,不离其空,空中之机,清静而微,其来不可逢,其往不可追。知机之道者,不可挂以发,不知机道,叩之不发,知其往来,要与之期,粗之暗乎,妙哉工独有之。往者为逆,来者为顺,明知逆顺,正行无问。逆而夺之,恶得无虚,追而济之,恶得无实,迎之随之,以意和之,针道毕矣。凡用针者,虚则实之,满则泄之,宛陈则除之,邪胜则虚之。《大要》曰：徐而疾则实,疾而徐则虚。言实与虚,若有若无,察后与先,若存若亡,为虚与实,若得若失。虚实之要,九针最妙,补泻之时,以针为之。泻曰：必持内之,放而出之,排阳得针,邪气得泄。按而引针,是谓内温,血不得散,气不得出也。补曰随之,随之意若妄之,若行若按,如蚊虻止,如留如还,去如弦绝,令左属右,其气故止,外门已闭,中气乃实,必无留血,急取诛之。持针之道,坚者为宝,正指直刺,无针左右,神在秋毫,属意病者,审视血脉,刺之无殆。方刺之时,必在悬阳,及与两衡,神属勿去,知病存亡。血脉者,在腧横居,视之独澄,切之独坚。九针之名,各不同形：一曰镵针,长一寸六分；二曰员针,长一寸六分；三曰锓针,长三寸半；四曰锋针,长一寸六分；五曰铍针,长四寸,广二分半；六曰员利针,长一寸六分；七曰毫针,长三寸六分；八曰长针,长七寸；九曰大针,长四寸。镵针者,头大末锐,去泻阳气。员针者,针如卵形,揩摩分间,不得伤肌肉,以泻分气。锓针者,锋如黍粟之锐,主按脉勿陷,以致其气。锋针者,刃三隅,以发痼疾。铍针者,末如剑锋,以取大脓。员利针者,尖如氂,且员且锐,中身微大,以取暴气。毫针者,尖如蚊虻喙,静以徐往,微以久留之而养,以取痛痹。长针者,锋利身薄,可以取远痹。大针者,尖如梃,其锋微员,以泻机关之水也。九针毕矣。夫气之在脉也,邪气在上,浊气在中,清气在下。故针陷脉则邪气出,针中脉则浊气出,针太深则邪气反沉,病益甚。故曰：皮肉筋脉,各有所处,病各有所宜,各不同形,各以任

其所宜。无实实,无虚虚,损不足而益有余,是谓甚病,病益甚。取五脉者死,取三脉者恇;夺阴者死,夺阳者狂,针害毕矣。刺之而气不至,无问其数;刺之而气至,乃去之,勿复针。针各有所宜,各不同形,各任其所为。刺之要,气至而有效,效之信,若风之吹云,明乎若见苍天,刺之道毕矣。

黄帝曰:愿闻五脏六腑所出之处。岐伯曰:五脏五腧,五五二十五腧;六腑六腧,六六三十六腧。经脉十二,络脉十五,凡二十七气以上下,所出为井,所溜为荥,所注为俞,所行为经,所入为合,二十七气所行,皆在五腧也。节之交,三百六十五会,知其要者,一言而终,不知其要,流散无穷。所言节者,神气之所游行出入也,非皮肉筋骨也。睹其色,察其目,知其散复。一其形,听其动静,知其邪正。右主推之,左持而御之,气至而去之。凡将用针,必先诊脉,视气之剧易,乃可以治也。五脏之气已绝于内,而用针者反实其外,是谓重竭,重竭必死,其死也静。治之者,辄反其气,取腋与膺。五脏之气已绝于外,而用针者反实其内,是谓逆厥,逆厥则必死,其死也躁。治之者反取四末。刺之害,中而不去则精泄;中而去,则致气。精泄则病益甚而恇,致气则生为痈疡。五脏有六腑,六腑有十二原,十二原出于四关,四关主治五脏。五脏有疾,当取之十二原,十二原者,五脏之所以禀三百六十五节气味也。五脏有疾也,应出十二原,而原各有所出,明知其原,睹其应,而知五脏之害矣。阳中之少阴,肺也,其原出于太渊,太渊二。阳中之太阳,心也,其原出于大陵,大陵二。阴中之少阳,肝也,其原出于太冲,太冲二。阴中之至阴,脾也,其原出于太白,太白二。阴中之太阴,肾也,其原出于太溪,太溪二。膏之原,出于鸠尾,鸠尾一。肓之原,出于脖胦,脖胦一。凡此十二原者,主治五脏六腑之有疾者也。胀取三阳,飧泄取三阴。今夫五脏之有疾也,譬犹刺也,犹污也,犹结也,犹闭也。刺虽久,犹可拔也;污虽久,犹可雪也;结虽久,犹可解也;闭虽久,犹可决也。或言久疾之不可取者,非其说也。夫善用针者,取其疾也,犹拔刺也,犹雪污也,犹解结也,犹决闭也。疾虽久,犹可毕也。言不可治者,未得其术也。刺诸热者,如以手探汤;刺寒清者,如人不欲行。阴有阳疾者,取之下陵三里,正往无殆,气下乃止,不下复始也。疾高而内者,取之阴之陵泉;疾高而外者,取之阳之陵泉也。

(二)本输第二

黄帝问于岐伯曰:凡刺之道,必通十二经络之所终始,络脉之所别处,五输之所留止,六腑之所与合,四时之所出入,五脏之所溜处,阔数之度,浅深之状,高下所至。愿闻其解。岐伯曰:请言其次也。肺出于少商,少商者,手大指端内侧也,为井木;溜于鱼际,鱼际者,手鱼也,为荥;注于太渊,太渊,鱼后一寸陷者中也,为俞;行于经渠,经渠,寸口中也,动而不居,为经;入于尺泽,尺泽,肘中之动脉也,为合。手太阴经也。心出于中冲,中冲,手中指之端也,为井木;溜于劳宫,劳宫,掌中中指本节之内间也,为荥;注于大陵,大陵,掌后两骨之间方下者也,为俞;行于间使,间使之道,两筋之间,三寸之中也,有过则至,无过则止,为经;入于曲泽,曲泽,肘内廉下陷者之中也,屈而得之,为合。手少阴经也。肝出于大敦,大敦者,足大趾之端,及三毛之中也,为井木;溜于行间,行间,足大趾间也,为荥;注于太冲,太冲,行间上二寸陷者之中也,为俞;行于中封,中封,内踝之前一寸半,陷者之中,使逆则宛,使和则通,摇足而得之,为经;入于曲泉,曲泉,辅骨之下,大筋之上也,屈膝而得之,为合。足厥阴经也。脾出于隐白,隐白者,足大趾之端内侧也,为井木;溜于大都,大都,本节之后下陷者之中也,为荥;注于太白,太白,核骨之下也,为俞;行于商丘,商丘,内踝之下,陷者之中也,为经;入于阴之陵泉,阴之陵泉,辅骨之下,陷者之中也,伸而得之,为合。足太阴也。肾出于涌泉,涌泉者,足心也,为井木;溜于然谷,然谷,然骨之下者也,为荥;注于太溪,太溪,内踝之后,跟骨之上陷中者也,为俞;行于复溜,复溜,上内踝二寸,动而不休,为经;入于阴谷,阴谷,辅骨之后,大筋之下,小筋之上也,按之应手,屈膝而得之,为合。足少阴经也。膀胱出于至阴,至阴者,足小指之端也,为井金;溜于通谷,通谷,本节之前外侧也,为荥;注于束骨,束骨,本节之后陷者中也,为俞;过于京骨,京骨,足外侧大骨之下,为原;行于昆仑,昆仑,在外踝之后,跟骨之上,为经;入于委中,委中,腘中央,为合,委而取之。足太阳经也。胆出于窍阴,窍阴者,足小指次指之端也,为井金;溜于侠溪,侠溪,足小指次指之间也,为荥;注于临泣,临泣,上行一寸半陷者中也,为俞;过于丘墟,丘墟,外踝之前下,陷者中也,为原;行于阳辅,阳辅,外踝之上,辅骨之前,及绝骨之端也,为经;入于阳之陵泉,阳之陵泉,在膝外陷者中也,为合,伸而得之。足少阳经也。胃出于厉兑,厉兑者,足大指内次指之端也,为井金;溜于内庭,内庭,次指外间也,为荥;注于陷谷,陷谷者,上中指内间,上行二寸陷者中也,为俞;过于冲阳,冲阳,足跗上五寸陷者中也,为原,摇足而得之;行于解溪,解溪,上冲阳一寸半陷者中也,为经;入于下陵,下陵,膝下三寸胻骨外三里也,为合。复下三里三寸,为巨虚上廉,复下上廉三寸,为巨虚下廉也,大肠属上,小肠属下,足阳明胃脉也。大肠小肠,皆属于胃,是足阳明也。三焦者,上合手少阳,出于关冲,关冲者,手小指次指之端

笔记栏

也,为井金;溜于液门,液门,小指次指之间也,为荥;注于中渚,中渚,本节之后陷者中也,为俞;过于阳池,阳池,在腕上陷者之中也,为原;行于支沟,支沟,上腕三寸,两骨之间陷者中也,为经;入于天井,天井,在肘外大骨之上陷者中也,为合,屈肘乃得。三焦下腧,在于足太阳之前,少阳之后,出于腘中外廉,名曰委阳,是太阳络也,手少阳经也。三焦者,足少阳太阴之所将,太阳之别也,上踝五寸,别入贯腨肠,出于委阳,并太阳之正,入络膀胱,约下焦,实则闭癃,虚则遗溺,遗溺则补之,闭癃则泻之。小肠者,上合手太阳,出于少泽,少泽,小指之端也,为井金;溜于前谷,前谷,在手外廉本节前陷者中也,为荥;注于后溪,后溪者,在手外侧本节之后也,为俞;过于腕骨,腕骨,在手外侧腕骨之前,为原;行于阳谷,阳谷,在锐骨之下陷者中也,为经;入于小海,小海,在肘内大骨之外,去肘端半寸陷者中也,伸臂而得之,为合。手太阳经也。大肠上合手阳明,出于商阳,商阳,大指次指之端也,为井金;溜于本节之前二间,为荥;注于本节之后三间,为俞;过于合谷,合谷,在大指歧骨之间,为原;行于阳溪,阳溪,在两筋间陷者中也,为经;入于曲池,在肘外辅骨陷者中,屈臂而得之,为合。手阳明经也。是谓五脏六腑之腧,五五二十五腧,六六三十六腧也。六腑皆出足之三阳,上合于手者也。缺盆之中,任脉也,名曰天突。一次,任脉侧之动脉足阳明,名曰人迎;二次脉,手阳明也,名曰扶突;三次脉,手太阳也,名曰天窗;四次脉,足少阳也,名曰天容;五次脉,手少阳也,名曰天牖;六次脉,足太阳也,名曰天柱;七次脉,颈中央之脉,督脉也,名曰风府。腋内动脉,手太阴也,名曰天府。腋下三寸,手心主也,名曰天池。刺上关者,呿不能欠;刺下关者,欠不能呿。刺犊鼻者,屈不能伸;刺两关者,伸不能屈。足阳明,挟喉之动脉也,其腧在膺中。手阳明,次在其腧外,不至曲颊一寸。手太阳当曲颊。足少阳在耳下曲颊之后。手少阳出耳后,上加完骨之上。足太阳挟项大筋之中发际。阴尺动脉在五里,五腧之禁也。肺合大肠,大肠者,传道之腑。心合小肠,小肠者,受盛之腑。肝合胆,胆者,中精之腑。脾合胃,胃者,五谷之腑。肾合膀胱,膀胱者,津液之腑也。少阳属肾,肾上连肺,故将两脏。三焦者,中渎之腑也,水道出焉,属膀胱,是孤之腑也,是六腑之所与合者。春取络脉诸荥大经分肉之间,甚者深取之,间者浅取之。夏取诸俞孙络肌肉皮肤之上。秋取诸合,余如春法。冬取诸井诸俞之分,欲深而留之。此四时之序,气之所处,病之所舍,脏之所宜。转筋者,立而取之,可令遂已。痿厥者,张而刺之,可令立快也。

(三)小针解第三

所谓易陈者,易言也。难入者,难著于人也。粗守形者,守刺法也。上守神者,守人之血气有余不足,可补泻也。神客者,正邪共会也。神者,正气。客者,邪气。在门者,邪循正气之所出入也。未睹其疾者,先知邪正何经之疾也。恶知其原者,先知何经之病所取之处也。刺之微在数迟者,徐疾之意也。粗守关者,守四肢而不知血气正邪之往来也。上守机者,知守气也。机之动不离其空中者,知气之虚实,用针之徐疾也。空中之机,清静以微者,针以得气,密意守气勿失也。其来不可逢者,气盛不可补也。其往不可追者,气虚不可泻也。不可挂以发者,言气易失也。扣之不发者,言不知补泻之意也,血气已尽而气不下也。知其往来者,知气之逆顺盛虚也。要与之期者,知气之可取之时也。粗之暗者,冥冥不知气之微密也。妙哉!工独有之者,尽知针意也。往者为逆者,言气之虚而小,小者,逆也。来者为顺者,言形气之平,平者,顺也。明知逆顺,正行无问者,言知所取之处也。迎而夺之者,泻也。追而济之者,补也。所谓虚则实之者,气口虚而当补之也。满则泄之者,气口盛而当泻之也。宛陈则除之者,去血脉也。邪胜则虚之者,言诸经有盛者,皆泻其邪也。徐而疾则实者,言徐内而疾出也。疾而徐则虚者,言疾内而徐出也。言实与虚若有若无者,言实者有气,虚者无气也。察后与先若亡若存者,言气之虚实,补泻之先后也,察其气之已下与常存也。为虚与实若得若失者,言补者佖然若有得也,泻则恍然若有失也。夫气之在脉也,邪气在上者,言邪气之中人也高,故邪气在上也。浊气在中者,言水谷皆入于胃,其精气上注于肺,浊溜于肠胃,言寒温不适,饮食不节,而病生于肠胃,故命曰浊气在中也。清气在下者,言清湿地气之中人也,必从足始,故曰清气在下也。针陷脉则邪气出者,取之上。针中脉则浊气出者,取之阳明合也。针太深则邪气反沉者,言浅浮之病,不欲深刺也,深则邪气从之入,故曰反沉也。皮肉筋脉各有所处者,言经络各有所主也。取五脉者死,言病在中,气不足,但用针尽大泻其诸阴之脉也。取三脉者恇,唯言尽泻三阳之气,令病人恇然不复也。夺阴者死,言取尺之五里五往者也。夺阳者狂,正言也。睹其色,察其目,知其散复,一其形,听其动静者,言上工知相五色于目,有知调尺寸小大缓急滑涩,以言所病也。知其邪正者,知论虚邪与正邪之风也。右主推之,左持而御之者,言持针而出入也。气至而去之者,言补泻气调而去之也。调气在于终始一者,持心也。节之交三百六十五会者,络脉之渗灌诸节者也。所谓五脏之气,已绝于内者,脉口气内绝不至,反取其外之病处与阳经之合,有留针以致阳气,阳气至则内重竭,重竭则死矣。其死也无气以动,故静。所谓五脏之气,已绝于外者,脉口气外绝不至,反取其四末之俞,有留针以致其阴气,阴气至则阳气反入,入则逆,逆则死矣。其死也阴气有余,故躁。所以察其目者,五脏使五色循明,循明则声章,声章者,则言声与平生异也。

(四) 官针第七

凡刺之要,官针最妙。九针之宜,各有所为,长短大小,各有所施也,不得其用,病弗能移。疾浅针深,内伤良肉,皮肤为痈;病深针浅,病气不泻,反为大脓。病小针大,气泻太甚,疾必为害;病大针小,气不泄泻,亦复为败。失针之宜,大者大泻,小者不移。已言其过,请言其所施。病在皮肤无常处者,取以镵针于病所,肤白勿取。病在分肉间,取以员针于病所。病在经络痼痹者,取以锋针。病在脉,气少当补之者,取以鍉针于井荥分输。病为大脓者,取以铍针。病痹气暴发者,取以员利针。病痹气痛而不去者,取以毫针。病在中者,取以长针。病水肿不能通关节者,取以大针。病在五脏固居者,取以锋针,泻于井荥分输,取以四时。凡刺有九,以应九变。一曰输刺,输刺者,刺诸经荥俞脏俞也。二曰远道刺,远道刺者,病在上,取之下,刺腑腧也。三曰经刺,经刺者,刺大经之结络经分也。四曰络刺,络刺者,刺小络之血脉也。五曰分刺,分刺者,刺分肉之间也。六曰大泻刺,大泻刺者,刺大脓以铍针也。七曰毛刺,毛刺者,刺浮痹皮肤也。八曰巨刺,巨刺者,左取右,右取左。九曰焠刺,焠刺者,刺燔针则取痹也。凡刺有十二节,以应十二经。一曰偶刺,偶刺者,以手直心若背,直痛所,一刺前,一刺后,以治心痹,刺此者,傍针之也。二曰报刺,报刺者,刺痛无常处也,上下行者,直内无拔针,以左手随病所按之,乃出针复刺之也。三曰恢刺,恢刺者,直刺傍之,举之前后,恢筋急,以治筋痹也。四曰齐刺,齐刺者,直入一,傍入二,以治寒气小深者。或曰三刺,三刺者,治痹气小深者也。五曰扬刺,扬刺者,正内一,傍内四,而浮之,以治寒气之博大者也。六曰直针刺,直针刺者,引皮乃刺之,以治寒气之浅者也。七曰输针,输刺者,直入直出,稀发针而深之,以治气盛而热者也。八曰短刺,短刺者,刺骨痹,稍摇而深之,致针骨所,以上下摩骨也。九曰浮刺,浮刺者,傍入而浮之,以治肌急而寒者也。十曰阴刺,阴刺者,左右率刺之,以治寒厥,中寒厥,足踝后少阴也。十一曰傍针刺,傍针刺者,直刺傍刺各一,以治留痹久居者也。十二曰赞刺,赞刺者,直入直出,数发针而浅之出血,是谓治痈肿也。脉之所居深不见者,刺之微内针而久留之,以致其空脉气也。脉浅者勿刺,按绝其脉乃刺之,无令精出,独出其邪气耳。所谓三刺则谷气出者,先浅刺绝皮,以出阳邪;再刺则阴邪出者,少益深,绝皮致肌肉,未入分肉间也;已入分肉之间,则谷气出。故《刺法》曰:始刺浅之,以逐邪气而来血气;后刺深之,以致阴气之邪;最后刺极深之,以下谷气。此之谓也。故用针者,不知年之所加,气之盛衰,虚实之所起,不可以为工也。凡刺有五,以应五脏。一曰半刺,半刺者,浅内而疾发针,无针伤肉,如拔毛状,以取皮气,此肺之应也。二曰豹文刺,豹文刺者,左右前后针之,中脉为故,以取经络之血者,此心之应也。三曰关刺,关刺者,直刺左右,尽筋上,以取筋痹,慎无出血,此肝之应也,或曰渊刺,一曰岂刺。四曰合谷刺,合谷刺者,左右鸡足,针于分肉之间,以取肌痹,此脾之应也。五曰输刺,输刺者,直入直出,深内之至骨,以取骨痹,此肾之应也。

(五) 行针第六十七

黄帝问于岐伯曰:余闻九针于夫子,而行之于百姓,百姓之血气,各不同形。或神动而气先针行;或气与针相逢;或针已出,气独行;或数刺乃知;或发针而气逆;或数刺病益剧。凡此六者,各不同形,愿闻其方。岐伯曰:重阳之人,其神易动,其气易往也。

黄帝曰:何谓重阳之人?岐伯曰:重阳之人,熇熇蒿蒿,言语善疾,举足善高,心肺之脏气有余,阳气滑盛而扬,故神动而气先行。

黄帝曰:重阳之人而神不先行者,何也?岐伯曰:此人颇有阴者也。

黄帝曰:何以知其颇有阴者也。岐伯曰:多阳者多喜,多阴者多怒,数怒者易解,故曰颇有阴,其阴阳之离合难,故其神不能先行也。

黄帝曰:其气与针相逢奈何?岐伯曰:阴阳和调,而血气淖泽滑利,故针入而气出,疾而相逢也。

黄帝曰:针已出而气独行者,何气使然?岐伯曰:其阴气多而阳气少,阴气沉而阳气浮,沉者内藏,故针已出,气乃随其后,故独行也。

黄帝曰:数刺乃知,何气使然?岐伯曰:此人之多阴而少阳,其气沉而气往难,故数刺乃知也。

黄帝曰:针入而气逆者,何气使然?岐伯曰:其气逆与其数刺病益甚者,非阴阳之气,浮沉之势也。此皆粗之所败,工之所失,其形气无过焉。

笔记栏

二、《素问》文选

（一）八正神明论第二十六

黄帝问曰：用针之服，必有法则焉，今何法何则？岐伯对曰：法天则地，合以天光。

帝曰：愿卒闻之。岐伯曰：凡刺之法，必候日月星辰四时八正之气，气定乃刺之。是故天温日明，则人血淖液而卫气浮，故血易泻，气易行；天寒日阴，则人血凝泣而卫气沉。月始生，则血气始精，卫气始行；月郭满，则血气实，肌肉坚；月郭空，则肌肉减，经络虚，卫气去，形独居。是以因天时而调血气也。是以天寒无刺，天温无疑。月生无泻，月满无补，月郭空无治，是谓得时而调之。因天之序，盛虚之时，移光定位，正立而待之。故曰月生而泻，是谓脏虚；月满而补，血气扬溢，络有留血，命曰重实；月郭空而治，是谓乱经。阴阳相错，真邪不别，沉以留止，外虚内乱，淫邪乃起。

帝曰：星辰八正何候？岐伯曰：星辰者，所以制日月之行也。八正者，所以候八风之虚邪以时至者也。四时者，所以分春秋冬夏之气所在，以时调之，八正之虚邪而避之勿犯也。以身之虚，而逢天之虚，两虚相感，其气至骨，入则伤五脏，工候救之，弗能伤也。故曰：天忌不可不知也。

帝曰：善。其法星辰者，余闻之矣，愿闻法往古者。岐伯曰：法往古者，先知《针经》也。验于来今者，先知日之寒温，月之虚盛，以候气之浮沉，而调之于身，观其立有验也。观其冥冥者，言形气荣卫之不形于外，而工独知之，以日之寒温，月之虚盛，四时气之浮沉，参伍相合而调之，工常先见之，然而不形于外，故曰观于冥冥焉。通于无穷者，可以传于后世也，是故工之所以异也。然而不形见于外，故俱不能见也。视之无形，尝之无味，故谓冥冥，若神仿佛。虚邪者，八正之虚邪气也。正邪者，身形若用力，汗出腠理开，逢虚风，其中人也微，故莫知其情，莫见其形。上工救其萌牙，必先见三部九候之气，尽调不败而救之，故曰上工。下工救其已成，救其已败。救其已成者，言不知三部九候之相失，因病而败之也。知其所在者，知诊三部九候之病脉处而治之，故曰守其门户焉，莫知其情而见邪形也。

帝曰：余闻补泻，未得其意。岐伯曰：泻必用方。方者，以气方盛也，以月方满也，以日方温也，以身方定也，以息方吸而内针，乃复候其方吸而转针，乃复候其方呼而徐引针。故曰泻必用方，其气乃行焉。补必用员。员者行也，行者移也，刺必中其荣，复以吸排针也。故员与方，非针也。故养神者，必知形之肥瘦，荣卫血气之盛衰。血气者，人之神，不可不谨养。

帝曰：妙乎哉论也。合人形于阴阳四时，虚实之应，冥冥之期，其非夫子孰能通之。然夫子数言形与神，何谓形？何谓神？愿卒闻之。岐伯曰：请言形。形乎形，目冥冥，问其所病，索之于经，慧然在前，按之不得，不知其情，故曰形。

帝曰：何谓神？岐伯曰：请言神。神乎神，耳不闻，目明心开而志先，慧然独悟，口弗能言，俱视独见，适若昏，昭然独明，若风吹云，故曰神。《三部九候》为之原，《九针》之论，不必存也。

（二）刺齐论第五十一

黄帝问曰：愿闻刺浅深之分。岐伯对曰：刺骨者无伤筋，刺筋者无伤肉，刺肉者无伤脉，刺脉者无伤皮；刺皮者无伤肉，刺肉者无伤筋，刺筋者无伤骨。

帝曰：余未知其所谓，愿闻其解。岐伯曰：刺骨无伤筋者，针至筋而去，不及骨也。刺筋无伤肉者，至肉而去，不及筋也。刺肉无伤脉者，至脉而去，不及肉也。刺脉无伤皮者，至皮而去，不及脉也。所谓刺皮无伤肉者，病在皮中，针入皮中，无伤肉也。刺肉无伤筋者，过肉中筋也。刺筋无伤骨者，过筋中骨也。此之谓反也。

（三）缪刺论第六十三

黄帝问曰：余闻缪刺，未得其意，何谓缪刺？岐伯对曰：夫邪之客于形也，必先舍于皮毛，留而不去，入舍于孙脉，留而不去，入舍于络脉，留而不去，入舍于经脉，内连五脏，散于肠胃，阴阳俱感，五脏乃伤，此邪之从皮毛而入，极于五脏之次也。如此则治其经焉。今邪客于皮毛，入舍于孙络，留而不去，闭塞不通，不得入于经，流溢于大络，而生奇病也。夫邪客大络者，左注右，右注左，上下左右与经相干，而布于四末，其气无常处，不入于经俞，命曰缪刺。

帝曰：愿闻缪刺，以左取右，以右取左，奈何？其与巨刺何以别之？岐伯曰：邪客于经，左盛则右病，右盛则左病，亦有移易者，左痛未已而右脉先病，如此者，必巨刺之，必中其经，非络脉也。故络病者，其痛与经脉缪处，故命曰缪刺。

笔记栏

帝曰：愿闻缪刺奈何？取之何如？岐伯曰：邪客于足少阴之络，令人卒心痛，暴胀，胸胁支满，无积者，刺然骨之前出血，如食顷而已。不已，左取右，右取左。病新发者，取五日已。邪客于手少阳之络，令人喉痹舌卷，口干心烦，臂外廉痛，手不及头，刺手小指次指爪甲上，去端如韭叶，各一痏，壮者立已，老者有顷已，左取右，右取左，此新病数日已。邪客于足厥阴之络，令人卒疝暴痛，刺足大指爪甲上，与肉交者各一痏，男子立已，女子有顷已，左取右，右取左。邪客于足太阳之络，令人头项肩痛，刺足小指爪甲上，与肉交者各一痏，立已，不已，刺外踝下三痏，左取右，右取左，如食顷已。邪客于手阳明之络，令人气满胸中，喘息而支胠，胸中热，刺手大指次指爪甲上，去端如韭叶，各一痏，左取右，右取左，如食顷已。邪客于臂掌之间，不可得屈，刺其踝后，先以指按之痛，乃刺之，以月死生为数，月生一日一痏，二日二痏，十五日十五痏，十六日十四痏。邪客于足阳跷之脉，令人目痛，从内眦始，刺外踝之下半寸所，各二痏，左刺右，右刺左，如行十里顷而已。人有所堕坠，恶血留内，腹中满胀，不得前后，先饮利药，此上伤厥阴之脉，下伤少阴之络，刺足内踝之下，然骨之前血脉出血，刺足跗上动脉，不已，刺三毛上各一痏，见血立已，左刺右，右刺左。善悲惊不乐，刺如右方。邪客于手阳明之络，令人耳聋，时不闻音，刺手大指次指爪甲上，去端如韭叶各一痏，立闻，不已，刺中指爪甲上与肉交者，立闻，其不时闻者，不可刺也。耳中生风者，亦刺之如此数，左刺右，右刺左。凡痹往来行无常处者，在分肉间痛而刺之，以月死生为数。用针者，随气盛衰，以为痏数，针过其日数则脱气，不及日数则气不泻，左刺右，右刺左，病已，止，不已，复刺之如法，月生一日一痏，二日二痏，渐多之，十五日十五痏，十六日，十四痏，渐少之。邪客于足阳明之经，令人鼽衄，上齿寒，刺足大指次指爪甲上，与肉交者各一痏，左刺右，右刺左。邪客于足少阳之络，令人胁痛不得息，咳而汗出，刺足小指次指爪甲上，与肉交者各一痏，不得息立已，汗出立止，咳者温衣饮食，一日已，左刺右，右刺左，病立已，不已，复刺如法。邪客于足少阴之络，令人嗌痛不可内食，无故善怒，气上走贲上，刺足下中央之脉各三痏，凡六刺，立已，左刺右，右刺左。嗌中肿不能内唾，时不能出唾者，缪刺然骨之前，出血立已，左刺右，右刺左。邪客于足太阴之络，令人腰痛，引少腹控眇，不可以仰息，刺腰尻之解，两胂之上，以月死生为痏数，发针立已，左刺右，右刺左。邪客于足太阳之络，令人拘挛背急，引胁而痛，内引心而痛，刺之从项始数脊椎侠脊，疾按之应手如痛，刺之傍三痏，立已。邪客于足少阳之络，令人留于枢中痛，髀不可举，刺枢中以毫针，寒则久留针，以月死生为数，立已。治诸经刺之，所过者不病，则缪刺之。耳聋，刺手阳明，不已，刺其通脉出耳前者。齿龋，刺手阳明，不已，刺其脉入齿中，立已。邪客于五脏之间，其病也，脉引而痛，时来时止，视其病，缪刺之于手足爪甲上，视其脉，出其血，间日一刺，一刺不已，五刺已。缪传引上齿，齿唇寒痛，视其手背脉血者去之，足阳明中指爪甲上一痏，手大指次指爪甲上各一痏，立已，左取右，右取左。邪客于手足少阴太阴足阳明之络，此五络皆会于耳中，上络左角，五络俱竭，令人身脉皆动，而形无知也，其状若尸，或曰尸厥，刺其足大指内侧爪甲上，去端如韭叶，后刺足心，后刺足中指爪甲上各一痏，后刺手大指内侧，去端如韭叶，后刺手少阴锐骨之端各一痏，立已，不已，以竹管吹其两耳，剃其左角之发方一寸燔治，饮以美酒一杯，不能饮者灌之，立已。凡刺之数，先视其经脉，切而从之，审其虚实而调之，不调者经刺之，有痛而经不病者缪刺之，因视其皮部有血络者尽取之，此缪刺之数也。

三、《难经》文选

（一）六十二难

六十二难曰：脏井荥有五，腑独有六者，何谓也？然：腑者，阳也，三焦行于诸阳，故置一俞，名曰原。腑有六者，亦与三焦共一气也。

（二）六十三难

六十三难曰：《十变》言，五脏六腑荥合，皆以井为始者，何也？然：井者，东方春也，万物之始生，诸蚑行喘息，蜎飞蠕动，当生之物，莫不以春而生，故岁数始于春，日数始于甲，故以井为始也。

（三）六十四难

六十四难曰：《十变》又言，阴井木，阳井金；阴荥火，阳荥水；阴俞土，阳俞木；阴经金，阳经火；阴合水，阳合土。阴阳皆不同，其意何也？然：是刚柔之事也。阴井乙木，阳井庚金。阳井庚，庚者，乙之刚也；阴井乙，乙者，庚之柔也。乙为木，故言阴井木也；庚为金，故言阳井金也。余皆仿此。

笔记栏

(四)六十五难

六十五难曰：经言，所出为井，所入为合，其法奈何？然：所出为井，井者，东方春也，万物之始生，故言所出为井也；所入为合，合者，北方冬也，阳气入藏，故言所入为合也。

(五)六十六难

六十六难曰：经言，肺之原，出于太渊；心之原，出于太陵；肝之原，出于太冲；脾之原，出于太白；肾之原，出于太溪；少阴之原，出于兑骨；胆之原，出于丘墟；胃之原，出于冲阳；三焦之原，出于阳池；膀胱之原，出于京骨；大肠之原，出于合谷；小肠之原，出于腕骨。十二经皆以俞为原者，何也？然：五脏俞者，三焦之所行，气之所留止也。

三焦所行之俞为原者，何也？然：脐下肾间动气也，人之生命也，十二经之根本也，故名曰原。三焦者，原气之别使也，主通行三气，经历于五脏六腑。原者，三焦之尊号也，故所止辄为原。五脏六腑之有病者，皆取其原也。

(六)六十七难

六十七难曰：五脏募皆在阴，而俞皆在阳者，何谓也？然：阴病行阳，阳病行阴，故令募在阴，俞在阳。

(七)六十八难

六十八难曰：五脏六腑，各有井荥俞经合，皆何所主？然：经言所出为井，所流为荥，所注为俞，所行为经，所入为合。井主心下满，荥主身热，俞主体重节痛，经主喘咳寒热，合主逆气而泄，此五脏六腑其井荥俞经合所主病也。

(八)六十九难

六十九难曰：经言，虚者补之，实者泻之，不实不虚，以经取之，何谓也？然：虚者补其母，实者泻其子，当先补之，然后泻之。不实不虚，以经取之者，是正经自生病，不中他邪也，当自取其经，故言以经取之。

(九)七十难

七十难曰：经言，春夏刺浅，秋冬刺深者，何谓也？然：春夏者，阳气在上，人气亦在上，故当浅取之；秋冬者，阳气在下，人气亦在下，故当深取之。

春夏各致一阴，秋冬各致一阳者，何谓也？然：春夏温，必致一阴者，初下针，沉之至肾肝之部，得气，引持之阴也；秋冬寒，必致一阳者，初内针，浅而浮之，至心肺之部，得气，推内之阳也。是谓春夏必致一阴，秋冬必致一阳。

(十)七十一难

七十一难曰：经言，刺荣无伤卫，刺卫无伤荣，何谓也？然：针阳者，卧针而刺之；刺阴者，先以左手摄按所针荥俞之处，气散乃内针。是谓刺荣无伤卫，刺卫无伤荣也。

(十一)七十二难

七十二难曰：经言，能知迎随之气，可令调之。调气之方，必在阴阳。何谓也？然：所谓迎随者，知荣卫之流行，经脉之往来也。随其逆顺而取之，故曰迎随。调气之方，必在阴阳者，知其内外表里，随其阴阳而调之，故曰调气之方，必在阴阳。

(十二)七十三难

七十三难曰：诸井者，肌肉浅薄，气少不足使也，刺之奈何？然：诸井者，木也；荥者，火也。火者，木之子，当刺井者，以荥泻之，故经言，补者不可以为泻，泻者不可以为补，此之谓也。

(十三)七十四难

七十四难曰：经言，春刺井，夏刺荥，季夏刺俞，秋刺经，冬刺合者，何谓也？然：春刺井者，邪在肝；夏刺荥者，邪在心；季夏刺俞者，邪在脾；秋刺经者，邪在肺；冬刺合者，邪在肾。

其肝、心、脾、肺、肾而系于春夏秋冬者，何也？然：五脏一病，辄有五也。假令肝病，色青者肝也，臊臭者肝也，喜酸者肝也，喜呼者肝也，喜泣者肝也。其病众多，不可尽言也。四时有数，而并系于春夏秋冬者也。针之要妙，在于秋毫者也。

(十四)七十五难

七十五难曰：经言，东方实，西方虚，泻南方，补北方，何谓也？然：金木水火土，当更相平。东方木也，西方金也。木欲实，金当平之；火欲实，水当平之；土欲实，木当平之；金欲实，火当平之；水欲实，土当平之。东方肝也，则知肝实；西方肺也，则知肺虚。泻南方火，补北方水。南方火，火者，木之子也；北方

水,水者,木之母也,水胜火。子能令母实,母能令子虚,故泻火补水,欲令金不得平木也。经曰:不能治其虚,何问其余,此之谓也。

(十五) 七十六难

七十六难曰:何谓补泻?当补之时,何所取气?当泻之时,何所置气?然:当补之时,从卫取气;当泻之时,从荣置气。其阳气不足,阴气有余,当先补其阳,而后泻其阴;阴气不足,阳气有余,当先补其阴,而后泻其阳。营卫通行,此其要也。

(十六) 七十七难

七十七难曰:经言,上工治未病,中工治已病者,何谓也?然:所谓治未病者,见肝之病,则知肝当传之与脾,故先实其脾气,无令得受肝之邪,故曰治未病焉。中工治已病者,见肝之病,不晓相传,但一心治肝,故曰治已病也。

(十七) 七十八难

七十八难曰:针有补泻,何谓也?然:补泻之法,非必呼吸出内针也。知为针者,信其左;不知为针者,信其右。当刺之时,先以左手厌按所针荣俞之处,弹而努之,爪而下之,其气之来,如动脉之状,顺针而刺之,得气,因推而内之,是谓补;动而伸之,是谓泻。不得气,乃与男外女内;不得气,是为十死不治也。

(十八) 七十九难

七十九难曰:经言,迎而夺之,安得无虚?随而济之,安得无实?虚之与实,若得若失;实之与虚,若有若无,何谓也?然:迎而夺之者,泻其子也;随而济之者,补其母也。假令心病,泻手心主俞,是谓迎而夺之者也;补手心主井,是谓随而济之者也。所谓实之与虚者,牢濡之意也,气来实牢者为得,濡虚者为失,故曰若得若失也。

(十九) 八十难

八十难曰:经言,有见如入,有见如出者,何谓也?然:所谓有见如入者,有见如出者,谓左手见气来至乃内针,针入,见气尽乃出针,是谓有见如入,有见如出也。

(二十) 八十一难

八十一难曰:经言,无实实虚虚,损不足而益有余,是寸口脉耶?将病自有虚实耶?其损益奈何?

然:是病,非谓寸口脉也,谓病自有虚实也。假令肝实而肺虚,肝者木也,肺者金也,金木当更相平,当知金平木。假令肺实而肝虚,微少气,用针不补其肝,而反重实其肺,故曰实实虚虚,损不足而益有余。此者,中工之所害也。

第三节 针 灸 歌 赋

一、针 灸 歌 诀 选

(一) 井荥输(原)经合歌

出处 明代刘纯《医经小学》

歌诀

少商鱼际与太渊,经渠尺泽肺相连,商阳二三间合谷,阳溪曲池大肠牵。
隐白大都太白脾,商丘阴陵泉要知,厉兑内庭陷谷胃,冲阳解溪三里随。
少冲少府属于心,神门灵道少海寻,少泽前谷后溪腕,阳谷小海小肠经。
涌泉然谷与太溪,复溜阴谷肾所宜,至阴通谷束京骨,昆仑委中膀胱知。
中冲劳宫心包络,大陵间使传曲泽,关冲液门中渚焦,阳池支沟天井索。
大敦行间太冲看,中封曲泉属于肝,窍阴侠溪临泣胆,丘墟阳辅阳陵泉。

(二) 十五络穴歌

出处 明代高武《针灸聚英》

歌诀

人身络穴十五,我今逐一从头举,手太阴络为列缺,手少阴络即通里,

笔记栏

手厥阴络为内关,手太阳络支正是,手阳明络偏历当,手少阳络外关位,
足太阳络号飞扬,足阳明络丰隆记,足少阳络为光明,足太阴络公孙寄,
足少阴络名大钟,足厥阴络蠡沟配,阳督之络号长强,阴任之络号尾翳,
脾之大络为大包,十五络脉君须知。

(三)十二背俞穴歌

出处 现代罗永芬《腧穴学》

歌诀

三椎肺俞厥阴四,心五肝九十胆俞,十一脾俞十二胃,十三三焦椎旁居,
肾俞却与命门平,十四椎外穴是真,大肠十六小十八,膀胱俞与十九平。

(四)十二募穴歌

出处 现代罗永芬《腧穴学》

歌诀

天枢大肠肺中府,关元小肠巨阙心,中极膀胱京门肾,胆日月肝期门寻,
脾募章门为中脘,气化三焦石门针,心包募穴何处取?胸前膻中觅浅深。

(五)八会穴歌

出处 现代罗永芬《腧穴学》

歌诀

腑会中脘脏章门,髓会绝骨筋阳陵,血会膈俞骨大杼,脉太渊气膻中存。

(六)下合穴歌

出处 现代罗永芬《腧穴学》

歌诀

胃经下合三里乡,上下巨虚大小肠,膀胱当合委中穴,三焦下合属委阳,
胆经之合阳陵泉,腑病用之效必彰。

(七)十六郄穴歌

出处 现代罗永芬《腧穴学》

歌诀

郄义即孔隙,本属气血集,肺向孔最取,大肠温溜别;
胃经是梁丘,脾属地机穴;心则取阴郄,小肠养老列;
膀胱金门守,肾向水泉施;心包郄门刺,三焦会宗持;
胆郄在外丘,肝经中都是;阳跷跗阳走,阴跷交信期;
阳维阳交穴,阴维筑宾知。

(八)八脉交会穴歌

出处 明代徐凤《针灸大全》

歌诀

公孙冲脉胃心胸,内关阴维下总同,临泣胆经连带脉,阳维目锐外关逢,
后溪督脉内眦颈,申脉阳跷络亦通,列缺任脉行肺系,阴跷照海膈喉咙。

(九)四总穴歌

出处 明代徐凤《针灸大全》

歌诀

肚腹三里留,腰背委中求,头项寻列缺,面口合谷收。

二、针灸歌赋选

(一)标幽赋

出处 金代窦汉卿《标幽赋》

歌赋

拯救之法,妙用者针。察岁时于天道,定形气于予心,春夏瘦而刺浅,秋冬肥而刺深,不穷经络阴阳,

多逢刺禁；既论脏腑虚实，须向经寻。原夫起自中焦，水初下漏，太阴为始，至厥阴而方终；穴出云门，抵期门而最后。正经十二，别络走三百余支；正侧仰伏，气血有六百余候。手足三阳，手走头而头走足；手足三阴，足走腹而胸走手。要识迎随，须明逆顺。况夫阴阳气血，多少为最：厥阴太阳，少气多血；太阴少阴，少血多气；而又气多血少者，少阳之分；气盛血多者，阳明之位。先详多少之宜，次察应至之气。轻滑慢而未来，沉涩紧而已至。既至也，量寒热而留疾；未至者，据虚实而候气。气之至也，如鱼吞钩饵之沉浮；气未至也，如闲处幽堂之深邃。气速至而速效，气迟至而不治。观夫九针之法，毫针最微，七星上应，众穴主持。本形金也，有蠲邪扶正之道，短长水也，有决凝开滞之机。定刺象木，或斜或正；口藏比火，进阳补羸。循机扪而可塞以象土，实应五行而可知。然是三寸六分，包含妙理；虽细桢于毫发，同贯多歧。可平五脏之寒热，能调六腑之虚实。拘挛闭塞，遣八邪而去矣；寒热痹痛，开四关而已之。凡刺者，使本神朝而后入；既刺也，使本神定而气随。神不朝而勿刺，神已定而可施。定脚处，取气血为主意；下手处，认水木是根基。天地人三才也，涌泉同璇玑百会；上中下三部也，大包与天枢地机。阳蹻阳维并督带，主肩背腰腿在表之病；阴蹻阴维任冲脉，去心腹胁肋在里之疑。二陵二蹻二交，似续而交五大；两间两商两井，相依而别两支。大抵取穴之法，必有分寸，先审自意，次观肉分；或伸屈而得之，或平直而安定。在阳部筋骨之侧，陷下为真；在阴分郄腘之间，动脉相应。取五穴用一穴而必端，取三经用一经而可正。头部与肩部详分，督脉与任脉易定。明标与本，论刺深刺浅之经；住痛移疼，取相交相贯之迳。岂不闻脏腑病，而求门海俞募之微；经络滞，而求原别交会之道。更穷四根三结，依标本而刺无不痊；但用八法五门，分主客而针无不效。八脉始终连八会，本是纪纲；十二经络十二原，是为枢要。一日取六十六穴之法，方见幽微；一时取一十二经之原，始知要妙。原夫补泻之法，非呼吸而在手指；速效之功，要交正而识本经。交经缪刺，左有病而右畔取；泻络远针，头有病而脚上针。巨刺与缪刺各异，微针与妙刺相通。观部分而知经络之虚实，视沉浮而辨脏腑之寒温。且夫先令针耀，而虑针损；次藏口内，而欲针温。目无外观，手如握虎；心无内慕，如待贵人。左手重而多按，欲令气散；右手轻而徐入，不痛之因。空心恐怯，直立侧而多晕；背目沉掐，坐卧平而没昏。推于十干十变，知孔穴之开阖；论其五行五脏，察日时之旺衰。伏如横弩，应若发机。阴交阳别而定血晕，阴蹻阳维而下胎衣。痹厥偏枯，迎随俾经络接续；漏崩带下，温补使气血依归。静以久留，停针待之。必准者，取照海治喉中之闭塞；端的处，用大钟治心内之呆痴。大抵疼痛实泻，痒麻虚补。体重节痛而俞居，心下痞满而井主。心胀咽痛，针太冲而必除；脾冷胃疼，泻公孙而立愈。胸满腹痛刺内关，胁疼肋痛针飞虎。筋挛骨痛而补魂门，体热劳嗽而泻魄户。头风头痛，刺申脉与金门；眼痒眼痛，泻光明与地五。泻阴郄止盗汗，治小儿骨蒸；刺偏历利小便，医大人水蛊。中风环跳而宜刺，虚损天枢而可取。由是午前卯后，太阴生而疾温；离左酉南，月朔死而速冷。循扪弹弩，留吸母而坚长；爪下伸提，疾呼子而嘘短。动退空歇，迎夺右而泻凉；推内进搓，随济左而补暖。慎之！大患危疾，色脉不顺而莫针；寒热风阴，饥饱醉劳而切忌。望不补而晦不泻，弦不夺而朔不济；精其心而穷其法，无灸艾而坏其皮；正其理而求其原，免投针而失其位。避灸处而加四肢，四十有九；禁刺处而除六腧，二十有二。抑又闻高皇抱疾未瘥，李氏刺巨阙而后苏；太子暴死为厥，越人针维会而复醒。肩井曲池，甄权刺臂痛而复射；悬钟环跳，华佗刺躄足而立行。秋夫针腰俞而鬼免沉疴；王纂针交俞而妖精立出。取肝俞与命门，使瞽士视秋毫之末；刺少阳与交别，俾聋夫听夏蚋之声。嗟夫！去圣逾远，此道渐坠。或不得意而散其学，或愆其能而犯禁忌。愚庸智浅，难契于玄言。至道渊深，得之者有几？偶述斯言，不敢示诸明达者焉，庶几乎童之蒙心启。

（二）通玄指要赋

出处 金代窦汉卿《通玄指要赋》

歌赋

必欲治病，莫如用针。巧运神机之妙，工开圣理之深。外取砭针，能蠲邪而扶正；中含水火，善回阳而倒阴。原夫络别支殊，经交错综，或沟池溪谷以歧异，或山海丘陵而隙共。斯流派以难揆，在条纲而有统。理繁而昧，纵补泻以何功？法捷而明，曰迎随而得用。且如行步难移，太冲最奇。人中除脊膂之强痛，神门去心性之呆痴。风伤项急，始求于风府；头晕目眩，要觅于风池。耳闭须听会而治也，眼痛则合谷以推之。胸结身黄，取涌泉而即可；脑昏目赤，泻攒竹以便宜。但见两肘之拘挛，仗曲池而平扫；四肢之懈惰，凭照海以清除。牙齿痛，吕细堪治；头项强，承浆可保。太白宣通于气冲，阴陵开通于水道。腹膨而胀，夺内庭以休迟；筋转而痛，泻承山而在早。大抵脚腕痛，昆仑解愈；股膝疼，阴市能医。痫发癫狂兮，凭后溪而疗理；疟生寒热兮，仗间使以扶持。期门罢胸满血膨而可已，劳宫退胃翻心痛亦何疑。稽夫大敦去七疝之偏坠，王公谓此；三里却五劳之羸瘦，华佗言斯。固知腕骨祛黄，然骨泻肾，行间治膝肿目疾，尺泽去肘疼筋紧。目昏不见,二间宜取;鼻窒无闻,迎香可引。肩井除两臂难任,丝竹疗头疼不忍。咳嗽寒痰,列缺堪治;眵目冷泪,临泣尤准。髋骨将腿痛以祛残,肾俞把腰疼而泻尽。以见越人治尸厥于维会,随手而苏;文伯泻死胎于阴交,应针而陨。圣人于是察麻与痛,分实与虚。实则自外而入也,虚则自内而出欤。故济母而裨其不足,夺子而平其有余。观二十七之经络,一一明辨;据四百四之疾症,件件皆除。故得夭枉都无,跻斯民于寿域;几微已判,彰往古之玄书。抑又闻心胸病,求掌后之大陵;肩背患,责肘前之三里。冷痹肾败,取足阳明之土;连脐腹痛,泻足少阴之水。脊间心后者,针中渚而立瘥;胁下肋边者,刺阳陵而即止。头项痛,拟后溪以安然;腰脊疼,在委中而已矣。夫用针之士,于此理苟能明焉,收祛邪之功,而在乎捻指。

（三）席弘赋

出处 明代徐凤《针灸大全》

歌赋

凡欲行针须审穴,要明补泻迎随诀,胸背左右不相同,呼吸阴阳男女别。
气刺两乳求太渊,未应之时泻列缺;列缺头痛及偏正,重泻太渊无不应。
耳聋气痞听会针,迎香穴泻功如神。谁知天突治喉风,虚喘须寻三里中。
手连肩脊痛难忍,合谷针时要太冲。曲池两手不如意,合谷下针宜仔细。
心痛手颤少海间,若要除根觅阴市。但患伤寒两耳聋,金门听会疾如风。
五般肘痛寻尺泽,太渊针后却收功。手足上下针三里,食癖气块凭此取。
鸠尾能治五般痫,若下涌泉人不死。胃中有积刺璇玑,三里功多人不知。
阴陵泉治心胸满,针到承山饮食思。大杼若连长强寻,小肠气痛即行针。
委中专治腰间痛,脚膝肿时寻至阴。气滞腰痛不能立,横骨大都宜救急。
气海专能治五淋,更针三里随呼吸。期门穴主伤寒患,六日过经犹未汗,
但向乳根二肋间,又治妇人生产难。耳内蝉鸣腰欲折,膝下明存三里穴,
若能补泻五会间,且莫逢人容易说。睛明治眼未效时,合谷光明安可缺。
人中治癫功最高,十三鬼穴不须饶。水肿水分兼气海,皮内随针气自消。
冷嗽先宜补合谷,却须针泻三阴交。牙齿肿痛并喉痹,二间阳溪疾怎逃。
更有三间肾俞妙,善除肩背浮风劳。若针肩井须三里,不刺之时气未调。
最是阳陵泉一穴,膝间疼痛用针烧。委中腰痛脚挛急,取得其经血自调。
脚痛膝肿针三里,悬钟二陵三阴交。更向太冲须引气,指头麻木自轻飘。
转筋目眩针鱼腹,承山昆仑立便消。肚疼须是公孙妙,内关相应必然瘳。
冷风冷痹疾难愈,环跳腰俞针与烧。风池风府寻得到,伤寒百病一时消。
阳明二日寻风府,呕吐还须上脘疗。妇人心痛心俞穴,男子痃癖三里高。
小便不禁关元好,大便闭涩大敦烧。髋骨腿疼三里泻,复溜气滞便离腰。
从来风府最难针,却用工夫度浅深,倘若膀胱气未散,更宜三里穴中寻。
若是七疝小腹痛,照海阴交曲泉针。又不应时求气海,关元同泻效如神。
小肠气撮痛连脐,速泻阴交莫得迟,良久涌泉针取气,此中玄妙少人知。
小儿脱肛患多时,先灸百会次鸠尾。久患伤寒肩背痛,但针中渚得其宜。
肩上痛连脐不休,手中三里便须求。下针麻重即须泻,得气之时不用留。
腰连胯肿急必大,便于三里攻其隘,下针一泻三补之,气上攻噎只管在。
噎不住时气海灸,定泻一时立便瘥。补自卯南转针高,泻从卯北莫辞劳。
逼针泻气令须吸,若补随呼气自调。左右捻针寻子午,抽针泻气自迢迢,
用针补泻分明说,更用搜穷本与标。咽喉最急先百会,太冲照海及阴交。
学者潜心宜熟读,席弘治病名最高。

（四）金针赋

出处 明代徐凤《针灸大全》

歌赋

观夫针道,捷法最奇,须要明于补泻,方可起于倾危。先分病之上下,次定穴之高低。头有病而足取

之,左有病而右取之。男子之气,早在上而晚在下,取之必明其理;女子之气,早在下而晚在上,用之必识其时。午前为早属阳,午后为晚属阴,男女上下,凭腰分之。手足三阳,手走头而头走足;手足三阴,足走腹而胸走手。阴升阳降,出入之机。逆之者为泻为迎,顺之者为补为随。春夏刺浅者以瘦,秋冬刺深者以肥。更观元气厚薄,浅深之刺犹宜。

原夫补泻之法,妙在呼吸手指。男子者,大指进前左转,呼之为补,退后右转,吸之为泻,提针为热,插针为寒;女子者,大指退后右转,吸之为补,进前左转,呼之为泻,插针为热,提针为寒。左与右各异,胸与背不同,午前者如此,午后者反之。是故爪而切之,下针之法;摇而退之,出针之法;动而进之,催针之法;循而摄之,行气之法。搓而去病,弹则补虚,肚腹盘旋,扪为穴闭。重沉豆许曰按,轻浮豆许曰提。一十四法,针要所备。补者一退三飞,真气自归;泻者一飞三退,邪气自避。补则补其不足,泻则泻其有余。有余者为肿为痛,曰实;不足者为痒为麻,曰虚。气速效速,气迟效迟。死生贵贱,针下皆知。贱者硬而贵者脆;生者涩而死者虚;候之不至,必死无疑。

且夫下针之法,先须爪按重而切之,次令咳嗽一声,随咳下针。凡补者呼气,初针刺至皮内,乃曰天才;少停进针,刺入肉内,是曰人才;又停进针,刺至筋骨之间,名曰地才。此为极处,就当补之,再停良久,却须退针至人之分,待气沉紧,倒针朝病,进退往来,飞经走气,尽在其中矣。凡泻者吸气,初针至天,少停进针,直至于地,得气泻之,再停良久,即须退针,复至于人,待气沉紧,倒针朝病,法同前矣。其或晕针者,神气虚也,以针补之,口鼻气回,热汤与之,略停少顷,依前再施。

及夫调气之法,下针至地之后,复人之分。欲气上行,将针右捻;欲气下行,将针左捻;欲补先呼后吸,欲泻先吸后呼。气不至者,以手循摄,以爪切掐,以针摇动,进捻搓弹,直待气至。以龙虎升腾之法,按之在前,使气在后,按之在后,使气在前。运气走至疼痛之所,以纳气之法,扶针直插,复向下纳,使气不回。若关节阻涩,气不过者,以龙虎龟凤通经接气,大段之法,驱而运之,仍以循摄爪切,无不应矣。此通仙之妙。

况夫出针之法,病势既退,针气微松,病未退者,针气如根,推之不动,转之不移,此为邪气吸拔其针,乃真气未至,不可出之,出之者其病即复,再须补泻,停以待之,直候微松,方可出针豆许,摇而停之。补者吸之去疾,其穴急扪;泻者呼之去徐,其穴不闭。欲令膝密,然后吸气,故曰:下针贵迟,太急伤血;出针贵缓,太急伤气。已上总要,于斯尽矣。

考夫治病,其法有八:一曰烧山火,治顽麻冷痹,先浅后深,用九阳而三进三退,慢提紧按,热至,紧闭插针,除寒之有准。二曰透天凉,治肌热骨蒸,先深后浅,用六阴而三出三入,紧提慢按,寒至,徐徐举针,退热之可凭,皆细细搓之,去病准绳。三曰阳中隐阴,先寒后热,浅而深,以九六之法,则先补后泻也。四曰阴中隐阳,先热后寒,深而浅,以六九之方,则先泻后补也。补者直须热至,泻者务待寒侵,犹如搓线,慢慢转针,法浅则用浅,法深则用深,二者不可兼而混之也。五曰子午捣臼,水蛊膈气,落穴之后,调气均匀,针行上下,九入六出,左右转之,十遭自平。六曰进气之诀,腰背肘膝痛,浑身走注疼,刺九分,行九补,卧针五七吸,待气上行,亦可龙虎交战,左捻九而右捻六,是亦住痛之针。七曰留气之诀,痃癖癥瘕,刺七分,用纯阳,然后乃直插针,气来深刺,提针再停。八曰抽添之诀,瘫痪疮癞,取其要穴,使九阳得气,提按搜寻,大要运气周遍,扶针直插,复向下纳,回阳倒阴,指下玄微,胸中活法,一有未应,反复再施。

若夫过关过节催运气,以飞经走气,其法有四:一曰青龙摆尾,如扶船舵,不进不退,一左一右,慢慢拨动。二曰白虎摇头,似手摇铃,退方进圆,兼之左右,摇而振之。三曰苍龟探穴,如入土之象,一退三进,钻剔四方。四曰赤凤迎源,展翅之仪,入针至地,提针至天,候针自摇,复进其原,上下左右,四围飞旋,病在上吸而退之,病在下呼而进之。

至夫久患偏枯,通经接气之法,已有定息寸数。手足三阳,上九而下十四,过经四寸;手足三阴,上七而下十二,过经五寸。在乎摇动出纳,呼吸同法,驱运气血,顷刻周流,上下通接,可使寒者暖而热者凉,痛者止而胀者消。若开渠之决水,立时见功,何倾危之不起哉?虽曰病有三因,皆从气血,针分八法,不离阴阳。盖经脉昼夜之循环,呼吸往来之不息,和则身体康健,否则疾病竟生。譬如天下,国家地方,山海田园,江河溪谷,值岁时风雨均调,则水道疏利,民安物阜;其或一方一所,风雨不均,遭以旱涝,使水道涌竭不通,灾忧遂至。人之气血,受病三因,亦犹方所之于旱涝也。盖针砭所以通经脉,均气血,蠲邪扶正,故曰捷法,最奇者哉。

嗟夫! 轩岐古远,卢扁久亡。此道幽深,非一言而可尽,斯文细密,久习而能通。岂世上之常辞,庸流之泛术。得之者,若科之及第而悦于心;用之者,如射之发中而进于目。述自先圣,传之后学,用针之士,

有志于斯,果能洞察造微,而尽其精妙,则世之伏枕之疴,有缘者遇针到病除,其病皆随手而愈矣。

（五）百症赋

出处 明代高武《针灸聚英》

歌赋

百症俞穴,再三用心。囟会连于玉枕,头风疗以金针。悬颅、颔厌之中,偏头痛止;强间、丰隆之际,头痛难禁。原夫面肿虚浮,须仗水沟、前顶;耳聋气闭,全凭听会、翳风。面上虫行有验,迎香可取;耳中蝉噪有声,听会堪攻。目眩兮支正、飞扬,目黄兮阳纲、胆俞。攀睛攻少泽、肝俞之所,泪出刺临泣、头维之处。目中漠漠,即寻攒竹、三间;目觉䀮䀮,急取养老、天柱。观其雀目肝气,睛明、行间而细推;审他项强伤寒,温溜、期门而主之。廉泉、中冲,舌下肿疼堪取;天府、合谷,鼻中衄血宜追。耳门、丝竹空,住牙疼于顷刻;颊车、地仓穴,正口㖞于片时。喉痛兮,液门、鱼际去疗;转筋兮,金门、丘墟来医。阳谷、侠溪,颔肿口噤并治;少商、曲泽,血虚口渴同施。通天去鼻内无闻之苦,复溜祛舌干口燥之悲。哑门、关冲,舌缓不语而要紧;天鼎、间使,失音嗫嚅而休迟。太冲泻唇㖞以速愈,承浆泻牙疼而即移。项强多恶风,束骨相连于天柱;热病汗不出,大都更接于经渠。且如两臂顽麻,少海就傍于三里;半身不遂,阳陵远达于曲池。建里、内关,扫尽胸中之苦闷;听宫、脾俞,祛残心下之悲凄。久知胁肋疼痛,气户、华盖有灵;腹内肠鸣,下脘、陷谷能平。胸胁支满何疗,章门、不容细寻;膈疼饮蓄难禁,膻中、巨阙便针。胸满更加噎塞,中府、意舍所行;胸膈停留瘀血,肾俞、巨髎宜征。胸满项强,神藏、璇玑已试;背连腰痛,白环、委中曾经。脊强兮,水道、筋缩;目眩兮,颧髎、大迎。痓病非颅息而不愈,脐风须然谷而易醒。委阳、天池,腋肿针而速散;后溪、环跳,腿疼刺而即轻。梦魇不宁,厉兑相谐于隐白;发狂奔走,上脘同起于神门。惊悸怔忡,取阳交、解溪勿误;反张悲哭,仗天冲、大横须精。癫疾必身柱、本神之令,发热仗少冲、曲池之津。岁热时行,陶道复求肺俞理;风痫常发,神道还须心俞宁。湿寒湿热下髎定,厥寒厥热涌泉清。寒栗恶寒,二间疏通阴郄暗;烦心呕吐,幽门开彻玉堂明。行间、涌泉,主消渴之肾竭;阴陵、水分,去水肿之脐盈。痨瘵传尸,趋魄户、膏肓之路;中邪霍乱,寻阴谷、三里之程。治疸消黄,谐后溪、劳宫而看;倦言嗜卧,往通里、大钟而明。咳嗽连声,肺俞须迎天突穴;小便赤涩,兑端独泻太阳经。刺长强与承山,善主肠风新下血;针三阴与气海,专司白浊久遗精。且如育俞、横骨,泻五淋之久积;阴郄、后溪,治盗汗之多出。脾虚谷以不消,脾俞、膀胱俞觅;胃冷食而难化,魂门、胃俞堪责。鼻痔必取龈交,瘿气须求浮白。大敦、照海,患寒疝而善蠲;五里、臂臑,生疬疮而能治。至阴、屏翳,疗痒疾之疼多;肩髃、阳溪,消瘾风之热极。抑又论妇人经事改常,自有地机、血海;女子少气漏血,不无交信、合阳。带下产崩,冲门、气冲宜审;月潮违限,天枢、水泉细详。肩井乳痈而极效,商丘痔瘤而最良。脱肛趋百会、尾翠之所,无子搜阴交、石关之乡。中脘主乎积痢,外丘收乎大肠。寒疟兮商阳、太溪验,痃癖兮冲门、血海强。夫医乃人之司命,非志士而莫为;针乃理之渊微,须至人之指教。先究其病源,后攻其穴道,随手见功,应针取效。方知玄理之玄,始达妙中之妙。此篇不尽,略举其要。

第四节 古代体表解剖名称释义

一、头颈部名称

首：又称头,指颈项以上的部位。

颠：同"巅",又称顶巅,俗称头顶,为头中央之最高处。

囟(xìn,信)：与"囪"通,顶巅前为囟,婴儿脑骨未合谓囟门,已合称囟骨。

发际：头发之边缘。前额处为前发际,项部为后发际。

兑发：指鬓发尖狭部位。

额角：又称头角,简称角,即前发际在左右两端弯曲下垂所呈的角度。

额：又称额颅,又名颡(sǎng,嗓),俗称前额,指发下眉上之处。

颜：又称庭、天庭,额之中部。一说指眉目之间,一说指面部前中央。

阙(quē,缺)：又称印堂,俗称眉心,指两眉之间。两眉之间微上方称阙上;两眉之间称阙中,现称眉间。

頞(è,扼)：又称下极，俗称鼻梁、山根，现称鼻根，即两目间，鼻之凹陷处。

王宫：又称明堂骨，俗称鼻柱，即鼻根之下，鼻尖之上，鼻梁部位。

明堂：即鼻。亦有将鼻尖称明堂的。又称鼻尖为鼻准、面王、年寿，俗称鼻头。鼻之下端两孔称鼻孔；鼻之两旁称面旁；鼻尖之两旁、鼻孔之上称方上，现称鼻翼。

水沟：又称人中，鼻下唇上中央之凹陷处。

承浆：唇下颏上中央凹陷处。

颏：又称地阁，俗称下巴壳，现称下颌骨体，指承浆之下，颏骨之前部。

眉本：俗称眉头，眉毛内侧端，与眉梢对举。

眉棱骨：现称眉弓，两眉棱起之弓形骨，相当于额骨构成眼眶的部分。

目窠：又称眼窝，指眼眶内凹陷如窝状的巢穴。

目胞：又称目裹，俗称眼胞，现称眼睑。上面称上眼胞（上眼睑），下面称下眼胞（下眼睑）。

目纲：纲或作"网"，又称眼弦，现称睑缘，即眼睑边缘生长睫毛处。上面称目上纲（网、弦），即上睑缘；下面称下纲（网、弦），即下睑缘。

目内眦：又称大眦，即内眼角。

目外眦：又称小眦、锐眦，即外眼角。

颞颥(nièrú,聂如)：俗称太阳，现称翼点，指眉弓外侧，颧骨弓上方处。

頄(zhuō,拙)：指眼眶下缘的骨。相当于现代解剖学上的上颌骨和颧骨构成眼眶的部分。

頄(qiú,求)：又称颧，即颧骨，为眼眶外下侧的高骨。

颊：耳的前方，颧骨的下方。

颇(kǎn,砍)：俗称腮，指口角旁颊的前方空软处，即口腔黏膜的外壁。

颌：又称辅车，即下颌骨支，为下颌骨的耳下部分。

颊车：指下颌骨。

曲颊：指下颌角部。

吻：口四周之唇称吻。一说指两口角。

颐：口角外下方，腮部前方。

曲隅：又称曲角、曲周，俗称鬓角，指额角外下两旁，耳前上方的发际呈弯曲下垂的部分。

耳郭：俗称耳朵，为外耳道以外全部耳壳的统称。

耳蔽：俗称耳门，现称耳屏，即耳前小珠。

耳缺：耳屏上切迹。

引垂：即耳垂。

关：耳前核起之骨。

完骨：又称寿台骨，现称乳突，即耳后之高骨。

颃颡(hángsǎng,杭嗓)：指上腭与鼻相通的部位，相当于鼻咽部。

牙车：即牙床。

齿本：即牙齿的根部。

曲牙：即下牙床。因其弯曲向前，故名。

舌本：即舌根。

喉关：口腔后部的大孔，为呼吸饮纳之门户，如同关卡要道。

嗌：指食管上口（咽腔），又指喉咙。咽喉部的总称。

颈：头下肩上部位的统称。或指舌骨至胸骨体上缘的部位。

颔(hàn,汉)：颏结喉上，两侧肉之空软处，即下颌底与甲状软骨之间。

结喉：又称喉结，现称甲状软骨，指颈间喉外隆起之骨，女子不甚明显。

会厌：覆盖在喉的上端，即会厌软骨。

枕骨：俗称后山骨，现称枕骨结节，与现代解剖学同名，指后头中央隆起之骨。

玉枕骨：现称枕骨之上项线，指枕外隆突两旁高起之骨。

柱骨：又称天柱骨，为颈椎的统称。

项：头下肩上之后方，即从枕骨至大椎之间。

笔记栏

二、躯干部名称

骨空：泛指腧穴。
缺盆：现称锁骨上窝，在颈之下、巨骨之上，因凹陷如盆故称。
巨骨：又称缺盆骨，现称锁骨，指肩端横于膺上之大骨。
胸：缺盆下、腹之上的部位。
膺（yīng，英）：胸前两旁肌肉隆起之处，相当于胸大肌处。
膻中：两乳之间的部位。
骭（kuò，括）骨：胸骨之端之骨。
歧骨：泛指两骨连接成角之处。如锁骨肩峰端与肩胛冈肩峰之连接处，第1、第2掌骨连接处，胸骨下端与左右肋软骨结合处等。
䯏骭（héyú，合于）：又称鸠尾、前蔽骨，现称胸骨剑突，指胸骨下端蔽心之骨。
腹：俗称肚子，指胸以下、脐之上下左右的部位。胸以下、脐以上称上腹；脐以下称少腹或小腹。一说脐下称小腹；脐下两旁称少腹。
神阙：即肚脐。
丹田：指脐直下3寸左右的部位，内与男子精室、女子胞宫相对应。
横骨：指两股之间的横起之骨，相当于现代解剖学上的耻骨。
曲骨：现称耻骨联合，位于横骨的中央部。
鼠蹊（xī，夕）：即腹股沟部。
气街：指腹股沟股动脉处。
肩：颈项之下，左右两侧均称之，是上肢和躯干的连属处。
肩解：现称肩关节，肩端之骨节解处。
腋：俗称胳肢窝，指肩下胁上之陷窝。
胁：腋下到肋骨尽处之统称。肋骨即胸胁部的小横骨。
胠：腋下胁上，是胁肋的总称。
季胁：胁之下缘，胁下软肋的部分。
䏚（miǎo，秒）：胁下无肋骨之空软处，即腹部九分法之腰部。
背：躯干之后统称为背。
脊骨：又称膂骨，俗名脊梁骨，指脊椎骨（脊柱）。中医学指的脊多从第1胸椎棘突开始，向下数至第4骶椎棘突，共21节。
膂（lǚ，旅）：又称膂筋，指脊柱两旁的肌肉，约当骶棘肌分布处。腰以下称胂（shēn，申）。膂骨指脊骨，一指脊柱之统称，一指第1胸椎棘突。
肩胛：现称肩胛骨，指肩下背侧成片之骨。
肩膊：指两肩及肩的偏后部分。一说为肩胛骨的别称。
曲甲：现称肩胛冈，指肩胛骨上1/3弯曲突出之处。
两叉骨：指肩胛骨与锁骨相接之处，相当于肩锁关节部。古书称的巨骨穴，在两叉骨间。
髃（yú，于）骨：简称髃，又称肩髃、肩端骨，俗称肩头。相当于肩胛冈的肩峰突。
腰：背部12肋以下，髂嵴以上软组织部分。
胂（shēn，申）：泛指脊柱两侧的肌群。或指髂嵴以下的肌肉部分。
腰髁（kē，科）：指腰部两旁凸起之骨，与今之髂后上棘相似。
尻：尾骶骨部的统称。
骶端：又称骶、尾骶、尾闾（lǚ，吕）、穷骨、橛骨，指尻骨的末节，即尾骨。古书称长强穴位于骶端。
毛际：指下腹部阴毛的边际。
廷孔：又作庭孔，指阴道口。《素问·骨空论》："督脉者，起于少腹以下骨中央，女子入系廷孔。"
篡（cuàn，窜）：又称下极、屏翳，指前后二阴之间，即会阴部。督、任二脉均出于篡。
二阴：即前阴和后阴的统称。前阴又称下阴，是男女外生殖器及尿道的总称。后阴指肛门部。

下极：指两阴之间，即会阴部。亦有指鼻根、肛门者。

三、四肢部名称

膊：又称胳膊，指肩以下手腕以上的部分。一说指上臂外侧面。

臑（nào，闹）：指肩至肘内侧靠近腋部隆起的肌肉，即肱二头肌部。一说为上臂统称，其屈侧称臑内，伸侧称臑外。

分肉：泛指肌肉。

肘：即肘关节，膊臑与臂相连接之关节。其内侧面为肘窝，外侧为肘尖。

臂：又称小臂，现称前臂，指肘以下、腕以上部分。一说肩至腕通称臂。

辅骨：在上肢，指桡骨，亦称上骨。在下肢指膝两侧之骨，内侧者称内辅，即股骨下端的内侧髁与胫骨上端的内侧髁组成的骨突；外侧者称外辅，即股骨外侧髁与胫骨外侧髁组成的骨突。或指腓骨，又称外辅骨。

腕：臂与手相连接之关节。

兑骨：又称锐骨，小指侧臂骨下端之高骨，相当于尺骨茎突。一说指豆骨。

高骨：体表高突之骨的通称。或指大指侧臂骨下端的高起骨，相当于桡骨茎突。

寸口：两手桡侧掌横纹下，桡动脉搏动处。

手表：即手背。

掌：俗称手心，指、腕之间内侧面。其对侧叫手背。

赤白肉际：指手（足）的掌（跖）面与背面肤色明显差别的分界线。掌侧皮色较浅，称白肉；背侧肤色较深，称赤肉；两者交接之处称赤白肉际。

鱼：大指后侧隆起之肉。其外方赤白肉际处称为鱼际。亦有称拇指侧为大鱼，小指侧为小鱼。

本节：指掌指关节或跖趾关节的圆形突起。手足指（趾）最上一节，即掌指关节与跖趾关节处。其前方称本节前，后方称本节后。

大指（趾）：指、趾，古通。即拇指（脚趾）。

大指（趾）次指（趾）：即第2指（趾）。在手亦称食指。

将指：俗称中指，即第3指。

小指（趾）次指（趾）：又称无名指、环指，即第4指（趾）。

爪甲：即指（趾）甲。

楗：髀骨上，横骨下，股外之中，侧立摇动筋动应手处。楗骨指髂骨。一说指股骨，一说指坐骨。

臀：腰以下两股之上，尻旁大肉，即臀大肌的部位。

髀（bì，闭）：指股骨之上端。一说为下肢膝上部分的通称。

髀骨：现称股骨，指膝上之大骨。

髀枢：又称髀厌、机，指髋关节部。或指股部外侧最上方，股骨向外上方显著隆起的股骨大转子。

髀关：大腿前上端，即股四头肌之上端。

髀阳：指大腿外侧部。

股：俗称大腿，指膝以上部分。

股阴：指大腿内侧部。

鱼腹股：大腿内侧，其形如鱼腹处，即股内收肌群处。

伏兔：大腿前隆起的股四头肌，形如兔伏，故名。

膝：大腿与小腿的交接关节处。其关节称膝解，又称骸关，现称膝关节。

腘：膝部后面，腿部弯曲时形成凹窝，并呈现横缝（纹），分别称腘窝和腘窝横纹。

膑：又称膝盖骨，现称髌骨，指膝前的圆形骨。

犊鼻：即膝眼，状若牛鼻之两孔故名。

骭（hāng，夯）骨：亦可写作"胻骨"，又称足胫、骭（gàn，干），即胫骨。一说指胫骨之下端。

腨（zhuān，专）：又称腓肠，俗称小腿肚，现称腓肠肌。

绝骨：外踝之上3寸许，腓骨凹陷的部位，悬钟穴所在。

踠：现称踝关节，指胫下尽处之曲节处。
跗：又称趺或足趺，即足背。
踵：即足跟部。
然骨：现称舟骨，内踝下前方隆起之大骨。
覈(hé,合)骨：又作"核骨"，即足第 1 跖趾关节内侧的圆形突起。
京骨：足小趾本节后外侧突起的半圆骨，即第 5 跖趾关节外侧的圆形突起。
三毛：又称丛毛、聚毛，指足大趾爪甲后方有毛聚集处。

（杨　路）

第五节　针灸学现代研究进展

始于 20 世纪 50 年代的针灸学现代研究，经过国内外学者大量的临床和动物实验研究，在经络、腧穴、刺法灸法、针灸临床及针灸作用机制研究等方面获得了丰富的研究资料，取得了许多令人瞩目的成果，甚至促进了现代医学某些学科的发展。在经络腧穴实质研究方面，运用生物物理学等现代科学的许多方法，不仅肯定了经络的客观存在，而且对经络循经感传现象出现的规律和经络腧穴的形态学基础进行了研究，并对经络实质提出了多种假设。在刺法灸法研究方面，不仅丰富和发展了各式各样的针灸方法，而且在针刺刺激量、针灸补泻、电针刺激参数、针灸量效关系和时效关系等方面进行了研究。在针灸临床研究方面，运用严格的科学方法进行临床观察，肯定了针灸的疗效，总结了针灸治病规律，证明针灸不仅可以治疗功能性疾病，而且可以治疗器质性疾病，同时扩大了针灸的适应证，如针灸用于减肥、戒烟（毒）、美容、延缓衰老等。在针灸作用机制研究方面，运用现代医学和生物学的方法，探讨了针灸对机体的影响和治病原理，证明针灸对机体各个系统和方面都有调整作用，特别是对针刺镇痛原理的研究更为突出和深入，而且推动了现代医学痛觉生理学的发展。

一、经络的研究

（一）经络现象

经络现象是指机体由于某种原因引起的沿古典经脉循行路线出现的各种生理和病理现象。生理现象有循经感传、隐性循经感传等，病理现象有循经性皮肤病、循经性皮肤显痕、循经性感觉异常、循经性疼痛等。其基本特征是循经性。依其性质和特点可分为三大类：一是主观感觉，如循经感传、循经性感觉异常、循经性疼痛等；二是特殊方法测查到的，如隐性循经感传等；三是刺激穴位时循经出现的红线、白线、皮丘及循经性皮肤病等。

1. 循经感传现象　循经感传现象是指用毫针或其他方法刺激穴位时所产生的"得气"感觉从受刺激的穴位开始沿古典经脉循行路线传导的现象。有"经络感传""经络敏感现象""经络感应现象""针响"等称谓，1979 年全国第一届针灸针麻学术会上统一为"循经感传现象"，简称为循经感传。

（1）循经感传现象的调查：通过国内外数年对 6 万余人的调查，结果表明经络循经感传现象确实是客观存在的，并非虚构或假想的，其是一种可以在人体引发出来的特殊生命现象。其显著型、较显型、稍显型合计在测试人群中所占的比率为循经感传出现率，国内各单位调查高低不等，在 5.6%～45.2%之间，绝大多数在 12%～25%之间。显著型在测试人群中的出现率称为显著型感传出现率，国内目前资料表明此出现率在 0.4%～1.3%之间。四种感传类型在人群中比例多少是按不显型＞稍显型＞较显型＞显著型的顺序依次递减。但不包括后来发现的隐性感传。同时发现循经感传现象在人群中不但客观存在，而且具有普遍性。大量的研究资料表明，在全国不同地区（不同经纬度）、不同民族、不同年龄、不同性别、不同职业、不同文化程度和不同习俗与信仰以及病人或健康人群中均有循经感传现象被引出，而且在国外的不同人群中均有发现，所引出的现象还可多次重复。目前初步认定循经感传现象是人类（或生物界）所共有的生物学属性在特定条件下所表现出的一种特殊的生命现象。

（2）循经感传现象的基本特征

感传路线的循经性：调查资料表明，大多数受试者的感传路线是循经的。通常在四肢部的感传线

与古典经脉循行路线基本一致,但在胸腹部则不完全一致。

循经感传的感觉性质:循经感传的感觉性质是多种多样的,针刺和指压时产生酸、麻、胀、抽动、冷、热等感觉;电脉冲刺激时除上述感觉外,尚有流水感、虫跳感、蠕动感等;艾灸时则多产生热感或麻感;穴位注射后以酸、胀、沉重感居多,偶有热感、冷感等。

循经感传的宽度和深度:大多数受试者的反应证明循经传导的感觉带均有一定的宽度,一般为0.1～5 cm或更宽一点。但在不同个体、不同经脉,或同一经脉的不同部位的感觉带宽度也有差异,一般是四肢部较窄而躯干部较宽。深浅一般是四肢末端及头面部肌肉浅薄处感传线似在皮下,臀、股、上臂等肌肉丰厚处感传线较深,似在肌肉中。

循经感传的传导速度:循经感传速度有快、慢两种。快的如触电样放射,可立即走完全经;缓慢者如气流之缓行,其速度比自主神经和躯体神经还要慢,在1.0～16.8 cm/s之间。

循经感传的方向:许多受试者均可因刺激躯体上任何一个经穴(四肢末端除外)而出现从该穴向两个相反方向的感传,说明感传的传导是双向性的。

循经感传的停顿性:调查证明,感传行进时并非匀速传导,而是有快有慢、有走走停停的现象,而这些停顿点多为穴位所在处。同时还发现感传在通过关节或主穴时速度很慢,甚至暂时停顿。

循经感传的可阻滞性:在循经感传线上附加一个阻滞性刺激,如机械压迫、注射液体、冷冻降温或皮肤刺激干扰等,可使正在传导的感传不再向前传导。当阻滞因素撤除后,感传又可恢复并继续向前传导。

循经感传的对称性:刺激两侧同名穴,引起的循经感传路线呈对称性。

循经感传的趋病性:感传沿该经脉路线循行到接近"病灶"的部位时,可偏离本经而趋向病所。

循经感传的效应性:当循经感传到达相应脏腑或五官时,可诱发或改变这些器官的功能活动。

循经感传的回流现象:有受试者引发的感传至终点时,或停止刺激穴位时,感传并不消失,尚可沿原路线返回,传导至原刺激点。

此外,循经感传还有接力、跨越、窜经、扩散现象及个体差异性和反应多样性等特征。

(3)循经感传现象与临床:大量的临床观察资料证明,感传越显著,疗效越好,而且感传显著程度和针刺效应的优劣之间存在高度正相关。当针刺穴位循经感传到疼痛部位时,能提高镇痛疗效。

(4)隐性循经感传及其转化:在大多数经络感传不显著者的井穴施加电刺激后仍无循经感传出现时,若在该经循行线的不同水平面上垂直于经线方向用小锤叩击则可出现特殊麻胀感向井穴放散传导,这种需附加叩击才能引出的循经感传称为隐性感传。据研究,隐性感传出现率为68.5%。而且隐性感传在一定条件下可转化为显性感传。

(5)影响循经感传的因素

时间因素:夏秋季感传出现率较冬季高,但上、下午差别不大;还有证实,望日感传出现率似较朔日为高。

温度:皮温、室温升高时感传出现率也相应提高。反之,当皮肤温度低于20℃时感传即不再出现。

刺激方法、强度和穴位:针刺>电刺激>按压;穴位注射>电刺激;艾灸较低。刺激强度增大,感传增强,但过强反而减弱。井穴、原穴较其他穴位和非穴位感传率高。

年龄因素:少年组>中老年组。但有相反报道。

遗传因素:感传出现率与家族和遗传有十分密切的关系。循经感传显著者的直系亲属中感传出现率远远高于一般调查人群。

疾病:研究证实,感传的发生率与疾病有关,如甲状腺功能亢进、哮喘、高血压及神经系统损伤的患者感传出现率均高于正常人。而且发现循经感传可随疾病变化而变化,如脊髓灰质炎后遗症患者在矫正术后,随着功能恢复,感传现象又减弱或消失。

心理:一般是心情愉快、较平静状态下感传出现率较高;反之,情绪不佳,波动起伏状态下,感传出现率显著降低。如果在气功诱导入静状态下,感传出现率明显提高。

其他因素:体位不同,感传出现率也有差异,一般卧位最佳,坐位次之,站位较差。不同经脉的感传出现率也有差异,一般认为上肢比下肢感传出现率高,手三阴经又比手三阳经高。可能还有种族差异,如莫桑比克和几内亚人感传出现率远高于中国人。一些药物也可影响感传出现率等。

(6)循经感传的激发和控制:应用"气至病所"的手法;或反复轻微捻针,伴以小幅度快速提插或辅以沿经撮、提、循、按;或循经加热;或应用ATP、辅酶A、细胞色素C、活血化瘀中药等,经肌内注射、口服或静脉给药,都可在一定程度上提高循经感传的显著程度。在感传终止处再加刺激,多次接力刺激,可使感传达到全程。采用入静诱导结合压穴刺激,可增加感传出现率。

（7）循经感传的客观指标：关于循经感传的客观指标,不少学者在积极研究,但尚处于初步探索阶段,有待进一步研究。

（8）循经感传的形成机理

中枢学说：该学说认为,循经感传形成的根本环节是在中枢神经系统内部,所谓的循经性感觉传导实质是由针刺引起的兴奋在中枢神经系统特别是在大脑皮质内的定向扩散。

外周体表学说：该学说认为,循经感传现象是由于针刺穴位产生的某种循经传导的信息动因依次兴奋了沿途的神经感受装置,其冲动相继传入引起大脑皮质感觉定位而形成了循经感觉传导。

中枢与体表综合学说：该学说认为,在中枢神经系统内的身体各部分代表区里必然有与体表经络线空间分布形式相对应的"经络构型",而在体表的感受器的线状排列可能就是经络外周构型的表现形式之一,与此相应,从感觉传入到运动传出之间的紧密相关,还应考虑到效应器的某种线状联系可能是经络外周构型的另一种表现形式。

此外,还有脊髓α运动神经元兴奋传递说、神经-骨骼肌兴奋耦联说等学说。

2. 其他经络现象

循经性皮肤显痕：在对穴位一定刺激条件下,出现循经分布的带状白线、红线、皮下出血或皮丘带等。

循经性皮肤病：出现循经带状排列的疣状痣、色素痣、皮肤萎缩、白癜风、湿疹、神经性皮炎、扁平苔藓、银屑病、红斑、贫血带、紫癜、硬皮病、脱毛带、皮脂腺痣等。

循经性感觉障碍：出现循经的疼痛、麻感、灼热感、吹风感、痒感、冷气感、热流感等。其是在病理情况下,机体自发出现的一种经络现象,其分布路线既不同于神经血管的走行路线,也不同于某些神经痛、感觉障碍或内脏病变所致的皮肤过敏带,而与古典经脉循行路线相吻合。

循经性皮肤低电阻现象：研究证明,人体体表有低电阻点和由低电阻点连成的线,大多与穴位和经络相符。

此外,经络还有放射性同位素的循经迁徙现象、声信号的循经传递现象、循经性出汗现象、循经性痛阈和触觉阈、循经性高叩诊音现象、循经性高温带或低温带、循经性低流阻现象、循经性热辐射特征、循经性磁学特征和循经性离子分布现象及高发光特性等。而且头针和耳针也有感传现象。

（二）经络实质

目前对经络实质的看法大体上有以下三种观点：① 经络是以神经系统为主要基础,包括血管、淋巴系统等已知结构的人体功能调节系统。② 经络是独立于神经、血管、淋巴系统等已知结构之外,但又与之密切相关的另一个功能调节系统。③ 经络可能是既包括已知结构,也包括未知结构的综合功能调节系统。

1. 经络与周围组织　研究证明,经络与周围神经、神经节段、自主神经、血管和淋巴系统、肌肉和肌腱结缔组织等均有密切相关性。

2. 经络与大脑皮质功能

经络与中枢神经相关说：研究认为经络传导路线并非存于体表局部的兴奋传导轨道,而是神经中枢(可能是大脑皮质)在功能上排列在一起的特殊皮质上的兴奋传导过程。进而推论,大脑皮质体感区功能定位的空间构型可能就是形成某些经络现象的重要物质基础。

经络-内脏-皮质相关说：经络与内脏有着肯定的联系,而大脑皮质与内脏也有着肯定的联系。因而,有人推测经络-内脏-大脑皮质三者之间必有联系。

3. 经络与神经体液调节　大量研究表明,针灸可影响神经内分泌调节功能,说明神经体液的综合性调节功能也是经络功能活动的物质基础。

4. 类传导说　该学说认为经络是一个特殊的传导系统,该系统分布在体表,其严整而规律,是有着相对独立性的传导体系。

5. 进化较低级和古老传导系统说　该学说认为,经络功能是一种调整功能,具有兴奋性(应激性)、传导性(联引性)、调整性(整合性)三个生理学特征,这是所有生物所共有的特征。由于高等动物中枢神经系统高度发达,所以原有的各种调整功能很可能被掩盖,或处于从属地位,但是在某些特定条件下,如果这些原始的、低级的调整功能被激活,它仍将发挥出其固有的调整作用,并引起各种生理病理现象。

6. 第三平衡系统论 该学说认为,现代生理学中已知的人体平衡系统有三:躯体神经系统、自主神经系统和内分泌系统。前两者的反应(传导)速度分别为 100 m/s 和 1 m/s 左右;而内分泌系统的反应速度(或作用时间)则以分计。经络感传的速度为 10~20 cm/s,比神经的传导速度慢,但比内分泌系统快。因此,四者可分别称为第一、第二、第三和第四平衡系统,经络感传则为第三平衡系统。维持人体整体平衡不可能只有一种装置,而是有多种装置,这些装置的作用各有不同。第一平衡系统维持快速姿势平衡,第二平衡系统维持内脏活动平衡,第三平衡系统维持体表和内脏间的平衡,而第四平衡系统则维持全身慢平衡。它们的分工虽有不同,但互相影响、制约,维持着整体平衡。该学说还认为经络的平衡调整作用具有整体区域全息性质。

7. 生物电轴及电通路说 该学说认为,经络的实质就是机体的生物电流通过组织及体液中的电介质,按容积导电形式投射到皮肤表面,于是各器官就形成了自己在体表特定分布的电力线,即生物电的电轴线,这就是经络,这些不同的电轴线交叉点就是穴位。

8. 二重反射假说 该学说认为,经络的物质基础主要是心脏、血管、神经、体液,针刺的调节、防卫及镇痛效应是通过长、短二重反射实现的。长反射是指通过中枢引起的反射效应,而短反射是不通过中枢在外周即可完成的反射,短反射是局部组织损伤而产生的一些酶化学物质作用于游离神经末梢而引起的。

9. 轴索反射接力联动假说 该学说认为,由穴位直接刺激引起的轴索反射可使轴索分枝终末的肥大细胞活动改变了一些中间物质的成分和含量,这些中间物质能将信息从一个神经元的轴索终末传递给下一个神经元的轴索终末,它们包括从上一轴索终末释放出的递质、存在于微环境中的各种生物活性物质或电解质等。主要由于中间物质导电能力的增强,激动皮肤中按经络路线特定排列的、与上一神经元末梢重叠分布的下一个神经元轴索终末产生兴奋,促使下一神经元进行轴索反射。

此外,有关经络实质的假说还有经络体电环流说、生物场力聚集说、体表内脏植物性联系系统说、控制论说、进化论说、细胞间直接通讯说、免疫调节网络说、微循环假说、筋膜学说、脊髓脑干神经网络假说、信息系统说、蛋白能带结构说、交感神经敏感线说、电力吸聚和能量代谢运动基本粒子说、基因控制结构说、波导说、生物膜说、蛋白质电传感效应说、间隙液气说、321集成理论、正负离子富集群说、波粒二象性说,等等。

二、腧穴的研究

(一)穴位坐标的研究

许多学者通过大量实验研究证明,穴位确有其特定的空间位置或坐标。古人所总结的每个穴位的定位方法、骨性标志及尺寸标准、针刺深度与方向,就是该穴在人体内的空间位置和坐标参量。

1. 穴位坐标定位的严格性和准确性 许多学者通过穴位与邻近非穴位点针刺效果的对比,证明了穴位在体内的空间位置和坐标确实非常严格,不容有丝毫的差误。如有学者按正交设计在同一动物身上发现,78.2%的动物针"足三里"穴时产生显著的镇痛效应,但在相距仅 0.5 cm 的非穴点针刺时却无镇痛效应发生。即使取穴正确,但针刺的深浅或方向略有微小差误也难取效,当用提插或探穴手法调整深浅和针刺方向后便即刻显示出效应。

2. 穴位坐标的客观判定 近年大量国内外研究资料已证明,穴位除在坐标上的严格性和针刺效应上与非穴位的显著差异性外,还有许多生物医学或生物物理学特性与非穴位有所区别。这些生物医学或生物物理学特性有电学、光学、温度(红外、液晶热图像)、声学、电磁学、辐射场摄影、皮肤斑分布、碘化银沉积、P-K 试剂、电泳漆、同位素示踪和各种离子活度的检测等,它们可用来确定穴位位置。

(二)腧穴的形态结构研究

1. 穴位解剖学的研究 大量的研究资料发现,腧穴的形态结构与神经关系最为密切,动、静脉次之,淋巴管再次之;另外,与肌肉、肌腱的关系也十分密切。对穴位部位所进行的解剖学观察,迄今没有找到目前尚未认识的特殊结构,所见到的都是已知结构,故有学者提出穴位是由多种组织构成一个多层次的"立体构筑",但与非穴位处相比,在已知组织的配布上存在着某些方面的相对特异性。

笔记栏

2. 穴位组织学的研究

(1) 穴位组织学的一般特征：对穴位及非穴位区研究发现，穴区的表皮、真皮、皮下、筋膜、肌层等组织中主要是已知的血管、神经束、神经支和游离神经末梢或各种神经感受器的集中区。但全身不同部位的穴位中，上述组织的种类、数量和组合形式差别很大。

(2) 穴位针感的形态学结构

1) 穴位针感点的分布规律：用蓝点法或改良蓝点法研究证明，穴位下针感点可存在于自皮肤到骨膜的各层组织中，但大多数分布在深层组织内。

2) 针感性质与组织结构的关系：对直接刺激不同组织时产生的感觉与针感的对比研究结果发现，刺激神经时多引起麻感，刺激血管多引起痛感，刺激肌腱、骨膜多引起酸感，刺激到肌肉多引起酸胀感。同时还发现，同一神经干，当用手术器械碰它时产生麻感，针刺时产生酸感，手术刀分解它的鞘膜时又产生麻感，手搓它时产生重感。而且在各种组织刺激中可引起针感反应者，仍以刺中神经的发生机会最多。这也证明针感可产生于各种组织之中，但针刺作用于不同组织时产生的针感性质不同，而且同一组织内，针刺手法不同（刺激方式及质和量不同），也可能引起不同性质的针感。

3) 穴位针感点的组织结构：研究发现，针感点周围 1.8 mm 直径范围内的组织结构中神经干、神经支和小血管（管壁神经丛）为 100%，游离神经末梢为 54%，肌梭为 37% 左右，其余的感受器，如腱梭、环层小体、克氏终球等为数较少。还有发现，人体主要穴位肥大细胞数量较非穴位多，多沿经络线走行方向的小血管、神经束分布，其在接受刺激，产生和传导针感中发挥了重要作用。

4) 穴位与感受器种类的关系：通过形态学和穴位肌电，以及神经细束分离法等研究发现，在肌肉丰厚的穴位（如合谷、内关等）下，肌梭密集分布，肌腱附近穴位（如昆仑、曲泽等）中主要是环层小体最多，肌与肌腱接头部的穴位（如承山）中心则以腱器官为主，头皮处穴位（百会、印堂、攒竹和丝竹空）中主要是游离末梢和包囊感受器，关节囊处的穴位（内外膝眼）则以鲁菲尼小体为主。

5) 针感形成的机理：研究认为，针感的形成主要是针刺直接刺中了穴位感受装置中的小神经束、神经干（支）、游离神经末梢、某些包囊感受器、血管壁上的神经装置等，引起感受器的兴奋，后者将针刺刺激转换成相应的神经冲动，即针刺信号，该信号沿一定的外周和中枢路径逐步传入脑的高级部位，最后导致针感的形成。

(三) 腧穴的病理反应研究

1. 穴位病理反应的形式

(1) 感觉异常：有疼痛敏感或自觉疼痛、穴位压痛和知热感度的异常变化等。

(2) 组织形态改变：脏腑病变时，穴位皮肤出现瘀点、白斑，或局部凹陷或隆起、丘疹、脱屑等，或在穴位皮下出现硬结、条索状反应物等。

(3) 生物物理特性改变：脏腑病变时，穴位皮肤有电位或导电量的增高、降低或左右失衡等变化。此外，还有光学、声学、辐射场摄影、电磁特性和各种离子活度的变化等。

2. 穴位病理反应的基本规律

(1) 穴位病理反应的主要部位：穴位病理反应主要集中发生在背俞穴、募穴、原穴、郄穴，及其他特定穴和个别经外反应点（阿是穴）。在耳郭则出现在与患病脏腑有联系的耳穴反应区。

(2) 穴位病理反应与脏腑相关的特异性：穴位病理反应在体表的分布区域和部位，与患病脏腑之间有一定对应关系。例如，胃病患者在胃俞的反应远较肝病患者多而明显；反之，肝病者在阳陵泉的反应又比胃病患者多。

(3) 穴位病理反应同脏腑疾病进程的关系：穴位病理反应的性质、强弱常随病情发生相应变化。病变轻时阳性反应的穴位数量少，结节性病理反应质地较软；病变加重时出现阳性反应的穴位增多，反应结节质地较硬。穴位皮肤色泽、形态改变也有类似规律，慢性病时相关的穴位多以形态改变为主，皮肤色泽的改变则既可见于急性病，也可见于慢性病。

3. 穴位病理反应的临床应用

(1) 协助诊断疾病：穴位病理反应具有协助诊断的作用。临床上常用的穴位诊断法有穴位压痛诊断法、穴位触诊诊断法、穴位异常现象诊断法、穴位测定诊断法和耳穴诊断法等。

(2) 帮助选取穴位：临床研究证明，不少压痛点与穴位的定位及分经有一定的关系，如坐骨神经痛患者于臀、腘窝、腓骨头、腓肠肌等处可找到明显的压痛点，这些点大多是环跳、秩边、委中、阳陵泉、承山等

穴的所在处，根据疼痛部位选取相应穴位。临床上另一方面就是根据发生在背俞穴、募穴、原穴、郄穴，及其他特定穴和阿是穴，或在耳穴出现的感觉异常现象，依据"以痛为腧"的原则取穴治疗相应疾病。

（四）腧穴功能特异性的研究

1. 腧穴功能的特异性 腧穴功能的特异性是指穴位与非穴位、某穴位与他穴位在针刺效应和主治作用方面的不同特点。穴位功能的特异性，首先突出地表现在针刺不同的穴位，可产生不同的效应。但是，每个穴位的针刺效应均和它所属经脉的脏腑络属规律有着明显的对应关系。例如，针刺心经穴位主要表现出对心的生理病理的影响，针刺肺经穴位主要显示出对肺的生理病理的调整作用，但针非本经穴的效果就不明显。近年应用脑功能成像技术对腧穴效应特异性进行了大量研究。结果表明，刺激穴位引起的脑内应答具有一定的特异性。

2. 腧穴功能特异性的相对性 腧穴功能的相对特异性是指穴位除具有特异性外，同时也显示出全身或普遍作用。穴位的主治功效虽然有明确的归经和分野，但是仍具有一定的相对性。表现在某些穴位在治疗本经病的同时，也能显示出它对其他有病机联系或有经脉的表里、交接、交会、沟通关系的器官或部位的治疗作用。例如，内关是心包经穴位，对心脏功能有特异性影响，但是有时还表现出较好的止呕、和胃作用；合谷穴是大肠经穴位，除了对经脉循行分野的镇痛作用外，有时又产生全身性的镇痛作用。

3. 腧穴功能特异性的机理 一般认为，躯体内脏神经的节段性联系是腧穴具有特异性的物质基础。

（五）单穴的研究

对单穴临床疗效的研究，证明了单穴不仅治疗局部病证和远隔部位病证，还可对人体脏腑及表里阴阳寒热虚实不同状态进行调节；同时，对单穴的治疗机理的研究，证明了单穴作用的有效性和双向调节特性，体现了针灸是以达到人体平衡为其根本机制的。2003年国家中医药管理局设立的《中华人民共和国针灸穴典》专项研究，通过52项研究对33个单穴主治作用的科学验证，为单穴主治作用的确定提供了临床依据。研究由启动到验收完成历经4年之久，有19个省、直辖市及自治区的540名针灸医师及相关人员参加，在116家医院展开。研究涉及了33个临床常用穴位与36个常见病证，穴位包括30个经穴与3个经外奇穴，共涉及除手太阴肺经及足厥阴肝经外的十二条经脉。结果在52项研究中有40项研究结果显示针刺组疗效优于对照组，11项研究显示治疗组与对照组疗效相当，有1项研究结果显示对照组疗效优于针刺组。

（六）腧穴治疗作用途径的研究

1. 穴位针刺效应的外周传入通路 针刺镇痛研究证明，躯体神经的感觉纤维是针刺效应的传入通路。但是有人发现交感神经纤维也可能是针刺效应的传入途径之一。关于躯体神经中与针刺效应传入有关的神经纤维类别问题，看法尚不一致。研究发现，针刺穴位可兴奋Ⅰ、Ⅱ、Ⅲ、Ⅳ各类纤维，并且它们将冲动传入中枢，但目前倾向于认为针感和镇痛信号主要是由中等粗细的Ⅱ、Ⅲ类纤维负责传递的。另外，还发现电针感以兴奋Ⅱ和Ⅲ类纤维为主，而手法运针针刺的酸、麻、胀、重感则主要由Ⅲ和Ⅳ类纤维传导。

2. 穴位针刺信号的中枢传导通路

（1）脊髓上行通路：穴位针刺冲动经深部神经传入脊髓后，作用于背角细胞，通过突触前抑制阻滞痛觉传导，或通过脊髓本节段或相邻节段间的纤维联系，对前角或侧角神经元发生影响而发动躯体-内脏或躯体-躯体反射，经交感纤维或γ-传出纤维分别对痛反应和内脏或躯体功能活动进行调节、控制。当然这种相同或相邻的脊髓节段内反射是在脊髓以上各级中枢的影响和控制下进行的。所以除了脊髓节段内或节段间的相互作用外，由针刺穴位的传入冲动，在脊髓内换元后其二级冲动继续经腹外侧索向高位中枢传递。

（2）脑内通路：针感信号经脊髓上行入脑后，在脑干主要在网状结构、网状巨细胞核、中缝核、中央灰质、中央被盖束区内对有关神经元发生影响，并与痛觉冲动或内脏传入冲动发生相互作用，同时又经背外侧索或中央被盖束分别向下进行下行控制或向上传导。然后在丘脑换神经元上行到大脑皮质。

3. 穴位针刺信号的外周传出通路 针刺穴位后，针刺信息由外周传入通路进入中枢有关各级脑部，经中枢整合调制后，通过传出途径对脏腑器官的活动和痛反应进行调节和控制，已有实验证明，针刺效应的外周传出途径与神经反射性通路和神经-体液径路有关。

（1）神经反射性通路：由外周传入神经通路传入的针刺信息，通过各级中枢作用后转换为传出经冲动。其神经冲动沿脊髓背外侧索下行至有关节段,对脊髓背角、中间外侧角及前角神经元发生作用,作用后的神经冲动再沿相应的躯体运动神经或自主神经传至各自的效应器,引起其功能活动的各种变化。

(2) 神经-体液通路:在针刺效应的传出途径中,除神经机制之外,还有体液因素的参与,即神经-体液途径。其环节主要是经过神经反射性通路引起内分泌腺功能的变化,由此产生的激素等物质经血液循环到达全身各部,对相应的脏器和组织发生影响。

(3) 脊髓 γ-传出系统:这一系统随躯体神经到达相应支配区穴位下的肌梭,引起梭内肌的收缩和肌电发放,以及局部的肌紧张。

三、刺法灸法的研究

(一) 刺法的研究

1. 毫针基本刺法的研究 对提插法与捻转法的比较研究表明,两者基本效应相同,但存在一定的量的差异,甚至质的差异。不同术式针刺方法可使之兴奋的神经纤维不同。

2. 针刺补泻的研究

提插补泻:补法可引起大多数受试者局部皮温升高、体表胃电波幅增高、血管扩张、肠鸣音减弱;泻法则相反。

徐疾补泻:补法可引起受试者局部皮温升高、促进微循环血流速度加快;泻法则相反。补法和泻法可改善乳癌术后化疗虚证患者造血功能,防止白细胞减少,减轻症状,但补法优于泻法。对大鼠痛阈的影响是补法可显著降低嘶叫阈,而对甩尾阈无明显影响;泻法则可显著提高甩尾阈,而对嘶叫阈无明显影响。

捻转补泻:补法可使细静脉收缩,引起输出支扩张;泻法可使细动脉收缩,引起输入支收缩,血流减慢。

迎随补泻:补法可降低健康育龄妇女卵泡早期血浆中环核苷酸含量;补法和泻法可增加血栓素含量,补法尤为突出,但对前列腺素无影响;补法可降低动物体重和内脏重量,提高动物痛阈;补法可提高皮温,泻法则相反;对人及动物记忆的影响也以补法最佳。

呼吸补泻:泻法对胆碱酯酶活力抑制程度较补法明显;泻法可降低转氨酶,补法则升高转氨酶;补法可使胃电活动呈兴奋状态,增强网状内皮细胞吞噬能力,泻法则抑制胃蠕动和吞噬功能。

凉热补泻:烧山火可引起大多数受试者局部皮温升高,透天凉则下降;烧山火针下有热感时肢体末梢血管呈舒张反应,运动时值和视时值缩短,透天凉针下有凉感时肢体末梢血管呈收缩反应,运动时值和视时值延长;烧山火可使皮肤电位下降,透天凉可使皮肤电位上升;烧山火可使嗜酸性粒细胞数减少,透天凉则使之增加;在促进白细胞吞噬功能方面,透天凉优于烧山火。

3. 针刺量效关系的研究

(1) 针刺刺激量的研究:针刺的刺激量主要包括刺激强度、频率和累积时间,三者均能影响刺激量的大小,从而产生不同的刺激效应。不同刺激强度对针刺疗效有不同的影响。有研究者提出了针刺有效刺激的概念,认为针刺作用于机体产生的刺激可分为有效刺激和无效刺激两种,施行不同针刺手法的意义在于强化有效刺激,减轻无效刺激,并进一步提出有效刺激量的大小主要取决于患者对针刺的敏感度、针刺手法以及有效刺激时间等方面的恰当把握和协调统一。

针刺强度:轻刺激引起肢体血管扩张、转氨酶升高、细胞免疫增强、小肠运动增强,肾脏泌尿、肾盂收缩、输尿管蠕动一时性抑制;重刺激则相反。

针刺留针时间:长留针胃蠕动抑制、左心搏血量增加、嗜酸性粒细胞减少;但对胆囊收缩无影响。据研究,针刺留针时间长短对疗效的影响是不同的,许多实验研究证实留针的最佳时间是 20~30 min。

针刺次数:多次针刺的叠加可增加疗效,但有一定限度,超过限度的多次针刺,疗效就会减弱。

(2) 针刺深浅与疗效和疾病的关系:有研究者提出不同的针刺深度可引起不同的刺激效应,对针刺深度的有效把握,是针灸的重要刺激参数之一。研究表明,同一疾病针刺同一穴位的不同深度、不同疾病针刺同一穴位的不同深度具有不同的治疗效果,这可能与针刺不同深度,导致不同组织反应具有相对特异性相关。

4. 针刺时效关系的研究

（1）针刺效应时间特征研究：机体对针刺的反应有一定的时间特征,对穴位进行针灸刺激时,其效应过程呈现一个渐进的时间过程,即先经过一个或长或短的潜伏期,然后针效迅速上升,在高水平维持一段时间后,便逐渐下降,回落至针前或比针前略高的水平。针灸效应的发生发展与时间的关系,称为针灸作用的时间效应。可将针灸效应的时间过程分为潜伏期、上升期、高峰期和下降期。各期之间无绝对的界限,但各期却代表着针灸效应的实质性过程。研究结果表明,针刺的运针时间必须达到一定量的积累,才会有针刺效应的蓄积。但是针灸效应的作用时间是有限度的,超过这一时间限度针灸效应逐渐消失。

（2）时间针灸学研究：在古人子午流注针法、灵龟八法和飞腾八法按时分经取穴针灸方法的基础上,学者们提出了时间针灸学的概念。其研究证明,不同时辰针灸所产生的效应是不同的,人体的生理活动和病理变化都有其节律变化特点,针刺调整作用是以机体的功能状态为基础的,针刺效应也随着机体生物节律变化而变化。另外,在病理变化的不同阶段,机体的功能状态不同,针刺效应也不相同,如针刺治疗疟疾、癫痫在其发作前半小时针刺,疗效最明显,但已发作或发作间期针刺,疗效就不显著。

5. 电针刺激参数的研究

强度：研究发现,在人及动物能够耐受的范围内,电针效应一般随强度增加而增强,但过强或过弱都不利效应提高。

频率：在提高痛阈方面,电针频率研究结果尚不统一。研究发现,不同频率电针刺激能促进不同中枢神经递质的释放,如在人体证实,低频率刺激释放脑啡肽,高频率刺激释放强啡肽。进一步的研究发现,低频和高频电针镇痛由不同的中枢部位介导,即下丘脑弓状核是介导低频电针镇痛的关键部位,脑桥的臂旁核是介导高频电针镇痛的重要部位。不同频率电针对外周神经中各类神经纤维兴奋性影响也各不相同。

波宽、波形、节律：当电针频率固定,强度增加时,其恰当的波宽对镇痛是合适的,如波宽过窄或过宽,均可使机体产生损伤性刺激效应。就镇痛来说,不同的波形和节律的电针效应不同,疏密波＞连续波和断续波,密起疏伏波＞起伏波与正锯齿波,声电波＞脉冲波；但在消除机体疲劳状态方面,脉冲波＞声电波。

持续时间：研究发现,在镇痛时,电针 10 min 即开始起效,20 min 时效应最强,30 min 已开始下降。如电针持续时间过长则电针效应会减弱,即产生电针耐受现象。

综合研究：从电针刺激与针效关系研究中发现,电针的波形、强度、频率、波宽、刺激时间对电针效应均有一定的意义,在应用时都不容忽视。

6. 不同针具作用的研究 临床观察和实验研究表明,不同的针具在针灸作用、疗效和适应证方面确有差别。有人证实金针、银针在针刺影响胆汁分泌、皮温变化效应中有不同作用。有人用细针行补法后多引起家兔肛门温度上升,行泻法则多引起其温度下降,但粗针分别进行补泻手法则不出现变化。

7. 不同针法作用的研究 电针与手法运针的针感和传入纤维类别不同,电针以麻感为主,主要经Ⅱ类为主的粗纤维传入中枢；手法运针以酸、胀感为主,主要经以Ⅲ类为主的细纤维传入中枢。另外,在对机体功能调整方面也有所不同。

（二）灸法的研究

1. 灸法的补泻效应 有研究发现,艾灸的补法可提高"阳虚"小鼠的细胞免疫功能,而泻法则无此作用。艾灸的泻法对发热家兔的降温效果明显优于补法。对免疫复合物型肾小球肾炎家兔模型艾灸补泻法无明显差异。

2. 灸法量效关系的研究 研究表明,艾灸达到一定量时才出现明显效应,而且在一定范围内灸效随着灸量增加而增强,但不是所有的灸效都是如此。

3. 灸法质效关系的研究 有人观察提高小鼠巨噬细胞吞噬能力,麦粒灸作用强于隔姜灸和艾条灸；但对乙肝治疗,麦粒灸与隔药饼灸无差异。还有研究观察治疗类风湿关节炎,纯艾条无论在改善症状和体征,或免疫功能调节方面均优于无烟艾条。

4. 不同灸法作用的研究 有研究观察艾灸、电烙灸、电炉丝灸、石英灯灸对家兔急性心肌缺血的作用,结果表明,艾灸与其他三种电热灸均能明显抑制模型动物的心率减慢,组间无明显差异,但四种灸法与对照组有显著差异。也有发现,化脓灸、隔药饼灸、温针灸、经穴灸疗仪对动物淋巴细胞转化率等免疫指标的影响基本一致。以上研究,似可说明灸效可能为温热作用产生,而艾叶的药效在灸疗过程中并不起重要作用。

笔记栏

5. 腧穴热敏化学说与热敏点灸法 研究者通过对临床灸疗的长期观察分析,发现了灸疗中的腧穴热敏化现象,并创立了腧穴热敏化灸法。

6. 灸法红外光谱特征研究及与穴位红外光谱共振现象 研究者对传统艾灸、替代物灸和人体穴位红外辐射光谱的分析比较发现,隔附子饼灸、隔姜灸和隔蒜灸三种传统间接灸与人体穴位归一化红外辐射光谱有惊人的一致性,而几种替代物灸与相应传统艾灸和人体穴位的辐射光谱相差甚远,其温热作用也远不如传统艾灸,传统艾条熏灸与人体穴位红外辐射光谱也有很大差异。

（三）针法与灸法作用的比较研究

比较针与灸对人体外周嗜伊红细胞的影响,其减少程度为针刺＞艾灸,艾炷灸＞艾条灸,针刺或艾灸＞温针灸。手法运针、电针、艾灸在提高动物网状内皮细胞吞噬功能方面,电针＞艾灸＞手法运针。对冻疮患者甲皱微循环血流速度的影响,温针灸＞电针＞针刺。治疗肩周炎疗效,温针灸＞针刺。治疗硬皮病疗效,艾灸＞针刺。

另外,在传统刺法灸法的基础上,近几十年来丰富和发展了各式各样的针灸方法,如在针法中有不同针具针法60余种、不同部位针法30余种及不同手法70余种等;在灸法中有艾灸法和非艾灸法100余种。

（四）耳针的研究

1. 耳针与神经关系的研究 通过耳穴神经解剖和组织切片的研究,发现耳郭上不仅有上颈段的耳大神经和枕小神经支配,而且有来自脑神经Ⅴ、Ⅶ、Ⅸ、Ⅹ的分支。人体内脏在耳郭上相应部位的反应点,恰恰都是在迷走神经耳支的分区内,不仅迷走神经支配的耳穴具有反应和治疗内脏疾病的特性,非迷走神经分布的某些耳穴亦具有类似功能。

2. 耳针与体液关系的研究 有人观察了耳针对家犬实验性软组织炎的影响,发现针刺耳穴后谷胱甘肽、黏蛋白含量降低,丙种球蛋白、T淋巴细胞含量增高,说明耳针的效应与体液密切相关。

（五）头针的现代研究概况

关于头针的机制可归纳为两种学说:一是大脑皮质的功能定位在头皮部的投影区,可直接调节大脑皮质的功能;二是机体功能综合调节作用说,即刺激头穴,可以通过调节气血、疏通经络等而达到防治疾病的目的。采用透穴起到一经带多经、一穴带多穴的整合使用,可综合调节大脑的功能。实验表明,针刺头穴不但能够明显改善患者脑血流图、脑电图,而且能够控制癫痫的发作,改善血液流变学指标。

（六）针灸治疗仪的研究

近10余年来,研制出了许多针灸治疗仪器。

1. 电针仪 电针仪发展经历了四代:感应式电针仪、电子管式电针仪、晶体管式电针仪和集成电路电针仪。现已有音乐电针仪、智能电针仪、程序控制电针仪、红外遥控电针仪、针刺手法针疗仪、机能电刺激治疗仪、电脑脉冲治疗仪、芒针治疗仪、新型低频电脉冲治疗仪、便携式电子针灸器和经络导通治疗仪等。

2. 灸疗仪 现代灸疗仪有电热灸疗仪、红外线灸疗仪、仿灸治疗仪、生物陶瓷温灸仪等。

3. 激光针灸仪 有CO_2激光针灸仪、He-Ne激光针灸仪、智能激光针灸仪、半导体激光针灸治疗仪、微机控制的激光针灸仪、多光束中医信息治疗仪等。

4. 磁疗仪 有脉冲磁疗仪、低频电磁疗机、同步极变磁疗机、智能型高场强脉冲磁疗仪等。

此外还有超声波穴位治疗仪、微波针灸治疗仪、经络导平治疗仪和穴位离子导入治疗仪等。

四、针灸临床的研究

1. 针灸疾病谱研究 有学者基于文献的针灸疾病谱研究、专家问卷调查的针灸优势病种研究、临床流行病学调查的针灸病种研究、文献和专家论证的针灸优势作用研究等,对国内文献研究共得到了16类针灸疾病谱461种,其中包括西医病338种,西医症状73种,中医病证50种,国外针灸临床文献得到的16个系统的130种病证,提出了针灸临床疾病谱的4级划分概念,按照可独立采用针灸治疗、可以针灸治疗为主、针灸只能对其派生症状起到缓解作用、很少使用针灸治疗,对疾病进行等级划分,为今后针灸临床医疗起到了很重要的指导作用。

2. 针灸治疗病证的研究

(1) 内科病证

神经、精神病证：神经、精神疾病是针灸临床的主要病种，针灸治疗周围神经病变、中风及其后遗症、抑郁症、癫痫、精神分裂症、失眠症、各种神经痛、脊髓病变、痴呆、帕金森病等病证有较好的疗效。治疗方法有针刺、电针、头针、耳针、艾灸、梅花针、拔罐、穴位注射、眼针、磁疗、穴位埋线、刺络、粗针、舌针等，较为突出的有醒脑开窍法、靳三针疗法和头针疗法等。

呼吸系统病证：针灸治疗上呼吸道感染、急慢性支气管炎、支气管哮喘等病证，特别是针灸治疗支气管哮喘，临床疗效确定。治疗方法有针刺、电针、三棱针挑刺、刺络拔罐、化脓灸、天灸、穴位埋线、穴位注射自血（或抗炎抗过敏的中西药物）、穴位激光照射等疗法，突出的方法是三伏天灸和三九天灸。

心血管系统病证：针灸治疗心律失常、高血压、冠心病、心神经官能症、休克、再生障碍性贫血、血小板减少性紫癜、白细胞增多症等病证有较好的疗效。治疗方法有针刺、电针、腕踝针、耳针、头针、穴位注射、穴位敷贴等。

消化系统病证：针灸治疗急性胃肠炎、神经性呕吐、呃逆、细菌性痢疾、消化性溃疡、胃下垂、慢性肠炎、习惯性便秘、乙型肝炎、肝硬化、急慢性胆囊炎等病证有较好的疗效。治疗方法有毫针刺法、艾灸、耳针、穴位注射、穴位埋线、按摩等方法。

泌尿、生殖系统病证：针灸治疗遗尿、尿潴留、前列腺病、肾炎和肾功能不全、遗精、阳痿、早泄以及不射精或精液异常导致的不育、不孕症、性冷淡等病证有较好的疗效。治疗方法有针刺、艾灸、刺络、电针、芒针、耳针、激光针、穴位注射、磁疗、脐疗等。

内分泌系统病证：针灸治疗甲状腺疾病，如单纯性甲状腺肿、甲状腺功能亢进、甲状腺结节、甲状腺肿瘤、糖尿病、单纯性肥胖症等病证有较好的疗效。治疗方法有针刺、电针、耳针、艾灸、穴位注射、皮肤针、芒针、穴位埋线、针刀、穴位注射等。

(2) 儿科病证：针灸治疗小儿遗尿、功能性消化不良、小儿脑瘫、智能发育不全、注意缺陷障碍等病证有较好的疗效。治疗方法有针刺、电针、头针、耳针、艾灸、梅花针、拔罐、穴位注射等，最常用的方法是靳三针疗法。

(3) 妇产科病证：针灸治疗经前期紧张综合征、绝经期综合征、月经不调、原发性痛经、闭经、妊娠呕吐、功能失调性子宫出血、胎位不正、产后乳少、子宫肌瘤等病证及引产和辅助无痛分娩等方面有较好的疗效。治疗方法有针刺、电针、头针、耳针、艾灸、梅花针、拔罐、穴位注射等。

(4) 外科病证：针灸治疗胆石症、泌尿系结石、乳腺炎、乳腺增生病、阑尾炎、流行性腮腺炎等有较好的疗效。治疗方法有针刺、电针、头针、耳针、艾灸、梅花针、拔罐、穴位注射、穴位敷贴等。

(5) 骨伤科病证：针灸治疗各种关节炎、各种关节扭伤、急性腰扭伤、肩周炎、外伤性截瘫、落枕、颈椎病、肱骨外上髁炎、腱鞘囊肿、足跟痛、原发性骨质疏松症等病证有较好的疗效。治疗方法有针刺、电针、灸法、温针、耳针、放血疗法、穴位注射、埋线、蜂针、梅花针重叩出血、局部拔罐等。

(6) 皮肤科病证：针灸治疗神经性皮炎、荨麻疹、带状疱疹、斑秃等病证有较好的疗效。治疗方法主要有毫针围刺和皮肤针叩刺，也有电针、艾灸、刺络放血、拔罐、穴位注射、穴位敷贴等。

(7) 五官科病证：针灸治疗眼部病证，如急性结膜炎、麦粒肿、近视、色盲、电光性眼炎、眼肌麻痹、视网膜病变、单纯性青光眼、视神经萎缩、斜视、眼睑下垂、外伤性眼肌麻痹、干眼症、内分泌突眼症等病证均有一定疗效。治疗耳部病证，如中耳炎、内耳性眩晕、突发性耳聋等病证有较好的疗效。治疗鼻部病证，如各种鼻炎等病证有较好的疗效。治疗口腔、咽喉病证，如牙痛、牙周炎、口腔溃疡、舌体病证、急性扁桃体炎、急慢性咽喉炎、咽异感症等病证有较好的疗效，其中对牙痛和咽异感症疗效明显。治疗方法有针刺、电针、灸法、耳压、放血疗法、穴位注射、穴位敷贴等。

(8) 其他

戒断综合征：针灸戒烟、戒毒和戒酒。治疗方法有针刺、电针、耳针、穴位注射、穴位敷贴等。

艾滋病：针灸方法针刺以补法为主，灸法多用间接灸（温针灸、隔盐灸、隔附子饼灸等）。

针灸美容：针灸美容包括美容治疗和美容保健两部分。美容治疗主要针对一些损容性皮肤病，如痤疮、雀斑、黄褐斑、酒渣鼻、扁平疣、脱发等；美容保健重在皮肤的保养方面，如皮肤粗糙、毛孔粗大、皮肤松弛、面部皱纹、眼袋下垂、毛发稀疏、皮肤色泽改变等。治疗方法有针刺、皮内针、梅花针、火针、三棱针、耳针、电针、穴位注射、穴位磁疗、激光穴位照射、微波穴位照射等。

肿瘤：针灸治疗肿瘤，可抑制癌肿疼痛，减轻患者痛苦，改善肿瘤患者的临床症状，减轻和缓解放疗、化疗的毒副反应，改善骨髓造血功能，提高机体免疫力，抑制肿瘤生长和转移。

五、针灸作用机制研究

（一）针灸作用的基本特点

1. 整体性、综合性 针灸作用整体性就是指针灸机体特定穴位，可对多个脏腑功能产生影响，即其作用范围具有整体性。人体和动物实验均证明，针灸可以调整呼吸、消化、循环、泌尿、神经、内分泌、免疫等各个系统、各个器官的异常功能，发挥多方面、多环节、多水平、多途径的综合调整作用。针灸调整作用具有显著的整体性和综合性特点，是针灸具有广泛适应证的基本原因。

2. 良性、双向性 针灸临床实践和实验研究均表明，针灸对机体器官或组织生理、病理过程的影响是一种良性、双向性调整作用。良性调整作用是指当适宜的针灸刺激作用于机体后，特定的病理变化朝正常生理状态方向发展转化，体内失调功能状态或紊乱的代谢过程得到调整并恢复正常，从而使机体内各器官、系统协调关系达到新的平衡和统一。双向性调整作用是指针灸作用具有兴奋或抑制效应，即在机体功能状态低下时，针灸可使之增强，功能状态亢进时针灸又可使之降低。针灸良性、双向性调整作用的特性，也是针灸治疗无毒副反应的根本原因。

3. 功能性、早期性 针灸治疗对某些器质性疾病和晚期病例虽然都有一定的疗效，但对大多数疾病来说，针灸的调整作用具有明显的功能性、早期性特点。针灸作用功能性系指针灸对于功能失调的疾病具有治疗优势；而针灸作用早期性是指针灸对于疾病早期或新病疗效显著。功能性失调比重越大、病程越短，针灸调整作用就越好。因此，早期诊断、早期治疗是提高针灸临床疗效的重要措施。

（二）针灸对各系统调节作用的研究

1. 神经系统 在针灸对各系统调节作用中，神经调节是主要的作用途径。研究表明，针灸可促进受损周围神经功能的恢复，其与针刺促进损伤局部炎性水肿的消退，加速局部变性坏死及崩解产物的消除，改善局部微循环，提高神经细胞的氧利用率，从而促进损伤神经的修复和再生等有关。针灸也可促进脊髓损伤功能的恢复，显著提高受损脊髓局部的血流量，改善损伤部位的循环和组织新陈代谢。针灸对大脑皮质条件反射活动、大脑皮质生物电活动、大脑皮质局部血流量等神经系统功能具有明显的调节作用。

2. 呼吸系统 针灸对呼吸系统功能的调节主要体现在对肺容量、肺通气量、气道阻力、肺顺应性等肺通气方面的影响，对肺换气和组织换气的调节，对呼吸运动的调节等几方面。针灸治疗支气管哮喘的作用机制可概括为：改善呼吸功能，调节 cAMP/cCMP 平衡，调节 β-肾上腺素能受体，调节免疫功能，调节下丘脑-垂体-肾上腺皮质轴的功能等。

3. 消化系统 大量的临床观察和实验研究显示，针灸对消化系统的功能具有良好的全面调节作用，它表现在对食管的运动及胃、肠、肝、胆等功能活动均有调节作用。针灸对机体的刺激信息通过周围神经传入到中枢神经系统，经过中枢神经系统再将信息经传出神经传到消化系统的不同器官，达到对消化系统的调节作用。

4. 循环系统 实验研究和临床观察均表明针灸对心脏活动、血管运动及毛细血管通透性皆有一定的调整作用，从而实现对循环系统疾病的治疗作用。针灸对心率、心律、心功能及心脏本身营养过程具有双向良性调整作用。针刺对血管运动的调整作用与针刺传入冲动在脑干各级水平和脊髓内同神经节段或相近神经节段的血管舒缩中枢激起的变化有关，其中既有神经反射调节，也有体液调节参与。针刺对毛细血管通透性有双向良性调整作用。针刺对循环系统的作用机理与心交感神经的传导、心血管中枢的参与、体液因素的介入有关。

5. 免疫系统 大量临床观察和实验证实，针灸具有调节机体免疫功能的作用。针灸的促防卫与调节免疫作用是针灸治疗作用发挥的重要途径之一。针灸对免疫球蛋白、补体、细胞因子、白细胞、吞噬细胞、B 淋巴细胞、T 淋巴细胞、自然杀伤（NK）细胞、抗原提呈细胞、红细胞免疫功能等均具有明显的双向调节作用。

6. 内分泌系统 针灸对内分泌系统中各内分泌腺的功能有不同的调节作用。研究成果较多地集中于针刺对下丘脑、垂体、胰腺、甲状腺、肾上腺及性腺等方面的影响，具体体现在对糖尿病、甲状腺疾病、性

腺疾病等内分泌功能失调或障碍疾病的防治规律和机理研究上。

7. 血液系统 针灸对血液成分的调节，对维持机体内环境的平衡具有非常重要的意义，它使血液中各种有形成分、化学成分、血液酶系及各种电解质等趋向生理平衡。研究表明，针灸对血液红细胞、血红蛋白、白细胞、血小板的量和功能有明显调节作用，对血液中血浆蛋白、血氨、血脂、血糖、电解质、酶及其他生物活性物质具有良性的双向调整作用。

8. 泌尿生殖系统 针灸对泌尿生殖系统的调节作用主要表现在对肾脏泌尿功能及输尿管运动、膀胱运动功能、女性生殖系统功能、男性生殖系统功能等具有良好的双向调节作用，神经内分泌免疫网络是其作用的主要途径和机制。

（三）针刺镇痛作用的研究

1. 针刺镇痛实验 在正常人体和动物身上的实验研究证明，针刺可提高痛阈或（和）耐痛阈，有确定的镇痛作用。

2. 针刺镇痛的外周机制

（1）针感的感受器：一般认为穴位感受装置包括多种神经结构。

（2）外周传入纤维：关于针刺镇痛信息传入神经纤维类别的问题存在三种观点，一是以最粗的Ⅰ类纤维为主；二是以细的Ⅲ、Ⅳ类纤维为主；三是以中等粗细的Ⅱ、Ⅲ类纤维为主。迄今仍有争议。近来提出C纤维不是电针镇痛的主要传入纤维，而是弥散性伤害性抑制控制的主要纤维。但其在穴位针刺引起镇痛效应中起重要作用，而绝非可有可无。

（3）同神经针刺镇痛：是指电针刺激和伤害性刺激所引起的神经冲动，均由同一神经传入中枢的一种针刺镇痛的方法。其主要是外周机制的作用。

（4）针刺镇痛与外周体液因素：环核苷酸、前列腺素、徐缓激肽、氨基酸、组织胺、无机离子等外周体液物质均不同程度地参与、影响了针刺镇痛的调节。

3. 针刺镇痛的中枢机制 研究证明，针感信号从外周进入中枢神经系统，通过一定的神经和体液途径，在中枢神经系统的各级水平阻遏或调制着伤害性信号的传递和感受。

（1）脊髓：针刺信号进入脊髓后，一部分针刺信号使脊髓背角内发生节段性抑制，从而影响痛觉信号进一步向上传递，大部分针刺信号则沿着脊髓外侧索上行。

（2）脑干：脑干的中缝大核、中脑导水管周围灰质（PAG）等可以增强针刺镇痛效应，而蓝斑的作用可能正好相反。

（3）丘脑：丘脑的中央中核、中央外侧核、弓状核及束旁核等可以明显增强针刺镇痛效应，而缰核的作用相反。

（4）边缘系统：边缘系统中的一些结构，如海马、扣带回前部、隔区、杏仁核、伏核、尾状核、下丘脑外侧区、视上核、视前区等均参与了针刺镇痛效应。

（5）大脑皮质：一方面，传入大脑皮层的针刺信号和疼痛信号发生相互作用，影响痛知觉和痛反应；另一方面，通过皮层的下行抑制机制来控制疼痛信息的传导过程。

（6）针刺激活脑内一些有关的痛觉调制结构：中枢神经系统有一个内源性痛觉调制系统，即脑干网状结构下行抑制系统，它主要由PAG、延脑头端腹内侧核群（中缝大核及邻近网状结构）和一部分脑桥背外侧网状结构（蓝斑核群和KF核）组成。针刺信息传入脊髓经脊外侧索上升入脑后，可激活下行抑制系统，其下行冲动经脊髓背外侧索投射至脊髓后角，以调制伤害性信息传入。

（7）中枢神经递质作用：大量实验证明，针刺镇痛与中枢神经递质的活动关系十分密切，内源性阿片肽、5-HT、NE、DA、Ach、GABA等多种递质都参与了针刺镇痛。

1）内源性阿片肽（EOP）：电针可使大鼠全脑EOP活性升高，与针刺镇痛效果显著相关，尤以前脑最明显，脑干次之，间脑又次之。进一步的研究发现，内啡肽、脑啡肽和强啡肽三类阿片肽的含量在针刺镇痛时均有所提高。

2）5-羟色胺（5-HT）：在外周是一种致痛物质，但在脑内可产生镇痛作用。研究表明，脑内5-HT含量的增高与针刺镇痛的效果提高相平行。

3）去甲肾上腺素（NE）：脑内NE受体，特别是α受体起拮抗针刺镇痛的作用，而脊髓中的NE则加强针刺镇痛作用，该作用也是通过α受体而实现。

4）多巴胺（DA）：较多资料提示，凡能增强中枢神经系统中DA能系统功能活动的药物都能明显对

抗吗啡镇痛和针刺镇痛。

5) 乙酰胆碱(Ach)：中枢 Ach 参与并加强针刺镇痛作用，而且针刺加速脑内 Ach 的释放变化，并与针刺效果呈平行关系。

6) γ-氨基丁酸(GABA)：脑内 GABA 能神经系统对针刺镇痛有拮抗作用。

7) P 物质(SP)：中枢内 SP 通过中缝核群调制尾核头部神经元的活动而发挥镇痛作用，在外周 SP 则有致痛作用。

(8) 孤啡肽(OFQ)：有致痛敏和镇痛的双重作用，其对针刺镇痛显示有加强或对抗电针的不同作用。

4. 针刺镇痛与心理因素 研究表明，情绪状态对针刺镇痛有重要影响；而暗示因素的作用，不是主要的；其他如认识顾虑、分心、思想准备状态等因素，也有一定的作用。可以认为，心理因素在针刺镇痛中是有一定作用的，但非主要作用。

5. 针刺镇痛的耐受 动物实验证明，反复电针或连续进行电针，镇痛效应逐渐减弱，甚至消失，此现象称为针刺镇痛的耐受。研究表明，针刺镇痛的耐受可能与中枢 5-HT、EOP 及 NE 的大量释放引起耗竭有关，也与针刺引起抗阿片物质，如八肽胆囊收缩素(CCK-8)、血管紧张素Ⅱ(AⅡ)、OFQ 的产生有关。

(赵仓焕)

主要参考书目

陈汉平.1995.现代中医药应用与研究大系·第十六卷 针灸.上海：上海中医药大学出版社.
邓春雷,殷克敬.1998.实验针灸学.北京：人民卫生出版社.
邓良月.2004.国际针灸教程.北京：华夏出版社.
高树中.2009.针灸治疗学.上海：上海科学技术出版社.
李忠仁.2003.实验针灸学.北京：中国中医药出版社.
梁繁荣.2006.针灸学.上海：上海科学技术出版社.
梁繁荣.2009.针灸推拿学.北京：中国中医药出版社.
邱茂良.1985.针灸学.上海：上海科学技术出版社.
石学敏.2002.针灸学.北京：中国中医药出版社.
孙国杰.1997.针灸学.上海：上海科学技术出版社.
王富春.2009.刺法灸法学.上海：上海科学技术出版社.
王雪苔.2004.中华针灸图鉴.北京：人民军医出版社.
杨甲三.1984.腧穴学.上海：上海科学技术出版社.
杨志新.2005.相对穴及临床应用.北京：人民卫生出版社.

腧穴索引

A

安眠 …………… 100

B

八风 …………… 99
八邪 …………… 98
白环俞 ………… 79
百虫窝 ………… 98
百会 …………… 83
胞肓 …………… 80
本神 …………… 70
髀关 …………… 64
臂臑 …………… 38
秉风 …………… 47
不容 …………… 63
步廊 …………… 58

C

长强 …………… 81
承扶 …………… 79
承光 …………… 78
承浆 …………… 89
承筋 …………… 80
承灵 …………… 70
承满 …………… 63
承泣 …………… 59
承山 …………… 76
尺泽 …………… 29
瘈脉 …………… 44
冲门 …………… 51
冲阳 …………… 65
次髎 …………… 75
攒竹 …………… 73

D

大包 …………… 50
大肠俞 ………… 75
大都 …………… 51
大敦 …………… 52
大赫 …………… 58
大横 …………… 50
大巨 …………… 64
大陵 …………… 32
大迎 …………… 63
大钟 …………… 55
大杼 …………… 78
大椎 …………… 83
带脉 …………… 67
胆囊 …………… 99
胆俞 …………… 74
膻中 …………… 88
地仓 …………… 60
地机 …………… 49
地五会 ………… 72
定喘 …………… 97
督俞 …………… 78
犊鼻 …………… 64
兑端 …………… 86

E

耳和髎 ………… 44
耳门 …………… 43
二白 …………… 100
二间 …………… 39

F

飞扬 …………… 76
肺俞 …………… 74
丰隆 …………… 62
风池 …………… 66
风府 …………… 83
风门 …………… 74
风市 …………… 68
跗阳 …………… 80
伏兔 …………… 61
扶突 …………… 39
浮白 …………… 70
浮郄 …………… 79
府舍 …………… 51
附分 …………… 79
复溜 …………… 56
腹哀 …………… 51
腹结 …………… 51
腹通谷 ………… 58

G

肝俞 …………… 74
膏肓 …………… 76
膈关 …………… 80
膈俞 …………… 74
公孙 …………… 49
关冲 …………… 41
关门 …………… 64
关元 …………… 87
关元俞 ………… 79
光明 …………… 68
归来 …………… 61

H

颔厌 …………… 70
合谷 …………… 37
合阳 …………… 80
鹤顶 …………… 98
横骨 …………… 58
后顶 …………… 85
后溪 …………… 45
华盖 …………… 90
滑肉门 ………… 64
环跳 …………… 67
环中 …………… 101
肓门 …………… 80
肓俞 …………… 58
会阳 …………… 79
会阴 …………… 89
会宗 …………… 44
魂门 …………… 80

J

箕门 …………… 51
极泉 …………… 34
急脉 …………… 54
脊中 …………… 84
夹承浆 ………… 99
夹脊 …………… 97
颊车 …………… 60
间使 …………… 32
肩井 …………… 66
肩髎 …………… 42
肩前 …………… 97
肩外俞 ………… 48
肩髃 …………… 38
肩贞 …………… 47
肩中俞 ………… 48
建里 …………… 89
交信 …………… 57
角孙 …………… 44
解溪 …………… 62
金津、玉液 …… 96
金门 …………… 80
筋缩 …………… 85
京骨 …………… 81
京门 …………… 71
经渠 …………… 31
睛明 …………… 73
鸠尾 …………… 90
居髎 …………… 71
巨骨 …………… 40
巨髎 …………… 63
巨阙 …………… 90
厥阴俞 ………… 78

K

孔最 …………… 29
口禾髎 ………… 40
库房 …………… 63
昆仑 …………… 76

L

阑尾 …………… 99

劳宫	33
蠡沟	54
厉兑	62
廉泉	88
梁门	60
梁丘	61
列缺	29
灵道	36
灵台	85
灵墟	58
漏谷	51
颅息	44
络却	78
落枕点	97

M

眉冲	78
命门	83
目窗	70

N

脑户	85
脑空	70
臑会	44
臑俞	47
内关	32
内庭	62

P

膀胱俞	75
脾俞	75
痞根	100
偏历	38
魄户	79
仆参	80

Q

期门	53
气冲	64
气海	87
气海俞	79
气户	63
气舍	63
气穴	58
牵正	96
前顶	85
前谷	47

强间	85
青灵	36
清冷渊	44
丘墟	68
球后	96
曲鬓	70
曲差	78
曲池	38
曲骨	89
曲泉	53
曲垣	47
曲泽	32
颧髎	47
缺盆	63

R

然谷	55
人迎	63
日月	67
乳根	63
乳中	63

S

三间	37
三焦俞	79
三角灸	96
三阳络	44
三阴交	49
商丘	51
商曲	58
商阳	37
上关	70
上巨虚	61
上廉	40
上髎	79
上明	99
上脘	90
上星	83
上迎香	99
少冲	35
少府	36
少海	34
少商	30
少泽	45
申脉	76
身柱	85
神藏	58

神道	85
神封	58
神门	35
神阙	87
神堂	80
神庭	85
肾俞	75
十七椎	100
十宣	98
石关	58
石门	89
食窦	51
手三里	38
手五里	40
束骨	77
俞府	56
率谷	70
水道	64
水分	89
水沟	84
水泉	57
水突	63
丝竹空	43
四白	59
四渎	44
四缝	98
四满	58
四神聪	95
素髎	83

T

太白	48
太冲	52
太溪	55
太阳	95
太乙	64
太渊	29
陶道	85
天池	32
天冲	70
天窗	48
天鼎	40
天府	30
天井	44
天髎	44
天泉	33
天容	48

天枢	60
天突	88
天溪	51
天牖	44
天柱	73
天宗	46
条口	64
听宫	47
听会	66
通里	35
通天	78
瞳子髎	66
头临泣	66
头窍阴	70
头维	60

W

外关	42
外陵	64
外丘	71
完骨	70
腕骨	45
维道	71
委阳	75
胃仓	80
胃脘下俞	100
胃俞	75
委中	75
温溜	40
屋翳	63
五处	78
五枢	71

X

膝关	54
膝眼	98
膝阳关	71
郄门	33
侠白	30
侠溪	72
下关	60
下巨虚	61
下廉	40
下髎	79
下脘	87
陷谷	65
消泺	44

小肠俞 …… 79	腰奇 …… 100	涌泉 …… 55	中封 …… 54
小海 …… 47	腰痛点 …… 97	幽门 …… 58	中府 …… 28
心俞 …… 74	腰眼 …… 97	鱼际 …… 30	中极 …… 87
囟会 …… 85	腰阳关 …… 81	鱼腰 …… 99	中魁 …… 101
行间 …… 52	腰俞 …… 84	玉堂 …… 90	中髎 …… 79
胸乡 …… 51	液门 …… 43	玉枕 …… 78	中膂俞 …… 79
悬厘 …… 70	意舍 …… 80	彧中 …… 58	中泉 …… 100
悬颅 …… 70	譩譆 …… 80	渊腋 …… 71	中枢 …… 84
悬枢 …… 84	翳风 …… 42	云门 …… 30	中庭 …… 90
悬钟 …… 68	翳明 …… 96		中脘 …… 87
璇玑 …… 90	阴包 …… 54	**Z**	中渚 …… 41
血海 …… 49	阴都 …… 58	章门 …… 53	中注 …… 58
Y	阴谷 …… 57	照海 …… 56	周荣 …… 51
	阴交 …… 89	辄筋 …… 71	肘尖 …… 100
哑门 …… 83	阴廉 …… 54	正营 …… 70	肘髎 …… 40
阳白 …… 66	阴陵泉 …… 49	支沟 …… 42	筑宾 …… 57
阳池 …… 42	阴市 …… 64	支正 …… 46	子宫 …… 96
阳辅 …… 72	阴郄 …… 35	至阳 …… 83	紫宫 …… 90
阳纲 …… 80	殷门 …… 79	至阴 …… 77	足临泣 …… 69
阳谷 …… 47	龈交 …… 86	志室 …… 76	足窍阴 …… 69
阳交 …… 71	隐白 …… 48	秩边 …… 76	足三里 …… 61
阳陵泉 …… 68	印堂 …… 86	中冲 …… 33	足通谷 …… 81
阳溪 …… 37	膺窗 …… 63	中都 …… 54	足五里 …… 54
养老 …… 47	迎香 …… 39	中渎 …… 71	

病 证 索 引

B

斑秃 …… 234
崩漏 …… 211
鼻渊 …… 239
痹证 …… 183
便秘 …… 203
不寐 …… 190
不孕 …… 213

C

肠痈 …… 224
痴呆 …… 194
抽搐 …… 244
痤疮 …… 233

D

带下病 …… 213
丹毒 …… 230
胆绞痛 …… 245
癫狂 …… 192
疔疮 …… 222

E

耳聋 …… 238
耳鸣 …… 238
儿童多动综合征 …… 220

F

肥胖症 …… 249
风疹 …… 221
腹痛 …… 201

G

疳积 …… 218
感冒 …… 186
高热 …… 243

J

假性延髓性麻痹 …… 176
肩周炎 …… 227
腱鞘囊肿 …… 229
戒毒综合征 …… 248
戒断综合征 …… 248
戒烟综合征 …… 248
近视 …… 236
经闭 …… 210
颈椎病 …… 229

K

咳嗽 …… 187
口疮 …… 240

L

癃闭 …… 204
落枕 …… 228

M

麦粒肿 …… 235
慢性疲劳综合征 …… 247
慢性前列腺炎 …… 205
面瘫 …… 180
面痛 …… 181
目赤肿痛 …… 235

N

内脏绞痛 …… 174
扭伤 …… 226

O

呕吐 …… 200

P

帕金森病 …… 196
偏头痛 …… 180

R

乳癖 …… 224
乳少 …… 216
乳痈 …… 223

S

蛇丹 …… 231
神经性皮炎 …… 233
肾绞痛 …… 246
湿疹 …… 232
视神经萎缩 …… 237
衰老 …… 250

T

胎位不正 …… 214
痛经 …… 209
头痛 …… 178

W

胃痛 …… 199
痿证 …… 185

X

痫病 …… 195
消渴 …… 197
小儿惊风 …… 216
小儿脑性瘫痪 …… 219
哮喘 …… 188
胁痛 …… 198
泄泻 …… 202
心悸 …… 189
心绞痛 …… 245
胸痹 …… 191
虚脱 …… 243
眩晕 …… 176

Y

牙痛 …… 239
咽喉肿痛 …… 241
阳痿 …… 207
腰痛 …… 182
遗精 …… 206
遗尿 …… 216
郁证 …… 191
原发性高血压 …… 178
月经不调 …… 208
晕厥 …… 242

Z

痄腮 …… 222
痔疮 …… 225
滞产 …… 215
中风 …… 174
肘劳 …… 227
坐骨神经痛 …… 184